Heinrich Trierenberg

REISEFÜHRER SCHLESIEN

Heinrich Trierenberg

REISEFÜHRER SCHLESIEN

Im Auftrag der
Stiftung Kulturwerk Schlesien

Mit Beiträgen von Krzysztof R. Mazurski,
Josef Joachim Menzel, Eberhard Günter Schulz
und Dietmar Stutzer

2., verbesserte Auflage

Bergstadtverlag Wilhelm Gottlieb Korn
Würzburg

Die Deutsche Bibliothek – CIP-Einheitsaufnahme

Reiseführer Schlesien / Heinrich Trierenberg. Im Auftr.
der Stiftung Kulturwerk Schlesien. Mit Beitr. von
Krzysztof R. Mazurski... – 2., verb. Aufl. – Würzburg:
Bergstadtverl. Korn, 1991
   ISBN 3-87057-114-4
NE: Trierenberg, Heinrich

Zweite, verbesserte Auflage 1991

© 1987 by Bergstadtverlag Wilhelm Gottlieb Korn GmbH, Würzburg

Gesamtherstellung: M. Liehners Hofbuchdruckerei GmbH & Co., Sigmaringen
Printed in Germany · ISBN 3-87057-114-4

Inhalt

Vorwort

Wer heute als Deutscher, ohne das Land von früher zu kennen, nach Schlesien reist, empfängt zwiespältige Eindrücke von dieser einstigen Provinz Preußens: Der Reisende nimmt außerhalb neuer Industriezonen in weiten Teilen des Landes eine Siedlungsstruktur wahr, die eine in Jahrhunderten gewachsene, sinnvoll gegliederte Erschließung erkennen läßt. Straßen-, Waldhufen- und Angerdörfer erstrecken sich weit auseinandergezogen und großzügig angelegt zwischen den Ackerfluren – besonders deutlich in den Vorgebirgslandschaften – und ordnen sich im Umkreis von ca. 20 km um einen städtischen Mittelpunkt, der bei der Besiedlung als Weichbildort planmäßig um einen zentralen Marktplatz erbaut wurde. Der Besucher erblickt alte, oftmals nach dem Kriege wiederaufgebaute, teils mehr, teils weniger oder gar nicht restaurierte Bauwerke, Rathäuser und Bürgerhäuser, Kirchen und Klöster in Stadt und Land, Burgen und Schlösser, diese meist als Ruinen, dazu Kunstschätze in einigen Museen. Hinzu kommen eine noch erkennbare ursprünglich vielseitig entwickelte Landwirtschaft und weithin über das Land verteilte Industrie. Das alles nehmen die jetzigen Bewohner des Landes mehr oder weniger auch unter geschichtlichem Aspekt als Zeugnisse ihrer Kultur für sich in Anspruch. Wer sich aber die Zeit nimmt, dem öffnen sich unter der Decke neuester Veränderungen Einblicke in eine mehr als sieben Jahrhunderte lang vom schlesischen Neustamm des deutschen Volkes geprägte Kulturlandschaft. Diesen Zugang zur Einordnung des Geschauten in die geschichtliche Entwicklung des Landes und zum kulturgeschichtlichen Verständnis will

der Reiseführer vermitteln. Er will aber auch dazu beitragen, den Anschluß an die veränderte Gegenwart zu gewinnen.

Eine solche Zielsetzung macht in weit stärkerem Maße als in üblichen Reiseführern ein Eingehen auf die Geschichte der einzelnen Orte und ihre wirtschaftliche Entwicklung sowie eine ausführliche Betrachtung aller Baudenkmäler in Stadt und Land notwendig. Die möglichst gründliche Aufzählung aller Fakten, die Herkunft und die Namen der Schöpfer von Bauten und Kunstwerken, ebenso aber auch – besonders in Oberschlesien – die Darstellung der wirtschaftlichen Triebkräfte und der Pioniere und Initiatoren der industriellen Entwicklung sollen dazu beitragen, die noch sichtbaren oder erfahrbaren Kulturwerte Schlesiens als geschichtliche Quelle erkennbar werden zu lassen.

Der Vertiefung in das Geschaute dienen in diesem Sinne als Einleitung der Überblick über die Geschichte Schlesiens, die Zusammenfassung der Schwerpunkte der deutschen Kulturleistungen sowie die Darstellung der schlesischen Wirtschaftsentwicklung.

Außerdem mußte eine Erläuterung der gegenwärtigen Verhältnisse, mit denen ein Besucher konfrontiert wird und welche insbesondere die alten Schlesier oft verwirren, gegeben werden.

Dem Brückenschlag über den Abgrund des Jahres 1945 hinweg soll ein Überblick aus polnischer Feder über das gegenwärtige Kulturleben in Schlesien dienen. Er ist eine Anregung zur Anbahnung eines beiderseitigen Verständnisses zwischen Deutschen und Polen, ohne das eine Zukunft Schlesiens als Mittler zwischen uns und unseren polnischen Nachbarn nicht vorstellbar erscheint.

Aus diesem Grunde sollte der Besucher Schlesiens beim Vergleich des Geschauten mit dem Vorkriegszustand die Umstände der jüngsten Entwicklung kennen. Wohl spiegelt der gegenwärtige Anblick der Landschaft, der Bau- und Kulturdenkmäler ungeschminkt die ungeheure Tragik eines Landes wider, dessen stetige Aufwärtsentwicklung trotz aller Wechselfälle der Geschichte im Jahre 1945 jäh und unerbittlich abriß. Dieser Eindruck wird auch von den nachwachsenden deutschen Generationen so empfunden, mit deren Vertretern der Verfasser mehrfach das Land bereiste.

Doch wer sich heute in Schlesien aufmerksam umsieht, nimmt das ernsthafte Bestreben wahr, historische Werte zu erhalten und zu pflegen, wenn dieses Bemühen infolge unzureichender Mittel auch meist nur sehr langsam zu Erfolgen führt. Wer Schlesien liebt oder lieben lernen will, kann über den Schmerz des Verlorenen hinweg Freude empfinden beim Betrachten der immer noch zahlreichen, mit gutem Willen betreuten Kulturzeugen der Vergangenheit.

Er sollte auch das Positive an der polnischen Wertschätzung und Achtung der historischen Kulturwerte erkennen, wenn auch die Motivation hierzu von dem ideologisch mehrfältig begründeten polnischen Geschichtsmythos von den »wiedergewonnenen Westgebieten« nicht zu trennen ist. Der heutige Zustand der Kulturdenkmäler beruht auf drei Entwicklungsphasen seit 1945:

1. Die Zerstörungen bei Kämpfen in den letzten Kriegstagen und die Inbrandsetzung bei Kriegsende durch die Eroberer, gefolgt von der sich anschließenden Ausplünderung und Verwahrlosung nach der wilden Inbesitznahme durch die Polen.
2. Die Epoche des Wiederaufbaues von etwa 1956–1975.

3. Das Bemühen um Bewahrung und Erhaltung während der gegenwärtigen tiefgreifenden Wirtschaftskrise (seit 1978).

Zu 1)
Im Zusammenhang mit Kampfhandlungen wurden im wesentlichen nur wenige Innenstädte zerstört: Zuerst Oels, danach die hart verteidigten Oderbrückenköpfe Ratibor, Brieg, Breslau, Steinau und Glogau; des weiteren in der letzten Kriegsphase die Orte, die an der im März erreichten Frontlinie im Gebirgsvorland mehrfach den Besitzer wechselten: u. a. Neisse, Strehlen, Striegau und Lauban. Weit größer ist die Zahl der Städte, die erhebliche Schäden davontrugen, nachdem sie von den Russen nach geringer oder ohne Gegenwehr vor dem 9. Mai 1945 besetzt wurden. Hier forderte die Kriegsfurie ihren Tribut: Die Marktplätze wurden in Brand gesteckt, ebenso die Mehrzahl der Herrensitze und Schlösser als »Bastionen des Feudalismus«. Das sind Tatsachen, die im Zusammenhang mit der durch Kriegshandlungen bedingten Zerstörung russischer Städte gesehen werden müssen.

Die anschließende Ausplünderung durch die zunächst unorganisiert nachrückenden Polen erstreckte sich nicht nur auf die von den Vertriebenen zurückgelassene Habe – einschließlich der Kunstwerke –, sondern auch auf die Immobilien bis hin zum teilweisen Abbau von Gebäuden, häufig zur amtlichen Ziegelgewinnung für den Wiederaufbau Warschaus, z. B. in Leobschütz, Sprottau und Schloß Sibyllenort, oder zur persönlichen Bereicherung, die in Glogau strafrechtlich verfolgt wurde. Seitens der polnischen Konservatoren spricht man von der Phase der »Devastierung«, sie schließt Vernachlässigung und Verfall ganzer Innenstädte (z. B. von Liegnitz, Wohlau, Hirschberg, Glatz und Neustadt O/S) ein.

Vernichtet oder verschleppt wurden auch unermeßliche Kunstwerke. Die Aktion begann mit einem legitimen Anliegen, der

»Revindikation« der Kunstdenkmäler; d. h. es wurden alle Kunstwerke gesucht, die von NS-Behörden aus Polen verschleppt worden waren. Darüber hinaus wurden, gewissermaßen als Reparationen, zahlreiche in Schlesien beheimatete Kunstwerke nach Polen verbracht, vor allem solche, die sich in den zahlreichen Auslagerungsorten fanden, in denen die deutsche Denkmalpflege sie vor der Bombardierungsgefahr zu bergen versucht hatte.

Dazu gehörte Anfang 1946 der Abtransport der in den beiden Hauptdepots Kamenz und Heinrichau ausgelagerten Kunstschätze vor allem der Breslauer Kirchen und Museen sowie wertvoller Werke aus anderen Städten wie Glatz, Glogau und Brieg. Die Gegenstände wurden in Frankenstein inventarisiert und bis zum 5. März in sechs Eisenbahnwaggons nach Warschau abtransportiert. Ausgenommen waren die Sammlungen des Breslauer Diözesanmuseums, die in Heinrichau verblieben und später nach Breslau zurückgeschafft wurden.

Bekannt sind die Beispiele der »Breslauer Schönen Madonna«, des Barbara-Altars, der Madonna und des Schmerzensmannes aus der Breslauer Dorotheenkirche, die sich heute im Warschauer Nationalmuseum befinden.

Verloren gingen auf diese Weise die Kunstschätze der Landschlösser, teilweise auch der Klöster (Willmann-Gemälde aus Kloster Leubus).

Diese Tatsachen sind bedeutsam für die Wertschätzung alles dessen, was Schlesien noch heute an Kunstwerken aufzuweisen hat.

Zu 2)

Der Wiederaufbau kam Mitte der 50er Jahre sehr langsam in Gang. Ein polnischer Konservator formuliert seine Erfahrung wie folgt: »Entscheidend für die Denkmalpflege ist der Kontakt zwischen Kunstwerk und Mensch. Ein Gebäude, das verlassen wird, verwandelt sich durch den Einfluß der Elemente auch ohne jede mutwillige Zerstörung unheimlich rasch in eine Ruine. Eine bescheidene wirtschaftliche Nutzung ist für sich schon die beste Denkmalpflege – zahlreiche Bauwerke wurden ihrem Schicksal überlassen, und so kam es in den Jahren des mit ungeheurer Anstrengung durchgeführten Wiederaufbaues gleichzeitig zum zweiten Akt der Tragödie, deren Wurzeln in den gesellschaftlichen, politischen und geographischen Veränderungen nach 1945 stecken!« (Tadeusz Chrzanowski in der Zeitschrift »Znak«, übersetzt von Dieter Großmann)

Sofort nach der Inbesitznahme des Landes gingen die polnischen Konservatoren, gestützt auf entsprechende Verordnungen, an eine Bestandsaufnahme und Klassifizierung aller erhaltenswerten Baudenkmäler. Sie stellten diese unter ihren Schutz und widersetzten sich energisch einer weiteren »Devastierung«. Eine wirksame Handhabe sollte ihnen später das Gesetz zum Schutz der Kulturgüter und der Museen vom 15. Februar 1962 geben. Es schützt alle Arten von Kunst- und Kulturdenkmälern und wird als einer der modernsten Rechtsakte dieser Art gerühmt. Es stellte die Beschädigung oder Zerstörung eines Kulturdenkmals unter Strafandrohung: »Mit Einschließung bis zu 5 Jahren und mit einer Geldstrafe« (Art. 73). »Streng sind auch die verwaltungsrechtlichen Strafvorschriften, die Vandalismus und sogar fahrlässiges Handeln bedrohen. In der Praxis ist in Polen kein Beispiel bekannt (ausgenommen einige ›Hooligans‹ [Rocker] aus Łazienki, die eine Reihe von Figuren zerschlagen hatten), wo eine Person oder Institution wegen Zerstörung eines Denkmals, selbst im Fall einer vorsätzlichen Zerstörung, bestraft worden wäre. Zahlreiche Untersuchungen, die die Staatsanwaltschaft auf Antrag der Denkmalspflege eingeleitet hatte, sind wegen ›Geringfügigkeit‹ niedergeschlagen worden!« (Waldemar Łysiak in der Zeitschrift »Kultura« Nr. 25 (627) vom 22. 6. 1975, übersetzt in D. Großmann, Denkmalspflege in Ostmitteleuropa).

Dennoch wurden durch dieses Denkmalpflegegesetz die Weichen für eine Sicherung und für den späteren Wiederaufbau gestellt. Die Kräfte, die der Bewahrung und Wiederherstellung historischer Bauwerke vor einem völligen Neubeginn den Vorrang gaben, setzten sich allmählich durch. Was das bedeutet, zeigt der Vergleich mit der einzigen bewußt nicht wieder aufgebauten Innenstadt von Glogau. Doch wurden auch hier die Ruinen des Domes, der Pfarrkirche St. Nikolaus, des ehemaligen Jesuitenkollegiums und des Rathauses gesichert, die Jesuitenkirche wurde wiederhergestellt. Ringsum ist noch heute ein Ruinenfeld.

Vorrangig erfolgte der Wiederaufbau der für das polnische Geschichtsbewußtsein wichtigen Herrschaftssitze der spätmittelalterlichen Kleinfürsten, ohne Rücksicht darauf, ob es sich wie in Brieg, Liegnitz und Wohlau oder Ratibor und Oppeln (nur Schloßturm) um Piasten-Schlösser oder um spätere Residenzen, z.B. Oels und Glogau oder Fürstenstein, handelte, für die nur ein sehr weitläufiger Zusammenhang mit dem überhaupt nur seinem Ursprung nach polnischen Piastengeschlecht herzuleiten war. Beim Wiederaufbau der Städte hatten naturgemäß Vorrang die Wojewodschaftssitze Breslau, Oppeln und Grünberg (kaum zerstört); erst bei der Verwaltungsreform von 1975 kamen die weiteren Wojewodschaftszentralen Liegnitz, Waldenburg und Hirschberg hinzu. Vorzug genossen auch Orte, bei denen man einen Zusammenhang mit der slawischen Vorzeit sieht, wie Bolkenhain oder Ottmachau, ebenso bei Kirchen und Kapellen der romanischen Epoche. Oft werden bei Restaurierungen romanische Bauelemente eines Vorgängerbaues entdeckt und freigelegt, um sie als Schöpfungen der vorangegangenen slawischen Landnahme in Anspruch zu nehmen. Deutsche Kunsthi-

storiker haben schon früher nachgewiesen, daß Stilvergleiche auch für die teils noch romanischen Einflüsse bei frühen Kirchenbauten die in der Kunstgeschichte unbestrittene West-Ost-Wanderung belegen, für die das Mittelalter keine nationalen Grenzen kannte (vgl. Grundmann, Kunstwanderungen in Schlesien, S. 13 ff., Tintelnot, S. 1 ff.). Vom Ergebnis her gesehen, hat sich das ausgeprägte polnische Bemühen, für Bauwerke einen Bezug zur slawischen Vorbevölkerung Schlesiens herzustellen, fruchtbringend für die Restaurierungsvorhaben ausgewirkt: Durch den Wiederaufbau der Marktplätze blieben die typischen Stadtbauformen der deutschen Gründungen aus dem 13. und 14. Jahrhundert erhalten. Sie lassen immer noch mit ihrer schachbrettförmigen Anlage der Straßen um den Ring, dem Rathaus als Mittelpunkt und der Stadtpfarrkirche nahebei die deutsche Stadtplanung als einen einheitlichen Willensakt erkennen – im Unterschied zu den nach und nach um einen Kern gewachsenen west- und süddeutschen Städten. Anerkennung verdient die Bewahrung dieser aus einem Guß geschaffenen Altstädte durch die polnischen Stadtplaner, denn sie bauten die neuen Wohnstädte grundsätzlich außerhalb des alten Areals auf und ließen das überkommene Stadtbild unberührt.

Der Wiederaufbau war beherrscht von dem Bestreben, alte historische Bauformen naturgetreu nachzubauen oder Veränderungen der letzten zwei (preußischen) Jahrhunderte rückgängig zu machen.

Daher wurden beim Wiederaufbau der Bürgerhäuser, meist an den Marktplätzen, auch dort die Giebelhäuser nach alten Vorlagen wiederhergestellt, wo sie teilweise vor dem Kriege bereits durch die Bauten der Gründerzeit verdrängt worden waren (z.B. Blücherplatz in Breslau, Ring in Oppeln). Willkürliche Veränderungen im Sinne einer nachträglichen Polonisierung und damit Verfälschung des historischen Aussagegehaltes der Bauten stellen Ausnahmen dar (Rathausgiebel in Breslau, Ring in Ratibor). In Glatz, wo die Altstadt größtenteils nach dem Kriege buchstäblich zusammenfiel, hat man an Ruinengrundstücken historische Portale gesichert, um sie zu gegebener Zeit in den Wiederaufbau einzubeziehen. Der Historismus kam den Resten der Stadtbefestigung zugute! Wo alte Stadttore Krieg und Nachkriegszeit überstanden, wurden sie später restauriert und gesichert, zuweilen auch einer Nutzung zugeführt. Die vier schlesischen Städte Patschkau, Löwenberg, Freystadt und Pitschen, die für die Erhaltung ihrer Befestigungsanlagen in den Gründerjahren bekannt waren, weil sie sich um die Konservierung der Stadtmauern und -tore bemühten, versuchen auch heute die Pflege ihrer mittelalterlichen Bauwerke. Erhaltenswert erscheinen ebenso die auf schlesischen Marktplätzen üblichen Brunnen, Marien- und Pestsäulen, meist Denkmäler der Barockzeit, die den böhmisch-österreichischen und süddeutschen Einfluß dieser Kunstepoche offenbaren. Die Achtung vor historischer Bausubstanz geht wesentlich weiter als in Westeuropa, z. B. wurden Ruinen-Reste von Rathäusern fachmännisch gesichert und geschützt (Glogau, Turm und Untergeschoß in Leobschütz, Rathausturmstumpf in Strehlen). Ebenso fällt uns auf, daß im Bereich der alten Innenstädte jahrelang Skelette alter Bürgerhäuser unverändert stehenbleiben (Hirschberg), durch das Zeichen des Konservators geschützt als registriertes Baudenkmal. Das trifft in gleicher Weise auf zahlreiche Schloßruinen zu, mit deren Wiederaufbau kaum noch zu rechnen ist. Erstaunt bemerkt man gelegentlich hier und da, daß nach Jahren doch noch etwas geschieht, wobei die Überführung städtischer Grundstücke in Privatbesitz neuerdings als Möglichkeit für einen Wiederaufbau akzeptiert wird. Dagegen wird z. B. bei Breslauer Vierteln ehemaliger Mietshäuser im Jugend-

stil, die fürchterlich verwohnt sind, darauf hingewiesen, daß sie für einen späteren Abbruch vorgesehen sind, so daß Reparaturen nicht mehr in Betracht kommen. Allerdings lassen sich in einzelnen Städten (z. B. in Grünberg, Breslau, Gleiwitz und besonders Kattowitz) schöne Beispiele für die liebevolle Restaurierung zahlreicher Jugendstilfassaden finden.

Es ist festzuhalten, daß alle Wiederaufbau- und Wiederherstellungsvorhaben einzelnen Baudenkmälern galten, so daß von der Absicht und den Möglichkeiten her eine Erhaltung des Gesamtbildes der deutschen Städte nur in Einzelfällen gelungen ist (Grünberg, Patschkau). Im allgemeinen sind die Verluste an Wohnhäusern der Gotik, Renaissance und Barockzeit und erst recht späterer Epochen erschreckend hoch. Der Besucher, der auf Grund dieser Tatsachen zu einem negativen Gesamturteil kommt, möge bedenken, daß die Zerstörung alter Bausubstanz in der Bundesrepublik Deutschland nach dem Kriege größer war als der Verlust der Bausubstanz durch den Zweiten Weltkrieg.

Eine bemerkenswerte Ausnahme hiervon bilden zwei vom Kriege verschonte schlesische Städte: Görlitz im Westen und Teschen im östlichsten Winkel des gesamtschlesischen Kulturbereichs. Diese Städte offenbaren uns mit einem geschlossenen Stadtbild noch die Bürgerkultur des 19. Jahrhunderts.

Zu 3)

In der gegenwärtigen Epoche sollen das einmal Wiederhergestellte durch laufende Instandsetzungen in der Substanz erhalten und begonnene Vorhaben des Wiederaufbaues, z. B. in Leubus und Fürstentein, vollendet werden. Hierbei wird sich zeigen, ob der polnische Staat die dazu nötige Wirtschaftskraft und stetige Opferbereitschaft aufzubringen vermag. Vorerst ist eine laufende Baupflege fast nur bei den von der katholischen Kirche übernommenen Sakralbauten erkennbar. Hierbei darf nicht unerwähnt bleiben, daß auch der polnische Staat sich am Wiederaufbau großer Kirchen erheblich beteiligt hat, z. B. in Breslau, Brieg und Neisse. Den Gotteshäusern kommt fraglos die außerordentliche polnische Frömmigkeit zugute. Die Gemeindemitglieder selbst sind bereit, laufend für die Unterhaltung Opfer zu bringen. Spürbar empfinden die Polen die altehrwürdige Tradition ungezählter Gotteshäuser als Verpflichtung, sie vor dem Verfall zu bewahren. Nicht unerwähnt bleiben darf freilich die beträchtliche materielle Hilfe der katholischen Diözesen in der Bundesrepublik Deutschland. Trotzdem müssen zahlreiche Kirchen dem aufmerksamen Betrachter Sorge bereiten. Das trifft insbesondere für die vom Verfall betroffenen ehemaligen oder noch heute evangelischen Kirchen zu.

In der Provinz Niederschlesien besaßen der fast überwiegende Teil der größeren Landgemeinden und fast alle Klein- und Mittelstädte eine katholische und eine evangelische Kirche. Polen aber ist ein katholisches Land mit vereinzelten kleinen Minderheitsgemeinden, z. B. der Evangelisch-Augsburgischen, der Griechisch-Orthodoxen Kirche und der Polnischen Nationalkirche (ehem. Altkatholiken). Daher können nur wenige der ehemaligen evangelischen Kirchen ihrer eigentlichen Zweckbestimmung dienen. In den Dörfern und vielen Kleinstädten wurden sie abgerissen oder dem Verfall preisgegeben. An anderen Orten wurden sie weltlichen Zwecken nutzbar gemacht (als Magazine, Lagerhäuser, Warenhäuser, Turnhallen, in Silberberg sogar als Hotel). Andere evangelische Gotteshäuser übernahm die katholische Kirche (z. B. Grünberg, Wohlau, Liegnitz, Breslau). Im übrigen fällt auch ins Gewicht, daß der evangelische Kirchenbau auf breiter Basis erst in der preußischen Zeit einsetzte und sich die polnischen Restauratoren mit dem preußischen, häufig vom Klassizismus des C. G. Langhans oder von Schinkel geprägten Stil nicht identifizieren wollen. Um so mehr verdient Anerkennung, daß sich die Evangelisch-Augsburgische Kirche Polens bemüht, auch mit Unterstützung des Gustav-Adolf-Werkes und anderer evangelischer Organisationen und Privatpersonen in der Bundesrepublik Deutschland, einmalige Kulturdenkmäler wie die Friedenskirchen in Schweidnitz und Jauer oder die Langhans-Bauten in Groß-Wartenberg und Waldenburg, ebenso die Hofkirche in Breslau zu erhalten.

Allen Kirchen in Stadt und Land gilt unsere verstärkte Aufmerksamkeit als geschichtlichen Zeugen, denn an ihnen wurden oftmals jahrhundertelang Zubauten und Umgestaltungen vorgenommen, so daß sie repräsentativ für die im Lande wirksamen Kultureinflüsse sind. Das gilt insbesondere von den gotischen Kirchen, die im 17. und 18. Jahrhundert unter dem Einfluß der Gegenreformation oft barockisiert wurden. Hier zeigen Namen und Herkunft der Baumeister und Künstler die Einbindung jener Werke in den von Österreich und Süddeutschland her bestimmten Barockstil. Das wird von den polnischen Kunsthistorikern in ihren Monographien schlesischer Städte ebenso dargestellt.

Nächst den katholischen Kirchen lassen überwiegend die Rathäuser eine einigermaßen laufende Unterhaltung erkennen. Ausnahmen sind dort auszumachen, wo die Bedeutung und die Wirtschaftskraft einer Gemeinde nicht mehr im Verhältnis zu ihrem früheren Rang stehen (Löwenberg, Sprottau, um nur zwei Beispiele von hochwertigen Bauwerken zu nennen). Viele Rathäuser beherrschen mit ihren Türmen mit Hauben aus Renaissance und Barock als großartige Zeugen deutschen Bürgersinnes noch immer das Stadtbild.

Zunehmend Unterhaltungsprobleme haben die Gemeinden offensichtlich mit den in ihrem Eigentum stehenden Bürgerhäusern, deren Schaufassaden an den Marktplätzen zunächst der Staat restauriert oder konserviert hat, deren Bausubstanz aber von innen her verfällt. Stellenweise ist ein Wiederaufbau von Grund auf unter Beibehaltung der historischen Fassaden erkennbar, wenn auch daneben in der jetzigen Epoche neue, nicht ins Bild passende Neubauten in Erscheinung treten.

Ein schwerer Verlust für die Kulturgeschichte ist, daß die wenigen bei der Besetzung verschonten Schlösser im Schwinden sind. Der Adel hatte über Jahrhunderte von Generationen hindurch an seinen Wohnsitzen gebaut, verändert, hinzugefügt und durch stetige Baupflege zahlreiche Kulturwerte erhalten. In der Renaissance waren es vielfach italienische Baumeister, im Barock ahmte man den Wiener Stil nach, der Mitte des 18. Jahrhunderts vom preußischen Rokoko und Klassizismus abgelöst wurde. Diesen Stileinflüssen folgten im 19. Jahrhundert die Schinkelsche Neugotik und um die Wende vom 19. zum 20. Jahrhundert als letzte Epoche vor allem in Oberschlesien der Jugendstil. Dort wurden 1945 weniger Schlösser zerstört, weil die Besetzung sehr rasch vor sich ging. Außerdem macht die Erhaltung der neueren Jugendstilbauten weniger Schwierigkeiten (z. B. der Schlösser Moschen, Plawniowitz, Tillowitz, Naklo und Alt-Repten bei Tarnowitz). Beachtliches wurde bisher in die Wiederherstellung des größten schlesischen Schlosses, Fürstenstein, investiert. Dort, wo es gelang, die Schlösser an selbständige Träger wie Schulen, Internate, Institute zu vergeben oder als Erholungs-, Alters- oder Kinderheim nutzbar zu machen, scheint der Bestand vorerst gewährleistet. Doch ist das den Konservatoren nicht überall gelungen.

»Seit vielen Jahren spielen die Denkmalpfleger die Rolle kostenloser Immobilien-Vermittler.« Sie bieten Paläste, Gutshäuser, denkmalswürdige Höfe, ehemalige Kretschame an, zuweilen mit Erfolg. Im ganzen Land sieht man viele solcher Objekte erhalten, erneuert, gepflegt. Aber es gibt noch viele unbenutzte Gebäude, und es gibt schlechte Benutzer (Tadeusz Chrzanowski, a. a. O.).

Erfreulich ist, daß nach erfolgter Restaurierung einige namhafte Burgen (Gröditzburg, Kynsburg, Bolkoburg, Burg Kynast, Burg Tost O/S) von der Polnischen Gesellschaft für Tourismus und Landeskunde, PTTK, unterhalten und dem Fremdenverkehr zugänglich gemacht werden.

Beachtung verdienen die zahlreichen großen und kleinen Museen. Auch hier ist das Verschweigen der deutschen Geschichte und Kultur und die Vermeidung der deutschen Sprache (Ausnahme Bolkoburg) für Erläuterungen zu beklagen. Im schlesischen Nationalmuseum in Breslau sehen wir noch einen beachtlichen Rest mittelalterlicher deutscher Kunst. Doch wer sich heute über die ganze Breite schlesischen Kunstschaffens im Mittelalter und der frühen Neuzeit informieren will, wird dies auch im Warschauer Nationalmuseum tun müssen.

Wir haben uns bemüht, bei den Reisen ganz Schlesien möglichst gleichmäßig zu durchstreifen. Auch in entlegenen Winkeln und unbekannten Orten findet man beachtenswerte Zeugen für die Herkunft von Kulturdenkmälern. Dennoch mußte sich die Erfassung des Sehenswerten auf dem Land auf Beispiele beschränken, wobei das vorhandene Informationsmaterial auch eine Rolle spielte. Hier war daran gedacht, den Reisenden aufmerksam und neugierig zu machen, so daß er selbst auf Entdeckungsreisen gehen kann! Das trifft z. B. zu auf die alten Dorfkirchen, in Oberschlesien die Schrotholzkirchen, die Epitaphien und Grabdenkmäler, auf die ebenso volkstümliche Kleinkunst in katholischen Gegenden an Bildstöcken, Kapellen usw. Hilfreich können für diese Entdeckungen die polnischen Monographien zu Städten und Kunstwerken sein. Ihre Abbildungen geben auch Hinweise für denjenigen, der die polnische Sprache nicht beherrscht. Leider erscheinen alle polnischen Schriften – vor allem die uns interessierenden deutschsprachigen Stadtführer – stets nur in sehr geringer Auflage. Wir waren um eine kritische Auswertung der deutsch- und polnisch-sprachigen in Polen erschienenen Stadtführer und touristischen Handbücher bemüht. Selbstverständlich wurden die alten deutschen Heimatbücher der Städte und Kreise zugezogen.

Wer sich für die kunstgeschichtlichen Zusammenhänge interessiert, sei auf die auszugsweise nachstehend angeführte Spezialliteratur verwiesen, von der die Schriften des ehemaligen schlesischen Landeskonservators Prof. Dr. Günther Grundmann mehrfach wiederaufgelegt wurden. Ihnen verdanken wir wesentliche Erkenntnisse. Eine Fundgrube für die Geschichte der einzelnen Orte ist das »Handbuch der Historischen Stätten«, das unser ständiger Begleiter auf den Erkundungsreisen durch Schlesien war. Dem Bemühen, seine Angaben durch eigene Anschauungen an Ort und Stelle zu ergänzen, waren gelegentlich Grenzen gesetzt. Hinweise, die weitere Auflagen nützlich

sein könnten, werden ausdrücklich erbeten. Da der letzte Baedeker über Schlesien 1938 erschienen ist, mußten wir Neuland betreten, soweit uns nicht für drei Teilgebiete Wegbereiter vorangingen (Günter Elze: Breslau gestern und heute; Jörg Marx: Mit dem Auto durch die Grafschaft Glatz; Frh. v. Zedlitz: Kurzer Stadtführer durch das heutige Liegnitz). Auf sie nehmen wir dankbar Bezug. Möge unser Reiseführer durch Schlesien allen eine Hilfe sein, die sich mit einer Momentaufnahme dieses immer noch »zehnfach interessanten Landes« (Goethe) nicht begnügen, sondern hinter der Gegenwart auch die Gestalt und Entwicklung einer wirtschaftlich und kulturell reichen mitteleuropäischen Kulturlandschaft sich erschließen wollen, deren etwa achthundertjährige deutsche Prägung und lebendige Verbindung mit den anderen deutschen Kulturlandschaften nach dem Zweiten Weltkrieg jäh abgebrochen wurde.

Wiesbaden, im Sommer 1986

Dr. Heinrich Trierenberg

Zur 2. Auflage

Der Reiseführer Schlesien hat eine erfreulich gute Aufnahme gefunden. Seine Mitnahme nach Schlesien ist auf keine Schwierigkeiten gestoßen.

Der Zeitablauf machte eine gründliche Durchsicht erforderlich. Hierbei waren freilich der notwendigen Überprüfung der sehr ins einzelne gehenden touristischen Angaben Grenzen gesetzt. Sie wurde nur in den bevorzugten Fremdenverkehrsgebieten (Breslau, Riesengebirge und Grafschaft Glatz) an Ort und Stelle vorgenommen. Im übrigen mußten wir uns auf die polnischen Quellen

stützen, soweit Stadtpläne und Stadtführer in einer Neuauflage verfügbar waren. Leider ändern sich die Daten über Unterkünfte, Restaurants, Reparaturwerkstätten usw. oft kurzfristig. Für diese Umstände kann nur das Verständnis der Leser erbeten werden.

Allen sei herzlich gedankt, die uns durch Korrekturvorschläge für die 2. Auflage geholfen haben.

Wiesbaden, Januar 1991

Dr. Heinrich Trierenberg

Allgemeine Hinweise für Reisen nach Schlesien

Die folgenden Hinweise stützen sich auf »Informationen und Hinweise für Reisende nach Polen« (Ausgabe 1991, gültig bis 31.3.92), herausgegeben von der Polorbis-Reiseunternehmen-GmbH., Hohenzollernring 99–101, 5000 Köln 1, Tel. 0221/520025, und auf eigene Reiseerfahrungen des Autors.

I. Ausweise –, Anmeldepflicht etc.

1. *Reisepaß* der Bundesrepublik Deutschland, für Kinder unter 16 Jahren: *Kinderausweis* mit Lichtbild – auch bei Kindern unter 10 Jahren, falls kein Familienpaß vorliegt.
Die Visumpflicht ist ab 1.1. 1991 für Bürger der Bundesrepublik Deutschland weggefallen.

2. *Anmeldepflicht*

Innerhalb von 48 Stunden nach Überschreitung der Staatsgrenze Polens ist die Meldepflicht am jeweiligen Aufenthaltsort zu erfüllen, in Grenznähe innerhalb von 24 Stunden.
Die Anmeldung wird in der Regel von der Hotelrezeption oder der Campingplatzverwaltung vorgenommen. Der Reisende sollte sich jedoch von der Anmeldung überzeugen.
Wer in Privatunterkünften wohnt, hat die Anmeldeformalitäten zusammen mit dem Quartiergeber im Privatquartiervermittlungsbüro oder bei der zuständigen Meldebehörde vorzunehmen.
Dauert der Aufenthalt länger als 90 Tage, so muß man der Anmeldepflicht persönlich bei den Paßstellen der Wojewodschaftsämter für Inneres nachkommen.

3. *Verlust von Personalunterlagen*

Reisepaß: Bei Verlust des Reisepasses stellen die deutschen diplomatischen Vertretungen in Polen einen Reiseausweis zur Rückkehr nach Deutschland aus. Dazu sind eine Bestätigung über den Verlust durch die örtliche Milizbehörde und zwei Paßbilder vorzulegen.
Fahrzeugpapiere: Zur Ausreise genügt die durch die örtliche Milizbehörde bestätigte Verlustanzeige.
Neue Personalausweise und Fahrzeugpapiere können nur in der Bundesrepublik Deutschland ausgestellt werden. Für den Fall eines Verlustes ist es empfehlenswert, sich die Nummern der Personalpapiere gesondert zu notieren, um die Identifizierung durch die deutschen diplomatischen Vertretungen zu erleichtern.

4. *Diplomatische Vertretungen*

Botschaft der Bundesrepublik Deutschland, Ambasada Republiki Federalnej Niemiec, ul. Katowicka 33, 03-932 Warszawa, Tel. 004822/176065, Telex 063/813455

Generalkonsulat der Bundesrepublik Deutschland, Konsulat Generalny Republiki Federalnej Niemiec, ul. Podwale 76 (Ohlauer Stadtgraben), 50–449 Wrocław (Breslau), Tel. 004871/442006 und 442007

5. Folgende Tage sind in Polen Feiertage:

Neujahr, Ostersonntag und Ostermontag, 1. Mai, Fronleichnam, Mariä Himmelfahrt, Allerheiligen, 25. und 26. Dezember (Weihnachten).

II. Geldumtausch

Nachdem der Pflichtumtausch für Reisen nach Schlesien weggefallen ist, sind nur noch die jeweiligen Bestimmungen über den Geldumtausch zu beachten.

Es ist notwendig, Umtauschquittungen aufzubewahren, um gegebenenfalls in Hotels oder auch bei der Ausreise den rechtmäßigen Erwerb von Zahlungsmitteln nachweisen zu können.

Die Ein- und Ausfuhr polnischer Zahlungsmittel ist nicht gestattet. Wer bei der Ausreise aus Polen noch polnische Zahlungsmittel besitzt, muß diese zur Vermeidung einer Beschlagnahme an der Grenzübergangsstelle angeben. Eingeführte Fremdwährung muß an der Grenze deklariert werden, da nicht mehr Fremdwährung ausgeführt werden darf als eingeführt wurde.

Konvertierbare Fremdwährungen dürfen ohne Beschränkung ausgegeben, gewechselt oder verschenkt werden.

Der Reisende darf jede konvertierbare Währung ohne Begrenzung in Form von Bargeld, Schecks und Wechseln in Polen einführen.

Euroschecks werden akzeptiert. Kreditkarten von American Express, Visa, Carte Blanche, Diners Club, Eurocard, Master Charge, Access, Interbank werden in Polen von ca. 300 Unternehmen angenommen. Die Einwechslung bei Banken und Wechselstellen ist in jedem größeren Ort möglich.

III. Zollvorschriften

Einfuhr

Wir bitten Sie zu berücksichtigen, daß die Zollvorschriften für Polen nur auszugsweise wiedergegeben werden können. Weitergehende Informationen sind in der Regel an den Grenzübergangsstellen in Polen zu erhalten.

Die nachfolgend aufgeführten Zollangaben sollen lediglich zur Orientierung dienen, da diese ständigen Änderungen unterliegen.

Zollfrei eingeführt werden dürfen Gegenstände des persönlichen Bedarfs, 250 Zigaretten oder 50 Zigarren oder 250 g Tabak, 2 l Weinerzeugnisse, 5 l Bier, Geschenkartikel, deren Marktwert den Gegenwert von 200 US-$ (Tageskurs) nicht übersteigt (ausgenommen alkoholische Getränke und Gegenstände von hohem Einzelwert), Schokolade bis 1 kg, Kaffee bis 200 g.

Zollfrei können mitgenommen, müssen aber deklariert und wieder ausgeführt werden 1 Fernglas, 2 Fotoapparate und 1 Filmkamera mit je 10 Filmen; Musikinstrument, Plattenspieler, Radio mit Kassettenrecorder, Tonband, Fernseher und elektrische Geräte des persönlichen Bedarfs; Schallplatten, Tonbänder, Kassetten zu den Geräten; ferner Campingwagen, Pkw-Anhänger, Zelt, Schlafsack, Matratze, 1 Paar Ski, 2 Tennisschläger, Fahrrad, Boot oder Kajak (bis 5,5 m Länge); echte Pelz- und Lederbekleidung (je 1 Stück von jeder Sorte); persönliche Schmuckstücke bis zu einem Gesamtgewicht von 50 g.

Autotelefone und Funkgeräte

Die Einfuhr von Autotelefonen und Funkgeräten kann nur aufgrund einer Genehmigung der Staatlichen Radioinspektion (Panstwowa Inspekcja Radiowa w Warszawie, ul. Swietokrzyska 3, 00-360 Warszawa, Telex 063-812873) erfolgen. Das entsprechende Gesuch muß mindestens 6 Wochen vor dem geplanten Reiseantritt gestellt werden. Nachstehende Angaben müssen im Antrag enthalten sein:
– Namen der Reisenden
– Anzahl der Aufenthaltstage in Polen
– Frequenz, Stärke und Typ der Anlage
Liegt bei Reiseantritt keine Genehmigung vor, kann der Zollbeamte auf dem kompletten oder teilweisen Ausbau der Anlage bestehen.

Mitnahme von Hunden und Katzen

Die Tiere müssen mindestens 3 Wochen vor der Einreise nach Polen gegen Tollwut geimpft worden sein. Laut unseren Informationen sind Tollwutschutzimpfungen ein Jahr gültig.
Der Impfpaß eines Tieres muß eine kurz vor Reiseantritt vom Arzt bestätigte »Amtliche tierärztliche Gesundheitsbescheinigung« enthalten.

Zollvorschriften für Fahrzeuge

Die Zollabfertigung für die im Ausland zugelassenen Fahrzeuge (PKW u. Motorrad), die für die Dauer des Aufenthaltes nach Polen eingeführt werden, erfolgt unter Vorbehalt aufgrund von Dokumenten, die in den Internationalen Abkommen vorgesehen sind (siehe auch Abschnitt V.).

Die Zollabfertigung des Fahrzeugs unter Vorbehalt kann vereinfacht erfolgen, und zwar durch Eintrag im Reisepaß in Form eines Stempels. Der Ausfuhrtermin des unter Vorbehalt eingeführten Fahrzeuges erlischt an dem Tag, den die Person, die es zur Zollabfertigung bei der Einfuhr angemeldet hat, angegeben hat.
Sollte das eingeführte Fahrzeug nicht zum vorgesehenen Ausreisetermin ausgeführt werden, wird der Reisende aufgefordert, nachträglich Einfuhrzollgebühren zu entrichten.
Falls die Zollgebühren vom Ausreisenden nicht beglichen werden, ist das zuständige polnische Zollamt berechtigt, das in Polen zurückgelassene Fahrzeug zu beschlagnahmen.
Die im Ausland lebende Person, die einen PKW nach Polen einführt, muß im Besitz von Versicherungsunterlagen sein, die auch für Polen gültig sind.
Das unter Vorbehalt abgefertigte Fahrzeug darf nicht ohne Zustimmung des Zollamtes dritten Personen verliehen bzw. überlassen werden.

Ausfuhr

Vor dem Kauf von Gegenständen sollte sich jeder Reisende über die Zollausfuhrbestimmungen Polens und über die Einfuhrbestimmungen der Bundesrepublik Deutschland informieren.
Falls zur Ausfuhr vorgesehene Gegenstände den Gegenwert von 200 US-$ übersteigen, kann beim Zollamt des Grenzübergangs eine Sondergenehmigung beantragt werden.
Eine Ausfuhr von Kunstwerken, Antiquitäten, Büchern und Gegenständen, die vor dem 9. Mai 1945 hergestellt wurden, kann nur unter Vorlage einer Genehmigung des Denkmalkonservators der jeweiligen Wojewodschaft bzw. der Nationalbibliothek in Warschau erfolgen.

IV. Einreise

1. Mit der Eisenbahn

Das Faltblatt der Deutschen Bundesbahn »Die neue Bahn ›Polen – Tips und Informationen‹« enthält alles Wissenswerte für die Bahnreise nebst Fahrplananschlüssen von der Bundesrepublik Deutschland nach Polen, auch die Fahrpreise nach dem letzten Tarifstand. Herausgeber: Zentrale Verkaufsleitung, Mainz, WER P 21/85.

Durchgehende Bahnverbindungen:

Köln – Düsseldorf – Hannover – Berlin – Poznań – Warszawa; Ruhrgebiet – Hannover – Leipzig – Görlitz – Wrocław – Kraków; Frankfurt/Main – Bebra – Wrocław – Warszawa; München – Dresden – Wrocław – Katowice

2. Mit dem Auto

Zur Zeit gibt es folgende Grenzübergänge nach Schlesien (weitere sind in Vorbereitung):

a) Bundesrepublik Deutschland – Polen
Schwedt – Krajnik, Frankfurt/Oder – Słubice, Frankfurt/Oder – Świecko, Guben – Gubin, Forst – Olszyna, Bad Muskau – Łęknice, Görlitz – Zgorzelec, Zittau – Sienawka (Klein – Schönau)

b) ČSFR – Polen
Harrachov – Jakuszyce (Schreiberhau/ Jakobstal), Nachod – Kudowa Zdrój, Bohumín – Chałupki, Český Těšín – Cieszyn (Teschen)

V. Im Auto durch die Republik Polen

Die mit international gültigen Verkehrszeichen versehenen Hauptverkehrsstraßen ermöglichen einen bequemen Reiseverkehr. Nicht alle Nebenstraßen sind in gutem Zustand. Im Vergleich zum westlichen Ausland ist der Autoverkehr in Polen weniger intensiv.

Es ist zu beachten, daß verhältnismäßig viele Radfahrer, Pferdefuhrwerke und andere Fahrzeuge der landwirtschaftlichen Nutzung unterwegs sind, deren Beleuchtung oft mangelhaft ist. Außerdem sollte besonders in Dörfern und auf Landstraßen auf Fußgänger geachtet werden.

Das Parken ist bei Dunkelheit nur mit Standlicht gestattet. Außerhalb von Ortschaften besteht Anschnallpflicht.

Bei mehr als 0,2 Promille Alkohol ist das Führen eines Fahrzeuges unter Strafe verboten.

Das Mitführen eines Warndreiecks sowie eines Verbandskastens ist vorgeschrieben.

An *Dokumenten* sind erforderlich: Führerschein, deutsche Zulassung (Fahrzeugschein), Grüne Versicherungskarte (für Wohnwagenanhänger wird eine zusätzliche Versicherungskarte benötigt). Alle Versicherungen müssen über das Ende des Aufenthaltes hinaus gültig sein.

Der Abschluß von Zusatzversicherungen ist zu empfehlen, z.B. Reiseunfall-, Reisekranken-, Reisegepäck-, Kurzkasko-Insassen- und Verkehrsrechtsversicherungen.

Benzin

An allen Tankstellen ist Benzin gegen Złoty erhältlich.
Preise pro Liter – Stand Januar 1991
Benzin 94 Oktan und

»Bona 91« bleifrei	4100 Złoty
Benzin 98 Oktan	4300 Złoty
Diesel	2800 Złoty

Kurs: DM 1,– = ca. 6750 Złoty (Stand Januar 1991)

Bleifreies Benzin wird in Polen unter der Bezeichnung BONA 91 geführt und entspricht DIN 51607 (ROZ min. 91.0).
Bedingt durch die Situation auf dem Ölmarkt, unterliegen die Preise für Benzin kurzfristigen Änderungen.

Es ist zulässig, einen Reservekanister mit Benzin bis max. 20 l zollfrei nach Polen einzuführen.

Die Anschriften der Tankstellen, die u. a. bleifreies Benzin verkaufen:

Ort	Straße
Bielsko-Biała (Bielitz)	Cieszynska
Bydgoszcz (Bromberg)	Dzierzynskiego
Częstochowa (Tschenstochau)	Warszawska
Gdańsk (Danzig)	Dabrowskiego
Lubin (Lüben)	Route 3, ca. 100 km vom Grenzübergang Görlitz-Zgorzelec entfernt
Opole (Oppeln)	Wrocławska
Świebodzin (Schwiebus)	Ca. 70 km vom Grenzübergang Frankfurt/Oder-Słubice entfernt
Wałbrzych (Waldenburg)	Wieniawskiego
Wrocław (Breslau)	Zmigrodzka
Wrocław (Breslau)	Autostrada
Zgorzelec (Görlitz-Ost)	Slowinska

Diese Tankstellen sind rund um die Uhr geöffnet.

Tankstellen

In Polen sind die Tankstellen mit der Abkürzung CPN (Centrala Produktow Naftowych) bezeichnet. Die Entfernung zwischen den Tankstellen beträgt durchschnittlich 20–50 km. Wenn sie sich nicht direkt an der Straße befinden, weisen entsprechende Schilder darauf hin. Während der Sommersaison sind die meisten Tankstellen von 6 bis 22 Uhr, an Sonn- und Feiertagen von 7 bis 17 Uhr, in Großstädten, an Kreuzungen von Fernstraßen sowie an internationalen Routen teilweise durchgehend Tag und Nacht geöffnet. Außer polnischen Motorölen vertreiben die Tankstellen auch Öle ausländischer Firmen, z. B. Shell, Mobil, Castrol, BP und AGIP. Diese importierten Öle werden nur gegen konvertierbare Währung verkauft, inländische Erzeugnisse gegen Złoty. An verschiedenen Tankstellen können Campingtouristen Flüssiggasbehälter füllen lassen.

Verkehrsbesonderheiten

Die Höchstgeschwindigkeiten betragen

	Lkw	Pkw	Pkw m. Anhänger	Motorrad
auf Landstraßen	70 km/h	90 km/h	70 km/h	90 km/h
auf Schnellstraßen	70 km/h	110 km/h	70 km/h	90 km/h
in geschlossenen Ortschaften	60 km/h	60 km/h	60 km/h	60 km/h

Verhalten bei Verkehrsunfällen

Wird ein Kraftfahrer in einen Verkehrsunfall verwickelt, ist es seine Pflicht, solange am Unfallort zu bleiben, bis die Unfallfolgen ermittelt worden sind. Bei Unfällen mit Personenschäden besteht Erste-Hilfe-Pflicht. In jedem Fall ist die Polizei zu benachrichtigen. Die Unfallstelle muß den allgemeinen Sicherheitsbestimmungen entsprechend abgesichert werden.
Notruf-Nummern:
Polizei (allgemein)   997
Feuerwehr (allgemein)   998
Unfallrettung (allgemein)   999
Pannenhilfe (allgemein)   981
Pannenhilfe u. Abschlepp-
dienst Warszawa (PZM)   499361
Wichtig ist das Einschalten der Polizei in allen Schadensfällen zur Aufnahme eines Protokolls, in welchem die Feststellung enthalten sein sollte, daß gegen die Ausreise aus Polen keine Bedenken bestehen. Ohne eine solche Bescheinigung können Reisende bei sichtbaren Unfallschäden am Fahrzeug zurückgehalten werden, bis die Angelegenheit geklärt ist.
Bei schweren Autounfällen sind die polnischen Behörden bis zur Klärung der Unfallursache berechtigt, eventuell den Reisepaß, die Kraftfahrzeugpapiere sowie in Einzelfällen den Pkw des ausländischen Touristen einzuziehen. Empfehlenswert ist es, vor Reiseantritt das »Unfallmerkblatt« beim Automobil-Club anzufordern.

Jeder *Unfall* muß auch der Staatlichen Versicherungsanstalt PZU oder der Versicherungsanstalt Warta gemeldet werden, die ein Protokoll über die Schadenshöhe ausstellen. Auskunft über Abschlepp- und Unterstellmöglichkeiten für das beschädigte Fahrzeug erteilt die Polizei.
Reparaturen werden an Wochenenden nicht ausgeführt. Muß ein Kraftfahrzeug zurückgelassen oder ohne Begleitung desjenigen, der mit ihm eingereist ist, zurückgeführt werden, so ist dies mit entsprechender Bescheinigung der Abschleppfirma bzw. Reparaturwerkstatt bei der Polizei zu melden, die darüber eine Bescheinigung ausstellt und Auskunft über das weitere Verfahren gibt.

Autoservice

Es gibt in Polen staatliche (»Polmozbyt«), genossenschaftliche und private Autowerkstätten; außerdem Werkstätten von gesellschaftlichen Organisationen (PZMot). Kreditbriefe der AIT und FIA können benutzt werden. Bei Pannen ist der Straßendienst des PZMot (»Pomoc Drogowa PZMot«) zu verständigen. Adressen sind im Reiseführer vermerkt. »Polmozbyt« unterhält auch einen Straßennotdienst.

Funknotruf

In der Zeit vom 23. Juni bis 30. September (9–12 Uhr) werden im 1. Programm von Radio Warszawa (Frequenz 1200 m/Langwelle) im Rahmen der Sendung »Sommer im

Radio« Wettervorhersagen, touristisch interessante Mitteilungen und gegebenenfalls auch *Rundfunknotrufe (Autoreiserufe)* in polnischer Sprache und in der *Muttersprache* des Gesuchten übertragen. Telefonnummer der Redaktion 45-92-77.

Anhalter-Touristik

Wer in Polen per Anhalter reisen möchte, muß im Besitz eines Anhalterausweises sein, der in ca. 200 PTTK-Büros an Ort und Stelle sowie in den »it-Touristik-Zentren« in großen Städten erworben werden kann. Es empfiehlt sich, eine Unfallversicherung fürs Ausland abzuschließen. Ferner erhält der Anhalter: ein Heft mit Kilometerkontrollabschnitten, das zu einer Fahrt von 2000 km pro Person berechtigt, eine Informationsbroschüre über Autostop und Verhaltensweise sowie eine Autokarte. Das Mindestalter für Anhalter ist 17 Jahre. Die Anhalteraktion beginnt am 1. Mai und endet am 30. September.

Ärztliche Hilfe

Ärztliche Hilfe und Dienstleistungen müssen bar in Złoty bezahlt werden.

Eine Erstattung der polnischen Arztkosten durch die deutsche Krankenkasse kann nicht vorausgesetzt werden, da diese erst prüfen wird, ob und gegebenenfalls welcher Betrag erstattet werden kann. Es empfiehlt sich daher, eine Zusatzkrankenversicherung für das Ausland abzuschließen. Allgemein herrscht in Polen ein Mangel an Medikamenten, so daß es ratsam ist, die Reiseapotheke umfangreich auszustatten. Apotheke (poln. *Apteka*).

In Notfällen ist der Rettungsdienst, Tel. 999, anzurufen. Notarztwagen (poln. *Pogotowie ratunkowe*).

Ansonsten wendet man sich an einen Arzt (*Lekarz*) oder an ein Krankenhaus (*Szpital*). Auskünfte über Reisezusatzversicherungen erteilen die Reisebüros·und POLORBIS.

VI. Fahrradtouristik

Es ist erlaubt, mit dem Fahrrad nach Polen einzureisen und das Land mit dem Fahrrad zu durchreisen. Die Reiseroute kann den eigenen Wünschen entsprechend zusammengestellt werden. Obwohl grundsätzlich die Möglichkeit besteht, in Polen Fahrräder zu mieten, empfehlen wir, die eigenen Fahrräder mitzuführen, da die Nachfrage in der Regel das Angebot übersteigt.

VII. Eisenbahnverkehr

Auf den Hauptstrecken sind die Expreß-Züge und einige D-Züge platzkartenpflichtig. Platzkarten können am Fahrkartenschalter und bei freien Plätzen sowie für die 1. Klasse auch beim Zugschaffner gelöst werden. In der Hauptsaison (Juli–August; Dezember–Januar) empfiehlt es sich, Schlafwagen- und Platzkarten entsprechend früher an den Schaltern des ORBIS zu besorgen. Platzreservierungen für Züge nehmen ebenfalls die Zweigstellen des POLRES in den größeren Bahnhöfen vor, jedoch ist der Andrang in der Hauptreisezeit sehr groß. Für Reisende aus der Bundesrepublik Deutschland empfiehlt es sich, 1. Klasse zu reisen, auch in Nachtzügen anstelle der Benutzung eines Liegewagens. Damit hat man jedoch, wenn man in der Republik Polen zusteigt, wegen häufiger Überfüllung auch noch keine Gewähr für einen Sitzplatz.

Pauschalangebot: Der *Polrailpaß* ist eine zeitlich begrenzte Fahrkarte für alle in den Fahrplänen der Polnischen Staatsbahnen-Gesellschaft (PKP) angegebenen Personen-, Schnell- und Expreßzüge. Er kann formlos oder mit Bestellformular angefordert werden. Gültigkeitsdauer ab Datum der Ausstellung von 8, 15, 21 Tagen oder einem Monat. Der Polrailpaß berechtigt zu einer unbegrenzten Anzahl von Fahrten innerhalb des angegebenen Gültigkeitszeitraumes. Er wird auf den Namen ausgestellt, ist nur in Verbindung mit dem Reisepaß und dem Aufenthaltsvisum gültig und nicht übertragbar.

VIII. Flugverkehr

Von Warschau (Warszawa) aus verkehren Maschinen der polnischen Fluggesellschaft »LOT« regelmäßig nach Breslau (Wrocław), Grünberg (Zielona Góra) und Kattowitz (Katowice). Tägliche Flugverbindungen zwischen Deutschland und Polen bestehen mit den Fluggesellschaften LOT, Lufthansa und PanAM. Außer von Berlin aus werden Direktflüge angeboten nach Warschau (Warszawa) von Köln, Düsseldorf und Frankfurt/Main, nach Krakau (Kraków) von Köln und Frankfurt/Main und nach Danzig (Gdańsk) von Hamburg aus. Der Internationale Flughafen Warszawa-Okecie liegt ca. 8 km vom Stadtzentrum entfernt und ist mit Bus oder Taxi schnell und bequem zu erreichen. Bei innerpolnischen Anschlußflügen wechselt man von Okecie zum Nationalen Flughafen Warschau (Warszawa). Es besteht eine regelmäßige Busverbindung. Auskünfte über Flugverbindungen und -preise können über POLORBIS sowie über die Büros der LOT Polnische Fluglinien eingeholt werden:
5000 Köln 1, Tränkgasse 7–9, Tel. 0221/133078;
2000 Hamburg 1, Ernst-Merck-Str. 12–14, Tel. 040/244747;
6000 Frankfurt/Main, Wiesenhüttenplatz 26, Tel. 069/231981;
1000 Berlin, Budapester Str. 18, Tel. 030/2611505.

IX. Reisebüros und touristische Organisationen

1) Polnisches Reisebüro »ORBIS« – 00–028 Warszawa, ul. Bracka 16
Das Reisebüro unterhält in zahlreichen Hauptstädten Niederlassungen. Für Deutsche kommen in Betracht:
LOT, Frankfurt/Main, Wiesenhüttenplatz 26, Tel. 231981
»Polorbis – Reiseunternehmen GmbH«, Hohenzollernring 99–101, 5000 Köln 1, Tel. 0221/520025

Fax (0221) 528277; Telex 8883489; BTX (0221) 520025–40405; Mo–Fr: 9.30–18.00 Uhr, Sa: 10–13 Uhr
2000 Hamburg 1, Glockengießerwall 3, Tel. (040) 337686, Fax (040) 324210; Telex 2161122; Mo–Fr: 9.30–18 Uhr, Sa geschlossen.
7000 Stuttgart 1, Rotebühlstr. 51, Tel. (0711) 612420 u. 613711; Telex 723151; Mo–Fr: 9.30–18 Uhr, Sa 10–13 Uhr.

O-1034 Berlin, Warschauer Str. 5, Tel.
(00372) 5894530 u. 5894967; Fax (00372)
5895541; Telex 112469; Mo–Fr: 9.30–18
Uhr, Sa 10–13 Uhr
ORBIS – Büro für ausländische Einreisetouristik
a) Einzeltourismus, 00-061 Warszawa, ul.
Marszałkowska 142, Tel. 27-80-31
b) Gruppentourismus, 00-193 Warszawa,
ul. Stawki 2, Tel. 635-71-23
Zweigstellen befinden sich in allen größeren
schlesischen Städten. Das Reisebüro besitzt
selbst Hotels und Pensionen, verkauft und
reserviert Eisenbahnfahrkarten und Flugscheine, organisiert auch Kultur- und Unterhaltungsveranstaltungen.

2) Büro für Touristik des Polski Związek Motorowy (PZMot) – Polnischer Motorsportverband, Zentrale Warszawa, Aleja Jerozolimskie 63, Tel. 294550.

Das Büro organisiert Einzel- und Gruppenreisen sowie Erholungsaufenthalte für motorisierte Touristen in Polen, stellt internationale Führerscheine aus, regelt Versicherungsangelegenheiten, befaßt sich mit Autoreparaturen, erteilt technische, medizinische und juristische Hilfe auf Grund von Kreditscheinen (ETI, AAI), verkauft Ersatzteile für Autos westlicher Produktion gegen Devisen, Camping-Karten und erteilt Auskünfte. *Straßendienste:* Zweigstellen in Grünberg (Zielona Góra), ul. Krakusa 58, Tel. 717-70; Breslau (Wrocław), ul. Hauke-Bosaka 20, Tel. 981; Kattowitz (Katowice), ul. Wodna 14, Tel. 388-56. Außerdem sind an den wichtigsten Grenzübergangsstellen Vertretungen des PZMot tätig.

3) Polnische Gesellschaft für Touristik und Landeskunde Polskie Towarzystwo Turystyczno-Krajoznawcze (PTTK), ul. Świętokrzyska 36, 00–116 Warszawa, Tel. 208241.

Zweigstellen in zahlreichen schlesischen
Städten (z.B. Breslau (Wrocław), Rynek
11/12, Ratusz, Tel. 386-60; Hirschberg (Jelenia Góra), ul. 1 Maja 88, Tel. 224-03;
Liegnitz (Legnica), ul. Chojnowska 9, Tel.
256-60 (im Haynauer Torturm); Oppeln
(Opole), ul. Barlickiego 4a, Tel. 363-48. Die
Gesellschaft befaßt sich mit der Pflege von
Denkmälern und Naturschutz, mit der Verbreitung der Landeskunde, mit Wandern,
Bergsteigen, Wintersport, Wassersport usw.
Sie stellt Wanderführer zur Verfügung, organisiert die Besichtigung von Industriebetrieben und besitzt zahlreiche touristische
Objekte im Land (u.a. Burgen, Wanderhütten).

4) Reisebüro des Sozialistischen Studentenverbandes Polens (ZSP) »Almatur«, Warszawa, ul. Ordynacka 9, Tel. 26-53-81

Das Büro organisiert billige Einzel- und
Gruppenausflüge zu Schulungs-, Kulturund touristischen Zwecken für Studenten,
unterhält Studentenhotels in der Saison und
ständige Erholungszentren in den Fremdenverkehrsgebieten. In Universitätsstädten
befinden sich Abteilungen von »Almatur«.

5) Büro für Auslandstouristik der Jugend »Juventur«, ul. Gdanska 27/31, 01-633 Warszawa, Tel. 330041

Das Büro organisiert Polenreisen für die
lernende und werktätige Jugend.

6) Touristische Information

»it«-Punkte befinden sich in allen Grenzübergangsorten für Straßenverkehr, in den
Büros der touristischen Organisationen, in
den größeren Bahnhöfen und in den Empfangshallen der größeren Hotels. Die »it«-Punkte erteilen alle vom Touristen benötigten Informationen, u.a. über Übernachtungsmöglichkeiten, Verkehrsverbindungen, Restaurants sowie Erholungs- und

Sportzentren. In den »it«-Punkten kann man (soweit vorhanden) Prospekte, Reiseführer, Landkarten und Werbeschriften über ausgewählte Regionen erhalten.

7) Öffentlicher Autobusverkehr

Neben den Eisenbahnlinien eignet sich das Netz der Autobusfernstrecken (PKS), um vom Standort aus das Land zu bereisen, sofern der Einzelreisende nicht die überall angebotenen Taxen benutzen will. Die PKS-Stationen befinden sich in der Regel in der Nähe der Bahnhöfe. Fahrkarten können in den Zweigstellen von POLRES und ORBIS oder auch im Bus gelöst werden. Der Vorverkauf für den Fernverkehr kann schon 30 Tage vor Antritt der Fahrt in Anspruch genommen werden (ohne Platzreservierung).

8) Städtische Verkehrsmittel

Für Benutzung der Straßenbahnen und städtischen Autobuslinien müssen die *Fahrscheine vorher* an den Zeitungskiosken »Ruch« *gekauft* und sofort nach Betreten der Verkehrsmittel gelocht werden.

X. Unterkünfte

Hotels

Der vorliegende Reiseführer bedient sich der alten Einteilung in Kategorie I–IV, die in den polnischen regionalen und lokalen Stadtführern verwandt wird. Hiernach kommen für Reisende aus Deutschland nur die mit Kategorie I und II gekennzeichneten Hotels in Betracht. Wo sie gänzlich fehlen, wurden auch Hotels der Kategorie III aufgenommen. Dort, wo neue polnische Reiseführer die internationale Klassifizierung mit Sternchen führen, wurde diese Kennzeichnung hier übernommen.
Hinsichtlich aller touristischen Angaben gibt es keine Gewähr dafür, daß sie nicht überholt sind, da derartige Veränderungen nicht immer publik gemacht werden.
Für den Komfort gilt, daß man auf Überraschungen gefaßt sein muß, da neue Gebäude und vor allem Installationen in Polen kurzlebiger sind als im Westen.
Zimmerbestellungen bei Hotels sind auch direkt möglich, Bestätigungen geben im allgemeinen nur Orbis-Hotels.

Pensionen

vermittelt »Orbis«. Die kürzeste Aufenthaltszeit dafür beträgt 7 Tage.

Motels und Raststätten

Sie wurden in den letzten Jahren hauptsächlich an den wichtigsten Fernverkehrsstraßen nahe den Stadtausgängen errichtet. Oft haben sie einen Auto-Service und in der Nähe eine Tankstelle.

Wanderheime, bzw. Touristenhotels (Dom Wycieczkowy)

Einige von ihnen besitzen außer Schlafsälen auch Ein- und Zweibettzimmer und verfügen über ein Restaurant, ein Café und einen Clubsaal. Sie eignen sich im allgemeinen nur für Jugendliche.

Wanderherbergen (Schroniska)

Diese Bergunterkünfte sind in vier Kategorien eingeteilt, die besten gleichen den Wanderheimen und verfügen über Zimmer, manchmal auch mit Bad. Meist sind es die früheren Gebirgsbauden. Ihre Zahl ist nicht groß, daher ist für die Benutzung eine sehr lange Voranmeldungsfrist vor allem in der Saison erforderlich (zwei bis drei Monate, zuzüglich der für den Postgang üblichen Zeit).

Camping

In Schlesien gibt es zahlreiche Campingplätze. Interessenten sollten einen Campingführer anfordern bei: Polska Federacja Campingów, Warszawa, ul. Nowakowskiego 10. Viele Campingplätze bieten auch Unterkünfte in Bungalows an und vermieten Zelte.

Jugendherbergen (Schroniska Młodzieżowe)

Nur wenige Jugendherbergen sind das ganze Jahr hindurch geöffnet. Schuljugend und Studenten bis zum 25. Lebensjahr haben das Vorrecht. Im übrigen kann jeder von der Unterkunft Gebrauch machen. Wenn die Herberge über freie Plätze verfügt, kann man mit Genehmigung des Leiters auch länger als drei Nächte bleiben. Die Schlafräume werden von 10 bis 17 Uhr geschlossen. Jugendherbergen, in denen keine Speise- oder Tagesräume vorhanden sind, öffnen bei Regenwetter die Schlafräume. Gruppen von mindestens fünf Teilnehmern (in der Regel bis zu 20 Personen) sollten die geplanten Übernachtungen 4 Wochen vor der Ankunft bestellen. Die Polnische Gesellschaft für Jugendherbergen (PTSM), Warszawa, ul. Chocimska 28, gibt jährlich eine Broschüre mit Informationen und eine Aufstellung sämtlicher Jugendherbergen heraus.

Internationale Studentenhotels

sind während der Sommerferien geöffnet und befinden sich in zu diesem Zweck angepaßten Studentenwohnheimen. Auskunft hierüber erteilt ALMATUR, Warszawa, ul. Ordynacka 9, und seine Abteilungen in allen Universitätsstädten.

Für die Inanspruchnahme der Almatur-Studentenhotels sind entsprechende Hotel-Gutscheine (anstelle von Pflichtumtausch-Scheinen) bei »Polorbis« erhältlich. Liste mit Almatur-Hoteladressen bei »Polorbis« anfordern. Vorherige Hotelreservierung ist nicht notwendig, erwünscht ist die Ankunft im jeweiligen Hotel bis spätestens 14 Uhr.

XI. Einkäufe etc.

In Polen gelten täglich, außer sonntags, folgende Öffnungszeiten:

Lebensmittelgeschäfte: von 6 bzw. 8 bis 19 Uhr (einige Geschäfte sind sonntags von 7 bis 10 Uhr geöffnet)

Selbstbedienungshallen: von 8 bis 21 Uhr bzw. Delikatesy-Geschäfte in größeren Städten

Industriegeschäfte: von 11 bis 19 Uhr

Warenhäuser: von 8.30 bis 20.30 Uhr (an arbeitsfreien Sonnabenden von 10 bis 16 Uhr)

Post-Telegraph-Fernsprechdienst

Postämter tragen die Aufschrift POCZTA. Sie sind von 8–20 Uhr geöffnet, Hauptpostämter in größeren Städten Tag und Nacht. Die Briefkästen sind rot, grüne Briefkästen in den Großstädten sind nur für den Ortsverkehr bestimmt. Telegramme können in den Großstädten auch mit deutschem Text aufgegeben werden. Die größeren Städte sind dem Selbstwählverkehr (Vorwahlnummern!) angeschlossen, doch kann die Herstellung einer Verbindung einige Zeit dauern. Ein Selbstwählferngespräch aus der Bundesrepublik Deutschland ist eher möglich als umgekehrt.

Speisen und Getränke

Unter dem von der Genossenschaft »Spolem« geführten Gaststätten befinden sich stilvoll eingerichtete Lokale, die besonders die Traditionen der altpolnischen Küche pflegen. Viele derartig gemütliche Gaststätten kann man an den Fernverkehrsstraßen, oft weitab von der Stadt, antreffen. Schnell und billig kann man in der Stadt in den Selbstbedienungs- und Imbißstuben essen. Ein typisch polnisches Mittagessen beginnt mit einer Suppe (Rote-Rüben-Suppe [Barszcz], Gemüse-, Gurken-, Pilz- und andere Suppen). Zu den populärsten Gerichten gehören Kohlrouladen, Piroggen, Rindsschnitzel, Piroggen mit Kaldaunenfüllung, Kuttelflecksuppe (Flaki) und Sauerkraut mit Fleisch (Bigos), das auch morgens schon in Frühstücksstuben angeboten wird. Geflügelgerichte sind häufig.

Auf der Straße, d. h. in den Zentren der Städte, wird im Sommer ebenso wie in Eisdielen und Konditoreien Speiseeis (Lody) angeboten. In Cafés und Teestuben gibt es Kuchen und Torten.

Das Getränkeangebot umfaßt Fruchtsäfte (Sok), Coca-Cola bzw. Pepsi-Cola, Bier (Piwo) – Bierstube = Piwiarnia – und andere alkoholische Getränke (nur nach 13 Uhr). Kaffee ist knapp, Tee in allen Restaurants üblich. In der Sommerzeit sollten Bus- und Pkw-Reisende einen ausreichenden Vorrat an Getränken, vor allem Mineralwasser, mitführen (nicht abgekochtes Wasser aus der Leitung zu trinken, ist nicht empfehlenswert).

In Restaurants – vor allem der gehobenen Klasse – sind Trinkgelder (10 %) mit der Zunahme des Reiseverkehrs üblich geworden. In kleineren Gaststätten werden sie nicht erwartet.

Fotografieren

Beim Filmen und Fotografieren achten Sie bitte darauf, daß Sie keine militärischen Einrichtungen und keine Verkehrseinrichtungen wie Brücken, Bahnanlagen, Hafenanlagen sowie Industrie- und Grenzbauten aufnehmen. Dies gilt auch für amtliche Gebäude und solche, die unter das Fotografierverbot fallen. In Zweifelsfällen ist es ratsam, sich zu erkundigen, ob das Fotografieren erlaubt ist.

XII. Polen als Reiseland

Die Republik Polen hat sich im letzten Jahrzehnt in vielerlei Hinsicht bemüht, ein Reiseland zu werden. Davon zeugen in allen größeren Städten die neuerrichteten »Orbis-Hotels«, zahlreiche Motels an den Ausfallstraßen sowie die »it«-Punkte zur Information und die Verkehrsbüros. Jedoch sind die zahlreichen Stadt- und Regionalprospekte sowie Straßen- und Wanderkarten – oft mit mehrsprachigen Erläuterungen – meist bald nach der Herausgabe vergriffen.

Im allgemeinen ist es möglich, vor allem in den größeren Hotels, sich auf deutsch zu verständigen, darüber hinaus aber ist es außerordentlich hilfreich für den Kontakt mit der Bevölkerung und bei notwendigen Auskünften, wenn wenigstens einige Worte der polnischen Umgangssprache bekannt sind. Siehe den Abschnitt »Kleine Auswahl polnischer Wörter und Redewendungen«! Der Reisende, der seine an westlichen Gewohnheiten und Möglichkeiten orientierten Ansprüche zu Hause läßt und sich auf die polnische Mentalität einstellt – wie es entsprechend für Reisen in alle fremden Länder angebracht ist –, wird, wie Zehntausende alljährlich, die Erfahrung machen:

Schlesien ist heute auch für Nichtschlesier wieder eine Reise wert!

Zur aktuellen Lage der Deutschen in Schlesien

Im Dezember 1985 wurde in Ratibor der Deutsche Freundschaftskreis als Organisation der Deutschen gegründet, die in der schlesischen Heimat für ein gleichberechtigtes Miteinander und eine gemeinsame Zukunft mit den polnischen Nachbarn eintreten wollen. Gleichsam noch im Untergrund begann man damals durch die Herausgabe deutscher Informationsblätter, durch die Errichtung von Bibliotheken, durch die Veranstaltung gemeinsamer Liederabende und auch schon vereinzelt durch das Angebot von Deutschunterricht wieder ein deutsches Kulturleben aufzubauen. Um auf die Existenz der deutschen Volksgruppe aufmerksam zu machen, organisierte Johann Kroll aus Gogolin im Sommer 1989 eine Unterschriftenaktion, bei der sich innerhalb weniger Wochen über 300 000 Deutsche in die Listen des Deutschen Freundschaftskreises eintrugen. Nach der »Gemeinsamen Erklärung« der deutschen und der polnischen Regierung vom November 1989 wurden dann endlich im Januar und Februar 1990 die »sozial-kulturellen Vereinigungen« der deutschen Volksgruppe in den Wojewodschaften Oppeln, Kattowitz und Tschenstochau registriert.

Bei den Kommunalwahlen am 27. Mai 1990 gelang von 500 im Bezirk Oppeln aufgestellten Kandidaten der deutschen Volksgruppe 380 der Einzug in oberschlesische Stadt- und Gemeinderäte. In 25 Städten und Gemeinden erreichten die Deutschen die Mehrheit der Stimmen. Ähnliche Erfolge konnten auch im schlesischen Teil des Bezirkes Tschenstochau (in den Kreisen Rosenberg, Guttentag und Lublinitz) sowie in ländlichen Gebieten des Bezirkes Kattowitz erzielt werden. Bei den Nachwahlen zum polnischen Senat im Wahlkreis Oppeln erzielte der Vertreter der deutschen Minderheit, Heinz Kroll aus Krappitz, im 1. Wahlgang 40% der Stimmen und unterlag erst in der Stichwahl der polnischen Gegenkandidatin.

Mit Beginn des neuen Schuljahres im Herbst 1990 wurde erstmals wieder Deutschunterricht an allen oberschlesischen Schulen zugelassen. Gleichzeitig leitete der Oppelner Bischof Alfons Nossol Maßnahmen ein, um überall in seiner Diözese wieder deutsche Seelsorge anzubieten. In dem oberschlesischen Wallfahrtsort St. Annaberg findet wieder regelmäßig Gottesdienst in deutscher Sprache statt.

Zusammen mit Gruppen des Deutschen Freundschaftskreises aus Niederschlesien (dort gibt es bereits Zusammenschlüsse u. a. in Breslau, Waldenburg und Hirschberg), aus Pommern und aus Ostpreußen bildeten die Vereinigungen der Deutschen aus Oberschlesien Mitte September 1990 den »Zentralrat der deutschen Gesellschaften in der Republik Polen«, der in Oppeln seinen Sitz hat.

Kleine Auswahl polnischer Wörter und Redewendungen

Mit dieser kleinen Zusammenstellung polnischer Wörter und alltäglicher Redewendungen sollen dem Schlesienreisenden, der der polnischen Sprache nicht mächtig ist, wenigstens einige Hilfen für den einfachen sprachlichen Umgang mit den heutigen Bewohnern Schlesiens gegeben werden.

Deutsch	Polnisch	Deutsch	Polnisch
Guten Tag/ Guten Morgen	Dzień dobry	*Wann geht das nächste Flugzeug nach…?*	Kiedy odlatuje następny samolot do…?
Guten Abend	Dobry wieczór		
Gute Nacht	Dobra noc	*Verzeihung, ist dieser Platz besetzt?*	Przepraszam, czy to miejsce zajęte?
Ja	Tak	*Ich habe eine Reifenpanne.*	Mam defekt opony.
Nein	Nie		
Danke!	Dziękuję!	*Können Sie meinen Wagen abschleppen?*	Czy może pan ściągnąć mój wóz?
Bitte!	Proszę!		
Verzeihung!	Przepraszam!	*Wieviele Kilometer (Minuten) sind es bis…?*	Ile kilometrów (minut drogi) do…?
Entschuldigen Sie!	Proszę wybaczyć!		
Wie heißt das auf deutsch polnisch)?	Jak to sie nazywa po niemiecku (polsku)?	*Wie komme ich zur Burg (Kathedrale, Kirche, zum Marktplatz, Rathaus, Palais)?*	Którędy się idzie do zamku (katedry, kościoła, rynku, ratusza, pałacu)?
heute	dziś		
gestern	wczoraj		
morgen	jutro	*Haben Sie ein freies (nicht zu teures) Zimmer?*	Czy są wolne (niezbyt drogie) pokoje?
übermorgen	pojutrze		
vormittags	przed południem		
nachmittags	po południu	*Können Sie mir ein gutes Restaurant empfehlen?*	Czy może mi pan polecić dobrą restaurację?
hell	jasny		
dunkel	ciemny	*Keine Ursache!*	Nie ma za co!
blau	niebieski		
gelb	żółty	*Auf Wiedersehen*	Do widzenia
grün	zielony	*Wann ist (sind) … geöffnet?*	Kiedy otwarty jest (otwarte są) …?
rot	czerwony		
schwarz	czarny	*Wann wird (werden) … geschlossen?*	Kiedy zamykają …?
weiß	biały		
Wohin fährt dieser Zug?	Dokąd idzie ten pociąg?	*Wie lange wird es dauern?*	Jak długo to potrwa?

Wie weit ist es nach (zum, zur) ...?	Jak daleko jest do ...?	*Sonnabend (Samstag)*	sobota
Wo bekomme ich ...?	Gdzie mogę dostać ...?	*Feiertag / Ostern*	Święto / Wielkanoc *f*
Geben Sie mir bitte ...!	Proszę mi dać ...!	*Pfingsten*	Zielone Świątki *(Pl.)*
		Weihnachten	Boże Narodzenie

Gibt es hier ...?	Czy tu jest ...?	0 zero	20 dwadzieścia
Ich brauche ...	Potrzebuję ...	1 jeden, jedna *f*	21 dwadzieścia
Ich möchte ...	Chciał*bym* (*-labym f*) ...	2 dwa, dwie *f*	jeden
		3 trzy	30 trzydzieści
Haben Sie ...?	Czy jest ...?	4 cztery	40 czterdzieści
Wieviel bekommen Sie?	Ile się należy?	5 pięć	50 pięćdziesiąt
		6 sześć	60 sześćdziesiąt
Wieviel kostet das?	Ile to kosztuje?	7 siedem	70 siedemdziesiąt
Wieviel kostet ...?	Ile kosztuje ...?	8 osiem	80 osiemdziesiąt
Das gefällt mir.	To mi się podoba.	9 dziewięć	90 dziewięćdziesiąt
Das gefällt mir nicht.	To mi się nie podoba.	10 dziesięć	100 sto
		11 jedenaście	101 sto jeden
Das ist zu teuer.	To za drogo.	12 dwanaście	200 dwieście
Haben sie nichts Billigeres (Besseres)?	Czy nie ma czegoś tańszego (lepszego)?	13 trzynaście	300 trzysta
		14 czternaście	400 czterysta
Wann ist das fertig?	Kiedy to będzie gotowe?	15 piętnaście	500 pięćset
		16 szesnaście	1 000 tysiąc
Können Sie wechseln?	Czy może *pan (pani)* rozmienić?	17 siedemnaście	2 000 dwa tysiące
		18 osiemnaście	5 000 pięć tysięcy
Ich spreche kein ...	Nie mowię po ...	19 dziewiętnaście	100 000 sto tysięcy

Ich verstehe Sie nicht.	Nie rozumiem *pana (pani)*.	*100 Gramm*	sto gramów
Sprechen Sie bitte etwas langsamer!	Proszę mówić nieco wolniej!	*ein Viertelkilo*	ćwierć kilograma
		ein halbes Kilo	pół kilograma
Wie spricht man dieses Wort aus?	Jak się wymawia to słowo?	*ein Kilo(gramm)*	jeden kilogram
		ein Viertelliter	ćwierć litra
Schreiben Sie das bitte auf!	Proszę to napisać!	*ein halber Liter*	pół litra
		ein Liter	(jeden) litr
Wieviel Uhr ist es?	Która godzina?	*ein halber Meter*	pół metra
Sonntag / Montag	niedziela / poniedziałek	*Päckchen / Paket*	paczka
		Dose / Rolle	puszka / rolka
Dienstag / Mittwoch	wtorek / środa	*Flasche*	butelka
Donnerstag / Freitag	czwartek / piątek	*Tube / Tüte*	tubka / torebka
		einige	kilka
		ein Paar	para

Häufiger anzutreffende Schilder und Hinweistafeln

TEATR (LALEK)	(Puppen-)Theater	STACJA BENZYNOWA	Tankstelle
TEATRZYK	Kleines Theater	STACJA OBSŁUGI	Wagenpflege
ZAKŁAD KĄPIELOWY	Badeanstalt	ULICA JEDNO-KIERUNKOWA	Einbahnstraße
KĄPIEL WZBRONIONA	Baden verboten	UWAGA	Achtung
KINO	Kino	WARSZTAT	Reparaturwerk-
REWIA	Revue	NAPRAWCZY	statt
WYPRZEDANE	Ausverkauft	WEJŚCIE	Eingang
POSTE RESTANTE	postlagernd	WJAZD	Einfahrt
SKRZYNKA POCZTOWA	Briefkasten	WEJŚCIA NIEMA	Kein Eingang
		WODA DO PICIA	Trinkwasser
STRAŻ POŻARNA	Feuerwehr	WYJAZD	Ausfahrt
SYGNAŁ POŻAROWY	Feuermelder	WYJŚCIE	Ausgang
SZWAJCARIA	Schweiz	WYPRZEDZAĆ NIE WOLNO	Überholen nicht gestattet
URZĄD CELNY	Zollamt	ZAMKNIĘTO	Geschlossen
AUSTRIA	Österreich	APTEKA	Apotheke
BIURO RZECZY ZNALEZIONYCH	Fundbüro	GODZINY PRZYJĘĆ	Sprechstunden
GRANICA	Grenze	LEKARZ CHORÓB DZIECIĘCYCH	Kinderarzt
WYMIANA WALUT	Geldwechsel	LEKARZ CHORÓB KOBIECYCH	Frauenarzt
KASA	Kasse		
MILICJA OBYWATELSKA	Bürgermiliz	LEKARZ INTERNISTA	Internist
NIEMCY	Deutschland	LEKARZ CHORÓB UCHA–NOSA– GARDŁA	Hals-, Nasen- und Ohrenarzt
POCZTA	Post(amt)		
GROZI ŚMIERCIĄ	Lebensgefahr	LEKARZ – DENTYSTA	Zahnarzt
OBJAZD	Umleitung	POCZEKALNIA	Wartezimmer
OTWARTE(-Y, -A)	Geöffnet	POGOTOWIE RATUNKOWE	Erste Hilfe
PARKING	Parkplatz		
POSTÓJ WZBRONIONY	Parkverbot	STACJA RATUNKOWA	Unfallstation
		SZPITAL	Krankenhaus
PRZEJAZD WZBRONIONY	Durchfahrt verboten	OPTYK	Optiker
PRZEJŚCIE WZBRONIONE	Durchgang verboten	PAMIĄTKI	Andenken
		PRZYBORY PIŚMIENNE	Schreibwaren
ROBOTY DROGOWE	Straßenbau- arbeiten	SKLEP CUKIERNICZY	Süßwaren
		SKLEP TYTONIOWY	Tabakwaren

SKLEP OBUWNICZY	Schuhgeschäft
WARZYWA–OWOCE	Obst und Gemüse
WYPRZEDAŻ	Ausverkauf
ARTYKUŁY SKÓRZANE	Lederwaren
ARTYKUŁY TEKSTYLNE	Textilwaren
ARTYKUŁY SPOŻYWCZE	Lebensmittel
KSIĘGARNIA	Buchhandlung
KWIACIARNIA	Blumen
WĘDLINIARNIA	Wurstwaren
OBUWIE	Schuhe
DROGERIA	Drogerie
FRYZJER	Frisör
ŁAŹNIA	Badeanstalt
PERFUMERIA	Parfümerie
PRALNIA	Wäscherei

PRALNIA CHEMICZNA	Reinigung
WARSZTAT SZEWSKI	Schuhmacherei
ZAKŁAD KRAWIECKI	Schneiderei
SAMO-OBSŁUGA	Selbstbedienung
BAR MLECZNY	Milchbar
CUKIERNIA	Konditorei
KAWIARNIA	Café
ARTYKUŁY SPOŻYWCZE	Lebensmittel
POKOJE DO WYNAJĘCIA	Zimmer frei
UBIKACJA	Toilette
WOLNYCH POKOI BRAK	Hotel besetzt
DLA PAŃ	Damen
DLA PANÓW	Herren

JOSEF JOACHIM MENZEL

Schlesien in der deutschen und europäischen Geschichte

Schlesien wird geographisch-naturräumlich vom Stromgebiet der oberen und mittleren Oder mit ihren vielen Nebenflüssen (rechtsseitig: Ostrawitza, Olsa, Ruda, Birawka, Klodnitz, Malapane, Stober, Weide, Bartsch; linksseitig: Oppa, Zinna, Hotzenplotz, Glatzer Neiße, Ohle, Lohe, Weistritz, Katzbach, Bober mit dem Queis, Görlitzer Neiße) gebildet.

Im Südwesten begrenzt das durch Pässe und Sättel verkehrsfreundliche Mittelgebirge der Sudeten – vom Isergebirge bis zum Altvater – das schlesische Oderland; im Südosten sind es die waldigen Beskiden, im Nordosten zunächst die leichten Höhen des Polnischen Jura, dann die Brüche von Prosna, Bartsch und Obra. Nach Nordwesten öffnet sich die flache, leicht geneigte schlesische Beckenlandschaft, aus der in Oberschlesien der Annaberg (400 m) und in Niederschlesien der Zobten (700 m) markant herausragen, mit dem Lauf der Oder in die Norddeutsche Tiefebene.

Großräumig nimmt Schlesien im östlichen Mitteleuropa eine zentrale Binnenlage ein. Es befindet sich im Schnittpunkt einer von der preußisch-baltischen Ostseeküste zur nördlichen Adria verlaufenden Nord-Süd-Verbindung mit einer von der niederländischen Nordseeküste zum Schwarzen Meer gezogenen West-Ost-Achse. Beiden Linienführungen entsprechen alte geschichtliche und vorgeschichtliche Handelsstraßen, Wanderwege von Menschen und Kulturen, politische und militärische Stoßrichtungen. An dem durch natürliche Inselbildung begünstigten Breslauer Oderübergang kreuzten sich in der Mitte Schlesiens die

sagenumwobene Bernsteinstraße der Frühzeit und die mittelalterliche Hohe Straße, eine belebte Hauptroute des Osthandels. An dieser strategisch wie wirtschaftlich beherrschenden Stelle entstand schon früh als politisches, kirchliches und kulturelles Zentrum des schlesischen Oderlandes zunächst die Burg und dann die Stadt Breslau. Sie blieb in ihrem Vorrang die Jahrhunderte hindurch stets unangefochten.

Auf Grund seiner geographischen Lage und Gestalt fällt Schlesien gewissermaßen eine Schlüsselstellung und eine natürliche Mittlerfunktion zwischen West und Ost, Nord und Süd zu. Man hat es daher zutreffend als Brücken-, Begegnungs- und Durchgangslandschaft bezeichnet. Als solche hat es im Laufe seiner Geschichte Einflüsse und Einwirkungen von allen Seiten erfahren, es hat aber auch nach allen Seiten ausgestrahlt und weitergegeben.

In staatlicher und nationaler Hinsicht dagegen befand es sich stets in einer exponierten Randlage – ganz gleich, ob es in einem auffälligen, jeweils etwa zweihundertjährigen Rhythmus zu Polen, Böhmen, Ungarn, Österreich oder Preußen gehörte.

Das schlesische Land an der oberen und mittleren Oder hat seinen Namen von den Silingen, einem Teilstamm der germanischen Wandalen. Diese kamen aus dem skandinavischen Norden, ihrer Urheimat, und siedelten von etwa 100 v. Chr. bis 400 n. Chr. um ihr Heiligtum auf dem Zobten, dem Silingberg, wie er noch in Quellen des 13. Jahrhunderts heißt. An diese namengebenden Silingen erinnern auch der Silingfluß (das ist die Lohe), der am Zobten vorbeifließt, und der Silinggau, der später von den Slensanen (= den Silinggaubewohnern) eingenommen wurde.

In der Völkerwanderung zogen die Silingen zum größten Teil mit den Wandalen – aus nicht näher bekannten Gründen – nach Süden und Westen ab. Sie überschritten gegen 406/7 bei Mainz den Rhein und gelangten durch Frankreich und Spanien nach Nordafrika, wo ihr Reich in den Jahren 533/37 zerstört wurde. Nach einem Bericht des byzantinischen Geschichtsschreibers Prokop (†nach 562) schickten die in Schlesien zurückgebliebenen Silingen um die Mitte des 5. Jahrhunderts eine Gesandtschaft zu ihren Stammesgenossen in Nordafrika mit der Bitte, »man möge ihnen die aufgegebenen Ländereien, auf die sie weiter keinen Wert mehr legten, umsonst überlassen, damit sie als unbestrittene Herren das Ganze als ihr Vaterland gegen jeden Angriff verteidigen könnten«. In einer Stammesversammlung soll auf Anraten der Ältesten das Gesuch jedoch abgelehnt worden sein.

In die in Schlesien durch den Abzug der Silingen frei gewordenen Wohnsitze sickerten im 6. und 7. Jahrhundert Slawen in kleinen Gruppen ein. Sie kamen aus ihrer östlichen Urheimat im Dnjepr-Pripjet-Gebiet und übernahmen mit dem Land auch die Landesbezeichnung: denn das lateinische Wort »Silesia« der Geschichtsquellen, der deutsche Name »Schlesien«, das polnische »Śląsk« und das tschechische »Slezsko« leiten sich vom selben Wortstamm her und bedeuten nichts anderes als »Silingenland«. Die noch vorhandenen Silingenreste wurden von den eindringenden Slawen wohl teils in Kämpfen ausgerottet, teils unterworfen und assimiliert. Eine germanische Kontinuität bis in die deutsche Siedelzeit des Hochmittelalters – wie sie von einzelnen deutschen Gelehrten angenommen wurde – läßt sich aus den Quellen nicht erweisen und ist unwahrscheinlich. Doch muß es infolge der tradierten Namen Wohnkontakte zwi-

schen Silingen und Slawen gegeben haben. Auf der anderen Seite waren auch die Slawen keine Ureinwohner, keine »Autochthonen« Schlesiens, wie von polnischer Seite behauptet wird, sondern Zuwanderer wie 600 Jahre vor ihnen die germanischen Silingen und 600 Jahre nach ihnen die mittelalterlichen Deutschen.

Im 9. Jahrhundert siedelten im größtenteils waldbedeckten Schlesien mehrere slawische Kleinstämme: die Golensizen im Gebiet um Troppau, die Opolanen um Oppeln (die spätere Stadt Oppeln ist nach ihnen benannt), die Slenzanen südlich von Breslau im alten Silingengau, die Dedosizen um Glogau, die Trebowanen zwischen Liegnitz und Trebnitz und die Boboranen im Bobergebiet. Sie gerieten im 10. Jahrhundert zum überwiegenden Teil in böhmische Abhängigkeit: Der tschechische Přemyslidenfürst Wratislaw I. (894–921) gründete am zentralen Oderübergang die Burg Breslau und gab ihr seinen Namen »Wratislawia« (= Gründung des Wratislaw), der dann auf die später hier entstehende Stadt überging: das lateinische »Wratislawia« wurde in deutschem Munde zu Breslau.

Über Böhmen, das von Bayern her missioniert worden war, erhielt Schlesien im 10. Jahrhundert das Christentum und trat damit in die Welt des christlichen Abendlandes ein. Doch erst im Jahr 1000 wurde unter Mitwirkung Kaiser Ottos III. ein eigenes Bistum in Breslau für das schlesische Gebiet gegründet und der polnischen Metropole Gnesen unterstellt, da sich inzwischen der expandierende Piastenstaat Schlesiens bemächtigt hatte (um 990). Dieses blieb vorerst jedoch weiterhin zwischen Böhmen und Polen umstritten und wechselte mehrfach die Herrschaft.

Im Verlaufe der besser überschaubaren Geschichte des folgenden Jahrtausends bis zur Gegenwart konnte Schlesien nur etwa ein Jahrhundert lang eine relative politische

Selbständigkeit zwischen seinen mächtigen Nachbarn im Westen und Osten, Norden und Süden behaupten. In den übrigen neun Jahrhunderten war es dem jeweils stärksten als in unterschiedlichem Grade abhängiges Teilgebiet angegliedert. Infolge dynastischer Zersplitterung im Innern zu schwach, um einen eigenen Weg zu gehen, auf Grund seiner günstigen geographischen Lage und seines Gesamtpotentials aber zu bedeutsam, um ohne Einfluß auf das Kräfteverhältnis der miteinander rivalisierenden Nachbarn zu sein, ist Schlesien immer wieder zu einem wichtigen Faktor, ja geradezu zu einem »Schiebegewicht« in der Machtkonstellation des ostmitteleuropäischen Gebietes mit Rückwirkungen auf ganz Europa geworden.

Der politische Herrschaftswechsel vollzog sich fast zyklisch, freilich ohne Bevölkerung, Kirche und Kultur des Landes unmittelbar zu tangieren.

In der ersten Periode, vom Ende des 10. bis in die Mitte des 12. Jahrhunderts, bildete das schlesische Oderland ein umstrittenes Kampffeld zwischen Böhmen und Polen. Es befand sich kraft militärischer Eroberung bald in der Hand des einen, bald des anderen. Die Bevölkerung war damals slawisch, aber weder tschechisch noch polnisch. Sie wurde das eine oder andere erst durch längere Zugehörigkeit zum böhmischen oder polnischen Staat. Dieser Abschnitt endete mit dem Glatzer Pfingstfrieden 1137, der Schlesien zum größten Teil bei Polen beließ und nur das Glatzer Land, Leobschütz, Jägerndorf und Troppau mit Umgebung zu Böhmen schlug. Die Teilungslinie folgte dem Hauptkamm der Sudeten, dann den Flüssen Zinna und Ostrawitza bis an den Fuß der Beskiden.

Die sich anschließende zweite Periode in ständig schwächer werdender Verbindung mit dem polnischen Staatsverband (von 1137 bis 1335) war zugleich die der größten politischen Selbständigkeit und entscheidender innerer Veränderungen des Oderlandes. Bereits 1138 wurde es beim Tode des Polenherzogs Boleslaw III. durch Erbteilung zu einem piastischen Teilfürstentum erhoben, dessen Zugehörigkeit zu Polen sich zunehmend lockerte und schließlich ganz erlosch. Wenige Jahre nach seinem Amtsantritt wurde der erste schlesische Herzog aus dem Piastenhause, Wladislaw, von seinen Brüdern, mit denen er in Streit geraten war, vertrieben (1146). Er flüchtete mit seiner Familie zu seinem Schwager König Konrad III. ins deutsche Reich, wo er auf der Feste Altenburg südlich Leipzig residierte und die neuen, erfolgreichen westlichen Formen des Landesausbaues kennenlernte. 1163 kehrten die Söhne Wladislaws, der selbst inzwischen gestorben war, nach 17jährigem Exil in Deutschland mit Unterstützung ihres Vetters Kaiser Friedrich Barbarossa in ihre väterliche schlesische Herrschaft zurück. Sie lehnten sich fortan nicht nur politisch an das sie stützende Reich an und heirateten deutsche Frauen, sondern nahmen auch ihnen ergebene deutsche Ritter und Mönche, denen Kaufleute, Handwerker und Bauern folgten, als Helfer mit in ihr Land.

Mit Hilfe in großer Zahl herbeigerufener deutscher Siedler wie der einheimischen Slawen und der Organisationsformen des deutschen Rechtes wurde das nur dünn besiedelte, kaum erschlossene Oderland im Laufe des 13. Jahrhunderts gerodet und kultiviert, fruchtbar und volkreich gemacht. Neben zahllosen Kirchen und Klöstern entstanden bis zum Ausgang des 14. Jahrhunderts mehr als 130 Städte und 1200 Dörfer deutschen Rechtes. Aus eingesessenen Slawen und eingewanderten Deutschen, die gemeinsam unter dem vorteilhaften neuen deutschen Dorf- oder Stadtrecht lebten, entwickelte sich in friedlichem Miteinander allmählich der ostdeutsche Neustamm der Schlesier. Das wirtschaftlich und kulturell durch unermüdliche Arbeit und Tatkraft seiner Menschen aufblühende Schlesien überflügelte zu Beginn des 14. Jahrhunderts nicht nur alle benachbarten Teilgebiete Polens, sondern trennte sich – innerlich längst weithin deutsch geworden – von Polen auch staatsrechtlich abschließend im Vertrag von Trentschin 1335.

Bereits zu Beginn des 13. Jahrhunderts war es den energischen Herzögen Heinrich I., dem Gemahl der heiligen Hedwig, und ihrem Sohn Heinrich II. beim Erlöschen der polnischen Senioratsverfassung (1202) gelungen, sich zu verselbständigen und ein politisches schlesisches Kraftzentrum aufzubauen, das weite Teile Polens, der Lausitz und der angrenzenden Gebiete oderabwärts an sich zog. Mit dem jähen Tode Heinrichs II. auf der Wahlstatt bei Liegnitz im Kampf gegen die Mongolen (1241), vor denen Deutschland und Westeuropa in der Folge verschont blieben, brach das machtvoll aufstrebende und ausgreifende »schlesische Reich« unter seinen unmündigen Söhnen jedoch wieder zusammen und zerfiel durch fortwährende piastische Teilungen in eine Vielzahl kleiner und kleinster Teilfürstentümer. Da es im ebenfalls zersplitterten Polen an einer bestimmenden Zentralgewalt fehlte, begann Böhmen in das an seiner Ostflanke entstehende machtpolitische Vakuum einzudringen. Seit dem Ende des 13. Jahrhunderts unterstellten sich die schlesischen Piasten schutzsuchend einer nach dem anderen der böhmischen Oberhoheit der Přemysliden und nach deren Aussterben der der Luxemburger und schieden so mit ihren eingedeutschten Territorien endgültig aus dem politischen Verbande Polens aus. Im Vertrage von Trentschin wurde diese Entwicklung vom polnischen König Kasimir III. in aller Form anerkannt. Keines der schlesischen Fürstentümer gehörte dem 1320 wiedererrichteten Königreich Polen an.

Schlesien war damit seit dem 13. Jahrhundert nicht nur ein in friedlichem und rechtli-

chem Wandel verändertes, deutsch besiedeltes und kulturell deutsch geprägtes Land geworden, sondern gehörte auch seit der ersten Hälfte des 14. Jahrhunderts als böhmisches Nebenland staatsrechtlich zum deutschen Reich. 1348 wurde es von Karl IV. als deutschem König, 1355 als römischem Kaiser feierlich in die Krone Böhmen inkorporiert. Die Krone Böhmen aber war bis 1806 Bestandteil des deutschen Reiches, der König von Böhmen deutscher Kurfürst.

In der dritten, der böhmischen Periode von 1335 bis 1526, konnte Schlesien zunächst im 14. Jahrhundert unter der sicheren Regierung der Prager Luxemburger seine Aufwärtsentwicklung, seine wachsende wirtschaftliche und kulturelle Blüte ungestört fortsetzen. Noch heute geben viele gotische Bau- und Kunstwerke davon Zeugnis; das Bistum Breslau wurde damals das »goldene« genannt, die Stadt Breslau gehörte (1387–1474) dem mächtigen Städtebund der deutschen Hanse an.

Ein spürbarer Rückschlag setzte erst im 15. Jahrhundert mit den religiös, national und sozial motivierten Hussitenkriegen und den anschließenden böhmischen Thronstreitigkeiten ein. 1420 wurde in Breslau, um dessen Reichszugehörigkeit zum Ausdruck zu bringen, von König Sigismund ein Reichstag abgehalten – der einzige Reichstag östlich der Elbe im alten deutschen Reich überhaupt: Er bestätigte und bestärkte das königstreue deutsche Oderland in der Rolle eines Hauptwiderstandszentrums gegen die reichs-, kirchen- und deutschfeindlichen Hussiten. Die folgenden beiden Jahrzehnte waren ganz von den Hussitenkämpfen erfüllt und sahen bald verheerende hussitische Einfälle in Schlesien, bald Schlesier kämpfend in Böhmen. Auch die anschließenden langen Regierungswirren in Prag ließen das ausgeblutete schlesische Land, in dem sich Siedlungsverluste und eine von den Hussiten ausgelöste Slawisierungswelle bemerkbar machten, nicht zur Ruhe kommen. Ganz im Gegenteil: jetzt schaltete sich der Nachbar im Süden, Ungarn, ein. Seinem energischen König Matthias Corvinus gelang es, Mähren, Schlesien und die Lausitz zu erobern (1469), sie verwaltungsmäßig zu zentralisieren und bis zu seinem Tode (1490) als ungarische Nebenländer zu behaupten. Die Landbrücke zu Schlesien stellte dabei die Slowakei her, die bis 1918 zu Ungarn gehörte und vor allem über den Jablunka-Paß mit dem Odergebiet in Verbindung stand. Die gesamtstaatliche Neuorganisation Schlesiens fand in einem großen Landesprivileg von 1498, das Auswärtige von schlesischen Landesämtern ausschloß, ihre Bestätigung.

Das 16. Jahrhundert brachte den Beginn der vierten, der österreichischen Periode der schlesischen Geschichte. 1526 erbten die Habsburger sowohl die ungarische wie die böhmische Königskrone und damit auch die Herrschaft über Schlesien. Dessen politische, kulturelle und wirtschaftliche Ausrichtung nach Süden in den Donauraum blieb also weiterhin erhalten, der eigentlich politische und kulturelle Bezugspunkt aber verlagerte sich nun von Prag bzw. Budapest in die große Kaiserstadt Wien. Die österreichische Zeit Schlesiens dauerte rund 220 Jahre, von 1526 bis 1742/63, und war damit etwa 20 Jahre länger als die nachfolgende Zugehörigkeit Schlesiens zu Preußen. Sie hat dem Lande entscheidende und bleibende Züge aufgeprägt – vor allem in der Konfessionsfrage, die Schlesien bis in unsere Zeit in das überwiegend protestantische Niederschlesien und das vorwiegend katholische Oberschlesien spaltete.

Die Reformation hat in Schlesien früh Fuß gefaßt und sich schnell über das ganze Land ausgebreitet. Am Ausgang des 16. Jahrhunderts dürften nach Schätzungen bis zu neun Zehntel der Schlesier dem Luthertum zugeneigt haben, das sich allerdings anfänglich in seinen äußeren Formen nur unscharf von

der alten Kirche abhob. Da die Wittenberger Reformation (auch »deutsche Religion« genannt, Wittenberg galt als deutsches Rom, deutsch wurde zur Bibel- und Liturgiesprache) im Osten zuerst und vorwiegend von der deutschen Bevölkerung angenommen wurde, ist dies ein deutlicher Hinweis auf den damals im wesentlichen deutschen Charakter der schlesischen Bevölkerung. Erst im 17. Jahrhundert gelang es der erneuerten katholischen Kirche in der sogenannten Gegenreformation mit Unterstützung des habsburgischen Staates und unter Einsatz auch polnischer Geistlicher und Mönche, die Abfallbewegung aufzufangen und einen Teil der Gläubigen sowie zahlreiche verlorengegangene Kirchen und Klöster zurückzugewinnen oder wiederzuerrichten. Dabei wurden nicht immer nur missionarische pastoral-seelsorgerische Überzeugungsmethoden angewendet, sondern hier und da auch mit Verlockungen, ja selbst mit mehr oder minder starkem Druck gearbeitet, der bis zu Flucht und Auswanderungen führen konnte. Hatten in der Anfangsphase der Reformation der katholische Klerus, die Ordensgeistlichkeit und der katholisch bleibende Bevölkerungsteil Benachteiligungen und Bedrückungen zu erleiden, so waren es später die Evangelischen, die infolge des reichsrechtlich festgelegten Grundsatzes »cuius regio, eius religio« (= Der Landesherr bestimmt die Religion seiner Untertanen) in ihrer freien Religionsausübung behindert wurden. Als sich dann die Schweden ihrer schlesischen Religionsverwandten annahmen und ins habsburgisch-kaiserliche Schlesien mit ihren Truppen eindrangen, trugen sie damit den großen dreißigjährigen europäischen Macht- und Religionskonflikt in das Oderland. Er suchte es schwer heim und dezimierte seine Bevölkerung grausam. Die Katholiken lernten die siegreichen Schweden, die Protestanten das Kriegsglück der Kaiserlichen fürchten. Das von den beiden kriegführenden Parteien unterschiedslos ausgeplünderte Land, das nach alter Gewohnheit den Krieg ernähren mußte, litt in jedem Falle und immer. Die vielfältigen Spannungen, Unsicherheiten, Widersprüche und beklagenswerten Leiden der Zeit gerieten aber nicht nur zum Unheil; sie bewirkten eine tiefe Verinnerlichung und Vergeistigung, die in der Hochblüte der schlesischen Mystik und Barockdichtung ihren sichtbaren Ausdruck fand. Mit klangvollen Namen wie Martin Opitz (1597–1639), Andreas Gryphius (1616–1664), Hofmann von Hofmannswaldau (1617–1679), Friedrich von Logau (1604–1655), Daniel Casper von Lohenstein (1635–1683), Jakob Böhme (1575–1624), Johann Christian Günther (1695–1723) und Angelus Silesius (1624–1677) übernahm Schlesien für Jahrzehnte die Führung in der deutschen Literatur und wirkte anregend und beispielgebend weit über das deutsche Sprachgebiet hinaus. Da nach einem fehlgeschlagenen Versuch im Jahre 1505 erst 1702 in Breslau eine Universität errichtet wurde, war die studierwillige schlesische akademische Jugend bis dahin gezwungen, die deutschen und europäischen Hohen Schulen außerhalb des Landes zu besuchen: das Eigene wurde so immer wieder hinaus- und das Fremde hereingetragen. Aufgeschlossenheit und Toleranz waren die natürliche Folge. Die vielgerühmte schlesische Toleranz wurzelte aber nicht zuletzt tief im leidgeprüften Schicksal des Grenzlandes, das immer neue Konflikte aushalten mußte und sie nur in Duldsamkeit und gegenseitigem Verständnis bestehen konnte.

In Parallele zum Geistesleben nahmen bald nach dem Dreißigjährigen Krieg auch die Baukunst, Malerei und Skulptur im gegenreformatorischen Barock einen ungeahnten glanzvollen Aufschwung. Landauf landab entstanden bald prächtige Neubauten von ganzen Klosterkomplexen, von Kirchen und Kapellen, bald wurden bestehende Anlagen und Gotteshäuser in barocken For-men prächtig neu aus- und umgestaltet. Dabei fehlt kaum einer der großen Künstlernamen der Zeit: Dientzenhofer, Fischer von Erlach, Lucas von Hildebrand, Asam, Carlone, Rottmayr und wie sie alle heißen. Selbst die vergleichsweise bescheidenen evangelischen Friedenskirchen (nach 1648: Glogau, Jauer, Schweidnitz) und Gnadenkirchen (nach 1707: Landeshut, Hirschberg, Freystadt, Sagan, Militisch, Teschen), die der kaiserliche Landesherr konzedierte, zeigen ein anderswo ungewohntes barockes Gewand. Das Barock, die letzte große gemeineuropäische Kunst- und Lebensform, hat Schlesien im Zusammenhang mit dem Süden Deutschlands voll ergriffen und nachhaltig – selbst in den Bauernhausformen – bis in die Gegenwart geprägt.

Auf politischem Gebiet schließlich fällt in die österreichische Zeit ein erster Versuch der Hohenzollern, sich in Schlesien festzusetzen. Dies geschah in einer Zangenbewegung gleichzeitig von Süden und von Norden her. Die fränkisch-ansbachischen Hohenzollern erwarben 1523 das südschlesische Herzogtum Jägerndorf sowie bald darauf die Pfandschaften Oderberg, Beuthen, Oppeln und Ratibor, also den größten Teil Oberschlesiens. Sie verloren ihn aber zu Beginn des Dreißigjährigen Krieges wieder, als sie von den Habsburgern, ihren kaiserlichen Lehnsherren, abfielen und sich auf die Seite des rebellischen Winterkönigs Friedrich von der Pfalz schlugen. Auf der anderen Seite schlossen die brandenburgischen Hohenzollern mit Herzog Friedrich II. von Liegnitz-Brieg-Wohlau 1537 einen Erbvertrag, der allerdings vom habsburgischen Oberherrn des Herzogs nicht anerkannt wurde. Die Hohenzollern scheiterten so vorerst mit ihrem Doppelgriff nach Schlesien, ließen dies jedoch nicht aus den Augen und reklamierten weiterhin (unsichere) Rechtsansprüche.

Als König Friedrich II. dann beim Regierungsantritt Maria Theresias Ende 1740 in einer für Preußen günstigen, für Österreich außerordentlich prekären Situation mit seinen Truppen in Schlesien einmarschierte, gab er nach außen vor, alte Rechtstitel auf Schlesien zu realisieren. In Wirklichkeit jedoch handelte es sich bei diesem Vorgehen um einen machtpolitischen Schritt ohne verläßliche rechtliche Grundlage; in seinem Politischen Testament nennt der König als Motive »ein schlagkräftiges Heer, einen bedeutenden Staatsschatz und den Drang, sich einen Namen zu machen.« Es bedurfte denn auch dreier verlustreicher Schlesischer Kriege (1740–42, 1744–45, 1756–63) Friedrichs II. (so nennen ihn die Österreicher), des Großen (so die Preußen), um den Wechsel des schlesischen Oderlandes vom katholischen österreichisch-deutschen Süden zum protestantischen preußisch-deutschen Norden zu erzwingen. Diese unfreiwillige, mit verheerenden Kriegsschäden verbundene Umpolung um 180 Grad – die Habsburger hatten Schlesien seinerzeit kampflos durch Heirat gewonnen – erfolgte außerdem um den Preis der Teilung des Landes in das größere Preußisch-Schlesien, das etwa sechs Siebentel ausmachte, und das kleine Österreichisch-Schlesien, das nur ein Siebentel umfaßte. Preußisch-schlesisch wurde damals auch die bis dahin (seit 1137) böhmische Grafschaft Glatz.

Der Übergang an Preußen wurde von den vorwiegend in Niederschlesien ansässigen Protestanten erfreut begrüßt, von den zumeist in Oberschlesien lebenden Katholiken dagegen bedrückt und mit gemischten Gefühlen hingenommen. Durch den Verlust Schlesiens, der damals bestentwickelten, industriereichsten Provinz der Habsburgermonarchie, wurde Österreich spürbar geschwächt, Preußen aber so nachhaltig gestärkt, daß es Schritt für Schritt weiter zur Vormacht in Deutschland aufsteigen konnte. Schlesien war die einzige Provinz, die aus österreichischem Besitz unmittelbar in preußische Hand überging, deren Wechsel

das Kräfteverhältnis zwischen Österreich und Preußen also entscheidend zugunsten Preußens verschob. Nur in Schlesien grenzten Österreich und Preußen fortan bis 1918 aneinander, sie wurden hier aber auch durch das geteilte Schlesien miteinander verklammert.

Sofort mit dem Beginn der fünften, der preußischen Periode (1742/63) setzte eine umfassende, durchgreifende und straffe Neuorganisierung des schlesischen Landes im Geiste Preußens und seinen Staatsbedürfnissen entprechend ein. Die österreichische Vielfalt, Individualität, Großzügigkeit, aber auch Lässigkeit und wirtschaftliche Ineffektivität wichen der preußischen Einheitlichkeit, Strenge, Korrektheit und Ordnung. Statt kunstvoller und aufwendiger, aber in den Augen des neuen Staates wenig nützlicher barocker Kirchen, Klöster und Palais' wurden jetzt – wie man bald bissig spottete – nüchtern-praktische Kasernen, Finanzämter und Gefängnisse gebaut. Die Reste der alten ständischen Selbstverwaltung wurden kurzerhand beseitigt, dafür Kriegs- und Domänenkammern (Breslau, Glogau) errichtet, neue Finanz-, Wehr- und Gerichtsverfassungen eingeführt. Die preußische Kreiseinteilung mit dem Landrat an der Spitze löste die bis in die mittelalterliche Kolonisationszeit zurückreichende Weichbildverfassung ab. Die bisher frei aus Privatinitiative operierende Wirtschaft erfuhr eine kräftige und zielstrebige Förderung und Lenkung. Die oberschlesische Industrie – in Ansätzen bereits in der ausgehenden österreichischen Zeit vorhanden – nahm mit staatlicher Hilfe und Planung einen gewaltigen Aufschwung zum zweitgrößten deutschen Industrierevier. Das Verkehrsnetz (Straßen, Eisenbahnen, Wasserwege) wurde zeit- und bedürfnisgerecht ausgebaut.

Die organisatorischen, verwaltungsmäßigen, wirtschaftlichen, ja selbst schulischen Leistungen Preußens in Schlesien – Einführung der allgemeinen Schulpflicht – sind unübersehbar und dürfen nicht geschmälert werden. Doch hat es dieser aufgeklärte, fortschrittliche, rationalistische Staat nicht fertiggebracht, sich auf die vorgefundene schlesische Vielfalt und Vielschichtigkeit angemessen einzustellen, die vorhandenen und entstehenden sozialen, konfessionellen und nationalen Spannungen vor allem im oberschlesischen Grenzbereich weitsichtig und großzügig zu lösen und damit die betroffene Bevölkerung innerlich stärker an sich heranzuführen.

Erste Alarmzeichen bedeutete das Aufflakkern von einzelnen Unruhen im Gefolge der Französischen Revolution, die im übrigen Reich wenig Resonanz fand. Der Zusammenbruch Preußens 1806 führte dann jedoch zu den Stein-Hardenbergschen Reformen, die manche Konfliktpunkte spürbar entschärften. Die Verstaatlichung des gesamten katholischen Kirchengutes (ein rundes Viertel des Grund und Bodens in Schlesien) und die zwangsweise Auflösung aller Orden in der Säkularisation 1810 trafen dagegen den katholischen Bevölkerungsteil schwer, zumal da nicht unbeträchtliche Teile des eingezogenen Kirchenbesitzes als Apanage an Mitglieder des Hohenzollernhauses und verdiente Generäle und Beamte vergeben wurden. So kam eine landfremde, protestantische, unbedingt preußisch gesinnte politische Führungsschicht (u. a. Blücher, Yorck von Wartenburg, Wilhelm von Humboldt) nach Schlesien und wurde gerade den katholischen Landesteilen aufgepfropft. Die Befreiungskriege, der gemeinsame Kampf Preußens und Österreichs gegen Napoleon, überlagerten jedoch zunächst die internen Konfliktfelder. Für kurze Zeit schlug das nationale Herz Deutschlands in Schlesien, von wo 1813 der Aufruf »An mein Volk« erging und wo das Eiserne Kreuz gestiftet wurde.

Der Wiener Kongreß 1815, der für hundert Jahre Europa politisch neu ordnete, bestätigte die Teilung Schlesiens in die preußische Provinz Schlesien, die nun um den Ostteil der sächsischen Oberlausitz mit Görlitz erweitert wurde, und das österreichische Kronland Schlesien, das zeitweilig zu einem Appendix Mährens herabsank.

Eine anschließende Verwaltungsreform in Preußisch-Schlesien schuf jene einheitlichen gesamtpreußischen Verwaltungsstrukturen, die im wesentlichen bis in unser Jahrhundert bestanden. Erst jetzt wuchs das nicht-österreichische Schlesien mehr und mehr in den peußischen Staat hinein.

Auf der anderen Seite tat sich die vor allem in Breslau aufkeimende liberale Bewegung bald schwer und mündete in die Zwänge der politischen Restauration, die sich im Maiaufstand und der Revolution von 1848/49 gewaltsam entluden. Den Weberunruhen (1844) und der ihnen zugrunde liegenden Not hat Gerhart Hauptmann in seinem Werk literarischen Rang verliehen. Mit dem technischen Fortschritt auf vielen Gebieten gingen auch mancherlei wirtschaftliche und soziale Mißstände und politische Unzufriedenheit einher. Der Kulturkampf der achtziger Jahre riß zusätzlich tiefe konfessionelle Wunden bei den betroffenen Katholiken auf. Die teils falsch, teils nachlässig behandelten nationalen und sozialen Probleme des östlichen industrialisierten, zweisprachigen, katholischen Oberschlesien häuften weiteren Konfliktstoff an.

Der verlorene Erste Weltkrieg machte dies in aller Deutlichkeit offenbar. Nach dem Willen der Sieger sollte ganz Oberschlesien von Preußen und Deutschland abgetrennt und Polen zugeschlagen werden. Nur unter großer Mühe und unter beharrlicher Berufung auf das vom amerikanischen Präsidenten Wilson proklamierte Selbstbestimmungsrecht der Völker konnte im zweisprachigen Teil Oberschlesiens eine Volksabstimmung unter internationaler Kontrolle erreicht werden. Sie fand am 20. März 1921 statt und erbrachte 60 % der abgegebenen

Stimmen für Deutschland, 40 % für Polen. Ungeachtet dieses klaren Ergebnisses mußte der wirtschaftlich wertvollste Teil des oberschlesischen Industriegebietes durch Spruch der Alliierten mit seinen Gruben und Hütten an Polen abgetreten werden.

Das sogenannte Hultschiner Ländchen (der südliche Teil des bisherigen Kreises Ratibor) fiel gegen den Willen seiner Bevölkerung ohne Abstimmung an die Tschechoslowakei und wurde dort mit dem größten Teil des alten Österreichisch-Schlesien zum tschechoslowakischen Land Schlesien vereinigt. Der Ostteil Österreichisch-Schlesiens (östlich der Olsa) bildete zusammen mit dem abgetretenen Teil des preußischen Oberschlesien die polnische Wojewodschaft Schlesien. Damit war das historische Schlesien in der Zwischenkriegszeit durch eine unnatürliche Grenzziehung, die Minderheiten auf allen Seiten und vielerlei Probleme schuf, auf drei Staaten aufgeteilt: Deutschland, Polen und die Tschechoslowakei. Vor dem Hintergrund dieses unbefriedeten Zustands fingierten die Nationalsozialisten 1939 den »polnischen« Anschlag auf den Sender Gleiwitz, womit der Zweite Weltkrieg begann.

Schlesien blieb zunächst vom Kriegsgeschehen verschont, wurde dann aber umso stärker von ihm heimgesucht. Das herannahende Unheil konnte auch die mutige konspirative, auf Freiheit und Selbstbestimmung gerichtete Tätigkeit des Kreisauer Kreises auf Gut Kreisau bei Schweidnitz und der ihm angehörenden Schlesier nicht abwenden oder mildern. Zu Beginn des Jahres 1945 wurde Schlesien von der Roten Armee erreicht und schwer verheert, ihr folgte die polnische Okkupation. Stellvertretend für das gesamte deutsche Volk und die ihm angelastete Schuld mußten mit den übrigen Ostdeutschen Millionen von Schlesiern ihr angestammtes, in Jahrhunderten mühevoller Arbeit geschaffenes Land verlassen. Die zweisprachigen Oberschlesier wurden zunächst als sogenannte Autochthone von Polen reklamiert, kommen aber 40 Jahre nach Kriegsende immer noch zu Tausenden als Aussiedler in die Bundesrepublik. Das leidgeprüfte, vielfach hin- und hergerissene Schlesien lebt im Schicksal seiner Menschen fort.

Mit der Übernahme der Verwaltung Schlesiens durch Polen 1945 hat eine neue, sechste, polnisch bestimmte Periode der schlesischen Geschichte begonnen. Wie lange sie andauern wird, vermag niemand zu sagen. Doch ist Geschichte nie zu Ende, sondern schreitet in unablässigem Wandel fort. Die augenblicklichen Gegebenheiten sind ebensowenig unabänderlich, wie es irgendwelche anderen vor ihnen waren.

Schlesien hat im Laufe der letzten 1000 Jahre politisch im Wechsel reihum zu allen seinen Nachbarn (Böhmen, Polen, Ungarn, Österreich, Preußen) gehört und – in ihrem unmittelbaren Interessengebiet gelegen – zugleich eine wichtige und unverwechselbare Rolle in der deutschen, der preußischen und österreichischen wie der europäischen Geschichte und Kultur, in die es als zentrale Brückenlandschaft hineingebettet ist, gespielt. Es ist mehrfach zerstört und wieder aufgebaut, entvölkert und wiederbesiedelt, verloren und wiedergewonnen worden. Zu wiederholten Malen geteilt, hat es selbst in der Teilung als Klammer und Verbindung gewirkt. Dies ist sein Wesen, sein Schicksal und seine historische Leistung.

DIETMAR STUTZER

Schlesiens Wirtschaft in Geschichte und Gegenwart

Das schlesische Siedlungs- und Wirtschaftsgebiet gehört zu den vielgestaltigsten im östlichen Mitteleuropa. Das ergibt sich einmal aus dem Mischklima, das von Elementen des Meeresklimas, des Kontinental- und des Übergangsklimas beherrscht wird, und zum anderen aus der Vielgestaltigkeit der geographischen und topographischen Lage. Nur Küstenlandschaften gibt es in Schlesien nicht, sonst hat dieses Gebiet Anteil an allen wichtigen zentraleuropäischen Landschafts- und Bodentypen. Nach Süden und Südwesten umgeben von einem weitgezogenen Gebirgskranz, finden sich die Landschaftstypen der lößbedeckten Kultursteppe, des armen Sandbodens mit Kiefernwaldbestockung, der Tallandschaften entlang der größeren Flußläufe und des Gebirgsvorlandes. Die schlesischen Zentrallandschaften sind vom Oderlauf durchzogen, Gegenstand jahrhundertelanger Überlegungen zur Schiffbarmachung und eines schließlich gelungenen Ausbaues zur Schiffahrtsstraße. Am Südostrand dieses Landschaftsgefüges findet sich eine in Europa einzigartige Konzentration von Lagerstätten, die seit dem 18. Jahrhundert das oberschlesische Industrierevier trägt. Auf nur 3500 Quadratkilometern lagern im Untergrund Kohlevorräte von etwa 100 Milliarden Tonnen, ergänzt durch Eisenerzlagerstätten von etwa 100 Millionen Tonnen, die von Blei- und Silberadern durchzogen werden. Auf diesen Lagerstätten hat sich nach dem Beginn ihrer Erschließung im 17. Jahrhundert eine der größten Siedlungskonzentrationen Osteuropas gebildet, die inzwischen aus dreizehn Städten mit insgesamt etwa 2,8 Millionen Einwohnern besteht.

Schlesien liegt auf mehreren großen Wasserscheiden, die gewichtigste Bedeutung hat die Wasserscheide zwischen Weichsel und Oder, aber auch die kleineren Flüsse bilden bei der Oberflächengestalt des Landes bedeutsame hydrologische Adern. Das gesamte Gebiet neigt seit jeher zu Überschwemmungen auf der einen und zu Trockenheiten auf der anderen Seite, nicht zuletzt bedingt durch sommerliche Starkregen, die sich aus der Gebirgsnähe und den Windstaubildungen vor den Gebirgsbarrieren ergeben. Schlesien, besonders der oberschlesische Teil hatte daher seit jeher einen hohen Investitionsbedarf für seine Wasserwirtschaft, die Intensivierung von Bergbau und Landwirtschaft war seit dem späten 18. Jahrhundert zum großen Teil abhängig vom Bau von Vorflutern für die Flächenentwässerung und die Stauregelung der größeren Wasserläufe. Die Kanalisierung und Schiffbarmachung der Oder, seit 1528 immer wieder erwogen und projektiert, hat sowohl für die Verkehrserschließung wie auch für die Regelung der Vorflutverhältnisse seit Beginn der Neuzeit eine Schlüsselbedeutung gehabt. Die geographische wie die geopolitische Lage hat aber auch den Aufstieg Schlesiens zu einem zentralen Umschlagplatz für den alteuropäischen Fernhandel begünstigt. Breslau bildete den Schnittpunkt der beiden Fernhandelslinien des mediterranen und des atlantischen Handels mit dem Ostseeraum und Osteuropa bis Nowgorod, im Mittelalter vor allem den großen Stapelplatz der venezianischen Spedition zur Ostsee. Mit dem Aufbau der Rohstoffproduktion, besonders der gutsherrschaftlichen Schafhaltung, kam die Bedeutung der Stadt als Handelsplatz und Notierungsmarkt für die schlesische Wollproduktion, unter Preußen auch als Hauptreferenz- und Interventionsmarkt für Getreide hinzu. Das benachbarte Brieg konnte sich zum Spezialmarkt für den Fernhandel mit Lebendvieh aus Polen und Rotreußen entwickeln. Beide Erzeugungsgebiete wickelten im 16. und 17. Jahrhundert ihren Viehhandel mit dem Deutschen Reich, Oberitalien und den Niederlanden über die Marktstation Brieg ab. Die örtliche Landwirtschaft gewann dadurch frühzeitig einen Notierungsmarkt für das eigene Viehangebot, der die Preissicherheit innerhalb Schlesiens festigte.

Schlesien konnte diese Position durch die Umorientierung des polnischen Fernhandels von Krakau nach Leipzig erreichen, der vorher auf Danzig festgelegt war. Das traditionell und bis heute erkennbare gute Straßennetz Niederschlesiens mit sehr alten, kaum veränderten Trassenführungen geht auf diese Zeit zurück.

Älter noch als die marktorientierte Landwirtschaft ist in Schlesien die Montanwirtschaft. Mit den Bleigruben Beuthen und Troppau, den Goldbergwerken von Liegnitz – heute wird Kupfer gefördert – und den Verhüttungsanlagen mit der archaischen Technologie des Rennverfahrens, das sich in Schlesien bis in die Renaissance gehalten hat, geht sie in industriellen Formen bis in die römische Zeit Schlesiens zurück, in hauswirtschaftlichen Formen ist sie noch weit älter. Seit dem späten Mittelalter sind 21 Hüttenwerke bekannt, verarbeitet wurden vor allem Buntmetall- und Bleierze mit Silber als Begleitprodukt. Die Eisengewinnung im größeren Stil ist vor allem eine technologische Leistung der habsburgischen Zeit, angeregt durch die Rüstungsbedürfnisse des Dreißigjährigen Krieges und den Mangel an Edelmetallen für die Münzprägung. Jägerndorf, Tost-Gleiwitz und Beuthen blieben bis ins mittlere 18. Jahrhundert die Zentren dieser frühen Formen der

Montanwirtschaft. Mit der preußischen Herrschaft verlagerten sich die Schwerpunkte zuerst zu den Geschützgießereien von Malapane bei Oppeln, das über reiche Wasserkräfte verfügte, dann in die Nordregion des entstehenden Revieres, zu der berühmten Friedrichshütte von Tarnowitz, einem förmlichen Technologiezentrum des 18. Jahrhunderts, dann auch nach Königshütte, Hindenburg und Gleiwitz. Das oberschlesische Montanrevier hat zu dieser Zeit seine heute noch erkennbaren Raum- und Abbaustrukturen für die Lagerstätten bekommen.

Die Textilwirtschaft Schlesiens geht bis in die Zeit des Landesausbaues zurück – wie in allen alteuropäischen Gewerbelandschaften; ihren Ausbau zur Heimindustrie hat sie im 16. Jahrhundert vollzogen, als es etwa 3800 Meister der Leinen- und Tuchherstellung und etwa 28 000 Web- und Spinnstühle im Lande gegeben hat, räumlich konzentriert auf den »Grenzstreifen«, also die Mittelgebirge in den politischen Randlandschaften Schlesiens und auf die gutsherrschaftlich geprägten Ackerlandschaften Oberschlesiens, in denen die Gärtner und Häusler Zuerwerbsmöglichkeiten für die arbeitsarme Zeit in der Landwirtschaft brauchten. In den ersten – recht ungenauen – Statistiken Preußens nach 1763 heißt es, daß die Spinnerei und Weberei von einer Gesamtwirtschaftsleistung von etwa 5–7 Millionen Taler 1,8 Millionen erwirtschafte.

An den Grundformen dieses Gewerbezweiges hat sich weder organisatorisch noch technisch durch Jahrhunderte viel geändert, immer wieder gab es Absatz- und vor allem Preiskrisen, bedingt durch Konjunkturschwankungen und eine unübersehbare Zersplitterung der Angebote von Arbeit und Ware. Sie mündeten seit dem späten 17. Jahrhundert stets von neuem in Aufständen und örtlichen Unruhen, die im 19. Jahrhundert zu großen sozialen Katastrophen wurden, als technologische Krisen dazu kamen, die der alten Form des Textilgewerbes im eigenen Haus für immer ein Ende machten. Durch Gerhart Hauptmann ist diese schlesische Webertragödie zum Gegenstand der Weltliteratur geworden.

Die Nutzung des Bodens wird seit der Ausbildung einer auf Nachhaltigkeit gerichteten bäuerlichen und gutsbetrieblichen Landwirtschaft im hohen Mittelalter in Schlesien, bevorzugt in den Gebieten Niederschlesiens, in denen sich die Hoffnungen der Piastenherzöge auf zügigen Landesausbau durch deutsche und flämische Bauern erfüllten, durch Acker- und Marktfruchtanbau bestimmt.

Schlesien ist seit dem Mittelalter ein Gebiet des Getreideanbaus, seit den großen pflanzenbaulichen Innovationen des 19. Jahrhunderts auch eine Landschaft des Blatt- und Hackfruchtanbaus. Daneben hat seit dem späten 16. Jahrhundert die Schafhaltung eine wachsende Rolle gespielt, sie war der wichtigste Tierhaltungszweig überhaupt und konnte besonders im gutsherrschaftlichen Großbetrieb bis ins späte 19. Jahrhundert als Grundlage der Gewinnung von Textilrohstoffen eine prominente Rolle behaupten. Die Schafhochzucht mit wertvollsten Merinotieren hatte um 1825 in der gutsherrschaftlichen Landwirtschaft der Provinz ihren Schwerpunkt in Deutschland überhaupt. Ergänzt wurde diese auf die schlesische Textilwirtschaft ausgerichtete Produktion durch den Flachsanbau, der vor allem in kleineren Gutsbetrieben und im bäuerlichen Betrieb seit dem Übergang Schlesiens an Österreich eine der wichtigsten Formen der Marktproduktion war. Prägend für das Siedlungs- und Wirtschaftsbild des alten Schlesiens war auch die Teichwirtschaft. In den Gutsbetrieben war eine intensive Ausnutzung der eigenwilligen Niederschlags- und Abflußverhältnisse zur Intensivproduktion von Speisefischen in weit verzweigten Teichsystemen üblich. In weitgezogenen Fernhandelsbeziehungen wurde die Produktion von Süßwasserfischen bis nach Südosteuropa und nach Polen abgesetzt. Üblich war der Lebendversand der Fische in Wasserbehältern, die zugleich als Kühlmittel für den Versand von gesalzener Butter, verpackt in Blätter des großen Huflattichs als Konservierungshülle, benutzt wurden.

Das Landschaftsbild Altschlesiens, sein Reichtum an Kleingewässern, der Artenreichtum bei Flora und Fauna sind auch ein Ergebnis dieser Wirtschaftsweise. Zugleich finden sich hier Traditionen aus der zisterziensischen Kolonisation mit ihrer Anlage von Fischwässern zur Erfüllung der klösterlichen Speisevorschriften.

In Oberschlesien hatten etwa 800 ritterschaftliche Güter einen Flächenanteil von etwa 670 000 Hektar, dies entsprach annähernd 60 % der nutzbaren Flächen Oberschlesiens. Dem standen 20 000 bäuerliche Betriebe mit etwa 225 000 Hektar und 52 000 ländliche Heimstätten mit etwa 120 000 Hektar gegenüber. Oberschlesien war damit ein Land des Latifundienbesitzes – eine in jeder Hinsicht problematische Agrarverfassung und zugleich ein Land des teil- und nebenbäuerlichen Besitzes, das damit die Basis für moderne Existenz des Nebenerwerbsbauern mit bergbaulichem oder industriellem Haupterwerb bereits am Beginn der Industrialisierung hatte, die vor allem für das südliche und östliche Oberschlesien der Hochindustrialisierung typisch wurde. Niederschlesien wurde mit etwa 232 000 mittel- und großbäuerlichen Betrieben und 2800 Gutsbetrieben ein Bauernland, das durch die günstigen deutschen und vereinzelt auch flämischen Besitzrechtstraditionen geprägt blieb.

Das 19. Jahrhundert ist gerade in Schlesien eine Zeit großer Innovationen in der Landwirtschaft und in der Ernährungsindustrie. Charakteristisch dafür ist die Entwicklung der Zuckerindustrie. Seit 1747 war bekannt, daß aus Runkelrüben kristalliner Zucker gewonnen werden kann. Typisch für die damalige Wissenschaftsentwicklung ist die lange Frist zwischen der Gewinnung einer solchen Erkenntnis und ihrer Umsetzung. Erst 1802 zog Karl Achard aus dieser bereits 50 Jahre alten Erkenntnis Konsequenzen und errichtete bei Wohlau in Niederschlesien die erste Rüben-Zuckerfabrik der Welt. Diese Entwicklung, überhaupt der große Aufbruch von Landwirtschaft und Rohstoffproduktion seit dem Ende der schlesischen Kriege, wäre nicht denkbar gewesen ohne die Einrichtung der schlesischen Landschaft durch Preußen 1769. Mit ihr wurde die erste staatliche Grundpfandhypothekenanstalt der Welt geschaffen, doch ihr eigentliches Merkmal bestand darin, daß die Kreditgewährung und Kreditvergabe nicht nur von hypothekarischen Sicherheiten, sondern von einer laufenden betriebswirtschaftlichen Erfolgskontrolle der ritterschaftlichen Gutsbetriebe abhängig gemacht wurde. Zu erwähnen bleibt aber, daß sich Friedrich II. von Preußen entgegen den Vorstellungen der Schöpfer dieses Systems, seines schlesischen Justizministers Carmer und dessen Sekretärs Svarez aus Schweidnitz, nicht dazu entschließen konnte, dieses geniale System auch auf das Gewerbe und den kleinen Hausbesitz auszudehnen. Hätte er es getan, die Schaffung einer »bürgerlichen Gesellschaft«, von deren Vision sich Svarez dreißig Jahre später bei der Formung des Allgemeinen Preußischen Landrechts leiten ließ, wäre für Schlesien wohl nähergerückt.

Im Gegensatz zum Rhein- und Ruhrgebiet, wo die Industrialisierung vor allem durch Privatkapital und erst nach 1830 möglich wurde, ist die oberschlesische Industrialisierung des Montanreviers vor allem eine staatliche Leistung, die mit dem Namen des Grafen Reden verbunden ist. Sie ist jetzt gerade etwa 200 Jahre alt, am 1. Dezember 1786 ist die erste Dampfkraftanlage auf dem europäischen Kontinent in Betrieb gegangen, die »Feuermaschine von Tarnowitz«. Mit ihr wurde die Mechanisierung der Grubenentwässerung nach englischem Vorbild auf der Friedrichsgrube von Tarnowitz eingeleitet. Danach konnte sich in Oberschlesien schon um 1820 ein Ballungsgebiet bilden, das einmal überschüssige Arbeitskräfte aus der Landwirtschaft aufnehmen, zum anderen zusätzliche Nachfragepotentiale für Agrarprodukte schaffen konnte. Mit zunächst 108, später 142 Einwohnern je Quadratkilometer hatte Oberschlesien die größte Bevölkerungsdichte Preußens nach der Rheinprovinz.

Die Zeit nach 1810 ist in ganz Europa eine Periode der großen Entwicklungsschübe im Pflanzenbau und damit verbunden der Bodennutzung und danach auch in der Tierhaltung. Die mehr als tausendjährige Dreifelderwirtschaft mit einem Bracheanteil von etwa einem Drittel der ackerfähigen Fläche wurde durch die verbesserte Dreifelderwirtschaft abgelöst, in der die Brache mit Blatt- und Hackfrüchten wie den Kleearten, der Kartoffel oder den Rüben genutzt wird. Die Ernährungsbasis für Mensch und Tier erweiterte sich damit um ein Drittel. Für die schlesische Landwirtschaft war diese Entwicklung allerdings keine Neuheit mehr. Der Flachsanbau hatte schon seit dem 17. Jahrhundert zu einer Differenzierung der Anbauverhältnisse geführt, die preußische Propaganda für den Kartoffel- und Kleeanbau fand in den Gutsbetrieben rasch Zustimmung, wo schon vor 1810 in adligen Gütern die verbesserte Dreifelderwirtschaft allgemein anzutreffen war. Umfassende soziale Veränderungen ergaben sich aus der Einführung des Kartoffel- und Rübenanbaus bis in die kleinste Betriebseinheit. Es wurde möglich, auch bei bescheidener Bodenausstattung tierische Veredelungsproduktion für den Markt zu betreiben, vor allem durch Schweinehaltung. Der später für das oberschlesische Industriegebiet so typische Teilbauer, der tagsüber im Bergwerk oder im Stahlwerk arbeitete, zu Hause eine Kuh und drei Schweine, vielleicht auch ein Schaf im Stall hatte, ist damals entstanden, er sollte in der oberschlesischen Abstimmungszeit nach 1919 besondere politische Bedeutung bekommen, weil auf ihn die Verlockungen der Propaganda für die mit Grund so berüchtigte »Korfanty-Kuh« gerichtet wurden, die einmal zu den bemerkenswertesten politischen Geschöpfen in der so wechselvollen deutsch-polnischen Geschichte gehört hat. Die scheinbaren und auch echten Erfolge, die der Polenpropagandist Korfanty mit dieser seiner berüchtigten Korfanty-Kuh in die Scheuern brachte, die er jeder Familie als Geschenk versprach, die für Polen votieren würde, lassen sich auf diese Sozialentwicklung zurückführen. Zugleich hat sich die Verarbeitungsindustrie sowohl für land- und für montanwirtschaftliche Rohstoffe zusammen mit dem Handwerk so weit entfaltet, daß Schlesien im 20. Jahrhundert Strukturengleichheit mit den mittel- und westdeutschen Gewerbe- und Industrielandschaften erreicht hatte. Besonders gilt dies für die Textilindustrie, die Ernährungs- und Agrarindustrie und die Gewinnung von etwa hundert verschiedenen Grundchemikalien auf der Basis der Montanrohstoffe.

Die gesamte Landwirtschaft Schlesiens hat alte Traditionen im Industriepflanzenanbau. Ein Beispiel dafür ist der Flachsanbau, der als Begleitprodukt für die Schafwollerzeugung betrieben wurde und eine Chance kennzeichnet, die von der Heimtextilindustrie Schlesiens der Landwirtschaft geboten wurde. Mit der Ausweitung der chemischen Industrie und der Gebrauchsgütermärkte bildeten sich im 19. Jahrhundert neue Möglichkeiten der Produktion von Farbpflanzen. Zu nennen ist hier vor allem der Krapp, also die Pflanze, die im Mittelalter als Waid bezeichnet wurde und vor der Entdeckung des künstlichen Indigos die wichtigsten Grundstoffe für die Blaufärbung von Textilien geliefert hat. Ebenso hat sich der Ölpflanzenanbau in Schlesien als erstem Agrargebiet des ganzen Deutschen Reiches durchgesetzt. Das so überaus dekorative Landschaftsbild Schlesiens zu Beginn der Vegetationszeit, die intensive Farbigkeit schlesischer Landschaften in der Blütezeit von Flachs, Krapp und Raps ist vor allem dem Anbau dieser Industriepflanzen zuzuschreiben, die das ohnehin reich gegliederte Landschaftsbild mit einer besonderen Farbigkeit versehen haben.

Der Ausgang des Ersten Weltkrieges und die umfangreichen politischen Veränderungen in den Ostteilen Deutschlands haben für die schlesische Wirtschaft zu einer tiefgehenden Änderung ihrer Standortbedingungen geführt. Nach der Abtrennung des sogenannten Hultschiner Ländchens hatte die Provinz Oberschlesien noch einen Flächenumfang von 1,3 Millionen Hektar mit etwa 2,2 Millionen Einwohnern. Die Gebietsansprüche Polens führten zu der Volksabstimmung von 1921, die eine Teilung des Landes zur Folge hatte, die sich vor allem auf das Bevölkerungs- und Industriepotential auswirkte. Dem wiedergegründeten polnischen Staat wurden 320 000 Hektar mit 980 000 Einwohnern zugesprochen, die preußische Restprovinz Oberschlesien umfaßte damit noch 970 000 Hektar mit 1,3 Millionen Einwohnern. Die landwirtschaftlich genutzte Fläche, die an Polen überging, betrug 215 000 Hektar, die Forstfläche 105 000 Hektar. Die Hauptverluste vollzogen sich im Industriebereich. Es gingen sämtliche Eisengruben sowie die Zink- und Bleihütten, 22 Hochöfen und 53 Steinkohlengruben auf Polen über. Damit gehörte der Kern der oberschlesischen Bevölkerungsballung zu einem anderen Wirtschafts- und Zollgebiet.

Diese Sonderentwicklung brachte eine ausgeprägte Anfälligkeit der schlesischen Wirtschaft für die Agrarkrise der späten zwanziger und ersten dreißiger Jahre mit sich. Die Inflation hatte zu hohen Substanzverlusten geführt, die Betriebe hatten durch den Krieg und die Inflation einen Teil ihres Umlaufkapitals verloren und nicht wieder erneuern können. Der Großgrundbesitz ist dabei wieder einmal seiner Tradition treu geblieben, er war in einer ähnlichen Verfassung wie nach 1763 und dann wieder 1807, als der preußische Staat Verwertungs- und Vollstreckungsverbote erlassen und die schlesische Landschaft einrichten mußte, um einen Zusammenbruch der Rittergüter der damaligen Fürstentümer zu verhüten. In der allgemeinen Wirtschaftskrise mußte die Reichsregierung versuchen, durch Notverordnungen und die Osthilfe einen Zusammenbruch der Wirtschaft abzuwenden.

Die Genossenschaftsgründungen gehen in Schlesien überwiegend auf das späte 19. Jahrhundert zurück, es ist rasch und mit umfassendem Erfolg gelungen, Genossenschaftseinrichtungen auf allen Lebens- und Wirtschaftsgebieten zu verbreiten. 1930 gab es 1100 Genossenschaften, etwa die Hälfte waren Energieversorgungsgemeinschaften, etwa 500 Kreditgenossenschaften, die übrigen Betriebs- und Verwertungsgemeinschaften. Man kann annehmen, daß die Mentalität der Bevölkerung diese Entwicklung begünstigt hat, sie ist trotz der lebhaften Industrialisierung und Technisierung des Lebens in vielen Zügen mittelalterlich geblieben, der Familien- und Dorfverbund zur Bewältigung der Lebensrisiken hat in der schlesischen Gesellschaft immer seine Vitalität behaupten können.

Ein Blick auf die Ertragstatistik der Landwirtschaft zeigt eine eindrucksvolle Intensivierung der Produktion. Bei den wichtigsten Getreidearten sind um 1930 Spitzenerträge von etwa 20 Doppelzentner je Hektar erreicht worden, der Reichsdurchschnitt lag zu dieser Zeit bei 14 Doppelzentnern. Besondere Erfolge hatte die Provinz im Zukkerrübenanbau erreicht, die Erträge der bäuerlichen Betriebe überschritten bereits 300 Doppelzentner je Hektar. Die Großbetriebe erreichten wegen der geringeren Intensitätsstufen meist nur Erträge, die um etwa 20 bis 25 % niedriger lagen. Auf den ertragsstarken Böden Oberschlesiens werden von den Bauern heute Mengenerträge erzielt, die auf dem Niveau der Landwirtschaft in der Bundesrepublik, in Nordfrankreich und in den Niederlanden liegen.

Das Schlesien von heute bietet dem Besucher durch seine Landwirtschaft Eindrücke von großem ästhetischen und ökologischen Reiz. Die Agrar- und Siedlungspolitik der Nachkriegszeit hat zu einer Verstärkung des bäuerlichen Elements geführt. In allen schlesischen Wojewodschaften überwiegt heute der klein- und mittelbäuerliche Betrieb, in Niederschlesien daneben der staatliche Großbetrieb, der aus den Rittergütern der deutschen Zeit entstanden ist, aber seinen Latifundiencharakter verloren hat und zum Produktionsbetrieb geworden ist. Die Ertragsleistungen haben ihr altes Spitzenniveau wieder erreicht, die Wirtschaftslandschaften Ober- und Mittelschlesiens führen die polnische Ertragsstatistik an. Zugleich aber praktiziert die schlesische Landwirtschaft in allen ihren Formen einen im übrigen Zentraleuropa kaum noch bekannten Kompromiß zwischen Intensivlandwirtschaft und Ökologie und bewahrt vor allem die alte Flurenvielfalt und den traditionellen Arten- und Formenreichtum einer vielgegliederten Kulturlandschaft. Der Reisende kann dort noch einmal sehen, wie die Agrarlandschaften früherer Kulturepochen ausgesehen haben, die der Dichtung und der Malerei Europas in der Klassik und Romantik die Motive dargeboten haben.

Das wirtschaftliche Zentral- und Problemgebiet ist das oberschlesische Revier geworden. In dieser Stadt- und Montanlandschaft sind 4800 Industriebetriebe, unter ihnen 25 Hütten, 48 Großkraftwerke, 30 chemische Betriebe und mehr als hundert Kohlengruben und ihre Nebenbetriebe zusammengefaßt. Auf nur 1000 Quadratkilometern hat sich mit einer Einwohnerdichte von 2800 Menschen/qkm eine der größten Bevölkerungsballungen Europas gebildet. Auch hier sind die Betriebs- und Techniktraditionen der Industrialisierungszeit erhalten geblieben, das Revier hat seine sozialen und technologischen Strukturen nur wenig verändert. Das Zentralproblem ist die technologische Veraltung der Anlagen und die Hintanstellung aller Investitionen, die der Bewältigung der Folgeprobleme dieser Strukturen dienen. Das Ergebnis ist die größte Schadstoffbelastung Europas über diesem Revier.

Damit trifft sich die aktuelle Problematik der Industrielandschaft mit jener der Agrarlandschaften Schlesiens. Auch dort ist nicht mehr die Erhaltung und Steigerung der Grundproduktion das zentrale Problem, sondern der Ausbau der Infrastrukturen für die Aufnahme und Verarbeitung der Agrarprodukte, im Verkehrswesen, im Wasserbau und in der Energieversorgung – beide sind Grundprobleme der gesamten Siedlungswirtschaft Schlesiens – und bei der Bodenverbesserung sowie im Überschwemmungsschutz. Die Wirtschaftsfragen des heutigen Schlesiens sind vor allem Fragen des ungenügend gewordenen strukturellen Rahmens, den Landwirtschaft, Industrie und Dienstleistungswirtschaft brauchen, um sich entfalten zu können.

EBERHARD GÜNTER SCHULZ

Der kulturgeschichtliche Beitrag der Schlesier

Objektiv betrachtet ist Kultur die Gesamtheit der absichtlichen und sinnvollen Lebensäußerungen des Menschen. Sie umfaßt also außer Sprache und alltäglichen Lebensformen Wissenschaften, Künste, Religionsausübung, Technik, Wirtschaft, Politik, Sport und Spiel. Subjektiv ist Kultur bei einem endlichen Vernunftwesen die möglichst vollkommene Entwicklung und Nutzung seiner Anlagen durch eine Abfolge von Generationen, d. h. eine auf die Übernahme von Traditionen angewiesene Entfaltung der Humanität in Fähigkeiten und Leistungen.

Da die Bedeutung von Kulturphänomenen von ihrer Eigenart, ihrem Umfang und vor allem ihrem nach Wahrheit, Nutzen und Schönheit zu beurteilenden Rang abhängt, kommt es bei der Darstellung des kulturgeschichtlichen Beitrages der Menschen einer Region auf die nach Eigenart, Umfang und Rang herausragenden Kulturleistungen an. Da solche herausragenden Kulturleistungen in Schlesien erst als Folge der hochmittelalterlichen deutschen Besiedlung und Gestaltung des Landes (im 12.–14. Jahrhundert) festzustellen sind und eine als gemeinschlesisch unterscheidbare kulturelle Lebenseinheit mit der Vertreibung der bis zum Jahre 1945 dort ansässigen Bevölkerung, soweit sie nicht als »autochthon« beansprucht wurde, erloschen ist, kann es sich bei einem Abriß des kulturellen Beitrages der Schlesier nur um ihren Beitrag zur deutschen Kultur vom 13. bis zum 20. Jahrhundert handeln.

Die Begriffe Schlesien und Schlesier müssen dabei sinnvollerweise mehr durch kulturell bedeutsame Merkmale als nach Territorialhoheiten bestimmt werden. Außer dem Gebiet der früheren preußischen Provinz Schlesien sind also Österreichisch-Schlesien (um Jägerndorf, Troppau und Teschen), die östliche Oberlausitz (um Görlitz), die politisch erst 1815 zu Schlesien kam, die ostbrandenburgischen Nachbargebiete um Crossen, Züllichau und Schwiebus sowie das Fraustädter Ländchen (an der Grenze zu Großpolen, der früheren preußischen Provinz Posen) hinzuzurechnen. In weiterem Sinne gehörten kulturell der nordböhmische Grenzsaum von Reichenberg bis Braunau und der Südstreifen der früheren Provinz Posen von Bentschen über Wollstein, Lissa, Rawitsch und Krotoschin bis Kempen, soweit er deutsch besiedelt war, zum schlesischen Stammesgebiet, ebenso wie die deutschen Sprachinseln und Streusiedlungen in Kleinpolen (besonders in Westgalizien). Von den Bewohnern dieses ganzen nach Mundart und Lebensgewohnheiten als schlesisch oder schlesisch geprägt bezeichenbaren Raumes sprechen wir, wenn wir vom geschichtlichen Beitrag der Schlesier zur deutschen Kultur berichten.

Was über die politische Geschichte und die wirtschaftliche Bedeutung eines Landes zu sagen ist, geht zwar auch auf Entscheidungen und Arbeitsleistungen seiner Bewohner zurück, ist aber in wesentlichen Strukturen durch die geographische Lage, durch Bodenbeschaffenheit und Bodenschätze und durch das Klima bestimmt. Der im engeren Sinne kulturelle, d. h. Politik und Wirtschaft auslassende Beitrag der Menschen einer Landschaft ist dagegen – bei aller Eingebundenheit in politische und wirtschaftliche Vorgegebenheiten und aller Mitbedingtheit durch sie – in weit stärkerem Maße das

Ergebnis freien Wirkens der Kräfte des menschlichen Gemütes und damit der eigentliche Ausdruck von Substanz und Eigenart der Bewohner einer Region. Man wird daher aus der Untersuchung der Quellen eines regionalen Kulturbeitrages auch größere Aufschlüsse über den spezifischen Charakter der Menschen dieser Region erwarten können.

Bis einschließlich des 15. Jahrhunderts, also in den ersten drei Jahrhunderten deutschen Schlesiertums, ist der Beitrag der Schlesier zu Wissenschaft, Kunst und religiösem Leben als bedeutsam und auch schon eigengeprägt, aber weder als tonangebend noch überragend zu bezeichnen. Wir haben bereits im 13. Jahrhundert Kenntnis von einem Naturforscher und neuplatonischen Philosophen Witelo, der um 1230 bei Liegnitz geboren ist, und in der Manesseschen Liederhandschrift, der vornehmsten Quelle des deutschen Minnesangs, finden wir einen der schlesischen Herzöge als »Heinrich von Pressela« mit Proben von Minnelyrik vertreten. Nachdem Karl IV. 1348 die Prager Universität als erste Universität des Reiches diesseits der Alpen gegründet hatte, zogen viele Schlesier, die sonst wie zuvor an den oberitalienischen Universitäten (besonders in Padua und Bologna) studiert hätten, zum Erwerb akademischer Bildung ins nahe Prag, dann nach Krakau und seit 1409, als infolge des Kuttenberger Dekrets die deutschen Magister und Scholaren die Universität Prag verließen, um die Leipziger Hochschule zu gründen, zunehmend nach Leipzig. Es war kein Zufall, daß der erste gewählte Rektor der Leipziger Universität ein Schlesier war: Johann Otto von Münsterberg. Ihm folgten bis 1500 allein in Leipzig noch 25 weitere Gelehrte aus Schlesien in dieser Würde. Nach dem Wegfall von Prag ist im 15. Jahrhundert neben Leipzig auch Krakau als Studienort schlesischer Scholaren beliebt, solange die alte polnische Hauptstadt von deutschem Bürgertum und

Bildungswesen geprägt blieb, daneben Heidelberg und Erfurt. Als Herkunftsorte der schlesischen Studenten werden am meisten die Städte Breslau, Glogau, Schweidnitz, Neisse, Liegnitz, Brieg und Sagan, aber u. a. auch Oppeln, Ratibor, Görlitz, Lauban, Kreuzburg und Neumarkt genannt. Für die Vorbildung dieser Studenten war bis zum Ausgang des Mittelalters durch ca. 150 Pfarrschulen in Schlesien gesorgt und vor allem durch sieben höhere Schulen (drei in Breslau, zwei in Glogau und je eine in Liegnitz und Neisse). Reich waren die Schätze an Gelehrsamkeit und Frömmigkeit in Handschriften der 36 schlesischen Klosterbibliotheken. Früh sind Arzneibücher (in deutscher Sprache) verbreitet sowie Werke der großen italienischen Juristen und Zusammenstellungen geltenden deutschen Rechts. Etwa 50 lateinisch-deutsche Wörterbücher lagen in Handschriften vor, jedoch kein einziges lateinisch-tschechisches oder lateinisch-polnisches. Die schlesische Mundart ist im 13. Jahrhundert bereits ausgebildet und am Beginn des 14. Jahrhunderts mit geringfügigen Unterschieden allgemein in Schlesien verbreitet. All dies beweist eine rege Beteiligung der Schlesier am deutschen Kulturleben und Kulturschaffen in den beiden letzten Jahrhunderten des Mittelalters. Es gibt auch Grund zu der Annahme, daß die Forschung noch interessante Tatbestände ans Licht bringen wird – vor allem im Bereich der Wissenschaftsgeschichte –, die dem schlesischen Anteil schon für das spätere Mittelalter ein noch stärkeres Gewicht zuweisen könnten. Doch ein kultureller Vorrang der Schlesier läßt sich in dieser Zeit zwar für das neue deutsche Siedlungsgebiet östlich der Elbe, nicht jedoch im Vergleich zum ganzen Siedlungsgebiet des deutschen Volkes behaupten.

Das Feld, auf dem diese bloße Beteiligung zuerst in eine Pionierfunktion umschlägt, ist die Musik, und der Zeitpunkt, zu dem dies geschieht, ist der Beginn der Neuzeit. Schon um 1400 ist in Sagan eine Handschrift französischer Motetten entstanden, von der Bruchstücke erhalten sind. Aus der Saganer Klosterbibliothek stammt auch die erste deutsche Orgeltabulatur, die dort 1423 bis 1428 entstanden ist. 1470/80 wurde in Glogau eine Sammlung von 294 Tonsätzen zusammengestellt, in denen vor allem frankoflämische Meister des 15. Jahrhunderts rezipiert und schöpferisch fruchtbar gemacht werden. Dieses »Glogauer Liederbuch« spiegelt die Musik der Zeit in einer fast alle Gattungen berücksichtigenden Breite. So ragt also Schlesien schon im 15. Jahrhundert als Orgellandschaft und als Land der Liedkunst und der Musikpflege überhaupt hervor. Mit Thomas Stoltzer (1480–1526) aber, dem Priester aus Schweidnitz, der vom Breslauer Dom zum Hofkapellmeister des ungarischen Königs berufen wurde, und Johannes Nucius (1556–1620) aus Görlitz, der als Abt des oberschlesischen Klosters Himmelwitz gestorben ist, schenkte Schlesien der deutschen Kirchenmusik zwei bahnbrechende Meister. Sie stellten ihre Musik in den Dienst des biblischen Wortes (Stoltzer z. B. schuf Kompositionen zu Luthers deutschen Übersetzungen des 37. und 86. Psalms), und »dank der erstmaligen Verwendung der deutschen Sprache mit ihrem charakteristischen Rhythmus und ihrer spezifischen Sprachmelodie« (Hoffmann-Erbrecht über Stoltzer) lieferten sie zum erstenmal die Verknüpfung einer Nationalsprache mit musikalischer Komposition. Dies ist ein Durchbruch, ohne den nicht nur Bachs Passionen, sondern überhaupt der melodische und ornamentale Reichtum der deutschen Musik im Barockzeitalter nicht vorstellbar sind. Das Barockzeitalter war freilich in Schlesien selbst vor allem die hohe Zeit der Lautenisten. Mit Esajas Reusner aus Löwenberg, Vater (1636–1679, seit 1674 im Dienst des Großen Kurfürsten) und Sohn, beginnt die Blütezeit der schlesischen Lautenmusik und

setzt sich mit drei Generationen der Familie Weiß aus Breslau und u. a. mit Ernst Gottlieb Baron aus Breslau (1696–1760) fort, der 1735 bei Kronprinz Friedrich in Rheinsberg »Kammertheorbist« wurde und bis zu seinem Tod im Dienst des Preußenkönigs blieb. Alle Lautenisten der Welt aber überragt nach Mattheson Silvius Leopold Weiß (1686–1750), dem als Komponisten und Interpreten europäische Bedeutung in der Geschichte der Musik beigemessen wird. Weiß, der mit Johann Sebastian Bach in einem Verhältnis besonderer gegenseitiger Wertschätzung stand, war von 1718 bis zu seinem Tode Kammermusikus am Dresdner Musenhof. Auch die Zahl der schlesischen Lautenisten im 17. und 18. Jahrhundert ist groß, nicht nur der Rang ihrer herausragendsten Repräsentanten. Es bleibt auch bei den schlesischen Komponisten der folgenden Epochen, die wir hier weitgehend übergehen, bei einer Bevorzugung der kleinen Form. Bei aller Weltläufigkeit der schlesischen Musiker, bedingt durch das Fehlen eines großen Hofes in der Heimat, wird man den Grund für diese Zuwendung zur Kammermusik, zum einzelnen Instrument und zum Lied in ihrer ausgeprägten Innerlichkeit vermuten dürfen. Erwähnt seien aus dem 18. Jahrhundert wenigstens noch die für die Geschichte des Liedes bedeutsame »Singende Muse an der Pleiße« (so der Titel einer Sammlung seiner Kompositionen mit einem Anhang von Gedichten Johann Chr. Günthers, Leipzig 1736), d. i. der 1705 in Lobendau bei Liegnitz geborene Johann Sigismund Scholze (Pseudonym: Sperontes), gestorben 1750 in Leipzig, sowie aus dem 19. Jahrhundert J. Schnabel von den Breslauer Domkapellmeistern und der aus Grottkau stammende Joseph Xaver Elsner (1769–1854), der sich 1799 in Warschau niederließ, wo er als Komponist, Dirigent und Leiter des Konservatoriums wirkte. Elsner ist als Lehrer Chopins in die Musikgeschichte eingegangen.

Schlesien hat aber nicht nur viele Komponisten hervorgebracht, sondern war durch alle Jahrhunderte seiner Zugehörigkeit zur deutschen Kultur ein Land intensiver Musikpflege bis hin zur Pflege des Volksliedes und des Kirchenliedes, in beiden Bereichen von schöner Unverdrossenheit in der Ausübung des Gesangs. Die Musikalität der Schlesier trifft sich im Liedgesang mit einer gern gepflegten sprachlichen Ausdrucksfähigkeit, die auch der literarischen und wissenschaftlichen Wirksamkeit dieses Volksstammes zugute gekommen ist.

In der bildenden Kunst sind die in Schlesien entstehenden Werke der Architektur, Plastik und Malerei im Mittelalter allenfalls einigen bekannten Werkstätten, jedoch selten einzelnen Künstlerpersönlichkeiten, die hinter ihren Auftraggebern oft ganz zurücktreten, zuzuschreiben. So ist die Kunstgeschichte Schlesiens bis in das Zeitalter der Renaissance vor allem eine Geschichte von Beziehungen und Einflüssen, die überwiegend aus Italien, Süddeutschland und Böhmen kommen, auch nach Klein- und Großpolen weitergereicht werden. Die Beteiligung landeseigener Kräfte ist dabei nur in Ausnahmefällen bestimmbar. Im Barockzeitalter kennen wir vielfach die Künstler und wissen, daß sie von außen nach Schlesien kamen. Der Architekt Martin Frantz, der sein Wirken in Schlesien mit der Hirschberger Gnadenkirche begonnen und vielen schlesischen Schloßbauten den Stempel seines gruppenbaulichen Gliederungsgedankens aufgedrückt hat (z.B. in Brauchitschdorf), ist gebürtiger Revaler, allerdings väterlicherseits aus sächsischer Familie. Und der bedeutendste Maler, der im Barockzeitalter in Schlesien gearbeitet hat, ist der Königsberger Michael Willmann. Von den Schlesiern sei hier nur der Jesuit Johann Riedel (1654–1736) genannt, der die Jesuitenkirche in Schweidnitz ausgestaltet hat. Erst im ausgehenden 18. und 19. Jahrhundert greifen die Schlesier mit zwei überra-

genden Künstlern in die Kunstgeschichte ein: mit dem Architekten Carl Gotthard Langhans aus Landeshut (1732–1808), der dem Klassizismus in der deutschen Architektur zum Durchbruch verhalf, und mit dem Breslauer Adolf Menzel (1815–1905), der durch Ölgemälde ebenso wie durch seine Federzeichnungen zur Illustration von Kuglers Geschichte Friedrichs des Großen zum künstlerischen Gestalter der preußischen Geschichte besonders in der prägenden Epoche Friedrichs des Großen geworden ist. Menzel ist der letzte große Vertreter des Realismus mit einer breiten schöpferischen Gestaltungsfähigkeit, die ihn Themen des technischen Zeitalters (Eisenbahn, Eisenwalzwerk in Oberschlesien) gültig bewältigen und sich auch der impressionistischen Bereicherung malerischen Ausdrucks vorwegnehmend bedienen läßt. Gerade das Werk Menzels, der in den letzten Jahrzehnten seines Lebens als »kleine Exzellenz« zu einem Wahrzeichen des Berliner gesellschaftlichen Lebens geworden war, dokumentiert aufs schönste, was die Verbindung von Genie und Fleiß hervorzubringen vermag.

Langhans, der in Schweidnitz, wo sein Vater Rektor des evangelischen Gymnasiums war, aufgewachsen ist, hatte bereits mehrere Kirchen in Schlesien und das Palais Hatzfeldt in Breslau errichtet, als er 1775 Oberbaurat in Breslau wurde. Ab 1788 krönte er seine Laufbahn als Direktor des Oberhofbauamtes in Berlin. Hier schuf er das Brandenburger Tor (1788–1791), das alte Schauspielhaus, die Theater in Charlottenburg und Potsdam und mehrere Schloß-Interieurs. In diese Zeit fallen auch weitere Kirchen- und Profanbauten in Schlesien, die nach Plänen von Carl Gotthard Langhans errichtet wurden. Er starb in Grüneiche bei Breslau.

Mit Langhans und Menzel haben die Schlesier, die nicht ohne Geneigtheit gewesen waren, sich von Friedrich dem Großen erobern zu lassen (v. Srbik), Berlin und damit den preußischen Staat, dem sie nun angehörten, ihrerseits künstlerisch erobert. In Romantik und Biedermeier gibt es eine rege Beteiligung von Schlesiern an der Bildenden Kunst in Deutschland, besonders an der Malerei, was wir hier aber unter Hinweis auf den Katalog der Ausstellung »Schlesien in der Biedermeierzeit« (1987) übergehen. Zur Spitzengruppe der europäischen Künstler gehören dann im 20. Jahrhundert die schlesischen Maler Oskar Moll (1875–1947) und Otto Mueller (1874–1930), beide herausragende Gestalten an der Breslauer Kunstakademie (Moll als deren letzter Direktor bis zur Schließung 1932), die in den Zwanzigern ein Kristallisationspunkt der Bildenden Kunst in Deutschland gewesen ist – gleichermaßen durch die Mannigfaltigkeit künstlerischer Richtungen wie durch den Rang der einzelnen Lehrerpersönlichkeiten auf allen Gebieten von der Architektur bis zur Graphik.

Der Brieger Oskar Moll, in Paris im Kreis um Matisse gereift, hat die Farbe zum ersten Gestaltungsprinzip seiner Bilder gemacht und ist dabei durch sorgsame Ausnutzung von Lichteffekten zu einer ausdrucksstarken Zartheit vorgedrungen, die den Gegenstand beläßt, ohne ihn zu betonen.

Otto Mueller aus Liebau im Riesengebirge, mit den Brüdern Hauptmann persönlich verbunden, war ein künstlerisches Urtalent von einer Kraft, die Naturgewalten und Erdverbundenheit ebenso umspannte wie die Tiefen der menschlichen Seele. Er hatte an der Dresdner Akademie studiert. In Berlin gehörte er zu den Gründern der »Neuen Sezession«, und in Dresden schloß er sich dem expressionistischen Kreis der »Brücke«-Maler an. 1919 wurde er als Professor an die Breslauer Akademie berufen. Seine Linienführung ist in Zeichnungen und Bildern von faszinierender Einfachheit. Auch seine Farben beeindrucken am meisten durch ihre Zartheit. Die Unverwechselbarkeit seiner Handschrift wird von seiner, durch Abstammung mütterlicherseits nahege-

legten Zuwendung zum Zigeunermilieu noch unterstrichen. Wer ihn kannte, glaubte in seiner Persönlichkeit dem Künstlertum par excellence zu begegnen, und dies in einem nach Sprache und Gestus typisch schlesischen Gewande. Als Lehrer prägte er, indem er zur Selbständigkeit befreite.

Nach diesem Ausflug zu den ungewöhnlichen Beiträgen der Schlesier zu Musik und Bildender Kunst kehren wir zurück zur kulturellen Situation des Landes am Beginn der Neuzeit. Wir hatten gesehen, daß Schlesier im 14. und 15. Jahrhundert vor allem an den Universitäten Prag, Krakau und Leipzig stark repräsentiert waren, nicht nur als Studenten, sondern auch unter den Hochschullehrern. Das führt bereits am Beginn des 16. Jahrhunderts, noch ehe die Reformation in Schlesien Fuß faßt, zu einer Verbreitung wissenschaftlichen Strebens und Arbeitens, daß Melanchthon 1521 in einem Brief an den Rektor des Breslauer Elisabeth-Gymnasiums Lorenz Rabe – Corvinus – (ca. 1465–1527), Sohn eines Neumarkter Ratsherrn, schreiben konnte, es fände sich in keinem Teil Deutschlands unter dem Volke ein solcher Trieb zur Wissenschaft, und nirgends gäbe es nicht nur unter der Geistlichkeit so viele gelehrte Männer wie unter den Schlesiern. Diese Lage erfährt noch eine beträchtliche Steigerung durch die Reformation und die Impulse, die von ihr auf das Bildungswesen in Schlesien ausgehen. Aus Manfred Fleischers Aufsätzen zum Späthumanismus in Schlesien wird eindrucksvoll deutlich, daß Schlesien im 16. Jahrhundert, im Jahrhundert der Reformation Luthers, das hervorragendste Zentrum gelehrten Lebens in Deutschland auf allen für die Zeit wichtigen Gebieten: Theologie, Philosophie, Naturkunde, Medizin, Jurisprudenz, Beredsamkeit und Poesie, gewesen ist. Dies gilt von einem Lande ohne eigene Universität. Aber von den zwölf Städten mit den berühmtesten evangelischen Gymnasien in Deutschland, die für diese Zeit angegeben werden (Andreas Węgierski, Amsterdam 1679, Nachdruck Warschau 1973), liegen sechs im schlesischen Bereich, und zwar Görlitz, Goldberg, Breslau (mit zwei Gymnasien), Brieg, Freystadt und Beuthen/Oder. »Bin ich ein Schlesier, bin ich ein Poet«, war ausgangs des 16. Jahrhunderts ein geflügeltes Wort. Es bedeutete im Zeitalter der Renaissance und des Barock, wo nur Gelehrte Dichter waren, zugleich den Ausdruck einer weiten Verbreitung gelehrter Bildung in Schlesien. Auf dem Hintergrund des Beginns dieser Entwicklung hat der lutherische Praeceptor Germaniae sein vorhin referiertes frühes Lob von 1521 Jahrzehnte später (u. a. 1558) mit noch mehr Recht wiederholt. Und der große niederländische Gelehrte Justus Lipsius (Joest Lips) stellte 1594 den Schlesiern und besonders den Breslauern das Zeugnis aus, daß es in keiner anderen Kulturlandschaft Europas mehr Hochgebildete (»excultiores«) gäbe. Entsprechend dem Universalismus des Zeitalters umfaßte die Pflege von Wissenschaft und Künsten, wie sie tiefschürfend und elegant zugleich in den philosophischen Gärten der Zeit betrieben wurde, oft in einer Person und ihren Freunden Naturforschung, Medizin, Sprachwissenschaft, Philosophie, Theologie, Poesie und Musik. Unter diesen schlesischen Gelehrten im 16. Jahrhundert und am Anfang des 17. werden insgesamt über 150 Ärzte in Schlesien gezählt, unter denen besonders die Breslauer Johann Crato von Krafftheim – Johann Kraft – (1519–1585), der Leibarzt dreier Kaiser war, Laurentius Scholz (1552–1599) und Johann Jessenius von Jessen (1566–1621), der, die Pioniertaten der Italiener und Franzosen übernehmend, die ärztliche Chirurgie in Deutschland begründet hat, herausragen.

Crato, der berühmteste schlesische Arzt im 16. Jahrhundert, hatte als Schüler der Breslauer Gymnasien zu St. Elisabeth und St. Maria Magdalenen und Stipendiat seiner Vaterstadt mit 15 Jahren die Universität Wittenberg bezogen, wo er als Theologiestudent sechs Jahre lang Tischgast Luthers gewesen war, auch dessen später gedruckte Tischreden aufgeschrieben haben soll, bevor er auf Luthers Rat Medizin studierte, zuerst in Wittenberg und Leipzig, schließlich in Padua bei dem großen Kliniker Montanus (Giovanni Battista da Monte). Als zweiter Stadtphysikus (seit 1550) bewährte er sich in Breslau vor allem in dem Pestjahr 1553 und veröffentlichte 1555 ein um Differenzierung der Phänomene und praktische Verhaltensmaßregeln bemühtes Werk über die Pest. Er diente vor allem den Kaisern Ferdinand I. und Maximilian II. als Leibarzt am Wiener Hof, am Ende auch noch Rudolf II., verbrachte aber auch in diesen Zeiten seiner Zugehörigkeit zum Hof in Wien und Prag stets einige Monate des Jahres in Breslau, hochangesehen und in konsultativem Briefwechsel mit hochgestellten Patienten aller Herren Länder. Unter Maximilian wurde er Pfalzgraf mit dem Recht der Dichterkrönung und den zusätzlichen Privilegien, Medizinern und Juristen den Doktorgrad zu verleihen.

Cratos medizinische Gutachten und Briefe hat später Lorenz Scholz herausgegeben, der überhaupt der bekannteste Herausgeber medizinischer Handbücher seiner Zeit gewesen ist. Als Sohn eines Arztes und Apothekers in Breslau geboren, hatte Scholz zunächst vier Jahre in Wittenberg Medizin studiert, dann drei Jahre in Padua und Bologna mit dem Schwergewicht auf Botanik und schließlich nach einer Bildungsreise nach Rom, Neapel, Florenz und Mailand in Südfrankreich vor der medizinischen Fakultät der Universität Montpellier eine medizinisch-philosophische Dissertation verteidigt. Er heiratete eine Enkelin des Breslauer Reformators Johann Hess und ließ sich, nach einigen Jahren der Praxis in Schwiebus und Freystadt, in Breslau nieder, wo er, der schon 1581 eine Pestordnung verfaßt hatte, sich im Pestjahr 1588, in dem Crato gestorben ist, besonders bewährt hat. Im selben Jahr eröffnete er in der Nähe der späteren Liebichshöhe im Bereich der Weiden- und Taschenstraße seinen etwa 1½ ha großen botanischen Garten. Dieser Garten war ein vielgerühmtes Tusculum im damaligen Breslau, geradezu ein Reiseziel akademischer Pilger. Der poeta laureatus Salomon Frencel von Friedenthal (1561–1605) pries den Scholz'schen Garten in lateinischen Versen u. a. so (übersetzt von Ferdinand Cohn):

»Wer von der Ferne besucht die Mauern
        des herrlichen Breslau,
Gehe zum Garten des Scholz,
        schaue die blühende Pracht;
Hat er dann Herz und Augen an allem
        geweidet, so spricht er:
›Scholz, in die Vaterstadt hast Du Italien
        verpflanzt!‹«

Im ganzen haben das Lob dieses Gartens 70 einheimische Dichter und in Holland Lipsius, in Padua Montanus angestimmt.

Johann von Jessen, der dritte der bedeutenden schlesischen Ärzte dieser Epoche, war der Sohn von Balthasar Jessen, der aus einer begüterten ungarischen Adelsfamilie stammte und von den Türken aus seiner Heimat vertrieben worden war. In Breslau ansässig geworden, heiratete er Martha Schiller. Beider Sohn Johann erhielt zunächst seine Ausbildung am Breslauer Elisabethgymnasium und ging dann zum Studium der Medizin nach Wittenberg und Leipzig, wo der Breslauer Georg Walther sein Lehrer war. Er vollendete seine Ausbildung, wie konnte es anders sein, in Padua bei dem großen Fabrizio d'Acquapendente und disputierte zur Erlangung der Doktorwürde über die Philosophie des Aristoteles. Über Venedig und Breslau kam er als Anatomieprofessor nach Wittenberg und errichtete dort nach paduanischem Vorbild ein theatrum anatomicum. 1595 heiratete er

Maria Fels, die Tochter des kaiserlichen Registrators der schlesischen Kammer in Breslau. Großen Ruhm erlangte er durch seine im Juli 1600 in Prag an vier Tagen vorgenommene öffentliche Leichensektion, bei der er ca. 1000 Zuschauer gehabt haben soll, und durch seine Leichenrede, die er ebenfalls in Prag auf seinen Freund Tycho Brahe, den großen dänischen Astronomen, gehalten hat. Während ihm in Wittenberg der Breslauer Daniel Sennert auf dem anatomischen Lehrstuhl nachfolgte, war Jessen bemüht, der Prager Universität neue Impulse zu geben. 1617 wurde er zum Rektor gewählt. Aber die Wirren des Dreißigjährigen Krieges, in dem er als kämpferischer Lutheraner auf der falschen Seite lebte, bescherten ihm ein grausames Ende. Kaiser Ferdinand ließ ihm zunächst die Zunge herausschneiden, ihn dann enthaupten und schließlich den Rest des Körpers vierteilen.

Aber nicht nur am Beginn der naturwissenschaftlichen Medizin, sondern auch zur Zeit ihrer rasanten Entwicklung um die letzte Jahrhundertwende haben Schlesier einen bedeutenden Anteil an den segensreichen Fortschritten ihres Faches. Hier seien nur Paul Ehrlich (1854–1915) aus Strehlen und Albert Neisser (1855–1916) aus Schweidnitz genannt, die beide aus dem aufstrebenden, in Preußen seit dem Ende des 18. Jahrhunderts schrittweise bürgerlich emanzipierten Judentum stammen. Der Dermatologe Albert Neisser war seit 1882 Professor in Breslau und führte dort bis zu seinem Tode mit seiner Frau Toni ein durch die Kunst geprägtes Haus. Er entdeckte den Gonokokkus als Erreger des Trippers und wies den Lepra-Erreger mit Hilfe besonderer Färbemethoden nach. Der Serologe Paul Ehrlich arbeitete zunächst in Berlin mit Robert Koch zusammen und war seit 1899 Direktor des Instituts für experimentelle Therapie in Frankfurt/Main. Durch seine serologischen Untersuchungen schuf er neue Grundlagen der Immunitätslehre. 1908 erhielt er den Nobelpreis für Medizin, 1909 erfand er das Salvarsan, ein chemisches Mittel gegen die Syphilis. Nach diesem Begründer der modernen Chemotherapie ist der angesehenste medizinische Preis in Deutschland benannt.

Aber nicht nur in der Geschichte der mit Hilfe der exakten Naturwissenschaften arbeitenden Medizin spielen Schlesier eine bahnbrechende Rolle. Schon im Mittelalter, kurz nach der deutschen Besiedlung des Landes, finden wir in Schlesien eine intensive Hinwendung zu den damals üblichen empirischen Heilverfahren, die wir heute als alternativmedizinische oder naturheilkundliche Methoden bezeichnen würden. Im 18. und 19. Jahrhundert kann Schlesien geradezu als Ursprungsland der Hydrotherapie in Anspruch genommen werden. Die Schweidnitzer Stadtärzte Johann Siegmund Hahn (1664–1742), der Vater, zeitweilig Leibarzt des polnischen Königs Jan Sobieski, und sein gleichnamiger Sohn (1696–1773) haben mehrere Schriften über ihre Heilerfolge mit dem Gebrauch kalten Wassers durch Baden und Trinken veröffentlicht und sind daher als die Schweidnitzer »Wasserhähne« bekannt. Man kann über ihr hilfreiches Tun nicht treffender zusammenfassend berichten, als es einer ihrer Buchtitel tut: »Die wunderbare Heilkraft des frischen Wassers bei dessen innerlichem und äußerlichem Gebrauche durch die Erfahrung bestätigt«, Breslau und Leipzig 1743. Diese Tradition mag unter den schlesischen Gebirgsbewohnern lebendig gewesen sein, als Vinzenz Prießnitz (1799–1851), ein schlichter Bauernjunge aus Gräfenberg bei Freiwaldau im österreichisch gebliebenen südwestlichen Teil von Oberschlesien, das kalte Gebirgswasser als Heilmittel neu entdeckte. Vielleicht ist er aber zu seinen Heilverfahren auch einfach, wie es die Legende wissen will, als Hütejunge im Wald durch die Beobachtung eines waidwunden Rehes angeregt wor-

den, das sich seine Wunden durch Auswaschen und Auslecken an einer kalten Quelle heilte. Pfarrer Kneipp jedenfalls hatte von den Heilmethoden und -erfolgen des berühmten Prießnitz nachweislich literarische Kenntnisse, als er sich der Wasserheilkunde zuwandte. Weit verbreitet war in Schlesien seit der Siedlungszeit im Mittelalter auch die Kräuterheilkunde. Die von Hans Reitzig erforschten und ausführlich beschriebenen Krummhübeler Laboranten im Riesengebirge ragen aus der Breite dieser volksheilkundlichen Erscheinungen lediglich hervor wie der erhabene Gipfel der Schneekoppe aus der reichen und schönen Welt der schlesischen Berge.

Eine Brücke zwischen Naturkunde und Naturwissenschaft schlagen Biologie und Geographie. Drei große Botaniker aus Schlesien müssen hier genannt werden. Heinrich Robert Göppert, 1800 in Sprottau in Niederschlesien geboren, schuf mit seiner Arbeit »Über die Entstehung der Steinkohlen« (1848) die Paläobotanik. Er war Professor und Direktor des Botanischen Gartens in Breslau († 1884). Durch seine Arbeiten über die Urwälder in Schlesien und Böhmen hat er dem Naturschutzgedanken die Bahn gebrochen. Als Begründer der Bakteriologie gilt der Lehrer von Robert Koch, der Breslauer Botaniker Ferdinand Cohn (1828–1898). Er vertrat sein Fach an der Breslauer Universität und machte sich auch durch Untersuchungen niederer Pflanzen einen Namen.

Schüler von Göppert und Cohn war der aus Sagan gebürtige Adolf Engler (1844–1930), der von 1889 bis 1921 Direktor des Botanischen Gartens in Berlin-Dahlem gewesen ist. Er begann damit, auch die geologischen Voraussetzungen zur Erklärung der Verbreitung von Pflanzen heranzuziehen.

Der geographische Erforscher Chinas, Ferdinand Freiherr von Richthofen, 1833 in Carlsruhe/Oberschlesien geboren, starb 1905 in Berlin, wo er nach akademischer

Lehrtätigkeit in Bonn und Leipzig seit 1886 Professor war. Seine Arbeiten waren entscheidend für die Begründung der modernen Geographie. Die größten Verdienste hat er sich um die physische Geographie und die Geomorphologie erworben.

Zu den großen Physikern unseres Jahrhunderts gehört der 1882 in Breslau geborene Max Born († 1970 in Göttingen). Mit seinen Schülern Heisenberg und Pascual Jordan entwickelte er in Gestalt der Matrizenmechanik eine neue Atomtheorie. 1954 erhielt er den Nobelpreis. Auch sein Assistent Otto Stern (1888–1969) aus Sohrau in Oberschlesien hat den Nobelpreis für Physik erhalten, sogar schon elf Jahre vor seinem Lehrer Max Born. Stern hatte seine Gymnasialbildung in Breslau absolviert und auch in der schlesischen Metropole sein Studium mit der Promotion abgeschlossen. Stern war ein erfolgreicher Atomforscher. An den Universitäten Rostock (seit 1921) und Hamburg (seit 1923) vertrat er das Fach Physikalische Chemie. Nach seiner Emigration 1933 arbeitete er am Carnegie-Institut of Technology in Pittsburgh. Er starb in Berkeley/Californien. Unter den Gelehrten schlesischer Herkunft, die den Nobelpreis für Physik erhalten haben (1963), ist auch die deutsch-amerikanische Kernphysikerin Maria Goeppert-Mayer zu nennen. Sie wurde 1906 in Kattowitz/Oberschlesien geboren.

Schließlich seien aus dem Bereich der Naturwissenschaften noch drei bedeutende Chemiker aufgeführt, die alle den Nobelpreis erhalten haben.

Fritz Haber (1868–1934) aus Breslau erforschte u. a. die Reaktionen des Stickstoffs und erhielt 1918 den Nobelpreis für die Synthese von Ammoniak. Er war von 1911 bis 1933 Direktor des Kaiser-Wilhelm-Instituts für Physikalische Chemie in Berlin. Friedrich Bergius (1884–1949) aus Goldschmieden/Kreis Breslau erfand ein Verfahren zur Herstellung von flüssigen Kohlenwasserstoffen aus Kohle. Ihm wurde der

Nobelpreis 1931 verliehen. Kurt Alder (1902–1958) aus Königshütte in Oberschlesien arbeitete in den Bereichen der organischen Chemie und der Stereochemie. Bis 1940 war er Forschungsleiter bei I. G. Farben in Leverkusen und dann Professor in Köln, wo er auch starb. Den Nobelpreis für Chemie hat er 1950 erhalten.

Nach diesen eindrucksvollen Hinweisen wird die Feststellung keine Verwunderung hervorrufen, daß die Schlesier unter den deutschen Nobelpreisträgern bis 1970 (von denen sie mit Gerhart Hauptmann acht stellen) im Verhältnis zu ihrem Anteil an der deutschen Gesamtbevölkerung erheblich überrepräsentiert sind (ca. 14 % der Nobelpreisträger bei einem ca. siebenprozentigen Anteil an der Bevölkerung).

Wenn man vom Beitrag der Schlesier zur Musik absieht, zeigt der bisherige skizzenhafte Überblick vor allem, daß sie im 19. und im beginnenden 20. Jahrhundert einen nach Rang und Umfang überdurchschnittlichen Kulturbeitrag geleistet haben. Freilich ergab sich auch, daß sie im 15. und verstärkt im 16. Jahrhundert ein ungewöhnlich hohes allgemeines Kulturniveau erreicht hatten, ohne daß man deshalb von gelehrten oder künstlerischen Innovationen europäischen Ranges sprechen könnte. Aber diese auffallende Verbreitung von Wissenschaft und Kunst (namentlich Poesie), diese im Zeitalter der Befreiung des Denkens durch die Wiederbelebung antiker Unbefangenheit in Humanismus und Renaissance mit Hilfe der durch die Reformation bedingten Entscheidungsnotwendigkeit in Glaubensangelegenheiten erreichte Bildungsrevolution vor allem in der keineswegs kleinen Schicht relativ wohlhabenden Bürgertums im Handelsland Schlesien war die Voraussetzung dafür, daß die kulturelle Führung Deutschlands im 17. Jahrhundert in Schlesien lag. In diesem Jahrhundert des Dreißigjährigen Krieges, als unsere französischen Nachbarn ihre klassische Literatur (Racine, Corneille, Molière) als Muster

für ganz Europa hervorbrachten, war zwar
bei uns in Deutschland die Zeit noch nicht
reif für die Klassik. Aber im geistig fortschrittlichen Schlesien wurden damals die
Voraussetzungen im gewandten und prägenden Gebrauch der Sprache und im übenden
gestaltenden Umgang mit ihr für unsere
spätere klassische Literatur geschaffen.
Martin Opitz, 1597 als Sohn eines Fleischer-
meisters in Bunzlau, der »Stadt des guten
Tons« im niederschlesischen Vorgebirgs-
land, geboren, hat mit seinem 1624 erschienenen »Buch von der teutschen Poeterey«
der Dichtkunst in deutscher Sprache bleibende Maßstäbe gesetzt. Er bestimmte die
natürliche Wortbetonung zum Prinzip des
deutschen Verses (während im Lateinischen
nach Längen und Kürzen gezählt wird) und
schuf dadurch mit einem Schlage eine der
Natur der deutschen Sprache angemessene
Einheit von Form und Inhalt. Er bestimmte
darüber hinaus die verschiedenen Gattungen und gab in allen Muster. So hat er am
Beginn der deutschen Barockliteratur für
alle Gattungen der Dichtkunst das geschaffen, was Lessing im 18. Jahrhundert theore-
tisch und praktisch für das Drama der deutschen Klassik geleistet hat.
An Lessing als seinen Wiederentdecker erinnert auch der große Sinnspruchdichter des
Barock in Schlesien, Friedrich Freiherr von
Logau, geboren in Brockut bei Nimptsch
1604 und als Regierungsbeamter des Herzogs
Ludwig IV. von Liegnitz, Brieg und Wohlau
1655 in Liegnitz gestorben. Ein satirisches
Sinngedicht Logaus mag uns den gesellschaftlichen Bezug seiner Dichtung und zugleich
dies zu erkennen geben, daß die Welt und die
Menschen damals unseren Verhältnissen keineswegs unähnlich gewesen sind.

Heutige Weltkunst
Anders sein und anders scheinen,
Anders reden, anders meinen,
Alles loben, alles tragen,
Allen heucheln, stets behagen,
Allem Winde Segel geben,

Bös' und Guten dienstbar leben,
Alles Tun und alles Dichten
Bloß auf eignen Nutzen richten:
Wer sich dessen will befleißen,
Kann politisch heuer heißen.

Und noch ein Epigramm Logaus möge wegen seiner prägnanten Kürze ebenso wie
wegen seiner zeitlos gültigen Menschen-
kenntnis hier stehen.

Fremde Tracht
Alamode-Kleider, Alamode-Sinnen:
Wie sich's wandelt außen, wandelt sich's
                    auch innen.

Die beiden anderen Epigrammdichter des
schlesischen Barock, Daniel von Czepko
(1605–1660) und Johann Scheffler
(1624–1677), der als schlesischer Bote (»Angelus Silesius«) berühmt geworden ist, benutzen diese für geistreiche Aussagen geeig-
netste Dichtungsform vor allem, um ihre
mystische Religiosität auszudrücken. Das
geschieht namentlich bei Scheffler mit einer
Innigkeit und Präzision zugleich, wie sie so
vermählt nie wieder erreicht worden ist. Es
gibt wohl keinen Gedanken der deutschen
Mystik, der hier nicht seinen klassischen
Ausdruck gefunden hätte. Gedanke und
Bild scheinen bei Scheffler selbst dort noch
eine Einheit zu sein, wo der Gedanke das
bildlich Vorstellbare übersteigt. Folgendes
Epigramm mag das veranschaulichen.

Die Gottheit:
Die Gottheit ist ein Brunn, aus ihr kommt
                    alles her:
Und lauft auch wieder hin, drum ist sie auch
                    ein Meer.

Schon an den wenigen Beispielen wird deutlich, daß bei diesen Dichtern Einbildungs-
kraft und Sprachbeherrschung sich paaren
mit einem hohen Stande von Gelehrsamkeit
und Weltkenntnis. Dies wird am eindrucks-
vollsten deutlich an Bildungsgang und Werk
des Größten unter den schlesischen Ba-
rockdichtern, des 1616 als Sohn eines Hilfs-

geistlichen im niederschlesischen Glogau geborenen Andreas Gryphius. Er ging bereits als gekrönter Poet zum Studium nach Leiden, damals die durch moderne Naturwissenschaft und cartesische Philosophie bedeutendste protestantische (calvinistische) Universität der Welt. Er studierte an allen Fakultäten und hat in Leiden schon als lesender Magister Philosophie gelehrt, bevor er eine Bildungsreise nach Frankreich und Italien unternahm. Auf der Rückreise hat er in Straßburg, wo ihn die Universität anzog, seinen »Leo Armenius«, das erste deutsche Kunstdrama, beendet. Berufungen auf philosophische Lehrstühle an die Universitäten Frankfurt/Oder, Heidelberg und Uppsala schlug er aus und wurde in seiner schlesischen Heimat ein geschickter und erfolgreicher Syndikus der Stände des Fürstentums Glogau. In Ausübung dieses Amtes starb er in Glogau 1664. Ein Weltmann also war Gryphius wie fast alle großen Schlesier der Zeit sowohl nach seinem Bildungsgang als auch nach seinen Wirkungskreisen. Mehr konnte das Schicksal für die Schlesier, die über Mittel zum Studium in Leiden verfügten (Opitz, Scheffler, der auch in Straßburg und Padua studierte, wo er Doktor der Medizin und der Philosophie wurde, Gryphius, Hofmannswaldau, Lohenstein), nicht tun, um ihnen die Verwirklichung der Ideale des Barockzeitalters zu ermöglichen. Gelehrsamkeit, welterfahrene Lebensfülle und zuchtvoll gestaltete Sprache gehen in die Lyrik des Gryphius ebenso ein wie in seine Dramen. Unter seinen Lustspielen ist »Die geliebte Dornrose« das erste Schauspiel in schlesischer Mundart. Ihre Gelehrsamkeit und Glaubensstärke halfen den schlesischen Dichterfürsten in dieser Zeit religiöser und politischer Wirren, die alles Bestialische im Menschen entfesselte, in Leben und Lehre noch einen Sinn zu erkennen. Bei aller Verbreitung des Gedankens der vanitas, der Eitel- und Nichtigkeit alles Irdischen, hielten sie als Dichterphilosophen stoisch-christlicher Prägung daran fest, daß die Art des Bestehens der in dieser Welt gestellten Aufgaben entscheidend ist für die Erfüllbarkeit der Hoffnung auf eine Fortdauer in einer geglaubten göttlichen Ewigkeit.

Dies mag ein Sonett des Gryphius bezeugen, in dem er wie im Drama Meister gewesen ist – auch darin Shakespeare ähnlich, mit dem man ihn ebenso verglichen hat wie mit Sophokles.

Abend

Der schnelle Tag ist hin;
    die Nacht schwingt ihre Fahn
und führt die Sternen auf.
    Der Menschen müde Scharen
Verlassen Feld und Werk;
    wo Tier und Vögel waren,
Traurt itzt die Einsamkeit.
    Wie ist die Zeit vertan!

Der Port naht mehr und mehr sich
    zu der Glieder Kahn.
Gleich wie dies Licht verfiel,
    so wird in wenig Jahren
Ich, du, und was man hat und was man sieht,
    hinfahren.
Dies Leben kömmt mir vor als eine Rennebahn.

Laß, höchster Gott! mich doch nicht auf dem
    Laufplatz gleiten!
Laß mich nicht Ach, nicht Pracht, nicht Lust,
    nicht Angst verleiten!
Dein ewig-heller Glanz sei vor und neben mir!
Laß, wenn der müde Leib entschläft,
    die Seele wachen,
Und wenn der letzte Tag wird mit mir
    Abend machen,
So reiß mich aus dem Tal der Finsternis zu dir.

Einen zweiten, sprachlich und inhaltlich allerdings oft überschäumenden Höhepunkt der deutschen Barockdichtung in Schlesien bilden das vorwiegend lyrische Werk von Christian Hofmann von Hofmannswaldau (Breslau 1617–1679) und das dramatische und epische Werk von Daniel Casper von Lohenstein (Nimptsch 1635–Breslau 1683). Beide waren Diener der Breslauer Stadtrepublik, Hofmannswaldau als Ratspräsident und Lohenstein als Syndikus. Den klangvollen Schlußakkord der schlesischen Barockdichtung setzt der als verkrachter Student und verstoßener Sohn unglückliche Johann Christian Günther (1695–1723) aus Striegau, dessen ergreifende Gelegenheitslyrik über Rokoko und Anakreontik hinweg eine Brücke schlägt zur Erlebnisdichtung des jungen Goethe und zur melodischen Lyrik Eichendorffs und Mörikes.

Außer in der Klassik gibt es in allen nun folgenden Epochen der deutschen Literatur reiche Beiträge schlesischer Autoren. Weltbewegend werden diese Beiträge vor allem in zwei Gestalten, dem wohl reifsten Dichter der deutschen Romantik, Joseph Freiherr von Eichendorff (Lubowitz bei Ratibor 1788–Neisse 1857), und in Gerhart Hauptmann.

Eichendorffs Lyrik bringt in der Einheit von Bild, Rhythmus und Melodie die schöne Harmonie von Landschaft und menschlichem Gemüt zum Klingen. Eine Voraussetzung dafür ist die Reinheit seiner ungebrochenen katholischen Frömmigkeit, die – durch Görres in Heidelberg gefestigt – sicher auch ein Erbe seiner oberschlesischen Heimat ist. Aber auch das literarische Erbe der schlesischen Barockdichtung scheint in ihm fortzuleben. So erstehen die Gedanken aus Logaus Epigramm

Der Mai
Dieser Monat ist ein Kuß, den der Himmel gibt der Erde,
Daß sie jetzund eine Braut, künftig eine Mutter werde.

zu neuem Leben in der ersten Strophe von Eichendorffs »Mondnacht«:

Es war, als hätt' der Himmel
Die Erde still geküßt,
Daß sie im Blütenschimmer
Von ihm nun träumen müßt'.

Wie Eichendorff die Gefährdungen des Zeitgeistes überwunden hatte, zeigt auch äußerlich sein geordneter Lebensweg als preußischer Beamter, zuletzt als Regierungsrat im Berliner Kultusministerium. Gerhart Hauptmann, als Sohn eines Hotelbesitzers in Obersalzbrunn im Waldenburger Bergland 1862 geboren, gehört zu den großen Dichtern deutscher Zunge, die nur noch mit der deutschen Sprache selbst in Vergessenheit geraten können. Damit aber ist auch der schlesischen Mundart eine ebenso lange, mindestens passive Lebensdauer gesichert. Denn konsequent bezog er die Sprache in sein naturalistisches Programm ein, und so ist sein wirkungsvollstes Drama dieser Kunstepoche, »Die Weber«, auch in einer Mundartfassung erschienen. »Die Weber« sind das erste Drama der Weltliteratur, dessen Held keine Persönlichkeit, sondern die Masse ist. Die sozialkritische Tendenz eignet noch weiteren Dramen Gerhart Hauptmanns, die bis heute zum Repertoire jeder deutschen Bühne gehören: »Der Biberpelz«, »Fuhrmann Henschel«, »Rose Bernd«, »Die Ratten«. Doch hat er den Naturalismus bald hinter sich gelassen. Über neuromantische, symbolistische Dramen greift er in seinem noch weitgehend unerforschten und bisher kaum zur Wirkung gelangten Spätwerk nicht nur formal und motivisch auf klassische Elemente zurück. Hinter der Zeitgebundenheit seiner Werke ist auf jeder Entwicklungsstufe des Dichters das ursprüngliche Talent zu zeitloser Aussage wirksam, dessen stärkste Kraftquelle Landschaft und Menschenwesen seiner schlesischen Heimat bilden.

Um den großen literarischen Reichtum der Schlesier wenigstens im 19. Jahrhundert durch zwei weitere herausragende Namen in Erinnerung zu rufen, seien hier noch zwei nachromantische Schriftsteller genannt, die vor allem der Erweiterung unserer Weltsicht durch die Einbeziehung ferner Räume und Zeiten gedient haben. Eine auch durch den Einfluß der Phantasie auf seine Reiseschriftstellerei interessante Erscheinung ist auf diesem Felde der Orientliebhaber Fürst Hermann von Pückler (Muskau 1785 – Branitz 1871). Den von ihm angelegten großartigen Park durchschneidet heute bei Muskau die Oder-Neiße-Linie. Die Geschichte nun ist der bevorzugte Gegenstand der Werke von Gustav Freytag (Kreuzburg O./S. 1816 – Wiesbaden 1895), nicht nur der »Bilder aus der deutschen Vergangenheit« und der »Ahnen«, sondern auch der eher zeitgeschichtlichen Romane, des Kaufmannsromans »Soll und Haben« und des Gelehrtenromans »Die verlorene Handschrift«, mit denen der Dichter dem gebildeten Bürgertum in Deutschland ein Geschichts- und Selbstbewußtsein nationalliberaler Prägung gegeben hat.

Und für die Fülle populärer Schriftsteller aus Schlesien im 19. und beginnenden 20. Jahrhundert seien hier die bis heute vertrauten Namen von Karl von Holtei (Breslau 1798–1880) und Paul Keller (Arnsdorf b. Schweidnitz 1873 – Breslau 1932) genannt. Kellers Romane fesseln immer noch eine große Leserschaft; von ihnen sind »Waldwinter« und »Ferien vom Ich« mehrfach verfilmt worden. Der Mundart-Sketch »Bergkrach« und »Das Märchen von den deutschen Flüssen« erfreuen sch wegen der gelungenen Übertragung menschlicher Eigenschaften auf Berge und Flüsse – wie sonst in Märchen auf Tiere und Pflanzen – großer Beliebtheit bei Jung und Alt.

Eine herausragende Stellung nimmt Schlesien auch in der deutschen Mundartdichtung ein. Wenn Goethes Aussage in »Dichtung und Wahrheit« zutrifft, daß der Dialekt »doch eigentlich das Element« ist, »in welchem die Seele ihren Atem schöpft«, so haben die Schlesier sich dieses Atemholens gern und hörbar vielfältig bedient. Von Holteis »Schlesischen Gedichten« (1830) bis zu dem eindrucksvollen Werk von Ernst Schenke (1896 Nimptsch – 1982 Recklinghausen) spannt sich der facettenreiche Bogen schlesischer Mundartdichtung. Was im 19. Jahrhundert Johann Peter Hebel mit seinem »Schatzkästlein des Rheinischen Hausfreundes« für das Alemannische und Fritz Reuter für das Niederdeutsche mecklenburgischer Prägung ist, das hat uns Ernst Schenke im 20. Jahrhundert für das Schlesische in der Form des Gebirgsschlesischen beschert. Mit seiner aus der Fülle des Lebens geschöpften Mundartdichtung hat er Schlesien als Lebenseinheit überlieferungsfähig gemacht für sicherlich drei Generationen nach der Vertreibung und der deutschen Mundartforschung eine einzigartige Materialsammlung hinterlassen.

Wenn man diese große literarische Gestaltungskraft des schlesischen Stammes in Hochsprache und Mundart vor Augen hat, wird man sich nicht wundern, daß diese Kulturlandschaft seit der Reformation Luthers auch viele bedeutende evangelische Kirchenliederdichter hervorgebracht hat, die nach Rang und Wirksamkeit nicht weit hinter dem großen Paul Gerhardt zurückbleiben. Genannt seien hier nur der Köbener Pastor Johannes Heermann (1585 Raudten bei Lüben – 1647 Lissa), Benjamin Schmolck (1672 Brauchitschdorf bei Liegnitz – 1737 Schweidnitz) und Jochen Klepper (1903 Beuthen/Oder – 1942 Berlin).

Ebenso grundlegend, umfassend und bahnbrechend wie der Beitrag der Schlesier zur deutschen Literatur ist das, was sie zur Philosophie der Neuzeit beigetragen haben. Bis zu dem mystischen Philosophen Jakob Böhme (1577–1624), dem Görlitzer Schuhmachermeister aus Altseidenberg bei Görlitz, der als philosophus teutonicus zuerst in Holland und England Aufsehen erregt und später in der Romantik vielfach, besonders auf Schelling gewirkt hat, und zu dem Rationalisten Ehrenfried Walther von Tschirnhaus, 1651 in Kieslingswalde bei Görlitz geboren, der durch seine »medicina mentis« als ebenbürtiger Gesprächspartner von Leibniz in die erkenntnistheoretische Diskussion der Zeit eingegriffen hat und neben seinem Gehilfen Böttger auch als Erfinder des Meißner Porzellans genannt zu werden verdient, ist der schlesische Beitrag zur Philosophie als normal anzusehen. Er wird gleichermaßen zu mystischer Religionsphilosophie und Anthropologie wie zum erkenntnistheoretischen Rationalismus geleistet. Was jedoch den Beitrag zur Mystik anbetrifft, so sind die herausragenden Schlesier dieser Richtung, Böhme und Scheffler, ausgesprochen späte Blüten einer geistigen Flora, die längst zuvor im deutschen Westen (Heinrich Seuse, Nicolaus Cusanus, Sebastian Franck) gewachsen war und in Mitteldeutschland sich in Meister Eckhart und Valentin Weigel entfaltet hatte.

Mit dem 1679 geborenen Breslauer Rotgerbersohn Christian Wolff kehrt sich das Verhältnis von Westen und Osten im geistigen Geben und Nehmen um, wie es in den beiden Generationen davor schon auf dem Felde der Literatur geschieht. Wolff ist der Vater der deutschen Gründlichkeit und der Aufklärung in Deutschland. Für die Gründlichkeit des Denkens legt Wolff methodisch den Grund, indem er aristotelische Syllogistik, scholastische Definierkunst und mathematische Beweisführung meisterlich verknüpft. Der hohe Wert der an der Mathematik orientierten Methode des Wolffschen Philosophierens hat keinen passenderen Beurteiler finden können als den Kant der Kritik der reinen Vernunft, dessen scharfer Sonde die wichtigsten Inhalte der Wolffschen Metaphysik wie aller dogmatischen Philosophie zum Opfer gefallen waren. In der Vorrede zur 2. Auflage der Kritik der reinen Vernunft von 1787 sagt Kant: »In der Ausführung also des Plans, den die Kritik vorschreibt, d.i. im künftigen System der Metaphysik, müssen wir dereinst der strengen Methode des berühmten Wolff, des größten unter allen dogmatischen Philosophen, folgen, der zuerst das Beispiel gab (und durch dies Beispiel der Urheber des

bisher noch nicht erloschenen Geistes der Gründlichkeit in Deutschland wurde), wie durch gesetzmäßige Feststellung der Prinzipien, deutliche Bestimmung der Begriffe, versuchte Strenge der Beweise, Verhütung kühner Sprünge in Folgerungen der sichere Gang einer Wissenschaft zu nehmen sei, ...« Der Vater der Aufklärung wird er seinen Rationalismus. Indem er Sittlichkeit und die Beurteilung gesellschaftlichen und staatlichen Handelns auf das durch die Vernunft erkennbare Gesetz der Natur gründet und auch die Offenbarungsreligionen dem Urteil der rationalen Philosophie in Gestalt seiner Metaphysik und Moralphilosophie unterwirft, macht er vernünftiges Selbstdenken, welches das Prinzip aller Aufklärung ist, zum höchsten Kriterium der Wahrheit für den Menschen.

Seine Wirkung kann gar nicht überschätzt werden. Wolff hat sich mit seiner aufklärerischen Absicht, im Bilde des Wortes Aufklärung bleibend, nach der Natur des Lichtes gerichtet, das sich überallhin ausbreitet, wenn man nur keine künstlichen Hindernisse errichtet. So war es ihm nur natürlich, seine Philosophie in deutscher Sprache abzufassen (erst in einem zweiten Durchgang schrieb er sie wegen der Lesbarkeit im Ausland auch lateinisch). Auf Fragen, die den Menschen als Menschen angehen, müssen in einer für alle, die Zeit und Geduld zur Lektüre haben, verständlichen Sprache Antworten gegeben werden. Wolff hat damit eine Wirkung erzielt, die vergleichbar ist mit dem Bildungs- und Emanzipationseffekt der Lutherischen Bibelübersetzung. Er hat die Deutschen zu einer philosophierenden Nation gemacht. Was den Wortschatz und die Gewandtheit der Darstellung angeht, so war er als Sohn der bis dahin führenden deutschen Literaturlandschaft vortrefflich auf seine Aufgabe vorbereitet. Unsere großen Stilisten in der Literaturkritik am Beginn der Klassik: Lessing, Mendelssohn und Garve, konnten Wolff nur so sichtbar übertreffen, weil er ihnen ein hohes Ausgangsniveau gegeben hatte. So gewann Wolff auch seine termini technici (»Kunstwörter« sagt er dazu) nicht durch wörtliches Übersetzen aus dem Lateinischen, sondern hatte »sie vielmehr so eingerichtet, wie ich es der deutschen Mund-Art gemäß gefunden, und wie ich würde verfahren haben, wenn auch gar kein lateinisches Kunst-Wort mir wäre bekandt gewesen.«

Die Wirkung Wolffs in seiner Zeit ist freilich durch sein Schicksal, auf Betreiben seiner theologischen Kollegen Joachim Lange und August Hermann Francke von Friedrich Wilhelm I. aus Preußen vertrieben worden zu sein, noch beträchtlich verstärkt worden. Durch diese Aufsehen erregende Vertreibung konnte Wolff eine noch in der Schwebe befindliche Berufung nach Marburg annehmen, wo er von 1723 an eine große Wirkung auch als akademischer Lehrer ausgeübt hat, bis ihn Friedrich 1740 unter den vorteilhaftesten Bedingungen an die Universität Halle zurückholte. Lomonossow, dessen Namen noch heute die Moskauer Universität trägt, hat bei Wolff in Marburg studiert. Viele deutsche Gelehrte hat er auf Wunsch der Zarin an die im Aufbau befindliche Petersburger Akademie vermittelt. Lessing und Mendelssohn, Goethe und Schiller haben sich durch Wolffs Philosophie ebenso gebildet wie Kronprinz Friedrich, den wir als König von Preußen nicht den Großen zu nennen berechtigt wären, wenn er sein staatsmännisches Handeln nicht den Grundsätzen und Forderungen der Wolffschen Moralphilosophie unterworfen hätte.

Durch Christian Wolff hat Schlesien eine ähnlich fundamentale Rolle für die deutsche Philosophie von Weltgeltung gespielt wie durch seine Barockdichter für den deutschen Anteil an der Weltliteratur. Wenn es eine Berechtigung hatte, die Deutschen ein Volk der Dichter und Denker zu nennen, so ist es auch richtig zu sagen, daß die grundlegenden Lehrmeister in neuerer deutscher Literatur und Philosophie Schlesier gewesen sind. Allein dadurch kann Schlesien füglich als Kernland deutscher Kultur in der Neuzeit bezeichnet werden.

Erwähnt sei nur noch, daß es zwei Schlesier waren, Rudolf Haym (1821–1901) aus Grünberg und Benno Erdmann (1851–1921) aus Guhrau, die als erste die entwicklungsgeschichtliche Methode auf große Lehrgebäude der neuzeitlichen Philosophie angewandt haben, Haym auf Hegel, Erdmann auf Kant. Auch am Neukantianismus gibt es eine starke schlesische Beteiligung (Otto Liebmann, Ernst Cassirer, Jonas Cohn). Und die überragende Gestalt der deutschen Philosophiegeschichtsschreibung des 19. Jahrhunderts, Kuno Fischer (1824–1907), der in Jena und Heidelberg gelehrt hat, stammt aus Sandewalde bei Guhrau.

Auch in der schändlichsten Zeit der deutschen Geschichte haben sich Schlesier im Widerstand gegen Hitlers Nationalsozialismus auch außerhalb der unterdrückten politischen Parteien der Vielfalt und dem hohen Rang ihrer kulturgeschichtlichen Traditionen würdig erwiesen. Der nach dem Gut Kreisau der Grafen Moltke im Kreis Schweidnitz benannte Kreis von Regimegegnern hatte in Helmuth James Graf Moltke und Peter Yorck von Wartenburg seine führenden Köpfe, die vor allem an der Vorbereitung einer nachnationalsozialistischen Neuordnung Europas mit religiösem und für Schlesien typischen überkonfessionellem Verantwortungsbewußtsein arbeiteten. Und der leider verhinderte Hitler-Attentäter vom März 1943, Rudolf-Christoph Freiherr von Gersdorff aus Lüben, beruft sich zur Motivation seines Handelns in seiner Autobiographie »Soldat im Untergang« (1977) ausdrücklich auf die Traditionen seines Elternhauses und seiner schlesischen Heimat. »Schlesien war und bleibt für mich«, schreibt er zusammenfassend, »das schönste und reichste Land Deutschlands ..,

wobei eine gute Mischung von österreichischem Charme und preußischer Disziplin
zu spüren war.«
Die Gründe dafür, daß Schlesien vom 15. bis
zum 20. Jahrhundert zu den führenden
deutschen Kulturlandschaften gehörte, sind
vielfältig. Hier sei zunächst auf die konfessionelle Situation des Landes seit der Reformation als wichtigen Anregungsfaktor hingewiesen. Die schlesische Situation ist vor
allem im 17. Jahrhundert einmalig in der
Welt. Die mehrheitlich lutherische Bevölkerung lebt unter einem katholischen Herrscherhaus und läßt im 17. Jahrhundert ihre
begabten Söhne, vielfach mit Hilfe städtischer Stipendien, im calvinistischen Leiden
und später in Jena (z. B. Caspar Neumann
und Wolff) studieren, wo cartesische Philosophie und exakte Naturwissenschaft die
bestimmenden fortschrittlichen Faktoren
sind. Ohne die konfessionelle Konkurrenz-
situation in Breslau und die wissenschaftliche Modernität seiner erstrangigen Breslauer Gymnasiallehrer (vor allem des Breslauer Schul- und Kircheninspektors, des
mathematisch und naturwissenschaftlich
gebildeten Theologen Caspar Neumann,
Sohn eines Breslauer Ratsbeamten, und des
Altphilologen Christian Gryphius, Sohn
des Dichters) wäre Wolff gewiß nicht der
Vater der deutschen Gründlichkeit und der
deutschen Aufklärung geworden.
Unter religionssoziologischen Gesichtspunkten ist noch zu erwähnen, daß in Schlesien auch das Pfarrhaus besonders im Hin-
blick auf die Herkunft von Philosophen eine
wichtige Rolle gespielt hat. Das gilt für
Kuno Fischer, Benno Erdmann, Rudolf
Haym (dessen Vater zwar Lehrer, aber aus-
gebildeter rationaler Theologe war) und den
Rabbinersohn Karl Joël (1864–1934), Philosophiehistoriker aus Hirschberg. Im 19. und
beginnenden 20. Jahrhundert kommt als eine
weitere Erklärung für die kulturelle Schöpferkraft der Schlesier die bürgerliche Gleich-

stellung der Juden hinzu, die in Schlesien
überdurchschnittlich stark vertreten waren.
Drei weitere Gründe kommen noch in Betracht: 1. wirtschaftlicher Wohlstand in
Verbindung mit weitreichenden Handelsbe-
ziehungen, 2. die breit gefächerte Herkunft
der deutschen Zuwanderer im Mittelalter
aus fast allen mitteldeutschen Alt- und Neu-
siedelräumen von Luxemburg über Franken
und Thüringen bis Obersachsen und Meißen und aus den niederdeutschen Siedlungs-
räumen von Brabant und Holland bis Nie-
dersachsen, 3. der Unternehmungsgeist und
Leistungswille derer, die das Risiko eines
Neuanfangs im unterentwickelten Osten
auf sich nahmen.
Schließlich mag in Schlesien auch die Sinne
und Verstand anregende landschaftliche
Vielfalt die kulturelle Schöpferkraft beflü-
gelt haben. Nirgendwo auf der Welt sind auf
so kleinem Raum alle Landschaftsformen
mit Ausnahme einer Meeresküste vorhanden, durch die Schneekoppe, die als einziger
Berg in den deutschen Mittelgebirgen die
Baumgrenze überragt, sogar eine Hochge-
birgsformation. Besonders die mittleren
Gebirge, wo Täler und Höhen abwechseln
und die Schönheit als »von der Natur auf
eine Staffelei gesetzt« erscheint, wie der
Breslauer Philosoph Christian Garve
(1742–1798) es einmal ausgedrückt hat, sind
für nachdenkende und tiefempfindende
Menschen wie geschaffen. Unter diesen Gesichtspunkten rühmt Garve immer wieder
das Tal von Warmbrunn, das Tal bei Langwaltersdorf zwischen Schweidnitz und
Friedland und den Blick in das Tal von
Lehmwasser von den Höhen um Bad Charlottenbrunn. Möge die schlesische Landschaft alle, die heute in ihr leben oder sie
bereisen dürfen, zum Nachdenken und damit
zu kulturellem Schaffen anregen und in ihnen
die Liebenswürdigkeit menschlichen Wesens
stärken, zu der Garve eine Analogie in den
Naturschönheiten Schlesiens gesehen hat.

1 Heinrich von Pressela (Breslau) (Breslau 1266 – Breslau 1290)

2 Hl. Hedwig
(Andechs 1174 – Trebnitz 1243)

3 Jakob Böhme
(Altseidenberg 1575 – Görlitz 1624)

4 Johannes Heermann
(Raudten 1585 – Lissa 1646)

5 Martin Opitz
(Bunzlau 1597 – Danzig 1639)

6 Andreas Gryphius
(Glogau 1616 – Glogau 1664)

7 Christian Hofmann von Hofmannswaldau
(Breslau 1617 – Breslau 1679)

8 Angelus Silesius
(Breslau 1624 – Breslau 1677)

9 Daniel Kaspar von Lohenstein
(Nimptsch 1635 – Breslau 1683)

10 Johann Crato von Krafftheim
(Breslau 1519 – Breslau 1585)

11 Johann Jessenius von Jessen
(Breslau 1566 – Prag 1621)

12 Christian Wolff
(Breslau 1679 – Halle 1754)

13 Silvius Leopold Weiß
(Breslau 1686 – Dresden 1750)

14 Johann Christian Günther (Striegau 1695 – Jena 1723) Plastik von Robert Bednorz

15 Karl Abraham von Zedlitz. Familienbild (Schwarzwaldau 1731 – Kapsdorf 1793)

16 Carl Gotthard Langhans (Landeshut 1733 – Grüneiche b. Breslau 1808)

17 Christian Garve (Breslau 1742 – Breslau 1798)

18 Carl Gottlieb Svarez
(Schweidnitz 1746 – Berlin 1798)

19 Friedrich Daniel Ernst Schleiermacher
(Breslau 1768 – Berlin 1834)

20 Jonas Fränckel
(Breslau 1773 – Breslau 1846)

21 Hermann Ludwig Heinrich Fürst von Pückler-
Muskau (Muskau 1785 – Branitz b. Cottbus 1871)

22 Joseph Freiherr von Eichendorff (Lubowitz 1788 – Neisse 1857)

23 Karl von Holtei
(Breslau 1798 – Breslau 1880)

24 Vinzenz Prießnitz
(Gräfenberg 1799 – Gräfenberg 1851)

25 Adolph von Menzel
(Breslau 1815 – Berlin 1905)

26 Gustav Freytag
(Kreuzburg 1816 – Wiesbaden 1895)

27 Ferdinand Lassalle
(Breslau 1825 – Genf 1874)

28 Carl Hauptmann
(Obersalzbrunn 1858 – Schreiberhau 1921)

29 Hermann Stehr
(Habelschwerdt 1864 – Schreiberhau 1940)

30 Max Herrmann-Neisse
(Neisse 1866 – London 1941)

31 Paul Ehrlich
(Strehlen 1854 – Frankfurt/M. 1915)

32 Gerhart Hauptmann
(Obersalzbrunn 1862 –
Agnetendorf 1946)

33 Rudolf Haym
(Grünberg 1821 – St. Anton/Vorarlberg 1901)

34 Kuno Fischer
(Sandewalde 1824 – Heidelberg 1907)

35 Albert Neisser
(Schweidnitz 1855 – Breslau 1916)

36 Otto Mueller (Liebau 1874 – Breslau 1930)

37 Paul Keller (Arnsdorf 1873 – Breslau 1932)   38 Edith Stein (Breslau 1891 – Auschwitz 1942)

39 August Scholtis
(Bolatitz 1901 – Berlin 1969)

40 Helmuth James Graf von Moltke
(Kreisau 1907 – Berlin 1945)

KRZYSZTOF R. MAZURSKI

Wissenschaft und Kultur im heutigen Schlesien

Infolge der Vertreibung der deutschen Bevölkerung entstand in Schlesien seit 1945 eine besondere Situation: mit Ausnahme einiger Teile Oberschlesiens floß in das gesamte Land eine gänzlich neue Bevölkerung aus den verschiedenen Gebieten Vorkriegspolens ein. So wurden auch Traditionen fortgesetzt, die diese Gruppen mitbrachten (es gab auch Reemigranten unter ihnen, so zum Beispiel aus Frankreich und Jugoslawien). Allmählich jedoch bildete sich ein gemeinsames, neues wissenschaftlich-kulturelles Milieu heraus, das bis heute große Aktivität und Aufgeschlossenheit gegenüber neuen Strömungen und Initiativen kennzeichnet. Ein bedeutender Stimulierungsfaktor für diese Entwicklung waren die neu entstandenen Industriezentren.

Wissenschaft

Eine hervorragende Rolle im wissenschaftlich-kulturellen Leben nicht nur Schlesiens, sondern ganz Polens spielt Breslau. Sogleich nach der Kapitulation der Festung konzentrierten sich hier die das polnische Leben organisierenden Kräfte. Nach der Schließung der polnischen Jan Kazimierz-Universität in Lemberg, die sich nun in den Grenzen der Sowjetunion befand, wurde dieses ehemalige wissenschaftliche Zentrum nach Breslau verlegt. Bereits im Herbst 1945 nahm die Universität Breslau den Lehrbetrieb auf und setzte noch eine Reihe von Jahren die Lemberger Tradition fort. Heute gehört diese Universität zu den größten und bedeutendsten in Polen (nach der Warschauer und der Jagiellonen-Universität in Krakau). Daneben gibt es weitere Hoch-

schulen, so das Breslauer Polytechnikum, die Musikhochschule, die Wirtschaftshochschule, die Medizinische Hochschule, die Agrarwissenschaftliche Hochschule, die Hochschule für Leibeserziehung, die Staatliche Hochschule der bildenden Künste, die Puppenabteilung der Staatlichen Theaterhochschule in Krakau, das höhere Priesterseminar und die theologische Fakultät der päpstlichen Universität sowie zwei Offiziershochschulen.

Neben diesen Hochschulen gibt es noch eine ganze Reihe wissenschaftlicher Institute und wissenschaftlicher Gesellschaften. Die bedeutendste ist die Breslauer Wissenschaftliche Gesellschaft (Wrocławskie Towarzystwo Naukowe), die die bedeutendsten Breslauer und auswärtigen Wissenschaftler vereint. Ein Zeichen besonderer Anerkennung für das Breslauer Zentrum war die Gründung einer Teilniederlassung (der dritten in Polen) der Polnischen Akademie der Wissenschaften.

Die Wirkung Breslaus unterstützen und bereichern wissenschaftliche Einrichtungen in anderen Städten Niederschlesiens. In Waldenburg gibt es Filialen der Universität und des Polytechnikums, in Liegnitz eine Niederlassung des Polytechnikums, in Hirschberg eine Außenabteilung der Wirtschaftshochschule (Fachbereich Ökonomik und Organisation des Fremdenverkehrs). Ferner wirken der Verein der Freunde der Wissenschaften in Liegnitz (Towarzystwo Przyjaciół Nauk) sowie der Wissenschaftsverein des Riesengebirges in Hirschberg (Karkonoskie Towarzystwo Naukowe); beide Vereine entfalten eine rege wissenschaftliche und publizistische Tätigkeit. Mit

Unterstützung aus Posen und an Posener Traditionen angelehnt, entsteht in Grünberg ein eigenständiges Zentrum. Eine pädagogische Hochschule und eine Hochschule für Ingenieure haben hier bereits den Lehrbetrieb aufgenommen. Die Hochschulen erweitern ihre Wirkung auch durch die Arbeit der Wissenschaftlichen Gesellschaft des Lebuser Landes (Lubuskie Towarzystwo Naukowe).

Ähnlich stellt sich die Lage in Oppeln dar, wo ebenfalls eine wissenschaftliche Gesellschaft ihren Sitz hat, sowie ein Schlesisches Institut (Instytut Śląski), zu dessen Hauptaufgaben wissenschaftliche Untersuchungen der Wojewodschaft Oppeln und deutschkundliche Fragen gehören. Gänzlich neue Traditionen entstehen in der Kattowitzer Region, wo anfangs über längere Zeit das Gleiwitzer Polytechnikum und die Medizinische Hochschule Beuthen wirkten. In der Folgezeit wurden eine Wirtschaftshochschule, eine Hochschule für Leibesübungen und die Schlesische Universität (Uniwersytet Śląski) gegründet. Gemeinsam mit den Hochschulen wirken zahlreiche wissenschaftliche Institute; es sind dies vor allem Einrichtungen, die mit der Schwerindustrie verbunden sind, aber auch das Kattowitzer »Schlesische Institut«, das sich vornehmlich der oberschlesischen und deutschkundlichen Problematik annimmt. Durch besondere Förderung in den siebziger Jahren und durch Unterstützung seitens der Industrie entstand hier ein starkes wissenschaftliches Zentrum, das in der Gründung einer Abteilung der Polnischen Akademie der Wissenschaften Bestätigung fand.

Basis für die vielen wissenschaftlichen Einrichtungen bilden zahlreiche Bibliotheken und Archive. In jeder Wojewodschaft existiert ein weit gespanntes Netz öffentlicher Bibliotheken, an dessen Spitze die öffentliche Bibliothek der Wojewodschaft steht. Diese Bibliotheken verfügen oft über bedeutendes historisches Material. Die verschiedenen Hochschulen besitzen ebenfalls Bibliotheken, die für die Öffentlichkeit zugänglich sind. Eine besondere Rolle kommt hierbei der Universitätsbibliothek in Breslau zu, die – bezüglich der Bestände – in Polen an dritter Stelle steht (über 2,3 Millionen Bände). Eine hervorragende Stelle nehmen hierbei die Sammlungen alter Drucke (die umfangreichste in Polen) und die Schlesisch-Lausitzische Sammlung (ul. św. Jadwigi 4, auf der Sandinsel) ein, die Quellenmaterial für Wissenschaftler aus aller Welt bieten. Es muß hier gesagt werden, daß der Hauptteil dieser Sammlungen aus der ehemaligen Stadtbibliothek von Rehdiger stammt, da die eigenen Bestände der Universitätsbibliothek zum großen Teil während der Belagerung der Stadt verbrannt sind. Eine wichtige Position im humanistischen Leben ganz Polens nimmt die Bibliothek des »Nationalen Instituts der Ossolińskis«, genannt »Ossolineum« ein (Zakład Narodowy im Ossolińskich), eine wissenschaftliche Forschungsstelle der Polnischen Akademie der Wissenschaften, die aus Lemberg nach Breslau verlegt wurde. Sie besitzt eine Reihe handschriftlicher Zeugnisse der polnischen Kultur. In dieser Reihe muß auch die Schlesische Bibliothek in Kattowitz (Biblioteka Śląska) genannt werden, in deren allgemeiner Sammlung eine ganze Abteilung Silesiaca entstanden ist.

In jeder Wojewodschaftsstadt befindet sich ein staatliches Archiv, das Dokumente zur lokalen Geschichte sammelt und zugänglich macht. Die wertvollsten Bestände, die bis in die Ursprünge der schlesischen Geschichte zurückreichen, befinden sich in Breslau.

Musik

Das Musikleben Schlesiens ist reich und äußert sich in vielfältigen Formen. Als grundlegend müssen vor allem die staatlichen Philharmonien genannt werden, die es in jeder Wojewodschaftshauptstadt gibt (mit Ausnahme von Liegnitz). Neben dem Breslauer zeichnet sich das Große Symphonieorchester des Polnischen Rundfunks und Fernsehens in Kattowitz durch Bekanntheitsgrad und hohes Niveau aus. Auch in Teschen gibt es ein Symphonieorchester, das Auslandstourneen unternimmt. Breslau und Beuthen haben Opernhäuser, Breslau und Gleiwitz Operettenbühnen. Regionale Musikgesellschaften unterstützen die genannten Institutionen in ihrer Arbeit. Eine große Belebung der musikalischen Szene sind die Gesang- und Tanzensembles, deren Darbietungen auf Folklore basieren, jedoch künstlerisch stark umgestaltet sind. Das bekannteste »Export«-Ensemble ist die Gruppe »Śląsk« (Schlesien) aus Kattowitz. Daneben müssen die Gruppen »Wrocław« (Breslau), »Opole« (Oppeln), »Cieszyn« (Teschen) genannt werden, von den vielen betriebseigenen Ensembles ganz zu schweigen.

Wer sich in Schlesien aufhält, kann außer an den ständigen Konzerten der aufgeführten Institutionen an einer Vielzahl von Musikveranstaltungen und Festivals teilnehmen. Von europäischer Bedeutung ist das Kantaten- und Oratorienfestival »Wratislavia cantans«, das jeweils in der Zeit vom 1.–10. September in verschiedenen alten Breslauer Kirchen und in der Aula Leopoldina stattfindet. Eine ähnliche Anknüpfung an alte Musik zeigen das Festival »Legnica cantat« in Liegnitz, jedes Jahr Ende Mai/Anfang Juni sowie die Oppelner Oratorien-Tage. Einige der evangelischen Kirchen, so zum Beispiel in Schweidnitz, auch die Kirche der Göttlichen Vorsehung in Breslau sowie einige katholische Kirchen in verschiedenen Ortschaften organisieren gelegentlich Konzerte ernster Musik und Kirchenmusik. Von besonderer Bedeutung sind die in den Heilbädern des Gebirges im Sommer stattfindenden Festivals. In Bad Reinerz findet ein Chopin-Festival mit Künstlern von Weltrang statt, in Bad Kudowa ein Mo-

niuszko-Festival, in Bad Salzbrunn ein Henryk Wieniawski-Festival, in Bad Landeck ein Wettbewerb russischer und sowjetischer Musik, in Bad Flinsberg ein Wettbewerb für Militärorchester. Zu all diesen Veranstaltungen kommen bekannte Künstler aus dem In- und Ausland.

Aus der großen Zahl der Veranstaltungen von überregionaler Bedeutung sollten noch die Elsner-Tage in Grottkau, das sehr populäre Festival des polnischen Liedes in Oppeln und das internationale Festival der Gesang- und Tanzensembles in Grünberg genannt werden, ferner die »Begegnung mit dem Wanderlied«, die jährlich im Mai in Sagan stattfindet, oder auch die Triennale der russischen und sowjetischen Musik in Kattowitz.

Kunst

Im Verlauf der Jahre erfuhr die schlesische Kunst viele Wandlungen und Höhepunkte, auf manchen Gebieten zählt sie zu den hervorragendsten im Lande, ja sie erreicht sogar europäische Geltung. In hohem Maße ist dies das Verdienst der hiesigen Hochschulen für plastisches Gestalten. An der Breslauer Hochschule hat sich eine eigene Schule für Glaskunst herausgebildet, deren Absolventen in Glashütten als Entwerfer origineller und gefragter künstlerischer Glas- und Kristallerzeugnisse arbeiten. In Bad Altheide befindet sich eine besondere Hütte, die künstlerisch gestaltetes Glas herstellt: die »Barbara«-Hütte. Erzeugnisse dieser Art findet man nicht nur in den Museen, sie können auch erworben werden. Ein hohes künstlerisches Niveau erreichen auch die Entwürfe für Keramik, insbesondere für das Bunzlauer Steingut; dieses knüpft zwar an alte Traditionen an, wird aber von einer gänzlich neuen Künstlergruppe gestaltet. Außer in den Zentren

Breslau, Sosnowitz und Hirschberg erreicht der zahlenmäßig recht große Kreis von Malern und Graphikern keine überragende Bedeutung.

In einigen größeren Städten, besonders in Breslau, bieten Hobbykünstler ihre Arbeiten an öffentlichen Plätzen zum Verkauf an, so am Ring oder vor dem Dom. Wertvollere Stücke verkaufen die Kunsthandlungen DESA, in denen auch Antiquitäten erworben werden können, wobei aber zu beachten ist, daß für die Ausfuhr von Gegenständen, die vor 1945 hergestellt worden sind, die Genehmigung eines zuständigen Wojewodschaftsdenkmalpflegers eingeholt werden muß.

Von den verschiedenen Veranstaltungen sollte vielleicht die Biennale »Złote Grono« (»Goldene Rebe«) in Grünberg besonders erwähnt werden; hier finden zahlreiche Ausstellungen mit Begleitveranstaltungen und Seminaren statt. Ständiger Ausstellungsort sind die Salons des »Biuro Wystaw Artystycznych« (Büro für künstlerische Ausstellungen) das in jeder Wojewodschaftshauptstadt sowie in manchen größeren Städten, zum Beispiel in Glatz, seine Niederlassungen hat. Eine große Sammlung Gegenwartskunst besitzt das Nationalmuseum in Breslau (Muzeum Narodowe), das laufend oder auch retrospektiv Ausstellungen zeigt.

Schlesien ist reich an Museen, die zum Teil auf Vorkriegssammlungen zurückgehen, zum überwiegenden Teil jedoch neu organisiert wurden. Nahezu jede größere Stadt besitzt ein Museum. Eine besondere Stellung kommt Breslau mit dem Nationalmuseum zu, von dem das sehr geschätzte »Jahrbuch der Schlesischen Kunst« (Rocznik Sztuki Śląskiej) herausgegeben wird. Dieses Museum besitzt mehrere Spezialabteilungen, von denen sich die folgenden in Breslau befinden: das Archäologische Museum, das Ethnographische Museum und das »Panorama von Racławice«, 1985 eröffnet, das

die siegreiche Schlacht des polnischen Heeres über das russische im Jahre 1792 darstellt.

In Oels ist eine Abteilung des Archäologischen Museums untergebracht. Von den anderen interessanteren Museen müssen erwähnt werden: in Breslau das Museum der Erzdiözese (Muzeum Archidiecezjalne) mit einer reichen Sammlung sakraler mittelalterlicher und barocker Gegenstände, das Historische Museum der Stadt Breslau im Rathaus (Muzeum Historyczne Miasta Wrocławia), das Naturkundliche Museum der Universität mit den Abteilungen für Mineralogie und Naturkunde (Muzeum Przyrodnicze Uniwersytetu, Oddział Mineralogiczny i Przyrodniczy), das Museum für Post- und Fernmeldewesen (Muzeum Poczty i Telekomunikacji) mit interessanten Wechselausstellungen über Briefmarken, schließlich das Museum für Architektur und Wiederaufbau (Muzeum Architektury i Odbudowy).

In anderen Städten gibt es museale Einrichtungen, die Spezialgebiete behandeln, so beispielsweise in Bad Reinerz das Museum der Papierindustrie (Muzeum Papiernictwa), in einer alten Mühle in Habelschwerdt das Museum für Zündholzschachteletiketten (Muzeum Filumenistyki), in Münsterberg das Museum für Hausrat (Muzeum Sprzętu Gospodarstwa Domowego), in Wartha das Museum für Sakralkunst (Muzeum Sztuki Sakralnej), im dortigen Kloster untergebracht, ferner das Museum für Bergbau- und Hüttenwesen in Reichenstein (Muzeum Górnictwa i Hutnictwa), das Kupfermuseum in Liegnitz (Muzeum Miedzi), das Keramikmuseum in Bunzlau (Muzeum Ceramiki), das Museum der Niederschlesischen Webkunst in Landeshut (Muzeum Tkactwa Dolnośląskiego), das Museum des Alten Schlesischen Handels in Schweidnitz (Muzeum Dawnego Kupiectwa Śląskiego), das Naturkundemuseum in Hirschberg (Muzeum Przyrodnicze), das

Museum für Sport und Touristik der Riesengebirgsregion in Krummhübel (Muzeum Sportu i Turystyki Regionu Karkonoskiego).

Bemerkenswert sind ferner die Bezirksmuseen in Waldenburg, Hirschberg und Grünberg (muzea okręgowe), letzteres mit interessanten Sammlungen über den Weinbau in dieser Region und Abteilungen zur Archäologie des Mittleren Oderlaufs im schönen Schloß Schweinitz und zur Holzbauweise in Ochelhermsdorf (Muzeum Archeologii Środkowego Nadodrza; Muzeum Budownictwa Drewnianego). Das Bezirksmuseum in Oppeln hat ein Freilichtmuseum in Birkental/Birkowitz (Muzeum Wsi Opolskiej). Nicht zu vergessen ist das Oberschlesische Bezirksmuseum in Gleiwitz (Górnośląskie Muzeum Okręgowe). Einen Besuch wert sind die Regionalmuseen (Muzea regionalne) in Neustadt, Glogau, Teschen, Rybnik, Neusalz und Neisse, letzteres in den gerade restaurierten Räumen ist eines der schönsten Schlesiens.

Großen Anklang finden das Museum für (historische) Innenräume in Pleß (Muzeum Wnętrz), das Bergbaumuseum in Hindenburg (Muzeum Górnicze) und das alte Zinkbergwerk »Orzeł« (Adler) in Tarnowitz, in dem eine Bootsfahrt in alten Förderstrecken unternommen werden kann. Zur Gruppe der biographischen Museen gehören das Museum der Schlesischen Piasten in Brieg (Muzeum Piastów Śląskich), das Jan Cybis-Museum in Oberglogau – beide Museen sind in den dortigen Schlössern untergebracht – sowie das Jan Dzierżoń-Museum in Kreuzburg. Von besonderer Art sind die »Museen der Martyrologie und des Kampfes der Kriegsgefangenen« in Lamsdorf und Sagan (Muzea Martyrologii i Walki Jeńców Wojennych/Stalag VIII C). Neben den Museen gibt es eine Anzahl sogenannter »Regionalstuben« (Izby Regionalne) mit Museumscharakter, zum Beispiel die in Frankenstein.

Literatur und Theater

In den ersten Nachkriegsjahren formierte sich eine starke und bedeutende Literatengruppe im unzerstörten Hirschberg. Im Laufe der Zeit übernahm jedoch Breslau die Rolle eines Zentrums. Auch in anderen Städten, vor allem in Kattowitz, Oppeln und Grünberg, entstanden Dichter- und Schriftstellerzirkel. Heute hat das literarische Schaffen hier nicht mehr die einstige Bedeutung – mit Ausnahme der Werke Wilhelm Szewczyks (Kattowitz) und der Breslauer Poeten Tadeusz Różewicz und Urszula Kozioł. Weitaus besser entwickelt sind die Publizistik und das Schaffen im Bereich der wissenschaftlichen und populärwissenschaftlichen Literatur. Diese Entwicklung wird durch die zahlreichen regionalen Zeitschriften begünstigt. Für die Freunde Schlesiens ist die in Breslau erscheinende »Schlesische Historische Quartalschrift ›Sobótka‹« (Śląski Kwartalnik Historyczny »Sobótka«) von besonderer Bedeutung, desgleichen die »Oppelner Quartalschrift« (Kwartalnik Opolski) und die in Kattowitz erscheinenden »Schlesischen Studien« (Studia Śląskie). Die überwiegende Zahl der Wojewodschaftshauptstädte und eine Vielzahl kleinerer Städte geben interessante Jahrbücher heraus, so zum Beispiel die »Liegnitzer Skizzen« (Szkice Legnickie), »Neisser Skizzen« (Szkice Nyskie), »Waldenburger Chronik« (Kronika Wałbrzyska), das »Hirschberger Jahrbuch« (Rocznik Jeleniogórski) oder aber das »Niederschlesische Jahrbuch« (Rocznik Dolnośląski). Auch andere Periodika verdienen erwähnt zu werden, so »Odra« (Die Oder), »Kultura Dolnośląska« (Niederschlesische Kultur), »Poglądy« (Meinungen), eine gesellschaftlich-kulturell orientierte Zeitschrift, ferner »Nowiny Jeleniogórskie« (Hirschberger Neuigkeiten), »Nadodrze« (Oderland; erscheint in Grünberg). Diese publizistischen Aktivitäten werden meist von regionalen Vereinen unterstützt, die wiederum in überregionalen, wojewodschaftsübergreifenden Organisationen vereint sind, wie dem »Niederschlesischen Gesellschafts- und Kulturverein« in Breslau (Dolnośląskie Towarzystwo Społeczno-Kulturalne), dem »Oppelner Gesellschafts- und Kulturverein« (Opolskie Towarzystwo Społeczno-Kulturalne).

Von großer Bedeutung sind die hiesigen Verlage, insbesondere »Śląsk« (Schlesien) in Kattowitz, ein Verlag, dessen Schwerpunkt Publikationen mit regionalem Bezug bilden, Ossolineum in Breslau, eine Abteilung des Literarischen Verlags in Krakau (Wydawnictwo Literackie) sowie die Abteilungen der Landesverlagsagentur in Breslau und Kattowitz (Krajowa Agencja Wydawnicza). Eine Bereicherung für das kulturelle Leben sind die »Werkstätten für Spielfilme« in Breslau (Wytwórnia Filmów Fabularnych) und die »Werkstätten für Zeichentrickfilme« in Bielitz-Biala (Wytwórnia Filmów Rysunkowych).

In jeder Wojewodschaftshauptstadt gibt es ein »Haus der Kultur« (Dom Kultury), Brennpunkt und Anreger des kulturellen Lebens der Region, das durch ein ausgebautes Netz von Kulturzentren bis in die Gemeinden und Dörfer wirkt. Einen nicht unbedeutenden Einfluß auf die kulturellen Aktivitäten haben die vielen Abteilungen des »Polnischen Landeskunde- und Touristik-Vereins« (Polskie Towarzystwo Turystyczno-Krajoznawcze) mit einem Angebot an landeskundlichen Veranstaltungen. Professionelle Theater gibt es vor allem in den Wojewodschaftshauptstädten. Hier müssen insbesondere das Polnische Theater (Teatr Polski) und die weltberühmte Pantomime (Pantomima) in Breslau genannt werden, ferner das Cyprian Kamil Norwid-Theater in Hirschberg, das Jan Kochanowski-Theater in Oppeln und das Schlesische Theater (Teatr Śląski) in Kattowitz. Diese Theater organisieren eine Vielzahl verschiedener Festivals, so beispielsweise das berühmte »Festival des polnischen Gegenwartsdramas« (Festiwal Polskich Sztuk Współczesnych) in Breslau (Mai) oder die Oppelner »Theaterkonfrontationen« (Konfrontacje Teatralne).

Besondere Bedeutung kommt den kulturellen Veranstaltungen im Umfeld der »Tage des Buches, der Presse und der Kultur« zu (Dni Książki, Prasy i Kultury), die in ganz Polen begangen werden, sowie den »Tagen« der einzelnen Städte und Regionen (Ende April/Anfang Mai). Während dieser »Tage« finden Ausstellungen, Auftritte und Märkte statt. Zu den besonders interessanten zählen die »Breslauer Tage« (Dni Wrocławia), der »Hirschberger September« (Wrzesień Jeleniogórski), die »Woche der Beskidenkultur« mit Darbietungen von Góralen-Folklore (Tydzień Kultury Beskidzkiej) und das »Trebnitzer Obstgartenfest« (Trzebnickie Święto Sadów) Anfang Oktober. Hervorzuheben sind auch die Bad Flinsberger »Tage der Rhododendron-Blüte« (Dni Kwitnących Rododendronów) und das »Niederschlesische Schmelzofenfest«, das Ende Juni in Traxdorf bei Leubus in Anlehnung an die große Anzahl dort erhaltener prähistorischer Schmelzöfen gefeiert wird (Dymarki Dolnośląskie).

Zentrale Aufenthaltsorte als Ausgangspunkte für die Bereisung des Landes

ÜBERSICHT

I. Görlitz

Lage

Beiderseits der Görlitzer Neiße im Vorland des Lausitzer Gebirges.

Einwohner 1939: 94 000
  Görlitz-Ost (Zgorzelec) vgl. S. 87
  Görlitz
  1949: 101 742, 1978: 82 474
  1990: ca. 73 000

Unterkunft und Verpflegung

Hotels: »Monopol«, Postplatz 9, Tel. 4320/5667; »Stadt Dresden«, Berliner Straße 37, Tel. 5263; »Görlitzer Hof«, Berliner Straße 43, Tel. 4690; »Hansa-Hotel«, Berliner Straße 33/34, Tel. 4764; Jugendherberge, Goethestraße 17, Tel. 5510; Pension »Schellergrund«, Martin-Opitz-Straße 2, Tel. 4952

Gaststätten: »Burghof«, Promenadenstraße 97, Tel. 78098; »Goldener Baum«, Untermarkt 4, Tel. 6268; »Gastmahl des Meeres«, Struvestraße 2, Tel. 4629; »Schwibbogen«, Brüderstraße 17, Tel. 4198; Tagescafé, Goethestraße, Tel. 3921; »Saurer Zulp«, Elisabethstraße 41, Tel. 4306

Touristeninformation: »Görlitzinformation«, Obermarkt 29, Tel. 5391; »Reisewelt«, An der Frauenkirche 3–4, Tel. 6196; Stadtverwaltung, Rathaus, Untermarkt 8, Tel. 6700; Landratsamt, Postplatz 18, Tel. 6630; Polizei-Kreisamt, Gobbinstraße 5/6, Tel. 6500; Hauptzollamt Löbau, Tel. 43480; Fundbüro, Struvestraße 3, Tel. 4361

Geschichte

Nach 1210 Gründung als deutsche Stadt durch meißnische, thüringische und fränkische Kaufleute nach einem gleichnamigen Dorf, das 1071 als Schenkung Kaiser Heinrichs IV. an den Bischof von Meißen erwähnt wird. Aufblühen als Handelsplatz am Neißeübergang der »Hohen Straße« von Leipzig nach Krakau und Kreuzung mit Nord-Süd-Verbindung durch das Neißetal Ostsee–Böhmen. 1303 Magdeburger Stadtrecht. Vorübergehend im Besitz der Markgrafen von Brandenburg (1253–1319). Die Stadt erlangt in dem 1346 zum Schutze des Handels geschlossenen Trutzbündnis der »Sechsstädte« mit Lauban, Zittau, Löbau, Bautzen und Kamenz die Führung. Alleiniges Stapel- und Verkaufsrecht für die aus Thüringen kommende Waidpflanze, das mittelalterliche Blaufärbemittel; weitere Vorrechte verleiht Kaiser Karl IV.; die Stadt gehörte mit der Lausitz zu Böhmen bis zum Prager Frieden von 1635, sodann zu Sachsen, 1815 zur preußischen Provinz Schlesien, einem Land, dem sie durch Geschichte, Menschenschlag (Mundart) und Kultur eng verbunden ist.

Wirtschaft

Wirtschaftliche Grundlage im Mittelalter Tuchmacherei, mehrfache Aufstände der Tuchmacher und Handwerker gegen Vorherrschaft der Ratsgeschlechter blutig niedergeworfen. Seit dem 16. Jahrhundert auch Leinwanderzeugung und Getreidehandel.

Niedergang vor und im 30jährigen Krieg.
Neuer Aufschwung durch Industrialisierung seit Mitte 19. Jahrhundert: Tuchfabriken, Großbetriebe für Waggonbau und Maschinenbau und Betriebe der optischen Industrie. Mit Eisenbahnbau Wiederbelebung
als Verkehrsknotenpunkt. Entwicklung
zum Wirtschafts- und Kulturmittelpunkt
der Oberlausitz, als Ruhesitz beliebt. 1945
bewirkt die Grenzziehung die Trennung
von der östlich der Neiße gelegenen Vorstadt sowie den Verlust des Hinterlandes
und der Funktion als Verkehrsknotenpunkt
und Durchgangsstation im Verkehr von
Berlin und Sachsen nach Schlesien. 1957
Wiederaufbau des zerstörten Neißeviaduk-
tes, Aufnahme eines bescheidenen Durch-
gangsverkehrs auf einer der drei Grenzübergangsstellen von der DDR für Deutsche aus
der Bundesrepublik Deutschland nach
Schlesien.
Später wichtige Industrie- und Exportstadt
der DDR nach Wiederaufnahme der alten
Tuchindustrie, des Waggonbaus und der
feinoptischen Industrie als volkseigener Betrieb sowie Gründung neuer Betriebe, z. B.
eines Kondensatorenwerkes.

Berühmte Söhne der Stadt

Der Renaissance-Baumeister Wendel *Roßkopf* (um 1480–1549), der Schneider und
Meistersinger Adam *Puschmann* (1532–
1600), der Humanist, Mathematiker, Gymnasiallehrer und Bürgermeister Bartholomäus *Scultetus* (1540–1614) und der Schu-
ster und mystische Philosoph Jakob *Böhme*
(1575–1624). Seine tiefgründigen Werke erregten in Europa Aufsehen und wurden in
viele Sprachen übersetzt. Sein Einfluß auch
auf die schlesischen Dichter bis hin zu Hermann Stehr, Carl und Gerhart Hauptmann
war nachhaltig. Aus Görlitz stammt auch
der neukantianische Kulturphilosoph Jonas
Cohn (1869–1947 Birmingham).

Sehenswürdigkeiten

Der königliche Regierungsbaumeister Hans
Lutsch schrieb 1889, »daß sich die Schönheit, die sich in Laubengängen, Erkern und
Giebeln ausspricht, in Görlitz weit über die
uns erhaltenen gleichzeitigen Wohnhaus-
bauten süddeutscher Städte wie Augsburg
und Nürnberg heraushebt«. Einseitige Ausdehnung der Stadt im 19. und 20. Jahrhundert nach Süden und jenseits der Neiße
rückte die traditionsreiche Altstadt an den
neuen Rand und verschonte sie vor den
negativen Auswirkungen des modernen Geschäftslebens. Die 1945 unzerstörte Altstadt
war und verblieb ein historischer Baukörper
von seltener Geschlossenheit und ein leben-
diges Stück der Geschichte. Man war schon
vor der Vereinigung bemüht, sie im Rahmen
der beschränkten Möglichkeiten durch vorbildliche Denkmalpflege zu erhalten.
Wohnhäuser mit Bauteilen aus dem 15. Jahrhundert, prächtige Treppenhäuser und
Lichthöfe am Untermarkt, zahlreiche
Renaissancebauten, mittelalterliche Bastionen und vier gotische Kirchen vermitteln
den Eindruck einer reichen Vergangenheit,
wie ihn Schlesien jenseits der Neiße nicht
mehr zu geben vermag.

Stadtrundgang

Vom Bahnhof die Berliner Straße, als
Hauptgeschäftsstraße Mitte des 19. Jahrhunderts angelegt, zum Postplatz mit der
Post von 1889 (1) und dem Gericht von 1865
sowie dem Zierbrunnen von Toblerentz
(1887) und der *Frauenkirche* (2), 1349 gegründet, jetziger Bau eine eindrucksvolle
spätgotische Hallenkirche (1459–1486) mit
reichgegliedertem Westportal und Verkün-
digungsgruppe in Sandstein. Im Innern be-
einträchtigen die hölzernen Emporen und
der neugotische Altar den gotischen Gesamteindruck. Am Marienplatz der *Dicke
Turm* (3) mit steinernem Stadtwappen,

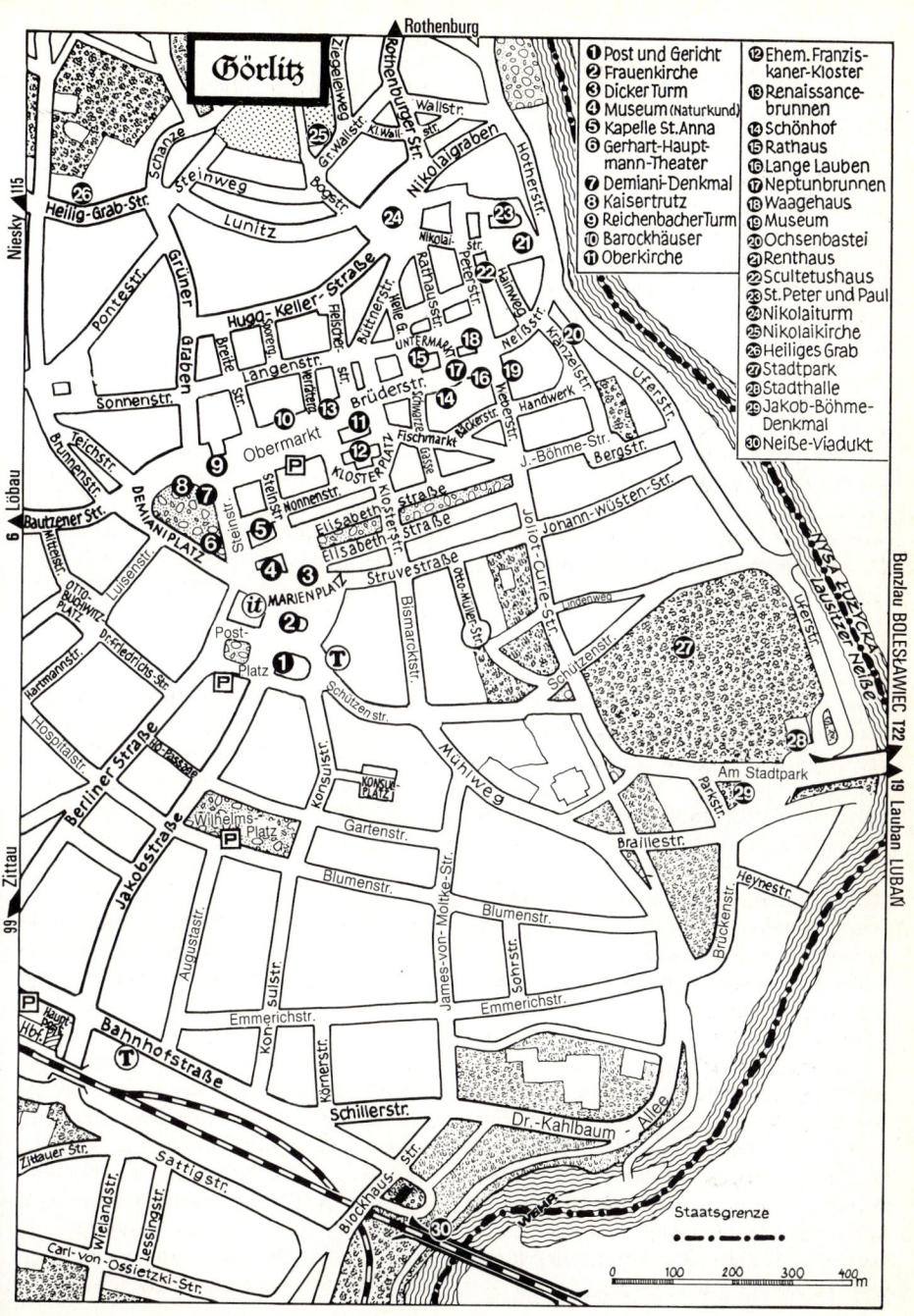

Görlitz

1 Post und Gericht
2 Frauenkirche
3 Dicker Turm
4 Museum (Naturkund.)
5 Kapelle St.Anna
6 Gerhart-Haupt-mann-Theater
7 Demiani-Denkmal
8 Kaisertrutz
9 Reichenbacher Turm
10 Barockhäuser
11 Oberkirche
12 Ehem. Franzis-kaner-Kloster
13 Renaissance-brunnen
14 Schönhof
15 Rathaus
16 Lange Lauben
17 Neptunbrunnen
18 Waagehaus
19 Museum
20 Ochsenbastei
21 Renthaus
22 Scultetushaus
23 St.Peter und Paul
24 Nikolaiturm
25 Nikolaikirche
26 Heiliges Grab
27 Stadtpark
28 Stadthalle
29 Jakob-Böhme-Denkmal
30 Neiße-Viadukt

Staatsgrenze

0   100   200   300   400 m

Werk des Bildhauers Briccius Gauske von 1477 (Schöpfer der Figuren an der Südseite des Breslauer Rathauses). Am Marienplatz Eingang zum *Museum für Naturkunde* (4). Westlich des Dicken Turmes die *Annenkapelle* (5), 1508–12 als Privatkirche des Kaufmanns Hans Frentzel von Stadtbaumeister Andreas Stieglitz errichtet. Seit 1900 wird unterhalb der ehemaligen Empore ein Raum als Turnhalle der benachbarten Schule genutzt, durch eine Zwischenwand von dem oberen Teil, der Aula, getrennt. An der Außenwand der spätgotische Statuenzyklus: Anna Selbdritt und Maria mit dem Kinde. Schräg gegenüber die blockhafte Baumasse des ehemaligen HO-Warenhauses, 1913 im Anschluß an Alfred Messels in Berlin (Leipziger Straße) errichtetes Kaufhaus erbaut. Westlich am Demianiplatz das *Gerhart-Hauptmann-Theater* von 1851 (6), umgestaltet 1927, heute Schauspiel, Oper und Operette. Südlich davor das Denkmal des Oberbürgermeisters Demiani (1786–1846) (7). Der mächtige Rundbau des *Kaisertrutz* (8) wurde 1490 begonnen, das neugotische Geschoß über dem einst hölzernen Wehrgang 1848 aufgesetzt und das einstige Erdgeschoß zugleich zugeschüttet; seine alten Kanonenschießscharten sind noch dicht über den Grünanlagen des Demianiplatzes erkennbar. 1932 wurde der Kaisertrutz als Museum der Städtischen Kunstsammlungen eröffnet. Der *Reichenbacher Turm* (9), höchster der Görlitzer Wehrtürme mit Unterbau aus dem 14. Jahrhundert, erhielt 1485 den zylindrischen Aufbau mit dem oberen Wehrgang, im 18. Jahrhundert die barocke Haube und Laterne. Er schließt den langgestreckten *Obermarkt* im Westen ab, über dessen Ostseite der hohe *Mönchsturm* der Oberkirche (11) und der *Rathausturm* aufragen. Auf der Nordseite stehen barocke *Bürgerhausfassaden* (10). Die *Dreifaltigkeits- oder Oberkirche* (11), ehemalige Franziskanerkirche mit Chor von 1381 und Langhaus von 1450–1508, Restaurierung in den Jahren 1713–15, ist evangelisch. Neben einem barocken Prunkaltar, 1713 von Caspar Georg von Rodewitz, blieb wertvolles gotisches Inventar erhalten. (Chorgestühl von 1484 mit der Niederschrift der Franziskaner-Chronik im Baldachin, spätgotischer Schnitzaltar »Goldene Maria«, einer der schönsten oberlausitzer Schnitzaltäre dieser Zeit, sowie eine Grablegungsgruppe von 1492, die bis 1961 kriegsausgelagert war.) Die Kanzel ist das Spätrenaissancewerk eines unbekannten Meisters von 1670. Die Außenseite des Chors ziert ein barocker Schwibbogen. Auf der Rückseite der Kirche stand das *Franziskaner-Kloster*. Es gelangte nach Auflösung in der Reformation 1565 in städtischen Besitz und nahm das Gymnasium Augustum auf, als Lateinschule seit der 2. Hälfte des 15. Jahrhunderts nachweisbar, der jetzige Bau ist von 1856. Auf dem Obermarkt ein *Renaissancebrunnen* von 1590, umgestaltet etwa 1670 (13). Das Original der Heroldsfigur wanderte 1958 wegen Verwitterungsschäden in die Einfahrtshalle des Museums Neißstraße 30 und wurde durch eine Kopie des Dresdner Bildhauers Werner Hempel ersetzt. Der phantastische Krieger erinnert an die Zeitgeschichte: Den Wimpel seiner Lanze ziert das Görlitzer Stadtwappen, auf seinem Schild trägt er das kursächsische Wappen, während im Hintergrund der böhmische Löwe die Zunge bleckt. Görlitz hat mehrfach seine Landeszugehörigkeit gewechselt, dabei aber seine Selbständigkeit behauptet.

Das Wirken des in Prag ausgebildeten Stadtbaumeisters *Wendel Roßkopf* verlieh Görlitz den *Charakter einer Renaissancestadt*. Er war nebenher für einzelne Bauten in zahlreichen schlesischen Städten tätig (Bunzlau, Lauban, Löwenberg, dazu auf der Gröditzburg). In Görlitz aber spürt man noch heute die künstlerische Konzeption seiner einheitlichen Planung: Der Untermarkt ist ein einzigartiges Beispiel eines schlesischen Marktplatzes – großräumig geplant und durch einen reichgegliederten Mittelblock in zwei Plätze zerlegt. Den Auftakt für das Wirken von W. Roßkopf bildete der *Schönhof* (14), Brüderstraße 8. Das Gebäude mit übereckgestelltem Erker und schönem Portal ist einer der ältesten Zeugen der Frührenaissance in Deutschland (1526).

Ihm gegenüber steht das *Rathaus* (15), im 14. Jahrhundert begonnen, kein einheitlicher Neubau, doch am abschnittsweisen Um- und Erweiterungsbau war Roßkopf maßgebend beteiligt. Seine schönste und originellste Leistung ist die *Freitreppe*. Er führte sie neben der Verkündigungskanzel in sanfter Biegung zu dem mit der Fensterumrahmung einheitlich gestalteten Portal in die einspringende Ecke. Sein Schwiegersohn, der Dresdner Bildhauer Hans Kromer, schuf später die *Figur der Justitia*, die der Rat 1591 auf die freistehende Säule aufsetzen ließ. Sie wurde als Sinnbild der reichen, kunstfreudigen Kaufmannsstadt unzählige Male abgebildet.

Daher konnte man nach ihrem Verlust durch Kriegsevakuierung 1952 eine Kopie fertigen lassen. Ihr gegenüber, älteren Datums, sieht man über der schlichten gotischen Turmpforte die Sandsteinplastik des *Wappens des Ungarnkönigs Matthias Corvinus*, zu dessen Herrschaftsbereich Görlitz gehörte (1469–90). Die *Freitreppe* »beglückt immer wieder von neuem, weil sie nicht nur als malerisches Architekturmotiv, sondern vor allem in ihrer städtebaulichen Einordnung gelungen ist« (Grundmann).

Im Innern blieb der *kleine Ratssaal* mit seiner ursprünglichen Ausstattung von 1564–66 erhalten. Der Kunstschreiner Hans Marquirt schuf die reiche Wandtäfelung und die hölzerne Portalarchitektur. Auch der majestätische *Rathausturm* hat seine Geschichte. Auf den ältesten Teil, den vierkantigen Unterbau, wurde durch Ratsbaumeister Andreas Stieglitz nach Gutachten des sächsischen Landbaumeisters Peter von Pirna das Oktogon aufgesetzt (1511–15), die Uhr mit den zwei Zifferblättern angebracht (1524), die dann der Humanist Scultetus zu einer zwölfstelligen Uhr verändern und mit der darüber befindlichen Monduhr verbinden ließ (1584).

Die »*Langen Lauben*« (16) am Untermarkt mit ihren gotischen Gewölben und darüber wechselnden Renaissance- und Barockfassaden sind ein Beispiel für eine gelungene Unterordnung verschiedener Stile unter eine bauliche Gesamtheit. Auf der Südseite vor der »Zeile«, dem Mittelblock, steht der *Neptunbrunnen* (17), 1757 von J. G. Mattausch, vor dem Haus Nr. 12 mit Renaissance-Erkern und Haus Nr. 13 aus der Barockzeit. Bauherr war hier der Oberälteste der Seidenkrämer, P. Ch. Hilliger aus Schneeberg. Unter dem über vier Fensterachsen ausladenden Balkon erkennt man leicht beschwingt die Symbolfiguren der Kaufleute für Handel und günstige Gelegenheit: Merkur und Occasio.

Die Südostecke dieses Mittelblocks beschließt das *ehemalige Waagehaus*, Haus Nr. 14, von 1600 (18); seine Schmucksäulen tragen mannigfach verzierte Kragsteine. An der Nordseite des Mittelblocks, Nr. 16, ein Barockhaus von 1714 und an der Ecke Peterstraße, Haus Nr. 24, die frühere Ratsapotheke von 1550 mit astronomischer Sonnenuhr. Beachtung verdienen noch im einzelnen: Die spätgotischen *Laubengänge* sowie Haus Nr. 22 (Flüsterbogen), die typischen Görlitzer Hallen der Häuser Nr. 2–5 und 26, die Renaissance-Fassaden am Untermarkt Nr. 2, 4, 8, 11, 22 und 24 sowie die Barockfassaden Nr. 3, 5, 25 und 26. Erst der Moderne blieb es vorbehalten, die Harmonie des Untermarktes mit dem *Neuen Rathaus* (1900–02) zu stören. In der an den Untermarkt nach Osten anschließenden Neißstraße zeichnen sich aus: Haus Nr. 29 wegen seines Reliefschmuckes am Fries mit symbolischen Darstellungen, »Biblisches Haus« genannt, Haus des »Braunen Hirsch«

auf der gegenüberliegenden Seite und Neißstraße Nr. 30. Das jetzige *Museum* war früher Haus der »Oberlausitzischen Gesellschaft der Wissenschaften« (19).
Die am 19. April 1779 aus dem Kreise aufge-
klärter und reformfreudiger Gutsherren gegründete Gesellschaft wurde durch großzügige Stiftungen zum Mittelpunkt der Wis-
senschaftspflege der Oberlausitz, besonders
der Geschichtswissenschaft. Sie erhielt 1807
durch ein Legat ihres Mitgründers Adolf
Traugott von Gersdorff den Gesamtbestand
ihrer umfangreichen naturwissenschaftlichen Sammlungen und einer Bibliothek von
12 000 Bänden. Die ansehnlichen Sammlungen wuchsen im Laufe der Zeit zum städtischen Museum zusammen. 1954 wurde für
diese kultur- und sammlungsgeschichtlich
bedeutsamen Bestände eine wissenschaftliche Abteilung der städtischen Kunstsammlungen eingerichtet, zuvor das Gebäude mit seinem wunderschönen Barockportal
grundlegend restauriert. Die Kunsthand-
werkschau mit Kulturzeugen des 17. und
18. Jahrhunderts, die reich ausgestattete
Glassammlung (17. bis 20. Jahrhundert), die
wissenschaftsgeschichtliche Sammlung und
das Graphische Kabinett neben der Oberlausitzischen Bibliothek der Wissenschaften
sind ein Denkmal deutscher Kulturgeschichte von Rang.
Von der Neißstraße südwärts (Kränzelstra-
ße) erreicht man die *ehemalige Ochsenbastei*
(20) mit gärtnerischen Anlagen zwischen
den östlichen Stadtmauern (1962–63). Nach
Norden vor der Peterskirche das älteste
profane Steingebäude – *Rent- und Waid-
haus* (21). Das Haus Peterstraße Nr. 4 bewohnte 1570–1614 der bedeutende Görlitzer Humanist, Astronom und mehrfache
Bürgermeister, Bartholomäus Scultetus
(22); Gedenktafel von 1958, der barocke
Hof umfassend erneuert. Das Haus Nr. 8 ist
ein Renaissancebau von W. Roßkopf mit
Innenhalle, jetzt Altstadtzweigstelle der
Stadtbibliothek.

Die *evangelische Pfarrkirche St. Peter und
Paul* (23) ragt weithin über das Neißeufer
der geteilten Stadt. Größter später Kirchenbau Schlesiens, nur bedingt der schlesischen
Baukunst zuzurechnen (Grundmann), zählt
zu den bedeutendsten Kirchenbauten Ostdeutschlands. Aus der romanischen Vorgängerkirche, die angeblich 1225 der Bischof von Meißen weihte, entstand bis 1497
die gewaltige fünfschiffige Hallenkirche,
spätgotisch mit den romanischen Resten,
dem Westriegel mit Unterbau der Türme
aus Grauwacke und Granitsteinen sowie
dem reichverzierten Westportal. Die gotische *Unterkirche* (Georgenkapelle) wurde
unter dem Chor 1413–57 erbaut, um den zur
Neiße abfallenden Burgberg, auf dem die
Oberkirche steht, zu verlängern. Bei denkmalpflegerischen Arbeiten erhielt die Unterkirche 1948 den ursprünglich beabsich-
tigten Charakter einer vierschiffigen Halle
zurück. Zugang durch das Außenportal an
der Südseite oder durch die Untersakristei.
Der Kirchenraum ist ein architekturge-
schichtlich sehr interessantes und kompli-
ziertes Raumgebilde. Er offenbart mit zierlichen und starken Stützen eine leicht wirkende kühne Konstruktion, die den Chor der
Oberkirche trägt. Im Innern der *Oberkirche*
harmonische Raumwirkung der Gewölbe
mit Sternennetz von Stadtbaumeister Pflüger aus der Schule des berühmten Arnold
von Westfalen, Erbauer der Albrechtsburg
zu Meißen. Pflüger war zugleich herzoglich
sächsischer Werkmeister und wölbte auch in
Leipzig die Thomas- und die Peterskirche
ein. In der Hauptkirche, links vom Westeingang, ist das Taufgitter aus Rotguß von
Hans Mantler von 1617, der einzige Überrest der alten Innenausstattung, die mit
30 Schnitzaltären und zwei Orgeln 1691 ver-
brannte. Nach Westen in der Nikolaistraße
haben die Häuser Nr. 5 und Nr. 10 Renais-
sance-Erdgeschosse. Am Nordrand der Altstadt der *Nikolai-Turm* (24), Rest des Niko-
laitores, mit Renaissance-Haube. Nördlich

die *Nikolai-Kirche* (25), 1452 begonnen, 1516–20 erweitert. Die spätgotische Hallenkirche sollte im Auftrage des Rates von W. Roßkopf vollendet werden. Er machte sich jedoch am Einsturz der Gerüste schuldig und verließ vorübergehend die Stadt. Mehrfache Brände führten im Laufe der Jahrhunderte zu einer Umgestaltung der Kirche – zuletzt zu einem Gedächtnisehrenmal für die *Gefallenen des 1. Weltkrieges* (pseudogotisch). Auf dem angrenzenden Nikolai-Friedhof, unweit der Kirche, ist das Grab des berühmtesten Görlitzer Bürgers, des Schuhmachermeisters und Mystikers *Jakob Böhme* (geb. 1575 in Altseidenberg, gest. 1624). Die Grabplatte stammt aus den 20er Jahren unseres Jahrhunderts.

Südwestlich die Heilige-Grab-Straße trägt ihren Namen nach dem »*Heiligen Grab*« (26); Kreuz-, Salb- und Grabkapelle stiftete der Kaufherr und Bürgermeister Georg Emmerich (1422–1507) einem damaligen Brauch entsprechend nach einer Pilgerfahrt nach Jerusalem. Das sonderbare Bauwerk soll die einzige in Deutschland existierende wirklichkeitsgetreue Nachbildung des damaligen Zustands des Grabes in Jerusalem sein und fand mehrfach Nachahmung (Sagan, vgl. 215). Am Südrand der Altstadt der *Stadtpark,* nach dem jetzt auch die Straße benannt ist, früher Reichenberger Straße, und die *Stadthalle* von 1910. Hier fanden früher die von Graf Hochberg begründeten berühmten »Schlesischen Musikfeste« statt. Im Stadtpark das 1898 von Johannes Pfuhl errichtete Denkmal von Jakob Böhme. Vom Stadtpark geht der Blick auf den *Neißeviadukt.* Die riesige Brücke aus Granitsteinen

stellte 1847 die Eisenbahnverbindung von Berlin und Dresden nach Breslau her, mit 32 großen Bögen und 475 m Länge, erbaut durch den Görlitzer Baumeister Gustav Kießler. 1945 teilweise gesprengt, in den 50er Jahren wiederhergestellt.

Aus der gleichen Zeit stammen das oberlausitzische *Ständehaus* sowie nordwestlich des Stadtparks die *katholische Pfarrkirche,* 1853 an der Struvestraße, Ecke Joliot-Curie-Straße geweiht.

Stolz der Görlitzer sind auch ihre *Parkanlagen.* Sie wurden nach dem Krieg am nördlichen und östlichen Teil des Grünrings erweitert, eingebettet in die alten Befestigungen im *Nikolaizwinger* und bei der *Ochsenbastei.* Sie ermöglichen einen Promenadenspaziergang vom Stadtpark nach Süden in 20 Minuten zum Blockhaus und weiter an der Weinlache entlang zum *Ausflugslokal Weinberghaus* (An der Landskronbrauerei) – heute »Stadion der Freundschaft« und Volksbad.

Wahrzeichen der Stadt ist die *Landeskrone,* im Südwesten ein frei aus der Ebene aufragender Basaltkegel (420 m hoch). Vom Zentrum der Stadt bis zum Gipfel 6 km, mit der Straßenbahn bis zum Fuß des Berges 20 Minuten. Von hier zu Fuß ½ Stunde zum Gipfel, Berggaststätte.

Der kleine Turm von 1796 gewährt einen lohnenden Rundblick: Im Norden die Stadt, dahinter die weite Ebene mit den Kuppen der Königshainer Berge, im Osten das Bober-Katzbach-Gebirge, im Süden die Gipfel der Lausitzer Berge und des Isergebirges.

II. Bunzlau und Umgebung

1. Die Stadt Bunzlau, Kr. Bunzlau

Bolesławiec, woj. Jelenia Góra (Woj. Hirschberg)

Alte Töpferstadt, seit 1870 aufstrebende Industriestadt, nach schweren Kriegszerstörungen (60 %) wiederaufgebaut und als Zentrum der traditionsreichen keramischen Industrie beträchtlich ausgebaut.

Einwohner

1939: 20 753 Deutsche
1983: ca. 39 500 Polen

Lage

Günstige Verkehrslage am Kreuzungspunkt: a) Fernstraße T 12 Görlitz (Zgorzelec) – Bunzlau – 16 km bis E 40 Autobahn Breslau (Wrocław) oder Nr. 262 Bunzlau – Haynau (Chojnów) – Lüben (Lubin). b) E 65 Stettin (Szczecin) – Grünberg (Zielona Góra) – Bunzlau – Hirschberg (Jelenia Góra).
Am mittleren Bober zwischen Bober-Katzbach-Gebirge und der Niederschlesischen Heide nahe der Löwenberger Kreidemulde mit Ablagerungen von Ton und Sandstein.

Unterkunft und Verpflegung

Hotel: »Sportowy«, ul. Spacerowa 7, Tel. 29-51, Kat. II; »Piast«, ul. Asynka 1, Tel. 232-31, Kat. II. mit Touristeninformation und Unterkunftsvermittlung
P vor Hotel Piast und südlich des Ringes, ul. Kubika/Promenade.
Camping: »Bolek«, ul. 2 Armii Wojska Polskiego 23, Tel. 23-15, Juni–September

Restaurant: »Prujavor«, ul. Armii Wojska Polskiego 21 (Ausfallstraße Richtung Görlitz); »Starówka«, Rynek 36, Kat. II, ehemals Gastwirtschaft »Zu den drei Kränzen«; »Centralna«, ul. Kubika 1, Kat. II
Café: »Pod Złotym Aniołem«, Rynek 29, Kat. I; ehem. Gasthaus »Zum goldenen Engel«; »Toscana«, Rynek 17, Kat. I; »Arietta«, ul. Asynka, Kat. I
Milch-Bar: »Bar Uleczny«, ul. H.-Sawickiej
Touristeninformation: Hotel Piast s. o.
PTTK: ul. Hanki-Sawickiej 4/6 Tel. 38-66
Verkehr: Bahnhof/Dworzec PKP plac Wolności mit Busbahnhof/Dworzec PKS
Tankstelle: ul. Asynka, Tel. 24-22
Autoservice: ul. Kubika 27, Tel. 30-15, 6–22 Uhr, ul. Ceramiczna 79
Keramik-Museum: ul. Mickiewicza 13, Tel. 857, tägl. geöffnet 10–15 Uhr, Do 10–18 Uhr, So 10–16 Uhr
Kutusow-Museum, ul. Kutuzowa 10, Tel. 24–68, geöffnet 10–17 Uhr, außer Mo und an Tagen nach Feiertagen!

Geschichte

1202 slawische Kastellaneiburg, nach 1242 Gründung der deutschen Stadt am Übergang der »Hohen Straße« über den Bober, seit 1298 als Zollstätte belegt. Im Südwesten der Stadt herzogliches Schloß, später Sitz des Burghauptmanns, 1576–96 ausgebaut, 1642 durch die Schweden zerstört. 1524

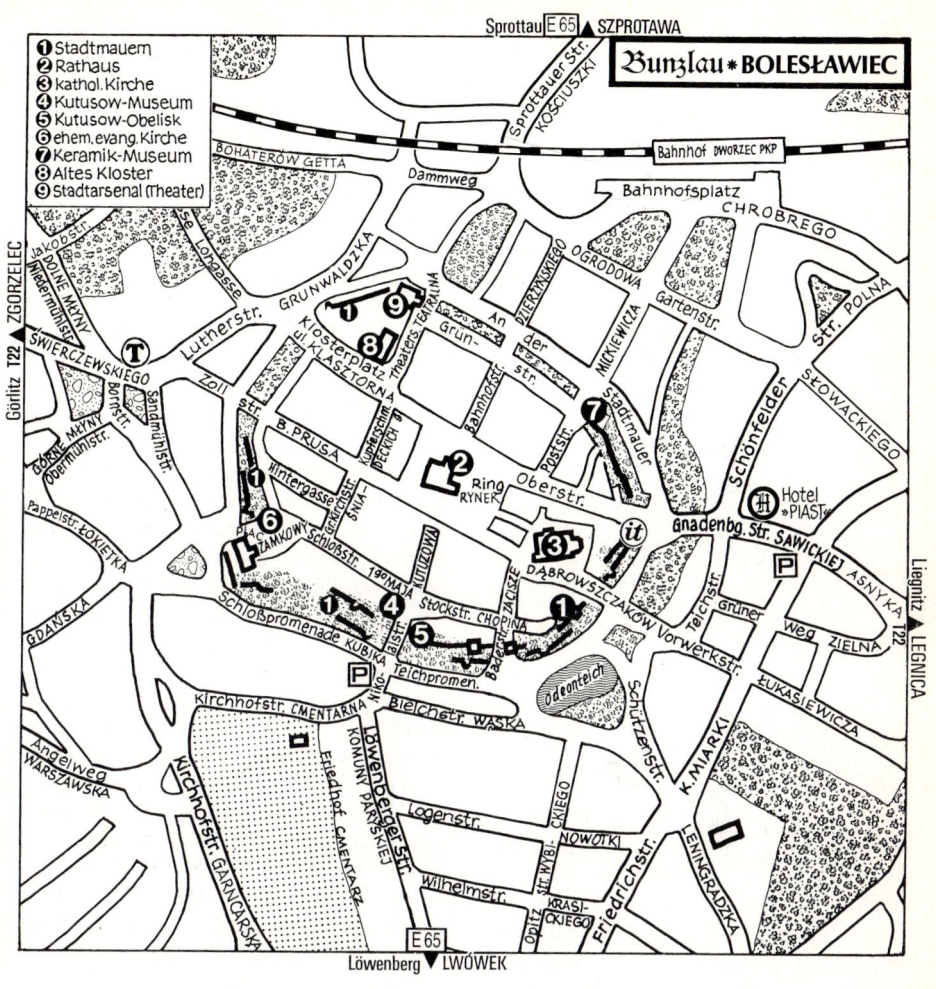

① Stadtmauern
② Rathaus
③ kathol. Kirche
④ Kutusow-Museum
⑤ Kutusow-Obelisk
⑥ ehem. evang. Kirche
⑦ Keramik-Museum
⑧ Altes Kloster
⑨ Stadtarsenal (Theater)

Reformation. 1916 ging aus dem Waisenhaus mit Schule ein staatliches Lehrerseminar hervor, bis 1925 bedeutende evangelische Lehrerbildungsstätte für Schlesien. Um 1530 hölzerne Wasserleitung vom Queckbrunnen in die Stadt – mit unterirdischen Schwemmkanälen. 1897 Eröffnung der Keramischen Fachschule, 1930 um Glasfachschule erweitert. Nach 1945 wieder in Betrieb genommen und ausgebaut.

Wirtschaft

Auf die nahen Tonlager gründet sich die B'er Töpferei, bekannt seit dem 14. Jahrhundert. 1543 Töpferzunft. Eigenart und früher Ruf der B'er Keramik beruht auf seltener Eignung des Tons für Brennen bei hohen Temperaturen (1350° C) und Aufbrennen des Glasurlehms nach bestimmten Mischungsverhältnissen. Seit dem 17. Jahrhundert B'er Braungeschirr weltberühmt, Ausfuhr bis nach Rußland und Konstantinopel. Seit dem 19. Jahrhundert Weiterentwicklung des B'er Braungeschirrs, dazu auch Buntgeschirr, »handgeschwämmeltes Steinzeug« (Töpfe, Krüge, Kruken, Vasen, Kaffeekannen, Tassen und Tonröhren). Die Tonlager in der Umgebung von Bunzlau wurden zur Grundlage für zahlreiche handwerkliche, später industrielle Keramikbetriebe (außerdem zwei Glashütten, Tonröhren-, Schamottstein- und Ofenfabriken). 1943 Beginn des Baues einer Kupferhütte bei Bunzlau, 1944 erste Ausbaustufe in Betrieb genommen. Nach dem 2. Weltkrieg Wiederauf- und Ausbau, verstärkt Textilindustrie, Eisenguß, Sandsteinbearbeitung; hinzu kamen chemische Werke (Abbau von Kupfer, Kaolin, Quarzit, Glassand, Gesteine für Hoch- und Tiefbau).

Sehenswürdigkeiten

Altstadt typische deutsche *Stadtanlage* auf ellipsenförmigem Grundriß (400 × 330 m) mit dem großen Ring im Zentrum des schachbrettförmigen Straßensystems, umschlossen von Resten der Stadtmauer und Promenaden auf dem alten Gelände der Stadtwälle. Erhalten Reste der doppelten *Stadtmauer* aus Sandsteinquadern, in etwa 1½ m Stärke gefügt, mit Verteidigungstürmen im Südwesten. Nachdem die Hussiten die Stadt 1427 ohne größere Schwierigkeiten eingenommen hatten, wurde 1479 die zweite, äußere Befestigungsmauer errichtet. Die drei Stadttore und ein Teil der Befestigungsmauern wurden 1813 von den Franzosen zerstört.
Rathaus im Zentrum, Neubau 1525–35 unter Mitwirkung des Görlitzer Ratsbaumeisters W. Roßkopf in Renaissanceform, im Nordflügel die Ratswaage, im längeren Flügel Ratskeller mit Prachtgewölbe, erhalten zwei gotische Sitzungssäle. 1776–81 »er-

nüchternde Umgestaltung des Äußeren« (Lutsch). Drei Renaissanceportale am Rathaus stammen von früheren Bürgerhäusern und wurden später in das Rathaus umgesetzt. Das reich verzierte Portal am ehemaligen Eingang zum Ratskeller mit Laubwerk und zwei Männerköpfen (1580) übertrug der Konservator der Kulturdenkmäler des preußischen Staates, Hans Lutsch, von dem Hause am Niedermarkt 8 dorthin. Die Barockhaube des Rathauses trug bis 1945 den preußischen Adler als Wetterfahne.

Die stattlichen Bürgerhäuser am Ring, z. T. mit beachtenswerten Renaissance- und Barockportalen, wurden nach 1945 wiederaufgebaut oder restauriert und geben dem Marktplatz sein historisches Gesicht, darunter Ring Nr. 29 Portal mit dem goldenen Engel im Rokoko-Rahmen (Café »Pod Złotym Aniołem«) und bei Nr. 36 Portal am Restaurant »Starówka«. Die auf der Nordseite bei Kriegsende unversehrt gebliebenen Häuser waren durch Verwahrlosung baufällig geworden. Die Lücken wurden durch Neubauten im alten Stil ergänzt, so daß die Geschlossenheit der Ringbebauung gewahrt blieb. An der Südostecke wurden die Häuser nicht wieder aufgebaut, so daß der Blick auf die ehemalige *katholische Stadtpfarrkirche* St. Maria frei ist. Spätgotischer dreischiffiger Langhausbau, letztes Viertel 15. Jahrhundert, im 30jährigen Krieg ausgebrannt, gotische Deckengewölbe im Presbyterium erhalten. 1655–72 reiche frühbarocke Innenausstattung: Altarplastiken von L. Weber, Kreuzigungsgemälde von W. Neunhertz. Vor der Kirche sechs Barockstandbilder, eines davon, Maria mit dem Jesuskind, zeigt auf dem Sockel das alte Stadtwappen mit drei Türmen, darunter im Mittelfeld der Stadtmauer den Schild mit dem schlesischen Adler. An der äußeren Kirchenmauer deutsche Inschriften 1945/46 vielfach ausgemeißelt, lateinische Inschriften blieben, wie an anderen Orten, unversehrt. Die neugotische Spitze des Turmes erscheint stilwidrig, sie löste die Kuppel aus dem 18. Jahrhundert ab.

Die Kirche war von 1524–1629 und von 1632–1637 evangelisch, Spiegelbild der Religionskämpfe. Fortsetzung des Rundgangs durch den Schwibbogen, an der Südseite des Ringes (ul. Kutuzowa) zum Kutusow-Museum, nach 1945 in dem Sterbehaus des russischen Marschalls eingerichtet, der hier im Frühjahr 1813 während des Feldzugs gegen Napoleon verstarb.

In der Grünanlage davor der *Kutusow-Obelisk,* 1819 auf dem Markt, 1893 hier aufgestellt; russisch-deutsche Inschrift restauriert. Entwurf von Karl Friedrich Schinkel im Auftrag König Friedrich Wilhelms III., die Löwen schuf der Hofbildhauer Gottfried von Schadow. In der Südwestecke der ehemaligen Stadtbefestigung, auf dem Gelände der Burg (plac Zamkowy), die frühere *evangelische Stadtpfarrkirche,* 1752–56 im Spätbarock erbaut. Die große Saalkirche wurde 1945 schwer beschädigt, der Kanzelaltar zerstört. Das Kirchenschiff wurde später restauriert, Neuausstattung im Inneren nach Übernahme durch die römisch-katholische Kirche. Der Turm war unversehrt geblieben. In der entgegengesetzten Nordostecke der Altstadt neben einem alten Verteidigungsturm das *Keramik-Museum,* »Muzeum Keramiki w Bolesławcu«, ul. Mickiewicza 13, Haus des früheren Städtischen Museums, Poststraße 13. In 2 Räumen des Museums Bestände alten Bunzlauer Braungeschirrs – braun glasiert mit weiß glasiertem Reliefschmuck – sowie in einer Vitrine Bunzlauer Buntkeramik, ferner neue polnische Muster. Früher hier Ausstellung der Entwicklung der B'er Töpferei, u. a. der von Meister Joppe 1753 angefertigte 2,15 m hohe »Große Topf« und im Rahmen der stadtgeschichtlichen Sammlungen Erinnerungen an den Dichter *Martin Opitz.* In der Nordwestecke der Altstadt – ul. Teatralna – altes Klostergebäude und ehemaliges *Stadtarsenal* von 1822, 1857 zum Stadttheater umgebaut. Am plac Armii Czerwonej (im Südosten in der Anlage vor der Stadtmauer) *Waisenhaus* von 1753. 1767 wurde dort eine Druckerei eingerichtet. Erhalten ist auch der 1904 aufgestellte *Gedenkstein* (Bau der ersten Wasserleitung 1531). Stolzes Bauwerk am Stadtrand im Norden der *Eisenbahn-Viadukt* über das Bobertal, 1844–1846 erbaut für die Bahnlinie Görlitz – Kohlfurt – Liegnitz. Ältester und längster Viadukt in Schlesien, 490 m mit 35 Bögen aus Sandstein, noch heute benutzt.

In Bunzlau wurde am 23. 12. 1597 der Begründer der 1. schlesischen Dichterschule, Martin Opitz, geboren (»Buch von der teutschen Poeterey«), verstorben 1639 in Danzig.

Theodor Blätterbauer (* 1823 in Bunzlau, † 1906 in Liegnitz), Zeichenlehrer und Maler, bekannt durch seine Ausgestaltung des dreibändigen Werkes »Schlesien« (um 1880) von Schroller mit 81 Stahlstichen und 152 Holzschnitten.

2. Fahrten von Bunzlau

ROUTE 1   Bunzlau (Bolesławiec) – Gröditzburg (Grodziec) – Goldberg (Złotoryja) – Pilgramsdorf (Pielgrzymka) – (»Lange Gasse«) – Löwenberg (Lwówek Śląski) – Bunzlau – 80 km. Straße Richtung Goldberg bis Alzenau (Olszanica) 18 km, sodann rechts ab zur *Gröditzburg (Grodziec)*

Der 389 m hohe Basaltkegel am Nordrand des Bober-Katzbach-Gebirges (Góry Kaczawskie) trug schon im 10./11. Jahrhundert einen slawischen Burgwall. Vermutlich in der Papsturkunde von 1155 wird er als Kastellaneisitz »Godiwice« benannt. Hier stellte Herzog Boleslaus der Lange, Vater Herzog Heinrichs I., 1175 den Stiftungsbrief für Kloster Leubus aus. Als Burg der Herzöge von Liegnitz im 15. Jahrhundert ausgebaut. Vollendung spätgotisch unter Herzog Friedrich I. durch W. Roßkopf: Mit Mauern und Türmen versehene Vorburg, weiträumiger Innenhof, quadratischer Bergfried, das Ganze durch Wall und Graben gesichert (Türkengefahr). 1642 durch die Schweden zerstört, danach bis 1906 Ruine. Rekonstruktion durch Burgenbauer Bodo Ebhardt für den Gesandten v. Dirksen, Einrichtung eines Museums im Pallas. Die gesamte Anlage nach 1945 ausgeplündert und durch Brandstiftungen stark beschädigt. Die 1964 begonnenen Arbeiten zur Wiederherstellung sind noch nicht abgeschlossen. Zur Besichtigung geöffnet, betreut von der Polnischen Gesellschaft für Tourismus und Landeskunde (PTTK), Jugendherberge, Museum geplant. Vom Turm weiter Rundblick zum Iser- und Riesengebirge. Am Fuße des Berges Schloß nach 1945 verwahrlost, jetzt wieder aufgebaut als internationales Esperanto-Zentrum. Parkplatz am Waldrand unterhalb des Fahrweges – keine öffentliche Auffahrt.

Von Bunzlau markierter Wanderweg zur Burg – blau – 4½ Stunden, von Goldberg – schwarz – 3 Stunden, von Kaiserswaldau (Okmiany) – schwarz – 2 Stunden, von Röversdorf (Sędziszowa) – gelb – 6 Stunden. Zurück nach Norden zur Straße Richtung Goldberg (Złotoryja) über Adelsdorf (Zagrodno). Dort unbenutzte evangelische Kirche, neuklassizistisch, erbaut von dem Liegnitzer Maurermeister Mohrenberg unter Einfluß von C. G. Langhans 1789–1790.

Weithin sichtbar die Türme der Goldberger Stadtpfarrkirche.

GOLDBERG, Kr. Goldberg
Złotoryja, woj. Legnica (Woj. Liegnitz)

Mittlere Industriestadt im Hügelland des Bober-Katzbach-Gebirges am rechten Hochufer der Katzbach.
Einwohner
   1939:   7 860 Deutsche auf 13 km^2
   1983: 13 000 Polen auf 26 km^2
Hotel: »Pod Basztą«, plac Reymonta 4, Telefon 597, 890, Kat. II
Jugendherberge: ul. Kolejowa 5, Telefon 674, ganzjährig geöffnet

Geschichte

Um 1200 durch deutsche Einwanderer neben älterer polnischer Siedlung Kopacze gegründet, 1211 Verleihung des Magdeburger Stadtrechts durch Herzog Heinrich I. von Schlesien, älteste bezeugte deutsche Stadtgründung in Schlesien. 1524–1556 erstes humanistisches Gymnasium in Schlesien unter seinem Gründer, dem Pädagogen Valentin Friedland, genannt von Trotzendorf (geb. 1490 in Troitschendorf bei Görlitz). Sein Epitaph mit Inschrift in Hebräisch, Griechisch und Lateinisch eingemauert, links im Altarraum der Pfarrkirche. Reformation 1522, nach 1675 (Aussterben der Liegnitzer Piasten) Rekatholisierung.

Wirtschaft

Der Goldbergbau, der die Veranlassung zur Gründung der Stadt gab, versiegte bald. Seit dem 14. Jahrhundert Tuchmacherei, mit neuer Blüte im 18. Jahrhundert unter Preußen. Erst 1884 Eisenbahnanschluß nach Liegnitz. Unbedeutende Industrie: Hut-, Pappen-, Textilfabriken. Kurz vor dem letzten Krieg wurde Goldberg Mittelpunkt eines neu entstehenden Kupfererz-Bergbaus, der nach 1945 fortgesetzt wurde und Goldberg auch als Wohnstadt anwachsen ließ. Heute große Textilschuhfabriken.

Sehenswürdigkeiten

Südlich des Ringes *Stadtpfarrkirche St. Maria,* um 1220 als erste Kirche der Bergstadt begonnen, einige spätromanische Elemente (Südportal des Querschiffes, Chorraum), vollendet Mitte des 14. Jahrhunderts als gotischer Hallenbau. Großer Ostturm vor dem Chor aus dem 16. Jahrhundert, die Hauben beider Türme 18. Jahrhundert, Schnitzaltar von 1497, Kanzel 1583. Die Kirche wurde 1848 einschneidend restauriert und blieb 1945 unversehrt. Am Ring neues *Rathaus* von 1852. Alte Bürgerhäuser nach 1945 restauriert, danach stark verwohnt. Nordöstlich des Ringes barocke ehemalige *katholische Stadtpfarrkirche St. Hedwig,* bis 1810 Klosterkirche der Franziskaner, der Anbau der Ottiliuskapelle stammt von 1505. Von der ehemaligen Stadtbefestigung blieben der *Schmiedeturm* am Südausgang der Altstadt sowie große Teile der Mauer an der Umgehungsstraße erhalten.

Bei der Weiterfahrt Richtung Löwenberg (Lwówek Śl.) überquert die Straße nach 7 km in *Pilgramsdorf* (Pielgrzymka) das Tal der Schnellen Deichsa, bekannt aus der schlesischen Siedlungsgeschichte. Das Tal nannte man »Lange Gasse« als längste Dorfzeile in Schlesien, entstanden durch die Aneinanderreihung von 11 Waldhufendörfern. Es war die erste deutsche Waldsiedlung an der Innenseite des Löwenberger Hags, die Herzog Heinrich I. Anfang des 13. Jahrhunderts anlegte. Abzweigung talaufwärts in Richtung Zobten (Sobota). Von *Harpersdorf* (Twardocice) bis Zobten ist ein großer Teil der einst stattlichen Bauernhöfe von den nach dem Kriege hier angesiedelten Polen wieder verlassen. Nach dem Zweiten Weltkrieg verfiel die ehemalige *Zufluchts-kirche* in Harpersdorf; von der Ruine stehen nur noch der Turm und die Außenmauern. Die ungewöhnlich große Dorfkirche – 41 m langer, 25 m breiter und 11 m hoher Kirchenraum für 2400 Sitzplätze – entstand nach einem Brand von 1726 auf altem Grundriß. Nach Schließung der evangelischen Kirchen in den Erbfürstentümern im Jahre 1653 waren evangelische Gläubige aus über 90 Gemeinden aus dem Fürstentum Schweidnitz-Jauer zum Gottesdienst in das Herzogtum Liegnitz nach Harpersdorf geströmt. Später wurde die Kirche Zentrum der Schwenckfelder, einer von den Lutheranern verfolgten protestantischen Gruppe. Ihre Anhänger wanderten zum großen Teil 1734 nach Pennsylvanien/USA aus. Ihre Nachkommen erinnerten sich ihrer alten Heimat und kauften nach dem Zweiten Weltkrieg von den Polen den Feldrain in Harpersdorf zurück, auf dem das Schwenckfelderdenkmal erhalten ist. Es wurde von den Nachkommen der Auswanderer 1863 errichtet.

2 km vor Löwenberg an der Straße nach Goldberg steht in Plagwitz (Płakowice) die Ruine eines bedeutenden Adelsschlosses des 16. Jahrhunderts, erhalten sind der ursprüngliche Arkadeninnenhof, der Renaissanceschmuck der Fassaden sowie Reste des Grabens und der Befestigungen. Nahe dem Dorf ein Campingplatz.

LÖWENBERG, *Kr. Löwenberg*
Lwówek Śląski, woj. Jelenia Góra (Woj. Hirschberg)

Früher Luftkurort am Rande des Bober-Katzbach-Gebirges auf dem linken Boberufer.

Einwohner

    1939: 6300 Deutsche
    1983: 7700 Polen

Hotel: »Piast«, ul. Jaśkiewicza 1; »Olimp«, ul. Kościnszki 3
Jugendherberge: al. Wojska Polskiego 1, Telefon 516, geöffnet Juli–August

Geschichte und Wirtschaft

1217 von Herzog Heinrich I. ausgesetzt als Goldbergbaustadt mit Mittelpunkt eines der ältesten deutschen Siedelbezirke an der »Hohen Straße«. (Die Gründungsurkunde ist der zweitälteste Beleg für eine deutsche Stadt in Schlesien.) Das Löwenberger Rechtsbuch aus der 1. Hälfte des 13. Jahrhunderts – Bearbeitung des Sachsenspiegels – fand weite Verbreitung in Schlesien. Löwenberg wurde Mittelpunkt der deutschen Waldhufendörfer am Löwenberger Hag. Bei Teilung des Herzogtums Liegnitz kam Löwenberg zum Herzogtum Jauer (1315) und 1346 zum Herzogtum Schweidnitz, mit diesem 1392 zur Krone Böhmens. Nach der schnellen Erschöpfung der Goldvorkommen gründete sich die wirtschaftliche Kraft auf Handel und Handwerk, besonders Tuchmacherei, bis ins 19. Jahrhundert. Vor dem letzten Krieg Metallwaren-, Malz- und Pumpenfabriken, dazu Sandsteingewinnung (Reichstagsgebäude und Brandenburger Tor in Berlin). Von dem früheren Fremdenverkehr ist nichts mehr zu spüren. Heute gibt es nur einige Kleinbetriebe, Löwenberg ist eine arme Landstadt mit stark verwohnten Gebäuden.

Sehenswürdigkeiten

Erhalten der gitterförmige Grundriß der mittelalterlichen Gründung mit großen Teilen der doppelten Stadtmauer mit Mauertürmen sowie dem *Laubaner Torturm* im Südosten und dem *Bunzlauer Torturm* im Westen an den entsprechenden Ausfallstraßen. Die Stadt wurde 1945 zu 40 % durch heftige Kämpfe und Brandstiftung zerstört, wesentliche Baudenkmäler blieben erhalten. Im Mittelpunkt des Ringes das *Rathaus* mit schlankem, von einer Barockhaube gekröntem Turm; es wurde einst als zweitschönstes seiner Art in Schlesien gerühmt. Der Kern des Bauwerkes mit gotischen Gewölben und Übergang zur Renaissance stammt von dem Görlitzer Ratsbaumeister W. Roßkopf (1522–1524). Hans Poelzig, Direktor der Breslauer Kunstakademie, erneuerte das Rathaus und baute es stilgerecht aus (1905–1908). In der Rathaushalle die alte Büste des Baumeisters des Rathauses, »T.L.«, eingemauerte Grabsteine aus der Franziskanerkirche: Ritter von Talkenburg (†1586) und Magdalena von Schaffgotsch auf Plagwitz (Datum später eingemeißelt), sowie die Grabtafeln Heinrichs I. von Jauer und seiner Gemahlin Agnes; diese gelten als die wertvollsten nächst der Grabtumba Herzog Heinrichs IV. in Breslau. Am Ring neben Neubauten einige *Renaissance-Giebelhäuser.* Westlich des Ringes die *Stadtpfarrkirche zu Maria Himmelfahrt,* 13. Jahrhundert, umgebaut im 15. Jahrhundert. Doppeltürmiger Westbau aus der romanischen Epoche, Westportal frühgotisch mit Figuren im Türbogenfeld: Krönung Mariens durch Christus. Die Kirche gehört zu den frühesten Zeugnissen der Gotik in Schlesien, heute benutzt von der Gemeinde. An der Südseite der Kirche Nepomuk-Figur von 1760, neben der Kirche kleine gotische Kapelle. Die kleine Franziskanerkirche am Südrand der Innenstadt diente nach der Säkularisierung des Franziskanerklosters als Feuerwehr-Zeughaus und Museum, heute Magazin. Daneben steht noch der Turm der früheren evangelischen Kirche von 1848, die Kirche wurde als baufällig nach 1945 abgerissen. Die erhaltenen Bauwerke zeugen von einer im Mittelalter wirtschaftlich blühenden Stadt, die auch bis 1945 wegen ihrer historischen Schönheit, die sie pflegte, den Fremdenverkehr anzog (Schlesisches Rothenburg).

ROUTE 2

Bunzlau (Bolesławiec) – Görlitz-Ost (Zgorzelec) – Seidenberg (Zawidów) – Schönberg (Sulików) – Lauban (Lubań) – Naumburg/Queis (Nowogrodziec) – Bunzlau (Bolesławiec) 130 km

13 km bis Siegersdorf (Zebrzydowa). Alter Adelssitz, Schloßruine in schönem Park. Der Kreuzungspunkt der Bahnlinien von Kohlfurt (Węgliniec) nach Liegnitz (Legnica) und Hirschberg (Jelenia Góra) nach Sagan (Żagań) begünstigte die Auswertung hochwertiger tertiärer Tonlager durch keramische Industrie. 1939: neun große Ringöfen.

1654–1741 große Zufluchtskirche für evangelische Schlesier. Von dem 1741 erneuerten Bau steht südlich der Straße noch der alte Turm neben einem 1978–1981 neuerrichteten modernen Kirchenschiff (Nähe Straßenkreuzung).

32 km bis

GÖRLITZ-OST, *früher Stadtkreis Görlitz Zgorzelec, woj. Jelenia Góra*

Früher Stadtteil von Görlitz auf dem rechten Neiße-Ufer. Seit dem Postdamer Abkommen durch Grenzziehung an der Neiße selbständige Stadt.

Einwohner

1939: 8808 Deutsche
1984: 33000 Polen

Hotel: »Pod Orłem«, ul. Warszawska 17, Kat. II, Telefon 24-53
Camping: ul. Lubańska, Telefon 24-63

Geschichte

siehe Görlitz.

Wirtschaft

Nach 1875 Anlage von Wohnsiedlungen, Industriebetrieben und Parks. Nach 1945 Entwicklung zum Wohn- und Dienstleistungszentrum für neuentwickeltes Industriegebiet – Braunkohlenabbau um Türchau – Industriekombinat. In der Stadt selbst Papier-, Lederwaren- und Nahrungsmittelfabriken.

Sehenswürdigkeiten

In dem 1945 unzerstörten Stadtteil Erhaltung der alten Bausubstanz – Mietshäuser im Jugendstil. In gepflegten Grünanlagen südlich der Neißebrücke am Plac Świerczewskiego die ehemalige »*Oberlausitzer Gedenkhalle*«, früher Heimatmuseum, heute Kulturhaus; 1902 von Hugo Behr im Jugendstil erbaut. Von der Prager Straße (ul. Dzierżyńskiego) aus malerischer Blick auf die Görlitzer Altstadt mit evangelischer *Pfarrkirche St. Peter und Paul* auf dem gegenüberliegenden Neiße-Ufer. Aus der Stadtsilhouette hebt sich der *Rathausturm* heraus. Auf der Prager Straße Nr. 12 wohnte 1590-1610 Jakob Böhme. Die Gedenktafel wurde leider entfernt.

An der Grenzbrücke das Zollamt für den meistbenützten Reiseweg nach Schlesien. Straße 60 und 310 Richtung Friedland in Böhmen (Frýdlant/ČSFR), 16 km bis zur Grenzstadt.

SEIDENBERG, *Kr. Lauban*
Zawidów, woj. Jelenia Góra (Woj. Hirschberg)

Einwohner

1939: 2645 Deutsche
1984: 3764 Polen

Geschichte und Wirtschaft

Mittelalterliche Gründung im Bistum Meißen in Anlehnung an einen Burgberg »Syden«, den der Bischof besaß. Stadtrechte um 1400. 1463 Tuchmacherinnung, nach dem Dreißigjährigen Krieg nächst Görlitz bedeutendste Tuchmacherstadt der Oberlausitz. Mitte des 19. Jahrhunderts Umstellung auf mechanische Wollgarnspinnerei (1865 »Gloria-Weberei«, 1927: 1500 Webstühle). Nach 1945 Wiederaufnahme der Wollindustriewerke und einer Maschinenfabrik. 1948 neuer Bahnanschluß nach Schönberg (Sulików), da durch die Grenzziehung an der Neiße die Verbindung nach Görlitz-West ausfiel. In Alt-Seidenberg wurde 1575 Jakob Böhme geboren und verbrachte hier seine Lehrzeit.

Sehenswürdigkeiten

Unterhalb des Marktes die *Frauenkirche*, 1776–1778 neu erbaut, deutsche Inschrift über dem Kirchenportal und einige deutsche Grabepitaphe an der Friedhofsmauer sind erhalten. Zurück Richtung Görlitz-Ost, in Warnsdorf (Koźmin) Abzweigung rechts nach *Schönberg (Sulików)*; 1939 und 1980 unter 2000 Einwohner, 1230 im Zuge der deutschen Besiedlung zwischen slawischen Dörfern gegründete Ackerbürgerstadt, später Leinenweberei, Spezialität »Schönberger Zeug«, grobes Gewebe aus Leinen und Wolle. Sehenswert am Marktplatz noch zwei der Holzlaubenhäuser (Fachwerk) – »Glanzstücke schlesischer Holzarchitektur« (L. Loewe). Pfarrkirche von 1688 mit reicher Barock-Ausstattung.
17 km bis

LAUBAN, *Kr. Lauban*
Lubań, woj. Jelenia Góra (Woj. Hirschberg)

Mittlere Industriestadt am linken, westlichen Ufer des Queis, der bis 1815 die Westgrenze Schlesiens gegenüber der Oberlausitz bildete.

Einwohner

1939: 16436 Deutsche
1984: 21000 Polen

Hotel: »Łużyce«, ul. 1 Dywizji 14, Tel. 24-62, Kat. II
Zeltplatz: auf dem Steinberg («Kamienna Góra«) südl. des Brüderturmes
Jugendherberge: ul. Kopernika 31, Tel. 22-18, geöffnet Juli–August
Restaurant: »Ratuszowa« (Ratskeller), Rynek 13, Tel. 29-61, Kat. II
Imbißraum: »Turysta«, ul. Roli Żymierskiego, Kat. III – neben Autobusbahnhof
Café: »Łużyce«, ul. 7 Dywizji 12, Tel. 26-57, Kat. II
Milchbar: (Bar Mleczny), ul. Łokietka 3, Kat. III
Bahnhof: ul. Kolejowa, Busbahnhof: ul. Roli Żymierskiego (PKS)

Geschichte

Stadtgründung um 1220 nahe dem Übergang der Hohen Straße über den Grenzfluß, vermutlich bei einer slawischen Vorgängersiedlung. Zur gleichen Zeit Entstehung der benachbarten Waldhufendörfer. Stadtrecht 1268 belegt. Zunächst böhmisch, 1253 zu Brandenburg, 1337 mit Jauer unter böhmischer Lehnshoheit, 1526 mit Böhmen an Habsburg, 1635 zu Kursachsen, 1815 zu Preußen (Schlesien). 1346 Mitglied des Oberlausitzer Sechsstädtebundes. 1818 Kreissitz. Vom 18. 2. bis 8. 3. 1945 schwere Kämpfe, Hauptkampflinie in der Stadt, vorübergehend durch deutsche Truppen zurückerobert, Zerstörung zu 55 %.

Wirtschaft

Im Mittelalter starke Tuchmacherzunft, ab 1443 Beteiligung der Tuchmacher an der Ratswahl. Seit der zweiten Hälfte des

17. Jahrhunderts verschob sich die Leinen-
herstellung auf das Umland, in der Stadt
Vorrang des Leinwand- und Garnhandels.
Mit der Industrialisierung erfolgte die Spe-
zialisierung auf Taschentuchfabrikation:
J. G. Weinert (1778), August Laßmann
(1845), Merfeld Söhne (1880 als Filiale der
Bielefelder Firma), G. Winkler (1907).
Als Zulieferer der Taschentuchindustrie
entstanden Kartonage- und Etikettenfabri-
ken. Außerdem 1854 Tonwerke. Jetzt nach
Beseitigung der Kriegsschäden Wiederaufnahme der traditionellen Industrien. Am
Stadtrand Aufbau moderner Wohnviertel.
Südlich der Stadt in Kerzdorf (Księginki),
jetzt eingemeindet, Fortsetzung der Basalt-
steingewinnung. Große Eisenbahnwerk-
stätte.

Sehenswürdigkeiten

Die wenigen verbliebenen Zeugen einer
reichen Vergangenheit werden gepflegt.
Ovale mittelalterliche Stadtanlage mit noch
erheblichen Mauerresten und halbkreisförmigen Verteidigungstürmen am westlichen
und nördlichen Altstadtring. Gewaltig der
runde *Brüderturm* (1318) mit einem Umgang aus der Renaissancezeit südlich des
Ringes. Nicht alle historischen Bauwerke
konnten wiederaufgebaut werden, doch war
man bemüht, die moderne Architektur in
Gebäudeprofil und Höhe den Altbauten
anzupassen, z. B. bei den Neubauten, die
nördlich des Ringes den mittelalterlichen –
schon seit 200 Jahren alleinstehenden –
Turm der ehemaligen *Pfarrkirche zur
Hl. Dreifaltigkeit* umgeben. Die Kirche war
1760 einem Stadtbrand zum Opfer gefallen.
Einziger Altbau an der Ostseite dieses Platzes der Barockbau des ehemaligen Gymnasiums, vor dem Kriege Lyzeum, heute
Berufsschule, Portal mit Jahreszahl 1752.
Unweit am nördlichen Rand der Innenstadt
blieb die evangelische *Stadtpfarrkirche* von

1861 erhalten. Inmitten des Ringes steht
einsam der *Krämerturm*, Rest des mittelalterlichen Rathauses aus dem 14./15. Jahrhundert. Früher lehnte er sich dem mittleren
Baublock des Marktplatzes an. Das *Rathaus*
auf der Südseite des Ringes baute Hans
Lindner 1539–41 zur Zeit der größten Han-
delsblüte der Stadt. An den Umrahmungen
der Uhr und der beiden Renaissanceportale
erkennt man den von Görlitz beeinflußten
Renaissancestil. Diese Bauteile blieben unversehrt, als das Rathaus 1945 ausbrannte
und der Turm seine schwungvolle Haube
verlor. Er wurde beim Wiederaufbau des
Rathauses von dem polnischen Restaurator
nach alten Vorlagen wiederhergestellt. Im
Ratskeller gotisches Gewölbe. Nordwestlich vom Ring das »Haus zum Schiff«
(»Dom pod Okrętem«). Es wurde um 1700
von dem Leinenhandelsherrn Rost erbaut
und beherbergte früher das Heimatmuseum
(ul. Dzielna). Erhalten blieben außerdem
das Kloster der Magdalenerinnen sowie die
Frauenkirche, 1732 erneuert, 1887 umgebaut. Südwestlich vom Ring die »Ziegler-
schule« von 1720 mit schönem Barockportal.
Vom Steinberg (Kamienna Góra), 10 Minuten südlich vom Brüderturm, Ausblick auf
die Stadt.

Drei Wanderwege

Grün – nach Marklissa (Leśna)
Blau – nach Seidenberg (Zawidów)
Gelb – durch den Südteil des Kreises von
Hirschberg (Jelenia Góra) über Greiffen-
berg (Gryfów Śl.) und Marklissa (Leśna)
nach Seidenberg (Zawidów).
Im Februar findet Skiwandern und in jedem
Frühjahr ein Jugendwandern statt.
Vom Südausgang der Stadt sieht man an
klaren Tagen das Isergebirge.

Im Queistal abwärts 12 km bis

NAUMBURG AM QUEIS, *Kr. Bunzlau*
Nowogrodziec, woj. Jelenia Góra (Woj. Hirschberg)

Alte Töpferstadt am rechten, erhöhten Ufer des Queis.

Einwohner

1939: 2700 Deutsche
1980: 2700 Polen

1233 durch Herzog Heinrich I. als deutsche Siedlungsstadt mit Löwenberger Recht dort gegründet, wo der nördliche Zweig der »Hohen Straße« den Queis überschritt. Markt und Gerichtsort für 11 deutsche Bauerndörfer. Töpferei seit 1547, 1882 gab es noch 25 Brauntöpfermeister mit 30 Öfen, 1939 nur noch 6 Meister.
Von der Stadtmauer noch Reste erhalten. Weithin sichtbar die eindrucksvolle (ehemalige Kloster-)Pfarrkirche, 1789–93 in friderizianischem Barock erbaut mit eigenartiger Turmhaube von 1880–83. Sie erscheint für den heutigen Ort viel zu groß. Neben der Kirche die umfangreiche Ruine des 1945 ausgebrannten Klosters. Pfarrhaus erhalten. Östlich von Naumburg an der Nebenstraße nach Löwenberg (Lwówek Śl.) steht im langgestreckten deutschen Waldhufendorf Gießmannsdorf (Gościszów) die Ruine eines früher bedeutenden Renaissanceschlosses mit giebelreicher Fassade. Das evangelische Bethaus daneben verfällt zusehends. Zurück nach Bunzlau (Bolesławiec).

ROUTE 3   Ins Isergebirge (Góry Izerskie)

Bunzlau (Bolesławiec) – Löwenberg (Lwówek Śl.) – Greiffenberg (Gryfów Śl.) – Friedeberg (Mirsk) – Bad Flinsberg (Świeradów-Zdrój) – Marklissa (Leśna) – Burg Tzschocha (Czajków) – Greiffenberg (Gryfów Śl.) – Liebenthal (Lubomierz) – Löwenberg (Lwówek Śl.) – Bunzlau 130 km

Das *Isergebirge* schließt in der langen Gebirgskette der Sudeten im Westen bei der Görlitzer Neiße an das Lausitzer Gebirge an und geht im Osten am Paß von Jakobstal (Jakuszyce) bei Oberschreiberhau (Szklarska Poręba) ohne merkbare Grenzen in das Riesengebirge über. In 4 Kämmen zieht sich das Isergebirge von Südost nach Nordwest. Sein Kennzeichen sind im Unterschied zum Riesengebirge breite, sanft gewölbte Rükken aus Gneis und Granit, sie werden durch breite Talmulden getrennt und sind nur von wenigen Aussicht gewährenden Felsenkanzeln gekrönt. Im Norden beginnt der *Kemnitzkamm* am Queistal und reicht bis zum Hirschberger Talkessel. Den Hauptzug bildet der *Hohe Iserkamm* mit dem höchsten Berg, der *Tafelfichte*, im Westen (Smrk, ČFSR) 1124 m und dem *Hochstein* bei Oberschreiberhau (Wysoki Kamień) 1054 m im Osten. Nahe der Tafelfichte erhebt sich als höchster Berg auf der schlesischen Seite der *Heufuder*, 1107 m, (Stóg Izerski). Beide Berge waren einst beliebte Wanderziele des seit dem 19. Jahrhundert meistbesuchten Fremdenverkehrsortes des Isergebirges, Bad Flinsberg. Alle Kämme sind von neuerdings stark dezimierten Nadelwäldern bedeckt, die sich bis ins Queistal nach Bad Flinsberg hinziehen. Zusammen mit den Hochmooren machen sie das Gebirge, dessen Gesamtname »Isergebirge« erst Anfang des 19. Jahrhunderts gebräuchlich wurde, zum Wandergebiet.

Von Bunzlau E65 20 km bis Löwenberg
(Lwówek Śl.) (vgl. S. 89 f.) 18 km bis

GREIFFENBERG *(Schlesien), Kr. Löwen-
berg*
Gryfów Śląski, woj. Jelenia Góra
(Woj. Hirschberg)
Alte Kleinstadt auf dem rechten Queisufer,
heute ohne Bedeutung.
Hotel und Restaurant: »Gryf«, ul. Armii
Czerwonej 14, Kat. III, Tel. 353, 354
Restaurant: »Piastowska«, plac Wolności 5
(Ring), Kat. IV
Jugendherberge: ul. Armii Czerwonej 14,
Tel. 454, geöffnet Juli/August

Einwohner

1939: 4349 Deutsche
1984: 6700 Polen

Geschichte

1354 Stadtprivileg zu Löwenberger Recht.
Im 16. Jahrhundert Entwicklung zur Lei-
nenweber- und Leinenhandelsstadt.

Sehenswürdigkeiten

Zeugen früheren Reichtums der Kaufleute:
Rathaus von 1524, im 18. Jahrhundert ausgebaut. Turm erhielt 1929 einen sich dreifach verjüngenden Betonaufbau anstelle der
durch Brand zerstörten hohen Barockhaube. Am Markt ist man um die Erhaltung der
barocken Bürgerhäuser bemüht. Katholische *Stadtpfarrkirche zur Hl. Hedwig*, 1512
mit Elementen der Renaissance errichtet.
Die dreischiffige Hallenkirche hat ein Netzgewölbe von 1522 in den Seitenschiffen und
ein Tonnengewölbe mit Lunetten im
Hauptschiff. Hauptaltar der Renaissance
von Paul Meyners aus Marienburg von
1606. In den einzelnen Feldern Flachreliefs
vom Leiden und Tod Christi. In der Bekrö-

nung der auferstandene Christus als Symbol
des Sieges über den Tod. Renaissance-Taufbecken aus Sandstein mit der Jahreszahl
1578. In der dem Hauptportal vorgebauten
Grabkapelle der Familie Schaffgotsch vom
Jahre 1545 erhaltenes Grabdenkmal mit 11
lebensgroßen Figuren und deutschen Inschriften, beachtenswertes Kunstwerk der
Renaissance (1584), jetzt z. T. verdeckt
durch einen davorgestellten Altar – für die
täglichen Gebete, wenn die Kirche geschlossen ist. Aus Löwenberg stammt der
berühmte Lautenist des Barock Esajas
Reusner (1636–1679), Kammerlautenist
beim Großen Kurfürsten. Auf dem Marktplatz »Gänsemännchen-Brunnen«.

In *Friedersdorf (Biedrzychowice)*, 3 km
nordöstlich Greiffenberg, an der Straße
nach Lauban (Lubań), ist das Schloß erhalten. Anlage aus dem 15. Jahrhundert, 1702
im Barockstil umgebaut.
Südlich davon, in Obersteinkirch (Karło-
wice), wurde 1898 der Volkskundler und
Germanist Wilhelm Menzel geboren, 1938
Dozent für Volkskunde an der Lehrerbil-
dungsanstalt in Hirschberg, nach dem Krieg
Prof. für Deutsche Sprache an der P. H.
Ruhr in Dortmund (†1980), volkstümlich-
ster Interpret schlesischer Mundart.
Von dort 4 km in Richtung Marklissa (Leś-
na) künstliche Burgruine »Neidburg»
(Rajsko) – ehemalige Jugendherberge.
Auf der Weiterfahrt von Greiffenberg zum
Isergebirge wird links der Straße über dem
Queistal ein Basaltkegel sichtbar, der die
Burg Greiffenstein (Gryf) trägt. Sie ist eine
der ältesten schlesischen Burgen. Anfänge
im 12. Jahrhundert (Sage vom Vogel Greiff,
den ein Edler von Greiff erlegt haben soll).
Seit 1419 war die Burg Eigentum der Ritter
Gotsche Schoff, dem späteren Geschlecht
von Schaffgotsch. 1511 Vereinigung ihrer
Herrschaften Greiffenstein und Kynast im
Riesengebirge.

FRIEDEBERG, *Kr. Löwenberg*
Mirsk, woj. Jelenia Góra (Woj. Hirschberg)

Einwohner

1939: 2883 Deutsche auf 5,7 km^2
1983: 4200 Polen auf 13,69 km^2

Kleine, unbedeutende Landstadt im Iserge-
birgsvorland mit der typischen planmäßigen
Anlage der Besiedlungszeit.

Geschichte

Stadtrecht 1337. Die Stadt gehörte wie
Lauban zum ursprünglich böhmischen
Queiskreis und teilte ihr politisches Schicksal; seit etwa 1400 zur Grundherrschaft
Greiffenstein. Sie blieb ein unbedeutendes
Ackerbürger- und Handwerkerstädtchen.
Die Ende des 18. Jahrhunderts von der Familie Friedrich betriebene Edelsteinschnei-
dekunst veranlaßte Johann W. von Goethe
im September 1790 zu einem Besuch bei
dieser Familie.

Bauwerke

Nach Feuersbrünsten, zuletzt von 1767,
wurde der Ort wiederaufgebaut. Aus dieser
Zeit stammen das *Rathaus* von 1774, mit
Turm von 1796, und einige Bürgerhäuser am
Ring.
Die katholische *Stadtpfarrkirche St. Maria*,
erstmals 1346 erwähnt, wurde 1562–67 neu
errichtet, in ihrem Außenbau in dieser Form
nach Bränden wiederhergestellt. Barocke
Innenausstattung aus dem 18. Jahrhundert.
Die evangelische *Stadtpfarrkirche* von 1768,
Turm Neugotik von 1881, wird von der
katholischen Gemeinde nicht benötigt, sie
verfällt.

10 km bis

BAD FLINSBERG, *Kr. Löwenberg*
Świeradów-Zdrój, woj. Jelenia Góra
(Woj. Hirschberg)

Einwohner

1939: 2803 Deutsche auf 10,76 km^2
1984: 4272 Polen

1945 Stadtrecht. Radiumbad am Nordhang
des Isergebirges, 450–650 m, im Queistal,
eingebettet zwischen dem Hohen Iser- und
Kemnitzkamm mit ausgedehnten Wäldern
(Heilklima).

Hotel-Unterkunft schwierig: Stadthotel
»Kwisa«, ul. Bieruta 8, Tel. 231, Kat. III,
30 Betten, ohne Restaurant; dort Vermittlung von Unterkünften (Zakwatero-
wania »Karkonosze«).
Berghütten für Wanderer: Pension »Isery«,
ul. Górska 14, Tel. 248. Schronisko
PTTK »Stóg Izerski« 59-640 Świeradów-
Zdrój, 50 Bettplätze in Zwei- bis Zehn-
bett-Zimmern, Restauration, keine Zufahrt. Wanderwege siehe unten. (Ehemalige Heufuderbaude, mit Aussicht nach
Norden über das Flinsberger Tal und auf
das Vorland, nach Osten über die Wälder
des Isergebirges bis zum Hochkamm des
Riesengebirges.)
Zeltplatz am Schwimmbad, bewacht, auch
Vermietung von Zelten
Restaurant und Café: »Storczyk« ul. Bieruta 7, Tel. 215, Kat. III – Alle Mahlzeiten,
auch für geschlossene Gruppen
Schnellimbiß: ul. Bieruta 10, 40 Plätze,
Schnellgerichte, Milchspeisen, Erfri-
schungsgetränke; »Karkonosz«, 25 Plätze, beim Busbahnhof PKS
Café des Feriendienstes FWP im Sanatorium »Odra II«, ul. Nowotki 8, Tel. 337,
80 Plätze, freier Zutritt. Weitere Cafés im
Kurzentrum

In Bad Schwarzbach (Czerniawa Zdrój)
Selbstbedienungsgaststätte: 30 Plätze;
Café »Zdrojowa«, neben dem Kurhaus,
130 Plätze

Geschichte

In Flinsberg und im nahen Schwarzbach beginnt die Reihe heilkräftiger Quellen in dem »Bäderland Schlesien«, wie man es früher nannte. Ursache des Reichtums an bedeutenden, kleineren und kleinsten Bädern entlang der Sudetenkette ist die geologische Beschaffenheit im Sudetenrandbruch zwischen der nördlichen Seite der Sudeten und den Vorgebirgen.

Mehrere Flinsberger Heilquellen sind seit mehr als 400 Jahren bekannt; 1601 weist der Hirschberger Arzt Kaspar von Schwenckfeld auf sie hin, und Lucae erwähnt sie in seiner »Schlesischen Chronik« von 1689. Von 1763 bis 1945 war der Kur- und Badeort im Besitz der Reichsgrafen von Schaffgotsch und wurde von ihnen gefördert: An der Ostseite des Kurplatzes das 1839 errichtete und 1890 neu erbaute Leopoldsbad für Kohlensäurebäder, 1879 das am linken Queisufer erbaute Ludwigsbad und 1904 das Marienbad für Moorbäder (hinter dem Leopoldsbad). Diese Bäder werden noch heute benutzt, ebenso das stattliche Kurhaus, eingeweiht 1899, 1969 teilweise ausgebrannt, 1975 wieder in Betrieb genommen. Diese Anlagen spiegeln die Bedeutung des Bades um die Jahrhundertwende wider. Dazu kamen etwa 70 Logierhäuser ohne Beköstigung neben zahlreichen Pensionen und Sommerwohnungen für über 3400 Kurgäste und 4000 Durchreisende. Heilanzeigen u.a.: Chronischer Rheumatismus, vor allem bei kompensierten Herzfehlern rheumatischer Herkunft und nach rheumatischen Endo- und Myokarditiden, Krankheiten des Bewegungsapparates, deformierende Erkrankungen der Gelenke (Arthrosen), Kreislauferkrankungen, Frauenkrankheiten. Im Jahre 1933 wurde die Radioaktivität der Quellen entdeckt und im folgenden Jahr ein neues Radium-Bad gebaut, nordwestlich des Kurparks. Diese Entdeckung schuf die Grundlage für das heutige Ansehen des Bades, das sich nach polnischen Plänen im Ausbau befindet. 1978 wurde eine moderne Naturheilanstalt gebaut. Von den Terrassen des Kurplatzes Blick durch die Pforte des Queistales auf das Vorland mit Friedeberg und Burg Greiffenstein.

4 km westlich am Fuße der Tafelfichte (Smrk) 1124 m, ČSFR, und des Heufuders (Stóg Izerski) 1107 m, liegt das kleine *Bad Schwarzbach (Czerniawa Zdrój)*. Es wurde 1973 nach Bad Flinsberg eingemeindet. Heilquellen sind Eisensäuerlinge gegen Erkrankung der Atemwege, Badhaus 1910 errichtet; heute nur für Kinder.

Wanderungen von Bad Flinsberg

Ein großer Teil der alten Wanderwege wird noch heute als gut markiert angeboten. Für kleinere Spaziergänge gab es früher zahlreiche Waldcafés und Bauden. Heute ist Selbstverpflegung anzuraten.

Nach Bad Schwarzbach

grün – 1¼ Stunden – über den unteren Ortsteil in Verlängerung der Kurstraße und den Hasenstein (Zajęcznik) 595 m. Von dem kleinen Berg aus Panorama des Kurortes, des Queistales und der Bergzüge des Hohen Iserkammes und Kemnitzkammes.

Zum Großen Geierstein (Sępia Góra)

829 m – blau – vom Zentrum südlich des Bahnhofs über den Queis und die Bahnlinie. Der steile Anstieg wird belohnt durch gute Aussicht auf das Isergebirge. Von dort führt der blaue Wanderweg weiter über *Rozdroże Izerskie* (Scheideweg nahe der Ruine der abgebrannten *Ludwigsbaude*) und über Bobrowe Skały (Bibersteine) nach Kaiserswaldau (Piastów), insgesamt 6 Stunden.

Zur Heufuderbaude (Stóg Izerski) 1107 m

rot – 1½ Stunden (siehe oben)

Nach Oberschreiberhau (Szklarska Poręba) blau – 5½ Stunden – über *Groß-Iser (Hala Izerska)*. Der Weg führt über das Iser-Hochmoor durch ein floristisch sehr interessantes Naturschutzgebiet (Rezerwat »Torfowisko Izerskie«) (Zwergbirke, Alm-Wacholder und andere seltene Sträucher- und Pflanzenarten). In der kleinen almartigen Niederlassung Groß-Iser (Hala Izerska) versah Will-Erich Peuckert seine erste Lehrerstelle (* 1895 in Töppendorf, Kr. Goldberg, † 1969 Mühltal bei Darmstadt). In Groß Iser sammelte er seine Beobachtungen des schlesischen Volkslebens, die er später zu seiner »Schlesischen Volkskunde« ausbaute; auch als Schriftsteller war er bedeutend.

Nach Oberschreiberhau (Szklarska Poręba) rot – 7 Stunden – über das Heufuder (Stóg Izerski) und den Hohen Iserkamm (Wysoki Grzbiet), Rast in der Heufuderbaude.

Rückfahrt von Bad Flinsberg (Świeradów Zdrój) am Ortsausgang talwärts links über Wigandsthal (Pobiedna), Schwerta (Świecie) nach Marklissa (Leśna). Schwerta wurde 1937 in Schwertburg umbenannt, da es unterhalb der 1820 zur Ruine ausgebrannten Burg steht. Die Burg sollte die von Böhmen nach Marklissa führende Straße schützen und geht vermutlich auf das 13. Jahrhundert zurück.

11 km von Bad Flinsberg nach

MARKLISSA *(Leśna)*

Einwohner
1939: 2207 Deutsche auf 3,55 km²
1984: 4608 Polen auf 7,5 km²

Hotel: »Centralny«, Rynek 8

Nach 1250 neben alter Burg »Lesne castrum« am linken Ufer des Queis als Markt-ort der Waldhufendörfer an der Straße nach Friedland in Böhmen gegründet. Unbefestigte Ackerbürgerstadt mit der im Vorgebirge verbreiteten Tuch- und Leinenherstellung. Im 19. Jahrhundert Textilfabriken. 1855 erste Kammgarnspinnerei Deutschlands, seit 1888 »Concordia Spinnerei und Weberei A.G.«, fortgeführt als »Dolnośląskie Zakłady Przemysłu Jedwabniczego«.

Rathaus und *Pfarrkirche* zur Heiligen Dreifaltigkeit (1703–1711) sind erhalten, nicht dagegen die Laubenhäuser der Leinenkaufleute an der Südseite des Marktes.

In Marklissa geboren (1673) und gestorben (1730) Pastor J. H. Krause, Mitbegründer der »Deutsch-übenden Gesellschaft« in Leipzig.

Bei Marklissa wurde 1901–1905 im hochwassergefährdeten engen Queistal die erste schlesische Talsperre erbaut, 45 m hohe Staumauer, Stauweite 5,6 km, 1907 Inbetriebnahme eines Elektrizitäts-Werkes. (Jezioro Leśniańskie.) Südlich des Stausees führt die Straße bergan in Richtung Greiffenberg. 4 km südöstlich von Marklissa *Burg Tzschocha (Czajków)*. 1945 unzerstört. Die Burg liegt hoch über dem Stausee, früher über dem Queistal auf einem vorspringenden Felsen.

Belegt erstmals 1329, erbaut zum Schutze der Queisgrenze der Oberlausitz gegen Schlesien. Ausgebaut im 16. Jahrhundert zu einer ausgedehnten Anlage mit Graben, Wirtschaftshof, Zwinger, rundem Bergfried, Sgraffito-Schmuck der Renaissance am Burgtor. 1910 erneuert und rekonstruiert durch Burgenrestaurator Professor Bodo Ebhardt für den Besitzer, Zigarettenfabrikant Gütschow, Fa. Reemtsma, Dresden. Auch die auf Gütschow zurückgehende künstlerische Ausstattung hat den Krieg überstanden. Jetzt Burg-Hotel mit Café.

Oberhalb Burg Tzschocha wurde im Queistal 1921–1924 eine zweite Talsperre mit 10,5 Milliarden m³ Fassungsvermögen angelegt, Stauweite von 8,2 km: Goldentraum. Landschaftlich reizvolle Lage zwischen bewaldeten Höhen. Vor dem Kriege beliebtes Ausflugsziel; auch heute Freibäder.

Das Dorf *Goldentraum (Złotniki Lubańskie)* südlich der Straße nach Greiffenberg, Mitte des 17. Jahrhunderts nahe einem Goldbergwerk als Stadt gegründet, verlor 1815 das Stadtrecht. Der alte Grundriß mit quadratischem Marktplatz ist erhalten.

Über Greiffenberg (Gryfów Śląski) – vgl. 95 f. – nach

LIEBENTHAL *(Lubomierz)*

Kleines Landstädtchen im Vorland des Isergebirges mit 1983 ca. 1600 polnischen Einwohnern, etwa ebensoviel wie 1939 deutsche Einwohner.

Sehenswürdigkeiten

Benediktinerinnen-Kloster, 1278 gegründet durch Jutta von Liebenthal und ihre Söhne. Hochgelegene *Pfarr- und Klosterkirche* am Ende der Hauptstraße, 1726–1730 im Barockstil von Johann J. Scheerhofer erbaut im Auftrag der Äbtissin Barbara Tannert. Hohe, leicht geschwungene Hauptfassade zum Markt, Hochaltar im Rokoko. Bei der Säkularisierung von 1810 blieb Liebenthal als Zentralkloster für die Nonnen aller aufgehobenen schlesischen Klöster erhalten, seit 1845 von Ursulinerinnen aus Breslau belegt, die 1856 eine Mädchenschule mit Pensionat einrichteten. Heute von polnischen Ordensschwestern betreut (Pädagogische Fachhochschule für Mädchen). Langgestreckter Marktplatz durch Verbreiterung der Straße von Löwenberg (Lwówek Śląski) nach Greiffenberg (Gryfów Śląski) entstanden. Baufällige Laubenhäuser des 16. und 17. Jahrhunderts und alte Brunnen, am Obermarkt Maternus-Brunnen von 1712. Das stattliche Leinwandhaus mit kleinem Laubenhof des 17. Jahrhunderts zeugt von der Bedeutung der Stadt als Handelsplatz für Leinenwaren im Gebirgsvorland. Der evangelische Friedhof wurde in einen Tennisplatz umgewandelt.

Über Löwenberg (Lwówek Śląski) zurück nach Bunzlau (Bolesławiec).

ROUTE 4   Ins Riesengebirge

Bunzlau (Bolesławiec) – Löwenberg (Lwówek Śląski) – Lähn (Wleń) – Boberröhrsdorf (Siedlęcin) – Hirschberg (Jelenia Góra) – Schreiberhau (Szklarska Poręba) – Bad Flinsberg (Świeradów-Zdrój) – Greiffenberg (Gryfów Śląski) – Bunzlau (Bolesławiec) 160 km
Kürzerer Rückweg: Hirschberg – Greiffenberg – Straße 19 – 110 km.
20 km bis Löwenberg, (vgl. S. 89 f.) weiter.

15 km bis *Lähn (Wleń)*; ursprüngliches Ackerbürgerstädtchen in einer Boberschleife zwischen den sanften Höhen des Bober-Katzbach-Gebirges. Einwohnerzahl kaum höher als 1939 (1983: 1900 Polen). Trotz unterschiedlicher Meinung der deutschen und polnischen Historiker über die Stadtgründung gibt es gemeinsame Aspekte: An der Gründung mögen Slawen (Kastellanei auf Burg Lehnhaus [Wleński Gródek]) ebenso wie die deutschen Siedler beteiligt gewesen sein. Davon profitiert das erhalten gebliebene Denkmal »Taubengustel« über dem Brunnen vor dem *Rathaus*, das die deutschen Bürger 1914 anläßlich ihres 700jährigen Stadtjubiläums errichteten. Die Taube auf der Schulter der jungen Bäuerin erinnert an den einst berühmten Tauben-

markt, der noch im vorigen Jahrhundert jeden Mittwoch vor Fastnacht abgehalten wurde und ein Einzugsgebiet bis Wien, Warschau, Leipzig und Westpreußen hatte. Seit 1900 war der Ort Sommerfrische, 1909 Eisenbahnanschluß mit der Linie Hirschberg – Löwenberg, *Katholische Stadtpfarrkirche* von 1864, evangelische *Bethauskirche* nach 1945 abgebrochen. Über der Stadt die *Burg Lehnhaus (Wleński Gródek)* ist als slawische Kastellanei »Valan« 1155 belegt. Als Lehnhaus noch herzogliche Burg war, wurden hier Bischof Thomas I. von Breslau und Herzog Heinrich IV. als Gefangene gehalten, die hl. Hedwig wohnte oft und gerne hier. Später war die Burg Adelssitz, 1570 durch Sebastian von Zedlitz-Neukirch ausgebaut, 1646 durch kaiserliche Truppen zerstört. Besichtigung möglich – Rundblick auf das gesamte Iser- und Riesengebirge (Turmtreppe gefährlich). Unterhalb der Burg kleines Barockschloß (von Haugwitz), nordwestlich der Burg im Wald am Hang ein Denkmal von Schadow. Auf der Fahrt von Löwenberg wird links mehrfach der Kegel des Probsthainer Spitzberges (Ostrzyca), 501 m, und am Horizont zeitweise der Kamm des Riesengebirges sichtbar. Hinter Lehnhaus berührt die Straße in *Mauer (Pilchowice) die Bobertalsperre (Jezioro Pilchowickie)*. Sie wurde 1902–1912 in landschaftlich reizvoller Gegend erbaut und ist die größte der drei Bobertalsperren zwischen Hirschberg und Lähn. Veranlassung war das gewaltige Boberhochwasser von 1897. Über die 62 m hohe und 280 m lange Sperrmauer führt die Straße links aufwärts zu einem Parkplatz (Restauration »Nad Zaporą« in der Sommersaison).
Zurück zur Straße nach Hirschberg.
In *Boberröhrsdorf (Siedlęcin)* sehenswertes Baudenkmal: Unterhalb der katholischen Kirche St. Nikolai – gotisch, im 18. Jahrhundert umgebaut – *Wohnturm* aus dem frühen 14. Jahrhundert, im 15. Jahrhundert ausgebaut, Rest einer alten Burg. Mit 19 m Höhe

und vier Geschossen gilt er als Beispiel für den Typus fränkischer Wohntürme, wie sie am Oberrhein und in der Schweiz häufig anzutreffen sind (G. Grundmann). Im dritten Geschoß Rittersaal mit tiefen Fensternischen, mächtige Holzbalkendecke und gotische Wandmalereien. Grundmann rechnet den Turm zu den bedeutendsten mittelalterlichen Baudenkmälern Schlesiens. Schlüssel im zugehörigen Bauernhaus.
Im Oberdorf die 1780–1782 erbaute evangelische *Bethauskirche*, Kanzel, Altar und Orgel von Tischlermeister Kade aus Hirschberg in Verbindung mit dem Bildhauer Joseph Lachel aus Grüssau. 6 km bis *Hirschberg (Jelenia Góra)*. Stadtbesichtigung vgl. S. 114–116.
Richtung Zentrum bei Weiterfahrt nach Schmiedeberg (Kowary) oder Krummhübel (Karpacz) oder Bad Warmbrunn (Cieplice Zdrój) über den inneren Stadtring. Am Stadteingang rechts Umgehungsstraße nach Oberschreiberhau (Szklarska Poręba) 18 km.
Bei *Kaiserswaldau (Piastów)* von der Straße mehrfach großartiger Ausblick über das Hirschberger Tal auf den gesamten Riesengebirgskamm. An Petersdorf (Piechowice) vorbei durch die lange Schlucht des Zackentales (vgl. S. 122). Im Zentrum von Oberschreiberhau (Hotel Karkonosze) zweigt die Sudetenstaße nach Bad Flinsberg (Świeradów-Zdrój) ab und zieht sich rechts am Südhang des Iserkammes hoch. Die Straße überschreitet die Kammhöhe in einer steilen Kehre, der sogenannten »Todeskurve« (Zakręt Śmierci), 790 m. Hier öffnet sich überraschend die Aussicht auf Oberschreiberhau und den Riesengebirgskamm zu einem großartigen Panorama (P). Diese Straßenverbindung nach Bad Flinsberg wurde als Teil einer vor dem Kriege geplanten Straße entlang der Sudeten 1938 eröffnet. Jenseits der Kehre führt sie weiter am Osthang des Hohen Iserkammes abwärts. An den Waldrändern sind erhebliche Waldschäden und

neue Kahlschläge erkennbar! Ausblicke auf das Hirschberger Tal und das Bober-Katzbach-Gebirge. Bad Flinsberg (Świeradów-Zdrój) vgl. S. 96 f. Über Greiffenberg (Gryfów Śląski) – Löwenberg (Lwówek Śląski) nach Bunzlau (Bolesławiec).

ROUTE 5   In die Niederschlesische Heide

Bunzlau (Bolesławiec) – Klitschdorf (Kliczków) – Tiefenfurt (Parowa) – Rauscha (Ruszów) – Halbau (Iłowa) – Sagan (Żagań) – Sprottau (Szprotawa) – Kittlitztreben (Trzebień) – Bunzlau (Bolesławiec) – 125 km

Ausfahrt Richtung Görlitz-Ost (Zgorzelec), hinter dem Boberübergang Abzweigung rechts durch den ehemaligen Bunzlauer Stadtforst, 13 km bis

KLITSCHDORF (Kliczków)

Altes Dorf im Queistal, angelehnt an eine Ende des 13. Jahrhunderts von Herzog Bolko von Schweidnitz gebaute Grenzfeste am Queis (Wasserburg). Der spätere Renaissance-Bau inmitten eines 20 ha großen Parks mit alten Eichen brannte nach 1945 zur Ruine aus, ist aber noch sehenswert (Schloßturm mit Wappen erhalten). In der katholischen Pfarrkirche sind ein Taufstein von 1419 und das Epitaph für die Familie des Kaspar von Rechenberg (†1588) erhalten. Das Tal des Queis oberhalb von Klitschdorf ist malerisch von Felsen eingerahmt, durch die sich der Fluß sein Bett gebahnt hat, er gleitet über einen Wasserfall.
Zur Niederschlesischen Heide vgl. S. 212.
In den Wäldern westlich des Queis wurden seit alten Zeiten Eisenerze im Tagbau gewonnen. Seit Anfang des 17. Jahrhunderts waren dort mehrere Eisenhämmer in Betrieb, insbesondere talaufwärts in Wehrau (Osiecznica). Dort ließ Graf von Promnitz bereits 1690 einen Hochofen bauen. 1796 standen hier zwei Hochöfen für Raseneisenerze aus Heiligensee, 1861 zwei Frischherde und zwei Stahlhämmer, sie wurden 1869 kassiert und mit dem Eisenhütten- und Emaillierwerk Lorenzdorf (Ławszowa) vereinigt.

1939 hatte Wehrau eine Glashütte, eine Glasschleiferei und eine Papierfabrik. In Wehrau wurde 1750 Abraham Gottlob Werner geboren, Professor an der Berg-Akademie Freiberg in Sachsen, wissenschaftlicher Begründer der Mineralogie und Geologie.
Die dem Queistal abwärts folgende Straße ist bis zur E 40 (Autobahn) befahrbar. Nördlich der Autobahn liegt der frühere und heutige Truppenübungsplatz Neuhammer (Sperrgebiet, Straße durch Panzer zerstört und über Neuhammer nach Sagan nicht befahrbar). Umfahrt auf der E 40 bis zur Abzweigung nach Sagan.

Von Klitschdorf geradeaus weiter nach

TIEFENFURT (Parowa)

Altes Industriedorf, schon vor 1499 zwei Eisenhämmer. Im 18. Jahrhundert entstanden wegen der guten Tonerde Töpfereien; 1808 Gründung einer Steingutfabrik, 1865 zur Porzellanfabrik erweitert. 1940 waren drei Steinzeug- und Porzellanfabriken in Betrieb. Von der keramischen Industrie zeugen noch heute die mit Klinkern verzierten Giebel und Fassaden der Bauernhäuser der Umgebung.
Weiterfahrt über Rauscha (Ruszów), sodann rechts ab auf der von Lauban (Lubań) kommenden Straße nach Sagan (Żagań).
In *Halbau (Iłowa)* Barockschloß der Grafen von Promnitz, erbaut 1626, erweitert im 18. Jahrhundert, 1945 unzerstört, restauriert

1966–1971 und für die Benutzung durch eine technische Lehranstalt modernisiert. Der gute Bauzustand des Schlosses beruht auch darauf, daß es 1902–1919 im Besitz der Reichsgrafen von Hochberg, Freiherrn zu Fürstenstein, war, die es nach 1902 prächtig erweiterten. Die Dorfkirche, spätromanisch, im 16. Jahrhundert erweitert, 1965 Instandsetzung der Fassade. Der polnische Denkmalpfleger berichtet, daß danach ein Pfarrer ohne Rücksicht auf die Vorstellungen des Denkmalpflegeamtes den Bau nach seinem Gutdünken »verunstaltet« hat. Der Ort hatte früher Stadtrechte, verlor sie nach 1830 und wurde durch Weiterführung der seit dem 19. Jahrhundert bestehenden Textilindustrie (seit 1848) und Glasfabrikation (seit 1870) nach dem Kriege vergrößert und 1962 zur Stadt erhoben. 1668 wurde im oberlausitzischen (sächsischen) Ortsteil eine evangelische Grenzkirche errichtet, barocker Neubau von 1712.

Die Autobahn kreuzend nach Sagan (Żagań) (vgl. S. 212 ff.).

Von Sagan über Sprottau (Szprotawa) (vgl. S. 215 f.) zurück nach Bunzlau (Bolesławiec).

Unterwegs in *Kittlitztreben (Trzebień)*, einem alten Rodungsdorf in der Niederschlesischen Heide, Ruine des nach 1945 ausgeplünderten, später in Brand gesetzten Schlosses.

III. Hirschberg und Umgebung

1. Das Riesengebirge – ein Stück deutscher Kultur

Das Riesengebirge ist der höchste Teil in der Kette der Sudeten, ein Sammelname für die Gebirge an Schlesiens Südwestgrenze, den Melanchthon eingeführt hat. Unter den schlesischen Gebirgen übte es früher weit über Schlesiens Grenzen hinaus als Reise- und Wanderziel die stärkste Anziehungskraft aus. Auch heute ist das Riesengebirge unter den seit 1945 nachgewachsenen Generationen der Deutschen zumindest dem Namen nach bekannt. Das hat vielfache Ursachen. Ausgangspunkt ist seine geographische Besonderheit.

Klima

Schlesien liegt am Übergang vom ozeanischen zum kontinentalen Klima. Dadurch sind die Sommer trockener, aber kürzer, und die Winter länger als in Westdeutschland. In den Kammlagen des Riesengebirges dauert der Winter von Oktober bis Mai. Die Durchschnittstemperatur auf der Schneekoppe ist die gleiche wie auf Island! Dort liegt die Temperatur um durchschnittlich 8° unter der Temperatur von Hirschberg. Der Gipfel der Koppe ist an 296 Tagen im Jahr teilweise in Wolken und Nebel gehüllt. Die Folge der geographischen Lage als Wetterscheide zwischen Böhmen und Schlesien ist ein rauhes, wechselhaftes Klima: An der hohen Gebirgswand stauen sich die von Osten, Norden und Nordwesten ungehindert über die schlesische Ebene streichenden Winde. Derartige Großbewegungen lösen am Gebirgsrand bei den feuchten, in Schlesien häufigen Nordwestwinden kräftige, anhaltende und verbreitete Niederschläge aus.

Daher regnet es am Gebirgshindernis am meisten. Saugt dann andererseits das Tief in Schlesien Luft aus Süden und Westen an, weht ein warmer, trockener Fallwind, ein echter Föhn über dem Gebirgswall und bringt schönes Wetter. Dieser Föhnlage kann jedoch schon in wenigen Stunden ein Kaltlufteinbruch aus Nordwesten folgen. Föhn und Stau treffen aufeinander und bewirken den gefürchteten überraschenden Wettersturz.

Berggeist Rübezahl

Die schnell wechselnde Wetterlage begünstigte die Sagen vom Berggeist Rübezahl. Der Rübezahl-Glaube hat verschiedene Wandlungen durchgemacht, bevor die Sage dem Riesengebirge Weltruf einbrachte. Der Berggeist war nicht von Anbeginn an im Riesengebirge beheimatet. Bereits um 1250 wird in der Fuldaer und Würzburger Gegend von dem Pochgeist im Schoße der Berge, dem Zwerg mit der Kutte und Kapuze berichtet. Später tauchte 1619 in einer Tiroler Chronik der Name »Rübzagl« auf. Es wird angenommen, daß die Bergleute, die aus dem Harz und dem Hessischen zu Ausgang des Mittelalters ins Riesengebirge kamen, Rübezahl als den Geist der Bergleute in ihre neue Heimat übertragen haben. Als der Bergbau im Riesengebirge stockte, wurde Rübezahl dort zum Wetterdämon, der die Bergbäche zu reißenden Fluten anschwellen läßt, Steine zu Tal schmettert und der, wie sich aus vielen Flurnamen beweisen läßt, mit dem Teufel und der Hölle identifiziert wird. Nach und nach gab die schlesische Volksphantasie dem Berggeist symbolhaft übersteigerte Züge! So der Glaube an übersinnliche, geheimnisvolle Kräfte auf der einen, Sinn für Humor und Lebensfreude auf der anderen Seite. Dazu kommen Gutmütigkeit – zuweilen gepaart mit handfester Grobheit – und im stillen die Sehnsucht nach der ausgleichenden Gerechtigkeit für den von der Mühsal des Alltags Geplagten. Kein Wunder, daß sich die Dichter seit Martin Opitz immer wieder mit dem Riesengebirge und seinem Berggeist befaßt haben.

Heute lebt Rübezahl nicht nur als Schutzgeist der Schlesier und Symbol ihrer Heimatliebe fort, die Polen haben ihn selbst in wörtlicher Übersetzung als »Pan Liczyrzepa« übernommen, und ihre Holzschnitzer stellen ihn fast in herkömmlicher Weise dar.

Für uns Deutsche und jeden kulturgeschichtlich Interessierten bleibt die Sage freilich verknüpft mit dem deutschen Neustamm der Schlesier, wie er sich in wenigen Generationen nach der mittelalterlichen Besiedlung des Landes herausgebildet hat. Da der Berggeist wie keine andere deutsche Märchenfigur mit einer bestimmten Landschaft und ihrem Volksstamm verknüpft ist, trugen Sage und Dichtung zur Bekanntheit des Riesengebirges als einer deutschen Kulturlandschaft viel bei.

Keiner hat den Berggeist treffender charakterisiert als Carl Hauptmann in seinem Rübezahl-Buch: »Eigentlich ist die Sage ein unlösbares Geheimnis. Rübezahl, so heißt der Berggeist vom Riesengebirge. Warum der unheimliche Zauberunhold Rübezahl heißt, weiß niemand zu sagen. Sicher ist nur, daß das Riesengebirge schon vor Zeiten weltberufen hieß, weil Rübezahl in dessen Höhlen und Gruben und Schluchten und auf dessen Hochmooren und Geröllhalden sein Wesen trieb. Der frechste aller Pferdediebe und Necker. Der tollste Marktschreier und Bauernklotz. Auch der kühnste Musikant um Felsgetrümmer und Krummholzknorren. Und zwar heißt er Rübezahl schlechthin. Mit keinerlei Zunamen weiter…

Viele Menschen wollen Rübezahls Gunst und Gnade erfahren haben. Noch mehrere seine niederträchtigen Tollheiten und gemeingefährlichen Tücken. Einem würdeerstarrten Gerichtsherrn in Hirschberg soll er einen dicken Strohwisch statt eines gehenkten Diebes am Galgen hinterlassen haben. Unterdessen er selber mit dem Delinquenten in dem Ratsstübel in Hirschberg freche Lieder grölte und zechte. Manche wollen ihn gesehen haben, als er die steile Schneewand zum Großen Teiche, den Wildeber vor seine erbärmliche Schlittenhitsche gespannt, als Junker mit wehendem Federhut johlend niedersauste. Verwegene Schatzgräber, die von weit her, selbst aus Venedig kamen, behaupten, daß sie gemeine Holzspäne oder Kieselsteine daheim aus ihren Ranzen ausgeschüttet, die er ihnen in der Mitternachtstunde als blinkende Goldstücke vor die Augen gegaukelt. Und der sorglose Schneidergeselle Siebenhaar, der dann in Warmbrunn bis zum Lebensende ein ehrsamer Meister und Hausbesitzer wurde, führte seinen Reichtum auf eine unheimliche Angstnacht oben auf der Elbwiese zurück. Dort hatte er mit Rübezahl Kegel geschoben. Dieser Siebenhaar behauptete, daß ihm der Berggeist einen gemeinen Holzkegel in seiner Tasche auf dem Heimwege in einen schweren Klumpen Goldes verwandelt hätte. Aber richtig gesehen hat Rübezahl keiner. Oder vielmehr, das ist eben das Rätsel. Ein jeder von denen, die einmal in seinem Banne waren, hat Rübezahl gesehen. Ein jeder schwört, daß er ihn Auge in Auge vor sich gehabt, leibhaftig wie einen alten Eichenstamm oder einen mächtigen Steinklotz. Schwört, daß Rübezahls Auge so listig gespielt hätte, wie der Elbbrunnen mit den Sonnenstrahlen. Daß Rübezahls Mund gelacht hätte, wie das siebenfache Echo in den Schneegruben lacht, so hart und gellend…

Alle schwören, daß sie den Rübezahl leibhaftig gesehen hätten. Sogar als einen in die Lüfte in Menschengestalt sich aufhebenden und mit den Nebeln fortwirbelnden Heuschober…

Das ist eben das große Geheimnis, daß Rübezahl als der *Geist* des Gebirges mit Händen nicht zu packen ist…«

Carl Hauptmann fährt fort: »Das ganze reiche Gebirge mit Wolken und Windhosen, mit spielenden Sumpflachen und Sonnenbrunnen, mit Felsknollen und Felsnasen am Wege in dunkler Nacht. Mit all den in Würden- oder Armutsklei-

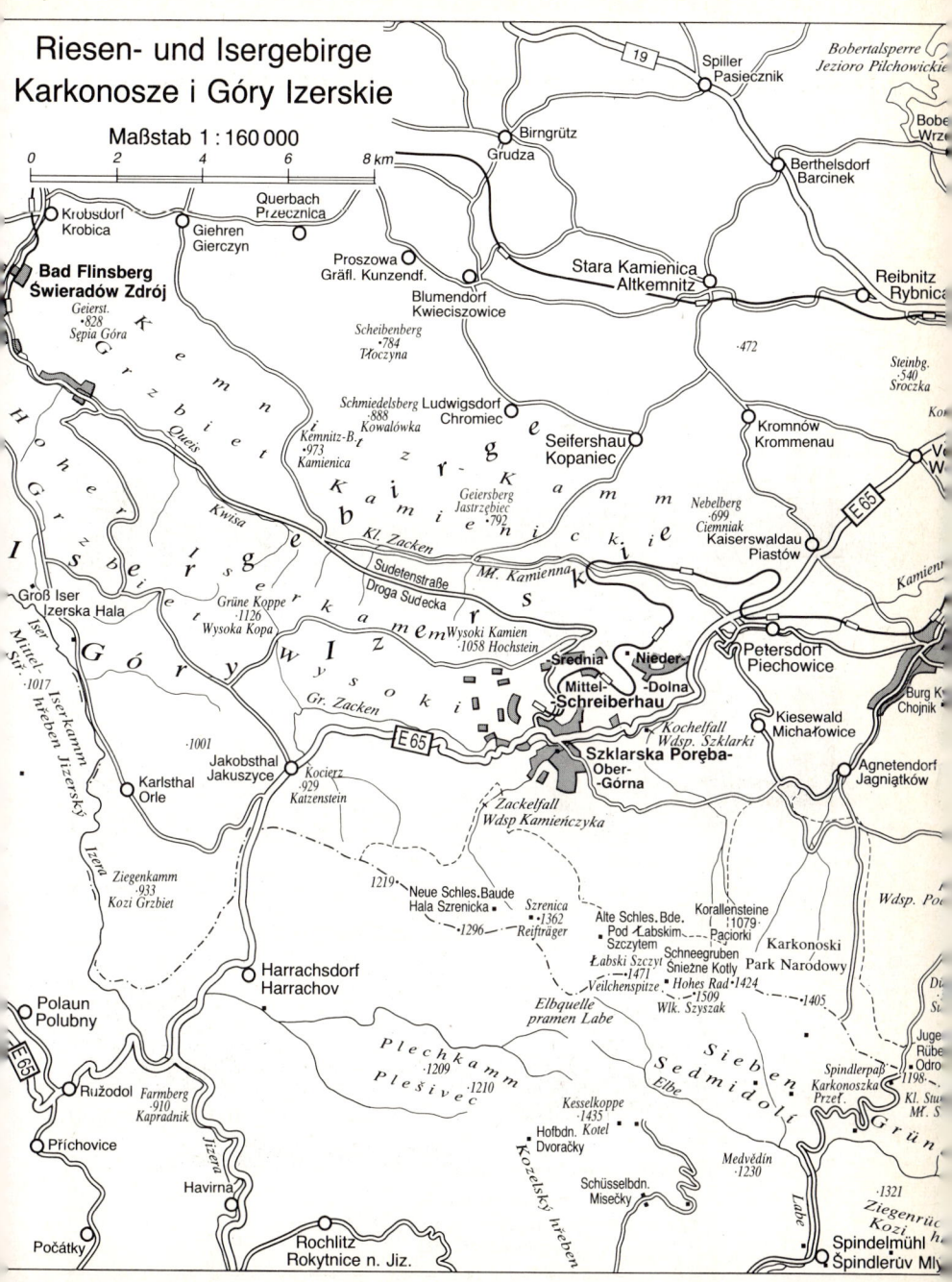

Riesen- und Isergebirge
Karkonosze i Góry Izerskie

Maßstab 1 : 160 000

0   2   4   6   8 km

Krobsdorf
Krobica

Giehren
Gierczyn

Querbach
Przecznica

Bad Flinsberg
Świeradów Zdrój

Geierst.
·828
Sępia Góra

Proszowa
Gräfl. Kunzendf.

Blumendorf
Kwieciszowice

Scheibenberg
·784
Płoczyna

Stara Kamienica
Altkemnitz

Spiller
Pasiecznik

Birngrütz
Grudza

Berthelsdorf
Barcinek

Bobertalsperre
Jezioro Pilchowickie

Bobe
Wrz

Reibnitz
Rybnica

·472

Steinbg.
·540
Sroczka

Schmiedelsberg Ludwigsdorf
·888 Chromiec
Kowalówka

Kemnitz-B.
·973
Kamienica

Geiersberg
Jastrzębiec
·792

Seifershau
Kopaniec

Kromnöw
Krommenau

Nebelberg
·699
Ciemniak
Kaiserswaldau
Piastów

Kl. Zacken

Sudetenstraße
Droga Sudecka

Mtl. Kamienna

Groß Iser
Izerska Hala

Grüne Koppe
·1126
Wysoka Kopa

Wysoki Kamień
·1058 Hochstein

Srednia · Nieder
·Dolna

Mittel-
Schreiberhau

Petersdorf
Piechowice

Burg K
Chojnik

Kiesewald
Michałowice

Kochelfall
Wdsp. Szklarki

Gr. Zacken

Jakobsthal
Jakuszyce

Kocierz
·929
Katzenstein

Szklarska Poręba-
Ober-
-Górna

Agnetendorf
Jagniątków

Karlsthal
Orle

·1001

Zackelfall
Wdsp Kamieńczyka

Ziegenkamm
·933
Kozi Grzbiet

·1219 Neue Schles.Baude
Hala Szrenicka

·1296

Szrenica
·1362
Reifträger

Alte Schles. Bde.
Pod Łabskim
Szczytem

Łabski Szczyt
·1471

Veilchenspitze
Hohes Rad ·1424

Korallensteine
·1079
Paciorki

Schneegruben
Śnieżne Kotły

Karkonoski
Park Narodowy

Wdsp. Poc

Harrachsdorf
Harrachov

Wlk. Szyszak
·1509

·1405

Jug
Rübe
Odro

Polaun
Polubny

Ružodol

Farmberg
·910
Kapradnik

Elbquelle
pramen Labe

Plechkamm
·1209
Plešivec
·1210

Sieben
Sedmidoli

Spindlerpaß ·1198-
Karkonoszka
Przeł.
Kl. Stu
Mł. S.

Di
Su

Přichovice

Kesselkoppe
·1435
Hofbdn. Kotel
Dvoračky

Medvědín
·1230

·1321
Ziegenrüc
Kozi
Grün

Havirna

Počátky

Rochlitz
Rokytnice n. Jiz.

Schüsselbdn.
Misečky

Spindelmühl
Špindlerův Mly

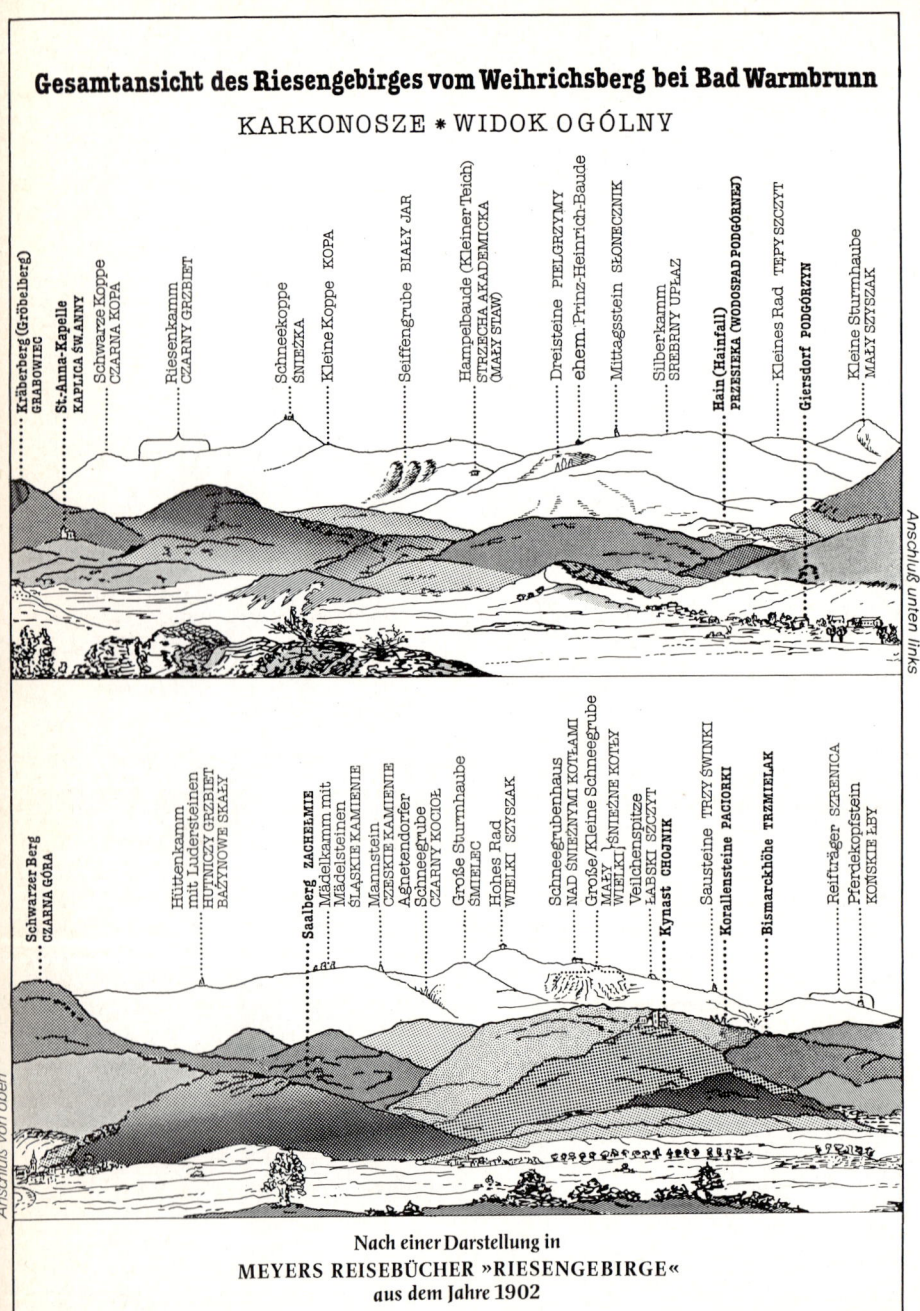

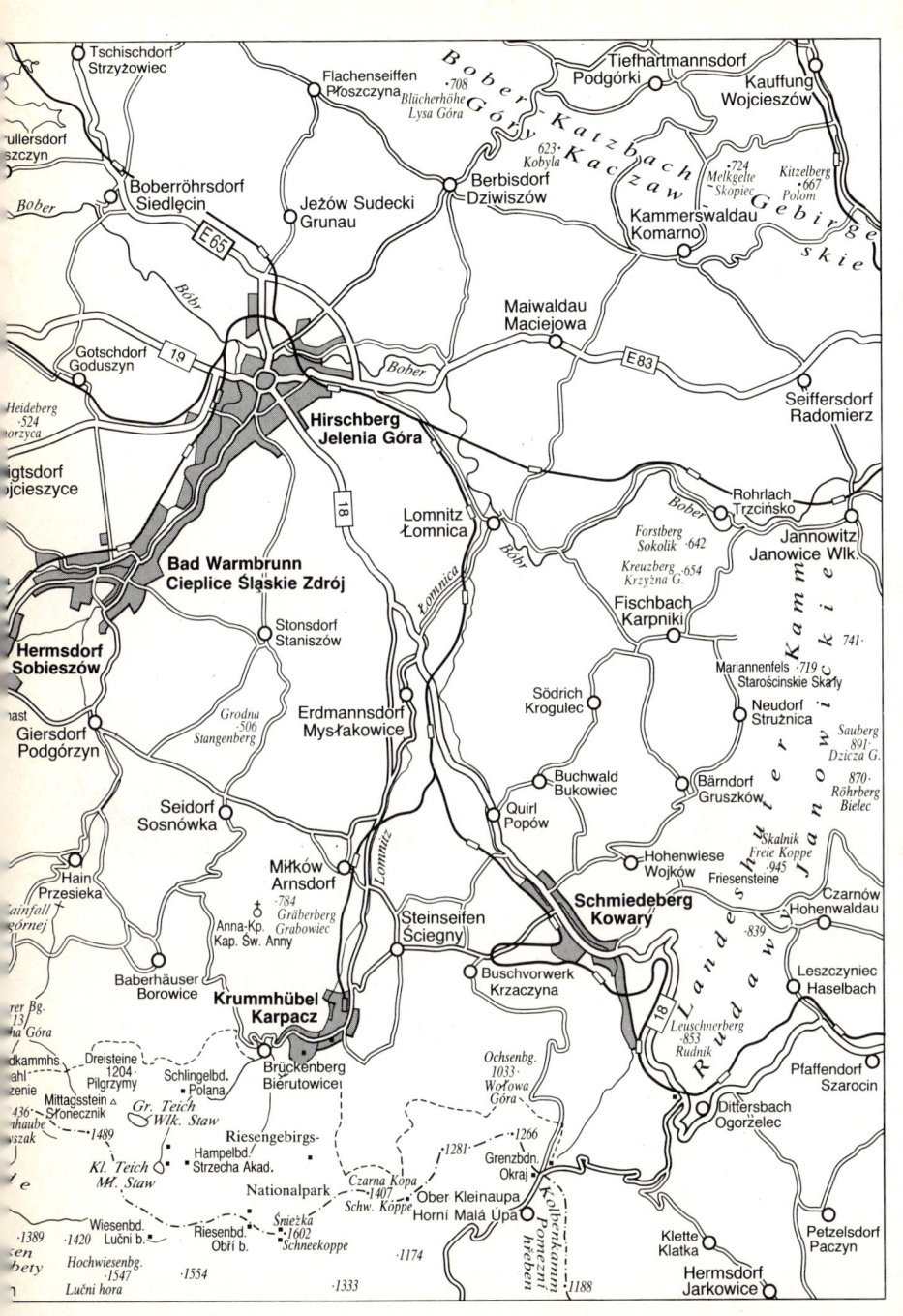

der maskierten Wanderern. Mit Pferden und Kühen, Ziegen und struppigen Kötern: dieses ganze reiche Gebirge ist von jeher gewissermaßen nur der große Kleiderspind gewesen, daraus dieser unbegreifliche Geist nach der Laune der Stunde geräuschlos jedes einzelne Stück herauslangen, es für sich aufblasen und darin öffentlich herumtumultieren konnte...

Und dann noch eine andere Frage, die den Rübezahl betrifft! Manche behaupten, er hätte einmal eine junge Grafentochter unten aus dem Warmbrunner Grafenschlosse geraubt. Die liebliche Komtesse hätte, beweint von den Ihren, niemals wieder den Weg ins Tal herab gefunden, nachdem sie auf einer Frühlingswiese in den Vorbergen beim Pflücken silberseidiger Anemonen sich vertändelt. Und sie läge jetzt, in die Elbquelle verwandelt, oben frei auf der weiten Moorwiese gefangen und weinte und weinte. Und ihre kristallklaren Tränen rännen seit der Zeit ohne Unterlaß zu Tale nieder.«

Das Riesengebirge in der Malerei

Die volkstümlichste und bekannteste Darstellung des Rübezahl schuf der Maler Moritz von Schwind. Er hat das Riesengebirge nie selbst gesehen und wollte daher kein bestimmtes Ereignis, sondern das Typische der Sage festhalten, wie es der Gedankenwelt der Romantik entsprach. In der Schack-Galerie in München hängt noch heute das Ölgemälde, das er 1859 für den Grafen Schack malte.

Im gleichen Sinne wie die Dichter wirkten die Maler, die aus ganz Deutschland das Riesengebirge seit der Vorromantik, Romantik und der Biedermeierzeit mit Malstift und Zeichenblock durchwanderten. Zu Beginn des 19. Jahrhunderts waren es u. a. Carl Christoph Reinhardt aus Ortenburg bei Passau, Johann Heinrich Bleuler aus Zollikon bei Zürich und Christoph Nahte aus Görlitz. Sie entdeckten das Riesengebirge mit all seinen landschaftlichen Reizen und machten es als Reiseziel bekannt. Stärker noch wirkten in diesem Sinne die Maler der Romantik, Caspar David Friedrich und

Ludwig Richter. C. D. Friedrich unternahm mit seinem Freunde Georg Kersting im Sommer 1810 eine einzige fünftägige Riesengebirgswanderung. Doch war die künstlerische Ausbeute außerordentlich! Als einer der bedeutendsten Künstler der Romantik hat er das Riesengebirge in malerischen Visionen festgehalten, und seine Ölgemälde, Radierungen, Zeichnungen und Skizzen finden sich in den großen Museen von Winterthur/Schweiz bis Oslo, von Köln und Berlin bis Leningrad wieder.

Den Spuren von C. D. Friedrich folgte knapp drei Jahrzehnte später Ludwig Richter. Er lieferte 30 Stahlstiche zu dem Werk des Leipziger Verlegers Wieland: »Das malerische und romantische Deutschland« für den von H. Herlessohn geschriebenen Band »Wanderungen durch das Riesengebirge und die Grafschaft Glatz« (Leipzig 1840). Dazu kamen Ölgemälde, von denen »Am kleinen Teich« (1838) in der National-Galerie in Berlin-West das bekannteste ist.

Vor Erfindung der Fotografie gab der Schmiedeberger Verlag mit einer Radiererwerkstatt, gegr. von Friedrich August Tittel, Nachfolger Carl Mattis und Wilhelm Knippel, zahlreiche gut gezeichnete und kolorierte Ansichten vom Riesengebirge heraus. Sie wurden von den Badegästen in Bad Warmbrunn und von Reisenden erworben und in Deutschland weithin verbreitet. Bis in die Gegenwart erfreuen sich die Farbradierungen von Friedrich Iwan großer Beliebtheit. Er schildert die Riesengebirgslandschaft, während sein Zeitgenosse Erich Fuchs die Menschen des Gebirges in ihrer Arbeitswelt und familiären Umgebung beobachtet und in präzisen Radierungen festgehalten hat.

Zur Siedlungsgeschichte

Weder in frühgeschichtlicher noch in slawischer Zeit war das Gebirge bewohnt. Es bildete zusammen mit dem Gebirgsvorland den breiten, urwaldartigen Grenzwaldgürtel, der Schlesien von Böhmen trennte, Hag »Preseka« (polnisch Przesieka) genannt. Die Abholzung dieses Waldlandes, am Innenrand verstärkt durch ein »Gebück«, war den Bauern verboten. Das Land gehörte dem Herzog. Erst Heinrich I. gab es Anfang des 13. Jahrhunderts zum Roden für die deutschen Siedler frei. Sie drangen im 13. und 14. Jahrhundert gleichzeitig von Norden (Schlesien) und Süden (Böhmen) aus schrittsweise in das undurchdringliche Waldgebirge vor. Der Hirschberger Talkessel wurde vorwiegend von Ostfranken besiedelt. In der Gegend um den Hirschberger Talkessel trafen sie auf einige slawische Vorgängersiedlungen. Das Gebirge selbst blieb eine urwaldartige Stätte von unergründlicher Einsamkeit, in die sich nur Abenteurer auf der Suche nach Bodenschätzen vorwagten. Um die Mitte des 14. Jahrhunderts sandte Kaiser Karl IV., Landesherr von Böhmen und Schlesien, »welsche« Bergleute ins Riesengebirge, die dort nach Gold und wertvollen Steinen suchen sollten. Ihnen folgten deutsche Bergleute aus Obersachsen, dem Harz, und auf der böhmischen Seite aus Tirol. Die Ausbeute von Silber und Blei unterhalb der Schneekoppe im Aupatal, von Kupfer am Zacken und am Landeshuter Kamm (Kupferberg), war auf die Dauer nicht lohnend, ausgenommen der Erzabbau in Schmiedeberg. Die Glasherstellung (Schreiberhau) und die Holzfällerei lockten nur einzelne ins Gebirge. Die Hochtäler wurden überwiegend erst im 16. und 17. Jahrhundert besiedelt. Beide Siedlungsvorgänge lassen sich noch an den Siedlungsformen unterscheiden: Im Hirschberger Becken sind es die Waldhufendörfer mit Fachwerkhäusern und teilweise fränkischen Gehöftformen, im Gebirge die Streusiedlungen der Blockhäuser. Seit Ende des 18. Jahrhunderts entwickelten sich aus den Einzelhöfen im Gebirge, den sogenannten Bauden, die ersten Einkehr- und Unter

kunftsstätten. Fast die gesamte schlesische Seite des Iser- und Riesengebirges gehörte seit Jahrhunderten zur Grundherrschaft der Grafen von Schaffgotsch.
Eine neue Epoche in der Besiedlung und Erschließung des Gebirges leitete seit den 80er Jahren des 19. Jahrhunderts der stetig anwachsende Fremdenverkehr ein. Die Bauerndörfer entwickelten sich zu Erholungs- und Luftkurorten mit einer gemischten Bebauung von kleinen und großen Fremdenheimen und Pensionen. Dennoch blieben die Landschaft und das Siedlungsbild erhalten und haben sich auch nach der Vertreibung der Deutschen (1946/47) wenig verändert. Außer den schwachen wirtschaftlichen Impulsen trägt hierzu bei, daß das Gebirge auf schlesischer und böhmischer Seite 1959 gesetzlich zum Naturschutzgebiet erklärt wurde. Es blieb zwar, infolge der verstärkten Industrialisierung im Hirschberger Tal, von einer Zersiedlung, aber nicht von Umweltschäden verschont. (Wasserverschmutzung des Bober und sichtbare Krankheitssymptome bei den Fichtenbeständen, die polnischerseits vorwiegend auf Immissionen aus der früheren DDR und ČSFR zurückgeführt werden.) Die *geographischen Gegebenheiten* blieben unverändert: Das Riesengebirge ist nächst den Alpen und Karpaten das dritthöchste Gebirge Mitteleuropas. Es erstreckt sich in einer Länge von mehr als 40 km vom Paß von Jakobstal (Przełęcz Szklarska) oberhalb von Oberschreiberhau – 889 m – bis zum Schmiedeberger Paß (Przełęcz Kowarska) – 727 m – und Liebauer Paß (Przełęcz Lubawska); es ragt bei einer mittleren Höhe seiner Kämme von 1300 m mit den Höhen des Hauptkammes in die subalpine Zone hinein. Der Granitkern war einst völlig umhüllt von einem Gneis- und Schiefermantel, der durch die bis zur Tertiärzeit andauernde Abtragung und spätere Verwitterung nur noch am Nordfuß (Gneis) und an der Ost- und Südabdachung (Glimmerschiefer) er

halten ist. Auf der Südseite ist das Gebirge durch zahlreiche Nebenkämme und tiefe Täler reich gegliedert. Zwischen dem Böhmischen Kamm und dem Hauptkamm liegen die »Siebengründe« (»Sedmidoli«), von denen einer – der Elbgrund – die Elbe zu Tale führt, die oberhalb Spindlermühle ihre anderen Quellarme in sich vereinigt. Bei Hohenelbe erreicht sie die böhmische Ebene. Demgegenüber fällt der Hauptkamm auf der schlesischen Nordseite über eine Vorstufe ziemlich steil ins Hirschberger Tal ab. Aus der Ferne erscheint er wie eine Mauer, und die Vorstufe (600 m) erblickt man erst vom Bober-Katzbach-Gebirge aus. Die Kammsilhouette bildet vom Reifträger im Westen bis zur Schneekoppe und der Schwarzen Koppe im Osten eine charakteristische Linie. Ihre einzelnen, den Kamm überragenden Bergkuppen werden dem Wanderer bald vertraut. Die Kenntnis der Namen der einzelnen Kammhöhen erleichtert die Orientierung.

Das seither beliebteste Wanderziel, die Schneekoppe (Śnieżka), erhebt sich über 200 m über den Kamm (1603 m). Der Koppenkegel besteht aus mit Felstrümmern übersäten massiven Felsen. Sie entstanden vor 500 Millionen Jahren aus uraltem Glimmerschiefer, der sich mit heißem Magma verband und verfestigte. Dieser ungewöhnlichen Festigkeit verdankt die Koppe ihre charakteristische Form einer unregelmäßigen dreikantigen Pyramide. Ihre Steilabfälle über 700 m, nach Norden in den Melzergrund (Kocioł Łomniczki), nach Süden in den Aupagrund (Úpska jáma), haben alpinen Charakter. Er wird auf der böhmischen Seite verstärkt durch den der Koppe gegenüberliegenden Brunnberg (1580 m), der mit Steilwänden ins Aupatal abstürzt. Die Täler unterhalb der Koppe werden auf die eiszeitliche Vergletscherung des Gebirges zurückgeführt, ebenso das Weißwassertal und der Elbgrund. Die Gletscher der Eiszeit arbeiteten auch auf der schlesischen Seite die

Mulden beim Großen und Kleinen Teich (Lomnitzgletscher) nahe dem Koppenplan im Osten und in den Schneegruben unter dem Westteil des Hauptkammes aus (Schneegrubengletscher). Ihre Spuren hat als erster ein Breslauer Geograph nachgewiesen (Partsch, Die Vergletscherung des Riesengebirges zur Eiszeit, Stuttgart 1894). Das Gebiet der ehemaligen Gletscherseen (außer den beiden Teichen auch kleinere Schmelz-Seen in den Schneegruben) gehört zu den Besonderheiten (Flora) des Gebirges und seinen lohnenden Wanderzielen.

Die Verwitterung hat auf dem Kamm und im Vorgebirge eine große Zahl von Felsgruppen aus Granit herausgebildet, es sollen insgesamt etwa 60 sein. Die größeren Gesteinsgruppen im Kammbereich zeigen merkwürdige Formen. Der Volksmund gab ihnen Namen, so daß sie für den Wanderer als Orientierungspunkte gelten: Quarksteine, Sausteine, Pferdekopfsteine, Mittagssteine und als größte Gruppe die Dreisteine unterhalb des Großen Teiches und andere mehr.

Seit Jahrhunderten verlief die Grenze zwischen Schlesien und Böhmen auf dem Hauptkamm des Gebirges. Erst als Schlesien 1742 zu Preußen kam, gewann sie als Staats- und Zollgrenze stärkere Bedeutung. Sie vermochte jedoch die Deutschen, die seit dem Mittelalter die böhmische Südseite besiedelt hatten und fast die gleiche gebirgsschlesische Mundart sprachen, kaum von den Schlesiern auf der Nordseite des Gebirges zu trennen.

Heute ist die »Friedensgrenze« zwischen Polen und der Tschechoslowakei militärisch streng bewacht wie nie in ihrer Geschichte. Der früher für alle Touristen von beiden Seiten offene Kammweg entlang der Grenze – heute *»Droga Przyjaźni« = Freundschaftsweg* – war nach dem polnisch-tschechischen Abkommen nur für die Staatsangehörigen dieser Staaten ohne spezielle Passierscheine zugänglich, von zeitweisen Sonderregelungen abgesehen! Für Deutsche ist er seit Mitte 1990 wieder zugelassen. Selbst die Schneekoppe war in den letzten Jahren auf schlesischer Seite nur zeitweise für Deutsche zugänglich, 1984/86 beschränkt auf Gruppen unter einem polnischen Bergführer nach vorheriger Anmeldung. Diese Beschränkungen sind nunmehr weggefallen.

Das Hirschberger Becken
(Kotlina Jeleniogórska)

An der (schlesischen) Nordseite des Kammes gleicht der Hirschberger Talkessel einem Vorhof. Er wird im Norden durch das Bober-Katzbach-Gebirge (Góry Kaczawskie), im Osten durch den Landeshuter Kamm (Rudawy Janowickie) und im Westen durch das Isergebirge (Góry Izerskie) umschlossen. Das Tal durchfließt der Bober (Bóbr). Er durchbricht bei Jannowitz (Janowice Wielkie) die das Hirschberger Tal im Osten umschließenden Höhen und verläßt es im Nordwesten bei Lähn (Wleń) zwischen Bober-Katzbach-Gebirge und den Ausläufern des Isergebirges. Zuvor nimmt der Bober die Quellwässer des Riesengebirges, vor allem die Lomnitz (Łomnica) von Krummhübel und den Zacken (Kamienna) von Schreiberhau herkommend auf. Das Hirschberger Becken gliedert sich durch kuppige Granithöhen in einzelne, dicht besiedelte Tallandschaften: im Westen das Warmbrunner Tal, im Süden das Erdmannsdorfer Tal, im Osten das Fischbacher Tal und im Norden das Hirschberger Tal.

Flora
Der Steilabfall des Gebirges und der Hirschberger Kessel unterscheiden sich stark durch ihren Pflanzenwuchs. Im Hirschberger Becken bestimmen Ackerbau und Viehwirtschaft das Landschaftsbild. Der Wald beschränkt sich auf die Kuppen der Hügel. Anders im Gebirge. Hier schieben sich kleine Rodungsflächen der Baudendörfer und Almen in das dichte Waldkleid vor, das die Hänge bis zur Baumgrenze bedeckt. (1200–1250 m) In dieser Höhe beginnt die »Kampfzone« des Waldes mit den niederen, knorrigen Wetterfichten bis zu den kleinen, verkrüppelten Krummholzkiefern, im Volksmund Knieholz genannt. Hier beginnt das Gebiet seltener nordeuropäischer und alpiner Pflanzen, besonders in den Felsenkaren bei den Teichen, den Schneegruben und den Tälern unterhalb der Koppe.

Wirtschaft
Grundlagen des Wirtschaftslebens im Gebirge waren Ackerbau und Viehzucht im Vorland, in den Höhenlagen Forst- und etwas Viehwirtschaft. Hinzu kamen mit der dichter werdenden Besiedlung Glasmacherei, Glasveredelung, Holzschnitzkunst, während die Weberei zunächst vor allem dem Eigenbedarf diente. Großen Aufschwung brachte seit Ende des 19. Jahrhunderts der Fremdenverkehr. Alle diese Erwerbszweige werden von den 1946 angesiedelten Polen weitergeführt, doch hat der Fremdenverkehr bei weitem noch nicht den früheren Umfang erreicht. Die starke Industrialisierung im Hirschberger Raum zieht vorrangig die Arbeitskräfte aus dem Talkessel an mit der Folge einer starken Abwanderung aus den Gebirgsgegenden und dem Vorgebirge. Hieraus erklärt sich der Bevölkerungszuwachs von Hirschberg (Jelenia Góra).

2. Die Stadt Hirschberg, Kr. Hirschberg

Jelenia Góra, seit 1975 Sitz einer Wojewodschaft

Lage

Zentrum des Fremdenverkehrs in das schlesische Riesengebirge und die West-Sudeten an der nördlichsten und tiefsten Stelle des nach der Stadt benannten Talkessels am Zusammenfluß von Bober und Zacken.

Einwohner

1939: 35 296 Deutsche auf 28 km²
1950: 34 936 Polen auf 35,27 km²
1970: 55 816 Polen auf 35,27 km²
1983: 87 000 Polen auf 90 km²,
nach Eingemeindung von Bad Warmbrunn (Cieplice Zdrój), Hermsdorf (Sobieszów) und Maiwaldau (Maciejowa).

Unterkunft und Verpflegung

Hotel: »Jelenia Góra« (1989 neuerbautes Orbis-Hotel), al. gen. K. Świerczewskiego,**** (Ortsausgang Richtung Krummhübel); »Cieplice«, J. G.-Cieplice-Zdrój, ul. Cervi 11, Tel. 510-41, *** (Stadtteil Bad Warmbrunn); auch zu empfehlen »Skalny« in Krummhübel (Karpacz) und »Sudety« in Oberschreiberhau (Szklarska Poręba)

Camping: ul. Świerczewskiego 42, Kat. I, Tel. 269-42 (geöffnet Mai bis September); J. G.-Cieplice-Zdrój (Bad Warmbrunn), ul. Rataja, Tel. 525-65, Kat. III; J. G.-Sobieszów (Hermsdorf), ul. Łazienkowska, Tel. 533-38, Kat. III (nur Zeltplatz)

Jugendherberge: »Bartek«, ul. Bartka Zwycięczy 10, Tel. 257-46, Kat. II; »Michałek«, ul. Wiejska 86a, Tel. 241-55, Kat. II

Berghütten (Schroniska Górskie) für Kammwanderer: »Strzecha Akademicka« (Hampelbaude), Tel. 317; »Samotnia« (Kleine Teichbaude), Tel. 376; »Domek Myśliwski«, Tel. 419

Restaurant: »Stylowa«, plac Bieruta 1, Kat. II; »Arkadia«, plac Ratuszowy 46, Kat. II; »Pod Różami«, plac Piastowski 7 (beim Schloß im Stadtteil Bad Warmbrunn) Kat. II; im Hotel »Europa« (früher: »Drei Berge«)

Café: »Kasztelanka«, plac Ratuszowy 30, Kat. II; Tearoom »Społemowski«, ul. Matejki, Kat. II

Schnellimbiß: »Sudecki«, ul. Długa 9, Kat. III; »Karzełek«, ul. 1 Maja 70, Kat. III

Milchbar: »Kubuś«, ul. Różyckiego 4, Kat. IV im Stadtteil Cieplice (Bad Warmbrunn)

Information

»it«, ul. 15. Grudnia (im Pavillon), Tel. 220-00; »Orbis«, ul. 15. Grudnia 36, Tel. 220-57, geöffnet 9.00–17.00 Uhr.

Touristen-Information: Touristenbüro »Centur-Karkonosze« plac Ratuszowy 29a, Tel. 239-45, 242-06, geöffnet 8.00–18/20 Uhr, So 10.00–14.00, Saison bis 16.00 Uhr; »PTTK«, ul. 1 Maja 88, Tel. 236-27; »Juventur« (ausl. jugendl. Touristen) ul. 15 Grudnia 36, Tel. 243-27

Verkehr

Bewachter Parkplatz: ul. Armii Czerwonej 4b

Bahnhof: Hauptbahnhof Jelenia Góra Główna, ul. 1 Maja, Tel. 239-36 (Bahnauskunft)

Busnahverkehr: am Hauptbahnhof

Busfernverkehr: PKS, plac Bohaterów Stalingradu, Auskunft Tel. 248-15

Taxi: am Hauptbahnhof, Tel. 222-22; am Busbahnhof, Tel. 227-27; ul. Bolesława Chrobrego 5a, Tel. 237-44

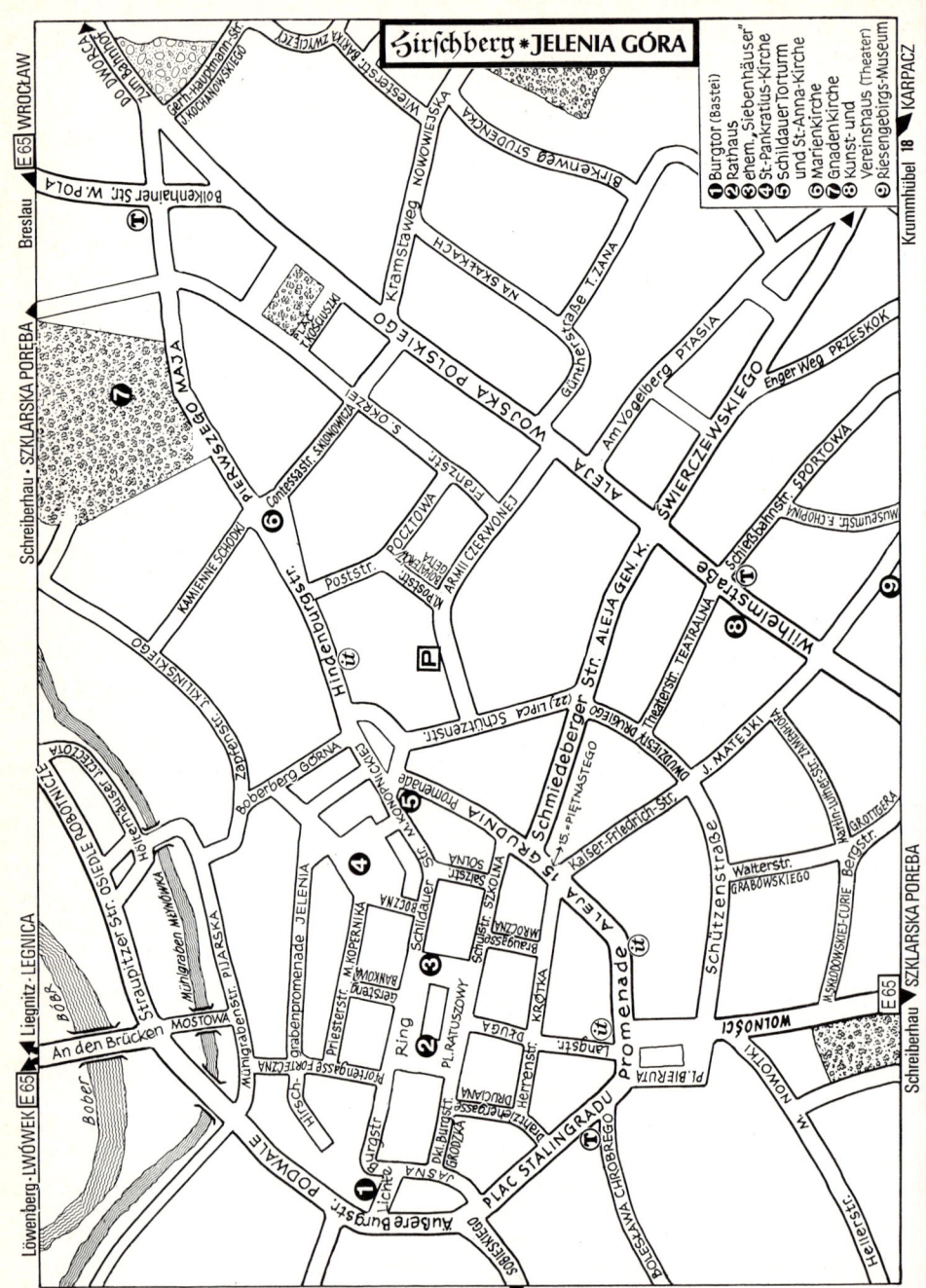

Hirschberg ✴ JELENIA GÓRA

① Burgtor (Bastei)
② Rathaus
③ ehem. „Siebenhäuser"
④ St.-Pankratius-Kirche
⑤ Schildauer Tortturm und St.-Anna-Kirche
⑥ Marienkirche
⑦ Gnadenkirche
⑧ Kunst- und Vereinshaus (Theater)
⑨ Riesengebirgs-Museum

Krummhübel **18** KARPACZ

Autoservice: »Polmozbyt«, ul. Wrocławska 2, Tel. 254-78; »Centrans«, ul. Słowakkiego 3, Tel. 231-60; »Karkonosze«, ul. Grunwaldzka 72, Tel. 220-64
Theater: Państwowy Teatr Dolnośląski (Staatl. Niederschlesisches Theater), ul. Wojska Polskiego 38, Tel. 232-74
Museen: »Muzeum Okręgowe« (früher Riesengebirgsmuseum) ul. Matejki 28, Tel. 234-65; »Muzeum Przyrodnicze« (Naturwissenschaftl. Museum), ul. Wolności 268, Tel. 515-06; »Muzeum Karkonoskiego Parku Narodowege« (Museum des Naturschutzparks), Stadtteil J. G.-Sobieszów (Hermsdorf), ul. Chałubińskiego 23, Tel. 533-48
DFK-Vorsitzende: Johanna Kulisiewicz, ul. Kopernika 4 m 3, 58-500 Jelenia Góra, Tel. von Dtschld.: 0048-75-246-95

Geschichte

Vor 1299 Gründung als Mittelpunkt eines deutschen Rodungsbezirkes. Stadtgrundriß (ca. 500 × 500 m), Name »Hyrzberc« und das entsprechende Wappen, ein auf Felsen stehender Hirsch, bezeugen die deutsche Gründung aus wilder Wurzel. Vermutlich nördlich der Stadt (Hausberg) über dem Bober zuvor slawische Burg; sie ist der Ursprung für die polnische Darstellung einer Stadtgründung im Jahre 1108 durch den polnischen Herzog Boleslaus Krzywousty. 1348 Meilenrecht durch Herzog Bolko II. von Schweidnitz und nachfolgende weitere Privilegien – Braurecht, Münzrecht, Zollfreiheit im Böhmenhandel und 1502 freie Ratswahl – sind Marksteine der Entwicklung. Die Stadt war zu Ausgang des Mittelalters stark befestigt durch doppelten Mauerring, wurde jedoch im 30jährigen Krieg schwer heimgesucht. 1643 zweiter Stadtbrand. Seit dem Ende des 19. Jahrhunderts kultureller Aufschwung durch Fremdenverkehr – Riesengebirgsverein gegr. 1880, Riesengebirgsmuseum und Riesengebirgswoche, verbunden mit Kulturveranstaltungen,

z. B. Kunstausstellungen der Riesengebirgsmaler. 1945 keine Kriegszerstörungen, jedoch starker Verfall im Jahrzehnt danach. Geburtsort des Dichters Georg Heym (1887–1912) sowie des Kunsthistorikers Günther Grundmann (1892–1976 Hamburg), 1932–45 Landeskonservator von Niederschlesien, zahlreiche Veröffentlichungen zur schlesischen Kunstgeschichte. Auch der Philosophiehistoriker Karl Joël ist hier geboren (1864–1934 Wallenstadt/Schweiz).

Wirtschaft

Anfang des 16. Jahrhunderts Ablösung der mittelalterlichen Tuchmacherei durch Einführung der Schleierweberei, deren Verfahrensgeheimnis der Schuhmacher Joachim Girnth aus Holland heimbrachte. 1630 kaiserliches Privileg Ferdinands III. zum Handel mit »dünnen Schleiern«. Rückschlag in der 2. Hälfte des 18. Jahrhunderts. Durch Industrialisierung im 19. Jahrhundert entstanden Leinenindustrie, optische Werke, Maschinen-, Holzstoff- und Papier-, Zementfabriken, Mehl- und Schneidemühlen. 1936 Inbetriebnahme der »Schlesischen Zellwolle-AG.«, heute Zellulose und Kunstfaserkombinat »Celwiskoza«. Der Ausbau der vorhandenen pharmazeutischen, optischen, Möbel- und Bekleidungsbetriebe führte seit den 60er Jahren zu einer starken Industriekonzentration. Dem Export dient die Papiermaschinenherstellung der »Fampa«-Werke in Bad Warmbrunn, früher als Füllner-Werke weithin bekannt. Starke Umweltbelastung und rascher Bevölkerungsanstieg. Der Betrieb der »Celwiskoza« mußte 1981 eingeschränkt werden. Neuen Trabantenstädten besonders rechts des Bober zwischen dem Dorf Straupitz (Zabobrze) und dem Vorort »Sechsstätte« steht eine jahrzehntelange Vernachlässigung der alten Bausubstanz gegenüber. Die Stadt entwickelte sich als Wojewodschafts-Hauptstadt zum Verwaltungs-, Handels-

und Kulturmittelpunkt der Westsudeten. Zur Wojewodschaft gehören ganz oder zum Teil die ehemaligen Kreise Bunzlau, Löwenberg, Goldberg, Hirschberg und Landeshut mit ca. 500 000 Einwohnern.

Sehenswürdigkeiten

Wer sich der Stadt vom Bober-Katzbach-Gebirge her nähert, erblickt vier Türme, die sich zwangsläufig je nach der Blickrichtung verschieben: Im Osten der Altstadt vorgelagert die Barockkuppel der einstigen evangelischen Gnadenkirche mit einer doppelt durchbrochenen Turmspitze (7), umrahmt von vier kleinen Türmen; der kleine runde Turm, ebenfalls mit einer kleinen Barockhaube, ist der Schildauer Torturm (5), zugleich Kirchturm von St. Anna; die Innenstadt überragt die doppelte Haube der gotischen katholischen Kirche St. Pankratius (4) neben dem niedrigeren viereckigen Turm des Rathauses (2). Das Straßengefüge der Gründungsstadt ist noch am Marktplatz im Zentrum und an der fast kreisrunden, z. T. nach dem Kriege erweiterten Umgehungsstraße auf dem Gelände der alten Festungsanlage erkennbar. Auf ihr wird der Verkehr um die Altstadt geleitet. An ihrer Westseite, am ehemaligen *Burgtor* (Bastei) (1) und am Rest der Befestigung – Podwale – plac Obrońców Stalingradu (Äußere Burgstraße–Greiffenberger Straße), liegt ein Parkplatz, Ausgangspunkt für die Besichtigung der Innenstadt (schräg gegenüber PKS-Fernbusbahnhof). Zu Fuß ul. Grodzka (Burgstraße) zum Ring (Fußgängerzone). Das *Rathaus* (2) im Mittelpunkt wurde 1749 anstelle des zuvor eingestürzten Bauwerks nach Plänen des preußischen Baudirektors Hedemann erbaut. Es war das erste neuerbaute öffentliche Gebäude nach der Eroberung Schlesiens durch Friedrich d. Gr. und hatte Signalwirkung für den Übergang vom Spätbarock zum Klassizismus preußischer Prägung. Über der Eingangspforte zum Rathaus verschweigt die mit der polnischen Restaurierung neu angebrachte Inschrift: »BOLESLAUS KRZYWOUSTY CONDIDIT 1108« die deutschrechtliche Stadtgründung im Zuge der deutschen Besiedlung im 13. Jahrhundert.

Neben dem Rathaus ersetzt ein moderner Baublock die früheren »*Siebenhäuser*« (3), Marktbänke des alten Mittelblocks. Der Markt hatte bis zum Kriegsende in seltener Geschlossenheit ringsum seine Bürgerhäuser mit schmaler Giebelseite und mit kunstvollen Barock- und Rokoko-Fassaden (darunter Laubengänge) bewahrt. Nach 1945 wurden diese Häuser zum großen Teil »ausgeschlachtet« und verfielen. Nach 1960 begannen die polnischen Restauratoren ein Stück des Vorderhauses der ursprünglich 30 m in die Tiefe gehenden Gebäude mit geringerer Tiefe wiederherzustellen, doch die ursprüngliche Vielfalt der Fassaden gehört der Geschichte an. Sie waren Ausdruck des Lebensstils und des künstlerischen Empfindens der Stilepochen vom 17. bis 19. Jahrhundert. Die Lauben, die bis 1945 als Kaufhallen der Kommunikation der Bürger dienten, haben diese alte Funktion fast eingebüßt. Einige Läden sind wieder eingezogen.

Über die Nordostecke des Ringes ragt der Turm der *katholischen Pfarrkirche* zu St. Erasmus und Pankratius (4) über die Häuser. Seine barocke Bekrönung stammt von 1736, die Bruchsteinbasilika selbst mit lichtem hohen Chor ist bereits 1304 erbaut worden. Der Hochaltar »ist ein gesichertes Werk des vielleicht bedeutendsten schlesischen Barockbildhauers Thomas Weißfeld aus den Jahren 1713–18. Dieser Meister, seiner Herkunft nach ein Norweger, zeigt mit eben dieser Herkunft, wie das schlesische Barock nicht nur vom südwestlichen Kulturraum erklärbar ist, sondern wie gerade der nordische Einschlag zu den künstlerisch fruchtbarsten Gestaltungen geführt hat« (Günther Grundmann).

Das Altarbild der Verklärung Christi von Johann Kretschmar hat der Hirschberger Tischler Hielscher mit einer großartigen Schreinerarbeit umrahmt. Die neuen Wandmalereien der polnischen Restaurierung an den Seitenwänden des Chorraumes entsprechen nicht unserem Stilgefühl. In die äußere Kirchenmauer sind alte Grabepitaphe angesehener deutscher Bürger aus dem 18. Jahrhundert eingelassen. Vor dem Westeingang eine Mariensäule von 1712, die bekrönende Figur vermutlich auch von Weißfeld.

Östlich des Ringes Ecke ul. Konopnickiej (Schildauer Straße) und al. 15 Grudnia (Promenade) am Schildauer Tor wurde die St.-Annen-Kapelle (5) nach dem Stadtbrand von 1634 im barocken Sinne erneuert und dem alten Schildauer Torturm angefügt. Er erhielt eine zur Kapelle passende barocke Haube. Weiter östlich Richtung Bahnhof in der ul. 1 Maja (Hindenburgstraße) dient die Marienkirche (6) – heutiger Bau von 1739 – seit 1948 der orthodoxen Gemeinde als Gotteshaus. In der gleichen Straße – einstmals vor den Stadttoren – ist die Gnadenkirche nicht zu übersehen (7), 1718 fertiggestellt, jetzt »Św. Krzyża« genannt. Baumeister Martin Frantz schuf sie nach dem Muster der St.-Katharinen-Kirche in Stockholm. Der eindrucksvolle Kuppelbau verdankt seine Entstehung nicht nur der Fürsorge König Karls XII. von Schweden (Altranstädter Konvention 1707), sondern auch dem Opfersinn der evangelischen Bürgerschaft. Sie erkaufte die ihr vom Habsburger Kaiser »zuteil gewordene Gnade«, die Kirche vor der Stadtmauer bauen zu dürfen, mit 3000 Dukaten und mit einem Darlehen von 100 000 Gulden an die kaiserliche Kammer in Wien, ein Betrag, der nie zurückgezahlt wurde. Die Orgel in der 1983 umgestalteten Kirche schuf der Berliner Orgelbauer Röder, gestiftet von einem der reichsten Handels- und Ratsherren, Christian Mentzel. Seine und eine Reihe weiterer Gruftkapellen sind auf dem Friedhof noch zu sehen; sie

waren nach 1945 stark verfallen und sind jetzt teils abgerissen, teils restauriert, die schmiedeeisernen Gitter wurden geplündert, ein Rest in Warschau »sichergestellt«. Im Innern wurde die Gnadenkirche stark verändert, die alten Fußböden wurden herausgenommen, die Kirchenbänke durch neue ersetzt. 1987 wurde mit einer Innenrestaurierung begonnen. Die Taufkapelle mit dem alten Taufstein ist noch erhalten. Südlich der Gnadenkirche entstand 1904 im Jugendstil das Kunst- und Vereinshaus (8), al. Wojska Polskiego (Wilhelmstraße) – als Kennzeichen der Entwicklung der Stadt zum Kulturmittelpunkt und Fremdenverkehrszentrum im Riesengebirge, heute »Cyprian Norwid«-Theater. Weiter außerhalb in der gleichen Straße wurde 1912–14 ebenfalls im Jugendstil von Karl Grosser das Riesengebirgs-Museum am Fuße des »Kavalierberges« (Wzgórze Kościuszki) errichtet (9). In diesem Museum war vor dem Kriege die gesamte kulturelle und künstlerische Entwicklung sowie die politische und gewerbliche Geschichte der Stadt und ihrer Umgebung zusammengefaßt. Das »Muzeum Okręgowe« wurde im gleichen Gebäude 1953 als Regional-Museum wiedereröffnet. Es zeigt vor allem eine reichhaltige Glassammlung aus dem Riesengebirge. Schlesier werden die früheren umfangreichen Sammlungen zur Volkskunde vermissen.

Der Kavalierberg (Wzgórze Kościuszki) mit dem Stadtpark war einst der Stolz der Stadt. Erhalten ist dort ein 1902 aus den Originalsteinen zusammengefügtes geologisches Profil des Riesengebirges. Von der Höhe hat man einen Ausblick auf das Riesengebirge. Nördlich der Stadt lohnender Spaziergang zum Hausberg (Wzgórze Krzywoustego) über dem Bobertal, 20 Minuten vom Ring. Falls der Aussichtsturm geöffnet ist, gewährt er eine umfassende Aussicht auf die Stadt und das Gebirge. Besser ist diese Rundsicht 3 km nördlich der Stadt am Südhang des Bober-Katzbach-Gebirges von der

Straße bei dem Dorf Grunau (Jeżów Sudecki). Die dort 1924 gegründete Segelflugschule war weit über Schlesien hinaus bekannt. (Flugkapitän Hanna Reitsch, Pilotin im Segel- und Motorflug, zahlreiche Weltbestleistungen, geboren 1912 in Hirschberg, gestorben 1979 in Frankfurt/Main)

6 km vom Stadtzentrum entfernt (westlich) in Richtung der Burg Kynast

BAD WARMBRUNN,
ein 1935 zur Stadt erhobener Marktort, damals 5500 Einwohner – heute auf wesentlich vergrößerter Fläche als Stadtteil von Hirschberg, Cieplice Śląskie Zdrój, 1975: 16000 Einwohner.

Hotel: »Cieplice« ul. Cervi 11, Tel. 510–41 Kat. II

Das älteste Bad in Schlesien war vor dem Kriege auch eines der modernsten Heilbäder Deutschlands.

Geschichte

1381 erwarb der Ritter Gotsche Schoff II. das Gut Warmbrunn und stiftete 1403 die gleichnamige Propstei. Sie wurde mit einem Propst und vier Brüdern aus der Zisterzienserabtei Grüssau besetzt und gehörte diesem Kloster bis zur Säkularisierung von 1810. 1812 kaufte die Stifterfamilie die Abtei vom preußischen Staat zurück. Fast fünf Jahrhunderte lang blieb die Grundherrschaft der späteren Reichsgrafen von Schaffgotsch mit Bad Warmbrunn verbunden. Nach dem Brand der Burg Kynast von 1675 verlegte die Familie endgültig ihren Herrensitz nach Warmbrunn. Ursprünglich hatte die Zisterzienser-Propstei das Bad gefördert, später verdankte es seine Entwicklung den Grafen Schaffgotsch. Bereits 1288 ist eine warme Quelle beurkundet. Im 17. Jahrhundert baute die Propstei das »Lange Haus« für den Abt und das Propsteibad (1662–64) als Gemeinschaftsbad mit großem Bassin. Ebenfalls ein Gemeinschaftsbad war das gräfliche Leopolds-Bad, das 1627 einen Holzbau ersetzt hatte.

Anfang des 19. Jahrhunderts bauten die Grafen weitere Badeeinrichtungen; dazu zwei Gesellschaftsbauten: die »Galerie« und das Kurtheater.

In den 20er und 30er Jahren des 20. Jahrhunderts wurden die Bassin-Bauten durchgehend modernisiert und 1938 ein den neuesten Ansprüchen entsprechendes Sanatorium errichtet. Die gräflichen Sammlungen, u. a. eine bedeutende Bibliothek in der ehemaligen Propstei, standen den Gästen zur Verfügung. Die Bibliothek wurde 1946 geplündert. Der größere Teil der ornithologischen Sammlung wurde nach Warschau abtransportiert, ein Rest ist heute in dem norwegischen Blockhaus am Ende des Kurparks untergebracht. Die acht, hauptsächlich zum Baden benutzten schwefelhaltigen Thermalquellen (25–44° C) sind in Verbindung mit Moorbädern bei Rheuma, Frauen-, Nerven- und Hautkrankheiten wirksam. Nach dem Kriege wurden die Badeanlagen wieder in Betrieb genommen, notwendige Reparaturen stehen immer noch aus. Die privaten Sanatorien und Fremdenpensionen wurden mit dem großen Sanatorium vereinigt. Die unveränderten Gebäude sind stark verwahrlost. Einziger Neubau im Kurpark ist ein Sanatorium der polnischen Miliz, errichtet anstelle der ehemaligen Tennisplätze. – Im 18. und 19. Jahrhundert gab sich in dem Bad die große Gesellschaft, besonders der europäische Hochadel, ein Stelldichein. Das Gedenken an polnische Badegäste wird heute besonders gepflegt. Aus der großen Zahl bedeutender deutscher Badegäste und Besucher seien erwähnt: Die Dichter Heinrich Hoffmann v. Fallersleben und Carl von Holtei, die Maler der Romantik Caspar David Friedrich und Friedrich Georg Kersting. Johann Wolfgang v. Goethe interessierte sich für die einst in Warmbrunn betriebene

Kunst der Steinschneider (Siegel). 1790 bestieg er von hier aus die Schneekoppe.

Sehenswürdigkeiten

Beginn des Rundgangs nahe dem Zacken bei der Propsteikirche. In der ul. Kościelna (Klosterstraße) rechter Hand das *»Steinerne Haus«*, auch *»Langes Haus«* genannt, ältestes Kurgebäude von Bad Warmbrunn; anstelle eines Holzbaues von 1537 von den Zisterziensern im Jahre 1546 als imposanter Steinbau errichtet, endgültige Gestalt von 1691–93 mit zwei Barockportalen. Daneben im *Klosterhof* sind die gärtnerischen Anlagen zerstört, im hinteren Teil verwilderter Lagerplatz der Badeverwaltung. Den Hof umgeben die Gebäude der alten *Zisterzienser-Abtei*, 1712–14 wiederaufgebaut, heute katholisches Pfarramt.

Den Entwurf zum Neubau der *Pfarrkirche* fertigte der Hirschberger Stadtbaumeister Kaspar Jentsch. Unter dem freistehenden Glockenturm (1710) Zugang zum *Friedhof*. Links an der Mauer 13 Renaissance-Grabsteine aus den Jahren 1579–1624 von einer Seitenlinie der Grafen Schaffgotsch, aus der Kirche von Seifersdorf (Radomierz) hierher versetzt. Gegenüber an der Kirchenmauer eine Gedenktafel für Benjamin Klapper, Gräflich Schaffgotsch'scher Haussekretär (»Die Achtung seines Herrn setzte ihm dieses Denkmal«). Links des Kircheneingangs prunkvolles Gartenportal von 1779. In der Kirche hängt als bedeutendstes Kunstwerk das *Hochaltarbild* einer Himmelfahrt Mariens von Michael Willmann. Sieben Heiligenbilder stammen von dem Maler Carl Hermann aus Oppeln (1821). Die Holzschnitzarbeiten des Hauptaltars, der Kanzel und des Altars der 14 Nothelfer entstanden 1716–17 in der Schnitzerwerkstatt des Klosters Grüssau.

Der *»Quellenhof«* gegenüber dem »Steinernen Haus« wurde 1937/38 auf älteren Grundlagen neu errichtet. An ihn schließen sich die Heilquellen-Pavillons aus dem 18. Jahrhundert an mit Kuppeln aus dem 20. Jahrhundert.

Ein weiteres bedeutendes Baudenkmal ist das *Stammschloß* der Grafen Schaffgotsch am plac Piastowski (Schloßplatz), errichtet 1784–1809 nach Entwurf des Oppelner Baumeisters Johann George Rudolf; spätbarocker Hufeisenbau mit zwei prächtigen Portalen, verziert mit den gräflichen Wappen. Das Schloß wurde nach der Plünderung von 1946 wieder instandgesetzt und dient einer Zweigstelle der Technischen Hochschule Breslau. Von der Inneneinrichtung ist der kleine Saal sehenswert. Die umfangreiche Schaffgotsche Bibliothek wurde in die Nationalbibliothek nach Warschau überführt. Hinter dem Schloß der Kurpark, an der Promenade das *Kurhaus* (1868) und auf der anderen Seite zwei klassizistische Bauten, die *Galerie* (1798–1800) von C. G. Geißler sowie das *Kurtheater* (1836) von Adalbert Tollberg, gräflicher Baumeister und Schinkel-Schüler. An den *Kurpark*, 1713 angelegt, 1819 erweitert, schließt sich der sogenannte *Füllner-Park* an, 1933 von dem Fabrikanten Füllner dem Bad vermacht. Dort befindet sich im norwegischen Blockhaus jetzt das ornithologische Museum. Am Rande des Kurparks die *Holzschnitzschule*, gegründet 1902. Sie trug erheblich zum Ruf des heimischen Schnitzhandwerks bei und erlangte unter Cyrillo del' Antonio (geb. 1876 in Monea/Südtirol, 1922–45 Direktor) als Kunstgewerbeschule einen weit über Schlesien hinausgehenden Ruf. Sie wird als erweiterte Kunsthandwerkerschule fortgeführt.

Am Ende des plac Piastowski (Schloßplatz) die evangelische *Kirche;* sie wurde nach 1945 eine Zeitlang noch von einer deutschen evangelischen Restgemeinde benutzt. Schlichter Saalbau nach Entwurf des Hirschberger Baumeisters Demus, Predigtkirche entsprechend der Tradition von C. G. Langhans mit dem hierfür üblichen Kanzelaltar. Das Gotteshaus gehört zu den wenigen evangelischen Kirchen, welche eine zahlenmäßig schwache polnische evangelische Gemeinde übernahm. Sie bemüht sich mit unzureichenden Mitteln um die Instandhaltung.

**3 km bis
HERMSDORF/KYNAST,** *früher Kr.
Hirschberg
Jelenia Góra – Sobieszów*

Einst vielbesuchte Sommerfrische und Endstation der »Hirschberger Talbahn« (Straßenbahn), am Fuße des steil aufragenden 627 m hohen Granitfelsens, dessen Kuppe die sagenumwobene Burgruine Kynast krönt.

Im Ort das Schloß (1705–12), erbaut von dem Bunzlauer Maurermeister Elias Scholz. Es schließt den einstigen Gutshof ab und war Sitz der Gräflich Schaffgotschen Verwaltung, heute eine landwirtschaftliche Oberschule. Die evangelische Pfarrkirche, heute römisch-katholisch, ist ein Saalbau

des Hirschberger Baumeisters George Porrmann (1744–45) mit zwei Reihen von Fenstern; unbenutzt die alte katholische Pfarrkirche St. Martin. Fortgeführt wird die Kristallschleiferei und -ätzerei, früher »Neumann und Staebe«, 1923 vereinigt mit der Heckertschen Glashütte in Petersdorf (Piechowice) und der Josephinenhütte in Schreiberhau (Szklarska Poręba) zur »Josephinenhütte AG.« Ebenso arbeiten einige alte Betriebe der Holzindustrie und der Touristik weiter (Ausflugsheim, Arbeitererholungszentrum). Am Fuße des Kynast (ul. Chałubińskiego) ist der Sitz der Direktion des Naturparkes Riesengebirge »Karkonoski Park Narodowy«, der 56 km^2 umfaßt. Im Museum eine Sammlung von Mineralien und Gesteinen des Riesengebirges, Bildtafeln, geologischen Landkarten und Fotografien, die den geologischen Aufbau, Entwicklung der Bodengestaltung, Klima usw. erläutern, ein plastisches Modell der Berge und eine Bibliothek, die den Naturpark betrifft. (Wanderung auf Burg Kynast – vgl. S. 128)

3. Fahrten und Wanderungen von Hirschberg

ROUTE 1   Gebirgsvorland – Westteil

Hirschberg-Hermsdorf (Jelenia Góra-Sobieszów) – Agnetendorf (Jagniątków) – Kiesewald (Michałowice) – Kochelfall (Wodospad Szklarki) – Schreiberhau (Szklarska Poręba) – Rückfahrt von Petersdorf (Piechowice) links Umgehungsstraße Kaiserswaldau (Piastów) – Hirschberg-Stadtzentrum (Jelenia Góra) oder über Bad Warmbrunn (Cieplice Zdrój). 50 km

AGNETENDORF *(Jagniątków)*

»Haus Wiesenstein«, Wohnsitz des Dichters Gerhart Hauptmann von 1902 bis zu seinem Tode am 6.6.1946. Das Haus des größten deutschen Dramatikers des 19./ 20. Jahrhunderts liegt im oberen Teil des langgestreckten Gebirgsdorfes hinter einem kleinen Waldstück im Park rechts der Straße. Es wurde 1900/01 von Hans Griesebach

im Jugendstil erbaut, in der Empfangshalle Wandgemälde des Malers Joh. M. Avenarius. In vielen Dichtungen und Dramen Gerhart Hauptmanns leben die deutschen Bewohner des Riesengebirges fort. Das Schauspiel »Die Weber« (1892), das im Eulengebirge spielt, erlangte Weltruf. Bei Kriegsende 1945 ließ der russische Marschall Schukow dem Dichter einen Schutzbrief ausstellen.

Angesichts der drohenden Vertreibung erschüttern seine letzten Worte: »Bin ich noch in meinem Haus?« Polnische Gedenktafel an der Seite des Hauses, eines heutigen Kinderheims. Besichtigung nur in Ausnahmefällen für geschlossene Gruppen nach Anmeldung durch den polnischen Reiseleiter.
(Wanderungen von Agnetendorf – siehe S. 130)
Von Agnetendorf abwärts über die Sommerfrische Kieswald (Michałowice) ins Tal des Großen Zacken (Kamienna) und sodann auf der von Petersdorf (Piechowice) kommenden Straße links aufwärts. Sie folgt dem Durchbruch des *Großen Zacken* zwischen hohen Felswänden entlang der Talsohle an schäumenden Wasserstürzen vorbei als eine der schönsten Autorouten des Gebirges. An der Einmündung der Kochel Parkplatz – Knotenpunkt von Wanderpfaden – 10 Min. zu Fuß zum *Wasserfall der Kochel* (Wodospad Szklarki), kleine Berghütte des PTTK »Kochanówka«. Im Zackental aufwärts, an der Schleife des Baches Abzweigung nach Mittelschreiberhau (Szklarska Poręba Średnia) vgl. S. 121.

SCHREIBERHAU, *Kr. Hirschberg*
(früher getrennte Gemeinden Ober-, Mittel- und Niederschreiberhau)
Szklarska Poręba, woj. Jelenia Góra (Woj. Hirschberg), seit 1959 Stadtgemeinde

Der Ort zieht sich 20 km lang und 9 km breit – ehemals größte Dorfsiedlung in Preußen – im Tal des Großen Zacken aufwärts, angelehnt an den Südhang des Hochsteins (Wysoki Kamień, 1054 m) im Isergebirge und den Nordhang des westlichen Riesengebirgskammes.

Einwohner
1939: 7601 Deutsche auf 14,63 km^2
1984: ca. 7500 Polen auf 77,23 km^2

Hotel: »LAS« 58–572 Piechowice, ul. Turystyczna 8, Tel. 75-17-29-11, Neubau Kat. I, in der Mitte zwischen Petersdorf und Schreiberhau nahe Kochelfall. Für Gruppenreisen Zimmerbestellungen bei Touristikunternehmen Determann und Kreienkamp, Lazarettstr. 3, D-4400 Münster, Tel. 0251/278600. Neu: Hotel »Sudety«
Motel: Relax, ul. Jeleniogórska 9, Telefon 17-26-95
Pensionen: Pensjonat Alfa, ul. Turystyczna 28a, alle Zimmer mit Dusche, WC und Balkon; Pensjonat Gawra, ul. Turystyczna, warmes Wasser, Etagendusche und WC; Pensjonat Hektor, ul. Turystyczna, Zimmer mit Bad; ferner Café mit Zimmervermietung: Kawiarnia »Gencyana«, Kat. I; Pokoje Cościnne, Kat. I, Henryk i Bronisława Kucharczyk, ul. Okrzei 26, Tel. 17-29-53
Berghütten (Schroniska górskie): Schronisko PTTK Kochanówska (przy wodospadzie Szklarki / beim Kochelfall) Tel. 17-24-00, 58-580 Szklarska Poręba; Schronisko PTTK Na Hali Szrenickiej (Neue Schlesische Baude), unterhalb des Reifträger, 58-580 Szklarska Poręba, Tel. Szklarska Poręba 17-24-21 oder Jelenia Góra 67/17-24-21; Schronisko PTTK Pod Łabskim Szczytem (Alte Schlesische Baude), 58-580 Szklarska Poręba, Tel. 17-24-50.
Jugendherberge: Wojtek, ul. Piastowska 1, Tel. 17–21-41, ganzjährig geöffnet
Camping: ul. Demokratów 3, Tel. 17-31-25, Mai–September
Restaurant: Karkonosze, ul. Sikorskiego 2, Kat. II; Polonia, ul. Jedności Narodowej 5, Kat. II; Jelonek, ul. Piastowska 24
Milchbar: ul. Jedności Narodowej
Information: »Orbis«, ul. Jedności Narodowej 13, Tel. 17-23-47
Touristenservice: »Centur-Karkonosze«, ul. 1 Maja 4, Tel. 17-23-93 (Zimmerver-

mittlung für Privatpensionen); Touristenbüro PTTK, ul. Jedności Narodowej 8, Tel. 17-21-23

Lift: Tel. 17-22-37

Taxi: Tel. 17-21-03

Sessellift: zwei Abschnitte – auf den Reifträger (Szrenica), Talstation oberhalb Ortsteil Mariental (Marysin) 708 m, mittlere Station 886 m, obere Station 1344 m. Fahrtdauer auf jedem Abschnitt 12 Min. Abstieg vgl. Bergwanderungen Oberschreiberhau, S. 130 f.

Geschichte

Der Ortsname geht auf die mittelalterliche Rodung zurück. Die ältesten urkundlichen Daten beziehen sich auf die »Glasehütte in der Schribirshau« bzw. »Schreibershow« (1366 und 1372). Die Hütte lag im Niederdorf. Von dort drangen die Glasmacher nach und nach höher in das Gebirge vor. Sie rodeten den Wald rings um den Glasofen, verlegten dann die Hütte tiefer in den Wald und überließen das gerodete Land den Waldbauern zur Besiedlung. Unter der seit 1616 im Weißbachtal ansässigen Familie Preußler blühte die Glasmacherei auf, ging aber Anfang des 18. Jahrhunderts zurück. Eine neue Epoche begann durch die von Graf Leopold Schaffgotsch 1842 gegründete Josephinenhütte. Sie gewann unter ihrem Leiter Franz Pohl (gest. 1884) und seinem Sohn rasch an Ansehen. Pohl erfand wieder die Herstellung einer besonderen Gattung der Fadengläser, deren technisches Verfahren seit dem Mittelalter verloren gegangen war. Die Josephinenhütte entwickelte sich zur bedeutendsten Kunstglashütte Schlesiens und war lange Zeit das einzige Unternehmen im preußischen Staate, das sich mit der Herstellung von Kristallglas und dessen Verarbeitung zu Kunstfabrikaten befaßte. Früh verlegte sie sich auf die industrielle Herstellung von wertvollen Luxusgläsern. In Verbindung mit Schliff, Gravur und Malerei wurden die mannigfaltigsten Effekte erzielt und immer wieder Kunstwerke geschaffen, die der Josephinenhütte im vorigen Jahrhundert auf Weltausstellungen Preise und höchste Auszeichnungen einbrachten. Seit 1956 arbeitet sie als »Huta Julia« weiter.

Fremdenverkehr

Weitreichende Folgen hatte im Jahre 1902 die Herstellung des Eisenbahnanschlusses für das langgestreckte Dorf mit 6 Bahnhöfen: Nieder-, Mittel-, Oberschreiberhau, Josephinenhütte, Jakobstal, und jenseits des Passes Strickerhäuser (1945 an die Tschechoslowakei). Durch die verkehrsmäßige Erschließung entwickelte sich das flächenmäßig größte Dorf in Preußen zu einem der bedeutendsten Fremdenverkehrsplätze Schlesiens und wurde als heilklimatischer Ort beliebt und berühmt. Die schneesichere Lage begünstigte nach dem Ersten Weltkrieg mit dem allgemeinen Aufkommen des Skilaufes den Aufschwung zum ersten Wintersportplatz in Schlesien (Rodelbahnen, Skisprungschanze – Europa-Meisterschaften). Heute größter Ferienort der Sudeten: 99 Heime des Feriendienstes für Werktätige mit über 3000 Betten und 24 Ferien- und Erholungsheime verschiedener Institutionen, untergebracht in den früheren Sanatorien, Fremdenverkehrsheimen und Privatpensionen. Sie verteilen sich in Oberschreiberhau auf die drei Ortsteile Mariental (Marysin) im Zentrum mit einem Villenviertel rechts des Zacken, Weißbachtal (Biała Dolina) von der Mündung des Weißbach bis zum Hang des Hochsteins und Josephinenhütte (Huta) im oberen Tal des Großen Zacken.

Mittelpunkt des Fremdenverkehrs sind wie früher der Knotenpunkt am Königsplatz unterhalb des Bahnhofs und die anschließende Ladenstraße ul. Jedności Narodowej (Wilhelmstraße). Hier befinden sich die Verwaltungsstellen: »Orbis«, Touristenbüro PTTK, Geldwechselstube »Narodowy Bank Polski«, Postamt. Laut polnischem Reiseführer werden Bergführer im Büro des PTTK vermittelt. Am Königsplatz zweigt auch die »Sudetenstraße« nach Bad Flinsberg (Świeradów Zdrój) ab, deren Auffahrt bis zur »Todeskurve« allein wegen der Aussicht lohnt (P). Vgl. S. 100.

Die *Eisenbahnverbindung* von Hirschberg bis zum Paß von Jakobstal ist die schönste Bergstrecke von Schlesien mit einer Steigung über 500 m und Ausblicken bald auf das Gebirge, bald in das Warmbrunner Tal. Die Strecke zieht sich in einer Doppelkehre aufwärts und am Hang des Zackenkammes entlang, überquert den Kleinen Zacken, der vom Isergebirge kommt, und durchstößt vor Niederschreiberhau in einem 145 m langen Tunnel das Ostende des Iserkammes. Den Haupthöhenunterschied überwindet sie vom Bahnhof Petersdorf (Piechowice), 350 m, am Südhang des Iserkammes aufsteigend, bis zum Bahnhof von Oberschreiberhau (704 m). Die Strecke wurde Anfang der 20er Jahre elektrifiziert und stellte eine direkte Fernverbindung von Berlin, Dresden – Görlitz und Breslau her. An der Grenze zur Tschechoslowakei durchstößt sie in einem 280 m langen Tunnel den Iserkamm und führte früher über Gablonz bis Reichenberg, der Hauptstadt des deutsch besiedelten Sudetenlandes. Die elektrischen Züge wurden mit der gesamten elektrischen Anlage 1945 als Reparation von den Sowjets nach dem Kaukasus abtransportiert.

Verkehrsverbindungen heute

Direkte Zugverbindung über Hirschberg mit Breslau (Wrocław), Oppeln (Opole) und Warschau (Warszawa). PKS-Autobusse, direkte Verbindung mit Hirschberg (Jelenia Góra), Breslau (Wrocław), Krummhübel (Karpacz), Bad Flinsberg (Świeradów Zdrój) und Posen (Poznań).

Von Oberschreiberhau mit Pkw Weiterfahrt zum Paß von Jakobstal (Jakuszyce = Przełęcz Szklarska), 886 m, E 65 zum Grenzübergang im breiten Sattel, der Riesen- und Isergebirge trennt. Grenzstation der Eisenbahn und einer der Übergänge im kleinen Grenzverkehr sowie für Einreisende über die ČSFR. Zufahrt mit PKS-Autobus von Hirschberg. Auf der Fahrt Ausblicke auf Reifträger und Isergebirge. Vom Paß Wanderweg – grün, 2¼ Std. an der Grenze entlang zur Neuen Schlesischen Baude (Hala Szrenica), z. Z. für Deutsche gesperrt. Am Paß im Winter gepflegte Skilanglaufloipe. Rückfahrt von Oberschreiberhau oberhalb der Bahnlinie am Hang des Hochsteins entlang nach *Mittelschreiberhau (Szklarska Poręba Średnia)*. Der Ortsteil breitet sich auf einer sanft ansteigenden Bergterrasse zwischen dem Hüttenberg (Hutnicza Góra) und dem Oskarstein (Kępa, 690 m) aus, mit der weithin sichtbaren Kirche im Südteil. Südlich des Bahndammes und nahe der Kirche steht das spitzgiebelige Gebirgshaus, das 1890 Gerhart Hauptmann für sich und seinen Bruder Carl kaufte. Die Brüder lebten hier mit ihren Frauen zusammen, bis Gerhart Hauptmann 1902 auf den Wiesenstein umzog, während Carl das Haus bis zu seinem Tode 1921 bewohnte. 1936 wurde dort ein Heimatmuseum eröffnet. Heute steht das Haus leer.

Der Ortsteil *Niederschreiberhau (Szklarska Poręba Dolna)* schließt sich talabwärts an. In der Dorfmitte die 1755 erbaute evangelische Kirche. Davor Gerichts-Linde mit 6 m Umfang. Im oberen Teil des nahen Friedhofs blieb 1945 das von Maria Poelzig geschaffene Grabmal Carl Hauptmanns erhalten, es wurde leider 1980/81 zerschlagen. Auf dem Grab ist jetzt eine neue Granitplatte mit deutsch-polnischer Inschrift. Carl Hauptmann hatte während seiner Studienzeit in Zürich freundschaftliche Kontakte zu der polnischen Studentin Josepha Kodis-Krzyżanowska.

Unterhalb am Ausgang des Zackentales

PETERSDORF *(Piechowice)*

1967 zur Stadt erhoben, 1984: 6700 Einwohner, volkreiches Gebirgs- und Industriedorf am Übergang des Kleinen Zackens aus der Schlucht zwischen Iser- und Riesengebirge. Seit 1690 unter Ausnutzung der Wasserkraft des Zackens mechanisierte Glastiefschleiferei; 1866 Glashütte Fritz Heckert – Werk für Luxusgegenstände aus Bleikristall, seit

1923 vereinigt mit der Schaffgottschen Josephinenhütte. In Petersdorf als dem Ort des größten Betriebes lag der Sitz des Unternehmens. Auch Papier-, Kunstseiden- und Elektroindustrie. Heute führen zwei große Betriebe diese Tradition fort: eine Papierfabrik und eine Fabrik für Elektromaschinen. Im oberen Teil des Dorfes nahe dem Bahnhof Abzweigung der Umgehungsstraße über Kaiserswaldau (Piastów) mit mehrfachen guten Ausblicken auf das Gebirge zum Zentrum von Hirschberg (Jelenia Góra).

ROUTE 2   Gebirgsvorland – Ostteil

a) Hirschberg (Jelenia Góra) – Erdmannsdorf (Mysłakowice) – Arnsdorf (Miłków) – Krummhübel (Karpacz), 17 km
b) Hirschberg (Jelenia Góra) – Stonsdorf (Staniszów) – Seidorf (Sosnówka) – Brückenberg (Bierutowice) – Krummhübel (Karpacz), 22 km

Die Straße zu a) hat weniger Höhenunterschiede zu überwinden als die zu b), die jedoch die landschaftlich reizvollere und die direkte Zufahrt nach Brückenberg – Kirche Wang ist.
Zu a): Ausfahrt aus Hirschberg, ul. Świerczewskiego (Schmiedeberger Straße). Rechts der Kavalierberg (Wzgórze Kościuszki), hinter dem Friedhof lange Strecke mit Aussicht auf den Riesengebirgskamm.

ZILLERTAL – ERDMANNSDORF
(Mysłakowice)

Die Gemeinde entstand 1937 durch Zusammenschluß zweier historisch unterschiedlicher Siedlungen: dem alten Erdmannsdorf und der Gemeinde Zillertal. In Erdmannsdorf seit 1385 alter Herrschaftssitz. Das Gut erwarb 1816 Feldmarschall Graf Neidhardt von Gneisenau und nach seinem Tode von seinen Erben 1832 König Friedrich Wilhelm III. von Preußen. Der König ließ 1836–40 das Herrenhaus durch Friedrich

Schinkel umbauen, vollendet wurde es unter König Friedrich Wilhelm IV. durch August Stüler 1843 im Stil eines englisch-gotischen Landschlosses. Es wurde Sommersitz der königlichen Familie, Mittelpunkt geselliger Urlaubszeit im familiär-freundschaftlichen Kontakt mit den Nachbarschlössern Fischbach (Prinz Wilhelm), Buchwald (Gräfin v. Reden) und Schildau, das König Friedrich Wilhelm III. 1839 für seine Tochter Prinzessin Luise der Niederlande erwarb, deren Familie es bis 1908 behielt.
Als Erinnerung an diese Zeit hängt noch heute das Bild von Caspar David Friedrich »Auf der Schloßterrasse in Erdmannsdorf« im Schinkel-Pavillon in Berlin-Charlottenburg. Der König hatte das Ölgemälde zusammen mit dem Bild »Das Kreuz im Gebirge« vom gleichen Maler auf der Berliner Kunstausstellung 1810 angekauft. Den Schloßpark gestaltete Lenné im romantischen Stil. Da dieser Gartenarchitekt auch an dem von Graf Reden angelegten Park von Buchwald (Bukowiec) mitwirkte, bildete

41 Riesengebirge. Mittagssteine

42 Die Kynsburg

43   Liebau. Blick ins Tal

44 Schloß Fürstenstein

45 Schönberg bei Lauban. Fachwerkhäuser

46 Langenbielau. Rathaus

47 Bei Hausdorf. Blick zum Eulengebirge

48 Wüstewaltersdorf

49 Bad Kudowa. Sanatorium »Schlößchen«

50 Zobten. Freizeitpark Silberwitz

51 Militsch. Schloß

52 Kloster Leubus

53 Breslau. Remter des Rathauses

54 Breslau. Gesamtansicht der Universität (Oderseite)

55 Kattowitz mit Stadttheater

56 Neisse. Jacobi-Kirche

57 Tarnowitz. Am Ring. Holztürmchen mit Bergmannsglocke (16. Jahrhundert)

58 Oppeln. Stadtblick. Rathaus und Franziskanerkirche

sich im Viereck der aneinandergrenzenden Herrensitze Erdmannsdorf – Buchwald – Fischbach – Schildau – Lomnitz eine fast geschlossene romantische Parklandschaft im östlichen Hirschberger Tal. Neben der Kirche von Erdmannsdorf steht noch ein aus Walfischkiefern zusammengefügtes Tor, früher »Humboldtplatz« genannt, mit Blick auf die Schneekoppe. 1909 wurde das Krongut veräußert. Das Schloß ist erhalten und wird als Internats-Schule benutzt.

Unweit des Schlosses die evangelische Kirche, 1837–40 nach Entwurf von Schinkel erbaut. Die Vorhalle ruht auf antiken Marmorsäulen aus Pompeji. Vor der Kirche stand früher nach dem Entwurf von Christian Rauch ein Kreuz, an dessen Fuß ein schlesischer und ein tiroler Bauernbub eine ovale Tafel mit dem Portrait des Königs hielten. Das Denkmal erinnerte daran, daß König Friedrich Wilhelm III. 1837 auf Fürsprache der Gräfin von Reden 400 Tiroler Bauern aus dem Zillertal aufgenommen hatte. Sie verließen um ihres evangelischen Glaubens willen die Heimat, und der König siedelte sie auf dem Grund und Boden seines Gutes an (Zillertal). Fast alle Häuser in der heimischen Tiroler Bauweise sind erhalten. Über 100 dieser Zillertaler sind 1856 aus Armut nach Chile ausgewandert, wo sie am See Llanquihue große Familien gründeten. Die 1840 in Erdmannsdorf gegründete Spinnerei und Weberei arbeitet weiter. (»Orzeł«)

ARNSDORF *(Miłków)*

Am Fuße des Gräberberges (Grabowiec). Kirche ursprünglich gotisch, 1540 erweitert, barocke Innenausstattung, gotische Marienfigur und Schmerzensmann. In der Außenwand Grabsteine der Krummhübler Laboranten. Vor der Kirche Überrest eines alten Prangers. An der Friedhofsmauer drei Sühnekreuze. Die schöne große Bethauskirche von 1755 wurde nach 1945 ausgeplündert

und später zweckfremd genutzt. Die Umfassungsmauern stehen noch. Das Schloß der Grafen von Schmettau ist erhalten und bewohnt.

Krummhübel (Karpacz) vgl. S. 124 f.

Zu b): Ausfahrt von Hirschberg durch die ul. Mickiewicza (Stonsdorfer Straße) 6 km bis

STONSDORF *(Staniszów)*

Langgestrecktes Bauerndorf in parkartiger Hügellandschaft, links der Prudelberg (Witosza), rechts der Stangenberg (Grodna). Aufstieg zum Prudelberg – gelb – 20 Min. In der in Mittel Stonsdorf gelegenen Dorfkirche wurde bis 1945 evangelischer und einmal im Monat katholischer Gottesdienst gehalten. Glocken aus dem Jahre 1593. In der Nähe der Kirche (km-Stein 5,6) am Straßenrand Sühnekreuz mit Lanze und Schafschere, Werkzeuge, mit denen der Mörder, der das Kreuz stiften mußte, seine Opfer umgebracht hatte. Abseits von dort das Schloß der Prinzessin Reuß Jüngere Linie, ein schlichter Barockbau. 1810 wurde in der Brauerei Stonsdorf zuerst der »Stonsdorfer« gebrannt, ein bei den Schlesiern sehr geschätzter und heute unter diesem Namen in Norderstedt/Stonsdorf hergestellter Kräuterbitterlikör; seit 1868 stand die »Stonsdorferei« in Hirschberg-Cunersdorf.

10 km bis

NIEDER SEIDORF *(Sosnówka Dolna)*

nördlich des Gräberberges (Grabowiec). Katholische Pfarrkirche St. Martin, Barockbau von 1796/97 des Oppelner Baumeisters Johann George Rudolf. Evangelische Kirche von 1816–20 auf mittelalterlichen Grundmauern errichtet.

Am Ortseingang Bushaltestelle PKS. Von dort Wanderweg: gelb – 40. Min. auf den Stangenberg (Grodna) – künstliche Ruine,

Felsengebilde. Entgegengesetzt in südlicher Richtung ebenfalls gelb – ¼ Std. auf den Gräberberg (Grabowiec). Schwarz – 2 Std. nach Hain (Przesieka) über Ida-Esche (Jesion Idy) – Hainfall (Wodospad Podgórnej). Weiterfahrt im Bogen den Berghang aufwärts nach Ober Seidorf (Sosnówka Górna). Von dort kurz vor dem Ortsausgang in südlicher Richtung – gelb – eine Viertelstunde zur St. Anna-Kapelle (Kaplica św. Anny) am Gräberberg, vgl. S. 133, und in scharfen Kehren mit Rückblicken auf das Tal zur Kolonie Hainbergshöhe (Skocznia) – rechts Abzweigung einer kleinen Waldstraße nach Baberhäuser (Borowice). Auf der Höhe der früheren Brotbaude am aussichtsreichen Hang entlang, dann nach Osten steil hinab – vorbei an der Kirche Wang – nach Brückenberg (Bierutowice) – Krummhübel (Karpacz).

KRUMMHÜBEL, *Kr. Hirschberg*
Karpacz, woj. Jelenia Góra (Woj. Hirschberg)

Früher heilklimatischer Kurort, heute bedeutender Erholungsort und Zentrum der Bergtouristik und des Wintersports im Tal der Großen Lomnitz (Łomnica) unterhalb der Schneekoppe.

Einwohner

1939: ca. 2000 Deutsche
1984: 5200 Polen, seit 1960 Stadtrecht

Hotel: Orbis »Skalny«, ul. Obrońców Pokoju 3, Tel. 19-721, Telex 075506, Kat. **** mit Restaurant; Pensjonat »Orlinek«, ul. Olimpijska 9, Tel. 19-567, 19-548, Telex 075192, Kat. II (Altbau, früher: »Teichmannbaude« in Brückenberg) mit Restaurant; Pensjon »Konradówka«, Inhaber: Konrad Chmielinski, ul. Armii Czerwonej 29 B, PL-58-580 Karpacz; Pensjonat »Emilia« (nahe Ortsmitte); Pensjonat »Paradaise« (nahe Sessellift);

weitere Privat-Pensionen vermitteln Polorbis Köln und Orbis Karpacz (Krummhübel)
Jugendherberge: »Liczyrzepa«, ul. Gimnazjalna 9, Tel. 19-290, Kat. II
Camping: des PTTK ul. 1 Maja 8, Tel. 19-316, Kat. III
Restaurant: »Biały Jar«, ul. 1 Maja 79, Tel. 319, Kat. II (im gleichnamigen Hotel; weitere Restaurants im Ort.
Café: »Astra«, ul. Obrońców Pokoju 1; »Mieszko«, ul. 1 Maja, u. a.
Touristenauskunft: »Orbis«, ul. 1 Maja 50, Tel. 19-547; PTTK »Sudety«, ul. 1 Maja 8, Tel. 19-316
Verkehr: Bahnhof am unteren Stadtrand. Bequemste Zufahrt mit PKS-Bus von Hirschberg. In der Stadt 7 Haltestellen, Haupthaltepunkt für Busse bei Hotel »Biały Jar«.
Koppenlift (Auffahrt zur Kleinen Koppe/Kopa) in Brückenberg an der Straße oberhalb von »Orlinek« (Teichmannbaude). Fußweg vom Zentrum (»Biały Jar«) schwarze Markierung.

Geschichte

Holzarbeitersiedlung aus dem 16. Jahrhundert, auch Weidewirtschaft. Bekannt wurde der Ort durch die »Laboranten«, das waren Laienapotheker, die den Kräuterreichtum der Gegend ausnutzten. Sie stellten auf Grund sich wandelnder Erfahrungen und Kenntnisse Arzneien her und vertrieben sie weit über die Grenzen Schlesiens hinaus (Leipziger Messe, Polen und Rußland). Bereits Ende des 17. Jahrhunderts zunftmäßige Organisation. Blüte im 18. Jahrhundert. »Der letzte Laborant« Ernst August Zölfel wird von Theodor Fontane 1891 in einer Erzählung geschildert. Er wurde von Kaiser Wilhelm I. mit dem Kronorden IV. Klasse ausgezeichnet, starb 1884. Seit Ende des 19. Jahrhunderts Entwicklung des Fremdenverkehrs.

Lage und Sehenswürdigkeiten

Der Erholungsort zieht sich auf Stufen weit hingestreut zwischen bewaldeten Höhen an den steilen Hängen des Lomnitztales von Unter-Krummhübel (535 m) über Ober-Krummhübel bis nach Brückenberg (Bierutowice) und der Kirche Wang (885 m) aufwärts. Zur Gemeinde gehören wie früher im Süden am Ausgang des Melzergrundes (Dolina Łomniczki) im Tal der Kleinen Lomnitz, einstmals »Plagnitz« (Łomniczka), der Ortsteil Wolfshau (Wilcza Poręba) und im Westen im Tal des Gründelbaches (Dziki Potok) hangaufwärts der Ortsteil Querseifen (Zarzecze). An der 7 km langen Hauptstraße (ul. 1 Maja) liegen in Unter-Krummhübel rechts der Straße die frühere katholische Kirche (1910) und links die frühere evangelische (heute katholische) Kirche (1908) und nahebei der Kurpark. An seinem Ostrand wurde in einem stilgerechten Gebirgshäusel 1936 ein Heimatmuseum eingerichtet. Es besteht heute als »Muzeum Sportu i Turystyki Regionu Karkonoskiego« weiter mit Ausstellungsstücken zur Entwicklung des Skilaufes, nach dem Selbstverständnis der Polen fortgeführt bis zur Gegenwart. An der Hauptstraße liegen Fremdenheime, Ämter und an der Grenze von Nieder- nach Ober-Krummhübel (*Brückenberg*) der Knotenpunkt der Wanderwege beim Hotel »Biały Jar« (ul. Olimpijska). An den steilen Wiesenhängen liegen breit hingestreut die ehemaligen Hotels und Fremdenpensionen, fortgeführt als 67 Heime des Feriendienstes für Werktätige mit ca. 3000 Plätzen und weitere 30 Ferienzentren

verschiedener Institutionen. Die Sehenswürdigkeit des Ortes ist *Kirche Wang* auf einem kleinen Hochplateau *oberhalb von Brückenberg.*

Die aus der Zeit um 1200 aus Vang in Norwegen stammende Stabholzkirche ersteigerte der Dresdner Kunstmaler Johan Chr. Cl. Dahl 1840 (Verkauf zum Abbruch) für König Friedrich Wilhelm IV. von Preußen. Nach sorgfältigem Abbruch wurden die einzelnen Teile per Schiff über Bergen und Stettin nach Berlin transportiert. Auf Betreiben der Gräfin von Reden auf Schloß Buchwald, einer Wohltäterin der Bergbewohner, schenkte der König die Kirche der von ihm neu gegründeten evangelischen Pfarrei für die Bewohner der abgelegenen Gebirgsdörfer und Bauden. Er ließ sie durch den Königlichen Baumeister Hamann 1842–44 ergänzen und zusammensetzen. Auf dem vom Grafen Schaffgotsch zur Verfügung gestellten Kirchplatz wurde zugleich neben der Kirche der massive Turm nach einem Entwurf von Baumeister Stüler und ein Pfarrhaus mit Schule erbaut. Die Kirche wurde zu einem Symbol für die Schlesier, Einheimische wie Touristen, dazu trugen die in die Berglandschaft passende Eigenart und die besondere Geschichte des Gotteshauses bei. Jetzt wird die Kirche von einer kleinen evangelisch-augsburgischen Gemeinde benutzt und aus den Einkünften der Besichtigungen erhalten. Führungen für Gruppen in deutscher Sprache. Am Steilhang ist ein Gedenkstein für die Gräfin Reden eingelassen (vgl. Buchwald, nächste Seite).

ROUTE 3   Durch das östliche Vorland

Hirschberg (Jelenia Góra) – Fischbach (Karpniki) – Buchwald (Bukowiec) – Schmiedeberg (Kowary) – Krummhübel (Karpacz) – Baberhäuser (Borowice) – Giersdorf (Podgórzyn) – Hirschberg 70 km

Ausfahrt entlang der Eisenbahn Richtung Falkenberge (Sokole Góry) 6 km bis

FISCHBACH *(Karpniki)*

Langgestrecktes Dorf am Fuße der Falkenberge. Unterhalb des Kreuzberges (Krzyżna Góra) liegt inmitten des Parks *Schloß Fischbach*, 1844 von Prinz Wilhelm von Preußen errichtet nach einem Entwurf von August Stüler, der das frühere Renaissanceschloß umbaute. Auf der Rückseite noch ein Renaissanceportal mit Jahreszahl 1603. Der 1822 von Prinz Wilhelm erworbene alte Adelssitz gelangte durch seine Tochter Elisabeth, Gemahlin des Prinzen Carl von Hessen und bei Rhein, an das großherzogliche Darmstädter Haus. Letzter Besitzer war Prinz Ludwig von Hessen und bei Rhein. Im II. Weltkrieg waren viele wertvolle Stücke des Darmstädter Schloßmuseums hierhin ausgelagert. Kurz vor dem Einmarsch der Sowjets im Februar 1945 brachte der letzte schlesische Landeskonservator, Günther Grundmann, u. a. das wertvollste Bild, die »Madonna von Holbein«, auch Darmstädter Madonna genannt, in den Westen. Sie hängt wieder im staatlichen Museum in Darmstadt. Das Schloß wurde 1945 ausgeplündert. 1956 wurde dort eine Psychiatrische Heilanstalt untergebracht, zur Zeit steht das Gebäude leer und verfällt. Das evangelische Bethaus brannte nach 1945 ab, die Außenmauern stehen noch.

Wanderweg vom Parkplatz am Fuße des *Kreuzberges* über die *Schweizerei* (Schronisko PTTK Szwajcarka), Jagdhaus des Prinzen Wilhelm von Preußen, zum Gipfel mit großartigem Rundblick auf das Hirschberger Tal und das Gebirge. Blau markierter Waldweg, vorbei an großen Felsgruppen zum *»Mariannenfels«* (Starościńskie Skały), Aussichtspunkt, 1 Stunde (siehe S. 130).

In Fischbach katholische Kirche St. Hedwig, zweite Hälfte 16. Jahrhundert, Wetterfahne 1589, aus dieser Zeit Zinnenbekrönung des Turmes.

BUCHWALD *(Bukowiec)*

liegt rechts der Hauptstraße. Das bescheidene *Schloß* war Sitz des preußischen Bergwerksministers Friedrich Wilhelm Graf von Reden. Er erwarb es 1787 und ließ es im Geschmack des Klassizismus umbauen. Sein Name ist mit der Entwicklung Oberschlesiens zum Industrie- und Bergbaugebiet untrennbar verbunden. Das Schloß wurde sein Ruhesitz, als er 1807 wegen seines während der Besetzung Berlins durch die Franzosen auf Napoleon geleisteten Untataneneides aus dem preußischen Staatsdienst entlassen worden war. Friederike Gräfin von Reden, geb. Freiin v. Riedesel zu Eisenbach-Lauterbach (Hessen), setzte nach dem Tode ihres Mannes (1816) die Entwicklung ihres Besitzes zu einem landwirtschaftlichen Mustergut fort. Sie unterhielt enge Beziehungen zum Berliner Hof und machte sich um die sozialen Belange der Bergbewohner verdient. Als sie 1854 starb, ehrte sie König Friedrich Wilhelm IV. durch einen Gedenkstein bei der Kirche Wang. Mit einer ausführlichen Darstellung der Geschichte der Kirche ist er erhalten. Nach 1945 wurde Buchwald mit dem unversehrten Schloß Gut der Landwirtschaftlichen Hochschule Breslau (Wrocław); jetzt ist im Schloß eine Schule untergebracht. Der von dem Ehepaar v. Reden angelegte Schloßpark gehörte zu den schönsten europäischen Parkanlagen. Er lohnt einen Besuch, auch wenn er sich zur Zeit in keinem guten Zustand befindet. Das Grab des Grafen Reden wurde 1945 zerstört.

Im Dorf alter »Fürstenkretscham« (»Pod Strzechą«). Hier fand eine von Reden vermittelte geheime Zusammenkunft zwischen Stein und Hardenberg am 14. 9. 1810 statt. Nahebei ein Sühnekreuz mit eingemeißelter Lanze.

SCHMIEDEBERG, *Kr. Hirschberg*
Kowary, woj. Jelenia Góra, (Woj. Hirschberg)

Alte Bergbaustadt an der Straße Hirschberg–Landeshut (Kamienna Góra).

Einwohner

1939: 6638 Deutsche auf 30 km²
1984: 12000 Polen auf 33,6 km²

Hotel: »Kuznica«, ul. Leśna 1, Tel. 20–51, Kat. II.

Geschichte und Wirtschaft

Erster urkundlicher Beleg 1355: Herzog Bolko II. v. Schweidnitz und seine Gemahlin Agnes sichern der Gemeinde Hirschberg zu, daß der bei Schmiedeberg geförderte Eisenstein nur im Weichbild der Stadt Hirschberg verhüttet werden dürfe. Seit 1401 Grundherrschaft Gottsche Schoff (Grafen v. Schaffgotsch). 1513 volles Stadtrecht. Bis zum 30jährigen Krieg Bergbau, Eisenverhüttung und -verarbeitung, danach Leinenhandel. Bis heute Gewinnung von Magneteisenstein. Dazu Fertigung von Teppichen, Fabrik für technisches Porzellan, Maschinenbaufabrik.

Sehenswürdigkeiten

Der langgezogene Ort zerfiel ursprünglich in die Teile Ober-, Mittel- und Unter-Schmiedeberg, gelegen an einer durchgehenden Straße. Durch ihre Erweiterung entstand der Marktplatz. Die mittelalterliche Bebauung wurde durch große Brände, zuletzt 1792, vernichtet. Nur noch wenige Bauteile der *katholischen Pfarrkirche* gehen auf die Gotik zurück. Der heutige Bau stammt vom Anfang des 16. Jahrhunderts, nach 1792 erneuert. Im Innern Ausschmückung im Barockstil. An der Außenmauer Gruftkapellen aus dem 18. Jahrhundert teilweise erhalten. Auf der Brücke über die Eglitz (Jedlica) *Nepomuk-Figur.* In der

Hauptstraße klassizistisches *Rathaus* von 1788, aus der gleichen Zeit Bürgerhäuser. Im oberen Ortsteil auf einem Hügel *St.-Anna-Kapelle* von 1727. Zu beiden Seiten der 6 km langen Hauptstraße Aussichten auf den Talkessel und das Gebirge.

Am Rathaus Ausgangspunkt der Wanderwege: Grün – 2 Std. – zu den Friesensteinen (Skalnik) 945 m, auf den Landeshuter Kamm (Rudawy Janowickie), Ausblick auf den gesamten Riesengebirgskamm. Gelb – 3 Std. – auf den Tafelstein (Skalny Stół), 1281 m. 2 Std. – auf den Forst- oder Schmiedeberger Kamm (Kowarski Grzbiet), von dort weiter über die Schwarze Koppe (Czarna Kopa) zur Schneekoppe (Śnieżka). Blau – 2½ Std. – nach Fischbach (Karpniki) über Buchwald (Bukowiec).

Weiterfahrt über *Krummhübel (Karpacz)* – *Brückenberg (Bierutowice).* Nach Überwindung der Paßhöhe am Nordende von Brückenberg nach 2 km bei der Kolonie Hainbergshöhe (Skocznia) links die Nebenstraße ab zu den

BABERHÄUSERN *(Borowice)*

Kleine Sommerfrische mit Gebirgsbauden, verstreut in einer rings von Waldhöhen umsäumten Wiesenmulde (560–700 m). Früher hier »Max-Heinzel-Stein-Baude« bei dem nach dem schlesischen Mundartdichter Max Heinzel (1833–98) benannten Felsen.
Auf dem unteren Teil der nach oben gesperrten Spindlerpaßstraße nach

GIERSDORF *(Podgórzyn)*

Der obere Teil des Dorfes ist Luftkurort, der untere Teil hat landwirtschaftlichen Charakter. Spätbarocke Kirche auf den Überresten eines mittelalterlichen Bauwerkes. Das evangelische Bethaus am Ortsrand, 1983 von der katholischen Gemeinde restauriert, ist weithin sichtbar. Im Tal die Giersdorfer Fischteiche. Sie bilden inmitten von Wiesen einen beliebten Vordergrund im

Frühling und Herbst für Bilder mit dem Riesengebirgskamm im Hintergrund. Am Nordausgang von Giersdorf Restaurant »Nad Stawamy«.
(Wanderungen von Baberhäusern und Giersdorf siehe 4. von Agnetendorf, weiter unten).
Zurück nach Hirschberg.

WANDERUNGEN

1. Hirschberger Talkessel (Kotlina Jelenio-górska)

Wer ins Riesengebirge reist, denkt als Wanderer in erster Linie an den Kamm und die Schneekoppe. Da das Wetter diesem Vorhaben sehr oft nicht günstig ist und bei einem längeren Aufenthalt auch weniger anstrengende Touren sinnvoll sind, geben wir aus der großen Auswahl markierter Wanderwege nachstehende Empfehlungen:
Auf den *Prudelberg* (Witosza), 484 m, bei Stonsdorf (Staniszów).
Von Hirschberg – gelb – 3¼ Std. Aus der Stadt Richtung Südosten über den Kavalierberg (Wzgórze Kościuszki), geologisches Gebirgsprofil! – dann links, später rechts der Landstraße nach Stonsdorf über die Granitkuppen, die das Warmbrunner Tal zur Rechten vom Erdmannsdorfer Tal zur Linken trennen.
Von Bad Warmbrunn (Ciepl. Zd.) – grün – 1¼ Std. Vom Zentrum plac Piastowski (Schloßplatz) ul. 1 Maja bis ul. Krośnieńska, alte Straße bis Mittel-Stonsdorf (Staniszów) (1 Std.), von dort 20 Min. auf den Berg.
Von Erdmannsdorf (Mysłakowice) – schwarz, grün und gelb – 1¾ Std. – über den Kreuzberg (Krzyżowa Góra) und den Ostrand von Stonsdorf zum Prudelberg.
Von Ober-Stonsdorf auf den *Stangenberg* (Bukowa) 467 m – gelb – 40 Min.
Im Dorfzentrum bei der Kirche links abbiegen, rechts bleibt der charakteristische Buchberg liegen, geradeaus auf den breithingelagerten Stangenberg.

Von *Erdmannsdorf* (Mysłakowice) auf den *Stangenberg* – schwarz – 1¼ Std. – über die »Dürre Fichte« (Suchy Świerk).

Zur *Burg Kynast* (Chojnik) – 627 m. Seit der Romantik für die Schlesier eine der volkstümlichsten Burgen.
Anfahrt für Nichtmotorisierte von Hirschberg: Eisenbahn Jelenia Góra – Sobieszów, MPK-Bus (Stadtverkehr Hirschberg am Bahnhof) PKS-Bus (Fernverkehr plac Obrońców Stalingradu).
Aufstieg vom Parkplatz am Ortsausgang in Hermsdorf (Sobieszów) – schwarz – bequemer Weg 1¼ Std.
Von Agnetendorf (Jagniątków) – PKS-Haltestelle – grün – 1½ Std. – bis zum Höllental (Piekielna Dolina), sodann zur Burg aufwärts – gelb und schwarz.
Von Saalberg (Zachełmie) – schwarz – ¾ Std. an der Brücke treffen die Markierungen von Hain (Przesieka) – grün – und von Giersdorf (Podgórzyn) – gelb – zusammen. Hinauf zur Burg durch das Höllental.

Die nach Brand durch Blitzschlag von 1675 erhalten gebliebenen Mauern stammen vorwiegend aus dem 16. Jahrhundert (Basteien, Schießscharten). Wichtigster Rest der mittelalterlichen Burg ist der Bergfried (Turm) und Pallas mit Kapellenerker. In der Mitte des Burghofes Staupsäule. Zu deutscher Zeit im Sommer Burgfestspiele – Sage von Kunigunde und dem Ritter, der die ihren Bewerbern gestellte Aufgabe, den Umritt auf der Burgmauer über dem Höllental, bestand. Als er sie dann verschmähte, stürzte sich Kunigunde selbst in den Abgrund. Vom 30 m hohen Burgturm großartiger Rundblick auf den östlichen Kamm mit Koppe und das östliche Hirschberger Tal. Nach 1966 Konservierungsarbeiten an der Burg. Im großen nördlichen Wehrturm altes Gasthaus, jetzt Berghütte der PTTK, während der Sommersaison Restauration (Tel. Jelenia Góra 535–35).

2. *Zur Talsperre Mauer* (Jezioro Pilchowickie) grün – 3½ Std.
Vom Zentrum in Hirschberg (plac B. Stalingradu) über die Zackenbrücke ul. Sobieskiego (Greiffenberger Straße) – Ausfahrt Richtung Görlitz (Zgorzelec), dann im Bobertal
links des Bober am Hausberg (Wzgórze
Krzywousty) und Helikon (Siodło) vorbei
in die Sattlerschlucht (Borowy Jar). Auf dem
Hausberg Aussichtsturm von 1911 mit
großartiger Rundsicht, soweit geöffnet. Die
Sattlerschlucht des Bober trennt die Ausläufer des Isergebirges vom Bober-Katzbach-
Gebirge. Schmaler, von Wald und Fels um-
rahmter Stausee der 1925 erbauten Talsperre
»Weltende« (Jezioro Modre). Ehemalige
Turmsteinbaude, heute Wanderheim (Dom
Wycieczkowy »Perła Zachodu«), Restauration ganzjährig geöffnet. Weiter im Bobertal nach Boberröhrsdorf (Siedlęcin) –
gelb und grün – 30 Min. Dort Wohnturm –
vgl. S. 100.
Von Boberröhrsdorf schließt sich bis
Boberullersdorf (Wrzeszczyn) eine zweite
Talsperre mit 3 km langem See im Bobertal
an. Sie geht boberabwärts über in die dritte,
die große Talsperre von Mauer (vgl. S. 100).

3. *Zu den Falkenbergen (Sokole Góry)* und
dem *Landeshuter Kamm (Rudawy Janowickie)*
Der *Landeshuter Kamm* schließt den
Hirschberger Kessel nach Osten ab. Er erstreckt sich mit seinem bewaldeten Hauptkamm vom Schmiedeberger Paß (Przełęcz
Kowarska) im Süden bis zum Durchbruch
des Bober bei Jannowitz (Janowice Wielkie)
im Norden. Höchste Berge sind die Friesensteine (Skalniki) und der Ochsenkopf (Wołek). Mehrere Gebirgsbäche zerschneiden
den durchgehend bewaldeten Kamm nach
Westen in zahlreiche Nebenrücken, getrennt durch malerische Täler. Der Fremdenverkehr bevorzugt als Ziele die Friesensteine und die dem Kamm vorgelagerten
beiden Falkenberge (Sokole Góry) – den

Kreuzberg (Krzyżna Góra) im Süden und
den Forstberg (Sokolik) im Norden. Von
diesen Gipfeln bietet sich eine umfassende
Aussicht auf das Riesengebirge und das
Hirschberger Tal. Die schroffen Granitke-
gel der Falkenberge lockten schon immer
Bergsteiger und Kletterer an. Am Fuße des
Kreuzberges liegt die einzige Berghütte die-
ses Bereiches, das ehemalige Schweizerhaus.
Es wurde 1828 vom preußischen Staat er-
richtet und diente zuerst als Forsthaus und
Jagdhütte – ein malerischer Holzbau im
Alpenstil, ähnlich den Häusern der Zillerta-
ler Einwanderer. Für Bergwanderer, d. h.
für bescheidene Ansprüche, ist die Hütte ein
geeigneter Ausgangspunkt.
Anschrift: Schronisko PTTK »Szwajcarka«
w Górach Sokolich, 58–515 Karpniki,
Tel. 62–83 oder Direktwahl von Hirschberg
(Jelenia Góra).
Zugang von der Bushaltestelle in Fischbach
(Karpniki), gelber Weg, etwa 20 Min. Die
Anzahl der markierten Wanderwege ist
groß.
Von Hirschberg (Jelenia Góra) Zufahrt mit
Bahn oder Bus nach Jannowitz (Janowice
Wielkie) im Bobertal.
Das große Dorf hat Landwirtschaft und
Industrie, u. a. eine Papierfabrik seit dem
17. Jahrhundert. Die katholische Kirche
St. Marien ist ein spätgotischer Bau von
Ende des 15. Jahrhunderts, im 16. Jahrhun-
dert ausgebaut. Fragment eines Altar-
schreins »Himmelfahrt Mariens« aus dem
15. Jahrhundert. Die ehemalige evangelische
Kirche (18. Jahrhundert), barock, jetzt rö-
misch-katholisch, restauriert 1963.
Das Schloß ist erhalten, erbaut Anfang
des 17. Jahrhunderts unter Daniel von
Schaffgotsch, 1910 erweitert. Im Bobertal
Rest der mittelalterlichen Burg – Bastei.

Ausgangspunkt der Wanderwege am
Bahnhof.
Von Jannowitz zum Ochsenkopf (Wołek),
878 m – gelb – 2½ Std. – durch das Jannowit-

zer Tal (Dolina Janówki). Vom Ochsenkopf weiter zu den Friesensteinen (Skalniki), 945 m, 1½ Std. – und von da Abstieg nach Schmiedeberg (Kowary) – 1½ Std. Der Blick von den herausragenden Felsen der Friesensteine seitlich auf das Riesengebirge hat schon die Maler der Romantik gefesselt.
Ein weiterer Weg von Jannowitz zum Ochsenkopf – erst grün, dann schwarz, dann blau – 2½ Std. über Bolzenschloß (Zamek Bolczów), Ruine einer alten Grenzfeste, 1645 von den Schweden niedergebrannt. Die sehenswerte Ruine wurde erneut gesichert und zugänglich gemacht.
Von Jannowitz zum Schweizerhaus (Szwajcarka) ohne Markierung – 1½ Std. – im Tal über Rohrbach (Trzcińsko)
oder – grün – 3 Std. über Bolzenschloß (Zamek Bolczów) mit begehbarer Ruine.
Von dem Schweizerhaus (Szwajcarka) zum Ochsenkopf (Wołek) – blau – 3½ Std. – über den Mariannenfels (Starościńskie Skały).
Vom Schweizerhaus (Szwajcarka) auf den Kreuzberg (Krzyżna Góra) – mit eisernem Kreuz aus dem Jahre 1830 – braun – 25 Min. Auf den Gipfel führt eine Treppe, Rundblick auf den Landeshuter Kamm und das Riesengebirge.
Vom Schweizerhaus (Szwajcarka) auf den Forstberg (Sokolik) – rot – 35 Min.
Von Erdmannsdorf (Mysłakowice) über Buchwald (Bukowiec) zu den Friesensteinen – rot – 3½ Std.
Von Landeshut (Kamienna Góra) zu den Friesensteinen – erst braun, dann rot, gelb, blau – 3¾ Std. – über Schreibersdorf (Pisarzowice).

4. Von Agnetendorf (Jagniątków)

Durch Agnetendorf verläuft die Straße Hermsdorf (Sobieszów) – Kieselwald (Michałowice) – vgl. Route 1, S. 118 f.
Dort 4 Haltestellen der Autobuslinien PKS. Das Zentrum mit dem Ausgangspunkt der Wanderwege liegt am Zusammenlauf von

drei Bächen, wo sich das Tal erweitert. Nach Saalberg (Zachełmie) – blau – 50 Min. Zur Bismarckhöhe (Grzybowiec) – 751 m – grün – ¾ Std. – vom Zentrum nach Westen. Nach Hain (Przesieka) – Hainfall (Wodospad Podgórny) – Baberhäuser (Borowice) – gelb – 2½ Std. Vom Zentrum die Straße am rechten Ufers des Schneegrubenwassers aufwärts, nach 20 Min. links auf einer Waldstraße zu den westlichen Häusern von Hain. Hier links und alsbald jenseits der Rotwasserbrücke (Czerwień-most) rechts hinauf zwischen Einzelhöfen, nach 25 Min. Einmündung in die Hauptstraße von Hain unterhalb der »Goldenen Aussicht« (»Złoty Widok«) Gastwirtschaft. Ende der Dorfstraße und der Autobuslinie von Hirschberg (PKS). Von dort östlich hinab zum Hainfall 10 Min. Von der Goldenen Aussicht (Złoty Widok) im Tal des Mittelwassers (Podgórna) – den Hainfall unten liegen lassend – durch den Wald zum Anfang der Baberhäuser (Borowice) ¾ Std.
Zur Agnetendorfer Schneegrube (Czarny Kocioł Jagniątkowski) – blau – 3 Std. – auf dem sehr steilen Korallenpfad (Koralowa Śnieżka) über die Korallensteine (Paciorki = Glasperlen) – 1079 m. Der Pfad führt rechter Hand weiter – grün – zur ehemaligen Schneegrubenbaude (Śnieżne Kotły) – jetzt Fernseh- und Wetterstation – 1490 m.
Zur Alten Schlesischen Baude (Pod Łabskim Szczytem) – schwarz – 3 Std. – zurück 2 Std. über Trzy Jawory (Drei Ahorne). Knotenpunkt von Wanderwegen.
Zum Spindlerpaß (Przełęcz Karkonoska) – erst schwarz und gelb, später schwarz – 3 Std. – Ausgangspunkt Autobushaltestelle PKS und Ferienhaus FWP »Grunwald« bergan in Richtung Hain (Przesieka).

5. Von Oberschreiberhau (Szklarska Poręba)

Kleinere Wanderwege – Ausgangspunkt Stadtzentrum neben Büro der PTTK an der

Kreuzung der ul. Jedności Narodowej, ul. Sikorskiego und ul. Dworcowa.

Weißbachstein (Białe Skały) – rot – 15 Min. granitenes Felsmassiv oberhalb des Bahnhofs mit Aussicht.

Rabenstein (Krucze Skały) – rot – 20 Min. Felsgruppe rechts des Zacken talaufwärts unterhalb der Josephinenhütte (Huta Julia).

Zackelfall (Wodospad Kamieńczyka) – rot – 45 Min. über Josephinenhütte links bergan Richtung Kamm oder von der Talstation des Liftes – schwarz – 45. Min. Der Zackelfall stürzt von einem 25 m hohen Felsen in die Zackenklamm – 100 m lang, rechts davon Ruine der ehemaligen Zackelfallbaude

Kochelfall (Wodospad Szklarki) – grün – 1 Std. im bewaldeten Zackental abwärts oder schwarz – 1 Std. – durch den Ort abwärts und sodann durch das Tal der Kochel. In der Mitte der von ihr durchflossenen 400 m langen Schlucht der Wasserfall. Nach Niederschreiberhau (Szk. Por. Dolna) – blau – 1¾ Std.

Rund um die Stadt Schreiberhau läuft ein leichter, nur wenig ansteigender Wanderweg – schwarz – ca. 5 Std.

6. Wanderweg längs der oberen Waldgrenze »Śnieżka nad reglami« – grün – insgesamt 7 Std.

Von der Neuen Schlesischen Baude (Hala Szrenicka) zum Spindlerpaß (Przełęcz Karkonoska) 1198 m, und von dort weiter auf halber Höhe des Kammes zum Koppenplan (Równia Pod Śnieżką). Der Weg führt von der Neuen Schlesischen Baude (Hala Szrenicka) nördlich um den Reifträger (Szrenica) herum und hinunter über die Schutzhütte »Pod Łabskim Szczytem« (Alte Schlesische Baude) durch die Schneegruben (Śnieżne Kotły) und (Czarny Kocioł) – dort auch Abstieg nach Agnetendorf (Jagniątków) –, weiter über den Schwarzen Paß (Czarna Przełęcz) auf einer Höhe von 1250 m unter dem Kamm entlang, stellenweise starke Waldschäden! Die wilden Kessel der Kleinen (westlichen) und der Großen (östlichen) Schneegrube sind geologisch und botanisch außerordentlich interessant und im Juni/Juli für Naturfreunde lohnend. Tiefe der postglazialen Kessel 250–300 m, Höhe der Felswände ca. 200 m. Die Kessel sind durch einen Felsgrat getrennt. In der Wand der Kleinen Grube eine geologisch merkwürdige Basaltader, die einen Spalt in der Granitwand ausfüllt. Von Norden werden die Kessel von vier Moränenwällen abgeschlossen. Inmitten der Moränen blieben acht kleine Teiche erhalten. Nistplätze von Alpenamsel, Alpenflühvogel und Wasserpieper, Gemisch der subalpinen und alpinen Flora. Stellenweise hält sich dort der Schnee bis in den Sommer. Über den Kesseln auf dem Kamm die Schneegrubenbaude, jetzt TV-Relaisstation. Der grün markierte Weg führt streckenweise durch schwer geschädigten Wald (Luftverschmutzung) weiter zum Spindlerpaß (Przełęcz Karkonoska) und von da unter dem Kamm entlang zum Fuß der Koppe.

7. Ins Isergebirge (Góry Izerskie)

zum Hochstein (Wysoki Kamień) – 1058 m – rot – 1¼ Std. über Weißbachtal (Biała Dolina) und Weiße Steine (Białe Skały). Die Berghütte auf dem Hochstein ist abgebrannt. Die großartige Aussicht auf das Schreiberhauer Tal und das Riesengebirge unverändert. Möglicher Rückweg – gelb – 45 Min. bis zur Todeskurve (Zakręt Śmierci) der Sudetenstraße nach Bad Flinsberg (Świeradów Zdrój). Der Weg führt über zahlreiche Felsgruppen. Von der Todeskurve auf der Fahrstraße bis zum Stadtzentrum 40 Min.

Vom Hochstein – grün – wenig später schwarz – 2 Std. zum Paß von Jakobstal (Przełęcz Szklarska) über Rote-Floß-Fels (Czerwone Skałki) – 852 m.

Nach Bad Flinsberg (Świeradów Zdrój) zwei Wanderwege:
rot – 7 Std. – Kammwanderung über den Isergebirgskamm (Wysoki Grzbiet Izerski) bequemerer Weg – blau – 6 Std. – über Groß-Iser (Hala Izerska).
Durch das Vorgebirge des Riesengebirges verbindet ein grüner Wanderweg die Erholungsorte.

8. Kammwanderung über den Hauptkamm des Riesengebirges – rot –

Eine Kammwanderung vom Reifträger zur Schneekoppe gehört zu den besonderen Bergerlebnissen im Riesengebirge und wurde früher einschließlich Auf- und Abstieg als Tagestour bewältigt (mindestens 12 Std.). Der Weg verläuft entlang der polnisch-tschechischen Grenze (Freundschaftsweg (»Droga Przyjaźni«). Er war 1981–90 für Deutsche gesperrt, ist jetzt aber wieder freigegeben.
Ausgangspunkt Endstation des *Lifts am Reifträger* (Szrenica) oder Aufstieg von Oberschreiberhau (rot) über *Zackelfall* zur *Neuen Schlesischen Baude* (Hala Szrenicka) – 2½ Std. Von dort weiter zum *Reifträger*.
Die Baude auf dem Reifträger (1362 m) – 1922 errichtet – war früher im Sommer wie Winter ein beliebtes und gepflegtes Berghotel; nach 1945 ausgebrannt, 1968 vom PTTK übernommen; restauriert, aber nicht in Betrieb. Der *rote Kammweg* führt südlich um den Reifträger herum. Da der parallel dazu neu angelegte Weg nicht die Grenze berührt, ist er auch z.Zt. bis zur Kreuzung mit dem grünen Wanderweg – Abstieg zur Alten Schlesischen Baude (Pod Łabskim Szczytem) – begehbar. Der Kammweg führt weiter vorbei an den *Sausteinen* (Trzy Świnki) und den *Quarksteinen* (Twarożnik) zur Veilchenspitze (Łabski Szczyt), 1472 m.
Vor der *Veilchenspitze* kreuzt der Kammweg den sogenannten »Böhmer Steg« (Czeska Ścieżka). Er kommt links von der alten Schlesischen Baude und führt nach rechts

über die Grenze zur Elbfallbaude (Labská Bouda) nach Spindlermühle (Špindlerův Mlýn). Auf dem Kamm weithin sichtbar die *Schneegrubenbaude*, 1895 anstelle der früheren Berghütte erbaut, ist keine Raststätte, sondern eine Fernsehstation. Von dem alten Bauwerk steht nur noch ein Teil. Der rot markierte Weg umkreist zuerst bogenförmig den oberen Rand der *Großen Schneegrube*, wo eine Aussichtsplatte einen Blick in die Tiefe gewährt. Über das *Hohe Rad* (Wielki Szyszak) – 1509 m – an einem Monument aus Felstrümmern vorüber, errichtet zu Ehren Kaiser Wilhelms I., senkt sich der Weg in einen Sattel und steigt wieder zur *Großen Sturmhaube* (Śmielec) (1424 m) an. Die nächsten Markierungspunkte auf dem Kamm sind die *Mannsteine* (Czeskie Kamienie) und die *Mädelsteine* (Śląskie Kamienie) auf dem Weg hinunter zum Spindlerpaß (Przełęcz Karkonoska) 1168 m. Dort liegen rechts jenseits der Grenze die Peterbaude (Petrovka) und Spindlerbaude (Špindlerowa Bouda). Vom Paß Abstieg nach Hain (Przesieka) – blau – 1¼ Std. und nach Obergiersdorf (Podgórzyn Górny) – 1¾ Std. – schwarz nach Agnetendorf (Jagniątków) – 1½ Std. Sieben Min. vom Paß am Hang der Kleinen Sturmhaube (Mały Szyszak) die Berghütte, 1928 als Jugendherberge »Jugendkammhaus Rübezahl« erbaut, heute Schronisko PTTK »Odrodzenie« na Przełęczy Karkonoskiej (58–563 Przesieka, Tel. Sobieszów 34–34 oder Jel. Góra 66/ 34–34; 134 Betten in 3–6-Bettzimmern, ganzjährig geöffnet, Restauration). Nach kurzem beschwerlichen Anstieg überquert der Pfad den Hang der Kleinen Sturmhaube (1436 m). Links das tiefe Tal des Mittel- oder Hain-Wassers (Podgórna). Auf den nächsten Sattel folgt links das Kleine Rad (Tępy Szczyt), 1388 m, rechts unten liegt der Teufelsgraben (Čertův důl). Über den Nordabhang des Silberkammes (Smogornia), 1489 m, gelangt man nach 1 Wegstunde vom Spindlerpaß zu den Mittagssteinen (Sło-

necznik). Für die Bewohner des Hirschberger Tales steht die Sonne zur Mittagszeit über den Steinen. Hier zweigt der Weg nach Stara Polana (Bergwiese, der ehemaligen Schlingelbaude ab) und führt weiter nach Brückenberg (Karpacz-Górny). Hinter den Mittagssteinen Ausblick auf den Wasserspiegel des Großen Teiches (Wielki Staw). Vorbei an den Ruinen der Prinz-Heinrich-Baude läuft der Kammweg um den Rand des Kleinen Teiches (Mały Staw), kreuzt den von der Hampelbaude (Strzecha Akademicka) zur Wiesenbaude (Luční bouda) führenden Weg und erreicht über den Koppenplan, vorbei an Torfmooren, das Schlesierhaus Schronisko PTTK (Pod Śnieżką) am Fuße der Koppe. Von dort nach links, Norden, zum Sessellift oder zu Fuß über die Kleine Koppe den »Gehängeweg« (Śląska Droga) nach Brückenberg (Karpacz-Górny).
Der Kammweg führt auf dem Zickzackweg auf den Gipfel der Koppe und von da über das Felsgebiet der Schwarzen Koppe (Czarna Kopa) 1407 m, steil abwärts zum Eulen (Sowia)-Paß, weiter bis zu den Grenzbauden (Przełęcz Okraj) auf der tschechischen Seite – durch Abkommen für Polen gestattet.
Zur Schneekoppe – vgl. unten.

9. Von Krummhübel (Karpacz-Dolny)
Vom Bahnhof ausgehend
grüne Markierung – 1¼ Std. – nach Brükkenberg über Seiffgrund (Płóczki). Der Weg zieht sich im steilen Tal des Gründelwassers hoch (Dziki Potok).
gelb – 1¾ Std. – über Wolfshau (Wilcza Poręba) zur Melzergrundbaude (Schronisko PTTK »Nad Łomniczką«). Die Berghütte hat Restaurant und ist ganzjährig geöffnet. Zugang: Von der Bushaltestelle »Biały Jar« – rote Markierung – 1¼ Std., bequemer Weg über die Teichmannbaude »Orlinek«.
Der Melzergrund ist ein streng bewahrtes Naturschutzgebiet mit geschützten Pflanzen (Zwergbirke, Zwergeberesche). Der

obere Teil – Aufstieg zur Koppe – ist im Winterhalbjahr wegen Lawinengefahr gesperrt.

schwarz – 2¼ Std. zum Eulen(Sowia)-Paß durch den Eulengrund. Bis zur Koppe (Śnieżka) – 3¾ Std.
Von der Bushaltestelle »Biały Jar« ausgehend
rot – aufwärts – 3¼ Std. – durch den Melzergrund wie oben über Teichmann- und Melzergrundbaude zur Schneekoppe, reizvoller, aber im letzten Drittel etwas beschwerlicher Anstieg, im Winter wegen Lawinengefahr gesperrt!
rot – abwärts – 1¼ Std. – auf den Gräberberg (Grabowiec) – zwischen Arnsdorf (Miłków) und Seidorf (Sosnowice).

Unterhalb des Gräberberges St.-Anna-Kapelle (Kaplica św. Anny), bezeugt seit 1366. Bequemer Zugang von Ober-Seidorf, vgl. S. 124. Funde der Jungsteinzeit, Bronze-, frühen Eisen- und Germanenzeit lassen den Platz der Kapelle schon als vorchristliche Kultstätte erscheinen. Die Quelle »Der gute Born« (»Dobre Źródło«) wurde seit alters bis in die jüngere Zeit als heilkräftig angesehen (radioaktiv). Der spätere Kapellenbau – ovaler Grundriß – ist das Werk des Hirschberger Stadtbaumeisters Kaspar Jentsch, ausgeführt im Auftrag des Grafen Hans Schaffgotsch, 1719 eingeweiht. Auf Kupfer gemaltes Altarbild von dem Liegnitzer Maler Knechtel.

blau – aufwärts – 1½ Std. – nach Stara Polana (Bergwiese Schlingelbaude) über Kirche Wang. Weiter den Hauptweg zur Kleinen Teichbaude (Samotnia), Anschrift: Schronisko PTTK »Samotnia« Karpacz-Górny, Tel. Karpacz 19376 oder Jel. Góra 69/19376. – 65 Bettplätze in 2–10-Bett-Zimmern, Vollpension, Restauration, ganzjährig geöffnet, wie früher gemütliche Raststation. Oder für große Gruppen zur Hampelbaude – von der Kleinen Teichbaude 15 Min. – Anschrift: Schronisko PTTK

»Strzecha Akademicka«, Karpacz-Górny, Tel. 317 oder Jel. G. 69/317; 170 Betten, Restauration, ganzjährig geöffnet. Der von der Kleinen Teichbaude um den Teich herumführende Pfad ist sehr steinig, für den Abstieg Richtung »Polana« nur mit gutem Schuhwerk begehbar.

Von der Hampelbaude zum Kamm und zum Schlesierhaus (Schronisko Pod Śniezka) – 1 Std. Soweit für Deutsche der Kammweg gesperrt, Umweg über die Kleine Koppe (+ 30 Min.). Im Schlesierhaus kleine Erfrischungen.

6 Std. über die Koppe nach den Grenzbauden (Przełęcz Okraj).

grün – aufwärts – 3 Std. – direkter Weg zu den Grenzbauden.

schwarz – 20 Min. zur Talstation des Sessellifts.

Weiter auf dem Gehänge-Weg (Śląska Droga) – 3 Std. *auf die Schneekoppe.* Der selten begangene steile Weg führt durch den Hochwald und sodann in Windungen durch den lichten Bergwald und Krummholzkiefern das Gehänge hinauf mit schönen Rückblicken auf das Tal. Auf der Höhe angekommen, bleibt die Hampelbaude rechts liegen, und der Weg führt um den Nordhang der Kleinen Koppe dicht an der Bergstation des Lifts vorbei zum Schlesierhaus. Dort verläuft die Grenze auf dem Kammweg. Auf der tschechischen Seite wurde die alte böhmische Baude – »Riesenbaude« – 1983 abgetragen. Aufstieg zur Koppe. Vom Zickzackweg aus laufend schöne Aussichten über den Kamm, im Norden ins Hirschberger Tal, im Süden in den Riesengrund und auf den dahinter aufsteigenden Schwarzen Berg (Czarna Góra). Auf dem Koppenplateau verläuft die Grenze.

Anstelle der aus dem vorigen Jahrhundert stammenden Schlesischen Baude wurde Anfang der 70er Jahre ein neues polnisches Berghotel errichtet. Der originelle Gebäudekomplex nach Entwurf von W. Lipiński aus Breslau (Wrocław) hat die Form von drei übereinanderliegenden Disken. In dem unteren befindet sich die Gaststätte mit 140 Plätzen, in den zwei oberen wurde die neue Wetterstation eingerichtet. Sie löste die 1990 abgebrochene Wetterwarte von 1900, ein gegen Wind verankertes Turmgebäude, ab. Bei ihrer Errichtung war sie die höchstgelegene Wetterwarte im nördlichen Europa. Ebenfalls erhalten die kleine runde St.-Laurentius-Kapelle, 1665–81 als erstes steinernes Gebäude auf dem Kamm von den Grafen Schaffgotsch errichtet. Im 18. Jahrhundert hielten die Grüssauer Mönche hier mehrfach im Jahre Gottesdienst. Von da an verloren der Kamm und die Koppe – von den Bergbewohnern zuvor gemieden – allmählich ihre furchterregende Einsamkeit. Der zunehmende Fremdenverkehr bewirkte, daß die Kapelle im Jahre 1824 in eine Herberge umgewandelt wurde (bis 1850 Bau der Schlesischen Baude). Der Zickzackweg wurde im Jahre 1852 gebaut, der bequemere Jubiläumsweg im Jahre 1905 zum 25jährigen Jubiläum des Riesengebirgsvereins. Von der Schneekoppe an klaren Tagen weite Rundsicht, bis zu 150 km im Umkreis.

10. Von Brückenberg (Karpacz-Górny) ausgehend

grün – abwärts – ¾ Std. nach Baberhäuser (Borowice)

1¾ Std. nach Hain (Przesieka)

3 Std. auf den Kynast (Chojnik)

gelb – ¾ Std. zur Guten Quelle (Dobre Źr.)

1½ Std. nach Seidorf (Sosnówka)

2¼ Std. auf den Stangenberg (Bukowa)

2¾ Std. nach Stonsdorf (Staniszów)

11. Von der Bergstation des Sessellifts ausgehend

schwarz – 25 Min. zum Schlesierhaus (Pod Śnieżką) am Fuß der Koppe. Abzweigung rechts zur Hampelbaude (Strzecha Akademicka) und zum Kleinen und Großen Teich (Mały Staw, Wielki Staw). Zwei nach Norden offene Felskessel – ähnlich den beiden

Schneegruben – als Reste der Vergletscherung. Steile Felswände bilden den Südrand, und zwei kleine Seen füllen die Vertiefungen. Der Kleine Teich, den wir zuerst erreichen, hat eine Ausdehnung von 220 × 150 m und ist 6,5 m tief. Hier leben Forellen, doch wirkt der Teich mit seinen halbkreisförmigen, tiefen Felswänden sehr düster. Bis in den Frühsommer hinein halten sich dort Schneereste. Die Kleine Teichbaude »Samotnia« schmiegt sich anmutig unter den Hang. Die beiden Teiche trennt ein Trümmergrad, der nach Partsch die Mittelmoräne eines Gletschers darstellt. Der Große Teich mißt 550 × 172 m und ist an seinem Südrand 23 m tief. In seinem dunklen Wasser wurde kein Leben vermutet, bis Otto Zacharias 1884 die Lachsforelle und einen der Reliktenfauna angehörenden Strudelwurm sowie Froschlauchalgen und zahlreiche niedrige Krebsarten fand. An beiden Teichen kommen eine Reihe alpiner Pflanzen vor, die in dieser Mittelgebirgshöhe sonst nicht anzutreffen sind, z. B. Schneesteinbrech (Saxifraga nivalis), Habmichlieb (Primula minima), Berganemone, Teufelsbart (Pulsatilla alba), Alpenbärlapp (Lycopodium alpinum), Sudetenläusekraut (Pedicularis sudetica), Isländisch Moos (Cetraria islandica) sowie Brachsenkraut (Isoetes lacustre). Aus den beiden Teichen fließt die Große Lomnitz ab. Sie windet sich durch ein Blockfeld, Überrest der Gletschermoränen. Zum Fußpfad um den Kleinen Teich vgl. S. 134.

ROUTE 4   Ins Bober-Katzbach-Gebirge (Góry Kaczawskie)

Hirschberg (Jelenia Góra) – Ketschdorf (Kaczorów) – Bolkenhain (Bolków) – Burg Schweinhaus (Świny) – Schönau (Świerzawa) – Goldberg (Złotoryja) – Löwenberg (Lwówek Śląski) – Lähn (Wleń) – Hirschberg (Jelenia Góra) 130 km

Das *Bober-Katzbach-Gebirge* rahmt die Nordseite des Hirschberger Tales ein. Es ist eine Hochfläche ähnlich einer sanften Mulde, die sich nach Norden zur schlesischen Tiefebene hin öffnet. Aus ihr ragen einzelne Bergzüge, Berggruppen und einzelne Berge heraus. Am Südrand steigt der Bergzug im Osten aus dem Hirschberger Tal vom oberen Bober an und zieht sich vom Bleiberg (Turzec) bis jenseits des Kapellenberges (Kapela) nach Schönau hin. Nahe dem Bleiberg bei Ketschdorf (Kaczorów) war einst der schönste Aussichtspunkt, der Rosengarten (Różanka), 628 m. Nördlich ist ein zweiter Bergzug der Hochebene aufgesetzt. Er beginnt im Osten mit einem Porphyrkegel, der Eisenkoppe (Żeleźniak), 666 m, südöstlich Kauffung (Wojcieszów) und fällt nach Westen zum Flußtal der Katzbach ab (Kaczawa), die das Bergland von Süden nach Norden durchzieht und sich bei Goldberg (Złotoryja) nach Nordwesten über Liegnitz (Legnica) der Oder zuwendet. Am Fuß der Eisenkoppe lag einst in 550 m Höhe die Freie Bergstadt Altenberg, jetzt ein Weiler Radzimowice. Westlich der Hirschberg – Schönauer Straße erhebt sich der Bergzug zu einer der bedeutendsten Höhen des Gebirges, der Hogolie (Okole), 721 m. Nordwestlich von Schönau (Świerzawa) ist der spitze Kegel des Probsthainer Spitzberges (Ostrzyca), 510 m, weithin sichtbar.

Das Bober-Katzbach-Gebirge galt einst mit dem Formenreichtum seiner Berge, mit seinen altertümlichen Städtchen, seinen Waldhufendörfern und seinen Burgen (Burgenland!) und dem reizvollen Wechsel von Wald und Feld als ein stilles Wandergebiet. Auch heute durchziehen es zahlreiche markierte Wanderwege, welche die Höhen untereinander und mit den umliegenden Orten verbinden. Sie laden denjenigen zum Wandern ein, der keine Ansprüche an Gastronomie stellt, sondern sich selbst versorgt.

Der Auto- oder Busfahrer kann sich von den fächerförmig von Hirschberg durch das Gebirge verlaufenden Hauptstraßen einen Eindruck verschaffen. Für eine Rundfahrt wird die obige Route empfohlen.

Von Hirschberg (Jelenia Góra) E 65 bis Ketschdorf (Kaczorów).

Von hier 45 Min. Fußweg zum »Rosengarten« (Różanka). Der Geograph Alexander von Humboldt konnte einst schreiben: »In Schlesien liegt einer der sieben schönsten Punkte der Erde, der Rosengarten im Bober-Katzbach-Gebirge.« Überwältigend war einst von dem Aussichtsturm bei der Rosenbaude der Rundblick auf den Bleibergkamm über das Hirschberger Tal zum Riesengebirgskamm, besonders morgens oder abends. Da der Turm nicht mehr steht, und die Fichten hoch gewachsen sind, ist die Aussicht heute verdeckt. Ostwärts der Straße Ketschdorf–Seitendorf ist ein erratischer Block. Im Meßtischblatt wird Kauffung als Niederkretschamstein bezeichnet.

Von Ketschdorf (Kaczorów) Weiterfahrt Richtung Schönau (Świerzawa) nach Norden zum ehemaligen Waldhufendorf *Kauffung (Wojcieszów)* an der Katzbach.

In dem 6 km langen Dorf Kalkstein- und Marmorbrüche mit dazugehöriger Industrie. Aus diesem Marmor wurde u. a. das Potsdamer Marmorpalais erbaut. Seit 1959 »stadtartige Siedlung«, seit 1973 Stadt. Frühgotische Marienkirche mit Renaissance-Grabmälern des 17. Jahrhunderts, vor allem der Familie von Zedlitz.

Die Hauptstraße von Hirschberg führt in Ketschdorf (Kaczorów) weiter nach

BOLKENHAIN, *Kr. Jauer*
Bolków, woj. Wałbrzych (Woj. Waldenburg)

Einwohner

1939: 4589 Deutsche
1984: 5400 Polen

Sehenswerte, freundliche alte Bergstadt, überragt von der weithin sichtbaren Bolkoburg, die auf einem kleinen Bergrücken über dem Tal der Wütenden Neiße (Nysa Szalona) liegt. Steile, bewaldete Höhen umrahmen das Bolkenhainer Becken.
Autoservice: ul. Młynarska 1 u. 28. Tel. 481
Tankstelle: ul. Kolejowa. Tel. 289

Geschichte und Wirtschaft

Bolkenhain als »Hain« urkundlich erstmals 1276 erwähnt. Mit der deutschen Besiedlung und Umwandlung des altslawischen Siedlungslandes am Gebirgsrand trat die neugegründete Stadt die Nachfolge der Kastellaneiburg Schweinhaus (Świny) als Gebietszentrum an. Zunächst zugehörig zum Herzogtum Liegnitz, ab 1278 an Herzog Bolko I. von Jauer. Er baute Stadt und Burg aus. (Anlaß für die polnische Geschichtsschreibung, die Entstehung von Stadt und Burg sich allein zuzurechnen.) Im Erbgang kam Bolkenhain durch Herzogin Anna, 3. Gemahlin Kaiser Karls IV., mit dem Herzogtum Jauer–Schweidnitz zur Krone Böhmens. Ein königlicher Burghauptmann übernahm das Burglehen als Pfandbesitz. 1591–1700 im Besitz der Familie v. Zedlitz auf Burg Nimmersath (Zamek Niesytno). Die Burg war noch bis 1981 bewohnt und steht jetzt leer. Bolkenhain war 1818–1935 preußische Kreisstadt, danach Zusammenlegung mit dem Kreis Jauer. Früher war der Haupterwerbszweig die Leinenweberei. Das 1809 von Ernst Kramsta gegründete Leinwandgeschäft mit mechanischer Weberei entwickelte sich zu einem bedeutenden Unternehmen. Heute kleine Weberei, Ziegelei und andere kleine Betriebe.

Sehenswürdigkeiten

Die Stadt wurde 1971 zum Kurort erklärt. Langgestreckter Markt im Mittelpunkt der mittelalterlichen rechteckigen Stadtanlage. Im Zentrum das *Rathaus*, 1670 wiedererrichtet, 1827 im klassizistischen Stil umgebaut. An der Südwestseite des Marktes sind die alten Laubenhäuser mit Treppenaufgängen vor den Lauben restauriert.

Die Schmalseite des Marktes wird im Süden begrenzt von der frühgotischen *Pfarrkirche St. Hedwig*, romanische Elemente an dem Mitte des 19. Jahrhunderts umgebauten Turm. Evangelische Kirche von 1855 nach 1945 nicht mehr benötigt und verwahrlost, später als Sportstätte nutzbar gemacht. Lohnende Besichtigung der Burg, in der Sommersaison bis 16 Uhr geöffnet. Aufstieg vom Markt vorbei an der katholischen Kirche. Der 22 m hohe Turm, unten mit 4,5 m dicken Mauern, ist auf einer Holztreppe besteigbar. Rundsicht über das Bober-Katzbach-Gebirge bis zum Riesengebirge, nach Nordosten auf die Ruine Schweinhaus. Führungen durch die ausgedehnte Ruine, Heimatmuseum, mit polnisch-deutschen Schrifttafeln. (Besichtigung lohnt sich.)

Zur Geschichte der Burg: Nach den Zerstörungen durch die Mongolen ließ Herzog Bolko I. von Jauer-Schweidnitz von 1295 an die Burg wiederherstellen. Sie wurde 1498 als Raubnest von den schlesischen Städten erobert. Zuvor hatte sie König Wladislaus von Böhmen an seinen Obertruchseß Johann von Hohenberg als Pfandherrn übergeben, der sie 1494 an die Brüder Tschirnhaus verkaufte. Unter den Herren von Salza 1534–39 Um- und Ausbau im Stile der Renaissance durch den Brieger Hofbaumeister Jacob Pahr. Im 30jährigen Krieg dreimal von den Schweden belagert, 1703 an das Kloster Grüssau verkauft, allmählicher Verfall. 1810 Übergang in den Besitz des preußischen Staates. Anfang des 20. Jahrhunderts teilweise

Erneuerung durch den Bolkenhainer Verein für Heimatpflege. Das wiederhergestellte Frauenhaus nahm Jugendherberge und Heimatmuseum auf.

Nach dem Ersten Weltkrieg wurde der Burgzwinger zu einer Freilichtbühne ausgebaut und Schauplatz der »Bolko-Festspiele«. Von den Polen nach ursprünglicher Verwahrlosung wieder instandgesetzt und erhalten, einschließlich einiger Museumsräume. Es finden wieder Festspiele statt. Abstieg: Fußpfad um die Außenseite der Mauern zum Markt.

Weiterfahrt in Richtung Jauer (Jawor), 2 km hinter Bolkenhain (Bolków) *Burgruine Schweinhaus (Świny)*, rechts auf der Höhe über dem gleichnamigen Dorf. Parken an der Dorfstraße, Anstieg vorbei an der *Dorfkirche St. Nikolaus*, heutiger Bau von 1570; sie gilt als eine der ältesten Kirchen, möglicherweise im Ursprung noch aus der slawischen Zeit. Auf der Höhe freier Zutritt zu der ausgedehnten Burgruine. Aus ältester Zeit der wuchtige, mehrstöckige Wohnturm in der Oberburg. Sein stilwidriges Notdach entstand als Schutzmaßnahme des schlesischen Landeskonservators zu Beginn dieses Jahrhunderts. Die Burg erstmals 1108 genannt, im Mittelalter Sitz der Herren von Schweinichen. Der bekannteste Vertreter des Geschlechts, Hans v. Schweinichen (1552–1616), ging in die Geschichte ein durch sein bis 1602 geführtes Tagebuch als Kammerjunker, Hofmarschall und Saufkumpan des Liegnitzer Piastenherzogs Heinrich IX., den Kaiser Maximilian II. wegen seines verschwenderischen Lebenswandels absetzte. Der Wohnturm und einige anliegende Gebäude der Burg wurden im 14. und 15. Jahrhundert errichtet, im 17. Jahrhundert als turmbewehrtes Wohnhaus umgebaut. Verfall erst seit Beginn des 19. Jahrhunderts.

Hinter dem Dorf Schweinhaus (Świny) Abzweigung links (Nebenstraße) über Lang-

helwigsdorf (Pogwizdów) – Leipe (Lipa)
nach

SCHÖNAU/Katzbach *Kr. Goldberg*
Świerzawa, woj. Jelena Góra (Woj. Hirschberg)

Einwohner

  1939: 1673 Deutsche,
  1969: 2250 Polen.

Nach 1945 Verlust des Stadtrechts, 1957
Erhebung zur »stadtartigen Siedlung«, Status verloren 1973, seit 1984 Stadt.
Um 1300 Weichbildzentrum der Waldhufendörfer im oberen Katzbachtal, 1321 als
Stadt belegt. Unbefestigte, bescheidene
Handwerker- und Ackerbürgerstadt, von
1818–1932 preußischer Kreissitz. Auf einer
Anhöhe nordwestlich vor der Stadt *St.-Jo-
hannis-Kirche*, sie gehört zu den romanischen Kirchen des Katzbachtales aus der
Zeit vor dem Mongolensturm (1241). Vor
dem Kriege Begräbniskirche, jetzt als geschütztes Baudenkmal unterhalten, geöffnet. Einschiffiger Raum aus Bruchsteinen,
rechteckiger Chor mit halbrunder Apsis,
romanischem Portal mit frühgotischem
Tympanon. An der Außenmauer alte, z. T.
noch leserliche Grabepitaphe. Nahe am
Markt *Kirche zu Mariä Himmelfahrt*, Kirchenschiff aus der ersten Hälfte des 15. Jahrhunderts (1981 auf dem Friedhof noch jüngere deutsche Grabsteine erhalten). Richtung Goldberg (Złotoryja) in *Niederröversdorf* (Sędziszowa Dolna) links der Straße
mittelalterlicher *Wohnturm,* Bekrönung

19. Jahrhundert, daran angebaut ein *Herren-
sitz* der Renaissance, Portal mit Wappen,
jetzt von Behörden benutzt.
In entgegengesetzer Richtung *Schloß Alt
Schönau* (Stara Kraśnica) an der Straße nach
Kauffung (Wojcieszów), zur Ruine ausge-
brannt. Erhalten das wappengeschmückte
Portal zum Gutshof. In Niederröversdorf
(Sędziszowa Dolna) Abzweigung nach
Probsthain (Proboszczów), Bethauskirche
1984 eingerüstet, nächster *Aufstieg zum
Probsthainer Spitzberg (Ostrzyca),* 501 m.
Spitzer Basaltkegel mit weiter Rundsicht.
Abstieg nach Lähn (Wlén) – grün –, Falken-
hain (Sokołowiec) – teilweise grün –, Zob-
ten (Sobóta) – teils grün, teils blau. 7 km
nordwestlich Schönau steht in *Neukirch
(Nowy Kościoł)* auf einer Anhöhe — inmit-
ten einer noch erhaltenen, sehenswerten
Wehrkirchenanlage – die Ruine einer der
ältesten Kirchen Schlesiens (spätromanisch,
Mitte 13. Jahrhundert, Anbauten Spätmittelalter und 17. Jahrhundert). 1518 holte der
Grundherr Georg von Zedlitz den Schüler
Luthers, Melchior Hoffmann, nach N., der
hier die ersten evangelischen Gottesdienste
auf schlesischem Boden abhielt.
Das im 19. Jahrhundert – anstelle eines alten
– erbaute Stammschloß der Freiherren von
Zedlitz brannte 1945 zur Ruine aus, die 1948
abgerissen wurde. Das Geschlecht derer von
Zedlitz war mit einer kurzen Unterbrechung von 1319–1945 hier ansässig.

Von Schönau nach Goldberg (Złotoryja)
(vgl. S. 88) – Löwenberg (Lwówek Śląski)
und zurück nach Hirschberg (vgl. S. 111).

IV. Waldenburg und Umgebung

1. Das Waldenburger Bergland (Góry Wałbrzyskie)

Unter »Waldenburger Bergland« versteht man die Gebirgslandschaft in der Mitte der Sudeten, die sich zwischen dem Landeshuter Kamm im Südwesten, dem Bober-Katzbach-Gebirge im Nordwesten, dem Eulengebirge im Osten und den Ausläufern des Glatzer Gebirges (Heuscheuer) im Südosten erstreckt. Der Hauptzug des Waldenburger Gebirges besteht aus mehreren Berggruppen und aus einem Bergzug im Süden. Es ist kein Kammgebirge, sondern eine Reihe einzelner meist kegelförmiger Berge. Einer schließt sich an den anderen an, zwischen ihnen bleiben tiefe Täler und Pässe.

Das Waldenburger Bergland ist auf Grund seiner geologischen Beschaffenheit in mehrfacher Hinsicht interessant: Zeugen vulkanischer Tätigkeit wie der Heidelberg (Waligóra) im Süden, 936 m, der Hochwald (Chełmiec), 852 m, und der Sattelwald (Trójgarb), 779 m, im Nordwesten wechseln mit Buntsandstein und Ablagerungen der jüngeren Kreidezeit. Im Nordflügel einer geologischen Mulde tauchen Schichten einer *Steinkohlenformation* auf. Sie reicht von Neurode (Nowa Ruda) bis Waldenburg (Wałbrzych). Im Raum von Waldenburg ist das Kohlelager 24 km lang und 8 km breit. Seine Vorräte werden bei einer Tiefe bis auf 3000 m auf 2,9 Milliarden to geschätzt.

In unmittelbarer Nähe des dicht besiedelten Waldenburger Industriereviers findet sich eine noch relativ unberührte waldreiche Naturlandschaft mit schönen Bergkegeln, die erst teilweise abgeholzt sind, und schluchtenartigen Tälern. Sie waren bis 1945 bei den Schlesiern als Wandergebiet beliebt und sind es noch heute. Der Baedeker von 1938 empfahl: »Stützpunkte für Wanderungen sind die Andreasbaude, der Luftkurort Görbersdorf, die Heilbäder Salzbrunn und Charlottenbrunn, die Städte Waldenburg, Friedland und Gottesberg.« Das trifft heute für den deutschen Besucher – allenfalls ausgenommen die Andreasbaude – in keiner Weise mehr zu. In den Bädern ist für Reisende und Touristen kein Unterkommen, es sei denn nach monatelanger Voranmeldung. Zentraler Standort für Wanderausflüge und Fahrten in die Berge und in die *Heilbäder Salzbrunn und Charlottenbrunn* ist in Waldenburg das Hotel »Sudety«.

2. Die Stadt Waldenburg, Kr. Waldenburg

Wałbrzych, Sitz einer Wojewodschaft seit 1975

Industriestadt im Mittelpunkt des niederschlesischen Steinkohlereviers und des Waldenburger Berglandes. Nach Eingemeindungen von 1902–1950 Hauptort des Bergbaugebietes.

Einwohner

1939: 64 128 Deutsche
auf 21,56 km^2
1985: 135 000 Polen
auf 84,6 km^2

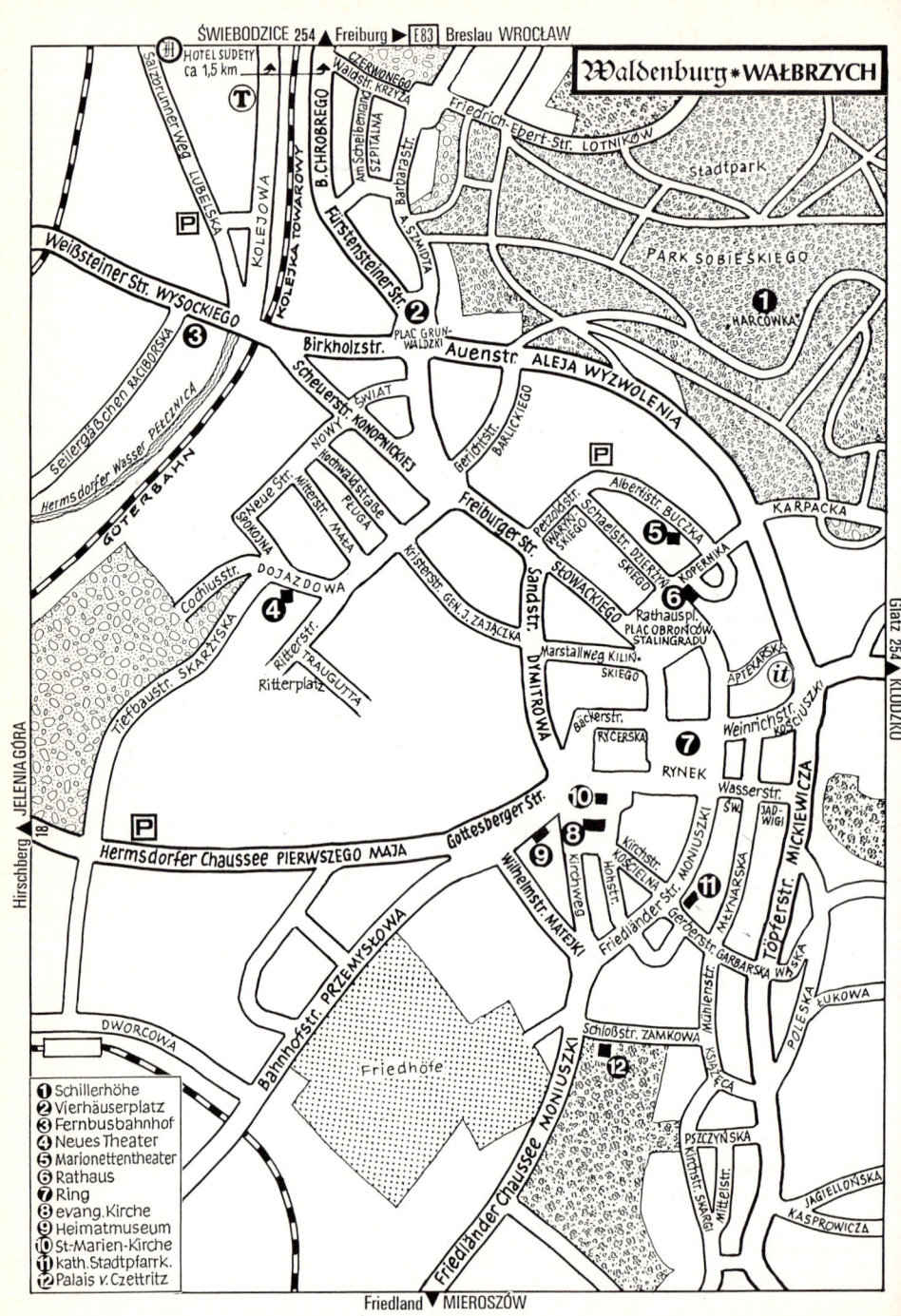

Waldenburg * WAŁBRZYCH

① Schillerhöhe
② Vierhäuserplatz
③ Fernbusbahnhof
④ Neues Theater
⑤ Marionettentheater
⑥ Rathaus
⑦ Ring
⑧ evang. Kirche
⑨ Heimatmuseum
⑩ St.-Marien-Kirche
⑪ kath. Stadtpfarrk.
⑫ Palais v. Czettritz

Unterkunft und Verpflegung

Hotel: »Sudety«, ul. Parkowa 15 / am Bahnhof Waldenburg-Altwasser (Wałbrzych Miasto), mit Restaurant und Café, Telefon 774-31. Schronisko PTTK »Harcówka« (Ausflugshaus, früher Schillerbaude), Park Sobieskiego (Stadtpark Schillerhöhe), Telefon 249-18; »Zamek Książ«, ul. Piastów Śl. 1, Tel. 250-17 und 250-18

Jugendherberge: PTSM, Nowe Osiedle, Telefon 265-43, Juni–August

Restaurant: »Centralna« mit Selbstbedienung und Café, ul. Kościuszki 6, Kat. I; »Hungaria«, ul. Armii Czerwonej, Kat. II; »Staropolska«, Rynek 8; Restaurant und Café »Stylowa«, ul. Broniewskiego 26, Kat. II; »Pod Chełmcem«, ul. Lenina 82, Kat. II

Milchbar: »Dworcowy«, ul. Armii Czerwonej 26; »Górniczy Zdrój«, aleja Wyzwolenia 1

Café: »Barbórka«, ul. Bellojanisa 10; »Krokus«, ul. Świerczewskiego 44; »Kryształowa«, ul. Michalowskiego 2; »Polonia«, pl. Grunwaldzki 1, Kat. II

Touristeninformation

»Orbis«, ul. Słowackiego 16, geöffnet 10–17 Uhr, Telefon: Touristik 235-64, Kassen 239-60, Autobus-Auskunft 230-27, Eisenbahn-Auskunft 253-84; »it«, ul. Słowackiego 23, Telefon 220-00; »PTTK«, ul. Lewartowskiego 5, Telefon 259-00, geöffnet 8–17 Uhr, samstags 8–14 Uhr; PGT »Sudety«, ul. Parkowa 15, Telefon 774-31 und 774-51

Ausgangspunkt der Stadtbusse (WPK): am Ortsausgang nach Freiburg (Świebodzice), ul. Armii Czerwonej (gegenüber Bahnhof Waldenburg-Altwasser [Dworzec Wałbrzych Miasto]). Auch Stadtbus nach Palmenhaus Liebichau (Lubiechów) bei Fürstenstein

Taxi: Waldenburg-Hauptbahnhof (Dworzec Główny) (PKP); Bahnhof Waldenburg-Altwasser (Dworzec Wałbrzych Miasto), Telefon 79-78; ul. Waryńskiego, Tel. 33-33; Nowy Świat, Tel. 63-33

Autoservice: Fahrschulzentrum des PZMot/ Polnischer Automobilverband, ul. Moniuszki 62, Telefon 258-56 von 7–16 Uhr

Kultur: Theater »Dramatyczny« (Schauspielhaus), pl. Teatralny 1, Verlängerung der ul. Lewartowskiego, Telefon 250-55; Puppentheater »Panstwowy Teatr. Lalek«, ul. Buczka 16, Tel. 261-14

DFK-Vorsitzender: Hans-Joachim Kammler, ul. Niepodlegnosci 130/10

Geschichte

Das aus mehreren Gemeinden zusammengewachsene Siedlungsgebiet der Großstadt ist durch Schachtanlagen und Bergkuppen getrennt. Das Kerngebiet der Stadt im Flußtal des Hellebaches (Ogorzelec), einem Quellarm der Polsnitz (Pełcznica), entstand aus einem Dorf. Seit 1426 ist das »stätichen« Waldenburg urkundlich belegt, blieb jedoch lange ohne Marktrecht. Im 16. Jahrhundert entwickelte sich der unbefestigte Ort zu einem Handwerkerstädtchen und am Ende des 18. Jahrhunderts zu einem Zentrum des Leinenhandels.

Der talabwärts nördlich des Zentrums gelegene Stadtteil *Waldenburg-Altwasser (Stary Zdrój)* mit eigenem Bahnhof, 1919 mit 16 000 Einwohnern eingemeindet, wird bereits 1357 »aqua antiqua« (altes Wasser) genannt; ab 1366 Silberbergbau, ab 1584 Steinkohlenbergbau hier nachgewiesen, 1688–1873 Badeort, dann versiegten die Quellen durch den Tiefbau der »Segen-Gottes-Grube«. Das heutige *Hotel* »Sudety« steht auf einem Teil der ehemaligen Anlagen des Bades. Der südlich des Zentrums, etwa ¾ Stunden entfernt vom plac Grunwaldzki (Vierhäuserplatz) gelegene Stadtteil *Waldenburg-Dittersbach (Podgórze)* mit bedeutendem Eisenbahnknotenpunkt wurde 1934 mit ca. 15 000 Einwohnern eingemeindet; der Bahnhof Waldenburg-Dittersbach als einer der größten Ostdeutschlands 1867 in Betrieb genommen. Der nahegelegene Ochsenkopftunnel (1601 m), erbaut 1876–1878 und erweitert 1909–1911, stellt zusammen mit dem Viadukt über dem Dittersbacher Grund die Verkehrsverbindung nach Glatz her.

Wirtschaft

Der Leinenhandel im 18. Jahrhundert erschloß den Produkten der Handweber in den Gebirgsdörfern Absatzmärkte nach Hamburg, Spanien und Holland. Exportsteigerung auf dem Rücken der Weber (Weberaufstände in Langenbielau). 1818 gründete J. G. Alberti in Ober-Waldenburg die erste mechanische Flachsgarnspinnerei auf dem europäischen Festland. Durch Ausbau kohleverarbeitender Betriebe und Anschluß an das Eisenbahnnetz 1853 bzw. 1868 Beginn der Entwicklung zur Industriestadt. Im 13.–16. Jahrhundert Abbau von Silber, in geringem Umfang Gold und Kupfer – nach dem Dreißigjährigen Krieg nicht mehr lohnend. Steinkohlenabbau nach dem 16. Jahrhundert durch Grundherren und Bauern von geringer wirtschaftlicher Bedeutung (Schmiedekohle). Beginnender Aufschwung durch staatliche Förderung seit Friedrich d. Gr., 1778 in Waldenburg »Bergdeputation«, 1793–1861 »Königliches Bergamt Waldenburg«. Beginn der Verkokung der Steinkohle unter Anleitung von Bergbauminister Graf Reden (1752–1815). Steinkohlenbergbau in Waldenburg-Dittersbach seit 1649, bedeutsam seit 1841. Seit Anfang des 19. Jahrhunderts Aufbau von Hüttenwerken. 1820 und 1829 Gründung der ersten Prozellanfabriken (Rausch, Hayn). 1831–1836 Karl Krister, später »Karl Krister Prozellanindustrie AG«. Bahnbrechend für die Zeit stellt Krister 1840 seinen Betrieb auf Steinkohle um. 1921 Interessengemeinschaft mit »Ph. Rosenthal &

Co. AG.« in Selb. Nach 1945 weitergeführt als Prozellanwerk »Krzysztof«, außerdem Spiegelglashütte »Wałbrzych«, die Draht- und Zierglas herstellt.

Durch die Eingemeindungen vor und nach dem Zweiten Weltkrieg liegen die meisten der alten, weitergeführten Grubenbetriebe auf dem Stadtgebiet: Steinkohlenbergwerk Vereinigte Glückhilf – Friedenshoffnung mit Kokerei (jetzt »Victoria«), Steinkohlenbergwerke von Kulmiz: Melchior-Grube in Dittersbach mit Kokerei (jetzt »Mieszko«) und Cons. Fürstensteiner Gruben: Bahnschacht mit Kokerei, Hans-Heinrich-Schacht mit Brikettfabrik (jetzt »Bolesław Chrobry«). Waldenburg ist Sitz der Niederschlesischen Vereinigung der Kohlenindustrie »Dolnośląskie Gwarectwo Węglowe«. Die hier geförderte Kohle ist mürbe, daher wird fast die ganze Produktion an Ort und Stelle zu Koks verarbeitet. Waldenburg ist jetzt der größte Gasproduzent Niederschlesiens. Die heutige Leinenindustrie fußt auf einer alten Tradition deutscher Betriebe. Vor dem Kriege in Waldenburg fast alle Industriezweige vertreten (Chemische Industrie, Maschinenfabriken, Stahlbau, Bauindustrie, Betonwarenfabriken, Textil- und Bekleidungsindustrie). Sie wurden von Polen weiterentwickelt und ausgebaut. Seit 1982 modernes großes Porzellanwerk »Książ«. In der industriellen Erzeugung des polnischen Staates nimmt die Wojewodschaft Waldenburg den 12. Platz ein. Im ersten Jahrzehnt nach der Vertreibung durften zunächst mehr als 10000 Deutsche als Facharbeiter in Bergbau und Industrie zurückbleiben. Bis 1956 war ein eigenes kulturelles Leben der Deutschen zugelassen. Heute gibt es nur noch wenige Deutsche in Waldenburg.

Sehenswürdigkeiten

Waldenburg hat sich erst seit dem 18. Jahrhundert entwickelt und besitzt keine eigentliche Altstadt. Die Hauptverkehrsader bilden die auf der Talsohle verlaufenden Straßen in einer Länge von ca. 8 km. Infolge des Abbaues der Kohlepfeiler unter der Stadt haben sich die Wohngebiete auf die inzwischen eingemeindeten Außenbezirke verlagert. Überblick auf die Innenstadt im Norden von der *Schillerhöhe (Góra Parkowa)* mit dem *Stadtpark (Park Jana Sobieskiego)*. Dort steht noch die frühere Schillerbaude als Ausflugshaus »Harcówka« (PTTK). Links vom Stadtzentrum fällt der Blick auf die katholische Stadtpfarrkirche, in der Mitte des Panoramas auf die evangelische Kirche. Von der Schillerbaude ca. 10. Minuten zur aleja Wyzwolenia (Auenstraße) und zum plac Grunwaldzki (Vierhäuserplatz) als Verkehrszentrum. Etwas weiter westlich in der ul. Wysockiego (Weißsteiner Straße) der Fernbusbahnhof Dworzec PKS (Busverbindungen nach allen Richtungen der Wojewodschaft). Vom plac Grunwaldzki (Vierhäuserplatz) die ul. Słowackiego (Freiburger Straße) zum plac Obrońców Stalingradu (Rathausplatz). Das *Rathaus* im neugotischen Stil baute 1856 Hermann Friedrich Wäsemann, es wurde 1903 durch Anbau zweier Flügel erweitert. Das alte Rathaus in der Mitte des Rings wurde bereits 1856 abgerissen. Weiter südlich am Ring noch einige Bürgerhäuser des 18. Jahrhunderts: Nr. 22 »Haus zu den drei Rosen« (»Pod Trzema Różami«), Barock 1777; Nr. 23 Haus »Zum Anker« (»Pod Kotwicą«) ist ein Symbol für den einstigen Überseehandel mit Leinen, erbaut 1799 im klassizistischen Stil, beide Häuser nach dem letzten Kriege restauriert. Im Hause Ring Nr. 9, sogenann-

tes »Tagblatthaus«, wurde der Literaturkritiker und Geschichtsschreiber Wolfgang Menzel geboren (1798–1873), Redakteur des »Cottaschen Morgenblattes« in Stuttgart. Vom Ring nach Westen in der ul. 1 Maja Nr. 5 (Gottesberger Straße) das Polnische Bezirksmuseum, ehemals »Waldenburger Berglandmuseum«. Das Gebäude stammt von der Firma Alberti, erbaut von dem Langhansschüler Niederäcker Anfang des 19. Jahrhunderts. Im Museum mineralogische und Porzellan-Sammlungen – teilweise aus den früheren Beständen – sowie Gemälde und polnische historische Sammlung. Schräg gegenüber am plac Marchlewskiego (Kirchplatz) *evangelische Kirche*, erbaut 1785–89 im Klassizismus nach Plänen von Carl Gotthard Langhans, Turm neugotisch von 1865. Die heutige kleine evangelisch-augsburgische Gemeinde ist um die Erhaltung der Kirche bemüht, deren Restaurierung – außen und innen – z. Zt. von privater Seite aus der Bundesrepublik Deutschland betrieben wird. Schlüssel im Pfarrhaus. Vor der evangelischen Kirche steht die schlichte kleine *Marienkirche;* sie gilt als älteste Kirche von Waldenburg, heutige Gestalt von 1714 auf mittelalterlichen Fundamenten (um 1400). Barockaltar mit Marienfigur, Kassettendecke. Südöstlich in der ul. Moniuszki (Friedländer Str.) ist die ehemals katholische *»Schutzengelkirche«* jetzt römisch-katholische Pfarrkirche, neugotischer Bau von 1900–04, errichtet anstelle der alten 1899 abgerissenen Michaeliskirche. Südlich in der ul. Zamkowa (Schloßstraße) *Palais von Czettritz*, erbaut 1604–28, umgebaut 1881–82.

3. Fußwanderungen von Waldenburg

1. Waldenburg–Hochwald (Chelmiec) – 869 m
5 km westlich vom Zentrum ca. 1½ Std.
Schwarze Markierung beginnt an der Kreu-

zung plac Engelsa mit ul. Piastowska, sie führt in den Wald und auf steilem Weg zum Bergpaß unterhalb des Hochwalds, von da kurzer Aufstieg über den Südabhang des

Gipfels bis zum steinernen Aussichtsturm (erbaut 1887–88 durch den Fürsten von Pleß auf Anregung des Waldenburger Gebirgsvereins). Rundblick von der Schneekoppe bis zum Glatzer Schneeberg, im Vordergrund das Waldenburger Tal mit dem Kranz der Waldenburger Berge, dahinter das Eulengebirge, links davon der Zobten. Autostraße über Weißstein (Biały Kamień) 13 km.

2. Waldenburg–Schwarzer Berg (Borowa) – 854 m

3 km südlich des Zentrums Aufstieg 1¼ Std., Abstieg ¾ Std. Schwarze Markierung vom Hauptbahnhof über die ul. Gdyńska und ul. Słowiańska, dann wendet sich der Weg dem Wald zu. Im Wald zweigt die schwarze von der zur Andreasbaude (Andrzejówka) führenden grünen Markierung nach links ab und steigt von der Südseite auf den Schwarzen Berg. Panorama des Riesengebirges, des Glatzer Schneeberges und des Zobten. Fahrstraße 12 km.

3. Waldenburg–Kynau (Zagórze Śląskie)

Vom Bahnhof Waldenburg-Stadt (Wałbrzych Miasto) durch Altwasser (Stary Zdrój) nach Osten blaue Markierung, 3½ Std. Von Kynau zur Kynsburg (Zamek Grodno) vgl. S. 169.

4. Waldenburg–Andreasbaude (Andrzejówka)

8 km, 2½ Std., Rückweg 2 Std. Vom Hauptbahnhof wie zu 2. Unterhalb des schwarzen Berges grüne Markierung rechts nach Steinau (Kamionka) – Reimswaldau (Rybnica Leśna) – Schrotholzkirche vgl. S. 151. Der grüne Wanderweg führt weiter (Abstieg) nach Gottesberg (Boguszów Gorce) – von dort Bus nach Waldenburg (Wałbrzych). Durch das Dorf Reimswaldau zu einem Steinbruch, von da 15 Min. zur Andreasbaude, Schronisko PTTK Andrzejówka, ganzjährig geöffnet. 120 Betten, Restauration. Von da zahlreiche Wanderwege u. a. rote Markierung 1 Std. zum Bahnhof Wüstegiersdorf (Głuszyce), gelbe Markierung 2½ Std. zum Bahnhof Bad Charlottenbrunn (Jedlina-Zdrój). Die Bergwirtschaft liegt am rot markierten Fernwanderweg entlang der Sudeten von Bad Flinsberg (Świeradów Zdrój) nach Patschkau (Paczków) »Szlak im. Dr. Orłowicza«. Die Wanderwege im Waldenburger Bergland sind ausreichend markiert. Über ihren Zustand sollte man sich selbst vergewissern.

4. Fahrten von Waldenburg

ROUTE 1 Waldenburg (Wałbrzych) – Bad Salzbrunn (Szczawno-Zdrój) – Niedersalzbrunn (Szczawienko) – Schloß Fürstenstein (Zamek Książ) – Freiburg (Świebodzice) – Altreichenau (Stare Bogaczowice) – Adelsbach (Struga) – Liebersdorf (Lubomin) – Waldenburg (Wałbrzych), ca. 50 km

Vom plac Grunwaldzki (Vierhäuserplatz) unter der Bahnunterführung nach Nordwesten, 5 km, oder vom Bahnhof Wałbrzych Miasto, Ortsteil Stary Zdrój (Altwasser) mit Stadtbus 7 und 8 nach

BAD SALZBRUNN, Kr. Waldenburg
Szczawno Zdrój, woj. Wałbrzych (Woj. Waldenburg),
bis 1935 »Obersalzbrunn«, einst »Katarrhbad« Schlesiens, im flachen Tal des Salzba-

ches am Nordhang des Hochwaldes (Chełmiec), durch die rings ansteigenden Waldhöhen gegen rauhe Winde geschützt. 1945 zur Stadt erhoben.

Einwohner

1939: 9779 Deutsche auf 19,34 km²
1985: 6500 Polen auf 15,26 km²

Touristeninformation: »Dom Turysty« – PTTK, ul. Kościuszki 9. Kat. II mit Restaurant, Tel. 785-22; Kurhaus – Dom Zdrojowy, ul. Kolejowa 14, früheres Sanatorium »Schlesischer Hof« 1909–10 mit 130 Betten erbaut als größtes schlesisches Hotel; Ausflugshaus »Słoneczna Polana« ul. Narciarka, Kat. II, Tel. 57-50

Restaurants: Kawiarnia »Jubilatka«, ul. Ratuszowa 5, Tel. 157-63; Restauracja »Zdrojowa«, ul. Kolejowa 5, Tel. 783-80; Restauracja »Turystyczna«, ul. Kościuszki 9, Tel. 788-07

Geschichte des Heilbades

1221 als »Salzborn« erstmals erwähnt. Seit Ende des 14. Jahrhunderts im Besitz der Herrschaft Fürstenstein, d.h. von 1509–1934 der Familie Hochberg-Pleß. Ältestes, meist besuchtes schlesisches Bad; 1934–45 preußisches Staatsbad. Kohlensäurehaltige, alkalische Mineralquellen zu Trink- und Badekuren benutzt, seit Dr. August Zemplin 1815 die Entwicklung zum Badeort einleitete. Durch Ausbau der Kuranlagen rückte es an die Spitze der schlesischen Bäder. Wundervolle Parks und Promenaden durchziehen den Kurort. Heute verfügt er über 8 Quellen mit 42 Quellfassungen. In der »Preußischen Krone« wurden 1858 Carl und 1862 Gerhart Hauptmann geboren (heute Sanatorium »Korona Piastowska«, ul. Sienkiewicza 2, Gedenktafel in polnischer Sprache).

Von *Niedersalzbrunn* (Szczawienko) – Straßendorf mit katholischer Kirche, die ehemalige evangelische Kirche wurde nach 1960 abgerissen, der Ort jetzt eingemeindet zu Waldenburg – Fußweg links ab durch den Fürstensteiner Grund, auf dem rechten Ufer des Hellebaches durch die romantische Felsenschlucht zum Dorf Polsnitz (Pełcznica); auf breitem Weg weiter Anstieg nach oben rechts zu den Parkanlagen von

SCHLOSS FÜRSTENSTEIN *(Zamek Książ)*

Am Eingang der Hellebachschlucht links des Baches Ruine, 1945 brannte das alte Schloß, Ende des 18. Jahrhunderts errichtet, ab. (Theater-Gotik nach den Plänen von Baudirektor Tischbein.) Der Fußweg führt durch Landschaftsschutzgebiet, Mischwald mit alten Eiben, Linden, Bergulmen, Eschen, Ahorn und Fichten.

Autozufahrt von der Straße Waldenburg – Freiburg (Świebodzice), Hinweisschild »Książ«. In der Sommersaison bewachter Parkplatz, Imbißhalle und Eingang zum Schloßpark, 10 Min. bis zum Schloß, unterwegs links Aussichtspunkt. Das größte schlesische Schloß steht in großartiger Lage auf steilem Felsen hoch über der Hellebachschlucht; 1509–1945 im Besitz des Geschlechts der Grafen von Hochberg, seit 1847 zugleich Fürsten von Pleß in Oberschlesien (1683 in den Reichsgrafenstand erhoben). 1772 wurde Fürstenstein Fideikommiß mit dem Besitz von vier Städten: Freiburg, Friedland, Gottesberg und Waldenburg, sowie 34 Dörfern und 17 Gütern. Zuvor Burg der schlesischen Herzöge, danach der Schweidnitzer Bolkonen und der Könige von Böhmen, im 15. Jahrhundert Residenz ihrer Landeshauptleute. Kern der Anlage der Bergfried. An den Renaissanceteil des Schlosses wurden 1722–24 die fünfgeschossigen Barockflügel angebaut. Felix Anton Hammerschmidt schuf das Treppenhaus und den Marmorsaal, das Prunkstück der Anlage, dazu das Torhaus mit den flankierenden Türmen. Letzter Ausbau 1910–30 mit Terrassenanlagen und Springbrunnen. Ein Teil des Schlosses war vor dem Kriege als Museum geöffnet. Da der letzte Fürst zu Kriegsbeginn nach England emigriert war, beschlagnahmte 1944 der Gauleiter von Schlesien das Schloß und ließ es als mögliches Hauptquartier für Hitler vorbereiten und verändern. 1945–50 wurde es von den Sowjets mehrfach geplündert und vollständig ausgeraubt. Neubeginn 1962 durch Gründung eines halbstaatlichen Komitees zur Rettung des Schlosses. Vollständige Restaurierung und Umbau noch nicht beendet, vorgesehen für Verwaltungsstellen, Wohnräume, Museum, Café, Hotel, Schloßgaststätte und Schulungszentrum. Museum in der Sommersaison geöffnet, bei größeren Gruppen Führung in deutscher Sprache.

Zwischen Waldenburg und Freiburg in Liebichau (Lubiechów) Besichtigung von Palmenhaus und japanischem Garten der ehemaligen Fürst Pleß'schen Schloßgärtnerei, 1910–14 angelegt, mit Stadtbus von Waldenburg aus erreichbar.

FREIBURG, *Kr. Schweidnitz*
Świebodzice, woj. Wałbrzych (Woj. Waldenburg)

Einwohner

1939: 9308 Deutsche auf 6,36 km^2
1985: 22500 Polen auf 14,2 km^2

Geschichte und Wirtschaft

Deutsche Lokation vor 1268 neben altslawischer Burg, Ackerbürgerstadt zu Schweidnitz gehörend. 1361 eigenes Münzrecht. Im 30jährigen Krieg ganz zerstört, Feuersbrünste 1636 und 1773. Nach Eisenbahnanschluß (1844) beginnende Industrialisierung – Leinwandfabrik Friedrich Kramsta, und Uhrenfabrikation. 1847 ließ sich Gustav Becker als Uhrmacher in Freiburg nieder.

Am 2. Mai 1850 meldete er seinen »Fabrikationsbetrieb für Uhrenzeug« am Ring Nr. 27 gerichtlich an. 1875 besaß Becker bereits 25 Uhrengeschäfte und beging das Jubiläum der Herstellung der 100000. Uhr. Aus dem Familienbetrieb der »Gustav Becker AG.« entstand vor dem Kriege im Zusammenschluß mit weiterer Firmengründungen die »Vereinigte Freiburger Uhrenfabrik, Freiburg«, deren Betriebe weiterarbeiten. Die Familiengrabstätte des Schöpfers der Uhrenindustrie in Schlesien auf dem Freiburger Friedhof (eingelassen in die innere Friedhofsmauer des hinteren Teils des Friedhofs) ist gut erhalten. Nach 1945 verstärkte Entwicklung zur Industriestadt: Optische und elektromechanische Fabrikation, Werke für Flugzeugteile.

Bauwerke

Rathaus 1781 nach dem Stadtbrand wieder aufgebaut auf besonderen Befehl Friedrichs des Großen, Architekt Schulz aus Breslau. Neben dem viereckigen Ring katholische Pfarrkirche St. Nikolaus, Neubau von 1811. Unweit evangelische Kirche von 1776 mit Turm von 1889, jetzt römisch-katholisch. Nordöstlich im eingemeindeten Dorf Zirlau (Ciernie) Franziskanerkirche aus dem 14. Jahrhundert mit Sakramentshäuschen von 1352.

10 km westlich von Freiburg Richtung Landeshut (Kamienna Góra)

ALTREICHENAU *(Stare Bogaczowice)*

Langgestrecktes Straßendorf (gegr. 1210), prächtige Barockkirche, erbaut 1685–89 von Stiftsbaumeister Martin Urban im Auftrag des Klosters Grüssau, dem das Dorf von 1292 bis zur Säkularisierung 1810 gehörte, heutiger Bauzustand bedenklich. Bemerkenswert: Zweigeschossiger Altar, Altarbild vermutlich von Michael Willmann.

Dorfmitte Abzweigung Richtung Süden nach

ADELSBACH *(Struga)*

Liebfrauenkirche von 1532 mit Glockenturm über dem Eingangstor des Friedhofes, im Innern Grabdenkmäler der Familie Czettritz (1540, 1603).
Neues Denkmal am Platz eines Gefechtes zwischen preußischen Truppen und polnischen Ulanen im Dienste Napoleons (15. 5. 1807).
In *Liebersdorf (Lubomin)* schlichte Dorfkirche mit spitzem Holzturm, Ende 16. Jahrhundert. An der äußeren Südwand des Schiffes Sgraffitoschmuck (Kratzputz) mit Christus und Szenen aus dem alten Testament. Im Innern Tryptichon, um 1430, mit Mutter Gottes.
Zurück über Bad Salzbrunn nach *Waldenburg.*

Route 2   Waldenburg (Wałbrzych) – Gottesberg (Boguszów) – Landeshut (Kamienna Góra) – Liebau (Lubawka) – Schömberg (Chełmsko-Śląskie) – Kloster Grüssau (Krzeszów) – Waldenburg (Wałbrzych), 65 km

Straße Nr. 18 – 7 km bis

GOTTESBERG, *Kr. Waldenburg*
Boguszów-Gorce, woj. Wałbrzych (Woj. Waldenburg)

Mittlere Industriestadt und Arbeiterwohngemeinde, am Berghang 590 m hoch, einst höchstgelegene Stadt in Preußen.

Einwohner

    1939: 11 011 Deutsche
    1985: 21 000 Polen

Café »Ratuszowa«, Restaurant »Nowoczesna«, beides am Ring.

Geschichte und Wirtschaft

Gründung sächsischer Bergleute im 13. oder 14. Jahrhundert, Stadtrechte 1499 von König Wladislaus von Böhmen und Ungarn »freie Bergstadt«. Unter der Herrschaft wechselnder Grundherren Silberbergbau bis zum 30jährigen Krieg. Kohlenbergbau unergiebig. 1789 im Vorort Kohlau Errichtung der ersten beiden Koksöfen auf dem europäischen Festland. Im 18. Jahrhundert Spinnereien, Leinewebereien, Strumpfstrickereibetriebe, dazu im 20. Jahrhundert auch Fremdenverkehr. Seit 1840 Schwerspatgewinnung. Dies ist der einzige Industriezweig, der nach 1945 noch Bedeutung hat.

Bauwerke

Katholische Dreifaltigkeitskirche von 1720–23, Rathaus von 1731, evangelische Kirche von 1775, nach dem Kriege als Turnhalle benutzt, jetzt dem Verfall preisgegeben.

12 km bis

LANDESHUT, *Kr. Landeshut*
Kamienna Góra, woj. Wałbrzych (Woj. Waldenburg)

Leinenweber- und Industriestadt in einer Mulde an der alten Paßstraße nach Böhmen zwischen Riesengebirge und Waldenburger Bergland, am rechten Ufer des Bober.

Einwohner

    1939: 13 461 Deutsche
    1985: 22 500 Polen
Restaurant: »Spółdzielcza«, ul. M. Curie-Skłodowskiej, Kat. II

Café: »Ratuszowa«, pl. Grunwaldzki 1, Kat. II
Milchbar: ul. Mickiewicza 24
Niederschlesisches Webereimuseum: pl. Wolności 11, Tel. 22-75, geöffnet Di Do Sa 10–17 Uhr, So und, wenn arbeitsfrei, Sa 12–17 Uhr.

Geschichte und Wirtschaft

Gründung als deutsche Stadt neben Burg der schlesischen Piasten Ende des 13. Jahrhunderts zur Sicherung der Grenze (vgl. Namen: »Des Landes Hut« = Schutz). 1334 Bestätigung der Stadtrechte mit freier Ratswahl durch Herzog Bolko II. von Schweidnitz. Handel an der Grenze, später Leinenherstellung, seit 18. Jahrhundert Haupterwerbsgrundlage die Schleierweberei. 1841 erstes Fabrikunternehmen (Flachsgarnspinnerei). 1852 Textilwerke Methner & Frahne, weitere folgten, ebenso andere Industriezweige (Schuhfabrik, Textilmaschinenfabrik). Heute weiter entwickelt, Landeshut ist wie früher der größte Leinenproduktionsort Schlesiens, vgl. Bevölkerungszunahme. Die größten Unternehmen sind die leinenherstellenden Betriebe »Len«, die Seidenspinnerei »Floreta« und die Konfektionsbetriebe »Intermoda«.

Sehenswürdigkeiten

Am plac Wolności (Ring), Nord- und Westseite, barocke Giebelhäuser des 18. Jahrhunderts mit Erdgeschoßlauben (Nr. 22 und 23). Südwestlich katholische Pfarrkirche, 1595 als protestantisches Gotteshaus ausgebaut, mittelalterlicher Chor und später erbautes vierschiffiges Langhaus mit Emporen. Unweit das neue Rathaus, 1905 in Renaissanceformen anstelle des am Ring abgebrannten Rathauses errichtet. Vom Rathaus 5 Min. zu der sehenswürdigen evangelischen Gnadenkirche zur Heiligen Dreifaltigkeit, am Stadtrand 1709–20 auf Grund der Altranstädter Konvention nach Entwurf von Baumeister Martin Frantz errichtet. Vorbild die Stockholmer Katharinenkirche, hier nicht wie in Hirschberg mit 5 Türmen, sondern mit einem Turm, der eine durchbrochene Bekrönung aufweist. Innenraum von zahlreichen Kunsthandwerkern mit Schnitzmesser und Pinsel (farbige Emporenbemalung) ausgestaltet. Früher 3000–4000 Sitzplätze. 1945 völlig ausgeraubt, danach von der polnischen katholischen Kirche restauriert, für ihre Bedürfnisse (Marienkult) und durch neue Ausmalung stark verändert und in Benutzung genommen. Von der Kirche aus lohnenswerter Spaziergang durch die genossenschaftliche Wohnsiedlung am Osthang des Kirchbergs (Góra Kościelna). Vom Gipfel gute Aussicht auf die umliegenden Berge. Vom Bahnhof aus gelb markiert, 15 Minuten. Vor der Stadt im Bobertal nach dem Krieg Anlage eines kleinen Stausees (Erholungsgebiet). Zugang ul. Kościuszki, dahinter der Schloßberg (Góra Zamkowa) – Aussichtspunkt. Aus Landeshut stammt der große Baumeister des frühen Klassizismus (1732–1808) Carl Gotthard Langhans, Erbauer u. a. des Brandenburger Tores in Berlin, Architekt und Lehrmeister des evangelischen Kirchenbaues und zahlreicher profaner Bauten in Schlesien. In Landeshut wurde der Riesengebirgsmaler Friedrich Iwan 1889 geboren. Er starb 1967 in Wangen/Allgäu (Farbradierungen).

10 km südlich an der Paßstraße nach Trautenau (Trutnov) in Böhmen liegt am Fuße des Rabengebirges

LIEBAU, *Kr. Landeshut*
Lubawka, woj. Wałbrzych (Woj. Waldenburg)

Einwohner

1939: 5414 Deutsche auf 49 km²
1976: 6673 Polen auf 23,42 km²

Hotel: »Lubavia«, pl. Wolności (Ring) 14, Tel. 221, Kat. II

Geschichte und Wirtschaft

König Wenzel von Böhmen übergab die von ihm gegründete Stadt Liebau dem 1292 von Herzog Bolko I. von Schweidnitz erneuerten Zisterzienserkloster Grüssau. Sie blieb unbefestigt. Über den langgestreckten Markt führte die Handelsstraße von Trautenau nach Landeshut. Von 1292 bis zur Säkularisation (1810) besaß Kloster Grüssau die Grundherrschaft und die Vogteirechte. Die umgebenden Stiftsdörfer brachten ihre Leinenerzeugnisse nach Liebau auf den Markt. Im 19. Jahrhundert entstanden fünf Textilwerke, eine Glashütte und eine Möbelfabrik.

Bauwerke

Am Ring restaurierte Laubenhäuser. Katholische Pfarrkirche – spätgotisch – 1735 neu gewölbt und Ausstattung mit reichem Barockschmuck.

7 km bis

SCHÖMBERG, *Kr. Landeshut*
Chełmsko Śląskie, woj. Wałbrzych, (Woj. Waldenburg)

Einst idyllisches kleines Ackerbürger- und Weberstädtchen, dicht an der Grenze, im oberen Ziedertal (Zadrna).

Einwohner

1939: 2099 Deutsche auf 11,88 km^2
1970: 1790 Polen auf 26,31 km^2

1945 Verlust des Stadtstatus, seit 1957 stadtartige Siedlung, seit 1973 Dorf. An die Blüte der Leineweberei erinnern noch die Holzlaubenhäuser der 11 (früher 12) Apostel am Stadtrand, ebenso besonders schön gestaltete Barock-Laubenhäuser am Ring, leider auf der Seite zur Kirche bereits eingestürzt und

auch im übrigen stark gefährdet. Die Heiligenfiguren in den Nischen der Laubenhäuser an der Nordseite wurden vom Wojewodschafts-Konservator sichergestellt (d. h. entfernt). Ebenfalls im Barock zur Blütezeit unter dem Grüssauer Abt Bernhardus Rosa entstanden die katholische Pfarrkirche St. Joseph (1670) und das Rathaus (1687 ff.). Wegen fehlender Industrie ist die Bedeutung des Ortes nach 1945 stark zurückgegangen; er verfällt langsam.

Ausfahrt nach Norden Richtung Landeshut (Kamienna Góra) 8 km bis

KLOSTER GRÜSSAU *(Krzeszów)*

Gaststätte: »Willmanowa Pokusa«, Kat. II, Tel. 21

Zwischen Landeshut und Schömberg, von Wäldern, Wiesen und Feldern umgeben, ragen die schwungvollen Kuppeln der Marienkirche ins Land. Herzogin Anna, Witwe des 1241 auf der Wahlstatt in der Mongolenschlacht gefallenen Herzogs Heinrich II., gründete das Kloster für Benediktinermönche aus Böhmen. 1292 übernahmen es die Zisterzienser aus Heinrichau. Sie vermehrten seinen Besitz auf 330 km^2 mit 40 Dörfern und den Städten Schömberg und Liebau. Er erstreckte sich vom Riesengebirge bis zum Waldenburger Bergland. Der reiche Landbesitz bot die Grundlage für völligen Neubau nach den Verwüstungen des Dreißigjährigen Krieges. In der *turmlosen Josefskirche* (1692–1696) schuf *Michael Willmann,* Schlesiens bedeutendster Barockmaler, einen einzigartigen Freskenzyklus. Die Decke enthält die großen alttestamentarischen Szenen der Genesis. In der Apsis und an den Wänden der Seitenkapellen malte Willmann die Lebensgeschichte Josephs in einer volkstümlich zu Herzen gehenden Manier. 1728–1735 *Neubau der Marienkirche* unter Abt Innozenz Fritsch anstelle der mittelalterlichen Kirche. Bauausführung Stiftsbaumeister *Josef Anton Jentsch*, Planverfertiger unbekannt. Der figürliche Schmuck der stark bewegten Turmfront stammt von Matthias Braun und dem Prager Bildhauer Ferdinand Maximilian Brockhoff. In der Mittelzone des Westwerkes die Statue der Himmelskönigin. Nach der Säkularisierung von 1810 verfiel die Klosteranlage. 1919 wurde sie durch die Benediktiner der Emmaus-Abtei in Prag wiederbesiedelt. Am 19. 6. 1924 erhob Papst Pius XI. Grüssau wieder zur Abtei, die nun zum religiös-kulturellen Mittelpunkt der schlesischen Katholiken wurde. Die Klostergebäude wurden wiederhergestellt, 1938–44 erfolgte eine vollständige Restaurierung der St. Josephskirche und der Fassade der Marienkirche aus Mitteln des preußischen Staates. Johann Drobek brachte in der St. Josephskirche die etwa 50 Fresken Willmanns an Decken, Altären und

in den Seitenkapellen wieder zum Vorschein. Nach 1945 starke Verwahrlosung der Klosteranlage und der Kirchen. Ab 1970 Restaurierung der Außenfassaden, jedoch nur bei der St. Josephskirche abgeschlossen. Die Marienkirche wurde innen restauriert, eine Fassadenrestaurierung ist beabsichtigt. Die *Orgel* des großen schlesischen Orgelbauers *Michael Engler* ist sein einziges erhaltenes Werk (Orgeln in St. Elisabeth in Breslau und St. Nikolai in Brieg verbrannt). Reiche Schnitzereien des *Hochaltars*, der *Kanzel*, der *Orgel* und des *Chorgestühls* aus der Klosterwerkstatt von den Bildhauern Anton Dorasil und Marianus Lachel. Hinter dem Chor die *Fürstenkapelle* für die Stifterfamilie, die Schweidnitzer Piasten, gehört zu den schönsten Barockmausoleen Schlesiens. Rückfahrt über Gottesberg nach *Waldenburg* (17 km).

ROUTE 3 Waldenburg (Wałbrzych) – Friedland (Mieroszów) – Görbersdorf (Sokołowsko) – Reimswaldau (Rybnica Leśna) – Andreasbaude (Andrzejówka) – Wüstegiersdorf (Głuszyca) – Bad Charlottenbrunn (Jedlina-Zdrój) – Waldenburg (Wałbrzych). 65 km

Südliche Ausfahrt über Waldenburg-Dittersbach (Podgórze), nach 19 km dicht an der Grenze im oberen Steinetal das Städtchen

FRIEDLAND, *Kr. Waldenburg*
Mieroszów, woj. Wałbrzych (Woj. Waldenburg)

Einwohner

1939: 4386 Deutsche auf 10,57 km²
1970: 5035 Polen auf 28,13 km2

Ursprünglich von böhmischen Benediktinern um die Mitte des 13. Jahrhunderts deutsch besiedelt und nach Böhmen orientiert. 1359 zum Fürstentum Schweidnitz. Leineweberstadt, im 19. Jahrhundert Textil- und holzverarbeitende Industrie. Heute am Rand des Industriegebietes langsamer Ver-

fall eines Teiles der Gebäude. Katholische Kirche St. Michael, seit 1354 bezeugt, 1865 fast neu erbaut, Turm von 1714. Die evangelische Kirche wurde nach 1945 ausgeplündert, verfiel und wurde abgebrochen.

7 km bis
GÖRBERSDORF, *Kr. Waldenburg*
Sokołowsko, woj. Wałbrzych (Woj. Waldenburg)

In einem windgeschützten Seitental 1854 durch Dr. H. Brehmer als Luftkurort für Lungenkranke ausgebaut. Sein erstes Kurhaus (1861/62) erweiterte er 1877 zu einer großen Lungenheilstätte. Weitere Sanatorien folgten. Brehmers Erfolge trugen seinen Ruf in alle Welt. Seine Heilmethoden wohldosierter Anwendung von Wasser und Luft,

mit Spaziergängen, Winter- und Liegekuren, machten den Ort zur Wiege moderner Lungentuberkulosetherapie.
Brehmers Praxis und wissenschaftliche Abhandlungen zogen zahlreiche Forscher an, u.a. den polnischen Arzt Sokołowski, Begründer der polnischen Gesellschaft für Physiatrie. Nach ihm wurde der Ort 1945 benannt, die Sanatorien wurden weitergeführt. Nach dem Rückgang der Lungentuberkuloseerkrankungen soll hier ein Erholungszentrum für Bergleute und Industriearbeiter entstehen. Das Tal endet hier.
Zurück zur Hauptstraße Richtung Waldenburg. 6 km

In *Langwaltersdorf (Unisław Śląski)* katholische Pfarrkirche mit Renaissance-Taufbecken von 1598. Die ehemalige evangelische Predigtkirche, 1742 von Karl Scholz aus Löwenberg begonnen, faßt 2000 Menschen. Kanzelaltar von Tischlermeister Johannes Klemt. Im Dorf Abzweigung rechts Richtung Bad Charlottenbrunn (Jedlina Zdrój).
In *Reimswaldau (Rybnica Leśna)* berühmte kleine Schrotholzkirche am Ortsrand, 1557 als evangelische Kirche erbaut, 1654 auf Grund des Westfälischen Friedens katholisch. Der 1684 über dem Friedhofstor freistehend errichtete Holzturm vervollständigt die malerische Baugruppe. 1840 vom preußischen Staat mit großer Sorgfalt restauriert. Altar und Kanzel 17. Jahrhundert, Ausmalung mit bäuerlichem Schablonenmuster.
Von *Reimsbach (Rybnica Mała)* – blaue Markierung – 1½ Std. Aufstieg zum Hornschloß (Rogowiec), 1497 von Matthias Corvinus gesprengt, und weiter Wanderung zur *Andreasbaude (Andrzejówka)* (vgl. Fußwanderung von Waldenburg S. 144), Autozufahrt von Reimswaldau (Rybnica Leśna) vorbei am Steinbruch.
Von Reimsbach 2 km weiter rechts der Straße in *Donnerau (Grzmiąca)* ebenfalls am Ortsrand kleine Schrotholzkirche von 1619. Nächste Straßengabelung links Abzweigung nach Waldenburg (Wałbrzych).
In *Tannhausen (Jedlinka)* – Ortsteil von Wüstegiersdorf (Głuszyca) – ul. Nowarudzka (Neuroder Straße) Leinenhandelshaus von H. Krain & Sohn, von C. G. Langhans erbaut, zweigeschossiger Säulenvorbau. Wüstegiersdorf – im 16. Jahrhundert Bergbau- und später Leineweberort – wurde 1961 zur Stadt erhoben. 1838 errichtete die Fa. A. Großmann die erste mechanische Baumwollweberei. 1862 Flachsgarnspinnerei der Fa. Websky in Tannhausen. Nach 1945 Wiederaufnahme und Ausbau der Textilindustrie.

BAD CHARLOTTENBRUNN, *Kr. Waldenburg*
Jedlina Zdrój, woj. Wałbrzych (Woj. Waldenburg)

Einwohner

1939: 1821 Deutsche
1970: 6364 Polen

1954 zur stadtartigen Siedlung, 1967 zur Stadt erhoben. Kleiner, ruhiger Kurort am Ostrand des Waldenburger Gebirges, in einem nach Südosten offenen Seitental der Weistritz. Große Waldgebiete schützen vor den schädlichen Einflüssen der Waldenburger Industrie. Infolgedessen nach dem Zweiten Weltkrieg Vermehrung der Kapazität des Bades – Vorteil gegenüber dem älteren Bad Salzbrunn. Die klimatischen Einflüsse unterstützen die Wirkung der 1694 entdeckten »Theresienquelle« bei Erkrankungen der Atemwege und der 1928 gefaßten »Nierenquelle« auch bei vegetativen Erschöpfungszuständen und Nervenkrankheiten. 1723 erwarb der Grundherr von Seherr-Thoß die erste Quelle und benannte sie nach seiner zweiten Frau »Charlotte« geb. von Pückler. 1889 Erwerb des Bades durch die Gemeinde, 1935 neue Wandelhalle. Der Breslauer Philosoph Christian Garve (1742–1798) weilte von 1779 bis zu seinem Tode oft in Charlottenbrunn, nach ihm wurde eine Aussichtsbank »Garvesruh« benannt. Im Ortsteil Erlenbusch (Olszyniec) doppeltürmige Dorfkirche, 1535 von Bergleuten erbaut, Kassettendecke von 1611 mit Schablonenmalerei der Renaissance. Zwei Glocken von 1599 und 1613, Taufstein im Dreißigjährigen Krieg gestiftet von Graf von Holstein-Gottorp.

Das waldreiche Gebiet eignet sich als Ausgangspunkt für Wanderungen:
a) Zur *Hohen Eule (Wielka Sowa)* – rote Markierung – 4 Std. Ausgangspunkt Bahnhof Charlottenbrunn durch Tannhausen (Jedlinka), dann an der Westseite zum Gipfel des Saalberges (Jedlińska Kopa) über den Kamm des Wolfsberges (Włodarz) – 811 m – nach Dorfbach (Rzeczka). Der Weg durchquert den Paß zwischen Dorfbach (Rzeczka) und Falkenberg (Sokolec), weiter vorbei an der ehemaligen Eulenbaude (Orzeł) zum Gipfel der Hohen Eule. Aufstieg auch vom Parkplatz oberhalb Falkenberg (Przełęcz Sokola) (vgl. S. 164).
b) Bad *Charlottenbrunn – Kynau* (Zagórze Śląskie) – *Kynsburg* (Zamek Grodno) – gelbe Markierung – 2 Std.
Vom Ortszentrum Fahrweg über Erlenbusch (Olszyniec) – abwärts nach Bärnsdorf (Niedźwiedzica). An einem rechts am Wege stehenden Bußkreuz vorbei über eine alte Kapelle bergab nach Kynau. Von Kynau ¼ Std. Anstieg zur Kynsburg (vgl. S. 169), Autobushaltestelle neben dem Ferienheim »Gawra«.
Von Bad Charlottenbrunn zurück nach Waldenburg 10 km.

V. Schweidnitz und Umgebung

1. Die Stadt Schweidnitz, früher Kr. Schweidnitz

Świdnica, woj. Wałbrzych (Waldenburg)

liegt im Vorland des Eulengebirges am linken Ufer der Weistritz (Bystrzyca) in einer fruchtbaren Ebene, aus der sich im Osten der Kegel des Zobten (Ślęża) heraushebt.

Einwohner

1939: 39052 Deutsche
1983: 58000 Polen

Unterkunft und Verpflegung

Hotel: WKS »Śląsk«, ul. Saparów 16, Tel. 231-05
Vermittlung von Privatquartieren: PT »Sudety«, ul. Trybunalska 1, Tel. 220-96
Jugendherberge: ul. Folwarczna 2, Tel. 226-40, ganzjährig geöffnet
Camping (und Wanderheim): ul. Śląska 37, Kat. III, Tel. 225-36, April–Oktober
Restaurant: Karczma (Kretscham) Zagłoba, ul. Wrocławska 46, Kat. I; Piast (im ehemaligen Hotel Deutsches Haus), ul. Marksa 11; Orion, ul. Zamenhofa 45, Kat. II, Tel. 218-01; Pod Kogutem, ul. H. Sawickiej 1, Kat. II, Tel. 213-67; Stylowa, ul. Ks. Komunardów 14, Kat. II, Tel. 212-25
Café: Casanova, Rynek 23a, Kat. I; Cichy Kącik, ul. Okrężna 48/50, Kat. II; Teatralna, ul. Świerczewskiego 7, Kat. II
Milchbar: »Nowy«, ul. Świerczewskiego 7
Teestube: Tuła, ul. Wrocławska 24, Kat. II
Bierstube: Antałek, ul. Wrocławska 14, Kat. II
Touristeninformation: Agencia PGT »Sudety«, ul. Trybunalska 1, Tel. 220-96; BORT-PTTK, ul. Trybunalska 1, Tel. 214-43

Stadtbahnhof – Dworzec Świdnica Miasto (PKP): plac Dworcowy, Bahnhofsplatz 1, Tel. 210-76
Fernbusbahnhof – Dworzec PKS: ul. Kolejowa 3, Tel. 210-11
Busnahverkehr: WPK (autobusy czerwone [rote Autobusse]) Ausgangspunkt am plac Grunwaldzki in alle Richtungen (alle 8–20 Minuten)
Taxi: plac Dworcowy (am Bahnhof Świdnica Miasto), Tel. 226-28
Autoservice: (Straßenhilfsdienst) ul. Bystrzycka 12, Tel. 230-31; ul. Bystrzycka 14 (Werkstatt), Tel. 225-84; ul. Szarych Szeregów 6, Tel. 200-64
Kultur: Muzeum Dawnego Kupiectwa Śląskiego (Museum alter schlesischer Kaufmannschaft), Rynek-Ratusz 37, Tel. 212-91. Geöffnet täglich (außer Montag) 10–15 Uhr, Samstag, Sonntag und Feiertag 11–17 Uhr; Galeria Fotografii, Rynek 44, Tel. 213-32
Gottesdienst: röm.-kath. św. Stanisława i Wacława, plac Kościelny 1, św. Józefa, ul. Marksa 19; evangelisch-augsburgisch (Friedenskirche), plac Pokoju 6. Besichtigung täglich 9–13 und 15–17 Uhr.

Geschichte

Die Stadt erstmals 1243 urkundlich erwähnt. Stadtgründung nach deutschem Recht mit Weichbild und Meilenrecht neben alter slawischer Siedlung. 1291–1392 Hauptstadt des Herzogtums Schweidnitz, neben Burg Fürstenstein Residenz der Bol-

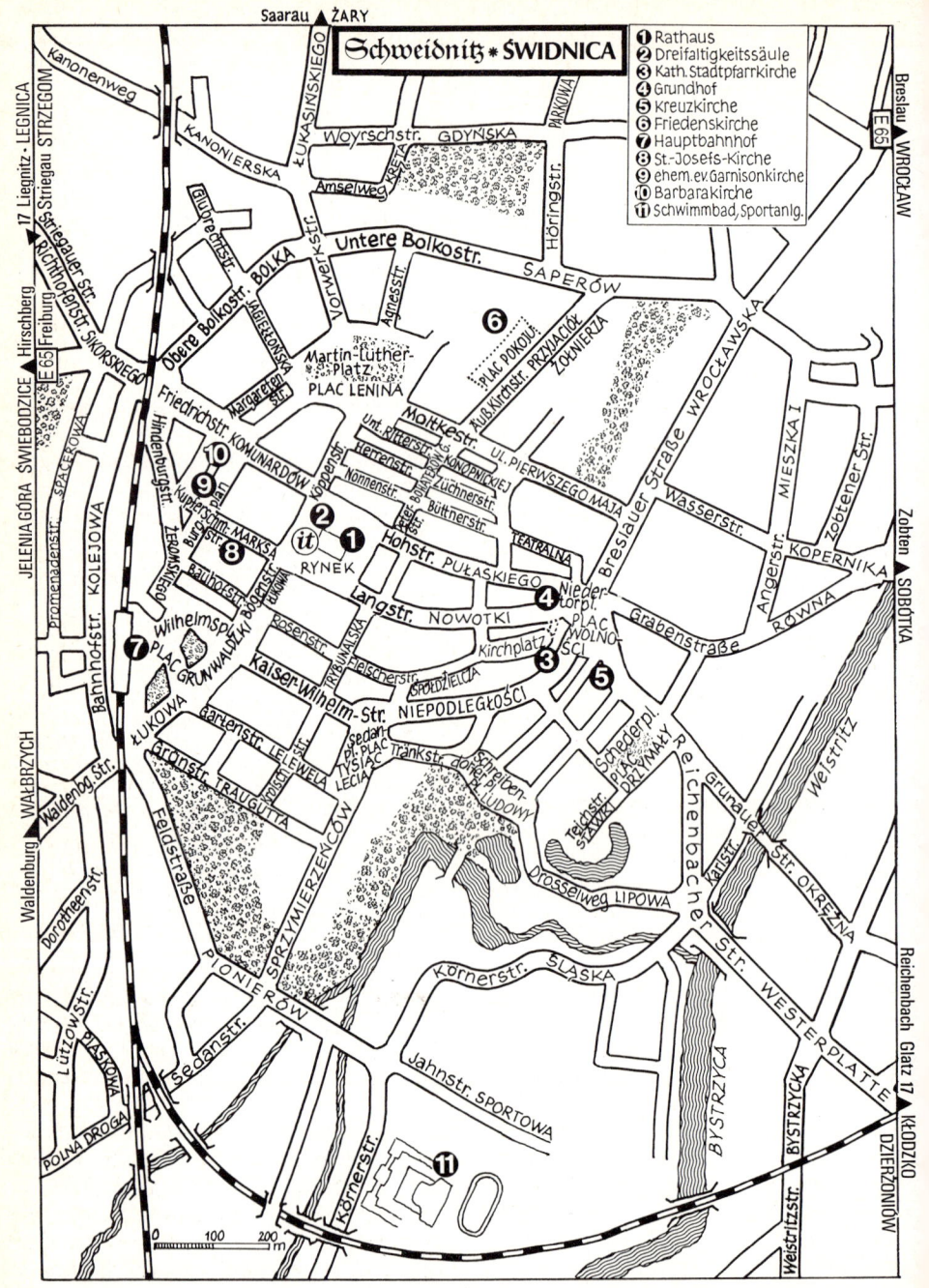

Schweidnitz ✷ ŚWIDNICA

① Rathaus
② Dreifaltigkeitssäule
③ Kath. Stadtpfarrkirche
④ Grundhof
⑤ Kreuzkirche
⑥ Friedenskirche
⑦ Hauptbahnhof
⑧ St.-Josefs-Kirche
⑨ ehem. ev. Garnisonkirche
⑩ Barbarakirche
⑪ Schwimmbad, Sportanlg.

konen (Zweiglinie der schlesischen Piasten.
Sie lief aus mit dem Tode von Herzogin
Agnes, Witwe Bolkos II., im Jahre 1392. –
Erbfolge der böhmischen Krone, Verwaltung durch Landeshauptleute). Die Wahl
der Ratsherren nahm der Rat vor, mit Bestätigung durch den Herzog – seit 1389 waren
auch Ratsherrn aus dem Handwerkerstand
zugelassen. 1580 verlieh Kaiser Rudolf II.
das Privileg der freien Ratswahl. Von
1280–1528 eigenes Münzrecht und Münz-
stätte. Seit 1345 starke Mauern mit 7 Toren.
Seit 1640 Garnisonstadt (nacheinander
Schweden, österreichische Infanterie, seit
1741 preußische Infanterie, Artillerie und
Pioniere). 1747–1754 Ausbau zur starken
Festung durch Friedrich den Großen. 1773
drei Festungsgürtel, 1807 befahlen die Franzosen den Abbruch der Befestigungen, erst
1867 wurde die Festung endgültig geschleift
und der Festungsgürtel in Promenaden
umgewandelt. Die Stadt wurde 1945 nach der
Besetzung durch die Russen zu 30 % zerstört, die wichtigsten Baudenkmäler blieben
erhalten. Später Vernachlässigung der Bausubstanz der alten Bürgerhäuser zugunsten
von Neubauten und großen Neubauvierteln.

Wirtschaft

Im Mittelalter größter Handelsplatz nach
Breslau und Sitz zahlreicher Gewerbe. Bedeutender Markt für Vieh und Getreide aus
Polen, Holz und Felle aus Rußland, Tuche
aus Flandern, Wein aus Ungarn und Italien,
Hopfen aus Böhmen. Frühzeitig Zentrum
der Bierbrauerei, Ausfuhr des Bieres nach
Polen, Preußen, Böhmen, Süddeutschland,
Ungarn und Rußland bis zum Dreißigjährigen Krieg (»Schweidnitzer Keller« in Breslau). Niedergang des Wohlstands im Dreißigjährigen Krieg. 1938: vielseitige Industrie, Maschinen-, Metallwaren-, Möbelfabriken, Eisengießerei, Kesselschmiede,
Landmaschinenherstellung, Spielwarenin-
dustrie, Sportartikelfabriken, Brauereien,
Kornbrennereien, Nährmittelfabriken. Nach
1945 Ingangsetzung und teilweiser Ausbau
der vorhandenen Industriezweige, insbesondere Waggonbau, Meßinstrumentenbau,
Präzisionsapparaturbetrieb »Mera-Pafal«.

Sehenswürdigkeiten

Das Stadtinnere zeigt noch die enge mittelalterliche Stadtanlage, großzügig der Ring mit
dem Rathaus im Zentrum. Das *Rathaus*
stammt in seiner heutigen Form von
1717–1720, der einstige hohe Rathausturm
stürzte 1967 ein. Er war älter und hatte eine
zweifach durchbrochene Barockhaube. Erhalten auf der Westseite des Rathauses die
Renaissance-Fassade und auf der Nordseite
ein auf Säulen ruhender Erker, früher Altarraum der Ratskapelle. Im Rathaus heute
Museum des alten schlesischen Kaufmanns-
standes. Von den vier Brunnen am Ring
bemerkenswert der nordwestliche *Neptuns-
brunnen* (einst: »Gabeljürge«) mit einer
kraftvollen Barockfigur mit Dreizack, ein
Wahrzeichen schlesischer Marktplätze,
1732 auf Kosten der Stadt erneuert. Wappen
am Becken: der kaiserliche Doppeladler, der
böhmische Löwe, der Adler des Fürstentums Schweidnitz, das Wappen des Landes-
hauptmanns Hans Anton Graf Schaffgotsch, das Stadtwappen.
Neben dem Neptunsbrunnen die hohe
Dreifaltigkeitssäule, 1693 von Graf Zinzendorf gestiftet. Um die Erhaltung der stattlichen alten Bürgerhausfassaden rings um den
Ring mühen sich die polnischen Restauratoren, doch offensichtlich mit unzureichenden
Mitteln. Teilweise wurden unter Beibehaltung der alten Fassaden die Häuser im letzten Jahrzehnt erneuert. Beachtenswert einige Portale. Gelungen restauriert die
schmuckreiche Fassade des Hauses Nr. 8
»Zur goldenen Krone« (pod Złotym
Chłopkiem), ehemaliges Hotel. 1626 hat
Wallenstein hier gewohnt. Vom Ring führt
die ul. Nowotki (Langstraße) – einst Haupt-

geschäftsstraße – zum weithin sichtbaren Wahrzeichen der Stadt, der katholischen *Stadtpfarrkirche* St. Stanislaus und St. Wenzel; sie wurde 1325 als Basilika begonnen und 1488 als Hallenkirche vollendet und ist eines der gewaltigsten Bauwerke der Gotik in Schlesien. Von den beiden Westtürmen zog man nur den südlichen zur vollen Höhe von 104 m hoch. Er war der höchste Kirchturm in Schlesien. Dreifach durchbrochene Renaissance-Haube, 1565 von dem Breslauer Zimmermeister Georg Stellauf errichtet. Er vollendete auch den Breslauer Rathausturm in ähnlicher Weise. Vier gleiche Portale gliedern das Westwerk, reiche Fialen schützen die Heiligenbilder dazwischen. Gesamteindruck vollkommener Harmonie. Im Zuge der Gegenreformation gelangte das Gotteshaus an die Jesuiten (1636–1660). Fürstbischof Friedrich von Hessen gestattete ihnen den Innenausbau in großartiger Barockisierung (1680): Prunkvoller Hochaltar unter einem Baldachin, Kanzel und riesige Gemälde an den Wänden des Mittelschiffs. Der spätgotische Marientod-Altar blieb erhalten, er stammt von einem Schüler des Veit Stoß in Anlehnung an den Marienaltar in Krakau. Der Chor der Kirche zeigt zum plac Wolności (Niedertorplatz). Dort an der Ecke der ul. Nowotki (Langstraße) und der parallel vom Ring kommenden ul. Pułaskiego (Hochstraße) der »Grundhof«, ein Barockhaus mit zwei Stieren als Wahrzeichen, heute wie früher Apotheke. Südöstlich in der ul. Westerplatte (Reichenbacher Straße) die *Heilig-Kreuz-Kirche* und Kommende von 1720. Bereits im Mittelalter stand dort vor den Toren der Stadt das Aussätzigen-Hospital zum Heiligen Geist für Frauen (1299) und das Hospital St. Johannes für Männer (1323, beide 1633 abgebrannt). Vom plac Wolności (Niedertorplatz) über die ul. Wrocławska (Breslauer Straße) links ab, ul. 1 Maja (Moltke-Straße), und dann nach Norden zum plac Pokoju (Äußere Kirchstraße). Inmitten des alten Friedhofs mit alten, z. T. erhaltenen Grabdenkmälern steht die evangelische *Friedenskirche zur Heiligen Dreifaltigkeit*, das größte der drei Gotteshäuser, die den schlesischen Protestanten im Westfälischen Frieden von 1648 zugestanden wurden. Der Entwurf stammt von dem Breslauer Festungsbaumeister und Ingenieur-Lieutenant Valentin von Saebisch; die Ausführung durch Schweidnitzer Handwerker in den Jahren 1652–1658 leiteten die Zimmermeister Andreas Kempner und Kaspar König.

Der Fachwerkbau konnte nach den Auflagen im Westfälischen Friedensvertrag nur vor den Stadttoren aus Holz und Lehm, Sand und Stroh errichtet werden. Das Gotteshaus durfte keinen Turm haben. Die Schweidnitzer Friedenskirche wurde so die größte europäische Holzkirche. Die Form eines griechischen Kreuzes verleiht dem Gotteshaus Standfestigkeit und Geschlossenheit. Sie ermöglicht auch das ungewöhnliche Fassungsvermögen als Predigtkirche für 3000 Sitz- und 4500 Stehplätze. Die Einmaligkeit der Innenraumgestaltung beruht auf den großen zweigeschossigen Emporen, die auf ihrer ganzen Länge mit Bibelsprüchen beschriftet sind, den zahlreichen Logeneinbauten auf den Emporen mit 28 Sondereingängen für die Kirchgänger »von Stand«, der reichhaltigen Ausmalung der flachen Holzdecke und der volkstümlichen Ausstattung durch heimische Bildhauer und Tischler mit Kanzel (1729), Altar (1759) und Orgelprospekt (1777–1784). Auch der weiträumige Sakristeianbau (Taufhalle) von 1659 ist mit seiner Innenausstattung erhalten: 40 Ölbilder der seit 1652 an dieser Kirche wirkenden ersten Geistlichen, hölzerner Taufstein von 1661, gottesdienstliche Gewänder für die Geistlichkeit aus dem 17. und 18. Jahrhundert sowie der Zeit entsprechende Möbel. Die Kirche überstand im Laufe der Jahrhunderte mehrere Belagerungen und die Kriegsfolgen. Erste

Restauration nach dem Zweiten Weltkrieg von 1958–1962, ihr folgte 1979–1980 eine gründliche Überholung des Innenraumes mit Auswechselung schadhafter Holzbalken auf Veranlassung des Kirchenvorstandes der kleinen polnischen evangelisch-augsburgischen Gemeinde. Ihr Hilferuf wurde vom polnischen Gustav-Adolf-Werk und der Kirchenleitung in Warschau an das Gustav-Adolf-Werk der EKD in Kassel weitergegeben. Die Kosten für die Reparatur trug die Hauptgruppe Rheinland des Gustav-Adolf-Werkes der EKD.

Der ursprünglich nicht zugelassene Glockenturm entstand 1708 in 50 m Entfernung. An der Außenfront der Kirche zahlreiche alte Grabepitaphien. Auch auf dem Friedhof noch alte Grabdenkmäler, jetzt zum Schutz gegen weitere Plünderungen eingezäunt. Schlüssel zur Kirche im Pfarramt, Führung mit Tonband in deutscher Sprache.

Weitere alte Kirchenbauten im Westteil der Innenstadt nahe dem Hauptbahnhof (Świdnica Miasto). Während die alten Klöster nach der Säkularisierung zu weltlichen Zwecken verwendet oder abgerissen wurden, überlebte in der ul. Marksa (Kupferschmiedestraße) das *Ursulinenkloster* als Lyzeum. Es ist ein Barockbau von 1730 mit der *St.-Josefs-Kirche* von 1754–1772, Innenausstattung im Rokokostil, die Kirche wird benutzt. Nahe dem Gelände der alten Kapuzinerkirche, vor dem Kriege evangelische Garnisonkirche, heute »Św. Antoniego« (wird z. Zt. restauriert), wurden von den Polen durch Ausgrabungen Fragmente der alten Piastenburg freigelegt. Weiter nördlich steht noch als Ruine nahe der ul. Świerczewskiego (Zeughausstraße) die gotische Barbarakirche. Sie diente seit 1818 als Magazin. Der Grünanlagengürtel auf dem ehemaligen Festungsgelände rings um die Innenstadt ist größtenteils erhalten, im Süden parkartig beiderseits des Bögenbaches (Witoszowski Potok) verbreitert. Weiter südlich an der ul. Śląska (Körnerstraße) wird das städtische Freischwimmbad mit den anschließenden Sportanlagen (Stadion) weiter benutzt.

Berühmte Schweidnitzer

Mag. Johann Hoffmann (um 1375–1451), Professor der Philosophie in Prag, Mitbegründer und Rektor der Universität Leipzig; Sigismund Hahn (1664–1742), Begründer der Wasserheilkunde, mit seinem Sohn die Schweidnitzer »Wasserhähne« genannt. Carl Gottlieb Svarez (1746–1798), Schöpfer des Allgemeinen Preußischen Landrechts unter von Carmer; Adolf von Scholz (1833–1924), preußischer Finanzminister; Manfred Freiherr von Richthofen (geb. 1892 in Breslau, in Schweidnitz aufgewachsen, gef. 1918 in Vaux sur Somme), erfolgreichster Jagdflieger des Ersten Weltkrieges.

ROUTE 1   Kleine Rundfahrt um den Zobten (Masyw Ślęży)

Schweidnitz (Świdnica) – Gorkau (Górka) – Zobten Stadt (Sobótka) – Besteigung des Zobtenberges (Ślęża) – Tampadel (Tąpadła) – Groß Wierau (Wiry) – Schweidnitz (Świdnica) 55 km

Das Zobten-Gebirge (Masyw Ślęży)

Aus der mittelschlesischen Ackerbaulandschaft ragt zwischen Breslau (Wrocław), Landstraße 33 km, und Schweidnitz (Świdnica), Landstraße 21 km, als höchste Erhebung der Zobten auf (718 m). Mit seinen 300–500 m hohen Vorbergen einschließlich des die Südostseite halbkreisförmig umschließenden Höhenzuges der Oelsner

Berge (Wzgórza Oleszeńskie), des Geiers-
berges (Radunia), 593 m, und der Költ-
schenberge (Wzgórza Kiełczyńskie) bildet
er ein kleines, auch »Zobtengebirge« ge-
nanntes Bergland. Es setzt sich aus Eruptiv-
gesteinen zusammen, im Ostteil einschließlich des Gipfels Gabbro ein kristallinisches
Gestein, im Westteil Granit. Die felsigen
Hänge bedeckt noch immer schöner Mischwald. Die beherrschende Lage des Bergke-
gels, der in Mittelschlesien von überall zu
sehen ist, verhalf ihm zu Beliebtheit im
schlesischen Volke (mundartlich »Zuta-
bärg«). Sie ließ ihn zum Wahrzeichen Schlesiens aufsteigen, dem er seinen Namen gegeben hat: Als germanisches Stammesheilig-
tum »Siling« genannt, seit 1926 wurde der
Name wieder üblich. Ernst Birke sieht in der
Benennung ein Symbol für die unbefangene
»gegenseitige Durchdringung von Slawen
und Deutschen, die den langen Ablauf der
schlesischen Geschichte kennzeichnet«.
Denn einerseits formten die Slawen den
Namen des germanischen Stammesheilig-
tums »mons silencii« (1148) in Slenz bzw.
heute »Ślęża« um, woraus lateinisch »Silesia« (= Schlesien) entstand; andererseits
übernahmen die deutschen Siedler im
14. Jahrhundert den Namen des Ortes
»Zobten« vom slawischen »Sobota« (Sonn-
abend [Markttag]).
Der Berggipfel wurde schon in der frühen
Bronze- und Eisenzeit, später von den um
400 v. Chr. aus Böhmen nach Schlesien eingewanderten Kelten, danach von den Van-
dalen (ca. 100–400 n. Chr.) und Slawen (seit
dem 6. Jahrhundert), als Kultstätte genutzt.
Die Herkunft der alten Steingebilde aus
Granit um und auf dem Zobten ist umstritten (Jungfrau, Mönch, Bär und Fisch).

Von Schweidnitz Ausfahrt Richtung Breslau (Wrocław) E 65 bis Strehlitz (Strzelce
Świdnickie), rechts ab nach

GORKAU *(Górka)*

Dorf, seit 1928 nach Zobten eingemeindet.
Die »Propsteikirche zur Himmelfahrt Mariens« – heute Magazin – gehört zu den
ältesten Kirchenbauten Schlesiens. Hauptschiff im Kern vermutlich 13. Jahrhundert;
Um- und Anbauten des 16. und 19. Jahrhunderts haben den Bau stark verändert. Hier
oder auf dem Zobten war der erste Standort
der Augustiner-Chorherren aus Arrouaise
in Flandern, die 1150 auf die Sandinsel in
Breslau übersiedelten. Angebauter Wohn-
trakt, Schloß im Stil der Neurenaissance,
umgebaut 1885, jetzt modern ausgebaut
zum Erholungsheim »Sobótka« mit
Schwimmbad und Sportplatz. Vor der Toreinfahrt zwei romanische Granitlöwen aus
der ersten Hälfte des 12. Jahrhunderts.

ZOBTEN, *Kreis Breslau*
Sobótka, woj. Wrocław (Woj. Breslau)

Einwohner

    1939: 3410 Deutsche
    1983: 6000 Polen

Touristenhotel: »Pod Misiem«, ul. Mickiewicza, mit Restaurant, Kat. II, und weitere Restaurants.
Tankstelle: ul. Świdnicka

Ältester belegter Marktort Schlesiens am
Nordfuß des Mittelberges. Eine Papsturkunde von 1148 bestätigte dem Augustiner-
Chorherrnstift den Besitz des »forum sub
monte« (Markt unter dem Berge), 1344 als
»oppidum« (Stadtgemeinde) nachweisbar.
Um 1221 unter Beteiligung von Deutschen
deutschrechtlich umgesetzt. Der *Langmarkt* (400 m) deutet auf Gründung in der
ersten Hälfte des 13. Jahrhunderts hin. Rathaus 1945 zerstört und abgetragen. Auf dem
Marktplatz inmitten von Grünanlagen neu-
geschaffenes Relief des Bergmassivs. Stadtpfarrkirche St. Jakobus d. Ä. Heutiger Bau
1739 unter Einbeziehung mittelalterlicher

Teile als barocke Basilika errichtet, nach schwerer Beschädigung bei Kriegsende inzwischen wiederhergestellt. Polnische Grabungen haben 1948/49 unter der jetzigen Kirche Reste eines romanischen Baues aus der Zeit um 1200, ebenso die Mauern eines gotischen Baues aus dem 15. Jahrhundert freigelegt. Am südwestlichen Strebepfeiler des Turmes granitner romanischer Portallöwe aus der ersten Hälfte des 12. Jahrhunderts eingemauert. Vor der Stadt am Straßenknotenpunkt Richtung Breslau *St.-Anna-Kirche*, Chor romanisch, 13. Jahrhundert, Langhaus um 1500 angebaut. Gründliche Restaurierung, 1985 außen beendet, im Innern noch in Gang. Im restlichen Klostergebäude »Muzeum Ślężańskie« »Zeugnisse altslawischen Glaubens«, ul. Armii Czerwonej 17, Tel. 222.

Wanderwege auf den Zobtenberg (Ślęża)

Vom Bahnhof Zobten (Sobótka) – 2½ Std. (6,5 km) »Droga Ślężan«
Der Weg führt über den Ring zum südlichen Ortsausgang, sodann rechts ab auf der Lärchenallee in den Wald. Rechts bleiben der Mittelberg (Wieżyca), links der Stollenberg (Stolna) liegen. Weiter an einer Schutzhütte vorbei zu den unter einem Schutzdach stehenden Steinbildern »Jungfrau, Bär und Fisch«. Geradeaus weiter bis zum Gipfel.
Vom Bahnhof Zobten (Sobótka) – 2 Std. Dieser kürzere Weg führt westlich an der Stadt vorbei zum Waldrand, sodann steil über den Mittelberg (Wieżyca) mit dem ehemaligen Bismarckdenkmal (Turm) und weiter auf dem vom Bahnhof kommenden Weg.
Von Ströbel (Strzeblów), PKP-Bahnhof Sobótka Zachodnia – blau – 2 Std. – über Gorkau (Górka). Aufstieg von der Westseite, im oberen Teil steiler Fußweg.
Vom Parkplatz südlich der Stadt Zobten am Waldrand und Fuße des Mittelberges (Pod Wieżycą) – dort große Wegetafel: entweder rechts und westlich um den Mittelberg bis zum von Gorkau kommenden blauen Weg – 1½ Std. zum Gipfel oder in gleicher Zeit links – schwarz – bis zum roten, von Zobten kommenden Weg.
Von der Südseite des Berges – Parkplatz oberhalb Tampadel (Przełęcz Tąpadła) – Paß zwischen Zobten und Geiersberg (Radunia): entweder bequemer rechts – Ostseite des Zobten – auf dem schwarzen Rundweg bis zu dem von Silsterwitz (Sulistrowiczki) kommenden roten Weg und diesen nach links steil bergan 1¼ Std., oder links – Westseite – blau – 1½ Std. – auf dem im oberen Teil steileren und beschwerlicheren Stufenweg, nur für Berggewohnte mit gutem Schuhwerk.
Rund um den Berg – schwarz – 2½ bis 3 Std. – der Rundweg verbindet die beiden Parkplätze oberhalb der Stadt Zobten (Sobótka) und bei Tampadel (Przełęcz Tąpadła). Der Weg ist in unterschiedlichem Zustand und bei Regenzeiten sehr naß. Am (P) Tąpadła PKS-Bushaltestelle.
Auf dem Gipfel in der Zobtenbergbaude, Berghütte (Schronisko PTTK »Naśęży«) und Wetterstation; in der Sommersaison kleine Restauration (Getränke und Erfrischungen) – vorsorglich Selbstversorgung! Anstelle der abgebrannten Bergkapelle wurde 1851 die *Kapelle »Mariä Heimsuchung«* neu errichtet, äußerlich in gutem Zustand, verschlossen. Unweit der Kapelle Steinplastik »Bär«. Von dort zu den Resten der mittelalterlichen Burg (1471 zerstört). Von der Umwehrung der Burg aus Feldsteinen sind am Südhang eine starke Mauer und ein Turm erhalten, der als Aussichtsturm hergerichtet ist, lohnende Rundsicht. Unter dem Turm Abstieg auf dem Treppenweg, als Rückweg nach der Stadt Zobten ungeeignet. Der schlecht instand gehaltene Weg führt über die Südseite zum Parkplatz bei Tampadel (Tąpadła).
Weiterfahrt von Zobten um die Ostseite des Berges. 1. In Silsterwitz (Sulistrowice) klei-

ner Stausee mit Freibad, Camping, Zeltplatz und im Sommer Restauration (Parkplatz).

2. In Bankwitz – seit 1936 Burghübel – (Będkowice) altes Wasserschloß, Rittersitz der Renaissance-Zeit, bis 1945 gut erhalten, jetzt unbenutzt. 1985 Brücke über den Wassergraben instand gesetzt, Maurerarbeiten im Innern. Über dem Portal die Inschrift »GOT UNSERE HERE LOP DANK UND EHRE NICKEL GELLHORN 1546«.

Die Inschrift darüber ist übertüncht, noch schwach lesbar: beiderseits eines Wappens »Gottes Segen war mit den Vorfahren, Gottes Segen ruhe auf den Nachkommen«. Darüber fünf volle Namen der Freiherren von

Zedlitz, 1802 (kaum lesbar). Das Geschlecht war hier von 1584–1846 ansässig.

Am Nordhang des Zobten bei Striegelmühle (Strzegomiany) wurden nach dem Zweiten Weltkrieg Gräberfelder entdeckt und ein archäologischer Naturschutzpark (»Rezerwat Archeologiczny«) eingerichtet. Die Darstellung der Siedlungsepochen übergeht die germanische (Wandalenstamm der Silinger) und die mittelalterliche deutsche Besiedlung.

Zwischen Zobten (Ślęża) und Geiersberg (Radunia) nach Tampadel (Tąpadła) – Groß Wierau (Wiry) zurück nach Schweidnitz (Świdnica).

ROUTE 2   Große Rundfahrt um den Zobten (Ślęża)

Schweidnitz (Świdnica) – Jordansmühl (Jordanów Śląski) – Nimptsch (Niemcza) – Bad Diersdorf (Przerzeczyn Zdrój) – Reichenbach (Dzierżoniów) – Schweidnitz (Świdnica). 100 km

Bis Zobten Stadt (Sobótka) wie zu 1. Am Nordosthang des Zobtenberges entlang nach

JORDANSMÜHL *(Jordanów Śląski)*.

Dorf am linken Loheufer (früher Kreis Reichenbach), bekannt durch Mineralien und Gesteine. Der westlich Jordansmühl anstehende Nephrit ist ein dem Jade verwandter Halbedelstein von besonderer Härte (grün).

Er wurde schon in der Jungsteinzeit abgebaut und zu Beilen, Äxten und Hacken verarbeitet. Bronze- und früheisenzeitliche Grab-Wohnfunde. »Jordansmühler Kultur«, Topfgeschirr-Gattung, ist die wichtigste keramische Stilart der Jungsteinzeit in Schlesien. Der bis 1945 betriebene Abbau des Nephrits zur Verarbeitung in der Edelsteinindustrie (heute noch mit Restbestän-

den in Idar-Oberstein) ist in jüngster Zeit, da nicht mehr lohnend, zum Erliegen gekommen.

Auf der Straße E 67 über Heidersdorf (Łagiewniki) – Kirche Ende 18. Jahrhundert, alte Anlage mit Kirchturm, gleichzeitig als Tor zum Kirchplatz – 17 km bis

NIMPTSCH, *Kr. Reichenbach*
Niemcza, woj. Wałbrzych (Woj. Waldenburg)

Kleinstadt auf dem linken Ufer der Lohe, inmitten einer von bewaldeten Granitkuppen durchsetzten Hügellandschaft (Nimptscher Berge) (Wzgórza Niemczańskie).

Einwohner

1939: 3523 Deutsche auf 16,24 km^2
1983: 3800 Polen auf 19,24 km^2

Geschichte

Bedeutende Rolle in der Vor- und Frühgeschichte Schlesiens. Siedlungsspuren aus der jüngeren Bronzezeit (ca. 1200 v. Chr.). In der Lausitzer Kultur (1000–800 v. Chr.) Befestigung des Stadtberges an der Handelsstraße Böhmen–Ostsee. Im 4. Jahrhundert n. Chr. befestigtes Zentrum Silingischer Sippen (Zurückgebliebene der Völkerwanderung) in einer spätgermanischen Siedlungskammer zwischen »mons Silencii« (Zobtenberg) und »Selenca« (Lohefluß). Überzeugende keramische Hinterlassenschaft 1935/36 von deutscher, 1960–65 von polnischer Spatenforschung registriert. Etymologische Zusammenhänge beweisen, daß diese einzige spätgermanische Burg Ostdeutschlands noch bestand, als seit dem 6. Jahrhundert die Slawen erschienen. Sie nannten die hier angetroffenen Bewohner, deren Sprache sie nicht verstanden, »Němci«, d. h. Stumme, Fremde.

Sie behielten diese Bezeichnung für den seit dem 7./8. Jahrhundert bestehenden Burgort bei (»eo quod a nostris olim sit condita«, d. h. »weil es, dem Vernehmen nach, einst von den Unsrigen gegründet worden ist«, so Thietmar von Merseburg 1017 bei Schilderung der Belagerung von Nimptsch durch Kaiser Heinrich II.). Ebenso wird in einer späteren Chronik des monachus (Mönch) Sazawensis – abgeschlossen 1162 – schon zu 990 mitgeteilt: Nimptsch als ältester überlieferter Ortsname – wiederkehrend in mehrfachen Varianten des Mittelalters. Die Slawen, als deren Herkunftsgebiet Funde bei Nimptsch aus dem 8./9. Jahrhundert – Keramik, Wallbautechnik – den böhmisch-mährischen Raum ausweisen, bauten Nimptsch zum Hauptort des mittelschlesischen Slensanen-Gaues aus; seit 1155 als piastischer Kastellaneisitz belegt. Siedlung auf dem südlichen Berggipfel, geschützt durch eindrucksvolle Wallbauten in »großmährischer«, in Schlesien sonst nicht bekannter

Bauweise. Der Umfang des Kastellaneibezirks Nimptsch entsprach ungefähr den neuzeitlichen Landkreisen Strehlen, Frankenstein, Reichenbach in den Grenzen von 1939 (ca. 1900 km^2, 1208: »provincia de Nemchi«).

Auf dem Gelände der altpolnischen urbs (Stadt) deutsche Stadtanlage (1282: Vogt) mit 2 Toren und 2 Vorstädten. 1311 an Fürstentum Brieg. 1434 Schleifung der Stadtbefestigung, nachdem die Hussiten von hier aus das Umland beherrscht hatten, Wiederherstellung erst im 16. Jahrhundert. 1633 Zerstörung von Nimptsch im 30jährigen Krieg. Im Schloß, dem einzigen erhaltenen innerstädtischen Gebäude, wurde 1635 der Dichter Daniel Caspar von Lohenstein geboren. Nimptsch ist auch Geburtsort des bedeutendsten schlesischen Mundartdichters der Gegenwart: Ernst Schenke (1896–1983).

Sehenswürdigkeiten

Aus der historischen Bedeutung der Stadt für Deutsche und Polen erklärt sich, daß die Wehrmauern zwischen 1926 und 1934 und nochmals 1966 restauriert wurden. Innere Ringmauer aus der Zeit des 30jährigen Krieges erhalten. Fragmente des Toreingangs mit Schießscharten im 20. Jahrhundert restauriert. Die im 19. Jahrhundert abgerissenen beiden Tortürme wurden vor dem Kriege rekonstruiert. 1945 blieb Nimptsch unzerstört. Von den zu diesem Zeitpunkt noch vorhandenen historischen Bauwerken wurden 1964 das Renaissance-Oktogon am Schloß – 1830 wieder aufgebaut – und die katholische Hedwigskirche abgetragen. Die barocke Innenausstattung dieser Kirche wurde dem National-Museum in Breslau (Wrocław) und der Ortspfarrei zugeeignet. Nach einem polnischen Bericht wurde die Kirche infolge eines Erdrutsches trotz Schutzvorrichtungen zerstört.

Am langgestreckten Ring *Stadtpfarrkirche St. Peter und Paul,* (1295), 1853 abgebrannt und danach als Hallenbau nach Entwurf des Architekten von Prommnitz im neoromanischen Stil wiedererrichtet. Im Innern stammen eine Holzempore, drei Barockaltäre und die Kanzel aus der abgebrochenen Hedwigskirche. An der Schloßkirche entfaltete der evangelische Kantor Joh. Heinrich Quirl eine Blüte der Kirchenmusik (1680–1768). Das Schloßgebäude im Nordwesten der Altstadt wurde 1961–64 für einen Produktionsbetrieb umgebaut, wobei das Innere des zweistöckigen Gebäudes völlig umgestaltet wurde. Die Fassaden zieren noch geometrische Sgraffito-Ornamente im Renaissance-Stil. Barockportal von 1735.

4 km bis Bad Diersdorf (Przerzeczyn-Zdrój). 250 m hoch, im Flußtal der Lohe (Ślęza), 15 km nordöstlich des Eulengebirges (Góry Sowie). Der »Schwefelbrunnen« und der »Eisenbrunnen« werden seit 1825 zu Heilzwecken gegen Rheuma, insbesondere Gelenkrheumatismus genutzt.

Auf einer Nebenstraße nach Osten ca. 20 km bis Kloster Heinrichau (Henryków), vgl. S. 313. Auf halbem Wege dorthin in Tepliwoda – seit 1936 Lauenbrunn – (Cieplowody), Ruine, ehemals Schloß in Renaissance-Stil mit gotischen Teilen, Wohnturm und Teile der Umfassungsmauer aus dem 14. Jahrhundert (Burg); im 16. Jahrhundert ausgebaut, und durch Bollwerk verstärkt, Umbau im 19. Jahrhundert. Erhalten sind die Burgmauern, der Verlauf der Ringmauer, Bastionen und Gräben. Von Heinrichau (Henryków) über Münsterberg (Ziębice), Frankenstein (Ząbkowice Śl.) und Gnadenfrei (Piława Górna) Straße 17 zurück nach Schweidnitz (Świdnica).

In Gnadenfrei (Piława Górna) wurde die 1768–81 von der Herrenhuter Brüdergemeine errichtete Saalkirche mit ihren Nebengebäuden am 25. 4. 1946 durch Brandstiftung vernichtet.

Von Bad Diersdorf (Przerzeczyn Zdrój) Nebenstraße 13 km direkt nach Reichenbach (Dzierżoniów) und Schweidnitz (Świdnica).

ROUTE 3   Rund um das Eulengebirge (Góry Sowie)

Schweidnitz (Świdnica) – Reichenbach (Dzierżoniów) – Peterswaldau (Pieszyce) – Langenbielau (Bielawa) – Fahrt rund um das Eulengebirge – Wüstewaltersdorf (Walim) – Wüstegiersdorf (Głuszyca) – Kynau (Zagórze Śląskie) – Kynsburg (Zamek Grodno) – Schweidnitz (Świdnica), ca. 90 km.

Das Eulengebirge (Góry Sowie), Autostraßen und Wanderwege

Landschaft

Das Eulengebirge zieht sich als 36 km langer, vorwiegend bewaldeter Gneisrücken vom Tal der Schweidnitzer Weistritz (Bystrzyca) bis zum Durchbruchstal der Glatzer Neiße (Nysa Kłodzka) hin. Das Gebirge ist ein Bindeglied in der Sudeten-

kette vom Waldenburger zum Glatzer Bergland. In den Vorbergen findet sich etwas Mischwald, der Kamm trägt fast nur Fichtenbestände und zeigt am Nordhang zum Teil starke Umweltschäden infolge der Industriezusammenballung um Reichenbach (Dzierżoniów). Der Gebirgskamm senkt sich von seiner höchsten Erhebung im

Nordwesten, der Hohen Eule (Wielka Sowa), 1015 m, in fast gerader Linie nach Südost ab. Haupterhebungen sind: die Sonnenkoppe (Słoneczna), 952 m, die Ascherkoppe (Popielniak), 856 m, der Hohe Stein (Wysokie Skałki), 815 m, die Strohhaube (Chochoł Wielki), 740 m, der »Donjon« der Festung Silberberg (Fort Rogowy), 686 m, und die Hügel von Wartha (Góry Bardzkie) über dem Neißetal. Auf diesem Rücken des Zentralmassivs von der Hohen Eule bis nach Silberberg verläuft der Hauptwanderweg. Nur wenige unbewachsene Felsen geben den Blick in die Ebene frei, insbesondere der Otterstein (Bukowa Kalenica), 841 m, an der südlichen Abdeckung des Turmberges (Kalenica), nahe seinem Zwillingsgipfel, der Sonnenkoppe (Słoneczna).

Wirtschaft

Landwirtschaft und Holzgewinnung reichten schon in früheren Jahrhunderten nicht aus als Erwerbsgrundlage für die dichte Besiedlung des Gebirgsvorlandes und der Täler auf der Südseite. Stärker noch als in den anderen schlesischen Gebirgen entwickelte sich die Hausweberei von der Eigenbedarfsdeckung zum Erwerbszweig.

Bis in die zweite Hälfte des 19. Jahrhunderts fristete die Dorfbevölkerung ein karges Dasein als Weber, und das änderte sich auch wenig, als die Weberei durch die Textilindustrie abgelöst wurde. Eine Verbesserung der Ernährungsbasis in den Gebirgsdörfern brachte seit der Jahrhundertwende der Fremdenverkehr. Die Weberdörfer wurden um die Jahrhundertwende durch die Eulengebirgsbahn, eine vollspurige Kleinbahn, an den Verkehr angeschlossen. Sie führte von Reichenbach am Nordfuß des Gebirges entlang über Peterswaldau – Oberlangenbielau – Weigelsdorf und stieg bei Silberberg als Zahnradbahn zum Paß empor. 1902 wurde mit ihrer Verlängerung bis Mittelsteine der Anschluß an das Eisenbahnnetz der Grafschaft Glatz hergestellt. Der Eulengebirgsverein mit Sitz in Reichenbach baute das Wegenetz im Gebirge stetig aus. In den Dörfern entstanden schlichte Sommerfrischen. Im Winter entwickelte sich der Skibetrieb, besonders durch die Wochenendbesucher aus Breslau. Stützpunkte waren neben den hochgelegenen Dörfern Wüstewaltersdorf und Dorfbach zahlreiche Bauden, z. B. die Müller-Max-Baude, die Sieben-Kurfürsten-Baude und die Eulenbaude. Heute sind sie abgebrannt oder dienen anderen Zwecken. Neu ist die Bergwirtschaft »Zygmuntówka«.

Verkehr

Schon vor dem Kriege gewannen die vier gut ausgebauten Paßstraßen an Bedeutung. Sie verbanden die Weberorte am Nordrand des Gebirges mit Waldenburg und dem Neuroder Bergbaugebiet. Nach Einstellung der Eulengebirgsbahn machen diese Straßen das Gebirge sowohl durch den öffentlichen Autobus-Verkehr als auch für Touristen mit Pkw leicht zugänglich. An den Pässen sind ausreichende Parkplätze. Von ihnen aus kann man den Wanderweg auf dem Kamm des Gebirges an jedem Abschnitt betreten, vorausgesetzt, daß man sich selbst versorgt.

Die Autostraßen führen

1. von Reichenbach (Dzierżoniów) nach Waldenburg (Wałbrzych) über Peterswaldau (Pieszyce) – bei der Kirche rechts ab – durch das langgestreckte Steinseifersdorf (Szczytów) vorbei an den nach 1945 verfallenen Weilern Schmiedegrund (Rościszów) und Kaschbach (Potoczek) um die Hohe Eule herum zur Paßhöhe (775 m), auf der früher die »Sieben-Kurfürsten-Baude« stand. (Przełęcz Walimska heißt heute der Wüstewaltersdorfer Paß.) Die Straße gewährt bergan schöne Aussichten auf das Tal, aber auch den traurigen Anblick der Nord-

seite der Hohen Eule mit einem durch Umweltschäden durchweg verdorbenen Waldabhang. Jenseits der Paßhöhe wechselt das Landschaftsbild zu den Waldenburger Bergen (Góry Wałbrzyskie), die man über Wüstewaltersdorf (Walim) und Bad Charlottenbrunn (Jedlina Zdrój) erreicht.

2. Von Reichenbach (Dzierżoniów) nach Neurode (Nowa Ruda) als Nebenstraße durch Peterswaldau (Pieszyce) – Steinkunzendorf (Kamionki). In der letzten Kurve unterhalb der Paßhöhe (P). Diese Straße überwindet den Kamm dicht unterhalb der Sonnenkoppe (Słoneczna). Statt abwärts nach Hausdorf (Jugów) zu fahren, kann man eine Abzweigung scharf rechts unterhalb des Passes zum Hausdorfer Plänel (Przełęcz Jugowska) benutzen (P). Von dort 15 Min. zu Fuß zur neuen Berghütte »Zygmuntówka« (Tel. 45–48). Ausgangspunkt für Wanderungen.

3. Von Reichenbach (Dzierżoniów) Hauptstraße über Langenbielau (Bielawa) – Tannenberg (Jodłownik) zur Kammhöhe Wolpersdorfer Plänel (Przełęcz Woliborska), 766 m. Hier (P) an der Kreuzung mit rotem und blauem Wanderweg. Abwärts nach Volpersdorf (Wolibórz). Am Ortseingang links nach Silberberg (Srebrna Góra) (vgl. S. 201) geradeaus nach Schlegel (Słupiec) – Glatz (Kłodzko) vgl. S. 180–184 und rechts durch Volpersdorf nach Neurode (Nowa Ruda).

4. Die vierte Paßstraße verbindet über den Paß von Silberberg (Srebrna Góra) Frankenstein (Ząbkowice Śl.) mit Glatz (Kłodzko).

Wanderwege auf die Hohe Eule (Wielka Sowa)

Rot – 45 Min. vom (P) auf der Paßhöhe oberhalb Falkenberg (Przełęcz Sokola). PKS-Bushaltestelle (früher Grenzbaude). Der Weg steigt sanft an und führt an der früheren Bismarckbaude (jetzt Kinderheim) vorbei und am Wiesendenkmal (deutsche Inschrift beseitigt) durch den Wald. In der früheren Eulenbaude jetzt Wanderheim »Orzeł«. Auf dem Gipfel der Hohen Eule bietet der 24 m hohe *Bismarckturm* (erbaut 1905 vom Eulengebirgsverein) eine großartige Rundsicht vom Riesengebirge im Westen über Heuscheuer und Habelschwerdter Kamm im Süden zum Glatzer Schneeberg im Südosten. Der Turm zeigt Zeichen des Verfalls, soll jedoch zeitweise geöffnet sein. Der rote Wanderweg führt auf dem Kamm weiter in 6½ Std. nach Silberberg (Srebrna Góra) und in der Gegenrichtung vom Parkplatz Przełęcz Sokola in zwei Trassen ins Waldenburger Bergland.

Schwarz – von der Schlesier-Talsperre (Jezioro Bystrzyckie »Sowia Droga«) – Autobus-Haltestelle am Stausee (Michałkowa Jezioro) über Michelsdorf (Michałkowa) und Heinrichau (Glinna).

Blau – von Wüstegiersdorf (Głuszyca) über Saalberg (Jedlinska Kopa) und Wolfsberg (Włodarz) – Wüstewaltersdorf (Walim), die »Sieben Kurfürsten« auf der Wüstewaltersdorfer Paßhöhe (Przełęcz Walimska) in 2¾ Std. auf die Hohe Eule. Von dort führt der Weg auf halber Höhe des Kammes am Nordhang durch den Wald und erreicht die Kammhöhe wieder beim Volpersdorfer Plänel (Przełęcz Woliborska), sodann weiter bis Silberberg (Srebrna Góra).

Grün – vom Bahnhof Ludwigsdorf (Ludwikowice Kłodzkie) bis zum Eulengipfel in 3 Std.

Von der Nordseite der Hohen Eule steiler Abstieg nahe dem Skilift auf der Skipiste (Trasa Narciarska) nach Kaschbach (Potoczek) (P). Auf dieser Seite sieht man in oberen Lagen starke Waldschäden.

Von Schweidnitz (Świdnica) 25 km bis

REICHENBACH, *Kr. Reichenbach Dzierżoniów, woj. Wałbrzych* (Woj. Waldenburg)

Lage

In der flachen Talaue der Peile (Pilawa) nahe dem Nordostfuß des Eulengebirges. Geschlossener Siedlungsbereich mit Langenbielau (Bielawa) und Peterswaldau (Pieszyce) als Zentrum der Textilindustrie.

Einwohner

1939: 17253 Deutsche auf 19,82 km²
1983: 37000 Polen auf 19,97 km²

Hotel: Langenbielau (Bielawa) »Pod Wielką Sową«, ul. Wolności 135, Tel. 361, Kat. II
Restaurant: am Ring (plac Wolności)
Jugendherbergen: ul. Rzeźnicza 5, Tel. 29-13 (auch Motel); ul. Świdnicka 61, Tel. 38-81; beide ganzjährig geöffnet.
Im Eulengebirge einzige *Berghütte* »Zygmuntówka« am Hausdorfer Plänel. Anschrift: Schronisko PTTK »Zygmuntówka« na Przełęczy Jugowskiej, 57-430 Jugów. Tel. 548, ganzjährig geöffnet. Vollpension für Einzelwanderer und für Ausflüge nach Voranmeldung.

Geschichte

Das fruchtbare Gebiet von Reichenbach ist seit der Steinzeit besiedelt. Deutsche Stadtgründung vor 1230 als Mittelpunkt eines parallel zum Eulengebirge verlaufenden Siedlungsbandes von 4,5 km Breite und 20 km Länge, die typischen Waldhufendörfer am Gebirgsrand. 1350 Erwerb der Landvogtei, Gerichtsbarkeit im Weichbild mit ca. 30 Dörfern, Meilenrecht für Handwerk und Brauwesen, Salzmarkt und Zollerhebung. 1636 von 1300 Bürgern 756 Zunfthandwerker = 6000–7000 Einwohner. Als Kreisstadt unter Preußen unverminderte Bedeutung. 1790 Konvention von Reichenbach zwischen Preußen und Österreich (Abschluß im Wohnhaus des Kaufmanns von Sadebeck). 27. 6. 1813 in Reichenbach Koalitionsvertrag zwischen Preußen, Rußland und Österreich gegen Napoleon.

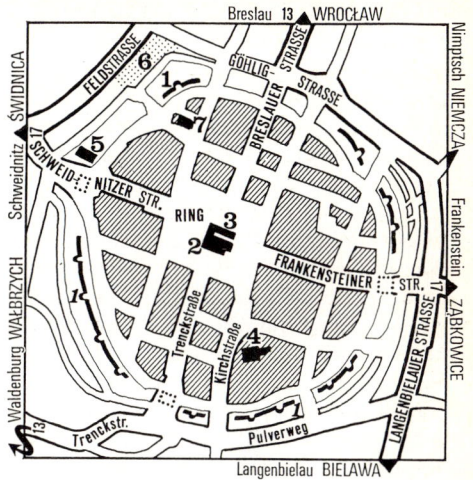

1815–20 vorübergehend Sitz eines vierten schlesischen Regierungsbezirkes. 1945 keine Kriegszerstörungen, danach zunächst starke Vernachlässigung der Bausubstanz. Die Stadt hieß zuerst 1945 »Rychbach«, umbenannt 1946 nach dem bekannten Pfarrer und Bienenforscher Dr. Joh. Dzierzoń aus Karlsmarkt (Karłowice) O.S.

Wirtschaft

Im Mittelalter bedeutende Tuchmacherei. Im 15. und 17. Jahrhundert Blüte nach Umstellung auf Leinenherstellung. Im 18. Jahrhundert Verlagerung der Weberei in die Dörfer. Reichenbach wird Sitz der Leinen-Handelskaufleute. Der erfolgreichste unter ihnen war Friedrich von Sadebeck (1741–1819). Er führte über Wien und Triest mazedonische Baumwolle ein und ließ sie in der näheren und weiteren Umgebung auf den Dörfern verspinnen und auf etwa 850 Webstühlen zu Kattun und Cottonaden (baumwollene Leinwand) verweben. Ende des 18. Jahrhunderts bewirkte die Einfuhr englischer Maschinengarne den Niedergang der Baumwollspinnerei in den Dörfern des

Eulengebirges. Die Not der Weber führte 1844 zu dem Weberaufstand in Peterswaldau und Langenbielau, den Gerhart Hauptmann im Drama »Die Weber« 1891 wirklichkeitsnah gestaltete. Die Umstellung auf Textilfabriken führte vorwiegend zu Gründungen außerhalb von Reichenbach in Langenbielau und Peterswaldau. Reichenbach wurde Mittelpunkt dieser schlesischen Baumwollindustrie und war Sitz eines volk- und industriereichen Kreises. Vor dem Kriege kamen Betriebe der Zellwollverarbeitung, eine Webstuhl- und eine Laktosefabrik sowie eine Mühle mit Großsilo-Anlagen hinzu, ferner Elektroindustrie, heute fortgeführt als Fabrik für Rundfunkgeräte »Diora«. Nach 1945 weiterer Ausbau der großen Baumwollverarbeitungsbetriebe, Neubau einer Trabantenstadt im Süden.

Sehenswürdigkeiten

(P) am Ring. Übersichtliche planmäßige deutsche Stadtanlage auf kreisrundem Grundriß von 500 m Durchmesser. Große Teile des *inneren Mauerrings* (1) aus Bruchsteinen blieben erhalten. Der stärkere äußere Mauerring, angelegt nach den Hussitenkriegen, machte Promenadenanlagen Platz. Das *Rathaus* (2) in der Mitte des Ringes (plac Wolności) ist ein Neubau von 1871, erhalten blieb daneben die spätgotische *Tuchhändlerhalle* (3), ebenso der *Turm* des alten Rathauses, zuletzt 1616 erneuert, mit kupfergedeckter Haube.
Der Turm ist ein Meisterwerk des 16. Jahrhunderts. Einige Fassaden alter Bürgerhäuser am Ring sind erhalten und wurden 1960 restauriert, so ein Barockhaus mit schöner Fassade an der Ecke ul. Krasickiego (Trenckstraße).
Einige Portale von Bürgerhäusern wurden beim Abbruch Ende des 19. Jahrhunderts gerettet und in die innere Stadtmauer eingesetzt, z. B. von Ring Nr. 1 ein Portal mit dem Wappensymbol der Stadt – St. Georg zu Pferd tötet den Drachen – jetzt an der Südwestseite der Altstadt.
Katholische Stadtpfarrkirche St. Georg (4) in der ul. Kościelna (Kirchstraße) südöstlich des Ringes ist ein weithin sichtbares Wahrzeichen der Stadt. Sie wurde mit einigen aus dem 14. Jahrhundert stammenden Bauteilen 1550 spätgotisch vollendet, danach von den Protestanten in spätgotischen und Renaissance-Formen bis 1612 entscheidend ausgebaut (Erhöhung des Mittelschiffs mit abschließendem Netzsterngewölbe). Für die Bestimmung als evangelische Predigtkirche baute Meister Balthasar Jentsch aus Liegnitz 1585 »die lange Vorkirche und das Schillerkohr«, d. h. das zweite Südschiff, und im Innern die Zuhörerbühne. Die Innenausstattung stammt ebenfalls aus dieser Zeit: die holzgeschnitzte Kanzel mit reichem Aufbau in Spätrenaissance-Formen und baldachinartig ausgebildetem Schalldeckel von 1609 sowie das sechsgeschossige Hochaltarwerk von 1615. Portal an der Nordseite von 1558. Der Nordturm wurde erhöht und 1588 mit dem Knopf vollendet. Die Grabkapelle auf der Nordseite zeigt den Stil des Klassizismus von C. G. Langhans, am Fries die Jahreszahl 1810. An Grabepitaphen vom Ende des 16. Jahrhunderts ist die deutsche Inschrift noch teilweise lesbar.
Die *evangelische Stadtpfarrkirche* (5) in der ul. Świdnicka vor dem Schweidnitzer Tor, westlich des Ringes, wurde 1795–1798 nach Plänen von Carl Gotthard Langhans durch Leopold Niederäcker erbaut. Nach einem Brand im Jahre 1973, bei dem die Turmspitze vernichtet wurde, ist das Gotteshaus von der polnischen katholischen Gemeinde vollständig wiederhergestellt worden. Über dem hohen, säulenumrahmten Portal erhebt sich der quadratische Turm, neuklassizistisch aufgebaut mit geschweifter Haube. Der elliptische Innenraum mit drei Emporen und einfachem Kanzelaltar (Predigtkirche) wirkt durch seine Schlichtheit.

Von der Langhans-Kirche nach Norden vor der Stadtmauer auf dem früheren evangelischen Friedhof ist die Gruftkapelle der Familie von Sadebeck (6) erhalten. Westlich vor der Stadt, an der Kreuzung ul. Dubois und ul. Świdnicka, steht eine traditionsreiche Kirche: die *Begräbniskirche St. Barbara*, jetzt Św. Trójcy (Zur Heiligen Dreifaltigkeit). Das 1298 erstmals erwähnte Gotteshaus wurde 1598 umgebaut mit Elementen der Renaissance und 1851–1853 neugotisch erneuert. Eingemauert alte Epitaphe. Neben der Kirche ein Barockstandbild des hl. Nepomuk (1733). Nördlich des Ringes ist noch die frühmittelalterliche Kirche des ehemaligen Augustinerklosters erhalten, erbaut um 1340, sie trägt heute den Namen »Pod wezwaniem Niepohalanego Poczęcia NPM« (»Zur unbefleckten Empfängnis«) (7).

Von Reichenbach ziehen sich zwei parallel verlaufende, dichtbesiedelte Täler – Waldhufendörfer – bis an den Fuß des Eulengebirgskammes: an der Peile Peterswaldau (Pieszyce) und Steinkunzendorf (Kamionki), zusammen 10 km lang, und in 5 km Entfernung südöstlich Langenbielau (Bielawa) im Bieletal.

PETERSWALDAU *(Pieszyce)*

entwickelte sich seit Beginn der Industrialisierung zum Ort der Textilfabriken und Arbeitersiedlungen.

Einwohner

1825: 4125, 1905: 6771,
1939: 6976 Deutsche
1983: 12000 Polen

Seit dem 16. Jahrhundert hier und in Langenbielau Ausbreitung der Hausweberei, ebenso in Peilau (Piława), der Fortsetzung des 20 km langen Siedlungsbandes im Tal der Peile (Pieszycki Potok) unterhalb von Reichenbach. Grundherren begünstigten die sogenannte »Freiweberei« der Dorfbe-

wohner in Konkurrenz zu den Privilegien der städtischen Zünfte. 1840 gab es hier an die 800 Baumwoll-, Woll-, Leinwand- und andere Webstühle. Am 3. 6. 1844 kam es zum Weberaufstand. Nachdem der Fabrikant Zwanziger einen Arbeiter wegen des Absingens des Weberliedes »Das Blutgericht« der Polizei übergeben hatte, wurde Zwanzigers Fabrik von den erregten Massen gestürmt und demoliert. Peterswaldau ist seit 1962 Stadt.

LANGENBIELAU, *Kr. Reichenbach*
Bielawa woj. Wałbrzych (Woj. Waldenburg)

Lage

4 km südlich Reichenbach (Dzierżoniów), 10 km lang im Tal der Biele (Bielawica) aufwärts, Höhe 272–443 m, am Fuße der Ascherkoppe (Popielniak) im Eulengebirge.

Einwohner

1800: 5146, 1905: 19666,
1939: 20116 Deutsche
1983: 33000 Polen

Hotel: »Pod Wielką Sową«, ul. Wolności 135, Tel. 751, **
Café: im Zentrum

Das einstige Waldhufen- und spätere Industriedorf war bis zur Verleihung der Stadtrechte im Jahre 1924 das größte Dorf in Preußen, seit Anfang des 19. Jahrhunderts Zentrum der Baumwollweberei. Der Ort hatte die Nachfolge der Kreisstadt Reichenbach als Hauptort der Weberei in dieser Gegend angetreten: Die 1805 gegründeten *Chr. – Dierig-Werke* wurden zum größten Textilunternehmen in Schlesien, auch heute noch ein großes Textilunternehmen »Bielawskie Zakłady Przemysłu Bawełnianego« mit ca. 6000 Arbeitern. 1900 Einrichtung der preußischen Fachschule für Textilindustrie, um 1930: zwei Spinnereien, ca. 30 Textilfabriken, darunter vier große, 18 Färbereien. Heute wichtigstes Zentrum der Baumwoll- und Elektro-Industrie Niederschlesiens. In den dreißiger Jahren war die Umgestaltung der Hauptstraße des Dorfes durch Erweiterung zu einem fast quadratischen Markt erfolgt. Vor dem Rathaus sieht man auch heute das alte Symbol der »Eule« über dem Brunnen.

Fahrt rund um das Eulengebirge
von Langenbielau entweder
die Dorfstraßen über Weigelsdorf (Ostroszowice) – Lampersdorf (Grodziszcze) – Raudnitz (Rudnica) oder
die Paßstraße nach Neurode (Nowa Ruda) bis zum Waldrand und in Tannenberg (Jodłownik) den Fahrweg am Waldrand entlang bis Silberberg (Srebrna Góra)
Zu Silberberg (Srebrna Góra) vgl. S. 201 f.
Weiterfahrt am Gebirgsrand nach Süden bis Wartha (Bardo) – vgl. S. 205 f.
In Wartha nördlich der Neiße (Nysa Kł.) am Waldrand über Gabersdorf (Wojbórz) – Rothwaltersdorf (Czerwieńczyce) – Neudorf (Nowa Wieś Kłodzka) – Volpersdorf (Wolibórz) – Hausdorf bei Neurode (Jugów) – immer unter dem Gebirge entlang über Falkenberg (Sokolec) – Wüstewaltersdorf (Walim) – Hausdorf bei Waldenburg (Jugowice) – nach Kynau (Zagórze Śl.).
Bei schlechtem Wetter oder beschränkter Zeit besser die Hauptstraße von Wartha (Bardo) über Glatz E 67, 254 – Neurode (Nowa Ruda) – Wüstegiersdorf (Głuszyca). Vor Bad Charlottenbrunn (Jedlina Zdrój) beim Knick der Hauptstraße nach links weiter geradeaus unter der Eisenbahn hindurch über Hausdorf (Jugów) nach Kynau (Zagórze Śl.).

Zur Waldrandroute

WÜSTEWALTERSDORF *(Walim)*

Industriedorf im Waldenburger Bergland, 1957 zur stadtartigen Siedlung erhoben, auch heute Mittelpunkt der Textilindustrie. Seit 1765 wöchentliche Leinwandmärkte, genehmigt von Friedrich dem Großen. 1843 Errichtung der ersten Textilfabrik Meyer-Kauffmann, 1854 nach Blumenau verlegt, das 1929 nach Wüstegiersdorf (Głuszyce) eingemeindet wurde. Egmont Websky (1825–1905) machte Wüstewaltersdorf (Walim) zum Zentrum der Baumwollverarbeitung. 1914 leitete der Bahnanschluß (»Eule-Expreß«) die Entwicklung zum Erholungs- und Wintersportzentrum ein.
Bauwerke: *St.-Barbara-Kirche* von 1548. Die *evangelische Kirche* von 1751 wurde nach der Zerstörung von 1945 wieder aufgebaut.

An der Hauptstraße Glatz–Waldenburg 254

WÜSTEGIERSDORF *(Głuszyca)*

Industriedorf im breiten Tal der Weistritz (Bystrzyca) zwischen Eulen- und Waldenburger Gebirge; 1961 zur Stadt erhoben. Seit dem Mittelalter Bergbau bis 1586, danach Leinenweberei. 1838 erste mechanische Baumwollweberei Fa. A. Großmann, 1862 Flachsgarnspinnerei der Fa. Websky in Tannhausen (Jedlinka), 1929 eingemeindet.
Sehenswert: evangelische Bethauskirche, 1742 errichtet, 1804–1809 vermutlich von Leopold Niederäcker unter Einfluß von C. G. Langhans im Stil des Klassizismus umgebaut (Turm mit Portal), heutige Gestalt von 1862. Die – katholische – Kirche heißt jetzt: »Zur hl. Maria, Königin der polnischen Krone«.
In Ober-Wüstegiersdorf (Głuszyca Górna) ist das älteste Gebäude des Ortes (1784) das *Gasthaus* »Pod Jeleniem« (»Zum Hirsch«), es dient noch seiner alten Bestimmung. Auf den Ziegelbau des Erdgeschosses ist die Fachwerkkonstruktion des Obergeschosses aufgesetzt. Im großen Durchgangstor vier Steinportale mit eingemeißelten Daten 1768 und 1784.

KYNAU *(Zagórze Śląskie)*

Früher vielbesuchter Ausflugsort am Fuße der Kynsburg (Zamek Grodno) im Schlesiertal. PKS-Autobus-Verbindung von Waldenburg (Wałbrzych) und Schweidnitz (Świdnica). Die *Weistritz-Talsperre (Jezioro Bystrzyckie)* wurde 1912–1914 mit einem Fassungsvermögen von 8 Millionen m^3 gebaut. Sie diente wie die anderen zu Anfang des Jahrhunderts errichteten Talsperren am Queis, am Bober und an der Glatzer Neiße dem Hochwasserschutz und erfüllte gleichzeitig den Zweck der Wasserregulierung für die Oder-Schiffahrt. Zwischen den bewaldeten Ausläufern des Eulengebirges und Waldenburger Berglands entstand ein beliebtes Erholungsgebiet, von den Waldenburgern, Schweidnitzern und Breslauern an Wochenenden gern aufgesucht.

Die Straße folgt dem Süd- und Ostufer, dort frühere Schlesiertalbaude, heute Zentrum der Feiertagserholung, betrieben von dem Unternehmen »Ośrodek Wypoczynku Świątecznego«. Am Stausee Bootshaus.

Auf dem Berg über dem Nordufer ragen die Zinnen und der Bergfried der

KYNSBURG *(Zamek Grodno)*

über den Mischwald. Bequemer Aufstieg vom Parkplatz am Ortsrand von Kynau – 15 Min. Die Burg, von Herzog Bolko I. von Schweidnitz zum Schutz der Handelsstraße nach Böhmen gebaut, wechselte später als Privateigentum oft den Besitzer. Im 16. Jahrhundert von den Freiherren von Logau zum Herrensitz im Renaissancestil ausgebaut. Aus dieser Zeit erhalten das Torhaus mit der Sgraffito-Dekoration (Löwen-Portal), 1905 erneuert und über dem Portal der Wahlspruch der Herren von Logau: »fortiter et fideliter« (tapfer und treu). Im Innenhof Wappen über dem Portal der ehemaligen Kapelle. In der Burg vor dem Krieg Museum, 1946 ausgeplündert, jetzt wieder in kleinem Rahmen eingerichtet. Der Bergfried erhielt nach einem Blitzschlag den achteckigen Aufsatz. Im 18. Jahrhundert verfiel die Burg zur Ruine. Um sie vor dem Abbruch zu bewahren, erwarb sie der Breslauer Professor J. G. Büsching und begann aus eigenen Mitteln mit der Sicherung und Restaurierung. Das Giebelhaus über dem inneren Haupttor wurde zu einem Wohnhaus hergerichtet und später teilweise einem Gastwirt überlassen. Diese Burggaststätte wurde beliebtes Ausflugsziel. Der spätere Besitzer, Robert Freiherr von Zedlitz und Neukirch, baute die Burg unter Beteiligung des Burgenrestaurators Bodo von Ebhardt weiter aus (1907–1929). Der Heimatschriftsteller Paul Keller (geb. 1873 in Arnsdorf bei Schweidnitz, gest. 1932 in Breslau) hat der Burg in seinem Roman »Waldwinter« ein bleibendes Denkmal gesetzt (1902). Die Burg wurde 1945 ausgeraubt und verwahrloste. Seit den sechziger Jahren Wiederherstellung durch PTTK, betreut durch einen im Torbau wohnenden Burgwart. Zur Besichtigung in der Sommersaison bis 17 Uhr geöffnet. Von der Plattform des Bergfrieds großartiger Rundblick auf das Waldenburger Bergland. Zurück nach Schweidnitz (Świdnica). Ausflugsheim des PTTK »Zamek Grodno«, Kat. III, Jugowice 60, geöffnet Mai bis November.

ROUTE 4: Nach Liegnitz (Legnica)

Schweidnitz (Świdnica) – Striegau (Strzegom) – Hohenfriedeberg (Dobromierz) – Groß Rosen (Rogoźnica) – Jauer (Jawor) – Liegnitz (Legnica) – Wahlstatt (Legnickie Pole) – Kostenblut (Kostomłoty) – Kanth (Kąty Wrocławskie) – Krieblowitz (Krobielowice) – Schweidnitz (Świdnica). 190 km

Von Schweidnitz nördlich vom Bahnhof Straße Nr. 17. Nach 10 km Kreuzung der Bahnlinie Breslau–Hirschberg. 4 km östlich in Richtung Breslau Bahnkreuzungspunkt Königszelt (Jaworzyna Śląska), am Schnittpunkt mit der Strecke Schweidnitz–Liegnitz, 1843 angelegt. Der deutsche Name des Ortes erinnerte daran, daß Friedrich der Große im Siebenjährigen Krieg hier im Feldlager von Bunzelwitz gelegen hat. An der Stelle, wo der neue Ort Königszelt angelegt wurde, soll damals das Zelt des großen Preußenkönigs gestanden haben (vergl. S. 175). Die 1863 in Königszelt gegründete Porzellanfabrik gehört heute zu den drei größten Betrieben dieser Art in Schlesien.

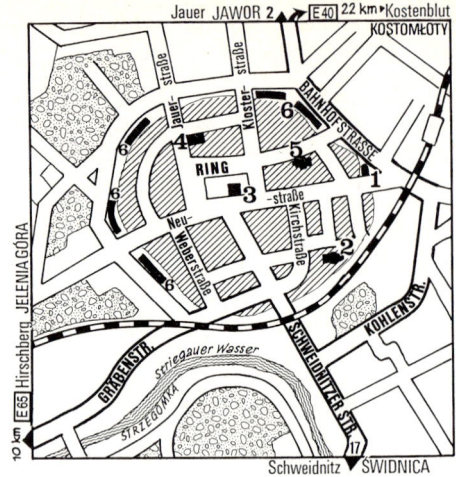

STRIEGAU, *Kr. Schweidnitz*
Strzegom, woj. Wałbrzych (Woj. Waldenburg)

Lage

Am Fuße einer dreigipfligen Basaltkuppe im fruchtbaren Sudetenvorland inmitten großer Granit- und Basaltsteinbrüche.

Einwohner

   1939: 15918 Deutsche auf 13,72 km^2
   1980: 16000 Polen auf 20,52 km^2

Hotel: »Granit«, pl. Przyjaźni Polsko-Radzieckiej 34, Tel. 55-03-44, Kat. II, am gleichen Platz Nr. 32/36 Restaurant »Stragona«, Kat. II

Camping (Bungalows): ul. Mickiewicza 2, Kat II, Tel. 55-14-12

Tankstelle: al. Wojska Polskiego, Tel. 55-19-54

Autoservice: ul. Świdnicka 52

Verkehrsverbindung: Bahnhof Strzegom Miasto, ul. Wojska Polskiego, PKS-Fernbus-Haltestelle Plac Przyjaźni Polsko-Radzieckiej. PKS-Knotenpunkt – al. Wojska Polskiego

Geschichte

1242 bezeugt als deutschrechtliche Stadtgründung der schlesischen Herzöge unter Beteiligung der Grafen von Poseritz und des Johanniterordens. Die Johanniter-Patronatsherren der Peterskirche errichteten im Auftrag Herzog Heinrichs III. von Breslau (†1266) die Stadtmauer. Weichbild von etwa 70 Dörfern. Gitterförmige Stadtanlage mit rechteckigem Marktplatz an der Hauptverkehrsstraße Neisse – Schweidnitz – Jauer – Löwenberg. 1392 mit dem Herzogtum Schweidnitz zu Böhmen. In preußischer Zeit Kreisstadt bis 1932. 12. 2. bis 5. 5. 1945 Kampfgebiet, zu 60 % zerstört.

In Striegau ist der spätbarocke Lyriker Johann Christian Günther 1695 geboren (†1723 in Jena), der den »Sturm und Drang« vorweggenommen und die Erlebnisdichtung des jungen Goethe vorbereitet hat.

Bis zum Dreißigjährigen Krieg Tuchmacherei mit Export, Leinwandweberei (Striegsche Leinwand), Bierbrauerei, Heilerde (terra sigillata). Völliger Niedergang der Stadt nach 1633 durch Pest und Zerstörung. Danach Ackerbürgerstadt. Industrieller

Aufschwung durch die Eisenbahnanschlüsse: 1856 Liegnitz–Frankenstein, später nach Bolkenhain und Maltsch (Oderhafen). Granit- und Basalt-Steinbrüche. Striegauer Granit war weltbekannt als Werkstoff für repräsentative Bauten: Deutscher Reichstag, Brückenbauten, Grab- und Pflastersteine. (Die Fa. Bartsch besteht seit Ende des 18. Jahrhunderts. Der spätere Betriebsinhaber Bartsch erfand den »Stockhammer« für die Granitgewinnung und gründete eine Stockhammer-Fabrik.) Nach 1945 Wiederaufnahme und Ausbau der Granit- und Basaltgewinnung und -verarbeitung. Verschiedene Industriebetriebe.

Sehenswürdigkeiten

Die Baudenkmäler der Stadt hatten durch die Kampfhandlungen am Kriegsende erheblich gelitten, einige von ihnen wurden abgetragen. Grünanlage entlang der alten Stadtbefestigung. Es gibt noch geringe Reste der Stadtmauer aus dem 14./15. Jahrhundert. Am östlichen Stadteingang an der ehemaligen Stadtmauer steht die St.-Antonius-Kapelle mit zwei gotischen Portalen (1). Am Südostrand der Innenstadt grüßt als weithin sichtbares Wahrzeichen die Johanniter- und jetzt katholische *Stadtpfarrkirche St. Peter und Paul* (2). Mächtig aufragende spätgotische Basilika aus Granitbruchsteinen mit Querhaus und dreiapsialem Chor. Das 26 m hohe Dach – 1983 neu gedeckt – ist das vierthöchste Kirchendach in Schlesien. Erster Bau Mitte 12. Jahrhundert, bestehender Bau zweite Hälfte 14. Jahrhundert, von den Johannitern errichtet. Die zwei nicht hochgeführten Türme erreichen nur die Höhe des Langhausdaches, so daß die Kirche aus der Ferne turmlos erscheint. Drei Portale mit reichem bauplastischem Schmuck, Südportal: Marientod, Nordportal: Marienkrönung, West- und Hauptportal im Tympanon (Türbogenfeld): Szenen aus dem Leben des Paulus, im architektonischen Rahmen

darüber Christus und Maria fürbittend vor der Gestalt Gottvaters, 1901 restauriert. Im Kreuzschiff seltenes gotisches Netzgewölbe, bauplastische Ausstattung an den Konsolen der Seitenschiffwölbungen und über den Sitznischen für die amtierenden Priester. Kanzel gotisch, Altar neugotisch, 19. Jahrhundert. Neben der Kirche katholischer Pfarrhof der ehemaligen Johanniterkommende, heutiges Bauwerk von 1704.

Am *Ring* anstelle der 1945 vernichteten Laubenhäuser Neubauten. *Rathaus* (3) von 1828/29 wiederhergestellt, ohne kunsthistorische Besonderheiten. *Rathausturm* alt, teils gotisch, teils barock, Tafel mit Wappen der Stadt und Jahreszahl 1608. Ein Portal am Rathaus trägt die Jahreszahl 1541. Nordwestlich vom Ring an der (4) Stadtmauer die *frühere evangelische Pfarrkirche*, im 15. Jahrhundert auf dem Grund des ehemaligen Karmeliterklosters errichtet, 1858 erneuert. Sie ist erhalten, jedoch ausgeräumt und dem Verfall preisgegeben. Gotisches Portal. Östlich des Ringes die frühgotische *St.-Barbara-Kirche* (5), ebenfalls ungenutzt. Im Westen und Nordosten Reste der Stadtmauer (6). Dicht an der Stadt im Nordwesten die drei Striegauer Berge (Volksmund: »Ee Striezel und zwee Quärge, doas sein die Striegauer Berge«). Am weitesten südlich der durch die Granitsteinbrüche teilweise abgetragene Breite Berg (Szeroka), 320 m. An der Straße nach Jauer (Jawor) Aussicht auf die Stadt vom nordwestlich gelegenen Kreuzberg (Krowiarka) mit Kreuz für die Gefallenen der Schlacht von Hohenfriedeberg, in der am 4.6.1745 (II. Schlesischer Krieg) Friedrich der Große über die unter Karl von Lothringen kämpfenden Österreicher und Sachsen siegte (früher dort Gasthaus). Der Beginn der Melodie des Hohenfriedeberger Marsches (komp. von Friedrich dem Großen) war bis 1945 Pausenzeichen des Breslauer Senders (»Meine Mutter, die hat Sperlinge gerupft, ...«). Der dritte Berg ist der St. Georgsberg (Góra Św. Jerzego).

10 km südwestlich von Striegau (Strzegom) an der Straße nach Bolkenhain (Bolków) oberhalb eines neuen Stausees das Städtchen

HOHENFRIEDEBERG (Dobromierz) 1975 wegen absinkender Einwohnerzahl unter 1000 Verlust der Stadtrechte. Lage am Fuße des Galgenberges – später Siegeshöhe genannt – mit 400 m höchste Erhebung einer Hügelkette am Nordrand des Waldenburger Berglandes. Hohenfriedeberg ist als Weichbildort nach Umsetzung einer slawischen Vorgängersiedlung zu deutschem Recht 1356 erstmals belegt. Durch Ausweitung der Hauptstraße Bolkenhain–Striegau entstand der Marktplatz.
Katholische *Stadtpfarrkirche St. Michael*, heutiger Bau Mitte des 17. Jahrhunderts errichtet, Turm von 1797. Ebenfalls erhalten die ehemalige evangelische Kirche, 1827 nach Plänen von Schinkel erbaut. Vom Galgenberg lohnende Aussicht vom Turm (hier erinnerte ein Siegesdenkmal an die Schlacht von Hohenfriedeberg 1745). Zufahrt auf die Höhe mit (P).
Weiterfahrt nach Jauer. An der Straße von Striegau nach Jauer in
Groß Rosen (Rogoźnica) Abzweigung an der alten Kirche nach links zur polnischen Gedenkstätte für das gleichnamige KZ.
Von Hohenfriedeberg (statt des Umweges zurück über Striegau) direkte Straße nach Jauer, Abzweigung rechts in Rohnstock (Roztoka) über Häslicht (Kostrza) nach Groß Rosen. Im Dorf das in Schlesien seit den Zeiten Friedrichs des Großen häufige Bild von zwei dicht beieinanderstehenden Kirchen, einer ehemals katholischen und einer evangelischen. Da jetzt nur eine benutzt wird, verfällt die andere. Abseits des Ortes, versteckt zwischen Hügeln, wurde 1941 das KZ Groß Rosen ursprünglich als Arbeitslager (Granitsteinbrüche) angelegt. Ende Februar 1944 angesichts der Frontverschiebung nach Westen als Ausweichquartier für das KZ Auschwitz um das sogenann-

te »Auschwitzer Lager« auf eine Zielkapazität von 45000 Personen erweitert. Die Zahl der Häftlinge 1940–1945 wird auf ca. 160000, die Zahl der Opfer des späteren Vernichtungslagers auf ca. 100000 geschätzt. In der ehemaligen Lagerbaracke befindet sich eine eindrucksvolle Gedenkstätte mit Museum, ein kleiner deutschsprachiger Führer ist erhältlich.

Jauer (Jawor) – vgl. Liegnitz, Route 2, S. 243–245.

Weiterfahrt nach Liegnitz (Legnica), vgl. S. 237–242.
Rückfahrt zur Autobahn nach Breslau. Ca. 9 km südlich Liegnitz, 1 km südlich der Autobahn steht die Klosterkirche von Wahlstatt (Legnickie Pole), vgl. S. 243.
Von Wahlstatt ca. 30 km Autobahn Richtung Breslau. Ausfahrt nach *Kostenblut (Kostomłoty)*. Bis zum Dreißigjährigen Krieg kleines Ackerbürgerstädtchen, danach Marktflecken und Dorf. Langgestreckter Markt mit Staupsäule aus dem 16. Jahrhundert. An der Kirche (15. Jahrhundert) Sühnekreuz. 5 km vor Kostenblut liegt 3 km südlich der Autobahn die Ruine des Renaissance-Schlosses Pläswitz (Pielaszkowice). Letzter Besitzer war der Reiter und Pferdezüchter Freiherr von Buddenbrock.

Autobahn bis

KANTH, *Kr. Breslau*
Kąty Wrocławskie, woj. Wrocław (Woj. Breslau)

Einwohner

  1939: 3580 Deutsche
  1970: 4119 Polen
Stadtgründung Ende des 13. Jahrhunderts an der Handelsstraße Breslau–Schweidnitz.

Sehenswert: Inmitten des Ringes *Rathaus* von 1878 mit Turm von 1613 (Unterteil möglicherweise älter). Am Turm drei alte Wappen ehemaliger Schloßherren, Schloß 1624 abgebrannt. Neben dem Rathaus *evangelische Saalkirche*, 1834–1836 von Baumeister Frey nach Entwurf von Schinkel errichtet. Nordwestlich des Ringes nahe bei den Resten der Stadtmauer gotische *katholische Kirche St. Peter und Paul*, Chor um 1400, Hallenschiff und Turm um 1500.

3 km südwestlich Kanth außerhalb des Dorfes *Krieblowitz* – seit 1937 Blüchersruh – *(Krobielowice)* liegt verdeckt in kleinem Gehölz das turmartige Blücher-Mausoleum, 1846–1853 auf Veranlassung König Friedrich Wilhelms IV. von dem Berliner Architekten Johann Heinrich Strack aus Zobten-Granit errichtet. Blücher, geboren in Rostock, trat aus schwedischen in preußische Dienste. In den Befreiungskriegen war er der volkstümlichste preußischer Heerführer, Befehlshaber der schlesischen Armee, Generalfeldmarschall, »Marschall Vorwärts« genannt.

Am 26. August 1813 errang Blücher mit seinem Stabschef von Gneisenau den Sieg an der Katzbach und befreite Schlesien von den Franzosen. Am Sieg gegen Napoleon in der Völkerschlacht bei Leipzig hat er einen bedeutenden Anteil. Rechtzeitige, schlachtentscheidende Hilfe für die Engländer leistete er am 18. 6. 1815 bei Waterloo zum endgültigen Sieg über Napoleon. Wellington: »Ich wollte, es wäre Nacht oder die Preußen kämen.« Die Gruft hinter dem Turm wurde 1945 verwüstet, das Mausoleum der Embleme beraubt und zugemauert.

Sehenswert

Blüchers Ruhesitz, erworben aus einer Dotation des preußischen Staates. Interessanter Torturm an der Brücke über das Schwarzwasser (Czarna Woda) und Eingang zum Schloßpark. Als Kulturhaus der Gemeinde erhalten. Seitlich alter Fachwerkbau. Im verwilderten Park das Schloß. Aus einem Renaissance-Bau 1702/4 zu einer Vierflügelanlage erweitert, heute unbenutzt, jedoch gesichertes und vom Konservator geschütztes Baudenkmal, mit dessen Restaurierung 1986 zaghaft begonnen wurde.

Weiterfahrt 4 km bis Gniechwitz – 1937 Altenrode – (Gniechowice) – sodann Straße 33 rechts ab nach Schweidnitz (Świdnica).

ROUTE 5   Ins Riesengebirge

Schweidnitz (Świdnica) – Freiburg (Świebodzice) – Hohenfriedeberg (Dobromierz) – Bolkenhain (Bolków) – Hirschberg (Jelenia Góra) E 65. 65 km

Zu Freiburg – vgl. S. 146.
Zu Hohenfriedeberg – vgl. S. 172.

Zu Bolkenhain – vgl. S. 136 f.
Zu Hirschberg – vgl. S. 111–116.

ROUTE 6   Umgebung von Schweidnitz

a) Nördliche Umgebung Schweidnitz (Świdnica) – Weizenrodau (Pszenno) – Kratzkau (Kraskóv) – Domanze (Domanice) – Saarau (Żarów) – Peterwitz (Piotrowice) – Puschkau (Pastuchów) – Würben (Wierzbna) – Bunzelwitz (Bolesławice) – Schweidnitz (Świdnica)

Ausfahrt Richtung Breslau – 5 km bis

Weizenrodau (Pszenno)

Deutsche Gründung vor 1241 (Rodungsdorf auf Weizenboden!) im Tal der Peile
(Piława), einem Zufluß aus dem Eulengebirge zur Weistritz. Frühgotische Kirche
aus der zweiten Hälfte des 13. Jahrhunderts.
Älteste Teile Hauptschiff und fast quadratischer Chor; spätere Anbauten Südschiff, Sakristei und Turm (15. Jahrhundert).
Gotische Portale, Fragmente des gotischen
Altarschreins. Im Dorf große Zuckerfabrik.

In Gr. Merzdorf (Marcinowice) Abzweigung links über Birkholz (Godkowice) nach
Kratzkau (Krasków).
Schloß 1945 verschont geblieben, unter
Denkmalschutz gestellt, verfällt jedoch allmählich. An Stelle eines alten Wasserschlosses durch Graf Sigismund von Zedlitz-Leipe
1746 von einem italienischen Baumeister
errichtet, zählte es einst zu den schönsten
Rokokobauten des Kreises. Portal mit großartigem Aufbau, getragen von Karyatiden.
Parkanlage von Gartenarchitekt Lenné, Plastiken von Gottfried Hoffmann (PKS-Bus-
zufahrt von Schweidnitz).

4 km bis *Domanze (Domanice)*, einst als
Ausflugsziel und »Fliederschloß« gerühmt,
jetzt Kindererholungsheim. Um 1600 auf
einem Felsen neu erbaut. Slawische Dorfgründung im 12. Jahrhundert am Weistritz-
übergang durch Breslauer Sandstift, im
13. Jahrhundert zu deutschem Recht umgesetzt und in Ritterbesitz übergegangen.
Letzte Besitzer Grafen Pückler.

Weiterfahrt nach Westen über Konradswal-
dau (Siedlimowice) nach *Saarau (Żarów)*.
Industriedorf, seit 1954 Stadtrecht. Die günstige Rohstoff- und Verkehrslage begünstigte eine beachtliche Industrie. Seit 1850 Fabrikation von Schamotte-Waren in der Ida-

und Marienhütte. Große Bedeutung erlangte die 1858 eingerichtete chemische Fabrik,
seit 1872 bildete sie den Kernbetrieb der
»Silesia AG«. Fortsetzung der Fabrikbetrie-
be nach 1945. – Doppelt so hohe Einwohnerzahl als 1939 (1970: 6038).
Im Norden der Stadt eingemeindetes Dorf
Laasan (Łażany), Schloß seit 1945 Ruine.
Laasan früher bekannt durch die älteste
eiserne Brücke von Schlesien, 1796 in Malapane (Małapanew) gegossen.

Von Saarau nach Süden *Peterwitz (Piotrowice)*, slawische Dorfgründung im 12. Jahrhundert am Rande des Preseka genannten
Waldhags (polnisch: Przesieka), nach 1241
zu deutschem Recht umgesetzt. Prächtiges
Renaissance-Wasserschloß, 1590–1599 unter Jakob von Zedlitz erbaut, 1945 zerstört,
erhalten der Wassergraben, Reste der Wehrmauern, Renaissance-Portal und Reste des
Sgraffito-Schmucks an der Vorderfront des
Gebäudes.
Alte Dorfkirche, romanisch, aus Bruchsteinen.

2 km nordwestlich *Puschkau (Pastuchów)*,
Wasserschloß im Renaissancestil, 1565 von
Caspar von Kalckreuth erbaut. Letzte Besit-
zer von Wietersheim-Kramsta (Wohnsitz
Schloß Muhrau). Erhalten der 1935 restau-
rierte Wohnturm. Alte Dorfkirche, roma-
nisch-gotisch (Zufahrt von Schweidnitz
14 km mit PKS-Bus).
Puschkau liegt im alten Siedlungsgebiet der
Bronzezeit, das Dorf wurde um 1130 den
Augustiner-Chorherrn am Zobten von Graf
Peter Wlast geschenkt. Neugründung als
deutsches Straßendorf vor 1259 durch das
Sandstift. Die 1832 gegründete Zuckerfa-
brik arbeitet weiter, sie erhielt nach 1945
Bahnanschluß nach Königszelt (Jaworzyna
Śl.).

Zurück über Peterwitz nach *Würben
(Wierzbna)*. Älteste Dorfkirche im Kreis

Schweidnitz. 1283 bezeugt, nach den Stilelementen aus rotem Sandstein vermutlich um 1240 erbaut, ursprünglich romanisch, später im gotischen und Renaissance-Stil umgebaut. 1730 Wohnhaus der Mönche als Hauptschiff in die Kirche einbezogen. Halbrunde Apsis mit drei romanischen Fenstern. Romanisch auch die Fassade, als Verteidigungsmauer gebaut, von zwei kleinen Türmen flankiert. Tintelnot kennzeichnet das Bauwerk als kleines Kirchlein im Stil der großen Kirchen. Würben war früher Wallfahrtsort, später wegen seiner Naturschönheiten gern aufgesuchtes Wanderziel (Würbenschanze aus dem Dreißigjährigen Krieg, Schloßpark, Teichenauer Grund und »Hohes Ufer« an der Weistritz).

4 km westlich *Bunzelwitz (Bolesławice)*, Dorfkirche 1318 als Filialkirche von Würben genannt. Nach dem Dorf Bunzelwitz ist das Bunzelwitzer Lager Friedrichs des Großen aus dem Siebenjährigen Krieg benannt. Angelehnt an seine Festung Schweidnitz ließ er sich von den zahlenmäßig weit überlegenen Armeen der Österreicher und Russen einschließen. Seine Gegner wagten jedoch nicht, die Preußen in ihren gut verschanzten Stellungen anzugreifen, und zo

gen nach ca. 7 Wochen ab. Nach Südwesten schließt sich eine 10 km lange Zeile aneinandergereihter Straßendörfer bis Kunzendorf (Mokrzeszów) an.
Zurück nach Schweidnitz.

b) Südliche Umgebung
Nebenstraße nach Waldenburg (Wałbrzych), 16 km

Von Schweidnitz führt durch das Hügelland der Vorberge die alte Straße nördlich des Schweidnitzer Stadtforsts durch *Hohgiersdorf (Modliszów)*.
St.-Bartholomäus-Kirche aus dem 14. Jahrhundert, einschiffig mit Kreuzrippengewölbe, Sakramentshäuschen, Frührenaissance um 1530, Hauptaltar und Seitenaltar von 1710.
Bei Restaurierungsarbeiten wurden 1963 von Józef Dutkiewicz (Universität Krakau) unter einer dicken Putzschicht wertvolle Malereien im Presbyterium entdeckt und 1966 gesichert. Es sind figurale Szenen, die ältesten vom Ende des 14. Jahrhunderts, u. a. aus dem Leben der hl. Katharina von Alexandrien. Davor nimmt die Gestalt des hl. Christophorus fast die ganze Wand ein.

c) Schweidnitz (Świdnica) – Kreisau (Krzyżowa) – Gräditz (Grodziszcze) – Leutmannsdorf (Lutomia) – Wanderung auf die Hohe Eule (Wielka Sowa) – Peterswaldau (Pieszyce) – Schweidnitz

Von Schweidnitz Straße Nr. 17 Richtung Reichenbach (Dzierżoniów), 7 km bis Gräditz (Grodziszcze), sodann Nebenstaße rechts ab nach *Kreisau (Krzyżowa)*. Das Schloß mit ehemaligem Rittergut war von 1867–1891 Land- und Ruhesitz des preußischen Generalfeldmarschalls Helmuth von Moltke, 1858–1888 Chef des preußischen Generalstabes, der eine entscheidende Rolle in den Kriegen 1864, 1866, 1870/71 gespielt

hat, die zur Gründung des Bismarck-Reiches führten.
Das Herrenhaus (»Schloß«) ist unbewohnt. Moltkesche Familiengrabstätten sind im Wäldchen ca. 1 km nordwestlich des Guthofes auf einer Lichtung mit hohem Kreuz erhalten, fünf große Granitplatten zeigen leserliche Inschriften. Von dort 100 m auf dem zugewachsenen Gipfel des Hügels findet man die Ruine des Mausoleums des

Feldmarschalls Helmuth von Moltke – ohne Inschrift. Der Wiederaufbau des Herrenhauses als Gedenkstätte des deutschen Widerstandes gegen das Hitler-Regime ist mit Mitteln aus der Bundesrepublik Deutschland geplant. Hier fand im Dezember 1989 beim Besuch von Bundeskanzler Kohl ein Gottesdienst in deutscher und polnischer Sprache statt, an dem auch der polnische Ministerpräsident Mazowiecki teilnahm.

Der letzte Gutsbesitzer war Helmuth James Graf von Moltke, Gründer und führender Kopf des nach seinem Gut benannten »Kreisauer Kreises«. Der »Kreisauer Kreis«, eine der bedeutendsten Gruppierungen im Widerstand gegen Hitler, war durch seine große politische Bandbreite und dadurch gekennzeichnet, daß er sich intensiv mit den Fragen der Neuordnung Europas nach der erstrebten Überwindung der NS-Diktatur beschäftigte. Moltke wurde am 23. 1. 1945 in Plötzensee hingerichtet.

Zurück zur Straße 17, nächstes Dorf
Gräditz (Grodziszcze).
Slawischer Doppelburgwall 0,5 km südwestlich des Dorfes in einer nach Norden gerichteten Schleife der Peile, wahrscheinlich der 1155 in der Papstbulle genannte Kastellanensitz ›Gramolin‹. Der Ort wurde nach 1250 zu deutschem Recht umgesetzt. Die Kirche aus dem Anfang des 16. Jahrhun-

derts verbindet Elemente der Gotik und der Renaissance.

In Faulbrück (Mościsko) Abzweigung rechts von der Straße 17 nach
Leutmannsdorf (Lutomia)
Typ eines langgestreckten Waldhufendorfes aus der deutschen Besiedlung, erstmals 1305 erwähnt. Später Weberdorf (dichte Bevölkerung). Geeigneter *Ausgangspunkt für Wanderungen Nichtmotorisierter in das Eulengebirge* (Zufahrt von Schweidnitz mit Stadtbus Nr. 6).
Schwarze Markierung zur Hohen Eule (Wielka Sowa) 4 Std. Von der oberen Kirche in Leutmannsdorf durch den Bachgrund zum Waldrand, dann Wegegabel links ziemlich gradlinig ansteigend vorbei am »Kroatenbrunnen« (»Kroacka Studzienka«) unterhalb des Berges »Der Hahn« (»Kokot«) um den oberen Ortsrand von Friedersdorf (Glinna).
Überquerung der Paßstraße von Peterswaldau (Pieszyce) nach Wüstewaltersdorf (Walim). Am Paß (Przełęcz Walimska) – früher Sieben-Kurfürsten-Baude –, 750 m, Anstieg – blau – zur Hohen Eule (1014 m), vgl. S. 162.
Abstieg am Vorderhang (Skilift, starke Waldschäden) – erst blau, dann schwarz – nach Peterswaldau (Pieczyce). Zurück mit PKS-Bus nach Schweidnitz (Świdnica).

VI. Glatz und Umgebung

1. Das Glatzer Bergland (Ziemia Kłodzka)

Landeskunde – Wirtschaft –
Fremdenverkehr

Das Glatzer Land wird seit der Erhebung
zur Grafschaft (1459) »*Grafschaft Glatz*«
genannt. Sie liegt am Oberlauf der Glatzer
Neiße (Nysa Kłodzka) und ragt als ein rings
von Gebirgen umgebener, rechteckiger Talkessel wie ein Erker in das böhmische und
mährische Gebiet hinein. Nordost- und
Südwestrand des Kessels sind völlig gleich-
laufend und fast gleich lang. Den Nordost-
rand bilden von Nordwesten nach Südosten
das *Eulengebirge* und – durch den Warthapaß mit dem Neißedurchbruch geschieden –
das *Reichensteiner Gebirge*. An dieses
schließt sich der Südostrand mit dem *Glatzer Schneegebirge* an. Der Paß von Mittelwalde (Międzylesie) scheidet es in der Südostecke des Glatzer Kessels vom parallel
verlaufenden *Habelschwerdter Kamm* und
dem *Adlergebirge*. Die Reinerzer Weistritz
(Bystrzyca Dusznicka) trennt diese Ge-
birgszüge von dem Heuscheuer-Gebirge am
Nordwestrand des Kessels. In den teilweise
offenen Nordwestrand ragen die letzten
Ausläufer des *Waldenburger Gebirges* her-
ein, durch das Tal von Neurode (Nowa
Ruda) vom *Eulengebirge* getrennt.
Das Glatzer Land ist reich an Mineralquellen und in den Tallandschaften der Neiße
(Nysa Kłodzka) und ihrer Nebenflüsse Biele (Biała L.) und Steine (Ścinawka) fruchtbar. Noch um das Jahr 1900 war ein Drittel
des Glatzer Landes von Wald bedeckt. Er-
werbsquellen des Landes waren und sind
noch heute: Forstwirtschaft in den Gebir-

gen, Ackerbau in der Ebene mit Viehzucht
in den höheren Gebirgslagen, Steinkohlenbergbau im Tal von Neurode, Steinindustrie
(Heuscheuer) und Kalkbrennerei, dazu
Glas- und Holzindustrie sowie Textilfabriken. Dazu kam seit dem letzten Viertel des
19. Jahrhunderts der Fremdenverkehr. Fünf
Heilbäder, teilweise von europäischem
Rang, sowie zahlreiche Luftkurorte lockten
zunehmend mit einer gepflegten Gastronomie – in einer großen Zahl von Hotels und
Privatpensionen – Kranke und Gäste aus
dem In- und Ausland an. In ständig wach-
sendem Umfang entwickelten sich die
»Sommerfrischen« von den Kleinstädten am
Gebirgsrand bis in die entlegensten Gebirgsdörfer mit einem breitgefächerten Netz
von kleinen Hotels, soliden Dorfgasthäu-
sern und einer Vielzahl von Privathäusern,
Bergbauden und Jugendherbergen. Sie bo-
ten den Touristen und Erholungsuchenden
im Sommer und später auch zur Winterszeit
Unterkunft an. Ermöglicht wurde der Aufschwung des Fremdenverkehrs seit Ende
des 19. Jahrhunderts durch ein Eisenbahnnetz, das später in Verbindung mit dem
Kraftpostwesen das Land dem Verkehr erschloß. Dazu kam die segensreiche Tätigkeit
des 1881 gegründeten »*Glatzer Gebirgsvereins*« mit (1930) 60 Ortsgruppen und 10000
Mitgliedern. Sie ergriffen die Initiative zum
Wegebau, so daß nach und nach die gesamte
Gebirgswelt mit einem dichten Netz ge-
pflegter und einheitlich markierter Wanderwege überzogen wurde. In gleicher Weise
arbeiteten der »*Verband der Gebirgsvereine
an der Eule*« mit 15 Einzelvereinen, der

Die Grafschaft Glatz ✳ ZIEMIA KŁODZKA

Waldenburg ▲ WAŁBRZYCH

Breslau / WROCŁAW

Prag / PRAHA

Hohe Eule / WLK. SOWA

Falkenberg / SOKOLEC
254

Hausdorfer Plänel / PRZEŁĘCZ JUGOWSKA
Langenbielau / BIELAWA

Braunau / BROUMOV

Hausdorf / JUGÓW

Ascherkoppe

Neurode / NOWA RUDA

POPIELAK

Volpersdorfer Plänel / PRZEŁĘCZ WOLIBORSKA

Annaberg / GÓRA ŚWIANNY

Volpersdorf / WOLIBÓRZ

Ebersdorf / DZIKOWIEC

Silberberg / SREBRNA GÓRA

Passendorf / PASTERKA

Heuscheuer

Wünschelburg / RADKÓW

Grenzeck / CZERMNA

SZCZELINIEC WLK.

Niederrathen

Schlegel / SŁUPIEC

Schlaney / SŁONE

Karlsberg / KARŁÓW

Albendorf / WAMBIERZYCE

Mittel-Steine / ŚCINAWKA ŚREDNIA

Eckersdorf / BOŻKÓW

Frankenstein / ZĄBKOWICE ŚL.

Bad Kudowa / KUDOWA-ZDRÓJ

E 67

Nieder-Steine / ŚCINAWKA DOLNA

E 67

Hummelstadt

Gabersdorf / WOJBÓRZ

Wartha / BARDO

Lewin Kł. / LEWIN Kł.

Rückers / SZCZYTNA

254

Neiße / NYSA Kł.

Kamenz / KAMIENIEC

Bad Reinerz / DUSZNIKI-ZDRÓJ

Bad Altheide / POLANICA-ZDRÓJ

Niederschwedeldorf / SZALEJÓW DOLNY

Glatz / KŁODZKO

Königshain / WOJCIECHOWICE

Königshainer Spitzberg / OSTRA GÓRA

Ochsenberg / WOŁARZ

Grunwald / ZIELENIEC

41

Rengersdorf / KROSNOWICE

Heinrichswalde / LASKI

245

ZŁOTY STOK

Ober-Hannsdorf / JASZKOWA GÓRNA

Reichenstein

Kaiserswalde / LASÓWKA

Alt-Lomnitz / STARA ŁOMNICA

Grafenort / GORZANÓW

Eisersdorf / ŻELAZNO

Ullersdorf / OŁDRZYCHOWICE Kł.

Heinzendorf / SKRZYNKO

Stachelberg / CZERNIAK

Jauernig / JAVORNÍK

Langenbrück / MOSTOWICE

Voigtsdorf / WÓJTOWICE

AltWeistritz

Kunzendorf / DROGOSŁAW

Reyersdorf / RADOCHÓW

Habelschwerdt / BYSTRZYCA KŁ.

Neu-Waltersdorf / NOWY WALISZÓW

Bad Landeck / LĄDEK-ZDRÓJ

Nieder-Langenau / DŁUGOPOLE-ZDRÓJ

Kieslingswalde / IDZIKÓW

Lichtenwalde / PORĘBA

41

Wölfelsdorf / WILKANÓW

Seitenberg / STRONIE ŚL.

ROKYTNICE

MIĘDZYGÓRZE / Wölfelsgrund

Neugersdorf / NOWY GIERAŁTÓW

Schönfeld / ROZTOKI

Klessengrund / KLETNO

Wilhelmstal / BOLESŁAWÓW

Bielendorf / BIELA

Neundorf / NOWA WIEŚ

Gr. Schneeberg / ŚNIEŻNIK

Bielenkoppe / BIAŁA KOPA

Senftenberg / ŽAMBERK

Mittelwalde / MIĘDZYLESIE

Neiße

Bobischau / BOBOSZÓW — W A K E I

Grulich ✳ KRÁLÍKY

Olmütz ▼ OLOMOUC

0 5 10 km

TSCHECHOSLOVA KEI

Schwedelder Gebirge / GÓRY BYSTRZYCKIE

Heidel / Hejšovina

Steine

Ścinawka

Weistritz / Bystrzyca

Biała Lądecka

Jezioro

BIAŁA L. RZEKA

Neiße / NYSA Kł.

WŁOCA

»Schlesische Sudetengebirgsverein« mit 15 Zweigvereinen und 5000 Mitgliedern im Rahmen des *»Mährisch-Schlesischen Gebirgsvereins«*, Sitz Freiwaldau; denn die Staatsgrenze bis 1919 gegen Österreich, danach gegen die Tschechoslowakei war für die Wanderer und Wintersportler offen. Heute beschränkt sich der Fremdenverkehr im wesentlichen auf die Heilbäder und wenige Zentren des Tourismus, z.B. die Heuscheuer, Grunwald (Zieleniec) unter der Hohen Mense und in geringerem Maße den Glatzer Schneeberg. Die Wanderwege sind markiert und werden von der »Polnischen Gesellschaft für Tourismus und Landeskunde« (PTTK) betreut, ihr Zustand ist unterschiedlich, teilweise schlecht, und kann nicht am Maßstab von früher gemessen werden.

Trotz der tiefgreifenden Veränderungen, die der gewaltsame Abbruch einer jahrhundertelangen stetigen Entwicklung des Landes durch die Vertreibung der alteingesessenen Bevölkerung mit sich brachte, hat das Glatzer Bergland noch seine Einmaligkeit und Anziehungskraft bewahrt. Sie beruht für den Touristen und Wanderer auf der Geschlossenheit und Vielfalt des Landschaftsbildes: Geschlossenheit, weil der Blick ringsum am Horizont in erreichbarer Nähe an die Bergzüge und Bergkuppen stößt, die das Land umschließen; Vielfalt, weil sich die Berge und Täler für den Reisenden und Wanderer ständig untereinander verschieben und dem Betrachter immer wieder neue Aus- und Einblicke freigeben.

Geschichte

Um das Jahr 1000 tritt das Glatzer Bergland in das Blickfeld der Geschichte als ein zwischen Tschechen und Polen umkämpftes Land. Als Gründer der Stadt Glatz ist der böhmische Fürst Slavnik (gest. 981), Vater

des hl. Adalbert, überliefert, eine Burg wird bereits früher erwähnt. Auch eine Reihe weiterer früher Siedlungen entlang der alten Straße von der »Böhmischen Pforte« bei Nachod bis zur »Polnischen Pforte« bei Wartha (Bardo) sind tschechischen Ursprungs. König Ottokar II. von Böhmen (gest. 1278) rief die deutschen Einwanderer ins Land, das bis dahin nur dünn von Slawen besiedelt war. Die Deutschen drangen in den Fluß- und Bachtälern in die Gebirge vor, legten Waldhufendörfer und in deren Zentren Städte an. Ihr Siedlungsbild ist noch heute unverkennbar. Die Eindeutschung war etwa um das Jahr 1400 abgeschlossen.

Bei Bad Kudowa (Kudowa Zdrój), nahe der »Böhmischen Pforte«, hielten sich in vier Dörfern winzige tschechische Sprachinseln bis ins 20. Jahrhundert. Das Land wechselte im Mittelalter mehrfach seinen Besitzer. 1534 kaufte der Habsburger Ferdinand I., König von Böhmen, die Grafschaft Glatz dem Grafen von Hardeck ab. Der König hob den Rechtszug nach Magdeburg auf und machte Prag zum Oberhof für die Städte der Grafschaft Glatz. Durch den Frieden von Berlin (1742), der den I. Schlesischen Krieg beendete, kam die Grafschaft Glatz zusammen mit Niederschlesien und dem größten Teil von Oberschlesien an Preußen. Seit der Gegenreformation war das Land fast ausschließlich katholisch und verblieb kirchlich bis 1945 beim Erzbistum Prag.

Nach der Vertreibung der alteingesessenen Bevölkerung im Jahre 1945/46 wurde das vom Kriege unberührte Gebiet vorwiegend von polnischen Umsiedlern aus Galizien in Besitz genommen. Sie hatten in ihrer Heimat überwiegend gute Böden, kein Wunder, daß sie sich mit der Bebauung der kargen Böden zwischen den Bergen schwertun und die Landwirtschaft bereits in mittleren Höhenlagen ganz aufgegeben haben. Für die katholische Frömmigkeit und einstige deutsche Volkskultur zeugen die bis in die Gegenwart im wesentlichen gut erhaltenen Kirchen in Stadt und Land mit ihren barocken Kirchtürmen und Altären, sowie kleine Kapellen, Heiligenbilder und Bildstöcke.

Ausgangspunkt für Reisen durch das Glatzer Land ist die Hauptstadt Glatz, daneben das für deutsche Reisegruppen als Aufenthaltsort beliebte Bad Kudowa (Kudowa Zdrój).

2. Die Stadt Glatz, Kr. Glatz

Kłodzko, woj. Wałbrzych (Woj. Waldenburg)

Lage inmitten des Glatzer Kessels an beiden Ufern der Neiße (Nysa Kłodzka) und am Einfluß der von Norden kommenden Steine (Ścinawka). Neißeaufwärts münden vom Westen die Reinerzer Weistritz (Bystrzyca Dusznicka) und von Osten die Biele (Biała Lądecka).

Einwohner

1939: 20575 Deutsche auf 24,64 km^2
1983: 29300 Polen auf 25,7 km^2
Motel: »Zosia«, ul. Noworudzka 1 – Restaurant und bewachter Parkplatz, Kat. II, Tel. 37-37
Touristenhotel (Dom Wycieczkowy): »Nad Młynówką«, ul. Daszyńskiego 16, Kat. II, Tel. 25-63
Camping: (bei Motel »Zosia«), ul. Kusocińskiego 1, Tel. 37-13, geöffnet Juni-September; ul. Nowy Świat (beim Amphitheater), Tel. 31-31, geöffnet Juni-September
Ausflugshaus: »Kukułka«, Wojciechowice (Königshain), Tel. 22-08, (ehem. Schneiderbaude), 52 Betten in Zwei- und Mehrbettzimmern, fl. Wasser, geeignet für bescheidene Ansprüche, dafür ruhige Lage am Berghang und Waldrand. Zufahrt von der Straße Glatz – Richtung Reichenstein (Złoty Stok) nach 3,5 km Abzweigung links bergan.
Jugendherberge: ul. Zawiszy Czarnego 5, Tel. 33-69, geöffnet Juli u. August

Restaurant: Czardasz, ul. Grottgera, Kat. I
Café: Kryształowa, ul. Wodna 6, Muzealna, ul. Łukasiewicza 4
Touristeninformation: PTTK, BORT, ul. Wita Stwosza 1, Tel. 37-40, geöffnet 8-17 Uhr; PGT »Śnieżnik« (Touristenverkehrsbüro), plac Jedności 1, Tel. 35-80 (Hotel »Astoria« am Stadtbahnhof, Kat. III)

Verkehr
Bewachte Parkplätze: ul. Daszyńskiego 16, beim Touristenhotel
Tankstellen: »CPN«, ul. Lutycka, Tel. 35-58; ul. Połabska, Tel. 28-92; ganztägig geöffnet.
Stadtbahnhof (Dworzec Kł. Miasto) mit Fernbusbahnhof (Dworzec PKS), pl. Jedności – Busverkehr in die Bäder und Fremdenverkehrsorte
Auto-Service: ul. Noworudzka 1, Tel. 25-03 (Straßenhilfsdienst)
Kultur: Museum der Grafschaft Glatz, ul. Łukasiewicza 2, Tel. 35-70; Amfiteatr (Freilichtbühne) ul. Nowy Świat, Tel. 30-31

Geschichte

Erster Beleg der deutschen Namensform von 1223 deutet auf frühere Aussetzung der deutsch-rechtlichen Stadt hin. Um 1400 vier Kirchen. Arnestus von Pardubitz, erster Erzbischof von Prag (1344), verbrachte sei-

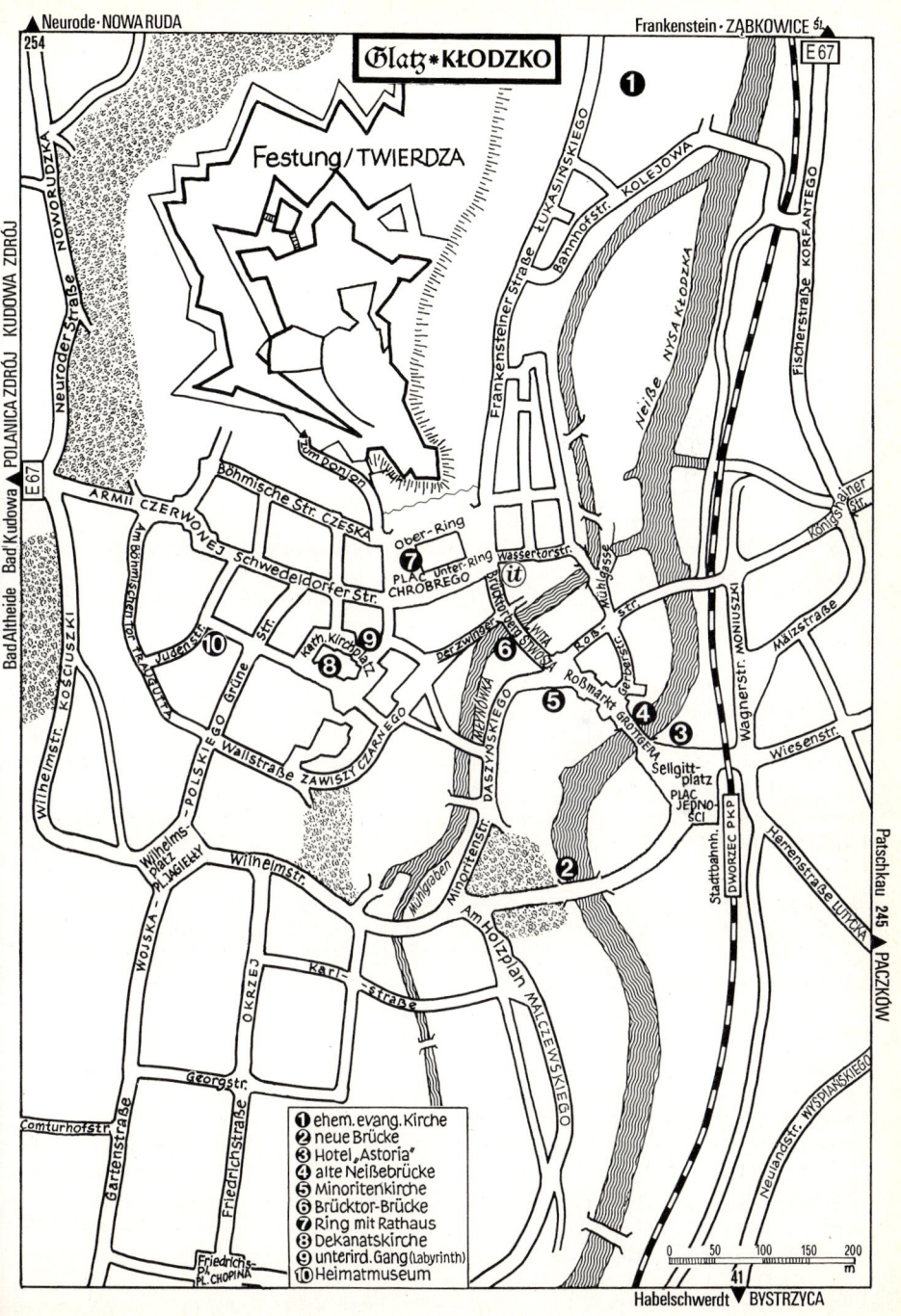

Glatz ∗ KŁODZKO

Festung / TWIERDZA

1 ehem. evang. Kirche
2 neue Brücke
3 Hotel „Astoria"
4 alte Neißebrücke
5 Minoritenkirche
6 Brücktor-Brücke
7 Ring mit Rathaus
8 Dekanatskirche
9 unterird. Gang (labyrinth)
10 Heimatmuseum

ne Jugend in Glatz. Er stiftete das auf dem Schloßberg gelegene Augustinerkloster mit der Domkirche, die er 1349 weihte. Am 10.1.1350 bestätigt Kaiser Karl IV. den deutschen Einwanderern die ihnen von König Ottokar II. seit 1260 verliehenen Privilegien. 1545 läßt sich Herzog Ernst von Bayern in Glatz nieder und baut das Schloß auf dem Schloßberg aus. 1567–1742 gehört Glatz zur böhmischen Krone und wird durch Landeshauptleute verwaltet. Ihr Sitz, das Schloß: »Königliches Amt der Landeshauptmannschaft zu Glatz«, wird befestigt und mit der Stadt durch Mauern und Gräben verbunden. Zerstörung des Schlosses im 30jährigen Krieg, danach abgetragen. Nach der Inbesitznahme der Grafschaft (1742) läßt Friedrich der Große auf dem Schloßberg die starke Festung anlegen zur Sicherung des Neißetales, des Einfallstores von Böhmen nach Schlesien.

Wirtschaft

Politische, militärische und kulturelle Bedeutung als Sitz der Klöster und Niederlassung der Jesuiten hatten im Mittelalter und in der Neuzeit Vorrang vor der Wirtschaft. Erst nach Aufhebung des Festungsstatus (1877) beginnender Wirtschaftsaufschwung durch Handel und Verkehr. Ausbreitung der bisher durch die Mauern eingeengten Stadt auf dem rechten Neißeufer. Diese Entwicklung wurde auch stark gefördert von der Verkehrserschließung durch die Eisenbahn: 1874 Eröffnung der Strecke nach Breslau, ein Jahr später nach Mittelwalde, 1880 folgte die Linie nach Waldenburg, 1890 die nach Rückers, 1905 verlängert bis Bad Kudowa, 1897 nach Seitenberg. Glatz wird zum Zentrum des Fremdenverkehrs in die Bäder und Sommerfrischen des Glatzer Berglandes. Nach 1945 haben einige Betriebe der Metall-, Textil- und Holzindustrie das äußere Stadtbild durch Umweltbelastungen beeinträchtigt.

Sehenswürdigkeiten

Bei der Anfahrt auf der E 67 vom Warthapaß (Bardo Przyłęk) bietet sich vom Neißetal aus das im wesentlichen unveränderte charakteristische Stadtbild: Als Wahrzeichen über der Stadt die starke Festung, die eng gedrängten Häuser der Altstadt – z.T. im Abbruch – werden überragt vom hohen Rathausturm und weiter links von den Kuppeln der doppeltürmigen Minoritenkirche. Die erste kleine Neißebrücke führt nicht in die Stadt, sondern nur zur ul. Łukasińskiego (Frankensteiner Straße), in Richtung Ring für den Kraftverkehr gesperrt. Nach rechts führt die ul. Łukasińskiego zum ehemaligen *Bernhardinerkloster mit Kirche*, 1479 errichtet, im Barockstil 1665 erneuert, 1931 wiederhergestellt. Die Kirche wurde 1836 evangelische Garnisonkirche und diente bis 1945 der evangelischen Gemeinde. Sie ist vom Ring in acht Minuten zu Fuß zu erreichen.
E 67 Breslau (Wrocław) – Bad Kudowa (Kudowa-Zdrój) – Prag mit Abzweigung nach Neurode (Nowa Ruda) – Waldenburg (Wałbrzych) führt über den Bahnhofsvorplatz (plac Jedności) und die im Dezember 1984 in Betrieb genommene neue Brücke südlich um die Stadt. Parkplatz am jenseitigen Stadtrand, für Pkw auch gegenüber der Minoritenkirche am plac Grottgera (Roßmarkt). Dort Beginn des Stadtrundgangs, vom Hotel »Astoria« über die alte Neißebrücke erreichbar. Zwischen Neiße und Mühlgraben stand schon um 1250 ein deutsches Minoritenkloster. Die Minoriten verließen es infolge der Reformation 1542 und übernahmen es wieder 1622. Sie errichteten 1678–1735 neue Klostergebäude und bauten 1699–1722 die Minoritenkirche im Barockstil um. Felix Anton Scheffler malte im Refektorium des Klosters die drei Franziskaner Orden. Altäre, Beichtstuhl und innere Ausmalung der Kirche stammen aus dem 19. Jahrhundert. Von der Kirche führt die *Most gotycki (Brücktorbrücke)* – errichtet

1390 – über den Mühlgraben (Młynówka) zur Altstadt. Die Brücke ist mit sechs barocken Heiligenbildern geschmückt und wurde früher »Kleiner Bruder der Prager Karlsbrücke« genannt. Auf dem Sockel eines der Heiligenstandbilder (Pietà) eingemeißelt zwei Wappen mit der Inschrift: »I. C. Graf von Götzen, Landeshauptmann zu Glatz, und M. E. Gräfin Hodiz, 1655«. Der Rückblick über die Brücke bietet ein reizvolles Stadtbild, bergan ist das Blickfeld zur Festung frei, nachdem die baufällig gewordenen Häuser auf der nördlichen Ringseite vor 1970 abgerissen wurden. Am plac Chrobrego (Ring) das *Rathaus* inmitten des ansteigenden Platzes, im Jugendstil 1887–90 neu erbaut unter Einbeziehung des Turmes des alten Rathauses von 1654. *Turmhaube* mit charakteristischem Umgang im Stil der Spätrenaissance. Auf der Ostseite des Ringes *Löwenbrunnen* von 1700, auf der Westseite die *Mariensäule* von 1682 (zum Gedenken an die Pestepidemie). Sie wurde von Adam Beyerhoff nach dem Vorbild der Mariensäule auf dem Prager Altstädter Ring geschaffen. Auf dem Ring und in den angrenzenden Gassen Bürgerhäuser aus Renaissance, Barock und Klassizismus. Die polnischen Restauratoren bemühen sich, auch bei abrißreifen Häusern alte Fassaden und wertvolle Portale zu erhalten. Die Häuser an der ul. Czeska (Böhmische Straße) wurden fast vollständig abgerissen, während sie in der ul. Armii Czerwonej (Schwedeldorfer Straße) restauriert werden.

Unterhalb des Ringes die katholische *Dekanatskirche Mariä Himmelfahrt,* Zugang von der ul. Armii Czerwonej (Schwedeldorfer Straße). Die gotische Basilika wurde um 1430 von der Prager Bauhütte unter der Leitung von Peter Parler, dem Baumeister Karls IV., verändert, Westtürme blieben unvollendet. Barockes Friedhofsportal. Das Kircheninnere im Auftrage der Jesuiten von italienischen Künstlern prächtig im Barockstil ausgestattet. Eine Vielzahl von Altären, Plastiken, Gemälden und Stukkaturen hebt das weiträumige Gotteshaus über zahlreiche katholische Andachtstätten der Grafschaft heraus. Blickfang ist der kunstvolle Hochaltar von Christian Tausch aus Wien. Im Zentrum des Hochaltars die »Glatzer Gnadenmadonna«, ein wertvolles Schnitzwerk der Gotik aus Zedernholz. Die Kanzel aus Lindenholz von Michael Klahr d. Älteren aus Bad Landeck (1715), Renaissance-Taufstein von 1517 mit lateinischer Widmung des Stifters Graf Ulrich von Hardeck. Aus der Gotik Fragment der Grabtumba des Prager Erzbischofs Arnestus von Pardubitz. Unterhalb der Kirche im früheren Jesuitenkolleg und katholischen Gymnasium heute ein Allgemeinbildungslyzeum in der ul. Wojska Polskiego (Grüne Straße). Rechts neben dem Treppenaufgang zur Kirche aus der Unterstadt (Arnestusstiege) Einlaß in einen 600 m langen *unterirdischen Gang,* der dicht unterhalb der Festung wieder ans Tageslicht führt. Diese »Touristenroute der Jahrtausendfeier des Polnischen Staates« (»Trasa Turystyczna Tysiąclecia Państwa Polskiego«) wurde nach Beendigung der Arbeiten zur Sicherung der Fundamente der Gebäude der Altstadt hergerichtet und freigegeben. Bald nach dem letzten Kriege begannen die Häuser der Altstadt um den Ring abzusinken, weil das Entwässerungssystem der unterirdischen Gänge, das die Stadt mit der Festung verbindet, defekt war. 1945–55 mußten ca. 60 Gebäude abgebrochen werden. 1962 übernahm die Bergbau- und Hüttenakademie Krakau die Leitung der Absicherungsarbeiten. Ein Großteil der Abbauräume wurde liquidiert, die Fundamente der Gebäude wurden verstärkt oder ausgewechselt.

Durch die *Festung* verläuft eine Besichtigungsroute. Bereits vom Aufstieg am Ring bietet sich ein lohnender Ausblick. Der Rundweg führt durch zahlreiche Bastionen, Kasematten und unterirdische Anlagen, die Friedrich der Große in den Berg sprengen ließ. Sie dienten zur Unterkunft und Versorgung für ca. 3000 Mann Besatzung. Von der »*Hohen Bastion*« – früher »*Donjon*« genannt – großartiger *Rundblick* auf die Stadt und das Glatzer Bergland bis zum Glatzer Schneeberg. In den Kasematten eine *Gedenkstätte* für Festungs- und KZ-Häftlinge des letzten Krieges sowie ein »*Lapidarium*« mit steinernen Architektur- und Bildhauerfragmenten aus abgebrochenen Gebäuden der Grafschaft und Grabdenkmälern aus der Kirche von Reichenstein (Złoty Stok). In der Festung besondere Führung durch das »*Labyrinth*«. In 20–30 Minuten führt der Weg durch unterirdische Gänge, u. a. durch einen kurzen, nur in der Hocke begehbaren Kriechgang! Diese Gänge wurden in den Berg bis außerhalb der Festung getrieben, um die Stellungen eines Belagerers zu sprengen oder zu unterlaufen. Während es im Siebenjährigen Krieg am 26. 7. 1760 den Österreichern gelang, die Festung zu erobern, verteidigte Graf Friedrich Wilhelm von Götzen Stadt und Festung 1806/07 gegen Napoleons Rheinbundtruppen bis zum Tilsiter Frieden.

ROUTE 1   Ins Heuscheuer-Gebirge (Góry Stołowe)

Glatz (Kłodzko) – Albendorf (Wambierzyce) – Wünschelburg (Radków) – Karlsberg (Karłów) – Wanderung auf die Heuscheuer – Bad Kudowa (Kudowa-Zdrój) – Tscherbeney (Czermna) – Straußeney (Pstrążna) – Bukowine (Bukowina Kłodzka) – Lewin (Lewin Kłodzki) – Bad Reinerz (Duszniki-Zdrój) – Wanderwege von Bad Reinerz – Glatz. 90 km

Das Heuscheuer-Gebirge (Góry Stołowe) steigt vom Tale der Reinerzer Weistritz als schmale Hochebene an, seine Ränder sind steil, oft senkrecht. Es ist als höchste Erhebung des Quadersandsteins in Schlesien der Glanzpunkt der Glatzer Gebirge. Neben der »Kleinen Heuscheuer« und dem »Spiegelberg« ragt die »Große Heuscheuer« markant und weithin sichtbar – einem Scheunendach oder Heuschober vergleichbar – als Tafelberg mit Steilabfällen von 150 m aus der Karlsberger Hochebene (750 m) heraus. Alle drei Erhebungen gleichen ungeheuren Felsinseln von annähernd gleicher Höhe. Aus ihnen schufen Verwitterungen durch Regen und Frost in erdgeschichtlicher Zeit zerklüftete Felslabyrinthe mit tiefen Einschnitten und mannigfaltigen, z. T. merkwürdigen Gesteinsbildungen. Der Volksmund gab ihnen treffende Namen. Die »Große Heuscheuer« (Szczeliniec Wielki) mit ihren von Nadelbäumen umkränzten Felsen wurde seit Mitte vorigen Jahrhunderts durch den preußischen Staat für den Tourismus erschlossen.

Von Glatz auf der Straße 254 Richtung Waldenburg (Wałbrzych), nach 9 km Abzweigung links Richtung Wünschelburg (Radków). In Mittelsteine (Ścinawka Średnia) nochmals links. In *Niederrathen (Ratno Dolne)* grüßt rechts am Berghang über dem Posna-Bach ein altes *Schloß*. Es war ursprünglich eine böhmische Grenzfestung gegen Polen aus dem 11. Jahrhundert. Die heutige Form eines rechteckigen Baues mit Zinnenkranz stammt aus der Renaissance (Portal Inschrift 1563), das Gebäude ist erhalten, aber ungenutzt. Im 19. Jahrhundert wurde der jetzt verwahrloste Park angelegt. Das dahinterliegende Gut wird als Staatsbetrieb weitergeführt (neben dem Gutshof 1981 noch alte, unter Denkmalschutz stehende deutsche Grabstätten von Königsmark).

Vom Schloß 1 km bis

ALBENDORF (*Wambierzyce*),

einem der meistbesuchten schlesischen Wallfahrtsorte, Marienwallfahrt seit Ende des 17. Jahrhunderts bezeugt; vor dem Kriege jährlich 100 000 Besucher.

Hotel mit Restaurant: »Turystyczny«, plac 25 Lecia 1

Bewachter Parkplatz: ul. Wiejska

Paschasius von Osterberg, Grundherr in Niederrathen, ließ hier ein schlesisches Jerusalem erstehen, nach der Überlieferung angeregt durch zwei Pilgerreisen ins Heilige Land. Seine erste große Wallfahrtskirche – geweiht 1710 – wurde bald als baufällig wieder abgetragen. Graf Franz Anton von Götzen errichtete 1716–21 den heutigen barocken Zentralbau. Zu der zweigeschossigen, 54 m breiten Prunkfassade führen 33 Stufen (Lebensalter Christi). Hinter der Fassade ovaler Kapellengroßraum, umgeben von rechteckigem Umgang mit zahlreichen Kleinkapellen. Im Inneren reiche Spätbarockausstattung mit Altären und Kanzel aus der Werkstatt des aus Wien stammenden Bildhauers Carl Flacker. Die 1937–39 erneuerte Kirche wurde nach 1960 mit Unterstützung von Spenden aus der DDR und der Bundesrepublik Deutschland restauriert. Am Eingang Erläuterungstafel zur Geschichte der Kirche, auch in deutscher Sprache. Auf Wunsch Führung von Gruppen in deutscher Sprache. Die Wallfahrt gilt einer kleinen geschnitzten Madonnenfigur (14. Jahrhundert) in der Gnadenkapelle. Aus dem 18. Jahrhundert stammt die Anlage des Kalvarienberges mit 92 Kreuzwegstationen, Betreuung heute durch die Jesuiten. In besonderem Gebäude große, bewegliche Krippe von L. Wittig (1882).

Zurück zur Straße nach

WÜNSCHELBURG, Kr. Glatz
Radków, woj. Wałbrzych (Woj. Waldenburg)

Kleinstadt in einer breiten Talmulde der Posna vor dem steilen, bewaldeten Nordrand der Heuscheuer.

Einwohner

1939: 2556 Deutsche
1969: 2682 Polen

Hotel und Restaurant: »Graniczny«, Rynek, Tel. 26; Erholungszentrum »Gwarkowe Zacisze« – Hotelunterkunft und Finnhütten – am neuen Stausee

Jugendherberge: ul. Grunwaldzka 16, Tel. 52, 44 Plätze, geöffnet Juli–August.

Geschichte und Wirtschaft

Als deutsche Stadt belegt 1328. Privileg als »Immediatstadt« – unabhängig von der Stadt Glatz – durch König Wenzel IV. von Böhmen. Viele Tuchmacher und Leinenweber 1418–1830, danach Wollweberei. Seit 1893 Sandsteinindustrie, nach Eisenbahnanschluß von 1903 gefördert durch Initiative des Berliner Steinmetzmeisters Carl Schilling. Er ließ die Wünschelburger Steinbrüche anlegen und errichtete dazu das damals größte Steinsägewerk in Europa – Lieferung zum Bau des Reichstagsgebäudes in Berlin. Der Sandsteinbearbeitungsbetrieb wurde nach 1945 weitergeführt und ausgebaut. Früher Sitz einer bekannten Schnapsbrennerei und Likörfabrik (Wünschelburger Korn).

Vor dem letzten Krieg Sommerfrische und Fremdenverkehr in die Heuscheuer.

Sehenswürdigkeiten

Rathaus von 1609 (Jahreszahl im Portal), nach Zerstörung von 1738 wiederaufgebaut, Turm von 1852, Turmhelm von 1885. Auf dem Ring *Mariensäule* zur Erinnerung an die Pest von 1680. Vor dem Rathaus 300 Jahre *alte Linde*, Umfang 445 cm, Naturdenkmal. Am Ring einige alte Bürgerhäuser;

Nr. 3 mit Renaissance-Portal von 1577. Am
Stadtrand *katholische Pfarrkirche St. Doro-*
theen, 1571–80 von der damaligen evangelischen Gemeinde errichtet. Von Wünschelburg wurde 1867–70 die Heuscheuerstraße
nach Karlsberg gebaut. Sie führt vorbei an
einem erst nach dem Kriege angelegten Stausee und steigt in Serpentinen hoch. Unterwegs Parkplatz mit Ausblick auf das Heu-
scheuerplateau und auf Wünschelburg.
12 km bis *Karlsberg (Karłów).*
Aus der kleinen Sommerfrische am Fuße der
Großen Heuscheuer (Szczeliniec Wielki)
und der Kleinen Heuscheuer (Szczeliniec
Mały) entwickelte sich nach dem Kriege ein
Touristenzentrum mit großem Parkplatz (in
der Sommersaison bewacht), Andenken-
kiosken, einer Grillstation, Gaststätte »Pod
Mamutem« (18 Betten), Tel. Radków 06,
und einem Gasthaus »Pod Szczelińcem«,
vom 15. Mai bis 15. Oktober geöffnet, Touristenherberge PGT »Śnieżnik«, Camping-
hütten, Zeltplatz und Jugendherberge, Tel.
Radków 28.
Im Bereich zwei Berghütten:
»Schronisko PTTK Pasterka« (Passendorf)
57–353 Karłów-Pasterka, Tel. 219, Kat. II.
Mit Pkw von Karlsberg 5 km, von der dortigen Bushaltestelle Fußweg, schwarze Markierung – 1½ Std., 1–3-Bett-Zimmer und
Mehrbetträume.
»Schronisko PTTK na Szczelinku w Górach
Stołowych«, 57–353 Karłów, Tel. Radków 93, früher »Schweizerhaus« auf dem
Hochplateau der »Großen Heuscheuer«,
1846 von der preußischen Regierung erbaut
(919 m), nur Büffet, geöffnet 1. Mai bis
15. Oktober.

Wanderungen von Karlsberg

Vom Parkplatz in Karlsberg 10 Minuten
zum Einstieg in die Große Heuscheuer, seit
1982 Naturschutzgebiet (Stołowogórski
Park Krajobrazowy), Besichtigung gegen
Eintrittsgeld auf markiertem Steig, gelb – ca.

1 Std. – durch das Felslabyrinth zum Gipfel
und Schweizerhaus (665 Stufen). Von der
höchsten Felsplatte, früher »Großvater-
stuhl«, umfassende Rundsicht auf die Grafschaft, das Habelschwerdter Gebirge und
das Braunauer Ländchen in Böhmen, dahinter bei guter Sicht die Schneekoppe im Riesengebirge. An der Aussichtsplattform neben dem Schweizerhaus ist am Fels am
Datum noch die Stelle erkennbar, wo zum
Gedenken an den Besuch Goethes 1790 eine
Plakette angebracht war, die nach 1945 entfernt wurde.

Rundweg rings um den Gipfel der Heu-
scheuer

Die Besichtigung des Gesteinnaturschutz-
gebietes soll nur auf markiertem Pfad erfolgen.
Die Große Heuscheuer mit senkrechten
Rissen hat die Schichtstruktur einer riesigen
Torte. Die Felsbänke dieses Quadersandsteins sind durch Schichten von Mergel-
sandstein, Letten- und Mergelfelsen getrennt. Da sich die Schichten in ihrer Festigkeit gegen Witterungseinflüsse unterscheiden, entstanden zahlreiche merkwürdige
Verwitterungsformen.
Geologischer Lehrpfad Große Heuscheuer
(Szczeliniec Wielki) – Passendorf (Paster-
ka) – Wünschelburg (Radków).
Von *Karlsberg (Karłów)* – schwarz –
2½ Std. – oder rot – 1¾ Std. – über den
Spiegelberg (Skalniak) zum Felslabyrinth
»Wilde Löcher« (Błędne Skały). Leicht
begehbare Felslandschaft mit fast ebenen
Besichtigungspfaden, kleinere Felsgebilde
als in der Großen Heuscheuer, Aussicht
dorthin und ins Tal.
Mit Pkw zu erreichen von der Heuscheuer-
Straße Richtung Bad Kudowa (Kudowa-
Zdrój), nach ca. 5 km Abzweigung (P) Stich-
straße zu den Wilden Löchern (Błędne
Skały). (Vgl. Wegetafel an der Straßenga-
bel.) Von der Heuscheuerstraße in gleicher
Fahrtrichtung ca. 1 km hinter Karlsberg Ab-

zweigung in eine Nebenstraße links: kürzester Weg über Friedrichsgrund (Batorów), Rückers (Szczytna) nach Glatz (Kłodzko) – 20 km.

Hauptstraße 11 km bis

BAD KUDOWA, *Kr. Glatz*
Kudowa-Zdrój, woj. Wałbrzych (Woj. Waldenburg)

Bekannter Badeort am Fuße des Heuscheuer-Gebirges in der äußersten Westecke der Grafschaft Glatz.

Einwohner

1939: 1 981 Deutsche auf 3 km²
1983: 10 000 Polen auf 26,41 km²
1945 Stadtrecht.

Hotel: »Kosmos«, ul. Buczka 8, Tel. 661-511, 661-516, Kat.***; Pension »Marysianka«, ul. 1 Maja 3; Orbis-Pension »Kaprys«
Camping: ul. Łąkowa 12, Tel. 661-627, Juni-Sept.
Wanderheim und Jugendherberge: ul. Buczka 9, Tel. 202, Juli–August geöffnet
Privatzimmer: Information und Rezeption B ORT PTTK, ul. Zdrojowa 49a, Tel. 222
Restaurant: »Kosmos«, ul. Buczka 8, Tel. 661-550; »Kaczma Sudecka«, ul. Zdrojowa 10; »Amfora«, ul. 1 Maja 19
Café: »KMPik«, ul. Zdrojowa 41, Kat. I; »Asia-Basia«, ul. Zdrojowa 38a; »Czarny Kot«, ul. Zdrojowa 19; »Melodia«, ul. Zdrojowa 18
Verkehrsmittel: PKP-Bahnhof, ul. Świerczewskiego; PKS-Fernautobushaltestelle, ul. 1 Maja 19, Tel. 236, Fahrkartenverkauf im Kiosk
Reisebüro: »Orbis«, Al. Zdrojowa 47, Tel. 661-266
Schwimmbäder: ul. 1 Maja, Tel. 589; ul. Świerczewskiego, Tel. 627
Kultur: Theater »Zdrojowy«, ul. S. Moniuski 2

Geschichte

Ältestes Herzbad Deutschlands, seit dem 17. Jahrhundert berühmt. Sauerbrunnen um 1580 entdeckt. Ab 1870 durch den Badearzt Johannes Jacob zum ersten deutschen Herzbad entwickelt. Fünf kohlensäurereiche Arsen-Eisen-Quellen begründeten den Ruf des Bades. Bahnanschluß 1905, rascher Aufschwung. Heilanzeigen: Herzleiden, Basedowsche Krankheit, Rheuma und Frauenleiden. Wiederaufnahme des Badebetriebes nach dem letzten Kriege. Außer Trinkkuren balneologische und physikotherapeutische Kuren in drei Naturheilanstalten und einem Sanatorium. Im Park gegenüber der Trinkhalle neueingerichtetes wissenschaftliches Forschungs- und Rehabilitationszentrum im »Zameczek« von 1772, ehemals »Graf-Götzen-Schloß« oder »Schlößchen« genannt.

Sehenswürdigkeiten

Stadt und Bad bilden eine Einheit. Ältestes Gebäude: Barocke *St.-Katharinen-Kirche*, 1679 errichtet, in der zweiten Hälfte des 18. Jahrhunderts umgebaut. (Nebenaltar Südseite Figur der Hl. Katharina, Barock-Glockenturm von 1725 mit Zwiebelhelm und Laterne.) Großartiger *Kurpark*, heute 14 ha, früher 50 ha, mit vielen Arten seltener Bäume und Zierpflanzen. Der Kurpark lehnt sich im Norden an den Schloßberg (Góra Parkowa) – 477 m – an. Auf dem Gipfel eine Kapelle aus dem 18. Jahrhundert und eine »Liebeslaube«, wohin die Alleen aus dem Schloßpark ansteigen. Von oben herrliche Aussicht auf den Kurort und das Mense-Gebirge (Góry Orlickie). Am Kurpark neues *Kurhaus* (Dom Zdrojowy), noch heute benutzt, sowie Trinkhalle, Konzertsaal und Wandelhalle, die 1500 Menschen faßt.

Mit Pkw die ul. Kościuszki – oder zu Fuß durch den Schloßpark – 20 Min. zum grenznahen *Tscherbeney (Czermna)*, 1938 umbenannt in Grenzeck. Dorf in einer Talmulde, hufeisenförmig von einem Quadersandsteinrücken umgeben, seit 1973 nach Kudowa eingemeindet. Kirche mit freistehendem Glockenturm von 1606, nahebei Schädelkapelle, 1776 von Pfarrer Wenzel Tomaschek errichtet und im Innern mit den ausgegrabenen Schädeln und Knochen von Soldaten des Siebenjährigen Krieges ausgekleidet.

In *Straußeney (Pstrążna)*, seit 1938 Straußdörfel, gegenüber kleinem Parkplatz im nördlichen Teil des Dorfes im Haus Nr. 275: *bewegliche Krippe* mit 250 Figuren, vom Vater des derzeitigen Besitzers F. Stiepan in 20jähriger Handarbeit aus Lindenholz geschnitzt; ursprünglich Handbetrieb, seit 1927 Elektroantrieb. Im gleichen Raum handgeschnitzte Orgel, 1930–38 erbaut, mit 217 Stimmen und 10 Registern, beides Denkmäler der Volkskunst.

Im Ort einzige polnisch evangelische Kirche der Grafschaft. Mit Pkw beim kleinen Zollhaus links abwärts, zur Not befahrbarer Weg nach *Bukowine (Bukowina Kłodzka)* – seit 1938: Tannhübel. Parkplatz am früheren »Felsenhotel«, heute Erholungsheim, lohnende Aussicht.

Wanderweg – 30 Min. – zum Plateau des »Spiegelberges« (Skalniak) und weiter zu den »Wilden Löchern« (Błędne Skały) – schwarze Markierung vom Ferienheim »Polonia« in Bad Kudowa über Tscherbeney/Czermna – 2½ Std., Rückweg 2 Std.

Wanderweg von Bad Kudowa direkt zu den »Wilden Löchern« (Błędne Skały) – rot – 1½ Std.

Von Kudowa E 67 37 km nach Glatz (Kłodzko). In *Gellenau (Jeleniów)* links der Straße Schloß, 1788–1945 Besitz der Familie von Mutius; nach 1960 als Kurheim für eine oberschlesische Hütte umgebaut.

Lewin (Lewin Kłodzki) – seit 1939 Hummelstadt – bis 1961 Stadtgemeinde. Am Ring

Nr. 27 neben einstöckigem Rathaus kunstvoll gestalteter Rokoko-Bau mit Freskogemälde »Die Flucht aus Ägypten«. Hochgelegene Pfarrkirche von 1576, umgebaut im Barockstil 1697, nach 1970 restauriert; Renaissance-Kanzel und zwei Rokoko-Altäre.

Nach 5 km auf E 67 links Kegel des Hummelberges (Gomoła) mit Ruine *Hummelschloß (Homole)*; seit 1560 nicht mehr bewohnt, erhalten 12 m hohe Mauer, von Bäumen überragt.

BAD REINERZ, *Kr. Glatz*
Duszniki-Zdrój, woj. Wałbrzych (Woj. Waldenburg)

Lage
Zwischen Heuscheuer- (Góry Stołowe) und Mense- oder Adlergebirge (Góry Orlickie).

Einwohner
1939: 4690 Deutsche auf 16,73 km^2
1983: 5800 Polen auf 27,75 km^2

Hotel: »Miejski«, ul. Świerczewskiego 2, Tel. 504, ***; Zimmervermittlung: Rynek 14, Tel. 540 (BORT/PTTK)

Camping: ul. Dworcowa 6, 120 Plätze

Wanderherberge: Oberhalb von Reinerz, früher »Stille-Liebe-Baude«, Ausgangspunkt für Wanderungen ins Adler- und Habelschwerdter Gebirge. Anschrift: Dom Wycieczkowy PTTK »Pod Muflonem«, 57-340 Duszniki Zdrój, ul. Górska 14, Tel. 339, mit Restaurant. Zugang: Vom Bahnhof Reinerz – 1½ Std. – von der Bushaltestelle – 1 Std. – vom Bad 45. Min. – Wanderweg gelb, schwarz, blau.

Restaurant: »Dolnośląska« im Hotel »Miejski«; »Słowianka«, Rynek 10, Tel. 522, Kat. III

Café: »Oaza«, ul. Zielona 15; »Parkowa«, ul. Wojska Polskiego 6; »Milusia« (Bar-Kawarnia), ul. gen. K. Świerczewskiego 2

Verkehrsverbindungen: PKP-Bahnhof, ul. Dworcowa, Tel. 533. Bahnlinie Glatz (Kłodzko) – Kudowa, direkte Verbindungen mit Breslau (Wrocław), Warschau (Warszawa) und Kattowitz (Katowice).
PKS-Fernbushaltestellen am Ring und an der E 67. Direkte Autobusverbindungen mit Breslau (Wrocław) und Grünberg (Zielona Góra).
Museum: für Papierindustrie, ul. Kłodzka 42, Tel. 248, geöffnet von 10.00–16.00 Uhr, Mo und feiertags geschlossen.

Geschichte und Wirtschaft

Vor 1324 deutsches Stadtrecht, Name vom Vornamen des Gründers »Reinharz«, »oppidum Reinardi« (lateinisch). 1408 Eisenerzgewinnung. Wohlstand durch Textil-, Papier- und Glasfabrikation. 1562 erste Erwähnung der Papiermühle, ihr Gründer Georg Kretschmer von Kaiser Rudolf II. geadelt für Herstellung von »milbenfreiem Büttenpapier« für Staatsurkunden.

Sehenswürdigkeiten der Stadt

(P) auf dem *Ring. Rathaus,* an der Südwestseite Haus Nr. 6, Barockbau mit einem Türmchen. Das Gebäude übernahm die Stelle des 1844 abgebrannten alten Rathauses. Einige alte *Bürgerhäuser* am Ring restauriert. Am Haus Nr. 1, früher Gasthof »Zum Schwarzen Bären«, erinnert eine polnische Gedenktafel, auch deutschsprachig, an den Aufenthalt König Jan Kasimirs von Polen. Am 17. 8. 1669 übernachtete er in dem Gasthof auf seiner Durchreise nach Frankreich, nachdem er die polnische Krone niedergelegt hatte. Ältestes Haus am Ring Nr. 14, die Jahreszahl von 1598 über dem gewölbten Portal deutet auf den Zeitpunkt eines Umbaues.
Am Oberring *Mariensäule* von 1725. Westlich des Ringes in der ul. Kłodzka (Glatzer

Straße) *katholische Pfarrkirche* St. Peter und Paul mit wuchtigem Turm, einziger Rest der alten Kirche vom Ende des 16. Jahrhunderts. 1708–20 erstand sie neu in barocken Formen. Name nach dem Hauptaltarbild »Abschied der Apostel Peter und Paul« von Peter Brandel. Berühmt die originelle *Kanzel* in Gestalt eines Walfisches (um 1730). In der ersten Seitenkapelle rechts holzgeschnitzter *Marienaltar* von 1720 mit den 14 Nothelfern. Renaissance-*Taufbecken* von 1560, restauriert 1791.
Nordwestlich des Ringes (ul. Słowackiego) die evangelische Kreuzkirche, 1846 als erste Kirche des Gustav-Adolf-Vereins in Deutschland geweiht, heute römisch-katholisch.
Am Stadtausgang Richtung Glatz an der Weistritz die alte *Papiermühle* von 1605, malerischer Holzbau mit geschweiftem Giebel. Nach Überholung des Gebäudes 1965 Einrichtung eines polnischen Papiermuseums mit Sammlung zur Geschichte der Papierherstellung, überwiegend aus Beständen des früheren Besitzers. Vorführung handwerklicher Papierherstellung nach der alten Rezeptur.

Das Herzbad

Kurviertel mit arsenhaltigen Kohlensäure-Stahlsprudeln 1 km südwestlich des Stadtzentrums. 1408 erstmals »Kalte Quelle« urkundlich benannt. 1797 »Laue Quelle« (19° C) erbohrt. 1800 Errichtung der »Molkenkuranstalt« unter dem Direktor des preußischen Medizinalkollegiums, Mogalla. Beginnender Aufschwung des Bades. 1909 »Holtei-Sprudel« erbohrt. Der schlesische Dichter Carl von Holtei hat als Besucher Bad Reinerz besungen. 1823 weilte der Komponist Felix Mendelssohn-Bartholdy in Reinerz bei seinem Onkel und wirkte bei einem Konzert mit. Im alten Kurtheater gab Frédéric Chopin 1826 sein erstes öffentliches Konzert (daher heute Chopin-Haus). 1897 wurde im Kurpark das von polnischen Kurgästen gestiftete Chopin-Denkmal aufgestellt.

Seit 1946 findet alljährlich ein Chopin-Festival statt.

1872 fand in Reinerz der erste schlesische Bädertag statt, aus dem sich der Schlesische und später der Deutsche Bäderverband entwickelten. Heute Fortführung der Tradition des Herzbades durch vier wissenschaftliche Forschungszentren in Zusammenarbeit mit den Medizinischen Akademien in Breslau (Wrocław) und Łódź.

Wanderwege von Bad Reinerz

Zur Berghütte »Pod Muflonem« (Stille-Liebe-Baude) – blau, gelb oder schwarz – 45 Min.

Zur Ruine Hummelschloß (Zamek Homole) – rot – 45 Min., Fußweg nördlich der E 67. Rückfahrt mit PKS-Bus von der Haltestelle Reinerzkrone (Ludowe).

Zum Naturschutzgebiet der Seefelder (Topieliska) – blau und grün – ca. 2½ Std. Blau in Richtung Berghütte »Pod Muflonem« (Stille Liebe) bis zur Kreuzung mit dem grün markierten Wanderweg, diesen weiter in westlicher Richtung.

Nach Grunwald (Zieleniec) – rot – 2¾ Std. Abzweigung des Wanderweges hinter dem Bad nach rechts.

Der Weg trifft auf den Wanderwg zur Hohen Mense (Orlica). In einer Kurve unterhalb des Gipfels befindet sich der »Goldene Stollen« (Złota Sztolnia) – ein 150 m langer Schieferschacht. Er soll auf die Tätigkeit von Goldsuchern zurückgehen. Von dieser Wegstelle gute Aussicht bis zum Glatzer Schneeberg (Śnieżnik).

Nach Karlsberg (Karłów) und zum Naturschutzgebiet der Großen Heuscheuer (Szczeliniec Wielki) – blau – 4 Std. Rückweg – schwarz – über Fort Karlsberg (Fort Karłowa) bis Lewin (Lewin Kłodzki) – 2¼ Std., von dort mit PKS-Bus nach Reinerz (Duszniki Zdrój).

ROUTE 2   Ins Biele- und Neißetal

Glatz (Kłodzko) – Eisersdorf (Żelazno) – Bad Landeck (Lądek-Zdrój) – Seitenberg (Stronie Śląskie) – Alt-Gersdorf (Stary Gierałtów) – Wanderung zu den Saalwiesen (Puszcza Śnieżnej Białki) – Klessengrund (Kletno) – »Bären«-Tropfsteinhöhle (Jaskinia Niedźwiedzia) – Puhu Paßhöhe (Przełęcz Puchaczówka) – Habelschwerdt (Bystrzyca Kłodzka) – Grafenort (Gorzanów) – Glatz (Kłodzko). 85 km.

Richtung Habelschwerdt (Bystrzyca Kł.) bis *Eisersdorf (Żelazno)*.

In dem großen Bauerndorf unterhalb der Weißkoppe (Wapniarka) *Kirche St. Martin*, aus dem frühen 15. Jahrhundert, mit Barockausstattung. Unweit davon mittelalterlicher viergeschossiger Wohnturm, 1727 teilweise modernisiert, barockes Portal. 1966 Rekonstruktion des Turmhelmes und neuer Putz. Abzweigung links ins Bieletal (Biała Lądecka) nach *Ullersdorf (Ołdrzy-*

chowice Kł.), einem der größten Dörfer der Grafschaft, mit Flachsgarnspinnerei. Oberhalb *Kunzendorf (Trzebieszowice)* linker Hand an der Westseite des Stachelberges (Czerniak) 20 km lange Tropfsteinhöhle mit Stalagtiten und Stalagmiten. Zugang niedrig, bei trockenem Wetter mit Taschenlampe betretbar. Zugang teils verfallen. Auf dem Stachelberg (Czerniak) – 595 m – *Wallfahrtskapelle Maria Hilf*, Anfang 19. Jahrhundert, Anbau 1854, Altar und Figuren von Fr. Thamm.

BAD LANDECK, *Kr. Habelschwerdt*
Lądek-Zdrój, woj. Wałbrzych (Woj. Waldenburg)

Geschützte Lage des kleinen Bades im oberen Bieletal in der Südostecke des Glatzer Kessels, umgeben von den Ausläufern des Reichensteiner Gebirges (Góry Złote).

Einwohner

1939: 4662 Deutsche
1983: 6500 Polen

Pension: »Watra« (Polorbis), 500 m vom Kurpark
Jugendherberge: »Skalnik«, Lądek-Stójków 36 (Landeck-Olbersdorf), Tel. 645, ganzjährig geöffnet, 40 Betten.
Restaurant: »Pod Filarami«, Rynek 10, Tel. 408; »Ratuszowa«, Rynek 1, Tel. 533 (Ratsstube); »Krokus«, ul. Kościuszki 5, Tel. 442; Bar »Zdrojowy«, ul. Kościuszki 11, Tel. 670
Imbiß-Stube: »Przyjaźń«, ul. Orla 6 (Dom Zdrojowy – Kurhaus), Tel. 589
Bewachter Parkplatz: ul. Moniuszki
Tankstelle: ul. Kłodzka 53, Tel. 535

Geschichte

Nächst Bad Warmbrunn ältestes Bad Schlesiens; etwa seit 1400 lebte die Ackerbürger- und Handwerkerstadt auch von den warmen Quellen. 1572 erwarb die Stadt das Georgenbad. Der Badeort entwickelte sich 1 km vom mittelalterlichen Stadtzentrum entfernt. 1678 erbaute Hoffmann von Leuchtenstern über der neuentdeckten Schwefelquelle ein Badehaus und Häuser für Kurgäste. 1736 erwarb die Stadt das Marienbad. Förderung durch Friedrich den Großen, der hier Heilung von seiner Gicht suchte. Ab 1880 Ausbau der fünf stark radiumhaltigen Schwefelquellen (Temperatur 20–29° C) zu einem der stärksten Raidumbäder Deutschlands. Heilanzeigen: Gelenkrheuma, Gicht, Frauenkrankheiten.

Nach 1946 Wiederaufnahme des Badebetriebes. 1965: 17 800 Badegäste, zum Vergleich 1929: 19 000 Gäste, 1979: um 25 000. Im Verkehrszentrum des Bades *Georgenbad* (1917), durch den Kurpark an der Kurterrasse von 1901 vorbei zum kuppelgekrönten Rundbau des *Marienbades* von 1880.

Sehenswürdigkeiten der Stadt

Rathaus, 19. Jahrhundert. Ein Teil der bis zum Kriegsende vollständigen Ringbebauung mit Laubenhäusern – Barock – erhalten. *Dreifaltigkeitssäule* von Michael Klahr dem Älteren, der 1724–42 in Bad Landeck wirkte. Nahe dem Ring alte *Johannisbrücke* (Most św. Jana na Białej Lądeckiej) von 1565 mit Standbild des hl. Nepomuk von 1783.
In der barocken *Pfarrkirche »Mariä Geburt«* (1692–1742) Stuckarbeiten aus dem frühen 18. Jahrhundert, Hauptaltar und Kanzel von Michael Ignaz Klahr dem Jüngeren (1727–1807).

Ausflüge von Bad Landeck

Ins Reichensteiner Gebirge (Góry Złote) Landstraße um den Westhang des bewaldeten Gebirges, 18 km bis Reichenstein (Złoty Stok).
Zu den *Saalwiesen (Puszcza Śnieżnej Białki)* – Naturschutzgebiet im oberen Bieletal.
Von Landeck nach *Seitenberg (Stronie Śląskie).* Das Industriedorf (seit dem 18. Jahrhundert Glasgewinnung, Marmorbruch) erlebte durch Eisenbahnanschluß von 1897 als Sommerfrische einen Aufschwung. (1939: 973 deutsche Einwohner). Er setzte sich nach dem letzten Kriege rasch fort, 1967 wurde der Ort mit 5450 Polen zur Stadt erhoben. Glasfabrikation, Sägewerk, Erholungs- und Kurbetrieb. Die Straße führt die Biele aufwärts und endet an einem Wendeplatz nahe der tschechischen Grenze. Unterwegs am Ortsrand von *Alt-Gersdorf (Sta-*

ry Gierałtów) auf dem linken Bieleufer idyllisch gelegene Dorfkirche St. Michael mit Verfallserscheinungen. Benutzt wird die 4 km talaufwärts gelegene Kirche von Neu-Gersdorf (Nw. Gierałtów), die 1981 restauriert wurde. Hinter Neubielendorf (Bielice) Ende der Autostraße (P). Von dort Fußweg zu den Saalwiesen (Puszcza Śnieżnej Białki). Das *Bielengebirge (Góry Bialskie)*, in dem die Weiße und Schwarze Biele entspringen, bildet einen kleinen Gebirgsknoten. Er verbindet das Glatzer Schneegebirge (Masyw Śnieżnika), das Reichensteiner Gebirge (Góry Złote), auf dem die Grenze verläuft, und das Altvatergebirge jenseits der böhmischen Grenze. Auf der Hochebene des Bielengebirges liegt das einsame, urwaldartige Naturschutzgebiet der *Saalwiesen* im äußersten nordöstlichen Grenzzipfel der Grafschaft. Es wird von Nordosten, Südosten und Südwesten von der tschechischen Grenze umschlossen (Vorsicht geboten!). Zugang vom Ortsausgang *Bielendorf (Bielice)*, nach 500 m Wegegabel: links im Tal der Weißen Biele (Biała Lądecka) rechts des Baches aufwärts. Den Endpunkt bildet eine moorartige Wiesenfläche, früher Paradies genannt.

Rückweg anhand einer Karte durch das Bachbett der Schwarzen Biele (Czarna Biała) nach Bielendorf (Bielice).

Zur »Bären«-Tropfsteinhöhle (Jaskinia Niedźwiedzia) im Klessengrund (Kletno). Von Seitenberg (Stronie Śl.) 5 km bis zum Parkplatz beim Schotterwerk (die Stichstraße endet hier). 100 m bis zum Eingang der für den Fremdenverkehr seit kurzem erschlossenen Tropfsteinhöhle – nicht alle Tage geöffnet! Gastwirtschaft. Information: Ośrodek Sportu i Turystyki, Stronie Śl., ul. Nadbrzeżna 1, Tel. 265.

Die Höhle wurde erst 1966 bei Bohrungen in den Marmorbrüchen entdeckt, zum Naturschutzgebiet erklärt und zunächst wissenschaftlich erforscht. Ihren Namen erhielt sie nach Knochenfunden von Bären, die z. T. von Höhlenbären aus der Eiszeit stammen sollen. Die Bärenhöhle gehört zu den seltenen dreistufigen Höhlen, sie gliedert sich in senkrechte Spalten, die untereinander durch ein System von Gängen verbunden sind. Vorerst ist nur die oberste Höhle in einer Länge von 300 m für den Touristenverkehr freigegeben. Am Rundweg sieht man schöne Stalagmiten und Stalagtiten.

Von Bad Landeck über Seitenberg (Stronie Śl.) zum Puhu-Paß (Przełęcz Puchaczówka).

Landschaftlich reizvolle, sehr schmale Bergstraße, für Autobusse schwierig, da wenige Ausweichstellen, aber wegen des geringen Verkehrs möglich. Auf der Paßhöhe Puhu-Baude abgebrannt. Rastplatz unterhalb der Straße. Aussicht auf den Glatzer Kessel und jenseits des Neißetales auf den Habelschwerdter Kamm. Die kleinen Bergdörfer am Puhu-Paß, Heudorf (Sienna) und Weißwasser (Biała Woda), sind zum großen Teil verlassen. Talwärts in *Kieslingswalde (Idzików)* alte Kirche mit Taufstein von 1588. Am Dorfeingang links Wanderweg Glasegrund – Maria Schnee (Maria Śnieżna) – 4 km – vgl. Route 3, Seite 195 f.

HABELSCHWERDT, *Kr. Habelschwerdt Bystrzyca Kłodzka, woj. Wałbrzych* (Woj. Waldenburg)

Mittelalterliche Stadt an der Einmündung des Kressenbaches (Bystrzyca) in die Glatzer Neiße, auf einer nach Süden und Osten abfallenden Hochebene.

Einwohner

1939: 6877 Deutsche
1983: 11 500 Polen

Kein geeignetes Hotel.

Für bescheidene Ansprüche 10 km entfernt ehemalige Bergwirtschaft »Brandbaude« am Habelschwerdter Kamm an der Straße nach Langenbrück (Mostowice) – Grunwald

(Zieleniec). Im Sommer Busverbindung von Habelschwerdt. Anschrift: Schronisko PTTK »Jagodna« w Spalonej, 57-516 Stara Bystrzyca, Tel. 271, 62 Betten in Ein-, Zwei- und Mehrbetträumen. Von der »Brandbaude« (Schronisko PTTK Jagodna) in 50 Min. bequemer Anstieg auf den höchsten Berg im Habelschwerdter Gebirge, den Heidelberg (Jagodna), 977 m, mit Aussicht bis zur Hohen Mense (Orlica) im Osten und den Glatzer Schneeberg (Śnieżnik) im Nordwesten.

Jugendherberge: ul. Słowackiego 4, Tel. 546, Juli–August, 66 Plätze
Bewachter Parkplatz: ul. Nadbrzeżna
Tankstelle: ul. Wojska Polskiego 12

Geschichte und Wirtschaft

Planmäßige Stadtanlage – Gitternetz – Gründung deutscher Siedler neben slawischem Dorf Bystrzyca (Weißtritz) an der Handelsstraße Breslau–Glatz–Habelschwerdt–Mittelwalde (Międzylesie)– Brünn–Wien. 1319 verlieh König Johann von Böhmen die Rechte einer königlichen Stadt. Eigener Gerichtsbezirk; Handwerker, besonders Tuchmacher und Leinenweber. Zerstörung 1429 durch die Hussiten, 1548 Reformation, 1628/29 Rekatholisierung, Abwanderung von Protestanten. In der zweiten Hälfte des 19. Jahrhunderts Aufkommen der Holzindustrie. Gründung von drei Zündholzfabriken, davon eine auch jetzt in Betrieb.

Sehenswürdigkeiten

Vom Nordosten *(Floriansberg)* gesehen blieb der malerische Aufbau der mittelalterlichen Stadt mit zusammengedrängten hohen, schmalen Häusern und den Resten der Stadtmauer über den steilen Uferrändern der Neiße und des Kressenbaches (Bystrzyca) erhalten. Herausragend die drei Stadttürme: *Glatzer Torturm, Dohlenturm* – seit 1823 Glockenturm der evangelischen Kirche – und der wuchtige *Stadtbergturm.* Dieser Turm bildet den Schauplatz von Hermann Stehrs Roman »Drei Nächte« und wurde daher seitdem *»Willmannsturm«* genannt, jetzt »Wodna« (Wasserturm). Aus dem idyllischen Stadtbild ragen noch heraus über dem Neißeufer der Block der alten *Stadtvogtei,* darüber der kantige Rathausturm und dahinter die mittelalterliche Stadtpfarrkirche mit barocker Haube. Dieses Stadtbild vom Floriansberg liebte der Dichter Hermann Stehr (geb. 1862 in Habelschwerdt); er wurde daher 1940 auf dem Floriansberg beigesetzt. Die Grabstelle wurde 1945 verwüstet, sie liegt oberhalb des Stadtbads, das noch benutzt wird, an dem Bergpfad, ist zugewachsen und schwer auffindbar.

Auf der Höhe des Floriansberges steht die *Florianskapelle,* 1727 von sechs Bürgern zur Erinnerung an die Feuersbrunst 1703 erbaut. Sie ist gut erhalten. Schlüssel im Pfarramt in der Stadt neben der Pfarrkirche St. Michael. Im Innern zeigt das Deckengemälde St. Florian, wie er beim Stadtbrand von 1703 aus einem Krug Wasser auf die brennende Stadt gießt. Jenseits der Neißebrücke am Südausgang der Stadt wird das *Hospital* mit kleiner Kapelle von oberschlesischen Nonnen betreut. Sie haben ihre Kapelle inmitten eines gepflegten Gartens restauriert (notfalls Auskunft über den Weg zur Grabstelle von Hermann Stehr). Das erfreuliche Stadtbild aus der Ferne steht in erschreckendem Gegensatz zur Wirklichkeit, wenn man die Altstadt betritt. Der Bruch einer Kulturtradition, hervorgerufen durch die Vertreibung von 1945 und die Ansiedlung von Zigeunern, wird schonungslos offenbar. Sehenswert geblieben sind erhaltene und mühsam unterhaltene Details, teilweise inmitten einer verwahrlosten Bausubstanz. Südlich unterhalb des Ringes *(Mały Rynek – Töpferplan)* die *Staupsäule* von 1556 und das *Zündholz-*

Museum, eingerichtet nach dem Kriege in der ehemaligen evangelischen Pfarrkirche, die 1821/23 erbaut wurde. Das *Rathaus* – ursprünglich aus dem 16. Jahrhundert – in der Mitte des Ringes wurde 1852/54 im Stil der Florentiner Renaissance neu errichtet. Ein Schmuckstück blieb die barocke *Dreifaltigkeitssäule* von 1737, dahinter einige Bürgerhäuser mit Renaissance- und Barockfassaden sowie einige kunstvolle Portale. Hinter der Nordwestecke des Ringes ragt weithin sichtbar die katholische *Stadtpfarrkirche St. Michael* auf. Als zweischiffige gotische Hallenkirche eine Seltenheit, ist sie das älteste noch benutzte Gotteshaus der Grafschaft – nach Bränden von 1475 und 1753 erweitert, 1914 umgebaut und erneuert. Die mittlere Säulenreihe trägt ein gotisch geripptes Gewölbe. Renaissance-Taufbecken von 1577 mit altem schlesischen Adler. Am Pfarrhaus hinter der Kirche Portal mit Sopraporte. Neubauviertel an der Straße nach Reinerz.

Straße 41, 6 km bis Melling (Mielnik) unter der Weißkoppe (Wapniarka) 518 m, dann links ab nach *Grafenort (Gorzanów).* Einst bedeutendes Renaissance-Schloß, um einen älteren Kern unter Johann Friedrich Graf Herberstein durch Carlo Lurago ausgebaut (1653–58) und 1737 erneut umgebaut. Am Schloßtheater begann der schlesische Dichter Carl von Holtei (1798–1880) seine Bühnenlaufbahn und schrieb hier seine ersten Mundartgedichte. 1775 wurde der Schloßpark in einen englischen Park umgestaltet. Das Schloß überstand Kriegs- und Nachkriegszeit. Es gehörte seit 1930 mit seinem umfangreichen Waldbesitz der Stadt Habelschwerdt. Z. Zt. unbenutzt, erhebliche Verfallerscheinungen (zugemauert und gesichert). Die angrenzende St.-Maria-Magdalenen-Kirche ist gut erhalten. Heutige Form aus dem 17. Jahrhundert, urkundlich belegt seit 1314. Hauptaltar 18. Jahrhundert, vermutlich von Michael Klahr. Grafenort war früher auch Kurort mit zwei Säuerlingen und einer Schwefelquelle.

Im Neißetal zurück nach Glatz (Kłodzko).

ROUTE 3   Zum *Glatzer Schneeberg* (Śnieżnik Kłodzki)

Glatz (Kłodzko) – Wölfelsdorf (Wilkanów) – Wölfelsgrund (Międzygórze) – Wanderung nach Maria Schnee (Maria Śnieżna) und zum Glatzer Schneeberg (Śnieżnik Kłodzki) – Rückfahrt nach Habelschwerdt und Glatz. 60 km.

Das Glatzer Schneegebirge baut den Südostrand des Glatzer Kessels auf. Es zieht sich allmählich vom Mittelwalder Paß (Przełęcz Międzyleska) ansteigend auf schlesischer und böhmischer Seite bis zu dem äußersten Ostzipfel des Kessels hin, er wird Fichtlich (Puszcza Jaworowa) genannt, im Quellgebiet der Landecker Biele nahe den Saalwiesen (vgl. Seite 192). Das Gebirge ist ein mächtiges Gneismassiv, das sich in die Länge und gewaltig in die Breite streckt. Im Mittelpunkt erhebt der Glatzer Schneeberg (Śnieżnik), 1425 m hoch, sein kahles, breites Haupt weit über die Umgebung. Radial haben von ihm nach allen Seiten die Gebirgsbäche das Massiv zernagt und tiefe, mitunter schluchtenartige Täler ausgespült, so daß von der höchsten Erhebung aus mächtige Gebirgskämme strahlenförmig auseinanderstreben. 8 km südlich des Glatzer Schneeberges am Eschenberg in Böhmen (Trójmorski Wierch), 1145 m, ist die interessante Wasserscheide zwischen drei Meeren: Die Wasser der March (Morava) fließen nach Süden über die Donau ins Schwarze Meer, die Wasser der Leipe (Lipka) wandern über die Adler (Ticha Orlice) und die Elbe zur Nordsee und die Quellwasser der Glatzer Neiße (Nysa Kłodzka) über die Oder zur Ostsee.

Von Glatz (Kłodzko) Straße 41, 16 km bis
Habelschwerdt (Bystrzyca Kł.) (vgl.
S. 192–194). 3 km hinter der Stadt Abzweigung links nach *Wölfelsdorf (Wilkanów)*,
der einst längsten Ortschaft der Grafschaft.
Das Schloß, im 17. Jahrhundert von den
Grafen Althann erbaut und im Besitz dieser
Familie bis 1945, war ein viergeschossiger
gewaltiger Barockbau. Er brannte nach 1970
aus. In der Dorfkirche von 1516, umgebaut
1701, wertvolle Arbeiten des Bildschnitzers
Michael Klahr des Älteren. Unterhalb des
Spitzigen Berges (Igliczna) liegt der Luftkurort *Wölfelsgrund (Międzygórze)*. Er entwickelte sich aus einem Holzfällerdörfchen
am Westfuß des Glatzer Schneeberges, klimatisch geschützt im engen Tal der Wölfel
(Wilczka), seit der Jahrhundertwende zu
einem beliebten Fremdenverkehrsort. Am
Ortseingang der bereits in der Biedermeierzeit als Preußens höchster und schönster
Wasserfall gerühmte *Wölfelsfall (Wodospad
Wilczki)*, 28 m. Die reichlichen Wassermas-
sen der Wölfel stürzen in einer Breite von
3 m in zwei Absätzen über eine senkrechte
Felswand in die enge Felsschlucht, welche
der Bach in einer Länge von 350 m ausgewaschen hat. Am Ende der Wölfelsschlucht
Talsperre mit einer 108 m langen und 29 m
hohen Sperrmauer für eine Wassermenge
von 910 000 m³. Nach der Vergesellschaf-
tung der früheren Sanatorien, Hotels und
Fremdenpensionen dienen heute dem Touristenverkehr:

Hotel und Restaurant: »Złoty Róg«, ul.
Wojska Polskiego 7, Kat. II, Tel. 25
Am Ortseingang *Ausflugsheim* »Nad Wo-
dospadem« (Zum Wasserfall), ul. Wojska
Polskiego, 80 Betten und 50 weitere in
»Pawilon« (Pavillons)
Jugendherberge: ul. Pocztowa 1, Tel. 51,
Juli–August
Weiterhin die *Berghütten:* Früher »Zur
schönen Aussicht« auf dem Spitzigen
Berg, Anschrift: Schronisko PTTK »Ma-

ria Śnieżna«, Pod Igliczną 57–514 Międzygórze, Tel. 18
Auf dem Schneeberg ist die frühere Schweizerei kein Berghotel mehr, sondern eine
Wanderhütte. Anschrift: Schronisko
PTTK »Na Śnieżniku« 57–514 Międzygórze, Tel. 30
Von Wölfelsgrund über Urnitz (Jaworek)
am Fuße der Berge nach Neundorf (Nowa
Wieś). Zufahrt mit Pkw über Ebersdorf
(Domaszków). In Neundorf weithin sichtbar doppeltürmige Wallfahrtskirche,
1701–52 von Jakob Carove erbaut. Hochaltar Spätbarock. Kirche Ende der 70er Jahre
renoviert (von Spenden aus der Bundesrepublik Deutschland).

Wanderungen

Nach »*Maria Schnee*« (*Maria Śnieżna*)
Vom Wasserfall – rot – 1½ Std.
Von Wölfelsgrund – grün – 1¾ Std., gelb –
1½ Std.
Die Bergkapelle war früher ein vielbesuchter Wallfahrtsort. Die Wallfahrten gelten
einem Gnadenbild im Zentrum des Hauptaltars der 1781 errichteten heutigen Kapelle,
geschnitzt von Münchener Künstlern. Die
»Geschichte der Mutter Gotteskirche Maria
Schnee auf dem Spitzberge 847 m ü. M.« ist
in deutscher Sprache auf einer Tafel vor der
Kapelle zu lesen. Ihr Name stammt von
einer im 4. Jahrhundert auf dem Mons Es-
quilinus in Rom geweihten Kapelle. Sie
wurde dort erbaut, wo in der größten Som-
merhitze einmal Schnee gefallen sein soll.
Der Junggeselle Christoph Veit aus Wölfelsdorf brachte 1750 die kleine Muttergottesfi-
gur nach hier, eine Nachbildung der Mutter
Gottes von Maria Zell in der Steiermark. Die
Kapelle wird heute von der »Genossenschaft Christi für die Auslandspolen« verwaltet. Sie restaurierte 1958 die Kirche und
gab der Stätte durch neue Beschriftungen
einen polnischen Charakter. – Restaurant in
der Berghütte. Von dort schöne Aussicht

zum Schneegebirge, das oft bis ins späte Frühjahr seinem Namen Rechnung trägt.

Zum Glatzer Schneeberg (Śnieżnik)
Die polnischen Wanderkarten verzeichnen grün den Weg von »Maria Schnee« auf den Höhen über den »Urlich« (Jaworowa Kopa) zum rot markierten Weg, der vom Puhu-Paß (Przełęcz Puchaczówka) zum Glatzer Schneeberg führt – ohne Wanderkarte nicht zu empfehlen.
Von Wölfelsgrund auf den Schneeberg:
rot – 2½ Std. über den Kleinen Schneeberg (Średniak) oder
gelb – 3 Std. im Wölfelstal zunächst die Forststraße aufwärts. Dieser reizvolle Weg war 1981 im oberen Teil völlig ausgewaschen, gutes Schuhwerk ist nötig. An der Baumgrenze Berghütte (Schronisko »Na Śnieżniku«), ehemals »Schweizerei« – Vorsorge durch Selbstverpflegung zu empfehlen. Die Bergwirtschaft ließ 1871 Prinzessin Marianne der Niederlande (Schloßherrin in Kamenz) anstelle einer seit 1809 bestehenden Sennerei errichten. Hier wurde bis zum Zweiten Weltkrieg Viehzucht betrieben – die höchstgelegene in Preußen.
Weiter in 20–30 Min. zum Gipfel. Er bildet eine 10 ha große Hochfläche, die sich nach der Mitte etwas vertieft; daher keine umfassende Rundsicht, nachdem der 1899 vom Glatzer Gebirgsverein errichtete 30 m hohe »Kaiser-Wilhelm-Turm« 1973 wegen Baufälligkeit gesprengt wurde. Vorsicht Grenznähe! Das »Johann-Lichtenstein-Schutzhaus« oberhalb der Marchquelle auf der böhmischen Seite steht nicht mehr. Der Glatzer Schneeberg ist die einzige Kuppe in den Glatzer Bergen, die sich über die Baumgrenze erhebt, die Vegetation ist subalpin, jedoch ohne die im Riesengebirge weit verbreitete Bergkiefer (Knieholz). Früher sehr beliebtes Wandergebiet: 16 markierte Wanderwege, dazu drei Forststraßen führten einst aus den Tälern von allen Seiten auf den Gipfel. Der polnische Wanderführer verzeichnet noch sechs. Es sind dies außer den zwei beschriebenen Wegen von Wölfelsgrund: blau – 7½ Std. – von Mittelwalde (Międzylesie), zum Teil nahe der Grenze verlaufend!
schwarz – 5 Std. – von Seitenberg (Stronie Śląskie)
rot – 6½ Std. – von Bad Landeck (Lądek-Zdrój) über den Puhu-Paß (Przełęcz Puchaczówka)
grün – 13 Std. – von Mittelwalde (Międzylesie) dicht an der Grenze entlang über den Glatzer Schneeberg und das Bielengebirge (Saalwiesen) nach Bielendorf (Bielice).

ROUTE 4   Ins Habelschwerdter Gebirge (Góry Bystrzyckie)

Glatz (Kłodzko) – Grunwald (Zieleniec) – Kaiserswalde (Lasówka) – Mittelwalde (Międzylesie) – Bad Langenau (Długopole-Zdrój) – Altlomnitz (Stara Łomnica) – Bad Altheide (Polanica-Zdrój) – Glatz. 95 km

Das Habelschwerdter Gebirge

Den Glatzer Kessel begrenzen im Südwesten die parallelen Kämme des Habelschwerdter Gebirges (Góry Bystrzyckie) auf der schlesischen und des Adler- oder Mensegebirges (Góry Orlickie) auf der böhmischen Seite. Sie reichen vom Lewiner Ländchen bis zum Paß von Mittelwalde.

Nur das Nordende des Adlergebirges mit der Hohen Mense (Orlica), 1084 m, gehört zur Grafschaft. Der Habelschwerdter Kamm bricht nach Osten steil zum Hügelland des Glatzer Kessels ab. Nach Westen senkt er sich sanft zum breiten Wiesental der Wilden Adler – Erlitz – (Orlica). Sie bildet die Grenze gegen das Adlergebirge. Die zwischen den beiden Gebirgskämmen am

Südostabhang des Habelschwerdter Gebirges gelegenen Dörfer waren auf der preußischen Seite schon lange an das Straßennetz angeschlossen und entwickelten sich zu Sommerfrischen. Sie sind heute z. T. verlassen. Der Bau der Sudetenstraße (Autostrada Sudecka), fertiggestellt 1938, vollendete den Anschluß dieses waldreichen Wandergebietes an den Fremdenverkehr, der nur noch in Grunwald weiterlebt. Die übrigen Gebirgsdörfer sind mehr oder weniger verfallen, da die Land- und Holzwirtschaft allein als Lebensgrundlage nicht ausreicht, vor allem weil die heutigen Kleinbauern mit dem Boden nicht verwurzelt sind.

Von Glatz (Kłodzko) E 67 bis ca. 4 km hinter Reinerz (Duszniki Zdrój); Abzweigung links, auf der Sudetenstraße dicht unter der »Hohen Mense« (Orlica) vorbei. Vor *Grunwald (Zieleniec)* Stichstraße rechts ab, an deren Ende 500 m Fußpfad zur versteckten *Ruine der früheren Hindenburgbaude*, 1945 abgebrannt. Das Berggasthaus war – ebenso wie Grunwald – wegen der schneesicheren Lage nach dem Ersten Weltkrieg das beliebteste Skigebiet der Grafschaft. *Grunwald* wurde 1719 als Holzfällerdorf angelegt; es war mit 800–900 m Höhe das höchste preußische Kirchdorf und galt nach der Entwicklung zur Sommer- und Winterfrische als eines der schönsten Baudendörfer der Grafschaft. Der Ort ist auch heute ein beliebtes Erholungsgebiet und Wintersportzentrum: »Akademie für Körperkultur« (Akademia Wychowania Fizycznego w Wrocławiu), drei Schlepplifte. Es ist daher schwierig, in der Hauptsaison in der Berghütte Schronisko PTTK »Orlica w Zieleńcu« 57-340 Duszniki-Zdrój, Tel. 428, Unterkunft zu erhalten.

Jugendherberge: Touristenstation »Śnieżnik«, Juli–August.
Autobusverbindung von Reinerz.
Wanderung zur Hohen Mense (Orlica), Vorsicht Grenzgebiet!

Besonderer Anziehungspunkt nahe unterhalb des Dorfes Grunwald: Naturschutzgebiet »Die Seefelder« (»Torfowisko pod Zieleńcem«), seit 1919. Hochmoor von 125 ha Größe mit seltener Vegetation (Wollgras, Moorkiefern, Moorbirken, Zwergbirken, Moos- und Rauschbeere am Fuße der Kiefern, beides Eßfrüchte). Das Naturschutzgebiet ist hydrographisch interessant, weil die Seefelder ihr Wasser an die Nordsee durch die Erlitz und an die Ostsee durch die Reinerzer Weistritz abgeben. Die Bezeichnung »Hochmoor« rührt nicht von der Höhenlage her, sondern von der kissenartigen Aufwölbung, hervorgerufen durch die Vegetation des Sumpfmooses.

Zufahrt mit Pkw vom Parkplatz des Unterdorfes (Selbstbedienungsrestaurant) die alte Nebenstraße Richtung Reinerz links abwärts ca. 2 km bis zur Bushaltestelle (P). Eingang des Naturschutzgebietes, Wege nicht verlassen!

Von Grunwald 9 km bis *Kaiserswalde (Lasówka)*, einst Industriedorf mit großer Glashütte (1656–1945). 1 km hinter dem Dorf Abzweigung links durch das Tal der Habelschwerdter Weistritz über Kressenbach (Bystrzyca) nach Habelschwerdt (Bystrzyca Kł.) – 13 km – großartige Ausblicke auf Neißetal und Glatzer Schneegebirge. Eine zweite Straße zweigt beim fast verlassenen Dorf Langenbrück (Mostowice) links ab über die Brandbaude (Schronisko PTTK »Jagodna«) nach Habelschwerdt (vgl. S. 192–194).

Diese Straße überquert den Habelschwerdter Kamm nördlich seiner höchsten Erhebung, dem Heidelberg (Jagodna) – 977 m. Die Hauptstraße folgt dem Erlitztal nach Süden über Freiwalde (Lesica) oder Rosenthal (Różanka) nach

MITTELWALDE, *Kr. Habelschwerdt*
Międzylesie, woj. Wałbrzych (Woj. Waldenburg)

Grenzstadt im Südzipfel der Grafschaft.

Einwohner

1939: 2547 Deutsche
1983: 2700 Polen

Im Mittelalter Grenzburg gegen Böhmen, seit 1875 Eisenbahngrenzstation Breslau–Prag–Wien. Um diese Zeit übernahmen mechanische Webereien und eine Gardinenfabrik die Tradition der früheren Weberhandwerker.
Der Ring entstand durch Verbreiterung der Durchgangsstraße. Er läßt noch etwas von seiner alten Schönheit erkennen – die Stadt blieb 1945 im wesentlichen unzerstört. Der Ring wird an seiner Nordwestseite begrenzt vom *Schloß* des Reichsgrafen von Althann (1580). Es zeigt erhebliche Verfallserscheinungen. Bemerkenswertes Renaissance-Portal mit den Familienwappen. Nahebei die ursprünglich gotische, 1643 barockisierte *Corpus-Christi-Kirche*, jetzt mit einer Kopie des Marienbildes im Krakauer Dom, das Original ein Geschenk Papst Innozenz XI. an den Polenkönig Johann Sobieski zum Dank für seine Hilfe beim Entsatz von Wien in der Türkenschlacht 1683. Die Vielfalt der niedrigen Bürgerhäuser am Ring blieb im wesentlichen erhalten. Inmitten von Grünanlagen hohe *Mariensäule* von 1698. In der ul. Sudecka (Grulicher Straße) stehen noch zwei von sieben *Holzlauben-Weberhäuschen*.

2 km südwestlich von Mittelwalde in Steinbach (Kamieńczyk) Holzkirche mit Innenausstattung im Bauernbarock.
Rückfahrt Straße 41. Hinter Schönfeld (Roztoki) – sehenswerte Kirche – links nach *Bad Langenau (Dlugopole-Zdrój)*.
Großes Dorf im Neißetal, früher bestehend aus den drei Gemeinden Ober-, Nieder- und Bad Langenau. Das bei weitem kleinste der Grafschafter Bäder besaß 3 kohlensäurereiche Stahlquellen, die zu Brunnen- und Badekuren bei Herz-, Gefäßkrankheiten und Nervenleiden verwendet wurden. Es ist

heute nicht mehr in Betrieb, dort nur Erholungsheime für Kinder.
Im Kurpark beiderseits der Neiße alte Baumbestände. Versteckte Ruine der evangelischen Kirche. Bis 1945 Heimstatt von Künstlern, insbesondere Malern (Paul Hoecker, der aus Langenau stammt, Wilhelm Hartmann, A. Wasner, Paul Plontke). In Habelschwerdt (Bystrzyca Kł.) Nebenstraße nach Nordwest am Fuße des Habelschwerdter Kammes entlang Richtung Bad Altheide (Polanica-Zdrój) – 17 km.
In *Alt-Lomnitz (Stara Łomnica)* rechts der Straße Wehrturm aus dem 14. Jahrhundert. In dem fünfgeschossigen Turm gotische Details. Über dem Dorf Pfarrkirche aus dem 18. Jahrhundert – ursprünglich von 1384, aus der Gotik quadratischer Unterbau des Turmes, der in ein Achteck mit Barockhaube übergeht. Links am Ortsausgang Richtung Habelschwerdter Kamm *Neu-Lomnitz (Nowa Łomnica)*. Im oberen Ortsteil Ausblick auf das Neißetal mit Schloß und Kirche Grafenort (Gorzanów) (vgl. S. 194)

9 km bis

BAD ALTHEIDE, *Landgemeinde, Kr. Glatz*
Polanica-Zdrój, woj. Wałbrzych (Woj. Waldenburg)
1945 zur Stadt erhoben.
Lage am Ausgang des von der Weistritz durchflossenen Höllentales, an drei Seiten von bewaldeten Bergen umgeben.

Einwohner

1939: 3947 Deutsche
1983: 7300 Polen

Hotel: Neues Erholungszentrum »Sana« (Polorbis), nahe Kurpark; Pensjonat »Kapitan«, Alexander Muc, ul. Górska 22, Tel. 735; Pension »Miranda« (Polorbis)
Hotel und Restaurant: »Polonia«, ul. Wojska Polskiego 4, Tel. 500; sowie weitere

Restaurants und Schnellimbißhallen.
Pension »Morcinek«, ul. Cicha 11
Camping: »Sportowa«, Tel. 210
Bewachter Parkplatz: ul. Zdrojowa
Milchbar: ul. Wojska Polskiego 3

Jüngstes und modernstes der Grafschafter Bäder. Rascher Aufschwung Anfang des 20. Jahrhunderts durch kohlensäurehaltige Quellen als Herzbad von internationalem Ruf. Kurhaus von 1906, bis 1910 weitere 50 Pensionen. Im Kurpark Mineralbrunnen (Sauerbrunnen mit starkem CO_2-Gehalt auch gegen Nervenerkrankungen), Palmenhaus, Theater, Sanatorien, Schwimmbad. Seit 1955 allmähliche Wiederaufnahme des Badebetriebes.

Im Ort nahm die Wittersche Kristallglashütte nach 1945 den Betrieb wieder auf.

Über *Oberschwedeldorf (Szalejów Górny)* nach Glatz oder Nebenstraße im Tal der Reinerzer Weistritz (Bystrzyca) über *Alt-Wilmsdorf (Stary Wielisław)*. Auf einer Anhöhe eine weithin sichtbare gotische Kirche – Wehrkirche gegen Hussiten – im 16. und 18. Jahrhundert erweitert, umgeben von einer Steinmauer; an deren Innenseite Kreuzgang und Kapellen. Vor dem Presbyterium schmiedeeisernes Gitter aus dem 16. Jahrhundert. An der Außenmauer sind deutsche Grabsteine sorgsam eingemauert.

ROUTE 5   Ins Eulengebirge (Góry Sowie)

(vgl. hierzu auch S. 162 ff.)
Glatz (Kłodzko) – Eckersdorf (Bożków) – Schlegel (Słupiec) – Neurode (Nowa Ruda) – Hausdorf (Jugów) – Festung Silberberg (Srebrna Góra) – Wanderwege – Glatz (Kłodzko) – 110 km.

Straße 254 Richtung Waldenburg (Wałbrzych). 9 km bis *Eckersdorf (Bożków)*, als deutsches Waldhufendorf 1348 urkundlich belegt. Es liegt links abseits der Straße im Talgrund, überragt vom Kirchturm und dem spitzen Rundturm des ursprünglichen Renaissance-Schlosses. Es wurde 1877 nach einem Brand wiederaufgebaut, jetzt dient es einer landwirtschaftlichen Fortbildungsschule – guter Bauzustand, der Park ist teilweise zerstört. Nach den Reichsgrafen von Götzen von 1771 bis 1945 im Besitz der Grafen von Magnis. Anfang des vorigen Jahrhunderts entwickelte Graf Alexander von Magnis das Gut zu einem Musterbetrieb schlesischer Landwirtschaft (Fruchtwechsel, Verbesserung der Schafzucht durch Einfuhr von Merino-Schafen, Zuckerrübenanbau und Zuckerfabrik). In der Pfarrkirche Schiffskanzel von 1733. Auf dem Friedhof Gräber der Grafen Magnis.

SCHLEGEL *(Słupiec)*

Einwohner

   1939: 3701 Deutsche auf 15,18 km²
   1970: 7781 Polen auf 16 km²
1967 zur Stadt erhoben.
1973 nach Neurode (Nowa Ruda) eingemeindet.

Schwerpunkt des Neuroder Steinkohlenbergbaues, bereits im 15. Jahrhundert belegt. Mit der Inbetriebnahme einer zweiten Schachtanlage entstand hier 1970 das größte und modernste Bergwerk Niederschlesiens. Früher Likörfabrik Thienel (Kroatzbeere). Im Ort die katholische Pfarrkirche erhalten, frühere evangelische Kirche als Wohnhaus benutzt. Von Schlegel lohnende Auffahrt auf den nordwestlich gelegenen Allerheiligenberg (Góra Wszystkich Św.) bis zum neuangelegten Parkplatz. Bequemer Fußweg zum Aussichtsturm (früher Moltke-Turm mit Lukasbaude). Der Turm ist in schlechtem Zustand, er war 1984 noch betretbar. Großartiger Rundblick über Warthapaß (Przełom Bardzki) und Königshainer Spitzberg (Ostra Góra) zum Reichensteiner Gebirge (Góry Złote), im Norden zum Eulengebirge (Góry Sowie); im Westen liegt der St.-Anna-Berg (Góra Św. Anny) und im Südwesten die Heuscheuer (Szczeliniec Wielki), weiter südlich sieht man bei klarem Wetter die Hohe Mense (Orlica) und den Habelschwerdter Kamm (Góry Bystrzyckie).

Hinter Schlegel auf der Straße nach Neurode im Ortsteil Neusorge (Porąbka) rechts der Straße das spitzgiebelige Haus von Joseph Wittig (geb. 1879 in Schlegel, gest. 1949 in Meschede/Westf., katholischer Geistlicher und Schriftsteller, 1926–46 exkommuniziert; auf dem Index der verbotenen Schriften stand »Das Leben Jesu in Palästina, Schlesien und anderswo«).

NEURODE, *Kr. Neurode, seit 1932 Kr. Glatz*
Nowa Ruda, woj. Wałbrzych (Woj. Waldenburg)

Bergbau- und Industriestadt am SW-Rand des Eulengebirges.

Einwohner

1939: 10014 Deutsche
1983: 26000 Polen (nach Eingemeindungen)

Hotel: »Sudety«, Rynek 11, Tel. 23-75
Restaurant: »Kolorowa«, Rynek 16
Tankstelle: ul. Nowotki 20

Geschichte

Deutsche Gründung auf Rodeland – im Wappen ein gerodeter Baumstumpf. In der Gründungsurkunde wird als Grundherr Hannus Wustehube genannt. 1368 Weichbildmittelpunkt, 1434 Stadtrechte. Burggrafen und später Schloßherren übten die Grundherrschaft aus – vom 15. bis Anfang 19. Jahrhundert die Familie Stillfried, danach Übergang auf die Grafen Magnis. Von 1855–1932 Kreissitz.

Wirtschaft

Im Mittelalter war die Tuchweberei Grundlage des Wirtschaftslebens. 1416 Zunftordnung der Tuchmacher. Seit 1834 Fortsetzung der Tuchmachertradition durch Textilfabriken, bedeutende Webereien und Tuchfabriken. Seit dem 18. Jahrhundert gibt es im Umfeld der Stadt Kohlengruben der Grafen Magnis, deren Wirtschafts- und Verwaltungsmittelpunkt Neurode wurde. 1878 Beginn des Abbaues von feuerfestem Ton in Kohlendorf am Stadtrand, er mußte häufig den Kohlenbergbau finanziell stützen (Gf. Magnissche Betriebe). Weitere Industrien ließen sich im Stadtbereich nieder. Der Bergbau von Neurode wurde um 1900 notleidend. 1901 Umwandlung der Magnisschen Bergverwaltung in »Gewerkschaft der Neuroder Kohlen- und Tonwerke«, 1921 Krise infolge der neuen Grenzen von Versailles. Tiefpunkt 1932 mit Stillegung der Wenzelsgrube in Mölke bei Hausdorf (Jugów) nordöstlich von Neurode. Es war die größte Grube der Grafschaft. Neurode wurde Notstandsgebiet. Heute bietet die Stadt ein düsteres Bild einer von Industriebelastungen stark beeinträchtigten Stadt in reizvoller Umgebung (Bergland).

Sehenswürdigkeiten

Infolge früherer mehrfacher Brände blieb von alter Bausubstanz keine Altstadt erhalten. (P) auf dem Ring. Das *Rathaus* von 1892–94 im Jugendstil und einige Häuser aus gleicher Zeit zeigen etwas Farbe, im übrigen sind die Häuser der Bergbaustadt grau und schmutzig vom Kohlenstaub. Das ehemalige Gräflich Magnissche *Schloß* dient als Verwaltungsbau – wie bereits seit 1899. Östlich des Ringes in gutem Zustand die katholische *Stadtpfarrkirche St. Nikolaus,* nach einem Brand 1885–87 in neugotischen Formen errichtet. Ebenfalls gepflegt und renoviert die kleine *Brüderkirche* »Mariä Himmelfahrt«, ältestes Bauwerk der Stadt, aus dem Anfang des 16. Jahrhunderts. An der Walditz (Włodowice) entlang alte Laubenhäuser. Gegenüber dem Krankenhaus »Maria Hilf«, renoviert, die *Kreuzkirche* (1728). Die evangelische Kirche in der Oberstadt wird als Lagerhaus genutzt.

In Neurode wurden der Musiker und Komponist der japanischen Nationalhymne Franz Eckert (1852–1916) und der Schauspieler und Schriftsteller Friedrich Kayßler geboren (1874–1945).

Von Neurode lohnend die Auffahrt auf den St.-Anna-Berg (Góra Św. Anny), 647 m, dicht südlich der Stadt auf dem Gipfel (P). Alter Wallfahrtsort mit »Anna Selbdritt« von 1498 in der 1644 neuerbauten Kapelle, erweitert 1662–65. Der Aussichtsturm auf der Bergkuppe trägt jetzt einen Umsetzer. Rundblick. Das abwechslungsreiche Landschaftsbild wird im Norden abgeschlossen von der Hohen Eule (Wielka Sowa), daran schließen sich nach Osten Sonnenkoppe (Słoneczna), Ascherkoppe (Popielak), Hoher Stein (Szeroka) und der früher »Donjon« genannte Turm der Festung Silberberg (Srebrna Góra). Weiter wandert der Blick über den Warthaberg (Kalvaria) und den Königshainer Spitzberg (Ostra Góra) bis zum Glatzer Schneeberg (Śnieżnik) im Südosten, zur Hohen Mense (Orlica) im Süden mit der Heuscheuer (Szczeliniec) im Vordergrund; bei klarer Sicht hebt sich im Nordwesten das Riesengebirge mit der Schneekoppe (Śnieżka) vom Horizont ab. Weiterfahrt auf Straße 254. Nach 7 km rechts ab

Hausdorf (Jugów)

(P) an der Kirche. Auf dem Friedhof am Eingang Mahnmal mit den noch lesbaren Namen der Opfer der Hausdorfer Grubenkatastrophe vom 9. Juli 1930. Nahe dem (P) moderne Gaststätte. Am Gebirgsrand Richtung Wüstewaltersdorf (Walim) hinter Falkenberg (Sokolec) auf der Paßhöhe (Przełęcz Sokola) (P). Aufstieg zur Hohen Eule (Wielka Sowa) – 1015 m – rot – ¾ Std. (vgl. S. 164)

Vom Parkplatz zurück nach Hausdorf (Jugów). Auffahrt zur Kammhöhe (Przełęcz Jugowska), (P) oberhalb der Straße. Unterhalb steil abfallender Weg – 15 Min. zu einer neuen Bergwirtschaft »Zygmuntówka«, einfache Restauration (vgl. S. 164).

Zurück über Hausdorf (Jugów), am Südwesthang des Eulenkammes vorbei an Volpersdorf (Woliborz), Pfarrkirche mit Schiffskanzel, nach

SILBERBERG, *Kr. Frankenstein*
Srebrna Góra, woj. Wałbrzych (Woj. Waldenburg)

Einwohner

1939: 1154 Deutsche
1983: 900 Polen
1945 Verlust des Stadtrechts. Gasthof und zwei Touristenstationen.

Berghütte: Schronisko PTTK »Na Przełęczy Srebrnej«, Tel. 12, 57-215 Srebrna Góra, ganzjährig geöffnet.
Jugendherberge: ul. Kolejowa (Bahnhofstraße) 16, Tel. 14, Juli–August geöffnet.

Geschichte

Langgestreckte Siedlung im Tal des Silberwassers. 1536 »Freie Bergstadt«, Silberbergbau bis zum 30jährigen Krieg. 1765–77 Ausbau als starke Festung im Eulengebirgspaß durch Friedrich den Großen als Mittelstück

zwischen den Festungen Schweidnitz und Glatz. 1867 Festung aufgehoben und geschleift, später zur Besichtigung freigegeben. Im 20. Jahrhundert entwickelte sich der Ort zur Sommerfrische und Touristenstadt (früher Zahnradbahn vom Ort auf die Festung, 1902 eröffnet).
In der evangelischen Kirche heute Hotel (»Sportowy«, Kat. IV).

Sehenswürdigkeit

Festung, Besichtigung beginnt beim Haupttor – Fort Rogowy. Um den »Donjon« (Festungsturm) vier mächtige Basteien, jede davon hat einen Durchmesser von 60 m, die Mauern haben eine Stärke bis zu 12 m. Rundblick auf die umliegenden Berge und die schlesische Ebene. Auf dem Hof tiefer Brunnen, 70 m in den Felsen getrieben. Vom Hofraum führen 8 Tore in das Fort, dort in 5 Etagen 150 Kasematten. Von 1834–37 war hier Fritz Reuter in Haft; das Todesurteil wurde ihm am 28. 1. 1837 verkündet, gleichzeitig wurde er zu 30 Jahren Festungshaft begnadigt und im selben Jahr noch wegen schwerer Erkrankung nach Glogau gebracht (»Ut mine Festungstid«). 1939–41 war hier ein Gefangenenlager für polnische Offiziere. Im »Fort Ostróg« am Südostende jenseits der Paßstraße Campingplatz.

Wanderwege

Wanderweg – blau – 7 Std. – zur Hohen Eule (Wlk. Sowa) – Beschreibung in umgekehrter Richtung Seite 164
Nach Schlegel (Słupiec) – rot – 3 Std. – weiter bis Albendorf (Wambierzyce), insgesamt 7 Std.
Nach Wartha (Bardo) über den Bergpaß Wiltsch (Przełęcz Wilcza) – blau – 4½ Std.
Nach Frankenstein (Ząbkowice Śl.) – grün – 5 Std.
Rund um die Festung Silberberg (Srebrna Góra) schwarz – 1¼ Std.

ROUTE 6   Nach Neisse

Glatz (Kłodzko) – Reichenstein (Złoty Stok) – Neisse (Nysa) – Kamenz (Kamieniec Ząbkowicki) – Frankenstein (Ząbkowice Śląskie) – Peterwitz (Stoszowice) – Wartha (Bardo) – Glatz (Kłodzko) – 130 km.

Straße 245 über die Neißebrücke 20 km bis

REICHENSTEIN, *Kr. Frankenstein Złoty Stok, woj. Wałbrzych* (Woj. Waldenburg)

Alte Bergstadt am Nordosthang des Reichensteiner Gebirges.

Einwohner

1939: 2609 Deutsche
1980: 3200 Polen
Zwei Restaurants, zwei Cafés.
Jugendherberge: plac Kościuszki 12, Tel. 127, geöffnet Juli/August

Geschichte und Wirtschaft

1273 gewährte Herzog Heinrich IV. von Breslau dem Kloster Kamenz Bergbaufreiheit in seinen Besitzungen, was auf die Reichensteiner Erzfunde bezogen wird. 1491 Privilegien als »Freie Bergstadt«. Im 16. Jahrhundert kurze Blüte des Bergbaues, starke Beteiligung der Welser und Fugger aus Süddeutschland, 1675 Einstellung des Bergbaues. 1699–1961 Arsenik-Gewinnung, Nebenprodukt kleine Mengen Gold. Seit 1976 befassen sich die Bergbau- und Chemiebetriebe (Zakłady Górniczo-Chemiczne) mit dem Mahlen von Mineralien und mit der Herstellung von anorganischen Pigmenten. Vor dem Kriege war die Stadt auch Sommerfrische, beabsichtigt ist der Ausbau der Stadt für den Tourismus.

Sehenswürdigkeiten

Aus der Blütezeit des 16. Jahrhunderts sind einige *Bürgerhäuser* erhalten, insbesondere das Renaissance-Eckhaus am Ring Nr. 20, es war im 16. Jahrhundert Eigentum der Fugger. Nahe dem Ring *Stadtpfarrkirche St. Salvator,* 1708–1945 evangelisch, 1981 geschlossen, vermutlich aufgegeben. Die polnische katholische Gemeinde benutzt die 1875–77 erbaute katholische *Pfarrkirche »Zur unbefleckten Empfängnis Mariens.«* Straße 408 über Patschkau (Paczków) (Seite 353) – Ottmachau (Otmuchów) (Seite 352) nach Neisse (Nysa) (Seite 346–351)

Rückfahrt über Patschkau (Paczków) nach

KAMENZ *(Kamieniec Ząbkowicki).* *Klosterdorf* im Gebirgsvorland, seit 1875 Eisenbahnknotenpunkt der Bahnlinien Breslau–Glatz–Prag–Wien und Liegnitz–Schweidnitz–Neisse–Gleiwitz.

Geschichte

1096 Burg des Böhmenherzogs Břetislaw, 1210 Gründung einer Augustiner-Propstei. 1246 Übernahme des Klosters durch die Zisterzienser aus Leubus. Entfaltung reger Siedlungs- und Wirtschaftätigkeit. Erste Hälfte 14. Jahrhundert *Neubau des Klosters,* mit Mauern und Türmen befestigt. Niedergang in der Reformationszeit. Ende des 17. Jahrhunderts neuer Aufschwung.

Sehenswürdigkeiten

Gotische *Abteikirche,* um 1700 barockisiert, Neugestaltung der Giebelfront, Eingangsvorbau und reiche Innenausstattung: der Hochaltar aus braun getöntem Holz füllt den Chorraum aus. Auf Konsolen vor den Arkadenpfeilern stehen 14 Nothelferfiguren von Thomas Weißfeld aus Oslo. Sie stellen einen Höhepunkt der Barockplastik in Schlesien dar. Von dem im Barockstil durch Simon Wiedemann und Matthias Kirchberger neu erbauten *Klostergebäude* ist nur der *»Prälatenflügel«* erhalten. (Pfarrei, Schlüssel zur Kirche.) 1810 Säkularisierung des Klosters. 1812 Verkauf der Klostergebäude an die preußische Prinzessin Friederike Luise Wilhelmine, spätere Königin der Niederlande. Der Besitz gelangte mit 31 Ortschaften an Prinzessin Marianne der Niederlande, Gemahlin des Prinzen Albrecht von Preußen. Sie ließen 1838–63 oberhalb des Klosters auf dem Herthaberg nach Entwurf von *Karl Friedrich Schinkel* ein mächtiges *Schloß* errichten. Es wurde im Stil der Ordensbaukunst aus Bruchsteinen und Ziegeln als Gebäudeviereck mit vier gewaltigen Rundtürmen und einer zweischiffigen gewölbten Vorfahrt und großer Terrasse errichtet.

Unter dem Schloß wurde der Berghang zu einem großartigen Landschaftsgarten auf 7 Terrassen mit Laubengängen und Wasserkünsten umgestaltet. Er ist heute vollständig verwildert und verfallen. Das Schloß wurde 1946 von den Sowjets vor Übergabe an die Polen ausgeplündert und in Brand gesteckt und ist seitdem Ruine. Die Außenmauern und ein Teil der Gewölbe der Vorhalle sind noch erhalten. Die eindrucksvolle Ruine ist nur noch mit Führung betretbar, da der Wiederaufbau auf Veranlassung eines britischen Exilpolen 1987 in Angriff genommen wurde. Von der Schloßterrasse Blick auf die Reichensteiner Berge.

FRANKENSTEIN, *Kr. Frankenstein Ząbkowice Śląskie, woj. Wałbrzych* (Woj. Waldenburg)

Lage am Ostrand des Eulengebirges, an der mittelalterlichen Königsstraße von Böhmen nach Breslau.

Einwohner

1939: 10 809 Deutsche
1980: 16 000 Polen

Jugendherberge: ul. Ziębicka 34 (Schule)
Restaurant: »Dolnośląska«, ul. 1 Maja 2
Tankstelle: ul. 1 Maja

Geschichte

Gründung durch Heinrich IV. von Breslau. Erste Urkunde vom 10.1.1287 nennt »Heinrich« als ersten Vogt von Frankenstein. Seit 1220 dörfliche deutschrechtliche Besiedlung des Frankensteiner Gebietes unter Beteiligung des Klosters Trebnitz. Als Weichbildstadt übernahm Frankenstein die Funktion des älteren slawischen Kastellaneisitzes Wartha.
Ältestes Siegel der Stadt 1292: Zinnenmauer mit einem Tor und drei spitzbehelmten Türmen. Ältestes Rathaus 1345 urkundlich erwähnt. 1351 erlangte Frankenstein die Obergerichtsbarkeit, welche die Erbvögte ausübten. 1428 Eroberung durch die Hussiten, Inbrandsetzung der Stadt.
Seit dem 14. Jahrhundert herzogliche Burg zum Schutze der Stadt, oftmals umkämpft, 1488 von den Breslauern im Kampf gegen den Böhmenkönig Georg von Podiebrad erobert. Sein Enkel, Herzog Karl I. von Münsterberg-Oels, baute anstelle der Burg ein Renaissance-Schloß, später Sitz der Landeshauptleute der Könige von Böhmen. Frankenstein war als Teil des Herzogtums Münsterberg und zeitweise Sitz der Herzöge von Münsterberg mit dem Schicksal dieser Stadt eng verbunden. Unter Preußen Kreissitz, seit 1932 für den vereinigten Großkreis Frankenstein-Münsterberg.

Wirtschaft

Im Mittelalter Handel und Tuchmacherei, nach dem 30jährigen Krieg auch Leinenweberei. Anfang des 19. Jahrhunderts mehr als 400 steuerpflichtige Handwerksmeister. Ort großer Getreidemärkte mit Wagenbau- und Mühlenbetrieben. 1938: Nickel- und Magnesit-Werke, Roßhaarspinnerei, Hutfabriken, Herstellung elektrotechnischer Erzeugnisse, Landmaschinen- und Möbelfabrik.

Sehenswürdigkeiten

(P) am Ring. Quadratische Stadtanlage, 1858 durch Stadtbrand 50% der alten Bausubstanz vernichtet, darunter die alten Bürgerhäuser am Ring und das Rathaus. *Rathaus*-Neubau 1862–64 im Stil der Neugotik mit hohem Turm. Aus dem Mittelalter: Glockenturm der Stadtpfarrkirche St. Anna, als *»Schiefer Turm«* Wahrzeichen der Stadt. Hierzu Zitat aus der alten Stadtchronik von 1655 des Ratssekretärs Martin Kobitz: »1598. Dis Jahr im November ist der Glockenturm allhir etwas abgewichen oder gesunken, daß er sich in die anderhalb Ellen weit herüber gegen die Lohgasse bis auf den heutigen Tag neigen tut.« Nach dem Stadtbrand von 1858 sollte der Turm abgebrochen werden. Auf Widerspruch der katholischen Kirchengemeinde wurde der Abbruch eingestellt und statt dessen auf den 26 m hohen schiefen Teil ein neues, 8 m hohes Mauerwerk aufgesetzt, so daß der Turm ein Knie hat. Die zu dem Turm gehörige *Stadtpfarrkirche St. Anna* wurde 1415 begonnen und 1450 zur spätgotischen Hallenkirche erweitert, 1547–60 umgebaut. An der Außenmauer alte Epitaphe. Vor der Kirche alter Brunnen mit Heiligenfigur. Hinter der Kirche Backsteinbau, die nach 1945 gelöschte Inschrift läßt noch erkennen, daß es sich um ein katholisches Stift handelte.
Teile der *Stadtmauer* mit Promenaden erhalten, an der Südwestseite Richtung Wartha ansehnliche *Schloßruine*. Das Schloß wurde 1646 im 30jährigen Krieg gesprengt. Früher war über dem Eingang zur Ruine noch zu lesen: »Im Jahre 1532 ließ Karl, der

Enkel des Königs Georg, diese Burg, zu welcher er 1524 den Grund erwarb, von Grund auf neu aufbauen.« Es ist erstaunlich, daß die alten Mauern Jahrhunderte überstanden haben. Die *evangelische Kirche* von Frankenstein 1945 ausgeplündert, danach dem Verfall preisgegeben.

6 km westlich von Frankenstein auf der Straße nach Silberberg (Srebrna Góra) am Ortseingang von *Peterwitz (Stoszowice)* gut erhaltenes *Schloß*. Der Ort bereits im Gründungsbuch des Klosters Heinrichau als Erbgut der Familie Stosch erwähnt. 1820 kam Peterwitz in den Besitz der Grafen von Strachwitz, eines altschlesischen, schon im Mittelalter in Oberschlesien ansässigen Adelsgeschlecht. 1822 wurde in Peterwitz Moritz Graf Strachwitz geboren, † 1848 in Wien; Dichter von Sagen und vor allem Balladen mit historischem Inhalt, die wegweisend für die deutsche Balladendichtung des 19. Jahrhunderts waren. Das Schloß aus dem 16. Jahrhundert, im 17., 18. und 19. Jahrhundert aus- und umgebaut, wurde 1964–66 restauriert. Es wird vom Verwalter des Staatsgutes (PGR) bewohnt. Das ebenfalls bis 1945 den Grafen Strachwitz gehörende Schloß *Schräbsdorf (Bobolica)*, 5 km nordöstlich von Frankenstein, ist verwahrlost. Die doppeltürmige *Barockkirche* im gleichen Ort wurde 1983 restauriert.

Nebenstraße am nördlichen Gebirgsrand entlang nach Osten – 15 km bis

WARTHA, *Kr. Frankenstein*
Bardo, woj. Wałbrzych, (Woj. Waldenburg)

Kleiner Wallfahrtsort mit Stadtrecht im Paß am Durchbruch der Glatzer Neiße zwischen Eulen- und Reichensteiner Gebirge.

Einwohner

1939: 1736 Deutsche
1980: 3200 Polen

1945 Verlust des Stadtrechts, 1969 wieder zur Stadt erhoben – Zellulose- und Papierfabrik.

Geschichte

An der alten Paßstraße von Prag über Glatz und Nimptsch nach Breslau lag schon im frühen Mittelalter eine Burg, die den Durchbruch der Glatzer Neiße in die schlesische Ebene sicherte. (Überreste einer Burganlage – Wälle am Hang des Kapellenberges, deren Zurechnung zum slawischen oder frühdeutschen Ursprung umstritten.) Die Burg historisch belegt in der Papst-Urkunde von 1155 als Sitz eines polnischen Kastellans. Bischof Siroslaus von Breslau schenkte die Kirche von Wartha samt dem zugehörigen Dorf 1189 den Johannitern, 1210 wurde sie von Bischof Laurentius dem neugegründeten Augustinerchorherrnkloster Kamenz übergeben, 1247 von den Zisterziensern übernommen. Zugehörigkeit danach mehrere Jahrhunderte zum Herzogtum Münsterberg. Die Grundherrschaft teilten sich bis 1810 das Kloster Kamenz und zu einem kleinen Teil die Stadt Frankenstein.

Sehenswürdigkeiten

Der Ort wird weithin sichtbar überragt von der zweitürmigen großen Wallfahrtskirche, errichtet 1668–1704 von dem bischöflichen Hofbaumeister aus Neisse, Michael Klein. Sie trat an die Stelle einer bereits 1334 erwähnten mittelalterlichen Kirche. Bemerkenswert in der barocken Emporen-Saalkirche mit Seitenkapellen: Orgelwerk mit Rokokoprospekt von 1759 von dem Breslauer Meister Eberhard, angeblich gestiftet von Friedrich dem Großen, Barock-Kanzel von 1696 und als bedeutendes Kunstwerk der reich vergoldete Gnaden-Altar mit dem von Michael Willmann geschaffenen Gemälde »Mariä Heimsuchung«. Im Zentrum des Altars wird eine 43 cm hohe romanische

Holzplastik verehrt: auf einem hochlehnigen Stuhl thront Maria, sie hält mit segnend erhobenem rechtem Arm das Kind auf den Knien. Ernst Wiese hat diese bereits im Mittelalter berühmte Gnadenfigur, geschnitzt aus Rotbuchenholz, wissenschaftlich untersucht und stellt fest: »Sie ist die bei weitem früheste schlesische Holzfigur, im Aufbau ausgesprochen hochromanisch, von strenger feierlicher Tektonik, wie die Vierung einer romanischen Basilika. Die Strenge der Erscheinung wurde gemildert durch die schon die Frühgotik anzeigende weichere Eiform des Gesichtes mit seinem entspannten Lächeln. Das Werk ist darum erst im beginnenden 13. Jahrhundert entstanden.« Wiese vermutet, daß das Gnaden-Bild bereits in der Kirche war, als Wartha 1301 größtenteils an die Zisterzienser-Abtei Kamenz fiel.

1840 70–80000, vor dem Zweiten Weltkriege 170000–200000 Wallfahrer jährlich. Die Wallfahrt wird bis heute betreut von den Redemptoristen. Kirche innen und außen nach 1980 sorgfältig restauriert. Im Klosterhof Denkmal (Büste) von Papst Johannes Paul II., aufgestellt 1981.

Gottesdienst Mai–Sept. 11.00 Uhr.

Im Kloster ein Votiv-Saal und ein Museum für sakrale Kunst, für Kenner besonders sehenswert. In der Krypta unter der Kirche eine große, bewegliche Krippe. Öffnungszeiten für Museum und Krippe zu erfragen bei den Redemptoristen (O. O. Redemptoryści, pl. Wolności 5, 57–256 Bardo, Tel. 221).

Auch nach dem Weltkrieg blieb Wartha ein vielbesuchter Pilgerort. Jährlich kommen etwa 200 Pilgergruppen aus ganz Polen, hauptsächlich aus den Wojewodschaften Breslau, Oppeln, Kattowitz und Posen, aber auch zahlreiche Besucher aus dem Ausland. Zur Eintausend-Jahr-Feier Polens im Jahre 1966 wurde die »Wunderbare Figur aus Bardo (Wartha)« feierlich gekrönt.

Auf dem Berg über der Kirche Kapelle zur »Heimsuchung Mariä« von 1619. Auf dem Rosenkranzberg seit 1905 Kapelle mit 14 Kreuzwegstationen. Der Klosterbau auf einem Hügel über der Stadt wurde 1935–38 als Noviziat der Breslauer Marien-Schwestern erbaut, später für eine Adolf-Hitler-Schule in Anspruch genommen, heute beherbergt er ein polnisches Kinderheim.

Die Stadt bietet ein eindrucksvolles Landschaftsbild, umgeben von bewaldeten Höhen, mit der steinernen Neiße-Brücke aus dem 15. Jahrhundert.

VII. Grünberg und Umgebung

1. Grünberg, Kr. Grünberg

Zielona Góra

Grünberg ist seit 1950 Sitz einer Wojewodschaft, die aus Teilen der alten Regierungsbezirke Liegnitz und Frankfurt/Oder gebildet wurde. Es wird heute als Zentrum des Lubusker Landes (Ziemia Lubuska) bezeichnet (in Anknüpfung an den Namen des Landes Lebus, das vor der deutschen Besiedlung in der ersten Hälfte des 13. Jahrhunderts von den slawischen Lebuzzi besiedelt war und um 1250 zunächst an den Erzbischof von Magdeburg und dann an die Markgrafen von Brandenburg fiel, während das Bistum Lebus bis in das 15. Jahrhundert zur Erzdiözese Gnesen gehörte – danach zu Magdeburg).

Einwohner

1939: 25 804 Deutsche
1955: 39 500 Polen
1970: 73 500 Polen
1984: ca. 99 000 Polen.

Alte schlesische Weinbaustadt, 10 km südwestlich der Oder inmitten von Rebengärten und Obsthainen in der klimatisch begünstigten Hügellandschaft der Grünberger Höhen. Kreuzung zweier bedeutender Verkehrswege: Im Mittelalter und bis 1945 Vorrang der Handels- und späteren Verkehrsstraße von Nordwest nach Südost: Berlin–Frankfurt/Oder–Crossen (Krosno Odrz.)–Grünberg–Lüben (Lubin)–Breslau (Wrocław), im polnischen Verkehrsnetz wichtig die Nord-Süd-Verbindung: Stettin (Szczecin)–Landsberg (Gorzów Wielkopolski)–Grünberg–Hirschberg (Jelenia Gó-

ra)–Prag. Nach Posen (Poznań) Abzweigung von der E 65 in Schwiebus (Świebodzin).

Die Wojewodschaft ist mit 48 % ihrer Fläche die waldreichste im heutigen Polen und ist auch wegen ihres Seenreichtums Erholungsgebiet mit zahlreichen Naturschutzreservaten. Die rasche Zunahme der Einwohnerschaft von Grünberg spiegelt die neue administrative, wirtschaftliche und kulturelle Schwerpunktbildung der Stadt wider, die 1945 fast unzerstört in polnischen Besitz überging.

Unterkunft und Verpflegung

Hotel: »Polan«, Orbis-Hotel, ul. Staszica 9a, (unweit des Bahnhofs), Tel. 700-91, Kat. ****, mit Restaurant, »Pewex«, Punkt »it«, Wechselstube, bewachter Parkplatz

Motel: »Ośrodek Pięcioboju Nowoczesnego« mit Restaurant, 8 km südöstlich von Grünberg (Zielona Góra) unweit der E 65 nach Neusalz (Nowa Sól), Abzweigung von der E 65 in Lawaldau (Rakula)

Hotel Studencki (Studentenhotel): »Almatur«, ul. Podgórna 50, Tel. 55-50 (geöffnet Juni bis 15. September)

Jugendherberge: ul. Wyspiańskiego 58, (Sportstadion), Tel. 708-40, Kat. I, und ul. Moniuszki 14, Tel. 719-38, Kat. II

Zeltplatz in Ochla (Ochelhermsdorf), 7 km südlich des Stadtzentrums beim Schwimmbad, geöffnet Juni bis August,

Tel. 35-60, Stadtbuslinie 27 von ul. Botaniczna

Restaurant: »Topaz«, ul. Boh. Westerplatte, Kat. I (mit Nachtlokal); »Ostoja«, ul. Poznańska (an der E 65 nach Züllichau [Sulechów]), Kat. I; »Polan« im Orbis-Hotel s. o., Kat. I; »Ratuszowa«, pl. Boh. Stalingradu (Ring); »Witebska«, ul. Ptasia, Kat. I (Spezialität: Weißrussische Küche)

Cafe: »Filipinka«, ul. Jasna, Kat. I; »Palmiarnia«, Park Winny, Kat. II, (auf ehem. Weinhügel mit Terrasse und Aussicht auf die Stadt); »Mocca«, ul. Boh. Westerplatte, Kat. I; »Studencka«, im Hotel »Almatur« s. o., Kat. II; »Bachus«, Winiarnia (Ratsweinkeller), im Rathaus, Kat. I

Schnellimbiß: »Aperitif«, ul. Boh. Westerplatte, Kat. III

Touristeninformation: »Orbis«, ul. Świerczewskiego 28, Tel. 717-11, 703-51; »Okręgowe Biuro Turystyki PZMot« (*Poln. Motorsportverband*), ul. Jed. Robotniczej 37, Tel. 52-46; Polskie Linie Lotnicze »*LOT*« (poln. Fluggesellschaft LOT), ul. Boh. Westerplatte 9, Tel. 707-97, Bus zum Flugplatz Bomst *(Babimost)* vom Orbis-Hotel Polan; Biuro Zagranicznej Turystyki Młodzieżowej »*Juventur*« (Woj.-Büro des Poln. *Jugendherbergsverbandes),* al. Niepodległości 2, Tel. 59-39; »*PTTK*«, ul. Świerczewskiego 17, Tel. 54-91, 703-23, 703-51

Verkehr

Bewachte Parkplätze: ul. Ciesielska, Tel. 52-70; ul. Staszica, Tel. 718-54 (Hotel Orbis Polan)

Bahnhof (Dworzec PKP), ul. Walki Młodych, Zugauskunft Tel. 38-38 – auch *Fernbusbahnhof* PKS – Busauskunft Tel. 23-01; Städt. Busverkehr nach allen Vororten

Taxi: Am Bahnhof (Dworzec PKP), Tel. 26-66, Hotel Orbis Polan, Bushaltestelle ul.

Bohaterów Westerplatte, nördl. des Ringes – plac Powstańców Wielkopolskich (nahe »Filharmonia«). ul. Podgórna, Tel. 26-67, ul. Gwardii Ludowej, Tel. 52-37, ul. Sikorskiego

Autoservice: TOS Batorego 21, Tel. 58-47; Motozbyt, ul. Dąbrowskiego 57, Tel. 29-47; Stacja Diagnostyczna, ul. Sulechowska 38, Tel. 34-50; Pawilon Usług Handlowych, ul. Walki Młodych, Tel. 58-22; Polmozbyt, ul. Sulechowska, Tel. 27-99

Kultur: Muzeum Okręgowe (Regionalmuseum), al. Niepodległości 15, Tel. 723-45; Muzeum Etnograficzne w Ochli (Bauern-Freilicht-Museum) in Ochelhermsdorf (Ochla), 7 km südlich Grünberg, Stadtbus 27 – ul. Botaniczna; Państwowy Teatr Ziemi Lubuskiej (Staatstheater des Lebuser Landes), al. Niepodległości 3, Tel. 720-58; Filharmonia Zielonogórska (Grünberger Philharmonie), plac Powstańców Wielkopolskich 1, Tel. 59-46; Amfiteatr (Freilichtbühne), ul. Festiwalowa 3, Tel. 51-73

Geschichte

Der erste urkundliche Beleg von 1302 nennt das Weichbild (»territorium Grunenbergense«) und setzt damit die deutsche Stadtgründung von Grünberg voraus. Die Vermutung einer slawischen Vorgängersiedlung ist weder archäologisch noch urkundlich abgestützt. 1323 Verleihung des Crossener Stadtrechts, 1331 zum Herzogtum Glogau, mit diesem unter böhmischer, später habsburgischer Herrschaft; 1742 zu Preußen.

Wirtschaft

1408 Meilenrecht an der Ost-West-Handelsstraße. Tuchmacherei. Weinbau 1314 erstmals erwähnt. Einführung der Traminer Reben aus Tirol. Seit dem 15. Jahrhundert Beteiligung der Stadt am Weinbau. Die Gegend von Grünberg (mit Tschicherzig und Bomst) gehört zu den nördlichsten Wein-

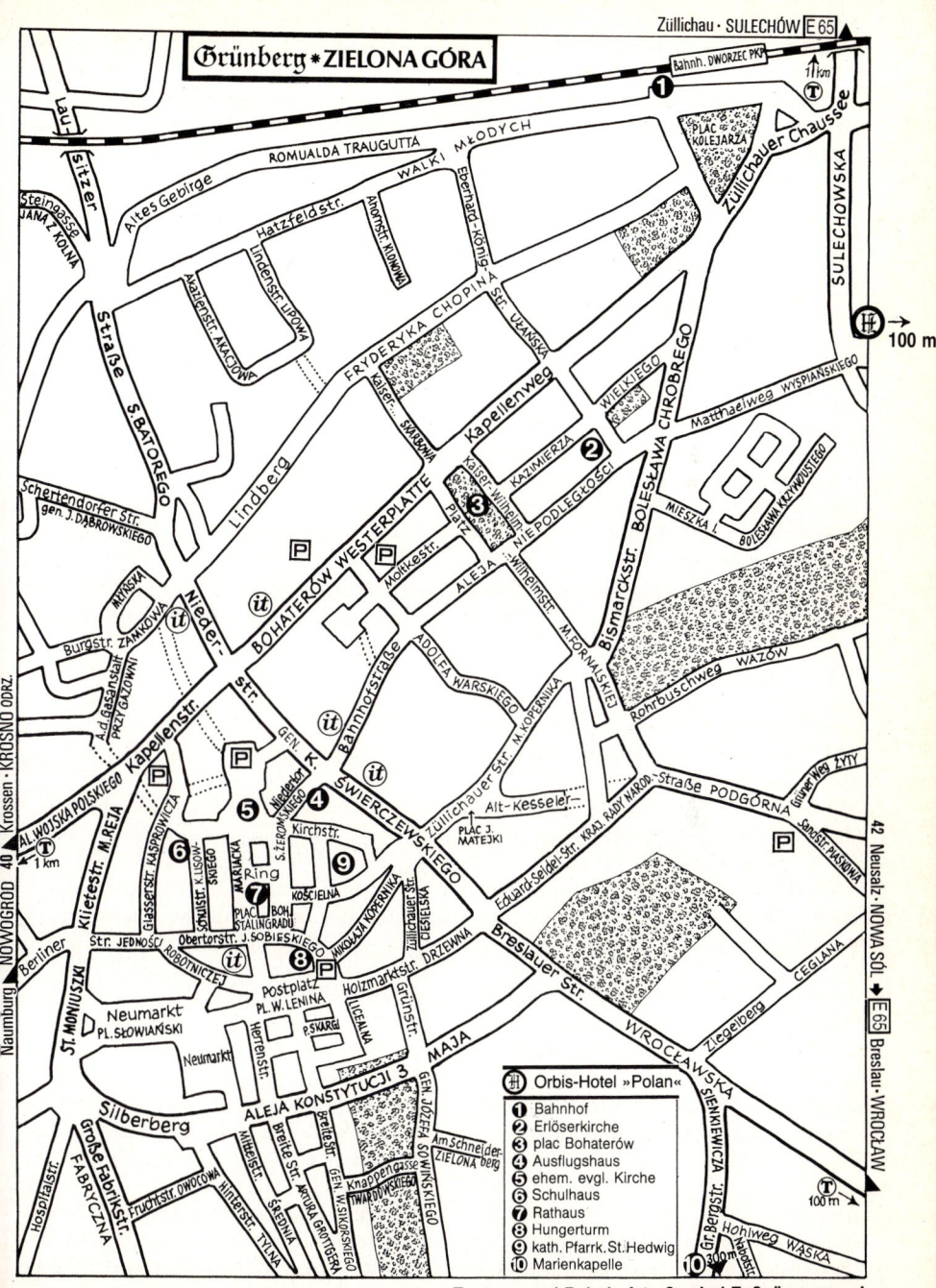

Grünberg * ZIELONA GÓRA

Zentrum und Bahnhofstraße sind Fußgängerzone!

Orbis-Hotel »Polan«
❶ Bahnhof
❷ Erlöserkirche
❸ plac Bohaterów
❹ Ausflugshaus
❺ ehem. evgl. Kirche
❻ Schulhaus
❼ Rathaus
❽ Hungerturm
❾ kath. Pfarrk. St. Hedwig
❿ Marienkapelle

baugebieten der Erde. Die Südhanglage an den sanften, 150 m hohen Grünberger Höhen bietet günstige klimatische Bedingungen. Trotz früher und oft harter Winter ist Grünberg auch heute »Zentrum des polnischen Weinbaus und der Weinkellerei«.

1826 gründeten »Häusler, Förster und Grempler« die erste deutsche Sektkellerei, bis 1945 »Fa. Grempler & Co.«. Grünberger Weintrauben wurden auch zur Herstellung von Weinessig und Weinbrand verwendet (seit 1900 u. a. Zweigniederlassung der Scharlachberg GmbH., Bingen). Seit 1900 Rückgang des Weinbaues wegen hoher Produktionskosten, Ausdehnung des Obstbaues. Seit 1945 Abbau von Braunkohle bei Grünberg. Ende des 19. Jahrhunderts Aufschwung der Tuchindustrie, 1884 »Englische Wollwarenmanufaktur«, später Zusammenschluß zur bedeutenden »Deutschen Wollwarenmanufaktur AG«. Hinzu kamen Betriebe der Eisenindustrie für Brücken- und Maschinenbau sowie für Eisenkonstruktionen, außerdem Brunnenbau-, Apparatebau- und Ofenfabriken sowie Weinbrennereien, Trinkbranntwein-, Fruchtsäfte- und Marmeladefabriken. Nach 1945 wurde Grünberg einer der wichtigsten Schwerpunkte polnisch-staatlicher Wirtschafts- und Kulturförderung. Die alten Industriezweige wurden ausgebaut, neue kamen hinzu: »Zastal«-Werke (Güterwagen und Rangierlokomotiven, vorwiegend für den Export nach der UdSSR und den Ostblockstaaten, früher Beuchelt & Co. für Waggon- und Brückenbau). »Mera-Lumel«-Fabrik für Elektroapparate, »Falubaz«-Fabrik für Baumwollkrempelmaschinen, »Polska Wełna« (Polnische Wolle) sowie neuerrichtete Fleischkombinate.

Kultur

Heute Ingenieurhochschule und Pädagogische Hochschule. Theater, Bezirksmuseum des Landes Lebus, bis 1945 Heimatmuseum, und an anderem Orte »Weinmuseum«; Sitz der »Lebuser Gesellschaft für Wissenschaft« (Lubuskie Towarzystwo Naukowe), der »Lebuser Gesellschaft für Kultur« (Lubuskie Towarzystwo Kultury); Wojewodschaftsbibliothek, Filiale der Polnischen Historischen Gesellschaft (Polskie Towarzystwo Historyczne) mit wissenschaftlicher Arbeitsstätte; Sinfonieorchester, Mai/Juni Festival des sowjetischen Liedes, Ende September Winzerfest (früher: Grünberger Weinfest zu Pfingsten und Weinlesefest im September).

Sehenswürdigkeiten

Nach dem Kriege starke Entwicklung neuer Industrie- und Wohngebiete entsprechend der annähernden Vervierfachung der Einwohnerzahl. Große neue Wohnsiedlungen am Stadtrand. Im Süden beim Stadtpark – jetzt *park Piastowski* mit neuem »Amfiteatr« – die Piastowski-Siedlung; im Osten – östlich des Orbis-Hotels »Polan« zwischen ul. Wyspianskiego (Matthäi-Weg) und ul. Podgórna (Alt-Kesseler Straße) – die Wohnsiedlungen »Wazów I, II und III«. Bei »Wazów I« Stadion und Jugendherberge. Hinter den Häusern von Wazów III die Gebäude der neuen Ingenieurhochschule. Im Innenstadtbereich wurden die Straßenführungen teils verbreitert, teils verändert, um den Autoverkehr um das Zentrum herumzuführen:
Umleitung von Westen – Frankfurt/Oder (Słubice), von Südwesten – Sorau (Żary) und von Süden – Sagan (Żagań) und Hirschberg (Jelenia Góra) nach Norden Richtung Posen (Poznań) und Stettin (Szczecin) und nach Osten Richtung Breslau (Wrocław).
Für Durchreisende nahe der Innenstadt 4 Parkplätze (siehe Stadtplan). *Stadtrundgang* vom Orbis-Hotel »Polan«, ul. Staszica. 5 Min. vom Bahnhof durch die ul. Wy-

spiańskiego (Matthäi-Weg) und al. Niepodległości (Bahnhofstraße), Fußgängerzone. Historisches Bild der Altstadt größtenteils gewahrt mit zahlreichen *Bürgerhäusern* des 19. Jahrhunderts im Stil des Klassizismus – zum Teil erbaut unter Mitwirkung der Berliner Baumeister von Schadow und Friedrich Schinkel. Diese Gebäude erinnern an den Aufschwung der Stadt nach der Inbesitznahme durch Preußen und im Zeitalter der Industrialisierung. In der aleja Niepodległości (Bahnhofstraße) frühere altlutherische *Erlöserkirche,* erbaut 1915–17 von Baurat Wagner, jetzt katholisch. Richtung Innenstadt wird der neugeschaffene plac Bohaterów (Heldenplatz) mit Postamt, Warenhaus und polnischem »Denkmal der Waffenbrüderschaft« nach Norden begrenzt durch die neugeschaffene Verkehrsader, ul. Westerplatte.

In der al. Niepodległości (Bahnhofstraße) die wichtigsten Kulturstätten der Stadt: Kunstausstellungshaus, Museum, Theater, Kino.

Rechts die heutige *katholische Pfarrkirche* »Mutter Gottes von Tschenstochau«, früher evangelische Bethauskirche »Zum Garten Christi«, aus Fachwerk in Kreuzform erbaut 1746/47 auf Grund des Toleranzediktes Friedrichs des Großen. Klassizistische Fassade und Turm von 1821–23. Im Innern erhalten die dreistöckige Holzgalerie, Hauptaltar und Kanzel im Rokokostil. Bemerkenswertes Gotteshaus in einer Zeit des Verfalls der meisten evangelischen Kirchen in Schlesien. Neu die Schwarze Madonna. Auf der anderen Seite des plac Powstańców Wielkopolskich (Glaserplatz) die *»Filharmonia«,* südlich in der ul. Mariacka (Schulstraße) die frühere *evangelische Schule,* ein Barockbau mit Mansardendach, 1770 eröffnet. Den plac Bohaterów Stalingradu (Ring) beherrscht der 56 m hohe *Rathausturm* mit dreifacher Barockhaube. Das Rathaus von 1590 – nach dem Brand von 1651 wiederhergestellt – erhielt im vorigen Jahrhundert

seine heutige Gestalt nach Abriß störender Anbauten und Erweiterungen. Bei der Restaurierung von 1967 Beseitigung des Füllhorns mit Früchten im Tympanon gegen den Protest des Konservators der Wojewodschaft. Um den Marktplatz schmucke Giebelhäuser. Westlich in der ul. Kopernika Ecke ul. Krawiecka der *»Hungerturm«,* beachtenswerter Rest der Stadtbefestigung. In der ul. Kościelna (Kirchgasse) *katholische Pfarrkirche* »St. Hedwig«. Als Sitz des Erzpriesters 1376 belegt, spätgotische Halle nach Bränden zuletzt 1651 wiederaufgebaut; Barockelemente, Turm von 1832, die Kirche 1966 restauriert, daneben Pfarramt aus dem 18. Jahrhundert mit Durchgang zur ul. Kopernika (Seilerbahn).

Die Stadt inmitten »Grüner Berge« war früher stolz auf ihre Weingärten, die von den Höhen der Umgebung bis in die Innenstadt reichten.

An der ul. Wrocławska (Breslauer Straße) entstand auf dem Gelände eines Weinberges der *»Park Winny«,* Zufahrt aus der Innenstadt ul. Świerczewskiego (P).

Auf der Anhöhe Café »Palmiarnia«, durch Um- und Ausbau eines alten geschützten Weinberg-Gerätehauses des früheren Weinbergbesitzers entstanden. Von dort weiter Ausblick auf die Stadt. In der ul. Wazów (Rohrbuschweg) »Park Tysiąclecia« (Jahrtausendpark), angelegt anläßlich des 1000-jährigen Bestehens Polens auf dem Gelände des »Grüne-Kreuz-Friedhofs«.

Im Süden der Innenstadt vom plac Lenina (Postplatz) – ul. Sikorskiego (Breite Straße) – al. Słowackiego – *alte Marienkapelle,* »Kaplica na Winnicy«, im 14. Jahrhundert aus Feldsteinen inmitten eines Weingartens erbaut. Auf dem höchsten Punkt der »Grünberger Höhen« (200 m) – früher Restaurant »Grünbergshöhe« – Aussichtsturm »Wieża Braniborska« mit Panoramablick auf die Stadt. An der ul. Botaniczna (Ochelhermsdorfer Straße), südlich der Innenstadt, lag früher der Botanische Garten.

In Grünberg geboren: Otto Julius Bierbaum, heiter beschwingter Dichter und Mitbegründer des Insel-Verlages (1865–1910).

Rudolf Haym, Literarhistoriker, Philosoph und Politiker (1821–1901). Wilhelm Förster, Astronom und Philosoph (1832–1921).

ROUTE 1   Durch die Niederschlesische Heide

Grünberg (Zielona Góra) – Naumburg/Bober (Nowogród Bobrzański) – Sagan (Żagań) – Sprottau (Szprotawa) – Freystadt (Kożuchów) – Zölling (Solniki) – Streidelsdorf (Studzieniec) – Neusalz (Nowa Sól) – Deutsch-Wartenberg (Otyń) – Grünberg (Zielona Góra) – 110 km.

Die *Niederschlesische Heide* ist die größte zusammenhängende Waldfläche Schlesiens und wurde früher in die Sprottauer, Bunzlauer und Görlitzer Heide eingeteilt. Sie dehnt sich von der Katzbach und den Dalkauer Bergen (Wzgórza Dalkowskie) bei Glogau in nordwestlicher Abdachung aus und geht in die Lausitzer Heide bis zur Spree über. Kiefernwälder bedecken die Sandflächen. Bober, Queis, Tschirne, Neiße und Spree durchfließen das Waldgebiet in nördlicher Richtung in breiten, zum Teil tief eingewaschenen Tälern. Seit dem Mittelalter wurde hier Rasenerz gewonnen.

Von Naumburg bis Sprottau führt die Straße durch das Bobertal. – 26 km bis

NAUMBURG AM BOBER, *Kr. Freystadt*
Nowogród Bobrzański, woj. Zielona Góra (Woj. Grünberg)

Einwohner

> 1939: 1264 Deutsche
> 1984: 1800 Polen

Lage am rechten Boberufer und westlichen Ausläufer des Schlesischen Landrückens. 1202 herzogliche Landesfestung und Kastellanei, 1263 Umsetzung des Marktes nach deutschem Recht, Ackerbürgerstadt. 1555 Bau einer Boberbrücke, 1572 Anlegung eines Promnitzschen Eisenhammers. Barockschloß 1945 zerstört. Evangelische Fachwerk-Bethaus-Kirche am Marktplatz nach 1945 abgetragen.

Sehenswert

Stadtpfarrkirche St. Mariä Himmelfahrt, 1227 als Klosterkirche der aus dem Westen herbeigerufenen Augustiner-Chorherren geweiht, 1695 mit neuem Chor und neuem Turm im Barockstil erneuert, 1971 in Selbsthilfe der Gemeinde restauriert.

25 km bis

SAGAN, *Kr. Sagan/Sprottau*
Żagań, woj. Zielona Góra (Woj. Grünberg)

Einwohner

> 1939: 22770 Deutsche
> 1984: ca. 26500 Polen

Hotel: »Nadbobrzański«, ul. Kilińskiego 1, Tel. 31-20, Kat. II
Touristenherberge (Dom Turysty des PTTK): plac Klasztorny 1, Kat. II (im ehem. Kloster), Tel. 28-02
Jugendherberge: Internat, ul. Wasilewskiej, Tel. 24-56, Kat. I, geöffnet Juli–August
Restaurant: »Piastowska«, ul. 1 Maja 27, Tel. 29-40, Kat. III; »Zamkowa«, ul. Szprotawska 2, Tel. 23-64, Kat. III (Schloß-Café)
Camping: Mai bis September PTTK, 13 km von Sagan in Gorzupia Dolna, Tel. Sagan Nr. 14-91, Kat. III, Lage: Flußabwärts beiderseits des Bober.

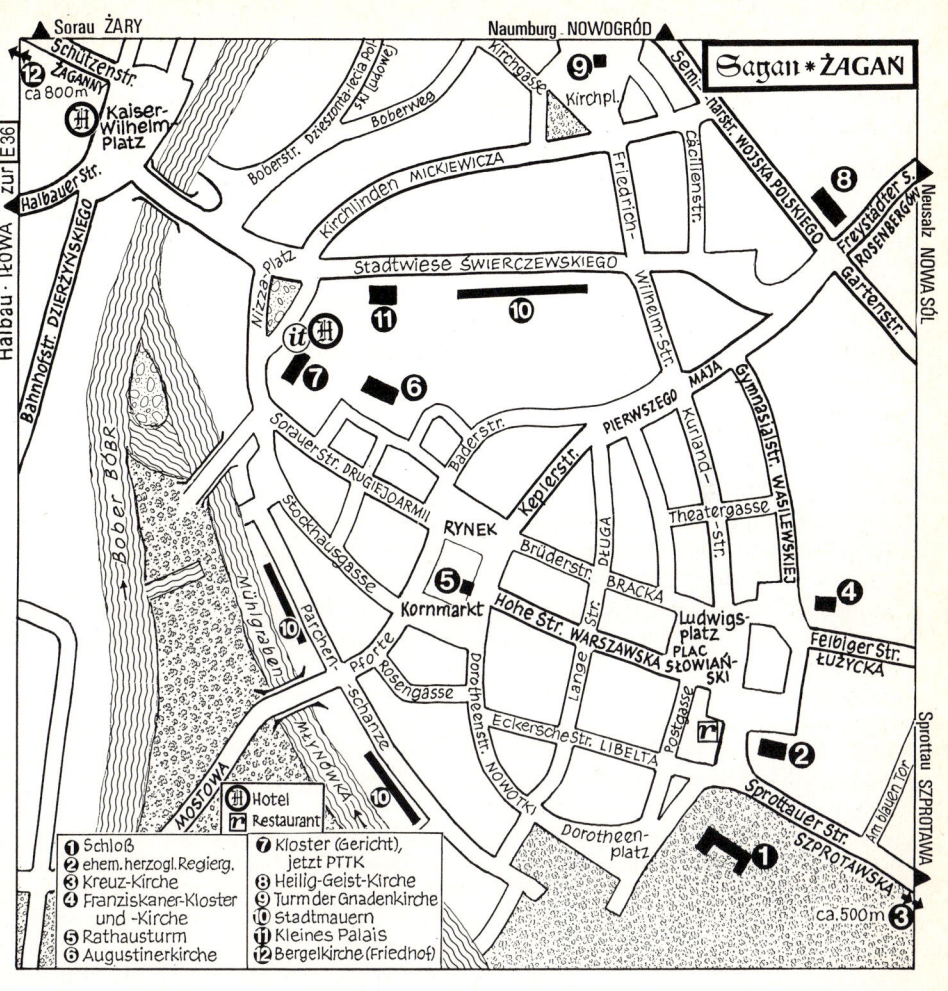

Sagan * ŻAGAŃ

Legende:
1 Schloß
2 ehem. herzogl. Regierg.
3 Kreuz-Kirche
4 Franziskaner-Kloster und -Kirche
5 Rathausturm
6 Augustinerkirche
7 Kloster (Gericht), jetzt PTTK
8 Heilig-Geist-Kirche
9 Turm der Gnadenkirche
10 Stadtmauern
11 Kleines Palais
12 Bergelkirche (Friedhof)

Hotel
Restaurant

Geschichte

1202 slawische Kastellanei. 1210/20 Rodung der Grenzwälder und Anlage der Waldhufendörfer. Um 1230 Anlage der deutschen Stadt als Marktort mit rechteckigem Ring. 1284 Verlegung des Augustiner-Chorherrenstiftes von Naumburg nach Sagan, 1413 selbständiges Fürstentum, von Glogau getrennt, ab 1549 zu Habsburg. 1628 belehnt Kaiser Ferdinand II. seinen General Wallenstein mit dem Fürstentum, Lehnsträgertitel »Herzog von Sagan«. Wallenstein holte den Mathematiker Johannes Kepler nach Sagan, der hier 1628–30 lebte. 1648 kam Sagan als Lehen an Fürst Wenzel von Lobkowitz. Sein Haus regierte bis 1786, danach Peter Biron Herzog von Kurland und in der Erbfolge dessen drei Töchter, am bekanntesten die letzte, Dorothea Herzogin von Talley-

rand-Perigord (1844–1862). Die Schloßherrschaft wirkte auf vielerlei Art auf das
Geschick der Stadt ein: 1628 ließ Wallenstein für den geplanten Schloßbau 75 Bürgerhäuser einreißen. Er berief die Jesuiten
und beauftragte sie, in dem leerstehenden
Klostergebäude das Saganer Jesuitenkollegium und eine Jesuitenschule einzurichten.
Dorothea von Talleyrand-Perigord unterstützte viele Bauvorhaben der Stadt: 1850
Boberbrücke, 1851–59 »Dorotheenhospital« für Kranke beider Konfessionen. Die
Rolle, welche die Töchter des Herzogs von
Kurland und Sagan in der europäischen
Gesellschaft und Politik spielten (Wiener
Kongreß), haben den Namen der Stadt über
Schlesien hinaus bekannt gemacht.
1844 war das »Preußische Thronlehn Fürstentum Sagan« das letzte preußische
Thronlehn. 1932 wurde Sagan Sitz der Verwaltung des vereinigten Kreises Sagan-
Sprottau.

Wirtschaft

Im Mittelalter bedeutende Tuchmacherei,
Eisenhandel, Bierbrauerei. Nach 1820 große
Textilbetriebe. Seit 1906 Eisenbahnknotenpunkt für sieben Linien. Stärker als die
wirtschaftliche war die kulturelle Bedeutung der Stadt durch die Schloßherrschaft.
Nach 1945 Wiederaufnahme der Arbeit in
der Gießerei und in den Chemischen
Werken.

Sehenswürdigkeiten

Wahrzeichen das *Schloß* und der von Herzogin Dorothea in Nachahmung von
Muskau angelegte *Schloßpark* – heute verwildert – (1844–60 durch Hofgärtner Teichert, vollendet 1862–1898 mit Wasserkünsten). Schloß von dem italienischen Baumeister Boccacci begonnen, um 1695 von den
italienischen Architekten Porta als Zweiflügelanlage in Hufeisenform vollendet. 1945

kostbare Inneneinrichtung verschleppt,
Schloß ausgebrannt. 1960 Beginn des Wiederaufbaus. 1981 Hauptbau als Kultur- und
Gesellschaftshaus in Benutzung, 1983
Beginn der Einrichtung eines Museums in
den Seitenflügeln.
Gegenüber dem Schloß das Gebäude der
ehemaligen herzoglichen Regierung, für Behörden benutzt. Vom Schloß nach Osten in
der ul. Szprotawska (Sprottauer Straße) die
neugotische *Kreuzkirche* (1847–1859), unter
Herzogin Dorothea aus der alten gotischen
Kapelle zur herzoglichen Begräbniskirche
umgestaltet.
Nördlich des Schlosses in der Nordostecke
des plac Słowiański (Ludwigsplatz) die
1692–99 von den Jesuiten erbaute Kirche des
alten Franziskanerklosters, seit 1773 (Auflösung des Jesuiten-Ordens) *Gymnasialkirche* genannt (Barock). Sie war den Aposteln
Peter und Paul geweiht und trägt heute
wieder deren Namen. Anschließend im *Jesuitenkolleg* bis 1945 Heimatmuseum und
Gymnasium, heute Textilfachschule. Die
ursprünglich gotische Kirche wurde 1964
von der Gemeinde aus Eigenmitteln instandgesetzt, seitdem nur zeitweilig benutzt.
Vom plac Słowiański auf der ul. Warszawska (Hohestraße) zum Ring. Der alte *Rathausturm* steht seit ca. 1340 mitten auf dem
Ring, seit 1869 mit Loggia nach florentinischem Muster. *Am Ring* – beim Korn- und
Buttermarkt – sind einige alte Giebelhäuser
wiederhergestellt.
Nördlich des Rings beherrscht das Stadtbild
die *katholische Stadtpfarrkirche St. Marien*,
große dreischiffige Hallenkirche, im
14. Jahrhundert zusammen mit dem anschließenden Augustinerkloster erbaut,
nach Bränden im 15., 16. und 18. Jahrhundert umgestaltet; Westseite mit eigenwilligem spätgotischen Treppengiebel, Turm
von 1604 in Backstein mit Nothaube nach
dem Brand von 1730. Über dem Torbogen
des Haupteinganges in der Renaissance-

Vorhalle von 1603 früher Standbild der Mutter Gottes. Barocke Innenausstattung – Kanzel und Nebenaltäre – von dem Liegnitzer Baumeister Martin Frantz (1732–38). Der Dreifaltigkeitsaltar ist einer der schönsten Schnitzaltäre in Schlesien aus der Renaissancezeit. Grabsteine des Glogauer Herzogs Heinrich IV. (gest. 1342) und von Äbten des Klosters im Klostergang.
Die Kirche wechselte im 16. und 17. Jahrhundert zwischen Katholiken und Protestanten mehrfach den Besitzer. 1971–1973 Restaurierungs- und Instandsetzungsarbeiten, u. a. Auffrischung der Ölbilder aus dem 18. Jahrhundert. 1810 Säkularisation des Klosters nach 500jähriger Benutzung durch die Augustiner. Darin bis 1945 Pfarrhaus und Amtsgericht; die nach dem Kriege verwahrlosten Gebäude Anfang der achtziger Jahre restauriert; heute Ausflugshaus PTKK. Nordwestlich in der ul. Swierczewskiego ein kleines Palais, an der Wende zum 19. Jahrhundert in klassizistischem Stil erbaut von Chr. W. Schultze, heute Stadtbücherei. Nach Osten 1971/72 Instandsetzung der in bedeutenden Abschnitten erhaltenen Stadtmauer aus dem 14. Jahrhundert. Am Spittel (Freystädter Tor) steht an der Straßenkreuzung die barocke Hl.-Geist-Kirche von 1702. Sie wird benutzt. In den Grünanlagen nördlich der Altstadt wurde der neugotische Turm (1845) der Gnadenkirche gesichert, der eigentliche Baukörper der Kirche in Fachwerk von 1712 wurde 1965 gesprengt und abgetragen. Westlich des Kirchturmes einige stattliche Bürgervillen im Jugendstil. Ausfallstraße nach Sorau (Żary). Westlich des Bober an der ul. Żarska (Sorauer Chaussee) auf kleiner Anhöhe inmitten des Friedhofs katholische »Bergelkirche«, erbaut 1444, im 17. Jahrhundert erweitert. Das Hl. Grab neben der Kirche ist ein Quaderbau aus Sandstein von 1598 – Nachbildung der sogenannten Emmerichschen Kapelle von 1485 in Görlitz (vgl. S. 83).

Am Südrand der Innenstadt zwischen Mühlgraben und Boberarm Fortsetzung des Schloßparks, dahinter der Bahnhof. Weiterfahrt. 17 km bis Sprottau (Szprotawa). Dicht vor Sprottau rechts der Ortsteil Eulau (Iława), 1925 eingemeindetes Dorf. Hinter dem erhaltenen Herrensitz (Rittergut) sehenswerter alter Burgberg. Hügel mit alten Bäumen, alter Ringmauer und *St. Andreaskirche* aus spätromanischer Zeit (vor 1260), benutzt und gepflegt.
Eulau wird in der Chronik des Thietmar von Merseburg erstmals um das Jahr 1000 genannt, als Kaiser Otto III. bei seiner Wallfahrt nach Gnesen in »Ilua« von dem polnischen Herzog Boleslaw Chrobry empfangen wurde.

Nördlich des Bobertales, 17 km ostwärts von Sagan

SPROTTAU, *Kr. Sprottau* (bis 1932 Kreissitz)
Szprotawa, woj. Zielona Góra (Woj. Grünberg)

Lage

Am Mündungsdreieck zwischen Sprotte und Bober, westlich des Sprottebruchs.

Einwohner:

1939:   12 578 Deutsche
1984: ca. 12 100 Polen

Touristenhotel (»Dom Wycieczkowy«) – Übernachtung und Restauration – ul. Głogowska 1, Tel. 628; Jugendherberge: Szkoła Podstawowa, ul. Marksa 2, Tel. 402, geöffnet Juli–August.

Geschichte

Funde der jüngeren Steinzeit, frühgermanischer und slawischer Zeit deuten auf frühe Besiedlung hin. Slawischer Marktflecken am Boberübergang. Gründung der deutschen

Stadt um 1254 in Gitterform mit rechteckigem Ring als Wirtschaftszentrum für die Rodungsdörfer des Sprottebruchs.

Wirtschaft

Zollfreiheit, Salzmarkt, Münzrecht, Tuchmacherzunft, Handel mit Eisenwaren begründen im Mittelalter Wohlstand. Im 14. Jahrhundert Hammerwerk dicht an der Stadt. Bis ins 18. Jahrhundert schmolz man mit primitiven Verhüttungsverfahren (Luppenherde) das gegrabene Raseneisenerz unter Kalkzusatz im Holzkohlenfeuer. Schmiedehandwerker, Schlosser und Messerschmiede wurden von den Sprottauer Eisenhändlern beliefert. Eigene städtische Hammerwerke in Ober Leschen (1408–1884) und Dittersdorf (1639–1850). 1939 vielseitige Industrie: Eisengießerei, Emaillierwerk, Waagen-, Klavier-, Ofen-, Strumpfwaren- Handschuhfabriken u. a. 1945 zu 50 % zerstört, danach viele Gebäude abgerissen. Langsamer Wiederaufbau.

Sehenswürdigkeiten

Das *doppeltürmige Rathaus,* als Wahrzeichen einmalig in Schlesien, erinnert an vergangenen Wohlstand. Dem wuchtigen Renaissance-Turm (1536–1592) mit Umgang und doppelt durchbrochener Haube fügte der Liegnitzer Barockbaumeister Martin Frantz zwei Jahrhunderte später den elegant geschwungenen Uhrturm hinzu. Heute erscheint das Bauwerk im Dreiklang mit den Türmen der ebenso wuchtigen *katholischen Stadtpfarrkirche* für die still wirkende ländliche Stadt als erheblich zu groß. Der älteste Teil der Kirche aus Feldsteinen erbaut, 1416–1424 zu einer dreischiffigen Hallenkirche erweitert. Im Turm der älteste datierte Grabstein von Schlesien (1316). *Evangelische Kirche* nahebei »*Zur Burg Christi*«, nach 1945 zur Ruine verfallen, jedoch konservatorisch gesichert (1747 die

Kirche durch Umbau der Mauern auf dem alten Piastenschloß errichtet, Turm von 1821). Teile der Stadtmauern erhalten, kleiner Abschnitt im Westteil der Stadt 1972 konserviert. In der östlichen Vorstadt barocke Corpus-Christi-Kirche von 1729/40 erhalten.

Von der Straße nach Freystadt (Kożuchów) nach ca. 4 km Abzweigung links nach Wittgendorf (Witków). Katholische Kirche aus Granitfindlingen und Raseneisenstein (um 1400). Im sumpfigen Bachgelände mittelalterlicher Wohnturm (14. Jahrhundert).

FREYSTADT, *Kr. Freystadt*
Kożuchów, woj. Zielona Góra (Woj. Grünberg)

Einwohner

1939:   6 669 Deutsche
1983: ca. 10 000 Polen

Geschichte

Vorgänger das Waldhufendorf Siegersdorf um 1220. An seiner Dorfstraße um 1260–1265 Gründung der deutschen Stadt mit viereckigem Ring und Gitterschema. Unbedeutende Handwerker- und Ackerbürgerstadt, bis zum Stadtbrand von 1767 vorwiegend aus Holzhäusern. Im 19. Jahrhundert abseits des Verkehrs, daher noch heute doppelte Stadtmauer weitgehend erhalten. In preußischer Zeit Kreisstadt. Nach Besetzung im Mai 1945 zu 70 % zerstört (Brandstiftung).

Sehenswürdigkeiten

Stadtmauer mit Crossener Torturm. *Katholische Pfarrkirche* nordwestlich des Ringes, erstmals 1295 erwähnt, heutiger Bau aus dem 15.–16. Jahrhundert. Dreischiffige Hallenkirche, jedes Schiff mit besonderem Dach. Turm mit achteckigem Aufbau. Im

Innern Altäre im volkstümlichen Barock. Vom alten Rathaus blieb nach den Zerstörungen von 1945 im wesentlichen nur der Turm erhalten, die verbliebenen Mauerreste wurden modern wieder aufgebaut. Am Ring noch teilweise alte Bürgerhäuser, z. B. Nr. 22 – Fenster mit Renaissance-Gesims (Jahreszahl 1569). Vor dem Crossener Tor bauten die Karmeliter 1705 eine Kirche im alten Schloß an der Stadtmauer – alte Burg der Glogauer Herzöge –, 1810 als Zeughaus, später von evangelisch-lutherischer Gemeinde benutzt. 1973–84 in Selbsthilfe restauriert, jetzt städtische Bibliothek und Kulturhaus.

Im Süden, jenseits von Stadtmauer und Umgehungsstraße, *baufälliger Kirchturm*, Überrest der 1709 auf dem »Weinberg« vor dem Sprottauer Tor errichteten *Gnadenkirche*. Die sechs (Sagan, Freystadt, Hirschberg, Landeshut, Militsch und Teschen) den evangelischen Schlesiern aus »kaiserlicher Gnade« erlaubten Kirchenbauten (vor den Toren der Städte) hatte Karl XII. von Schweden 1707 in der mit dem Kaiser geschlossenen Konvention von Altranstädt durchgesetzt.

Erhalten an der ul. Żagańska (Saganer Straße) vor dem Saganer Tor die katholische Kirche »Zum Heiligen Geist«, frühere Dorfkirche von Siegersdorf mit zweijochigem Chor aus Feldsteinen, vermutlich im 14. Jahrhundert erbaut.

In den Kreisen Sprottau, Sagan, Freystadt und Lüben zahlreiche alte Dorfkirchen von kunsthistorischem Wert, zum Teil mit Altären, die auf Veranlassung des Konservators der Wojewodschaft Grünberg bzw. Liegnitz nach 1970 restauriert wurden. Nicht alle können angeführt werden: Sehenswert u. a. 6 km südöstlich von Freystadt Richtung Beuthen in *Zölling (Solniki)* alte *Wallfahrtskirche St. Martini*, auf kleiner Anhöhe mit Blick ins Land, gegründet um 1220 von Bischof Lorenz von Breslau, einschiffig, aus Feldsteinen in romanischem Stil, außen alte

Grabsteine der Gutsherren. Das Innere mit gotischen Netzgewölben und gotischen Rippen überspannt. Lutsch berichtet 1890 von Rissen im Turm, 1968 Restaurierung aus Gemeindemitteln, Sicherung des Turmes durch Stahlanker, Fassade getüncht. Weiter 5 km südlich in der Kirche von *Windischborau (Borów Polski)* Plastik St. Anna Selbdritt, 15. Jahrhundert, Lindenholz, 1971 konserviert (Neustädtel und Ottendorf, vgl. Route 2 von Glogau).

8 km nordöstlich Freystadt an der Straße nach Grünberg in *Streidelsdorf (Studzieniec)* Kirche aus Raseneisenstein und Findlingen (um 1500). Freistehender Holzturm, nur an der Südseite Fensteröffnungen. Deckengemälde, Übergang von Gotik zur Renaissance – Tempera auf Brettern der Decke des Presbyteriums, 1971–1973 restauriert. An der Außenwand des Chores alte Epitaphien.

11 km E 65 von Freystadt nach

NEUSALZ, *Kr. Freystadt*
Nowa Sól. woj. Zielona Góra (Woj. Grünberg)
Aufstrebende mittlere Industrie- und Hafenstadt am linken Oderufer. Straßenverkehrskreuz: Nordwest – Südost (Berlin – Breslau) und Nordost Richtung Posen (Poznań) und in östlicher Richtung nach Lodz (Łódź).

Einwohner

1939: 17 326 Deutsche
1956: 23 300 Polen auf 13,08 km²
1984: 36 000 Polen auf 17,04 km²

Hotel: »Polonia«, ul. Armii Czerwonej 14, Tel. 22-24, mit *Restaurant*
Touristenhotel (Dom Wycieczkowy): »Piast«, pl. Wyzwolenia 14, Kat. III, Tel. 35-71
Jugendherberge: Internat LO (Lyzeum), ul. Świerczewskiego 19, Tel. 22-71, Kat. I, geöffnet Juli–August.

Geschichte und Wirtschaft

1553 Errichtung des »Kammergut Zum Neuen Saltze« an der »alten Oder« durch Kaiser Ferdinand I., um das salzarme Schlesien vom polnischen Salz unabhängig zu machen. Siedewerk wird mit geläutertem Meersalz aus der Bai von La Rochelle und den Salzgärten der iberischen Küste versorgt. Oderschiffahrt über Hamburg und Stettin. 1710 Einstellung des Siedereibetriebes wegen Sperrung der Zufuhr durch Schweden. Umwandlung der Anlagen in eine Faktorei für Magdeburger und Hallenser Salinensalz. Neusalz entwickelt sich zum größten schiffahrttreibenden Platz an der schlesischen Oder. 1743 verleiht König Friedrich II. von Preußen das *Stadtrecht*. Zugleich Konzession für gewerbliche Niederlassung der Herrnhuter Brüdergemeine im Osten der Stadt. Aus ihren Gewerben entwickeln sich im 19. Jahrhundert Fabriken, u. a. die weit berühmte *»Gruschwitz-Textilwerke AG«*. Ausbeutung der Rasenerzlager, ferner Gießerei- und Emaillierwerke entwickeln sich zu Großbetrieben. Borstenzurichterei für Pinsel- und Bürstenfabriken. 1897 Inbetriebnahme des vergrößerten und modernisierten Hafens. Nach 1945 starker Ausbau der alten Industriezweige, Vernachlässigung des Hafens.

Zuwachs durch Randlage am neuen Kupferbergbaugebiet zwischen Liegnitz und Glogau. Von 1950–1975 Kreissitz anstelle von Freystadt. Stadt 1945 zu 30 % zerstört. Danach weiterer Aufschwung als Industrie- und Wohnstadt.

Bauwerke

Als Stadtgründung des 18. Jahrhunderts keine Altstadt. Verbreiterung der Hauptstraße Grünberg – Lüben – Breslau zum Markt. Aus der Gründerzeit vor allem in der Bahnhofstraße Jugendstilhäuser erhalten. An der Berliner Straße ehemalige evangelische Drei-

faltigkeitskirche, Backsteinbau der Neuromanik – 1835/39 nach Entwurf von Soller, heute katholisch, St. Antonius.

An der Straße zwischen Markt und Oder alte katholische Michaeliskirche, 1597 von den Evangelischen erbaut, heute unansehnlich wie der größte Teil der Industriestadt. An die Vergangenheit erinnert noch in einer Seitenstraße das schlichte Bethaus der Brüdergemeine mit einem Dachreiter als Glokkenturm. Ein Spaziergang an der Oder läßt den unfreundlichen Eindruck eines von Industrieschmutz, Übervölkerung und Armut geprägten Ortes vergessen. Wer Neusalz kennt, wird nicht versäumen, über die Oderbrücke in den Oderwald zu wandern. Bis Grünberg (Zielona Góra) 23 km.

DEUTSCH WARTENBERG, *Kr. Grünberg*
Otyń, woj. Zielona Góra (Woj. Grünberg)

Einwohner

    1939: 926 Deutsche
    1961: 1007 Polen

Nach 1945 Verlust des Stadtstatus. 1313 als Stadt belegt. Sitz einer Grundherrschaft mit Barockschloß, von dem noch Reste erhalten sind. Quadratischer Marktplatz mit Rathaus aus dem 17. Jahrhundert, umgebaut 1844. Katholische Stadtpfarrkirche, 16. Jahrhundert, Turm 1676. Ackerbürgerstadt, heute Landgemeinde. Der öffentliche Brunnen vor dem Rathaus, »Wasserpumpe«, schlesisch »Plumpe«, dient noch seiner Bestimmung.

Im nächsten Dorf auf der Straße nach Grünberg – Nittritz (Niedoradz) – links Abzweigung nach *Günthersdorf (Zatonie)*. Am Ortsrand Schloßruine (zugewachsen) der Herzogin von Sagan, ausgebaut durch Friedrich Schinkel, einzelne Bauformen noch erkennbar.

Zurück nach *Grünberg (Zielona Góra)*.

59 Görlitz. Rathaustreppe

60 Lauban. Rathaus

61 Muskau. Schloß. Ruine

62 Sorau. Schloß

63 Sagan. Blick auf die Stadtpfarrkirche

64 Bobertal

65 Sprottau. Ring mit Rathaus und katholischer Kirche

66 Strehlen. Pfarrkirche St. Gotthard

67 Lüben. Pfarrkirche

68 Sagan. Rückseite des Schlosses

69 Schwiebus. Stadtansicht

70 Ochelhermsdorf. Freilichtmuseum

71 Grünberg. Rathaus

72 Neusalz. Markt

73 Beuthen/Oder. Rathaus

74　Glogau. Innenstadt vor der Zerstörung

75 Glogau. Schloß

76 Glogau. Blick auf die Jesuitenkirche
und die Ruine St. Nicolaus

77 Wahlstatt. Klosterkirche

78 Glogau. Ruine des Doms

ROUTE 2   Nach Ostbrandenburg

Grünberg (Zielona Góra) – Züllichau (Sulechów) – Schwiebus (Świebodzin) – Crossen (Krosno Odrzańskie) – Guben (Gubin) – Sommerfeld (Lubsko) – Sorau (Żary) – Grünberg. Ca. 190 km

Ausfahrt aus Grünberg, ul. Sulechowska E 65, Oderbrücke in Tschicherzig – ab 1937: Odereck – (Cigacice), alte preußische Provinzgrenze zu Brandenburg. Hinter der Brücke rechts Anhöhe mit kleiner gotischer Kirche. 6 km nördlich der Oder am Südhang der diluvialen Sternberger Höhen liegt

ZÜLLICHAU, *Kr. Züllichau-Schwiebus* Reg.Bez. Frankfurt/Oder *Sulechów, woj. Zielona Góra* (Woj. Grünberg)

Einwohner

  1939: ca.   9 900 Deutsche
  1984: ca. 12 100 Polen

Geschichte

Um 1250 zu deutschem Recht durch die Herzöge von Schlesien gegründet, planmäßige Stadtanlage. 1319 urkundlich erwähnt als Teil der Herrschaft Crossen. 1482 brandenburgische Pfandherrschaft, 1538 als Lehen an Kurfürstentum Brandenburg, 1816 vereinigt mit dem Kreis Schwiebus zum Kreis Züllichau-Schwiebus.

Wirtschaft

Auf der Grundlage alten Tuchmacherhandwerks entwickelte sich bedeutende Textilindustrie. 1939: Tuch-, Kupferwaren-, Zigarren-, Möbel- und Bürstenfabriken. Sägewerke, Ziegeleien. 1945 Stadt zu 60 % zerstört. Nach Wiederaufbau Wiederaufnahme der alten Wirtschaftszweige, ferner Armaturenfabrik.
Durch Johannes Trojan (»Die 88er Weine«) Züllichauer Weinbau bekannt (1925 in und

bei Züllichau noch 25 ha, um Grünberg 130 ha). Der Weinbau reichte bis in den Posener Nachbarkreis Bomst.

Sehenswürdigkeiten

Spätgotische Stadtpfarrkirche, dreischiffiger schlichter Backsteinbau, Flügelaltar 1767 von Rode. Nahebei das 1697 neuerrichtete Crossener Tor, barock mit Wappen der Grundherrschaft. Erhaltene Teile der Stadtmauer 1959–1976 restauriert. Am Ring traten nach 1945 an die Stelle der alten zerstörten Bürgerhäuser schmucklose Neubauten. Das Rathaus aus dem 19. Jahrhundert mit achteckigem Turm blieb erhalten. Am Rathaus erinnert eine polnische Gedenktafel mit Relief an einen kurzen Besuch von Frédéric Chopin. Er machte 1828 auf der Hin- und Rückfahrt zu einer Naturforschertagung in Berlin hier zum Pferdewechsel Station und nutzte die Pause zum Klavierspiel.
Die aus Polen vertriebenen Reformierten hatten vom brandenburgischen Kurfürsten zunächst ein Gotteshaus im alten Schloß erhalten. 1752–1765 erbauten sie auf Grund königlichen Privilegs ihre Saalkirche, die zwar den Krieg überstand, aber unbenutzt dem Verfall preisgegeben ist. Nahe dem Stadttor ein gesicherter, aber unbenutzter Barockbau mit Turm, gehört zum ehemaligen Schloß.

20 km nach

SCHWIEBUS, *Kr. Züllichau-Schwiebus* *Świebodzin, woj. Zielona Góra* (Woj. Grünberg)

Einwohner

1939:   10 400 Deutsche
1984: ca. 17 500 Polen

Restaurant: »Jubileuszowa«, ul. 22 Lipca
9b, Kat. II (Hotel); »Lubuska«, ul. Gło-
gowska 26, Tel. 4302, Kat. II
Camping: »Światowid«, 3 km westlich an
E 14 am Wilkauer See (Jezioro Wilkow-
skie), Tel. Świebodzin 17-70
Campingplatz: Am See Liebenau (Lubrza)
9 km nordwestlich der Stadt
Regional-Museum: pl. Obrońców Pokoju 1
(Ring) im Rathaus

Touristen-Information: »Punkt it« LPGT
»Lubtour«, ul. 22 Lipca 9b (Hotel Lubus-
ki), Tel. 34-25, Telex 043-380
Schüler-Jugendherberge im Internat des Ly-
zeums, ul. Grottgera 2, Tel. 37-39

Lage

Kreuzung der West-Ost-Verbindung von
Berlin – Frankfurt/Oder – Posen (Poznań) –
Warschau (Warszawa) mit E 65 Nord-Süd:
Stettin (Szczecin) – Grünberg (Zielona Gó-
ra) – Hirschberg (Jelenia Góra) – Prag.

Geschichte

Im 12. Jahrhundert Burganlage, um 1250
planmäßige Stadtanlage, 1319 urkundlich
erwähnt. 1335 im Frieden zu Trentschin
(Trenčín) Verleihung der deutschen Stadtrechte und Übergang an die schlesischen
Piastenherzöge von Glogau. 1489 zu Böhmen bzw. Habsburg, vorübergehend
1686–1694 zu Brandenburg, 1742 mit Schlesien zu Preußen. (Die Mundart war schlesisch.) 1234 Gründung des 9 km nördlich
gelegenen Klosters Paradies, Kr. Meseritz
(heute: Dorf Gościkowo) durch die Zisterzienser. 1816 kommt Schwiebus durch die
Vereinigung der schlesischen Enklave mit
Züllichau zu Brandenburg.

Wirtschaft

Im 14. Jahrhundert begründeten flandrische
Weber das Tuchmacherhandwerk. Die
Tuchweber erhielten das Recht, ihre Waren
auf den Märkten von Großpolen anzubie-
ten. Noch um 1800 gab es 300 selbständige
Meister. Mit der Industrialisierung kamen
zur Textilindustrie Maschinen-, Möbel-,
Seifenfabriken (schon um 1860 »Stadt der
Schornsteine«), Braunkohlenbergbau.
Nach 1945 nahmen die Fabriken den Betrieb
wieder auf. Hinzu kamen als Schwerpunkt
elektrotechnische Werke, »Elterma« stellt
Öfen und Industrieanlagen her.

Sehenswürdigkeiten

Mittelalterliche Stadtanlage mit drei Baste-
en als Rest der Befestigung erhalten.
Nordöstlich vom Ring spätgotische Stadtpfarrkirche St. Michael, fünfschiffig mit
Netzgewölben, bedeutender geschnitzter
Flügelaltar St. Anna von 1556. Charakteristische Westfassade mit Haarnadeltürmen
schuf in Backsteingotik der Restaurator von
1850 bis 1858. Rathaus von 1541 wurde im
19. Jahrhundert umgebaut. Evangelische
Friedrichskirche in neugotischem Stil von
1899/1900.
Das alte Schloß, um die letzte Jahrhundertwende umgebaut, dient als Sanatorium für
körperbehinderte Kinder.
In Schwiebus lebte von 1738–1748 die Dich-
terin Anna Luise Karschin, geb. in Hammer
in der Südwestecke des Kreises, von Gleim
als »Deutsche Sappho« gerühmt.

Richtung Süden 40 km bis

CROSSEN, *Kr. Crossen*
Krosno Odrzańskie, woj. Zielona Góra
(Woj. Grünberg)

Einwohner

1939:   10 800 Deutsche
1984: ca. 10 800 Polen

Lage

An der Mündung des Bober in die Oder.

Hotel: »Pod Skarpą«, ul. Chrobrego 9, Tel. 24

Restaurant: »Krośnianka«, ul. Obrońców Stalingradu 2, Kat. III, Tel. 526 *Imbiß-Café:* »Wodnik«, ul. Grobla 29, Kat. I

Jugendherberge (im Lyzeum) ul. B. Wojska Polskiego 19, Kat. II, Tel. 176

Touristenhotel: Bungalows mit Restaurant. Seebad am See Gliebiel, 5 km nördlich der Stadt bei Łochowice (Lochwitz), ganzjährig geöffnet (»Ośrodek Turystyczno-Wypoczynkowy LPGT ›Lubtour‹«), Tel. 298

Camping für Zelte: 5 km Richtung Hirschberg (Jelenia Góra) in Gersdorf (Dąbie). 3 km südlich vom Dorf inmitten von Wäldern Erholungszentrum mit Seestrand.

Camping (Wohnwagen und Bungalows)*:* ul. Pocztowa 27, Kat. II, Tel. 560 (beim Stadion)

Geschichte

1005 als slawische Burg genannt, 1163 und 1319 zu Schlesien, Herzogtum Glogau; 1537 zu Brandenburg. Vermutlich 1235 durch Heinrich I. von Schlesien zu Magdeburger Recht gegründet. 1945 zu 65 % zerstört.

Sehenswürdigkeiten

Am rechten Oderufer (Neustadt) ursprünglich spätgotische Marienkirche, 1705–1717 im Barockstil umgebaut, schöner Barockturm 67 m hoch. 1958 bei Restaurationen an den Außenwänden zugemauerte gotische Fensteröffnungen wieder sichtbar gemacht.

Am linken Oderufer Piastenschloß, Renaissance, ausgebaut im 14., 15., 16. und 17. Jahrhundert, 1945 ausgebrannt, Torteil

1966/67 wiederaufgebaut und für Museum in Benutzung genommen.

Aus Crossen stammt der Schriftsteller Klabund (Alfred Henschke) 1890–1928.

40 km bis

GUBEN, *Kr. Guben, Niederlausitz*

1945 geteilt durch die Oder-Neiße-Linie.

Linkes Ufer: *Guben.*

Rechtes Ufer (Altstadt): *Gubin, woj. Zielona Góra* (Woj. Grünberg)

Einwohner

1939: 45 800 Deutsche, davon ca. 40 000 östlich der Neiße

a) Guben

1968: 27 900 Deutsche

b) Gubin

1980: 16 300 Polen

Lage

Inmitten einer fruchtbaren Obst- und Gartenbaulandschaft am Fuß der Gubener Berge

Hotel und Restaurant: Gubin, »Nysa«, ul. Dąbrowskiego 23, Tel. 115

Jugendherberge: Grundschule   Nr. 3 (Szkoła Podstawowa), ul. Iwaszkiewicza 50, Tel. 125, Kat. II

Restaurant: »Parkowa«, ul. Słowackiego 2, Tel. 599, Kat. II

Geschichte

Ursprünglich slawische Gründung, unter Markgraf Konrad von Meißen mit Deutschen besiedelt, 1235 Magdeburger Stadtrecht. Mit der Niederlausitz 1312 an Brandenburg, 1367 an Böhmen, 1635 an Kursachsen und 1815 an Preußen.

1945 zu 65 % zerstört – sinnlose Verteidigung eines Brückenkopfes.

Wirtschaft

Seit dem 15. Jahrhundert als Tuchmacherstadt bekannt. Obst- und Weinbau. 1939: ausgedehnte und vielseitige Textilindustrie, Hutfabriken, Maschinen-, Cellulose- und Bauindustrie. Nach 1945 eine Schuh- und eine Bekleidungsfabrik. Chemiefaser-Kombinat.

Sehenswürdigkeiten

Von den einst herrlichen Baudenkmälern stehen noch: das Rathaus aus der zweiten Hälfte des 15. Jahrhunderts, mehrfach umgebaut, 1945 beschädigt und danach wiederaufgebaut. Die Stadtkirche St. Lorenz, als Dauerruine gesichert, war eine dreischiffige Hallenkirche mit Chorumgang aus dem 16. Jahrhundert. Ihr massiver Wehrturm blieb unvollendet.
An den Abhängen der Hügel entstanden neue Wohnviertel.

SOMMERFELD, *Kr. Crossen*
Lubsko, woj. Zielona Góra (Woj. Grünberg)

Einwohner

1939: 10 800 Deutsche
1984: 13 800 Polen

Restaurant: »Zacisze«, ul. Reja 11, Kat. III
Jugendherberge: Internat Liceum Ekonomicznego, ul. Dąbrowskiego 1, Tel. 203-98, Kat. II – nur Juli und August

Sommerfeld erhielt 1220 Stadtrecht.
Ältere Baudenkmäler: Stadtkirche aus der zweiten Hälfte des 13. Jahrhunderts, ausgebaut im 15. und 16. Jahrhundert. Rathaus im Renaissancestil von 1580. Im Nordwesten Burg aus dem 15. und 16. Jahrhundert, umgebaut 1730–1739.
Reste der Stadtbefestigung mit einer Bastei.

30 km bis

SORAU, *Kr. Sorau, Niederlausitz*
Żary, woj. Zielona Góra (Woj. Grünberg)

Einwohner

1939: 25 900 Deutsche
1983: 36 500 Polen

Lage

Am Nordabhang des Lausitzer Grenzwalls; im Süden der Sorauer Wald mit dem Rükkenberg (229 m)

Hotel: »Łużycki«, ul. M. Buczka 15, Tel. 35–32
Jugendherberge: Grundschule – Szkoła Podstawowa, ul. Witosa, Tel. 31–52, Kat. II, mehrere Restaurants
PKS-Fernbus nach allen größeren Städten

Geschichte

Älteste Stadt der Niederlausitz, 1260 Magdeburger Stadtrecht. 1939 bedeutende Textil- und Porzellanindustrie, in der Umgebung Braunkohlenbergbau. 1945 Stadt zu 60 % zerstört.

Sehenswürdigkeiten

Planmäßige, schachbrettartige Stadtanlage mit Ring im Zentrum wie in Schlesien üblich. Wesentliche Baudenkmäler erhalten oder wiederaufgebaut: »*Die drei Getreuen*« hießen einst die Wahrzeichen der mittelalterlichen Stadt: *Glockenturm, spätgotische Pfarrkirche* und *Wächterturm*. Glockenturm (14./15. Jahrhundert), Teil der Befestigung. Bei der Kirche fanden die Polen Reste der Romanik. Chor 1308 begonnen, Beendigung des Kirchenbaues 1430. Anbau der Barbarakapelle 1445, heute Sakristei. 1672 Totenkapelle des Geschlechts von Promnitz. Kirche 1864 restauriert, 1975–1980 Wiederherstellung nach Kriegsschäden.

Gotisches Pfarrhaus, 15. Jahrhundert, in den Nachkriegsjahren verfallen, 1980 wiederaufgebaut, ebenso Häuser am Kirchplatz Nr. 1 und 2.

Rathaus, älteste Teile 14. Jahrhundert, mehrfach um- und ausgebaut. Turm und repräsentativer Eingang von 1617, Mosaik 1925. Im Erdgeschoß Tuchhallen, jetzt Selbstbedienungsrestaurant.

Stadtmauer aus dem 14. Jahrhundert, soweit im 19. Jahrhundert nicht abgetragen, als Fragmente im Nordostteil der Altstadt restauriert. Dort Heilig-Geist- und Heilig-Kreuz-Kirche auf gotischem Grundriß 1702 neuerbaut und im 18. und 19. Jahrhundert verändert.

In der Nordostecke der Altstadt *Biberstein-Schloß* auf Grundlage frühmittelalterlicher Burg 1540–1549 im Renaissancestil aus- und umgebaut. Im östlichen Teil in den zwei oberen Stockwerken Kapelle. *Turm um 1700* umgebaut, dort 1824 Gefängnis, 1930 Heimatmuseum. Daneben *Barockresidenz* der Grafen *von Promnitz,* 1710–1720 nach Entwurf von Giulio Simonetti. 1966 abgesichert, 1984 Restaurierung begonnen.

Zurück über Naumburg/Bober (Nowogród Bobrzański) nach Grünberg.

ROUTE 3   Nach Schlawa (Schlesiersee)

Grünberg (Zielona Góra) – Schloß Carolath (Siedlisko) – Schlawa (Sława) – Saabor (Zabór) – Grünberg (Zielona Góra). 120 km

E 65 23 km bis Neusalz (Nowa Sól) – vgl. S. 217 über die Oderbrücke –, 8 km bis

CAROLATH, *Kr. Glogau*
Siedlisko, woj. Zielona Góra (Woj. Grünberg)

Das Schloß der Fürsten von Carolath auf dem rechten hohen Oderufer zwischen Beuthen/O. und Neusalz brannte nach 1946 völlig aus. Als *Ruine eines der großartigsten Renaissance-Schlösser* noch sehenswert. Erbaut 1597–1618 nach Plänen des Grundherrn Georg von Schönaich, ausgeführt von Maurermeister Melchior Deckhart aus Liegnitz. Kaiser Rudolf II. von Habsburg hatte Georg von Schönaich, der bereits Muskau, Sprottau, Parchwitz und Freystadt besaß, mit Beuthen und Carolath belehnt.

Das Geschlecht – von Friedrich dem Großen in den Fürstenstand erhoben – behielt seinen Besitz bis 1945. Torhaus, das erhalten blieb, und Ostflügel wurden teilweise in Selbsthilfe zur Nutzung für einen Pfadfinderstamm wieder hergerichtet. Wappen am Portal des Torhauses und im Innenhof. Fähre über die Oder nach Beuthen anstelle der 1945 gesprengten Oderbrücke (ob fahrbereit, fraglich!).

Durch Kiefernwälder zum *Tarnauer See* (Tarnów Jez.). Links der Straße vor dem See Campingplatz, unbewirtschaftet. Baden möglich.

Von Carolath 25 km bis

SCHLAWA, *Kr. Glogau* (seit 1937 Schlesiersee)
Sława, woj. Zielona Góra (Woj. Grünberg)

Fremdenverkehrsort am Ostzipfel des gleichnamigen größten natürlichen Sees in Schlesien (Sławskie), 874 ha, 9,2 km lang, 1,6 km breit.

Einwohner

1939:   1605 Deutsche
1984: ca. 2700 Polen

Hotel: »Słoneczny«, ul. Odrodzonego Wojska Polskiego 19, Tel. 260, Kat. II

Camping: am gleichen Ort
und *Zeltplätze:* Tel. 390, Mai–September
Jugendherberge: plac Marchlewskiego 24,
Tel. 316, Kat. II, Juli–August

Auf dem Markt die evangelische Fachwerkkirche (1835) verfällt. Benutzt wird die katholische Kirche St. Michael (14. Jahrhundert, spätere Umbauten). Daneben Schloß
von 1735.
Weiterfahrt nach Glogau (Głogów) (vgl.
S. 225) und zurück über Beuthen/Oder (Bytom Odrzański) – Neusalz (Nowa Sól) (vgl.
S. 217) 80 km bis Grünberg (Zielona Góra)
oder: von Schlawa (Sława) Rückfahrt am
Nordrand des Sees über Kontopp (Kono-
top) – Boyadel (Boyadło) – Oderfähre (vorher fragen, ob sie betriebsbereit ist!) und
Saabor (Zabór) 55 km bis Grünberg.

Saabor (Zabór) – 1936 Fürsteneich – ist
bekannt durch sein *Schloß*, 1744 großzügig
im Barockstil umgebaut als dreiflüglige Anlage mit seitlichem Turm. Der Herrensitz
kam 1783 an die Fürsten zu Carolath/Beu-
then und war bis 1945 Sitz der jüngeren
Linie der Prinzen von Schönaich-Carolath.
Letzte Besitzerin war die Witwe von Prinz
Johann Georg von Schönaich-Carolath,
Hermine, die zweite Gemahlin Kaiser Wilhelms II., die er in seinem Exil in Doorn/
Niederlande geheiratet hatte. Sie lebte nach
dem Tode Wilhelms II. im Jahre 1941 wieder
in Saabor bis zur Flucht Anfang 1945. Das
Schloß blieb unzerstört, wurde aber ausgeplündert und verwahrloste zunächst.
1956–1960 wurde der Bau wiederhergestellt
und zunächst als Kinderheim, später als
Sanatorium benutzt.

VIII. Glogau und Umgebung

Glogau, Kr. Glogau

Głogów, woj. Legnica (Woj. Liegnitz)

Bis zum Dreißigjährigen Krieg nach Breslau bedeutendste Stadt Niederschlesiens in der fruchtbaren breiten Oderniederung am Nordrand des schlesischen Landrückens. Die Trümmerwüste der 1945 zerstörten, nicht wieder aufgebauten Altstadt wirkt – einzig unter den schlesischen Städten – als eindrucksvolles, erschütterndes Mahnmal des letzten Krieges.

Einwohner

1939: 30172 Deutsche
1960: 9200 Polen
1970: 20600 Polen
1975: 34200 Polen
1985: 66400 Polen

Unterkunft und Verpflegung

Hotel: »Kasztelański«, ul. Brama Brzostowska 1, Tel. 320-61; Kat. II, mit Restaurant; »Chrobry«, ul. Wita Stwosza 3, Tel. 340-11; »Neptun II«, ul. Piotra Skargi 31, Tel. 348-45
Jugendherberge: ul. Skłodowskiej – Curie 11
Restaurant: »Kameralna«, ul. Wolności 4, Kat. III
Schnellimbiß: »Ekspres«, ul. Elektryczna 2; »Stańczyk«, ul. Wojska Polskiego 3
Milchbar: »Kotek«, plac Tysiąclecia 1
Café: »Malwa«, plac Tysiąclecia, Kat. II; »Natasza« (im Kulturzentrum), ul. Obrońców Pokoju, Kat. I
Verkehr: PKS-Fernbusbahnhof ul. Łużycka nahe Bahnhof (Dworzec PKP)

Autoservice: ul. Kossaka 2, Tel. 338-70 (Polmozbyt)

Geschichte

1010 bezeichnet der Geschichtsschreiber Thietmar von Merseburg »urbs glogua« als wichtigen Stützpunkt der Slawen, 1157 von Kaiser Barbarossa vergeblich belagert. Neugründung als deutsche Stadt 1253 durch Piastenherzog Konrad I., nach Teilung des Fürstentums Breslau Sitz eines selbständigen Fürstentums. 1490 als erledigtes Lehen an Böhmen. 1630–1632 Ausbau zur starken Festung, danach im Dreißigjährigen Krieg umkämpft und zerstört. Vorher ca. 12000, 1648 noch 2000 Einwohner. Nach 1742 durch Friedrich den Großen Ausbau als Festung, Garnison und Verwaltungssitz für Niederschlesien.
1809 Verlegung der Behörden nach Liegnitz (Bildung des Reg.-Bez. Liegnitz). 1945 siebenwöchige Verteidigung als improvisierte Oderfestung. Durch Kampfhandlungen und nach Einmarsch der Sowjets Zerstörung zu mehr als 90 %. Alle Kirchen und historischen Gebäude brannten aus. Polnischer Wiederaufbau zögernd ab der sechziger Jahre (Kupferbergbau). Die polnische Entscheidung, aus wirtschaftlichen Gesichtspunkten die Ruinen der Innenstadt einzuebnen statt wiederaufzubauen, konservierte den Zustand von 1945. Neuerdings ist jedoch ein Wiederaufbau der Innenstadt vorgesehen.

Wirtschaft

1291 Handelsprivileg am Oderübergang der von Görlitz nach Posen–Thorn–Ostsee führenden Handelsstraße und Abzweigung von der nach Breslau führenden Salzstraße. Seit dem 18. Jahrhundert wirtschaftliche Entwicklung gehemmt durch Festungsstatus, aufgehoben erst 1903. Im 3. Jahrzehnt des 19. Jahrhunderts langsamer wirtschaftlicher Aufstieg, Entwicklung der Oderschiffahrt, Eisenbahnanschluß Breslau–Stettin, Zweigbahnen nach Sagan und Lissa. Einige Werke der Textil- und Elektroindustrie, Eisengießerei, Maschinen- und Möbelfabriken. Wiederaufnahme nach 1960, 1971 Neuerrichtung einer Kupferhütte zur Verarbeitung der bei *Kunersdorf* geförderten Kupfererze (vgl. Bevölkerungsentwicklung).

Sehenswürdigkeiten

Am Südostrand des Ruinenfeldes im Äußeren wiederhergestellt die zweitürmige barocke *Jesuitenkirche*, 1696–1715 von dem italienischen Architekten Giulio Simonetti und danach vom fürstbischöflichen Baumeister Johann Peintner errichtet. An der Fassade der wiederaufgebauten Kirche (nur der Chor war durch Bombentreffer aufgerissen) wurden 1970 im Auftrag der Gemeinde Renovierungsarbeiten durchgeführt. Man bewahrte die ursprüngliche Stuckausstattung ohne Rekonstruktion ihrer Fehlstellen. Wieder in Benutzung.
An den Chor der Kirche schließt sich der ebenfalls im Äußeren wiederhergestellte Bau des *Jesuitenkollegs* an, Fassade von 1730, bis 1945 katholisches Gymnasium. Südlich der Jesuitenkirche stand die *evangelische Garnisonkirche*, Ruine abgerissen. Westlich Ruine der *katholischen Pfarrkirche St. Nikolaus*, mittelalterlicher Backsteinbau. Der massige gotische Viereckturm wurde so konserviert, wie ihn ein Artilleriegeschoß zerstört hatte. Die Mauern des Langhauses

und Presbyteriums wurden gesichert, ein Teil des Bauwerks soll später zu Ausstellungszwecken genutzt werden. Abgetragen sind die Ruinen der evangelischen *Kirche »Zum Schifflein Christi«*, unweit westlich der katholischen Kirche St. Nikolaus. Südlich dieser Ruine blieb erhalten das Gebäude des *Amtsgerichts*. Vom *Rathaus* steht noch die ausgebrannte Ruine am Marktplatz westlich der Jesuitenkirche. Erhalten blieben lediglich im Erdgeschoß drei Säle mit spätgotischen Zellen- und Netzgewölben auf Säulen. An der Ostseite des Rathauses stand das *Stadttheater* von 1799. An der Ruine ist in der Mitte noch der Portal-Vorbau erkennbar, und zwar im Obergeschoß das Gewölbe, unter dem die Büste von Andreas Gryphius, des berühmten Barockdichters und Sohnes der Stadt, stand; sie soll im Museum erhalten sein. Auf der anderen Seite, im Nordwesten des Ruinenfeldes nahe der Oderbrücke, wurde das *Schloß* als einziges Bauwerk der Innenstadt nach schweren Zerstörungen vollständig wiederaufgebaut. Von dem mittelalterlichen Doppelhaus blieb bei der Umgestaltung im Barockstil (1652–1669) der runde Bergfried erhalten und bewahrte beim jüngsten Wiederaufbau seine Gestalt. Im Schloß ist seit 1978 ein *Museum* eingerichtet (Muzeum Hutnictwa i Odlewnictwa Metali Kolorowych, ul. Brama Brzostowska, Tel. 20-81). Südlich des Schlosses wurden Relikte der ältesten Pfarrkirche von Glogau, *St. Petri*, von den polnischen Restauratoren gesichert und der Grundriß der Kirche sichtbar gemacht. Dort wurde auch ein Stück der alten Stadtmauer fragmentarisch als Ziegelbau restauriert bzw. neu aufgebaut. In den Anlagen südlich des Schlosses steht ein neues Denkmal der traditionsreichen Oderbrückenstadt. Über die Oderbrücke – nach dem Kriege wiederhergestellt – zur *Ruine des Domes*. Der gotische Backsteinbau mit romanischen Relikten, das bedeutendste Bauwerk des Mittelalters in Glogau, brannte

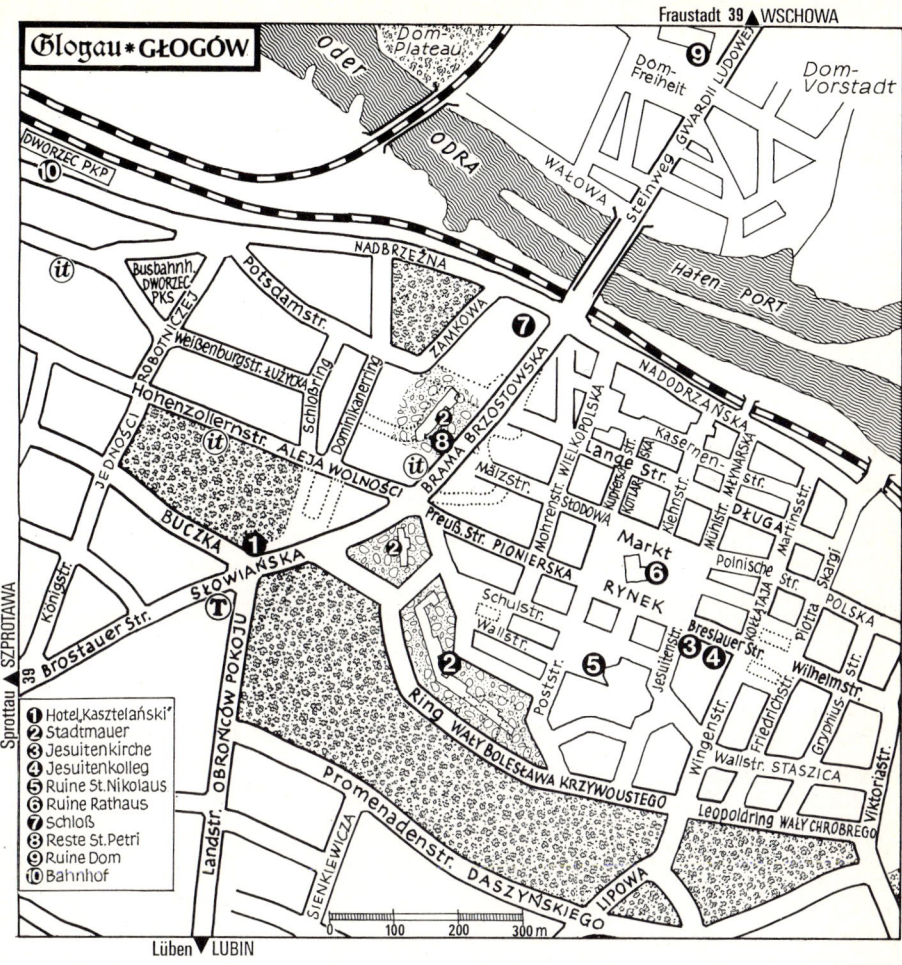

Glogau ∗ GŁOGÓW

1. Hotel „Kasztelański"
2. Stadtmauer
3. Jesuitenkirche
4. Jesuitenkolleg
5. Ruine St. Nikolaus
6. Ruine Rathaus
7. Schloß
8. Reste St. Petri
9. Ruine Dom
10. Bahnhof

1945 vollständig aus. Erhalten blieb der 1842 neuerrichtete Turm. 1964/65 wurde die Ruine auf dauerhafte Weise gesichert, ausgefallene Teile der Umfassungsmauer vervollständigt, die gewölbten Kapellen mit kleinen Schutzdächern abgedeckt. Der Baukörper blieb ohne Bedachung. (Zum Domschatz gehörte eine 1518 von Lucas Cranach gemalte Madonna mit Kind, seit 1945 verschollen, ebenso zerstört das Grabmal der Herzogin Mechthilde, Gemahlin Heinrichs II. und Tochter Herzog Albrechts von Braunschweig, aus der ersten Hälfte des 14. Jahrhunderts.) Mit dem Wiederaufbau der Innenstadt wurde begonnen.

Berühmte Persönlichkeiten

Andreas Gryphius, 1616–1664, größter deutscher Barockdichter. Erstes Bühnenstück in schlesischer Mundart »Die geliebte Dornrose«. Gryphius war in Leiden (Holland) lesender Magister der Philosophie gewesen und hat Berufungen an die Universitäten Heidelberg und Uppsala (Schweden) abgelehnt. Von 1650–1664 wirkte er als Syndikus der Stände des Fürstentums Glogau. Glogau ist außerdem Geburtsort des Krakauer Philosophieprofessors *Johannes Schelling* von Glogau, geb. 1507, von *Caspar Elyan,* der 1475 die Buchdruckerkunst in Schlesien einführte, von *Bernhardus Rosa,* geb. 1624, Abt der Zisterzienserabtei Grüssau, von *Karl Konrad Streit,* geb. 1751, der

1786 die »Schlesischen Provinzialblätter« begründete und von *Heinrich Förster,* des während des Kulturkampfes im Exil verstorbenen Fürstbischofs von Breslau, des Strafrechtlers *Ernst von Beling,* des Kirchenhistorikers und Begründers des »Quickborn« *Hermann Hofmann* und des Schriftstellers *Arnold Zweig.*
E. T. A. Hoffmann verbrachte hier seine Referendarzeit, *Fritz Reuter* einen Teil seiner Haftzeit (»Ut mine Festungstid«).

ROUTE 1   Glogau (Głogów) – Schlichtingsheim (Szlichtyngowa) – Fraustadt (Wschowa) – Lissa (Leszno) – Seitsch (Siciny) – Guhrau (Góra). 67 km
Rückfahrt entweder

ROUTE 1a)   Herrnstadt (Wąsosz) – Polkwitz (Polkowice) – Glogau. 100 km

ROUTE 1b)   Oderfähre – Köben (Chobienia) – Raudten (Rudna) – Glogau (Głogów). 65 km

Richtung Rawitsch (Rawicz) 13 km bis

SCHLICHTINGSHEIM, *Kr. Fraustadt*
Szlichtyngowa, woj. Leszno (Woj. Lissa)

Einwohner
   1939: 1038 Deutsche
   1984: 1500 Polen

1,5 km jenseits der alten schlesisch-großpolnischen Grenze, durch deutsche protestantische Auswanderer gegründet. Sie waren während des Dreißigjährigen Krieges aus schlesischen Grenzgebieten nach Polen geflüchtet. 1644 erteilt König *Władysław IV.* von Polen dem Grundherrn Georg von Schlichting die Erlaubnis zur Stadtgründung auf seinem Gut. Kleine Handwerkerstadt, im Mittelpunkt Marktplatz. Rathaus von 1926 abgerissen. Sehenswert aus der Gründungszeit der Stadt die evangelische Fachwerkkirche mit freistehendem Glockenturm (Grenzkirche der schlesischen Protestanten des Herzogtums Glogau), heute polnisch-katholisch.

Richtung Lissa (Leszno) 12 km bis

FRAUSTADT, *Kr. Fraustadt*
Wschowa, woj. Leszno (Woj. Lissa)

Grenzstadt an der Straße Glogau–Posen–Warschau

Einwohner
   1939: 7740 Deutsche
   1984: 11000 Polen

Geschichte

Gründung durch deutschrechtliche Umsetzung eines Dorfes um 1273. 1290 »Frowenstadt«, zunächst beim Herzogtum Glogau, 1346 als »königliche Stadt« zu Polen. Königlich-polnische Privilegien: 1345 Zollfreiheit in ganz Polen, Tuchhandel nach Rußland, 1349 Bestätigung des Magdeburger Stadtrechts, bis 1663 königliche Münze. Unter den Königen von Polen bis zuletzt Bewahrung des deutschen Charakters, durchgängig deutsche Sprache in Verwaltung und Rechtsprechung. Wirtschaftliche

Stärke durch Tuchmacherei und Handel. 1555 Reformation, Zufluchtsort für evangelische Glaubensflüchtlinge aus Schlesien (Andreas Gryphius als Gymnasiast 1632–1634, kehrt 1647 zurück und heiratet 1649 hier die Bürgerstochter Anna Deutschländer). Berühmt: Valerius Herberger (1562–1627), evangelischer Pastor, Kirchenliederdichter und Schriftsteller. Mehrfach hielten in Fraustadt an der Hauptstraße zwischen Sachsen und Polen die sächsischpolnischen Könige Reichstage ab. Bei der 2. Teilung Polens 1793, endgültig 1815, fiel das Fraustädter Ländchen an Preußen – bis 1920 Provinz Posen, Kreisstadt, danach zur Grenzmark Posen-Westpreußen, seit 1938 zur Provinz Schlesien. 1950 Wojewodschaft Zielona Góra (Woj. Grünberg), 1975 Wojewodschaft Leszno (Woj. Lissa).

Sehenswürdigkeiten

1945 geringe Kriegszerstörungen. In der Mitte des Marktplatzes stattliches Rathaus, 1435 belegt, letzter Umbau 1860/70 – neuromanisch. Vom Markt führen zwei Straßen parallel nach Norden und Süden und vereinigen sich vor den beiden Stadttoren. Reste der Stadtmauer erhalten (Grünanlagen). Im Norden an der Stadtmauer die katholische Stadtpfarrkirche, älteste Teile 14. Jahrhundert, hochragender Turm von 1580. Nach dem Brand von 1685 Neubau mit ellipsenförmiger Umgestaltung des Mittelschiffs. Im Innern Barockausstattung durch Pomponius Ferrari (1720–26). Im Osten vor der Stadtmauer das *Bernhardinerkloster mit Kirche,* 1629 im Barock erneuert, seit 1945 Franziskanerniederlassung. Die Kirche wurde im 18. Jahrhundert im Innern prächtig im Rokokostil ausgestaltet. Südöstlich vom Markt, entgegengesetzt der katholischen Pfarrkirche am polnischen Tor, blieb die *evangelische Kirche »Zum Kripplein Christi«* als römisch-katholische Kirche erhalten. Diese ursprüngliche Notkirche von 1604 wurde nach Bränden von 1644 und 1685 wiederaufgebaut. Der Glockenturm gehörte zur Stadtmauer.

18 km bis

LISSA, 1815 bis 1920 *Kr. Fraustadt, Prov. Posen*
Leszno, seit 1975 Sitz einer Wojewodschaft

Einwohner

1946: 20800
1980: 45000

Hotel und Restaurant: »Leszno«, ul. Słowiańska 11, Tel. 22-17, Kat. I
Hotel: »Centralny«, ul. Słowiańska 30, Tel. 22-10, Kat. II
Jugendherberge: Szkoła Podstanowa, pl. Dra Metziga 14, Tel. 40-02
Restaurant: »Parkowa«, ul. 17 Stycznia – w. Parku Tysiąclecia, Kat. I; »Wieniawa«, Rynek 29, Kat. I; »Wielkopolanka«, aleja Czerwonej Armii 18, Kat. II
Café: »Trojka«, ul. Sułkowskiego 46, Kat. I; »Ratuszowa«, Rynek, Kat. III
Schnellimbiß: »Dworcowy« ul. Dworcowa (am Bahnhof), Kat. III
Milchbar: ul. Słowiańska 51

Geschichte

Entstehung der Stadt auf Grund der besonderen politischen und religiösen Verhältnisse. Am Anfang steht das Bemühen des polnischen Königs Władysław IV. um Toleranz und Aussöhnung der Konfessionen, die in seinem Staat gleichberechtigt waren. Nach der Reformation wanderten Evangelische aus Böhmen und Schlesien über die Grenze und ließen sich beim Dorf Lissa nieder. Der Grundherr, Graf Raphael Leszczyński, verlieh 1547 dem Ort deutsches Stadtrecht. Seine Familie – böhmischer Adel – war 1470 eingewandert. Sein Nachkomme Raphael IV. trat zum evangelischen Glauben böhmischen Bekenntnisses über und nahm 1620 die nach der Schlacht

am Weißen Berg aus Böhmen vertriebenen
Böhmischen Brüder auf. 1628 folgten tausende evangelische Schlesier, verdrängt
durch die Rekatholisierung der Wallenstei-
ner und Mansfelder im Glogauer Erbfür-
stentum. Starker Zuzug von Tuchmachern
und gehobenem Bürgertum kam aus der
schlesischen Stadt Guhrau; dort wanderte
die Hälfte der Bürger, unter den Bedrängun-
gen der Gegenreformation, als Protestanten
nach Polen aus. 1638 entstanden rund um
Lissa fünf neue deutsche Städte, darunter
Rawitsch (Rawicz). Der Grundherr, Graf
Leszczyński, machte den Fraustädter Kreis-
richter Georg von Schlichting zum Stadthal-
ter seiner Grafschaft. Geistlicher Oberhirte
der Böhmischen Brüder in Lissa wurde 1628
Johann Amos Comenius, aus Fulnek in
Böhmen vertrieben. Er machte Lissa zum
Hauptort der Brüdergemeine und wurde
1632 ihr Bischof. Der später weltweit bekannte Pädagoge hatte in Herborn und Heidelberg studiert. Er schrieb seine ersten
Werke in Lissa, meist lateinisch, später in
viele Sprachen übersetzt; sein bahnbrechen-
des Hauptwerk für die frühkindliche Erzie-
hung »Informatorium der Mutterschul«
verfaßte er in deutscher Sprache (1628–31).
Bald wurde in vier Gotteshäusern der Stadt
das Evangelium verkündet. 1635 gründete
Graf Raphael IV. in Lissa das »Gymnasium
illustre reformatorium«. Die Böhmischen
Brüder und aus Schlesien ausgewanderte
Tuchmacher und Händler brachten die
Stadt zu Wohlstand und Blüte. Als Haupt-
sitz der Böhmischen Brüder wurde sie in
den Nordischen Kriegen 1656 und 1707
durch die Polen eingenommen und stark
zerstört. Als Tuchmacherstadt blieb sie weiterhin bedeutend. 1793 kam Lissa an
Preußen, ab 1815 zur Provinz Posen gehörig. Im 19. Jahrhundert entstanden Maschi-
nen- und andere Industrien. Das bis 1918
überwiegend deutsche Bürgertum wanderte
nach der Wiedererrichtung des polnischen
Staates größtenteils ab.

Sehenswürdigkeiten

Stadtanlage nach deutschem Grundriß. Am
Marktplatz in der Mitte das *Rathaus*,
16. Jahrhundert, Umbau durch Pomponius
Ferrari 1707–09 im Barockstil; die Haube
des quadratischen Turmes 1817 erneuert.
Am Ring bemerkenswerte barocke *Patri-
zierhäuser* Nr. 15, 16, 26 u. 29, Zeugen
früheren Wohlstands.
Südlich des Ringes die barocke *katholische
Pfarrkirche*, ul. Kościelna, 1686–1696 als
dreischiffige Halle unter Leitung eines italienischen Baumeisters erbaut, 1709 umgebaut. Westlich *katholische Nationalkirche*,
plac Metziga (Św. Krzyża), früher evangelische Kreuzkirche, 18. Jahrhundert, Barock,
Entwurf von Pomponius Ferrari 1711,
Turm erneuert 1782 von Martin Frantz.
Turmhelm von 1910, einst bedeutendste
evangelische Kirche in der Provinz Posen.
Daneben im historischen Pfarrhaus (ul.
Metziga 17) *Regionalmuseum* mit ethnogra-
phischer, geschichtlicher und archäologischer Abteilung. Östlich – ul. Chrobrego
jetzige *Garnisonkirche* Św. Jana – Johanniskirche, frühere Kirche der Böhmischen Brüder, erbaut 1652–54, 1714 spätbarock erneuert. Daneben drei alte Linden, davor das
Denkmal des Bischofs Johann Amos Comenius. Nördlich des Ringes, nahe dem plac
Kościuszki, das barocke Sulkowski-Palais
(plac Sułkowskich), 1755–1763.
Rückfahrt nach Guhrau (Góry) 22 km.

4 km vor der Stadt Abzweigung in Schlabitz
(Sławęcice) rechts nach

Seitsch (Siciny)

Sehenswert ist die St.-Martinus-Kirche,
nach Abbruch einer älteren Kirche im
Auftrag des Klosters Leubus 1736–40 durch
den Liegnitzer Baumeister Martin Frantz im
Hochbarock neu erbaut. Vorbild war die
St.-Nikolaus-Kirche in der Prager Altstadt
von Kilian Ignaz Dientzenhofer. Turm 1777

vollendet. Das Innere reich ausgemalt und stuckiert von Johann Anton Felder und Ignaz Axter aus Böhmen, den gleichen Künstlern, welche die Barockkirche im Städtel Leubus ausmalten. Bis 1810 im Besitz des Klosters Leubus, danach des preußischen Staates, Schlüssel im Pfarrhaus.

GUHRAU, *Kr. Guhrau*
Góra, woj. Leszno (Woj. Lissa)

Kleinstadt im Hügelland der Bartschniederung.

Einwohner

1939: 5436 Deutsche
1984: 8500 Polen

Geschichte

1289 gegründet als deutschrechtliche Stadt von Heinrich III. von Glogau. Im Mittelalter mit 10 ha Fläche innerhalb der Mauern eine der größten Städte von Niederschlesien. Bedeutender Tuchhandel nach Polen. Einschnitt in die Geschichte der Stadt: Rekatholisierung 1628/29, Abwanderung der Hälfte der Bürger. Vom 17.–19. Jahrhundert Stadt der Windmühlen (1840 im Stadtgebiet über 80 Windmühlen). Innenstadt am 10.10.1759 nach der Schlacht von Kunersdorf von russischen Truppen in Brand gesetzt. 1945 nach Besetzung zu 30 % zerstört. Bis 1975 Kreisstadt in der Wojewodschaft Wrocław (Breslau).

Sehenswürdigkeiten

Erhalten ist der mittelalterliche, ovale Stadtgrundriß. 1966 Abbruch der evangelischen Pfarrkirche mit dem alten Rathausturm auf dem Ring. Erhalten Teile der Stadtmauer und der *Dohlenturm*. Einziges historisches Bauwerk die *St.-Katharinen-Kirche*, Backsteingotik, 15./16. Jahrhundert als dreischiffige Hallenkirche erbaut. Nach 1960 Ein-

sturz von Teilen der Kirche und Wiederaufbau. Wertvoller gotischer Flügelaltar nach 1945 in den Posener Dom übergeführt.
In Guhrau wurde der Philosoph und Philosophiehistoriker Benno Erdmann (1851–1921), der in Kiel, Breslau, Halle, Bonn und Berlin gelehrt hat, geboren.

Rückfahrt Route 1a:

Richtung Trachenberg (Żmigród) 15 km bis

HERRNSTADT, *Kr. Guhrau*
Wąsosz, woj. Leszno (Woj. Lissa)

Einwohner

1939: 2532 Deutsche
1970: 2073 Polen

1945 Verlust des Stadtrechts, 1966 stadtartige Siedlung. Alte Land- und Ackerbürgerstadt aus der Besiedlungszeit (Weichbildstadt um 1292), Marktplatz mit Rathaus und einigen alten Bürgerhäusern, 1945 zu 65 % zerstört. Stadtpfarrkirche St. Matthias 1776 erneuert. Erhalten Schloß mit Bauteilen der Renaissance und des Barock.

12 km bis Winzig (Wińsko) auf dem schlesischen Landrücken, vgl. S. 251

14 km bis Steinau (Ścinawa) – Oderbrücke vgl. S. 251

16 km bis Lüben (Lubin) vgl. S. 247 f.
Auf der Straße 42 15 km bis

POLKWITZ *(seit 1937 Heerwegen),*
Kr. Glogau
Polkowice, woj. Legnica (Woj. Liegnitz)

Einwohner

1939:	1599 Deutsche
1961: ca.	4000 Polen
1971:	10597 Polen
1980: ca.	20000 Polen

weiterhin steigende Einwohnerzahl als Folge des Abbaues der Kupfererzlager.

Gründung nach deutschem Recht vor 1291 neben slawischer Siedlung. Planmäßiger Grundriß, quadratischer Hauptmarkt, daneben ein »Salzring«. Das Rathaus, mit 1687–96 wieder aufgebautem Uhrturm und einem neuen Teil im italienischen Palazzostil, und die katholische St.-Michaelis-Kirche gehören zur Geschichte der früher unbedeutenden Kleinstadt.

Erhalten an der Kirche eine Tafel, die an ihren Wiederaufbau nach der Zerstörung im 30jährigen Krieg erinnert. Auf der einen Seite eine wappenartige Darstellung des Erzengels, Inschrift: »Zu Lob und Glory Gottes in Christo«, und auf der anderen Seite »Und S. Michaelis deß Ertzengels Verehrung« »Anno 1686«, darunter die Namen »Unser Pfarrherrn« »Unser Kirch Vattern« (Namen unleserlich).

Die Bevölkerungszahl der Landstadt ging im 19. Jahrhundert ständig zurück. Nach 1960 wuchs der Ort zu einer neuen, im Ausbau befindlichen mittleren Industriestadt heran.

17 km bis Klopschen (Kłobuczyn), Abzweigung nach Glogau, 13 km.

RÜCKFAHRT ROUTE 1b:

Von Guhrau (Góra) südwärts, Nebenstraße, landschaftlich reizvolle Fahrt durch die Bartschniederung, Bartschbrücke in Osten (Osetno), weiter zur Oderfähre in Radschütz (Radoszyce) oder Oderfähre 12 km oderaufwärts (selbst erkundigen, welche Fähre verkehrt!). Am linken Oderufer liegt

Köben (Chobienia)
Früher kleiner Marktflecken an einer Oderfähre im Durchbruchstal der Oder durch den Schlesischen Landrücken. Rückgang der Einwohner nach 1945 unter 500 und Aberkennung des Stadtrechtes. 1945 blieb die katholische Stadtpfarrkirche St. Peter und Paul erhalten, bereits 1446 erwähnt. Die evangelische Kirche am Ring wurde abgerissen. An ihr hatte der 1585 in Raudten geborene Kirchenliederdichter Johannes Heermann von 1611–1638 gewirkt. Das Schloß überstand den Krieg. Es war 1584 durch die Herren von Kottwitz aus einer Wasserburg zu einem Renaissance-Schloß mit 4 Rundtürmen umgebaut worden, 1905 erneuert.

17 km Richtung Polkwitz (Polkowice) bis

RAUDTEN, *Kr. Lüben*
Rudna, woj. Legnica (Woj. Liegnitz)

Einwohner

1939:   1716 Deutsche
1984: ca. 1900 Polen

Verlust des Stadtrechtes.

Marktort im Altsiedelgebiet (bronzezeitliche Funde), 1339 herzogliche Stadt. Vor dem 30jährigen Krieg wirtschaftliche Bedeutung durch Waffenschmiedezunft und Tuchmacherei, danach Niedergang zur Akkerbürgerstadt. Wahrzeichen aus dieser Zeit Stadtpfarrkirche St. Katharina, 15./16. Jahrhundert, mit weithin sichtbarem Turm von 1793; 1945 an orthodoxe Gemeinde, 1984 anscheinend unbenutzt und dem Verfall preisgegeben. Die römisch-katholische Gemeinde hält Gottesdienst im alten Rathaus. In Raudten wurde der Kirchenliederdichter Johann Heermann geboren (1585, † 1647 Lissa). In Alt-Raudten wurde 1636 der Dichter und Naturphilosoph Christian Knorr von Rosenroth geboren.

Zwischen Raudten und Polkwitz wurde in den letzten Jahren ein großer Stausee als Wasserspeicher für das Kupferbergbaugebiet angelegt.

Nach Norden 19 km bis Glogau (Głogów).

ROUTE 2   In die Niederschlesische Heide

Glogau (Głogów) – Primkenau (Przemków) – Neustädtel (Nowe Miasteczko) – Ottendorf (Przecław) – Glogau (Głogów) – 130 km.

Bis Klopschen (Kłobuczyn), zunächst weiter Richtung Lüben (Lubin) 6 km, Abzweigung nach

PRIMKENAU, *Kr. Sprottau*
Przemków, woj. Legnica (Woj. Liegnitz)

Lage an einer alten Durchgangsstraße am Südrand der Sprottauer Heide.

Einwohner

1939:   4860 Deutsche
1984: ca. 5000 Polen

Um 1280 Umsetzung eines slawischen Marktes in eine deutschrechtliche Stadt durch Herzog Primko von Sprottau-Steinau, Weichbildort. Erweiterung der Handelsstraße zum Marktplatz, unbefestigt. Frührenaissance-Schloß, 1945 ausgebrannt, letzter Besitzer Kronprinz Wilhelm von Hohenzollern, zuvor im Besitz der Herzöge von Schleswig-Holstein, von hier stammte Kaiserin Auguste-Viktoria, erste Gemahlin Kaiser Wilhelms II. Auf dem Marktplatz katholische Kirche, im Innern volkstümlicher Barock.

3 km südlich an der Straße nach Kotzenau (Chocianów) in *Kriegheide* (Pogorzeliska) Fachwerkbau der evangelischen Grenzkirche, im Herzogtum Liegnitz für die Evangelischen der Ortschaften um Sprottau (katholisches Herzogtum Sagan) 1656 geweiht. Wertvoll im Innern der Palmbaum mit einer Öffnung für die Zuhörer auf dem Dachgeschoß; jetzt römisch-katholisch genutzt. Sprottau (Szprotawa) – Eulau (Iława) – Sagan (Żagań) – Freystadt (Kożuchów) – vgl. Grünberg, Route 1, S. 212.

3 km südlich Freystadt an der Straße nach Neustädtel (Nowe Miasteczko) auf einer

Anhöhe sehenswert die kleine Kirche von Zölling (Solniki). Vgl. S. 217.
Vom Kirchplatz Rundblick bis zum Schlesischen Landrücken.

15 km bis

NEUSTÄDTEL, *Kr. Freystadt*
Nowe Miasteczko, woj. Zielona Góra (Woj. Grünberg)

Einwohner

1939: 1708 Deutsche
1970: 2855 Polen
1984: 2400 Polen

Kleines Landstädtchen, regelmäßige Anlage des mittelalterlichen Marktes, Weichbild- und Gerichtsort noch erkennbar. Rathaus nach Bränden 1665 neu erbaut, umgebaut im 19. Jahrhundert. Katholische Stadtpfarrkirche St. Maria Magdalena, 15. Jahrhundert, nach Stadtbränden im 18. Jahrhundert erneuert. Evangelische Kirche von 1784, Turm von 1887, unversehrt, aber geschlossen. Noch 1983 gut leserliche Inschrift über dem Kirchenportal: »Dieses Heiligthum wurde zur Ehre des Allerhöchsten und zum würdigsten Gottesdienst im Jahre Christi 1784 zu bauen angefangen und im Jahre 1785 dem dreieinigen Gott öffentlich geweihet. Heilig sey die Stätte allen, die solche besuchen.«

10 km südlich Neustädtel
Ottendorf (Przecław), um 1240 gegründetes Waldhufendorf am Nordrand des Sprottebruches. Schloß 1937 abgebrochen. Stammsitz des Geschlechtes von Braun (Stammreihe führt über Zölling und Ostpreußen bis zu Raketenforscher Wernher von Braun). Se-

henswert romanische Bruchsteinkirche, Mauerwerk hielt allen Witterungseinflüssen stand. Im Innern Flügelaltar, 16. Jahrhundert, in Tempera auf Lindenholz gemalt, 1971/72 restauriert.

Nach Nordosten zur Straße 42 und dann Richtung Lüben. Nördlich der Straße die

Ausläufer des Schlesischen Landrückens, die Dalkauer Berge, ca. 4 km vor der Abzweigung nach Glogau rechts der Straße ein Straßenangerdorf *Quaritz, seit 1937 Oberquell, (Gaworzyce)*.

Hinter dem Dorf Klopschen (Kłobuczyn) Abzweigung nach Glogau.

ROUTE 3   Ins »Glogauer Katzengebirge« (Wzgórza Dalkowskie)

Glogau (Głogów) – Groß Kauer (Kurów Wielki) – Schönau (Kromolin) – Dalkau (Dalków) – St.-Anna-Kapelle (Góra Św. Anny) – Quaritz (Gaworzyce) – Jakobskirch (Jakubów) – Hermsdorf (Jerzmanowa) – Hochkirch (Wysoka Cerekiew) – Gramschütz (Grębocice) – Glogau (Głogów) – 90 km.

Der Hügelrücken im Südwesten von Glogau ist das »Glogauer Katzengebirge« (Wzgórza Dalkowskie), westlicher Teil des Schlesischen Landrückens, mit den Dalkauer Bergen (Dalkowskie Jary). Höchster Punkt ist der Schellenberg 230 m; nördlich davon der St.-Anna-Kapellenberg (Góra Św. Anny), der seit der Romantik ein beliebtes Wanderziel in Niederschlesien ist.

Von Glogau Straße 39 nach Südwesten 13 km bis Klopschen (Kłobuczyn), kleines Stück Straße 42 Richtung Neusalz (Nowa Sól), dann rechts 4 km bis
Groß Kauer (Kurów Wielki).
St.-Johannes-der-Täufer-Kirche mit weithin sichtbarem Kirchturm, eine der schönsten des Kreises Glogau; vollendet 1477 aus Findlingssteinen, Kapellenanbau 2. Hälfte 16. Jahrhundert. Vor dem Kircheneingang Sühnekreuz. Unter dem mittelalterlichen Kruzifixus früher lesbare Inschrift: »Anno 1543 am Tage Corpus Christi ist in Seppau der edle Ehrenfeste Junker Albrecht von Glaubitz von seinem Knechte boeslich im Schlafe erstochen, dem Gott genade«. An der Südseite Frührenaissance-Tafel für Georg von Poppschütz († 1596) mit Darstellung der vor dem Kruzifix knienden Familie, davor Stein der Anna von Glaubitz. In der Vorhalle der Kirche, fast wie ein

Museum, Sammlung mittelalterlicher Figuren-Grabsteine (»Dalkauer Gruft«). Früher wurden in und an der Kirche 36 alte Epitaphe gezählt von 137 Rittersteinen, die der Glogauer Kreis 1935 aufzuweisen hatte. Das Kircheninnere zeigt ein überraschendes Zusammenspiel der Ausstattung im Renaissance-, Barock- und Rokoko-Stil in Verbindung mit gemütvoller schlesischer Dorfkirchenmalerei (Deckengemälde und Orgelchor). Sechs Altargemälde stammen aus einem gotischen Tryptichon des 15. Jahrhunderts. Renaissance-Kanzel von 1625 mit Bildern der Evangelisten, Taufbecken von 1607, rechter Seitenaltar mit gotischer Madonna. In Schlesien eine seltene, vielleicht einmalige »Madonna mit der Traube«. Sie weist auf den großen Weinbau im Mittelalter von Grünberg bis Herrndorf an der Oder hin. Weiter südlich lag ein Weinberg bei Leubus an der Oder, zum Zisterzienserkloster gehörig.

3 km bis
Schönau (Kromolin).
Schloßruine, Renaissance, erhalten im Westteil der Turm des ehemaligen Wasserschlosses von 1550, im Erdgeschoß sternenförmige Gewölbe. St.-Michael-Kirche, 14. Jahrhundert, erweitert im 16. und 17. Jahrhundert mit barocker Innenausstattung.

Zurück über Groß Kauer (Kurów W.) nach *Dalkau (Dalków)*, am Fuße des Schellenberges und St.-Anna-Berges. Klassizistisches Schloß um 1750 von Gottlieb von Stosch errichtet. Im Schloßpark alter Baumbestand.

1,2 km bis zum *St.-Anna-Kapellenberg (Góra Św. Anny)*.
Bereits im 15. Jahrhundert hölzerne Wallfahrtskapelle, jetziger Bau 1703–15 errichtet von Ludwig Leopold Graf von Churschwandt auf Schönau; Kapelle mit Turm und halbkreisförmigem Arkaden-Vorbau, früher Gruftanlage in der Kapelle.

Zurück über Groß Kauer – überquerend die Fernstraße nach
Quaritz – seit 1937 Oberquell – (Gaworzyce)
Zwei Kirchen wie häufig in schlesischen Dörfern: Nicht mehr benutzt die katholische Kirche (Gotik), aus Feldsteinen erbaut, dem Verfall preisgegeben. 1983 hinter der Kirche das aufgebrochene und verwüstete Mausoleum der Gutsherren von Tschammer, Inschriften teilweise erhalten. Am Ortsrand Schloß, 1706 von Georg Caspar von Tschammer erbaut, nicht kriegszerstört.
Die alte evangelische Dorfkirche von 1743 wird von der römisch-katholischen Gemeinde benutzt.
Von Quaritz früher Wanderweg zum Sprottebruch.
Straße über Klopschen (Kłobuczyn) – St.-Hedwigs-Kirche von 1696, erste Nennung der Kirche als St.-Katharina-Kirche vor dem 30jährigen Krieg, nachher St. Hedwig. Erste Erwähnung von Klopschen 1222. Bis Abzweigung links nach
Jakobskirch (Jakubów)
Landschaftlich und kulturhistorisch reizvoller Ort. Ruine des 1945 zerstörten Schlosses – umgebaut 2. Hälfte 19. Jahrdert – läßt Renaissance-Details erkennen. (Westlich außerhalb des Ortes »Kesselberg«, alte slawische Befestigungsanlage – doppelter Burgwall, äußerer Wall 220 m, innerer Wall 100 m lang.)
Nahe dem Dorf aufragender steiler Hügel, früher »Opferberg«, als vorgeschichtlicher Ort der Götterverehrung, genannt. Fußweg dorthin an der alten Friedhofsmauer entlang zum »Grund«. Am Fuße des Hügels St.-Jakobs-Kirche, gegenwärtiger Bau um 1500, an Stelle einer der ältesten Kirchen von Schlesien errichtet.
An der Nordseite der Kirche Grabdenkmäler der Familie von Niebelschütz (Gießmannsdorf) im Rokoko- und Zopfstil, an der Südwand Figurengrabsteine der Familien von Kittlitz (Druse) und von Knobelsdorf in Klein Logisch (Łagoszów Mały). Deckenmalereien im Langhaus, Chorhaus und früheren Herrschaftslogenhaus (2. Giebelschiff).
In dem feuchten Talgrund St.-Jakobs-Brunnen, dessen heilkräftiges Wasser im Mittelalter das Dorf zu einem stark besuchten Wallfahrtsort machte.
Weiterfahrt über Klein Logisch (Łagoszów Mł.) rechts ab am Waldrand nach
Hermsdorf (Jerzmanowa).
Allerheiligenfilialkirche von 1376, umgebaut 16. Jahrhundert, Innenausstattung barock. Barockschloß, umgebaut im 19. Jahrhundert, Schloßpark mit Wasserkanälen und Tempeln.
Weiterfahrt am Wald entlang Richtung Raudten (Rudna) 20 km nach
Hochkirch (Wysoka Cerekiew).
Deutsche Dorfgründung des 13. Jahrhunderts, bis 1810 zum Glogauer Domstift gehörig.
Bedeutendste Wallfahrtskirche Niederschlesiens. Seit dem 14. Jahrhundert Marien-Wallfahrt, gefördert durch den Glogauer Landeshauptmann George Abraham Freiherr von Dyhern. Er ließ um 1662 auf dem Passionswege von Glogau nach Hochkirch 15 Stationskapellen errichten. Jetzige Kirche 1724 geweiht als erweiterter, dreischiffiger

Barockbau, Turm von 1860. Reiche Innenausstattung im Barock und Rokoko. Hochaltar reiner Barock, in der Mitte wundertäti-
ges Marienbild. Prächtige holzgeschnitzte
Kanzel, rechtes Seitenschiff Totenaltar. An
der Kirche Rittergrabsteine der Familien
von Zedlitz und von Dyhern, 1. Hälfte
17. Jahrhundert. Von der Terrasse vor der
Kirche Ausblick ins Land.

Rückfahrt 10 km bis *Gramschütz (Grębocice).*
Spätrenaissance-Schlößchen, 1945 beschädigt, reich verziertes Renaissance-Portal mit
geschnitzten Frauengestalten. St.-Martins-
Kirche, spätgotisch um 1500, erneuert im
19. Jahrhundert. Grabepitaphe und Grabplatten aus dem 17. und 18. Jahrhundert.
Zurück nach Glogau.

ROUTE 4   Zum Schlawaer See

Glogau (Głogów) – Schlawa (Sława) – Neusalz (Nowa Sól) – Beuthen/Oder (Bytom
Odrzański) – Glogau (Głogów) – 100 km.

Von Glogau nach Norden – 30 km bis
Schlawa – 1937 Schlesiersee – (Sława).
Größter schlesischer See, vgl. S. 223 f., über
Neusalz (Nowa Sól), vgl. S. 217 f., nach

BEUTHEN/ODER, *Kr. Glogau*
Bytom Odrzański, woj. Zielona Góra (Woj.
Grünberg)

Einwohner

  1939: 3176 Deutsche
  1980: 3500 Polen

Restaurant: »Pod Złotym Lwem« (Zum
  goldenen Löwen), Rynek, Tel. 64
Tankstelle: ul. Kożuchowska (Freystädter
  Straße)

Geschichte

Als Kirchort »Bythom« seit 1175 bezeugt.
Deutsche Stadtgründung durch herzoglichen Hoheitsakt um 1267. Aufschwung der
Stadt durch Grundherrn Georg von Schoenaich auf Schloß Carolath. Er sorgte für
Kultivierung der rechten Oderseite zwischen Beuthen und Schlawa, Anpflanzen
von Obst und Reben. Bau einer Oderbrücke
bei Beuthen und des ersten Oderdammes,
später Schoenaich-Damm genannt. Schoenaich ließ 1602–09 ein neues Rathaus mit
einem 86 Ellen hohen Turm erbauen, nach
Brand von 1694 Neubau in heutiger Gestalt,

Turm mit durchbrochener Barockhaube. Sie
stürzte 1945 ein und wurde in den 60er
Jahren in alter Form erneuert. Georg von
Schoenaich gründete 1601 das »Schoenai-
cheum« – 1614 zum »Gymnasium Academi-
cum« erweitert. Es wurde als protestantisches Gymnasium auf kaiserliche Anordnung 1628 wieder geschlossen.
Wirtschaftszweige sind: Ackerbau, Handel,
Oderschiffahrt.
In Beuthen wurde 1903 der Dichter Jochen
Klepper als Sohn eines Pfarrers geboren. Er
schied 1942 unter dem Druck des NS-
Regimes aus dem Leben. In seinem Roman
»Der Kahn der fröhlichen Leute« hat er
seiner engeren Heimat ein treffliches Denkmal gesetzt.

Sehenswürdigkeiten

Am Markt das *Rathaus* und restaurierte
Bürgerhäuser, Nr. 2–8 Klassizismus, Nr. 11
und 12 Barock. Diese Fassaden wurden 1967
durch Feuer zerstört und 1972/73 wieder
aufgebaut.
Katholische *Stephanskirche,* Neubau
1584–86 auf mittelalterlichen Resten. Evangelisches Bethaus von 1744/46, Turm von
1861. An der Kirche Renaissance-Portal von
der zerstörten Hochschule. Die Kirche 1965
zur Nutzung als Magazin instandgesetzt.
Zurück nach Glogau (Głogów).

IX. Liegnitz und Umgebung

Liegnitz, Hauptstadt eines Regierungsbezirkes und Stadtkreis

Legnica, Hauptstadt der Woj. Legnica seit 1975 (Woj. Liegnitz)

Einwohner

1939: 83 681 Deutsche auf 27,13 km²
1985: 93 000 Polen und ca. 50 Deutsche
auf 35 km²

Liegnitz liegt an der Katzbach zwischen
Bober-Katzbach-Gebirge und Oder, nördlich der Autobahn Cottbus–Breslau.

Unterkunft und Verpflegung

Hotel: »Cuprum«, ul. Skarbowa 7, Tel. 258-
44, Kat. I, 1970 erbaut
Jugendherberge: ul. Jordana 17, Tel. 254-12
Camping: Erholungszentrum »Jeziorany«,
Tel. 822–25 (PKS-Bus oder WPK Linie
Nr. 6); Wahlstatt (Legnickie Pole), 8 km
südwestlich, südlich der Autobahn Rich-
tung Breslau (Wrocław) (Juni bis Sep-
tember), Bungalows, Tel. 823-97
Restaurant: »Piast«, ul. Dworcowa 1,
Kat. I; »Polonia«, ul. Skarbowa 1, Kat. II;
»Śródmiejska«, ul. Rosenbergów 62
(Frauenstraße), Kat. II; »Stara Zagora«,
Rynek 14, Kat. II
Café: »Baranowska«, pl. A. Zawadzkiego
(Klosterplatz); »Ratuszowa«, Rynek 56
(Ratskeller), Kat. II; »Stronie«, im Stadt-
park, Kat. III; »W-Z«, ul. Wrocławska 5
(Breslauer Straße), Kat. II

Touristeninformation

»Orbis«, ul. Wrocławska 10/18, Tel. 229-
23, geöffnet 10–17 Uhr, samstags 10–15
Uhr; »it« im Hotel Cuprum; »PTTK«,
Rynek 27, Tel. 267–44, geöffnet Montag
bis Freitag 8–18 Uhr, Samstag 8–14 Uhr
(sprachkundige Fremdenführer)
DFK-Vorsitzender: Jürgen Gretschel, ul.
Kręta 14 b, 59-220 Legnica, Tel. 266-22

Verkehr

Bewachter Parkplatz: ul. Chojnowska
(Haynauer Straße) – am Haynauer Tor-
turm (Touristenstation des PTTK)
Tankstellen: ul. Pocztowa 2, Tel. 238–67,
geöffnet 6–22 Uhr; ul. Spokojna, Tel.
242-70, ganztägig geöffnet; Autostrada
(Autobahn), Tel. 277-01, ul. Hiberna,
Tel. 603-64
Bahnhof: Dworzec PKP, Tel. 910, und
Fernbusbahnhof: Dworzec PKS, ul.
Dworcowa, in der Bahnhofstraße am
Nordrand der Innenstadt. Fernbus-Aus-
kunft Tel. 235-24, Stadtbus Tel. 237-58.
Vor dem Bahnhof münden sämtliche Li-
nien des Stadtbusverkehrs. Direktverbin-
dung nach Wahlstatt (Legnickie Pole),
Lüben (Lubin), Polkwitz (Polkowice)
und Parchwitz (Prochowice)
Hauptpost: Poczta główna, ul. Piastowska
72 (Piastenstraße), 7-21 Uhr;
Bahnpost: ul. Dworcowa 4 (Bahnhofstraße),
7-20 Uhr
Taxi: Plac Wolności (Wilhelmsplatz); ul.
Engelsa (Augustastraße), Tel. 222-99; ul.
Gwiezdna (Senefelder Straße), Telefon
288-99; ul. Jagiellońska (Karlstraße/Se-
danstraße), Tel. 229-91; ul. Złotoryjska
(Goldberger Straße); ul. Niedziałkow-
skiego (Margaretenstraße), Tel. 222-10

Autoservice: (Pomoc Drogowa) TOS, ul. Głogowska 83, Tel. 237-21, und weitere neun Reparatur-Werkstätten

PZMot *(Straßenhilfe):* ul. Mickiewicza 10, Tel. 981 und 237-20; ul. Jaworzyńska 160, Tel. 200-95; ul. Ścinawska 5, Tel. 237-62

Kultur: Stadttheater Liegnitz (Legnica), Rynek 59, Tel. 258–50; Okręgowe Muzeum Miedzi (Kupfermuseum): ul. Partyzantów 1, geöffnet Sonntag und Dienstag 11–18 Uhr, Mittwoch, Donnerstag, Freitag 10–15 Uhr, Samstag 10–14 Uhr; Ausstellungssalon des Büros für Kunstausstellungen: Rynek 16/22, geöffnet 12–18 Uhr; Palmenhaus am Stadtpark: geöffnet Dienstag und Samstag von 10–12 Uhr, Donnerstag von 15–17 Uhr. Die sechzig Springbrunnen sind im Sommer dienstags, donnerstags und samstags von 17–21 Uhr, an Sonn- und Feiertagen von 11–21 Uhr in Betrieb; Bibliothek der Gesellschaft der Freunde der Wissenschaften, auch mit deutschen Büchern der Vorkriegszeit über Liegnitz, Rynek (Ring) 57 (»Heringsbuden«, erstes Haus links) geöffnet montags 8–12 Uhr, dienstags, mittwochs 16–19 Uhr, donnerstags, freitags 12–16 Uhr, samstags 11–14 Uhr.

Geschichte

1149 Burg und Kastellaneisitz (lat. Urkunde des Piastenherzogs Boleslaus »Kraushaar«). Erste Anlage im Mongolensturm vernichtet. Um 1250 setzt Herzog Boleslaus II. die neue Stadt zu deutschem Recht aus. *Planmäßige Anlage* mit rechtwinkligem Straßennetz. Von 1248 an ist Liegnitz Sitz eines selbständigen Teilherzogtums. Es fällt 1675 als erledigtes Lehen unmittelbar an Habsburg und kommt 1742 mit Schlesien an Preußen. 1809 Verlegung der Kriegs- und Domänenkammer für Niederschlesien von Glogau nach Liegnitz. Seit 1816 Sitz eines Regierungspräsidenten. Im 19. Jahrhundert Aufstieg zum Handels-, Wirtschafts- und Kulturzentrum sowie zum wichtigsten Platz Niederschlesiens nach Breslau.

Wirtschaft

Im Mittelalter war Liegnitz bestrebt, in der politischen und wirtschaftlichen Stellung Breslau gleichgestellt zu sein. Die Verkehrslage an der Kreuzung der Hohen Straße (Görlitz–Breslau) mit Nord-Süd-Verbindung Glogau–Jauer begünstigte die Entwicklung zum Zentrum für Handel, Handwerk und Gewerbe. Im 19. Jahrhundert Mittelpunkt eines intensiven Gemüseanbaugebietes (u. a. Gurken, Kohl, Zwiebeln) mit entsprechender Verwertung in den »Kräutereien«, vor allem zu Sauerkraut und Gewürzgurken, 1939 größte Fabrik dieser Art in Deutschland. 1873 »Höhere Landwirtschaftsschule«, 1925 »Landwirtschaftliche Gemüsebauschule«. Seit Ende des 18. Jahrhunderts starker Industrieaufschwung. Textilindustrie – 1797 erste Tuchfabrik Ruffer –, Wirk-, Strickwaren, Bekleidungsherstellung, Möbel- und Klavierfabriken (Pianoforte: Seiler), vielfältige Metallindustrie, Maschinenfabriken, Spielwaren-, Lederwaren-, Papierindustrie. Nach 1945 Wiederaufbau und Ingangsetzung der alten Industriezweige nach Prinzipien der sozialistischen Wirtschaft. Ab 1959 Ausbau des Kupferbergbaureviers. Eckpfeiler der neuen Schwerindustrie sind: Kupferhütte »Legnica«, zur Verwertung der im Raum Goldberg–Bunzlau geförderten Kupfererze, ein Kabelwerk (»Polkabel«) sowie die 1964 gebauten mechanischen Werke der Kupferindustrie »Legmet«. Die Flügel- und Piano-Fabrik (früher: Seiler) ist wieder in Betrieb. Aufbauend auf der deutschen Textilindustrie, die vor dem Kriege den ersten Platz in Liegnitz einnahm, ist die Stadt heute mit den Wirkwaren- und Konfektionsbetrieben »Milana« und »Hanki-Sawickiej« nach

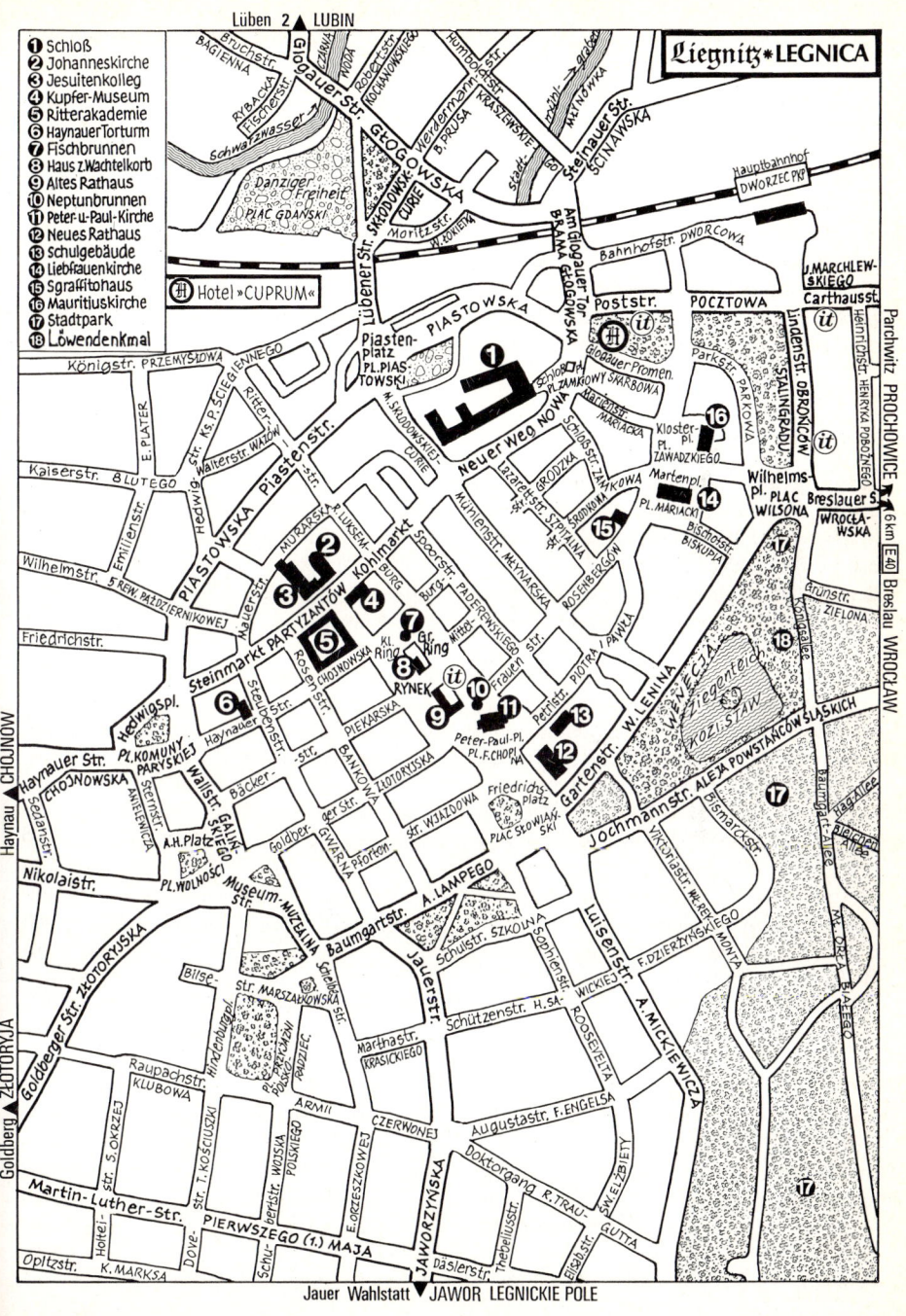

Legende:
1. Schloß
2. Johanneskirche
3. Jesuitenkolleg
4. Kupfer-Museum
5. Ritterakademie
6. Haynauer Torturm
7. Fischbrunnen
8. Haus z.Wachtelkorb
9. Altes Rathaus
10. Neptunbrunnen
11. Peter-u.-Paul-Kirche
12. Neues Rathaus
13. Schulgebäude
14. Liebfrauenkirche
15. Sgraffitohaus
16. Mauritiuskirche
17. Stadtpark
18. Löwendenkmal

Liegnitz ∗ LEGNICA

Hotel »CUPRUM«

Łódź das größte Wirkwarenzentrum in Polen. Auch die Nahrungsmittelproduktion hat wieder eine Spitzenstellung (Liegnitzer Gurken).
Im Kulturbereich allmähliche Wiederaufnahme der Tradition von Liegnitz als Kulturzentrum (Theater, allerdings ohne eigenes Ensemble). Nach Breslau (Wrocław) zweitgrößtes Berufsbildungszentrum, Zweigstelle der Technischen Hochschule Breslau, Laien-Symphonieorchester. Seit 1967 gesamtpolnische Gesangswettbewerbe um den Jerzy-Liban-Wanderpreis.

Sehenswürdigkeiten

1945 geringe Kriegszerstörungen, das Schloß brannte im Februar 1945 aus, später brannte die linke Turmkuppel der St.-Johannis-Kirche ab. Im ersten Jahrzehnt nach dem Kriege vernichteten Brände und Verfall 60 % der Bausubstanz der Innenstadt. In den sechziger Jahren begann der Wiederaufbau nach Abriß der Altstadt nordöstlich vom Ring, teilweise Ausfüllung der Baulücken durch moderne Wohnbauten zwischen Schloß, Ring und Liebfrauenkirche. Die wichtigsten historischen Baudenkmäler blieben erhalten bzw. wurden wiederhergestellt. Das Geviert der Türme des Schlosses und der mächtigen drei doppeltürmigen Gotteshäuser: *St. Johannis, St. Peter und Paul* und *Liebfrauenkirche* erleichtert die Orientierung für den *Stadtrundgang*. Beginn am *Schloß* (1). An seiner Ostseite der *Glogauer Torturm*, 14. Jahrhundert, neogotische Durchfahrt, 19. Jahrhundert, Eckgebäude im Hintergrund Hauptpostamt von 1892. 1960–1970 Wiederaufbau des Schlosses nach dem Aussehen zur Renaissance-Zeit unter Weglassung neogotischer Zinnen und Türmchen, die Friedrich Schinkel nach einem Brand von 1835 hinzugefügt hatte. Von der mittelalterlichen Burg stammen noch die Untergeschosse des achteckigen Petersturmes und der runde Hedwigsturm.

Überreste einer romanischen Kapelle aus dem 13. Jahrhundert wurden bei dem polnischen Wiederaufbau freigelegt und sind in einem Pavillon im Schloßhof ausgestellt. Herzog Friedrich II. von Liegnitz, ein bedeutender Renaissance-Fürst, ließ Anfang des 16. Jahrhunderts das Schloß großzügig als Teil der Stadtbefestigung ausbauen. Prunkstück aus dieser Zeit ist das Renaissance-Portal am Haupteingang, 1533 von Georg von Amberg errichtet. Es überstand alle Brände. Der repräsentative Torbau aus Sandstein mit getrenntem Durchlaß für Fußgänger und Wagen ist mit Ornamenten an Säulen und Kapitälen im Stil der Frührenaissance reich verziert. Der plastische Schmuck über dem Tor zeigt Wappen und Brustbilder des Bauherrn Friedrich II. von Liegnitz und seiner Gemahlin Sophie von Ansbach-Hohenzollern. Im Schloß, das 1816–1945 Sitz des preußischen Regierungspräsidenten war, sind heute verschiedene Behörden, Staatsarchiv und Schulen untergebracht. In der ul. Partyzantów (Kohlmarkt) gibt der Abriß einiger Häuser besser als früher den Blick auf die bewegte Turmfront der *St.-Johannis-Kirche* (2) frei. Baumeister Georg Knoll aus Breslau, vermutlich unter Mitwirkung des Liegnitzer M. Frantz, baute 1714–1727 Kirche und anschließendes *Kolleg* (3) *für die Jesuiten* im Prager Barock anstelle einer gotischen, baufällig gewordenen Franziskanerkirche mit Kloster. Im 1966 wiederaufgebauten Jesuitenkollegium heute wieder ein Franziskanerkloster. Dort Schlüssel für die *Fürstengruft*, Zugang aus dem festlich gestalteten Saalbau der Barockkirche. Die Ruhestätte der letzten Piasten entstand durch Umbau des Presbyteriums der ursprünglich gotischen Kirche auf Betreiben von Herzogin Luise, der Mutter des letzten Herzogs, nach dem künstlerischen Programm des schlesischen Barockdichters Daniel Caspar von Lohenstein und dem Entwurf von Carlo Rossi. Die Statuen schuf der Wiener Bildhauer Matthias Rauchmiller. Die lateinische Inschrift auf der Marmortafel ist eine Lobeshymne auf das Piastengeschlecht, das »Polen 24 Monarchen, größtenteils väterliche Regenten, Schlesien 123 Herzöge, der Kirche 6 Erz- und Bischöfe schenkte ... Deutschland vor der Überschwemmung durch die Tataren bewahrte...«.

Gegenüber der Kirche (ul. Partyzantów 1) wurde nach der Restaurierung im *Palais der Äbte von Leubus* das *polnische Kupfermuseum* eingerichtet (1962) (4). Gezeigt werden »Die Technik des Kupfers«, eine archäologische und eine kunsthistorische Abteilung mit Andenken an die Vergangenheit der Stadt sowie damit in Zusammenhang stehende Kunstwerke. An der Ecke der ul. Św. Jana (Johannisgasse) und der ul. Chojnowska (Haynauer Straße) das monumentale Viereck der *Ritterakademie* (5), 1726–1738 nach den Plänen des Wiener Baumeisters J. E. Fischer von Erlach und unter der Aufsicht von A. E. Martinelli durch Johann Christian Hertel errichtet. Die einst weithin berühmte Internatsschule geht auf eine Stiftung Herzog Georg Rudolfs von 1646 zurück. Sie wurde nach 1675 vom Kaiser eingezogen und auf Grund der Altranstädter Konvention 1708 in eine paritätische Bildungseinrichtung für den schlesischen Adel umgewandelt.

In der Haynauer Straße im Hintergrund der *Haynauer Torturm* mit einem Teilstück der Befestigungsmauer (6). Im Turm eine Touristenstation des PTTK. An der Nordseite des Rings – ehemaliger Marktplatz – ein *Fischweibbrunnen* von 1412 (7). In der Mitte des Rings zwei Häuserblöcke: Am nördlichen Block wurde das *»Haus zum Wachtelkorb«* (8) mit dem hübschen Runderker und dem Giebelschmuck in Sgraffito in den sechziger Jahren wiederaufgebaut. Die Geschichte dieses Bürgerhauses aus der Renaissancezeit ist auf einer Tafel viersprachig – jedoch nicht in deutsch – erläutert. Den nächsten Häuserblock bilden auf der einen

Seite – dem ehemaligen Kleinen Ring – das *Theater*, 1842 von C. Ferdinand Langhans dem Jüngeren erbaut nach dem Vorbild des Palazzo Strozzi in Florenz, auf der anderen Seite – dem Großen Ring – die *Heringsbuden*. Die acht schmalen Giebelhäuschen, die zwei mittleren davon mit Sgraffitoschmuck, wurden ohne historisches Vorbild nach 1945 als Laubenhäuser aufgebaut. Die vordere Ecke des mittleren Häuserblocks am Ring nimmt das *alte Rathaus* (9) ein mit der elegant geschwungenen Doppeltreppe, einem Meisterwerk von Franz Michael Scheerhofer (1737–1741), Turmhelm von 1929. Neben dem Rathaus das alte Wahrzeichen schlesischer Städte, der *Neptunbrunnen* von 1731, im Volksmund »Gabeljürge« genannt (10), auf einem barock geschwungenen Wasserbecken. Beide Springbrunnen am Marktplatz wurden vom Städtischen Wasserwerk mit seinem schon im 15. Jahrhundert erbauten Wasserturm gespeist.

Die *Peter-und-Paul-Kirche* (11) wurde um 1327 als gotische Hallenkirche begonnen und bis 1378 nach eingeschränktem Plan als Basilika vollendet. Die letzte deutsche Restaurierung gab dem ehrwürdigen Bauwerk das Aussehen der Neugotik im Zeitgeschmack des ausgehenden 19. Jahrhunderts. Über dem spitzbogigen Hauptportal an der Nordseite ist das Türbogenfeld ein Kunstwerk aus der zweiten Hälfte des 14. Jahrhunderts und stellt die Anbetung der Heiligen Drei Könige dar. Rechts und links die Rundfiguren der Titelheiligen Peter und Paul. Im Innern: reichgeschmückte Kanzel von 1588, großer Barockaltar von 1767, am Ostende des rechten Seitenschiffs die »Zinntaufe«, ein romanisches Kunstwerk aus dem 13. Jahrhundert. An den Außenwänden Grabdenkmäler mit lateinischen und deutschen Inschriften. Der Platz vor der Peter-und-Paul-Kirche mit dem Blick auf den Neptunbrunnen und den Kleinen und Großen Ring läßt nach seiner Wiederherstellung und neuen Gestaltung als Fußgängerzone etwas von dem Glanz einer Stadt ahnen, die sich nicht zu Unrecht nach Breslau und neben Görlitz und Neisse als eine der schönsten schlesischen Städte betrachtete.

Auf der Südseite der Kirche am plac Słowiański (Friedrichsplatz) das 1902–1906 erbaute *neue Rathaus* (12) und ein Denkmal zu Ehren der gefallenen Sowjetsoldaten. Liegnitz hat die stärkste sowjetrussische Garnison in Schlesien. Weiter östlich in der ul. Św. Piotra (Petristraße) ein schlichtes dreigeschossiges *Schulgebäude* (vormals Volksschule) (13). Es stammt aus dem 16. Jahrhundert, das Portal ist von Spiegelquadern umrahmt; im Fries zwei Wappen und vier Hausmarken der Ratmannen und eine lateinische Inschrift mit der Jahreszahl 1581. Vom plac Słowiański führen zwei neu angelegte Straßen ostwärts zum *Stadtpark*, die übrigen zu Wohnvierteln aus der Zeit des Jugendstils (Wende des 19. zum 20. Jahrhundert). Vom Ring die ul. Rosenbergów (Frauenstraße) zur *Liebfrauenkirche* (14), der ältesten Kirche in Liegnitz, früher Niederkirche genannt, jetzt Marienkirche. Die im 14. Jahrhundert begonnene Kirche geriet 1822 durch Blitzschlag in Brand und wurde nach einem Plan des Bauinspektors August Theinert wiederaufgebaut. Ihr Bauzustand gibt heute zu Besorgnis Anlaß. In ihre Benutzung teilen sich drei religiöse Minderheiten: die griechisch-orthodoxe Gemeinde, die nationalpolnische Kirche (früher Altkatholiken) und die evangelisch-augsburgische Gemeinde. In der Tuchmacherkapelle findet am 2. Sonntag im Monat ein deutscher evangelischer Gottesdienst statt. Für die Reparatur des Daches sind in der Bundesrepublik Spenden gesammelt worden. Links vom Altar befindet sich eine deutsche Tafel zum Gedenken an die Angehörigen der deutschen Schutztruppe im ehemaligen Deutsch-Südwest-Afrika (heute: Namibia), die bei dem Herero-Aufstand 1905/06 gefallen sind. Schlüssel im Evgl. Pfarramt, ul. Limanowskiego 4.

Schräg gegenüber der Kirche (ul. Rosenbergów 35) ein schmales *Bürgerhaus mit Sgraffito-Dekor* (15) der Renaissance, Büro des Sport-, Touristik- und Erholungszentrums der Stadt. In der gleichen Straße ein Warenhaus und einige Spezialgeschäfte. Auf der Nordseite der Liebfrauenkirche am plac A. Zawadzkiego (Klosterplatz) in einem Baublock mit dem *Klostergebäude* die *Barockkirche St. Mauritius* (16), seit 1810 Schulgebäude. Von hier führt die ul. Wrocławska (Breslauer Straße) zum *Grüngürtel*.

Er erstreckt sich vom Schloß im Norden auf den ehemaligen Wallanlagen bis zum Stadtpark im Süden, von weitsichtigen Stadtvätern im 19. Jahrhundert angelegt. Er brachte Liegnitz den Ruf einer Park- und Gartenstadt ein, den sie mit einer Ausstellung 1880 erwarb. Die Grünanlagen wurden 1927 mit einem hierfür neugewonnenen Gelände links der Katzbach für eine große Gewerbe- und Gartenbauausstellung (Gugali) ausgebaut. Grundlage bildete der 24 ha große und 170 Jahre alte Stadtpark. Auch das Palmenhaus, jetzt an der Aleja Orła Białego, wurde bereits 1898 für tropische Pflanzen errichtet. Östlich des Ziegenteiches ist das Denkmal für die Gefallenen von 1870/71 mit dem Löwen von Rauch erhalten. Am Ende der Allee wird das Gelände der Gartenbauausstellung – u.a. Rosarium mit künstlichen Teichen und 60 Springbrunnen – instand gehalten. An der Aleja Orła Białego wurde 1969 auf dem ehemaligen deutschen Turnplatz anläßlich des 25. Gründungstages Volkspolens ein neues Sportstadion eingeweiht (15 000 Sitzplätze). Die Kapelle der deutschen evangelischen Restgemeinde ist anerkannt, sie befindet sich in einem Wohnhaus in der ul. Jaworzyńska (Jauerstraße), Ecke ul. J. Krasickiego (Marthastraße). Hinweisschild mit Kruzifix im Fenster des Hauses. Sie wird betreut von der evangelisch-augsburgischen Gemeinde (siehe Anhang).

ROUTE 1   Liegnitz (Legnica) – Wahlstatt (Legnickie Pole) – Koischwitz (Koskowice)–
Liegnitz (Legnica)

Stadtbus Linien 17 und 20 von der ul. Dworcowa (Bahnhofstraße) und ul. Świerczewskiego (Immelmannstraße). 9 km südöstlich von Liegnitz und 1 km südöstlich der Autobahn nach Breslau sind die *Türme der Wahlstätter Klosterkirche St. Hedwig* weithin sichtbar. In der alten gotischen Klosterkirche, Rest der mittelalterlichen Benediktinerpropstei, jetzt ein Museum zum Gedenken an die *Schlacht von Wahlstatt*. Am 9. 4. 1241 stellte sich Herzog Heinrich II., Sohn des Piastenherzogs Heinrich I. und seiner Gemahlin Hedwig von Andechs und Meranien, mit seinem Heer aus deutschen und polnischen Rittern und deutschen Bauern der dreifachen Übermacht des mongolischen Reiterheeres entgegen. Er verlor die Schlacht und fiel. Der Sieger drang nicht weiter vor, sondern schloß sich dem nach Ungarn ziehenden Hauptheer wieder an. Im Bewußtsein der Schlesier lebte der Heldentod des Herzogs auf der Wahlstatt als ein bedeutendes Ereignis fort. Wie das Museum zeigt, ist es ein gemeinsamer Ausgangspunkt deutscher und polnischer Geschichtsüberlieferung. Das Kloster der Benediktiner aus Opatowitz in Böhmen war eine Stiftung von Herzogin Hedwig und Herzogin Anna, Witwe Heinrichs II. Neubau 1723–1729 der Benediktiner aus Braunau in Böhmen (nach der Reformation hatte Herzog Friedrich II. von Liegnitz das Kloster eingezogen). *Stiftsbaumeister Kilian Ignaz Dientzenhofer* schuf außen- und innenräumlich eine Höchstleistung des Barock auf schlesischem Boden. Turmhelme mit den Herzogshüten über der schwungvollen Barockfassade; über dem Segmentgiebel des Portals Statue der hl. Hedwig von Karl J. Hiernle aus Prag. Er schuf auch die Plastiken an den Säulen im Innern. Die architektonische Gliederung des Innenraumes ist betont einfach und zurückhaltend – eine Synthese von Lang- und Zentralraum. Ein großes Gemälde des Hochaltars von Franz de Bakker aus Antwerpen stellt die Auffindung der Leiche Heinrichs II. durch die Herzoginnen Hedwig und Anna dar. Die Deckengemälde schuf Cosmus Damian Asam aus München. Thema ist die Missionsidee unter dem Zeichen des hl. Benediktus (Schlüssel zur Kirche im Museum, ehemals ev. Dorfkirche). Rückfahrt über *Kniegnitz (Księginice)* nordwestlich, jenseits der Autobahn, und *Koischwitz (Koskowice)*. Halt am Koischwitzer See (50 ha groß, bis zu 3 m tief), er hat seine Naturschönheit bewahrt. In diesen See versenkten die Mongolen der Überlieferung nach das abgeschlagene Haupt Heinrichs II. (1241).

ROUTE 2   Ins Riesengebirge

Liegnitz (Legnica) – Jauer (Jawor) – Hirschberg (Jelenia Góra). 60 km
Rückfahrt entweder durch das Bober-Katzbach-Gebirge oder Schönau (Świerzawa) –
Goldberg (Złotoryja). 40 km
Oder über Lähn (Wleń) – Löwenberg (Lwówek Śląski) – Goldberg (Złotoryja). 50 km
Liegnitz (Legnica). 15 km

15 km bis

JAUER, *Kr. Jauer*
Jawor, woj. Legnica (Woj. Liegnitz)

Lage inmitten einer nach der Stadt benannten fruchtbaren Ebene am rechten Ufer der Wütenden Neiße, 15 km vor den Ausläufern der Sudeten.

Einwohner

   1939: 13817 Deusche auf 14,9 km^2
   1980: 18000 Polen auf 21,64 km^2

Hotel: »Arkady«, Rynek 20, Tel. 24-54, **
Jugendherberge: ul. Starojaworska 7, Tel.
28-39, Kat. III.
Auto-Service: Sechs Werkstätten

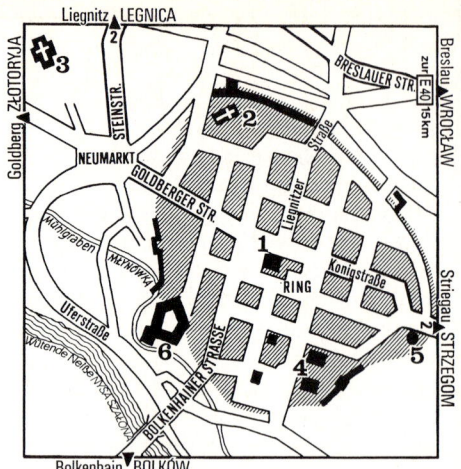

Geschichte

Früheste urkundliche Erwähnung 1275,
deutsche Gründung aus »Wilder Wurzel«,
von 1314–1392 Herzogssitz, Teilfürstentum
Jauer. Unter böhmischer Krone Hauptstadt
eines Erbfürstentums, Sitz eines Landes-
hauptmanns in der Burg, die angeblich älter
ist als die Stadt.
1508 Recht der freien Ratswahl. In preußischer Zeit Kreisstadt, seit 1932 des Groß-
kreises Jauer-Bolkenhain.

Wirtschaft

Handel mit den landwirtschaftlichen Produkten des Umlandes, vor allem jedoch seit
dem Mittelalter Tuchherstellung und Tuchhandel. Zahlreiche Privilegien: 1326 Meilenrecht, 1371 Münzrecht, 1373 Tuchmacherzunft. Seit 1550 Entwicklung zum Zentrum
des Leinenhandels, im 17. Jahrhundert von
Hirschberg überflügelt. Im 19. Jahrhundert
Wagenbau-, Zigarren-, Leder-, Holz- und
Eisenwaren-, Seifen-, Tuch- und Teppichfa-
briken. Landwirtschaftliche Maschinen und
Betriebe der Steinindustrie. Nach 1945 Weiterführung der alten Wirtschaftszweige.

Sehenswürdigkeiten

Schachbrettförmiger Grundriß mit Ring im
Zentrum. 1945 starke Zerstörungen, aber
Hauptbauwerke erhalten. Heutiges *Rat-
haus* (1) Neubau von 1896/97 im Stil der
Neurenaissance. Vom alten Rathaus steht
der 65 m hohe gotische Turm, Turmhaube

aus dem 17. Jahrhundert, mit acht lebensgroßen Figuren, gedeutet als Kaiser
Karl IV., links von ihm sein Vorgänger als
Herr von Jauer, Herzog Bolko II., rechts
sein Sohn und Erbe, König Wenzel, die
übrigen fünf Figuren sollen die Stände des
Fürstentums darstellen. Am Ring *Bürgerhäuser* aus dem 16./17. Jahrhundert, ein Teil
als Laubenhäuser nach dem Stadtbrand von
1776 errichtet, nach dem Kriege restauriert.
An der Nordseite ein Neubau mit Lauben in
Betonbauweise ergänzt. Nördlich des Ringes – ul. Kościelna (Kirchstraße) – *katholische Stadtpfarrkirche St. Martin* (2), spätgotisch, dreischiffige Hallenkirche aus dem
14. Jahrhundert mit Renaissance-Plastiken
an den Portalen. Im Bogenfeld des südlichen
Chorportals Relief des hl. Martin. Deutsche
Epitaphe an der Außenmauer. Chorgestühl
Frührenaissance, barocker Hochaltar von
1672.
Neben der Pfarrkirche Rest der Befestigung,
sogenannte Engelsburg. Vom Ring Richtung Goldberg (ul. Złotoryjska, Goldberger Straße) zur *evangelischen Friedenskirche* (3) – plac Wolności (Neumarkt), inmitten des früheren Friedhofs, hinter Bäumen
versteckt. Sie ist eine der drei Kirchen, die

im Westfälischen Frieden 1648 den Evangelischen der sogenannten Erbfürstentümer zugestanden wurden, und zwar als Fachwerkbau ohne Turm vor der Stadtmauer. Es ist eine Predigtkirche mit vier Emporen für ein Fassungsvermögen von 5000 bis 6000 Besuchern, errichtet von Andreas Kempner, nach dem Entwurf von Festungsbaumeister Albrecht von Saebisch, 1654–1656, später Bau des Turmes vor der Mitte der Südfront. Der Fachwerkbau ist durch eingezogene Ständer in drei Schiffe geteilt, die niedrigeren Seitenschiffe sind mit Pultdächern abgedeckt und nehmen die Emporen auf, ein »Typus, der im ganzen 17. und 18. Jahrhundert die meisten Nachahmungen erfahren hat« (Grundmann). Die bunte Ausmalung auf den Emporen mit Bildlegenden erinnert an schlesische Bauernmalerei und gibt dem Raum eine anheimelnde Atmosphäre. Das außer der Friedenskirche in Schweidnitz einmalige Denkmal evangelischer Frömmigkeit und Volkskunst ist heute im Besitz der polnisch-evangelischen Kirche, betreut vom evangelischen Pfarramt in Liegnitz, ul. Limanowskiego 4.

Die Besichtigung der Friedenskirche ist möglich durch Ks. Ryszard Borski, der z. Zt. für die deutschen Restgemeinden zuständig ist. Die Friedenskirche wurde 1983/84 mit Hilfe des Gustav-Adolf-Werkes restauriert.
Am Südrand der Altstadt vom Ring ul. Klasztorna (Klosterstraße) Backsteinbau der *Franziskanerkirche* (4), schöner Linsengiebel – 1489 –, vor dem Kriege Speicher, jetzt kleines »Regionalmuseum«, geöffnet sonnabends – Bestände aus dem früheren Jaueraner Heimatmuseum in der Gartenstraße. In den Nebenstraßen noch einige schöne *Bürgerhausfassaden aus der Renaissance*. Unweit der Franziskanerkirche Barockkapelle, benutzt als Möbelmagazin. An der Ausfahrt nach Striegau (Strzegom) der *»Striegenturm«* (5), Überrest der Stadtbefestigung. In der Südwestecke der Altstadt, nahe der Wütenden Neiße, ehemaliges Piastenschloß (6).
Weiterfahrt nach Hirschberg, 40 km.
Rückfahrt wie Routenbeschreibung, Erläuterungen der Städte vgl. Route 1 von Bunzlau und Route 4 von Hirschberg.

ROUTE 3a   Liegnitz (Legnica) – Goldberg (Złotoryja) – Gröditzburg (Grodziec) – Haynau (Chojnów) – weiter wie 3b, 130 km
Zu Goldberg und Gröditzburg vgl. Bunzlau Route 1.

ROUTE 3b   Liegnitz (Legnica) – Haynau (Chojnów) – Samitz (Zamienice) – Kotzenau (Chocianów) – Lüben (Lubin) – Brauchitschdorf (Chróstnik) – Liegnitz (Legnica). 80 km

16 km bis

HAYNAU, *Kr. Goldberg*
Chojnów, woj. Legnica (Woj. Liegnitz)

Landstadt am linken Ufer der Schnellen Deichsa, 5 km nördlich der Autobahn Breslau–Forst.

Einwohner

1939: 11 114 Deutsche
1980: 12 000 Polen

Hotel: »Lech«, ul. Kolejowa 39, Tel. 511, **

Geschichte

Gründung vermutlich vor 1241 am nördlichen Zweig der Hohen Straße zwischen Bunzlau und Liegnitz. Durch Ausweitung dieser Durchgangsstraße entstand der langgestreckte Marktplatz – einer der größten in Schlesien. Um ihn herum als langes Rechteck die planmäßige Stadtanlage mit

Mauerring. Haynau kam bei der Teilung Niederschlesiens 1248 zum Herzogtum Liegnitz. Seit 1399 Burg bzw. Schloß, zeitweilig Residenz der Liegnitzer Herzöge.

Wirtschaft

Im Mittelalter geprägt durch Weberzunft. Blüte der Tuchmacherei im 16. Jahrhundert, neuer Aufschwung durch Förderung unter Friedrich dem Großen. 1845 Eisenbahnverbindung nach Bunzlau und Liegnitz. Vielseitige Industrie: Handschuhfabrik, Zukker-, Papier-, Ziegel-, Tonwaren-, Eisen- und Blechwaren-, Möbel-, Maschinenfabriken. Überflügelung der Kreisstadt Goldberg. Nach 1945 blieb die wirtschaftliche Ausrichtung unverändert. Hinzu kam für den Lüben-Glogauer Kupfererzbergbau eine zentrale Reparaturwerkstätte für Maschinen.

Sehenswürdigkeiten

1945 beträchtliche Zerstörungen, wesentliche Bauwerke aber erhalten. Am Ostrand des Marktes in beherrschender Stellung die gotische *Pfarrkirche »Unserer Lieben Frau«*, 1535–1945 evangelisch, jetzt polnisch-katholisch.
Älteste Teile aus dem 15. Jahrhundert. Sterngewölbe im Mittelschiff von 1468, nach Brand von 1651 wieder aufgebaut. Bekrönung des Turmes um 1600, Achteck mit gemauertem Helm. Altar und Kanzel aus Holz, Mitte 17. Jahrhundert. Buswoysche Kapelle im Renaissancestil. *Wandgrab des Wolf von Buswoy* als lebensgroße Figur in Ritterrüstung (Inschrift: »WOLF VON BUSWOY AUF VIPERSDORF VOR HAYNAU GESESSEN – 1543«). An der Außenmauer zahlreiche Grabsteine, deren deutsche Inschriften 1945 ausgemeißelt oder abgeschliffen wurden, während man die lateinischen beließ.

Das Rathaus in der Mitte des Marktes wurde nach dem Brand von 1865 abgetragen. Die Westseite des Marktes schließt das Restgebäude des *Renaissance-Schlosses* ab, 1546/47 anstelle der gotischen Burg von Herzog Friedrich III. von Liegnitz errichtet. Über dem Portal die Brustbilder Friedrichs III. und seiner Gemahlin Katharina von Mecklenburg – Entwurf von Franz Pahr, Brieg. Heute Eingang zum Regional-Museum.
In der Nordwestecke der Altstadt einschiffige *Maria-und-Josefs-Kirche*, 1770–1774, heute unbenutzt. Wahrzeichen des Mittelalters und Rest der Befestigung der *Weberturm* (um 1400) – Renaissance-Attika, 16. Jahrhundert, Fachwerkbekrönung öfters erneuert.
Weiterfahrt nach Lüben (Lubin), nach 6 km Abzweigung links zum Dorf *Samitz (Zamienice)*. In der 1618 neu erbauten Pfarrkirche Grabtumba des Grafen Erdmann von Promnitz (1704 gefallen im Gefecht bei Posen). Auf barockem Sarkophag, von sechs Sklaven getragen, ruht Graf Promnitz als Ritter im Harnisch in lebensnaher Gestalt.

Weiterfahrt nach

KOTZENAU *(Chocianów)*.

Kleinstadt inmitten der Waldlandschaft der Niederschlesischen Heide am Rande der Sprotte-Niederung. Sehenswert: Schloß der Grafen Dohna, 1945 unzerstört, danach unbewohnt und stark verfallen.

Einwohner

1939: 4310 Deutsche
1970: 5586 Polen

1945 unzerstört. Auf dem Markt steht die 1746 errichtete frühere evangelische Kirche. Bereits 1430 Eisenhammerwerk mit Hütte und Mühle. 1854 Eisenwerk »Marienhütte«, von 1931 bis 1936 stillgelegt.
In *Klein-Kotzenau* am westlichen Stadtrand inmitten eines verwilderten Schloßparks

großartiges, von Martin Frantz in Barockstil umgebautes *Schloß*, bei Kriegsende ausgeplündert und ausgebrannt, jetzt durch Zumauern gesichert. Zwar dem Verfall preisgegeben, doch noch sehenswert.

25 km bis

LÜBEN, *Kr. Lüben*
Lubin, woj. Legnica (Woj. Liegnitz)

Am Ostrand der waldreichen Niederschlesisch-Lausitzer Heide, seit 1960 aufstrebende Stadt im Zentrum des Kupferreviers.

Einwohner

1939: 9920 Deutsche
1970: 28760 Polen
1980: 60000 Polen

Hotel: »Kosmos«, ul. Kolejowa 8, ***, Tel. 44-10-17; »Sportowy« am Bahnhof

Geschichte

Seit der Bronzezeit besiedelt, um 1230 herzogliche Burg. Ende des 13. Jahrhunderts Gründung der deutschen Stadt zu Magdeburger Stadtrecht, Handelsstraße – Transitverkehr. 1443 Münzprivileg, freier Salzmarkt. 1353 schrieb im Heilig-Geist-Hospital Nikolaus von Preußen die illustrierte Lebensbeschreibung der hl. Hedwig (Schlackenwerther Codex). Reformation eingeführt durch Kaspar von Schwenckfeld, der eine von der Lehre Luthers abweichende, spiritualistische Religiosität vertrat.

Wirtschaft

Vor dem Dreißigjährigen Krieg Tuchmacherei. Industrialisierung nach Eisenbahnbau: Zuckerfabrik, Holz- und Metallverarbeitungsbetriebe. Bedeutendstes Unternehmen Klavierfabrik Langer & Co., heute Herstellung von Saiteninstrumenten. Ab 1960 Inbetriebnahme der Kupferaufbereitungsanlage. Außerhalb der Altstadt große neue Wohnsiedlungen für die Belegschaft der Industriewerke und des Kupferkombinats (vgl. Einwohnerzahl!).

Sehenswürdigkeiten

1945 schwere Kriegszerstörungen, Altstadt z. T. wiederaufgebaut. Am *Ring* nur neue Wohnblocks. *Das Rathaus* in alten Formen wiederhergestellt, wie es nach einem Brand im Siebenjährigen Krieg 1757 errichtet wurde. Am vergrößerten Ring neues Geschäftszentrum. Der Platz grenzt jetzt an den *Glogauer Torturm*, Rest der Stadtbefestigung. Unweit an der alten Stadtmauer die frühere evangelische *Stadtpfarrkirche St. Marien*, spätgotischer Backsteinbau mit Kreuz- und Sterngewölbe, 1945 stark beschädigt, Innenausstattung zerstört oder weggebracht. Heute Kirche der polnisch-katholischen Gemeinde. Erhalten die Kanzel im Stil der Spätrenaissance mit dem figürlichen Schmuck der Evangelisten und Propheten. Zwei wertvolle Schnitzaltäre der Gotik wurden gerettet. Der eine steht jetzt als Hauptaltar im Dom zu Breslau (Wrocław) und der zweite dort im schlesischen Nationalmuseum. Inmitten der Grünanlagen am Rande der Altstadt katholische Pfarrkirche St. Hedwig, als *Burg- bzw. Schloßkapelle* 1358 gestiftet. Nach den Zerstörungen von 1945 wiederaufgebaut und für Kunstausstellungen hergerichtet. Freistehender Glockenturm erhalten. Im eingemeindeten Dorf, Ortsteil *Lüben-Altstadt* an der Straße nach Kotzenau (Chocianów), auf einem Hügel erhaltener Fachwerkbau der ehemaligen *evangelischen Kirche*, Ende 17. Jahrhundert, von polnisch-katholischer Gemeinde benutzt. Innenausmalung von 1683.
Durch den Brauchitschdorfer und Liegnitzer Stadtforst zurück nach Liegnitz.
In *Brauchitschdorf (Chróstnik)* – 5 km – alte Dorfkirche mit Westturm der Spätgotik, Helm 1945 vernichtet. Das Schloß – als

Barockbau 1723–1726 von Martin Frantz großzügig erweitert – blieb 1945 unversehrt; diente zunächst als sowjetisches Lazarett und Offiziersquartier, danach als landwirtschaftliches Technikum und ist vor einigen Jahren abgebrannt.

ROUTE 4 »Über die Oder«

Liegnitz (Legnica) – Kunitz (Kunice) – Parchwitz (Prochowice) – Leubus (Lubią) – Mondschütz (Mojęcice) – Wohlau (Wołów) – Kunern (Konary) – Winzig (Wińsko) – Steinau (Ścinawa) – Bielwiese (Wielowieś) – Liegnitz (Legnica). 125 km

3 km bis *Kunitz (Kunice)*. Dorfkirche mit mittelalterlichem Turm, Epitaphe aus dem 17. Jahrhundert. Der Kunitzer See war seit Mitte des 19. Jahrhunderts Brutstätte für Tausende von Lachmöwen (Insel), nach dem Zweiten Weltkrieg Niststätten niedergebrannt. Heute Ausflugsort und Seglerzentrum (Stadtbus von Liegnitz).

8 km bis *Parchwitz (Prochowice)*. Ackerbaustädtchen an der Katzbach (Kaczawa), 4 km vor ihrer Mündung in die Oder (1939 und 1970 2700 Einwohner). Anfahrt von Liegnitz mit Stadtbus Nr. 10 sowie Überlandbus (PKS).

1254 Aussetzung eines Marktes mit deutschem Stadtrecht. Bereits 1217 »Villa Parchowitz« erstmals erwähnt, nach dem Ortsnamen nannten sich die Grundherren »von Parchwitz«. *Rathaus, Wehrmauern,* alte evangelische *Pfarrkirche St. Andreas,* 15. Jahrhundert, jetzt Magazin. Im Inneren Renaissance-Gräber. Am Stadtrand, nordwestlich vom Ring hinter der Andreaskirche, das Wasserschloß. Wall und Graben, früher als Nebenarm der Katzbach, schützten die mittelalterliche Burg. Ältester Teil der quadratische Turm von 1422. Das *Schloß* 1581 zum stattlichen Renaissancebau erweitert und verschönert, Steinbrüstung und Renaissance-Portal. Im 16. und 17. Jahrhundert zeitweise Sitz der Liegnitzer Herzöge. 1820–1933 Privatbesitz, sodann Übernahme durch den Kreis, bis 1945 bewohnt. 1961 sichergestellt und renoviert, teilweise bewohnt, doch fraglich, ob es er-

halten wird. Vom gotischen Turm ausgedehnte Fernsicht auf die umliegenden Wälder und die Kirche in Leubus.

Richtung Breslau (Wrocław) nach 6 km Abzweigung links Richtung Wohlau (Wołów) zum

KLOSTER LEUBUS *(Lubiąż).*

Oderbrücke mit Blick auf das älteste und bedeutendste schlesische Zisterzienserkloster. Parken vor dem Torbau oder im Klosterhof dahinter.

Geschichte

Laut Stiftungsbrief 1175 von Herzog Boleslaus gegründet und mit deutschen Mönchen aus der Zisterze Pforta in Thüringen besetzt. Der Herzog stattete seine Stiftung mit reichem Besitz aus, nahm sie in landesherrlichen Schutz und gestattete, auf den Klostergütern Deutsche anzusiedeln, die »für alle Zeit von allem polnischen Recht frei sein« sollten. Das Kloster entwickelte sich nächst Breslau rasch zu dem führenden wirtschaftlichen, kulturellen und geistig-religiösen Zentrum von Schlesien. Nach dem Dreißigjährigen Krieg erlebte es eine zweite Blüteperiode.

In preußischer Zeit allmählicher Niedergang, 1810 Aufhebung des Stiftes und Säkularisation; Archiv, Bibliothek und Kunstschätze wurden den Breslauer Sammlungen einverleibt. Die Wirtschaftsgebäude wurden als Landesgestüt, der Konventsbau seit 1830 als Provinzial-Heil- und Pflegeanstalt, im Kriege auch für ausgelagerte Industriebetriebe benutzt. Nach 1945 wurde das Kloster von sowjetischem Militär belegt und ausgeplündert, nicht ausgelagerte Kunstschätze gingen meist verloren. Ende der sechziger Jahre beginnende Restaurierung durch den polnischen Landeskonservator – mit sehr beschränkten Mitteln. Ende der geplanten Vorhaben nicht abzusehen.

Sehenswürdigkeiten

Die *Klosteranlage* rechtfertigt einen Besuch. Imponierender Anblick des Barockbaues, 1672–1729, mit seinen in Europa gewaltigen Abmessungen von 223 × 118 m, seinerzeit umfangreichste Bauschöpfung dieser Art des Kontinents. Die noch von dem mittelalterlichen Kloster stammende *gotische Stiftskirche*, erbaut 1307–1340, wurde prächtig barokisiert und mit einer neuen Doppelturmfront in den Neubau des Klosters einbezogen. Die Innenräume: *Sommerrefektorium, Bibliothek und Fürstensaal* gehörten zu den prunkvollsten Barockschöpfungen Schlesiens – nach 1945 zerstört, Restaurierung geplant und begonnen. Die wieder intakten Räume des Konventsbaues dienen jetzt als Möbelmagazin der Breslauer Museen (Besichtigung möglich) und Bücherlager für Bibliotheken. Klosterkirche geschlossen (barockes Chorgestühl und im Krieg ausgelagerte *Willmann-Gemälde*, Apostel-Martyrien, sollen größtenteils verloren gegangen sein). Die Wiederherstellung des Gotteshauses wurde mit bescheidenen Mitteln begonnen.

3 km oderabwärts im *Städtel Leubus (Lubiąż)* auf einem Hügel schöne, weithin sichtbare barocke »Weinberg-Kirche«, Schlüssel im nahen Pfarramt des Dorfes. Von der Kirche Aussicht bei klarem Wetter bis zum Riesengebirge. Der deutsche Name des Ortes beruht darauf, daß er von 1249 bis 1844 (vermutlich wegen der Bedeutung des Klosters) Stadtrecht hatte.

Zurück zur Straße nach Wohlau (Wołów). 5 km südwestlich der Stadt in *Mondschütz (Mojęcice)* kleine *Kirche*, im 15. Jahrhundert aus Findlingssteinen und Ziegelmauerwerk erbaut, im 16. Jahrhundert erweitert und in der Spätrenaissance reich ausgemalt. 1964 und 1981 von der kleinen polnisch-katholischen Gemeinde aus eigenen Mitteln restauriert, deutsche Beschriftung erhalten. Alter Taufstein aus Sandstein mit kunstvoll geschnitztem Holzdeckel. (Schlüssel im Pfarramt)
Renaissance-Schloß, 1780–1945 der Familie von Köckritz gehörig, noch bewohnt.

WOHLAU *Kr. Wohlau*
Wołów, woj. Wrocław (Woj. Breslau)

Einwohner

  1939: 7144 Deutsche
  1980: 11000 Polen

Lage am Südrand des schlesischen Landrückens.
Restaurants: »Ratuszowa«, Rynek 1; »Stylowa«, Rynek 4
Tankstellen: ul. Sienkiewicza

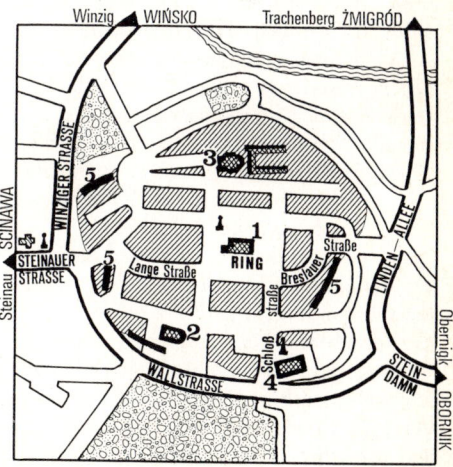

Geschichte

Altbesiedeltes Gebiet (Funde aus vor- und frühgeschichtlicher Zeit). 1288 Vogt von Wohlau, 1292 Ersatz für verlorengegangene Gründungsurkunde, 1312 an Herzogtum Oels, 1523–1675 Herzogtum Liegnitz. Befestigte Stadt auf ovalem Grundriß, zeitweise Hauptstadt eines Teilfürstentums, in preußischer Zeit Kreis- und Garnisonstadt. Ende des 19. Jahrhunderts kleine Betriebe der Landwirtschaftsindustrie und Holzbearbeitung. Seit 1960 Wohnstadt für Arbeitskräfte der chemischen Industrie in Dyhernfurth (Brzeg Dolny).

Sehenswürdigkeiten

1945 nach Besetzung ausgedehnte Zerstörungen.
Rathaus (1) – Renaissancebau von 1654, umgestaltet 1689. 1945 ausgebrannt, Wiederaufbau in alter Form. Doppelte Freitreppe, darüber Barockportal und Stadtwappen, davor *Nepomuk-Statue* von 1723. Auf dem Ring Mariensäule (Barock). *Stadtpfarrkirche St. Laurentius* (2), gotischer Hallenbau Ende des 14., Anfang des 15. Jahrhunderts, seit 1522 protestantisch, ausgenommen die Jahre der Gegenreformation von 1682 bis 1707. Im Inneren schwere Nachkriegsbeschädigungen, außen Schäden beseitigt. Die Kirche wird heute gelegentlich für die Gottesdienste der polnisch-evangelischen Gemeinde benutzt.
Nördlich vom Ring *katholische Pfarrkirche* (3), barocker Putzbau, 1712–1726, ehemalige Kirche des Karmeliterklosters, 1734 erbaut, seit der Säkularisierung von 1810 Kirche der katholischen Gemeinde, auch heute katholische Pfarrkirche.
Gut erhalten ist das *Schloß* (4), 1579 von Herzog Georg II. von Brieg anstelle einer alten Herzogsburg erbaut; nach Beschädigung im Dreißigjährigen Krieg unter Herzog Christian von Wohlau 1653–1672 im

Renaissancestil umgebaut und 1922 nach einem Brand als Behördenbau (Kreishaus) restauriert. Der 1782 abgerissene Turm wurde wiederhergestellt, die Beschädigungen von 1945 wurden durch Restaurierungsarbeiten beseitigt.
Am Stadteingang (von Liegnitz kommend) wiederaufgebaute *Fragmente der Stadtmauer* mit polnischem Relief zur Stadtgeschichte. Abstecher nach *Dyhernfurth (Brzeg Dolny)* 13 km südöstlich von Wohlau, Restaurant: »Parkowa«, ul. Kolejowa 17, Kat. III. Die kleine Stadt an einer Oderfurt beantragte 1622 bei ihrer Stadterhebung den Namen Dyhernfurth durch die Grundherrschaft, den Freiherrn von Dyhern. Das 1780–1785 von C. G. Langhans am Oderufer großartig erbaute *Schloß* wurde 1945 zerstört und später abgetragen. Ein im Langhausstil wiederhergestellter Gebäudekomplex wird als Kulturhaus genutzt. Die *evangelische Kirche* von 1744 im Stadtzentrum, 1845 umgebaut, dient, im Innern verändert, der polnisch-katholischen Gemeinde.
Von Wohlau nach Norden Richtung Winzig (Wińsko), nach 8 km Abzweigung links nach *Kunern (Konary)*. Auf den rekonstruierten Grundmauern der ersten Rübenzuckerfabrik der Erde, die 1802 Carl Achard errichtete, hat die polnische Regierung einen Gedenkstein mit einer Reliefdarstellung Achards und einer mehrsprachigen Inschrift angebracht. Die *Grabstätte Carl Achards* befindet sich von Wohlau kommend vor dem Ort auf dem heute nicht benutzten Friedhof von Herrnmotschelnitz (Moczydlinica Dworska) – Hinweisschild in fünf Sprachen (auch deutsch) an der Straße. Erhalten ist die Granitplatte auf der Grabstelle mit der Inschrift: »DEM BEGRÜNDER DER DEUTSCHEN ZUCKERINDUSTRIE DER VEREIN FÜR DIE RÜBENZUCKERINDUSTRIE DES DEUTSCHEN REICHES«. Der 1945 erhaltengebliebene Grabstein der Familie war 1981 zerschlagen und 1983 entfernt.

79 Liegnitz. Sgraffito-Fassade. Im Hintergrund Johanneskirche

80 Liegnitz. Altes Rathaus

81 Bunzlau. Rathaus

82 Löwenberg. Rathaus

83 Greifenberg. Grabkapelle der Grafen Schaffgotsch

87 Riesengebirge. Blick zur Schneekoppe

88 Gedenktafel Gerhart Hauptmann (polnisch

89 Burgruine Kynast

90 Stonsdorf-Kamm

91 Kaiserswaldau. Kynast

92 Schrotholzkirche Krommenau

93 Hain. Blick zur Schneekoppe

94 Riesengebirgskamm

95 Schneegruben mit Rest der ehemaligen Schneegrubenbaude

96 Erdmannsdorf. Zillertalerhaus

97 Krummhübel. Teichmannbaude

98 Giersdorfer Teiche

99 Landeshut. Ring mit Lauben   100   Landeshut. Gnadenkirche

101   Waldenburg von Altwasser aus gesehen. Um 1850. Radierung von Eberhard S. Henne

102 Freiburg. Ring mit Rathaus

103 Neurode. Rathaus

104 Schweidnitz. Turm der katholischen Pfarrkirche

105 Niederschwedelsdorf. Schloß. Kreis Glatz

106 Schloß Kreisau

107 Frankenstein. Rathaus

108 Münsterberg. Rathaus

109 Albendorf

110 Glatz. Festung

Zurück zur von Wohlau nach Winzig führenden Straße.

WINZIG, *Kr. Wohlau*
Winsko, woj. Wrocław (Woj. Breslau)

Ackerbürgerstadt auf dem schlesischen Landrücken, 180 m hoch.

Einwohner

1939:   2078 Deutsche
1961: ca. 1200 Polen

1945 zum großen Teil zerstört, wenig wiederaufgebaut, Stadtrecht aberkannt. 1285 zu deutschem Recht ausgesetzt. Der rechteckige Markt läßt den Ort als planmäßige Gründung der mittelalterlichen deutschen Siedlung erkennen. Dreischiffige gotische, frühere evangelische *Hallenkirche*, auf einer Anhöhe weithin sichtbar, 1354 erbaut; 1514 nach einem Brand in der heute erhaltenen Form errichtet. Die kleine polnisch-katholische Gemeinde benutzt die neugotische katholische Kirche, 1886 erbaut. Die ehemalige evangelische Kirche ist geschlossen, wurde aber 1983 neu gedeckt. Vom Kirchplatz, besser noch 1500 m südlich von Winzig bei Quallwitz (Chwałowice) *vom Schwittalberg* – 202 m hoch – *Rundblick* nach Osten bis zu den bewaldeten Hügeln von Trebnitz, nach Süden an günstigen Tagen bis zum schlesischen Gebirge, nach Westen zu den weiteren Höhen des Schlesischen Landrückens. Im Osten Kirchturm von Trachenberg (Żmigród), im Nordosten von Rawitsch (Rawicz), im Norden von Herrnstadt (Wąsosz).

18 km bis

STEINAU, *Kr. Wohlau*
Ścinawa, woj. Legnica (Woj. Liegnitz)

Oderbrückenstadt in der Niederung des Durchbruchstales der Oder durch den Schlesischen Landrücken.

Einwohner

1939: 6478 Deutsche
1969: 4208 Polen

Geschichte

Auf altbesiedeltem Grund am Oderübergang 1251 herzogliche Burg belegt, Mitte des 13. Jahrhunderts nahe einer älteren slawischen Siedlung Stadt zu deutschem Recht ausgesetzt. Fährgerechtsame, dazu 1348 Recht zum Bau einer Brücke, sie wurde 1632 im Dreißigjährigen Krieg zerstört. 1858 neue Straßen- und 1873 Eisenbahnbrücke. Im 13./14. Jahrhundert selbständiger Herzogssitz. In Preußen bis 1932 Kreisstadt. Wirtschaftsstruktur durch Lage an der Oder bestimmt, Ende des 19. Jahrhunderts Oderhafen ausgebaut. Kleinere Industriewerke. Im Januar 1945 heftig umkämpft (Oderübergang), zu 75 % zerstört.

Erhaltene Bauwerke: Rathausturm bei neuem Rathaus mit gotischem Turm – anstelle der Barockhaube – wiederhergestellt. Alte *gotische Stadtpfarrkirche* (1450), Schäden von 1945 beseitigt; Reste der *Stadtmauer*. An der Straße nach Parchwitz (Prochowice) 10 km südlich Steinau in *Bielwiese* (Wielowieś) an der Außenmauer der früheren *evangelischen Kirche Grabepitaphe* der Gutsherren aus dem 16. und Anfang des 17. Jahrhunderts mit lebensgroßen Reliefs der Verstorbenen.
Zurück über Parchwitz (Prochowice) nach Liegnitz (Legnica).

X. Breslau

Wrocław, Stadtkreis, einer Wojewodschaft
gleichgestellt und Sitz einer gleichnamigen Wojewodschaft

Lage

Im Zentrum der mittelschlesischen Ackerbauebene beiderseits der Oder an einem
alten Oderübergang. Fläche: 292,8 km²

Einwohner

1939:   625 565 Deutsche
1985: ca. 650 000 Polen, ca. 500 Deutsche

Unterkunft und Verpflegung

Hotel: Kennzeichnung wie in internationalen Führern mit Sternchen (höchste Stufe
4 Sterne = de luxe, westlicher Komfort).
»Orbis-Wrocław«, ul. Powstańców Śląskich 7 (Kaiser-Wilhelm-Straße), Tel. 61-
46-51, Kat. ****; »Orbis-Panorama«,
pl. Dominikanski 8 (Dominikanerplatz),
Tel. 44-36-81, Kat. ****; »Orbis-Novo-
tel«, ul. Wyścigowa 35 (nahe Südpark,
Rennbahnstraße, südliche Forts. der
Hohenzollernstraße), Tel. 67-52-75,
Kat. ****; »Orbis-Monopol«, ul. Mod-
rzejewskiej 2 (am Stadttheater), Tel. 351-
03, Kat. ***; »Orbis« (Motel), ul. Lotni-
cza 151 (Flughafenstraße, Pilsnitz),
Tel. 55-81-53, Kat. ***; »Polonia«, ul.
Świerczewskiego 66 (Gartenstraße), früher: Hotel »Vier Jahreszeiten«, Tel. 310-
21, Kat. **; »Grand« (PGT »Odra«), ul.
Świerczewskiego 102 (Gartenstraße), Tel.
339-83, Kat. **

Jugendherberge: ul. H. Kołłątaja 20 (Ta-
schenstraße), im Jugendkulturhaus
(MDK), Tel. 388-56; ul. Na Grobli 32,
Tel. 374-09; Wilczyce, ul. Wrocławska 7,
Tel. 25-08-10

Camping: ul. Na Grobli 16/18 (Weiden-
damm, zwischen Oder und Luna-Park),
Tel. 344-42; ul. Pąderewskiego 35 (am
Sportfeld) – Stadtteil Śródmieście (Leer-
beutel-Stadion), Tel. 484-651; OSIR Nis-
kie Łąki 1/9, Tel. 335-34; »Śląsk«, ul.
Wodzisławska 10a (Ostpark Richtung
Oppeln), Tel. 348-43

Restaurants: In den Hotels »Grand«, »Monopol«, »Novotel«, »Panorama«, »Wrocław«; »Dwór wazowy«, Rynek 5,
Kat. I; »Grunwaldzka«, pl. Grunwaldzki
(Scheitniger Stern), Kat. I; »Polonez«,
pl. Hirszfelda 16 (Höfchenplatz), Kat. I;
»Czardasz«, pl. Koscinski 5 (Tauentzienplatz); »KDM«, pl. Koscinski 4; »Śląska«, ul. Swierczewskiego 88 (Gartenstraße); »Staromieska«, ul. Stwosza 12 (Albrechtstraße); »Wars«, Dworzec Główny (Hauptbahnhof); »Pizzerie«, Rynek
46

Café, Teestube: »U Prospera«, Rynek 28
(Ring); »Sezam«, ul. Świerczewskiego 68
(Gartenstraße); »Mocca«, ul. Świerczewskiego 102 (Gartenstraße); »Centralna«, pl. Koscinski 20 (Tauentzienplatz); »Saba«, ul. Św. Jadwigi 9 (Sand-
straße); »Europejska«, ul. Świerczewskiego 88 (Gartenstraße); »Cuba«, ul.
Szewska 45 (Schuhbrücke); »Herbowa«,
Rynek 19 (Ring); »Słoneczna«, pl. Nowy
Targ 23 (Neumarkt), u. a.

Weinstube (Winiarnia): »Bachus«, Rynek
17

Schnell-Imbiß: »Witaminka«, Rynek 52 (Ring); »Zbyszko«, pl. Grunwaldzki 18/20 (Scheitniger Stern); »Barbara«, ul. Swidnicka (Schweidnitzer Straße/Ecke Kazimierza Wielkiego)

Touristeninformation

»Orbis«, Rynek 29 (Ring), Ecke Ohlauer Straße Fahrkartenverkauf, Fremdenverkehr; »OOP«, ul. Świerczewskiego 62 (Gartenstraße); Wojewodschaftsbüro für Jugendtourismus: Wojewódzkie Biuro Turystyki Młodzieżowej ZSMP »Juwentur«, ul. Sudecka 75, Tel. 61-45-58; Platzkarten: Biuro Rezerwacji Miejsc, im Hauptbahnhof, Tel. 44-31-13 und 44-80-91; Polnischer Jugendherbergsverband: Polskie Towarzystwo Schronisko Młodzieżwoych, Ratusz 11/12, Tel. 332-56

Deutscher Freundschaftskreis Breslau

Vors.: Friedrich Petrach, ul. Grabiszyńska 15/13, 53–561 Wrocław

Verkehr

Bewachte Parkplätze: siehe Stadtplan

Autoservice, Straßenhilfe: »Polmozbyt«, ul. Powstańców Śląskich 211 (Kaiser-Wilhelm-Straße), Tel. 954, 61-94-16, 67-90-61; PZmot, ul. Hanke-Bosaka 20 (Clausewitzstraße), Tel. 981; »St. Naruk«, ul. Szezęśliwa 5, Tel. 61-59-28; M. Bereźniki, ul. Chałupnicza 1, Tel. 22-96-74; M. Dunin, pl. Grunwaldzki 8 (Scheitniger Stern), Tel. 21-91-41

Reparatur-Werkstätten: »Polmozbyt«, ul. Kamieneza 145 (Steinstraße), Tel. 67-76-50, ul. Piękna 21 (verlängerte Steinstraße), Tel. 67-76-50 (besonders für Fiat), ul. Grunwaldzka 47 (Fürstenstraße), Tel. 22-89-21, ul. Mickiewicza 58 (Scheitnig, Fr.-Ebert-Straße), Tel. 48-28-96; »Spolmot«, ul. Kochanowskiego 2a (Wilhelmsruher Straße), Tel. 48-17-21; ul. Nasypowa 2

(Alte Friedrichstraße/Bahndamm nahe der Höfchenstraße), Tel. 345-38, ul. Borowska 105 (Bohrauer Straße), Werkstatt der Automechanikerschule, Tel. 67-10-08

Fernverkehr: Breslau Hauptbahnhof (Wrocław Główny), ul. gen. K. Świerczewskiego (Gartenstraße); Breslau Freiburger Bahnhof (Wrocław Świebodzki), pl. S. Kirowa (Elfer Platz); Breslau Odertor (Wrocław Nadodrze), pl. Powstańców Wielkopolskich (Trebnitzer Platz)

Fernbusbahnhof: Dworzec PKS, pl. Konstytucji (Fränkelplatz am Hauptbahnhof)

Flugverkehr: LOT, ul. Świerczewskiego 36 (Gartenstraße)

Hauptpost: ul. Małachowskiego 17 (Flurstraße), früher Bahnpost

Telefonauskünfte: LOT, Tel. 390-31 und 390-32; Bahnauskunft – PKP – Tel. 360-31 und 360-33; Fernbusverkehr – PKS – Tel. 385-22 und 44-79-37; Auskunft über Fernanschlüsse: Tel. 911; Auskunft über Stadtanschlüsse: Tel. 913

Stadtverkehr: Der öffentliche Stadtverkehr ist vielseitig – Fahrschein-Vorverkauf an jedem Kiosk »RUCH«, »MPK« und Automaten

Straßenbahnlinien Nr. 0–23; Nachtstraßenbahnlinien Nr. 30–37; Buslinien Nr. 100–150; Schnellbuslinien Nr. A–N; Kleinbuslinien (nachts) Nr. 201–207 (vom Hauptbahnhof und von Grüneiche)

Schiffsverkehr auf der Oder: Anlegestelle Przystań Zwierzyniecka (Paßbrücke), von Mai–September, Tel. 22–36–18. Nach Wilhelmshafen – »Liebesinsel« (Wyspa Opatowicka), werktags ab 10 Uhr alle zwei Stunden, sonntags ab 9 Uhr stündlich. Zur Hindenburgbrücke (Most Warszawski), sonntags ab 10.30 Uhr alle 105 Minuten. Zur Dominsel (Ostrów Tumski), sonntags ab 9 Uhr alle zwei Stunden. Nach Dyhernfurth (Brzeg Dolny), Abfahrt sonntags 8 Uhr, Ankunft in Dyhernfurth 11 Uhr, Rückfahrt 15.30 Uhr, Ankunft in Breslau 19 Uhr.

Kultur

Theater, Konzerte: Państwowa Opera (Opernhaus), ul. Świdnicka 23 (Schweidnitzer Straße), Tel. 307-27; Teatr Polski (Schauspielhaus), ul. Zapolskiej 3 (Theaterstraße), Tel. 387-89; Teatr Kameralny (Kammerspiele), ul. Świdnicka 28 (Schweidnitzer Straße), Tel. 372-44; Operetka Wrocławska (Operettenbühne, früher Konzerthaus), ul. gen. K. Świerczewskiego 67 (Gartenstraße), Tel. 356-52; Teatr Lalek (Puppentheater), pl. Teatralny 4 (Zwingerplatz), Tel. 44-12-17; Teatr Pantomimy, al. Dębowa 16 (Eichenallee), Tel. 67-52-80; Państwowa Filharmonia (Konzerthaus, früher Schauspielhaus), ul. gen. K. Świerczewskiego 17 (Gartenstraße), Tel. 44-20-01

Museen (montags geschlossen): Muzeum Narodowe (Nationalmuseum), pl. Powstańców Warszawy 5 (Lessingplatz), geöffnet Mi, Fr, Sa, So 10–16, Do 9–16 Uhr; Muzeum Historyczne (Historisches Museum), Rynek-Ratusz (Ring-Rathaus), geöffnet Sa 10–17 Uhr, So 10–18 Uhr, Di, Do, Fr 10–16 Uhr; Muzeum Architektury i Odbudowy (Architekturmuseum), ul. Bernardyńska 5 (Bernhardin-Kirche), geöffnet Mi, Sa 11–16, Di, Do, Fr 11–15, So 11–17 Uhr; vom Architektur-Museum verwaltet und restauriert wird der ehemalige jüdische Friedhof in der Steinstraße (Najstarszy Cementarz Wrocławia), Zugang jetzt von der ul. Ślężna. Dort befinden sich viele jüdische Familien- und Einzelgrabstellen von kulturhistorischer Bedeutung, u. a. ist das wiederhergestellte Grab von Lassalle gepflegt. Muzeum Poczty i Telekomunikacji (Museum des Post- und Fernmeldewesens), ul. Krasińskiego 1 (Feldstraße), geöffnet tägl. außer Di 10–15, So 11–14.30 Uhr; Muzeum Etnograficzne (Volkskundemuseum), ul. Kazimierza Wielkiego 33 (Karlstraße) – im ehemaligen Schloß – Haubenkollektion schlesischer Volkstrachten (schlesische Volkstrachten auch im Magazin), Hinterglasmalerei, Möbel, geöffnet Mi, Do, Fr 10–16, Sa, So 10–17 Uhr; Muzeum Historyczne (Darstellung des Festungskampfes 1945), ul. Nowa (Neue Gasse), Liebichshöhe; Muzeum Archeologiczne (Vorgeschichtliches Museum), ul. Kazimierza Wielkiego 34 (Karlstraße) – im Schloß – geöffnet Mi, Do, Fr 10–16, Sa, So 10–17 Uhr; Muzeum Archidiecezjalne (Diözesanmuseum), ul. Kanonia 12 (Göppertstraße), geöffnet täglich außer Mo/So 10–15 Uhr; Muzeum Przyrodnicze (Zoologisches Museum), ul. Sienkiewicza 21 (Sternstraße), geöffnet Di–Sa 10–15, So 10–17 Uhr; Muzeum Mineralogiczne (Geologisches Museum) ul. Cybulskiego 30 (Salzstraße, ehem. Arbeitsamt), geöffnet täglich 10–15 Uhr, außer Sa, So und an Feiertagen; Panorama Racławicka (Schlachtengemälde der Schlacht von Racławice) – 1794 Tadeusz Kościuszkos Sieg gegen die Russen, ul. Purkyniego (Breite Straße), Rundbau, Besichtigung nur in Gruppen

Deutschsprachige Gottesdienste: Evangelisch: Christophori-Kirche, pl. F. Dzierżyńskiego, sonntags 9.30 Uhr; katholisch: im ehemaligen Hedwigskloster, ul. Sępa Szarzyńskiego 29 (Hirschstraße), sonntags 10 Uhr und am 1. Freitag jeden Monats 17 Uhr.

Gärten: Botanischer Garten, ul. Kanonia 6/8 (Göppertstraße), geöffnet an Werktagen 9–19 Uhr, im Winter bis 18 Uhr, So 10–18 Uhr; Zoologischer Garten, ul. Wróblewskiego (Grüneicher Straße), geöffnet tägl. 9–19 Uhr (April bis Okt.)

1. Geschichte

Um 900 n. Chr.: Die Gründung der Stadt Breslau wird auf den Böhmenherzog Wratislav zurückgeführt, der das heutige Mittel- und Niederschlesien seiner Herrschaft unterwarf. Münzen aus der Zeit seines Nachfolgers, des Böhmenherzogs Boleslaw I. (931–972) tragen auf der einen Seite um dessen Namen ein Schwert und ein Kreuz, auf der anderen Seite ein hohes Kirchengebäude mit der Umschrift »Vratsao«.

Um 1000: Burg und Bischofssitz treten in das Blickfeld der deutschen Geschichte. Kaiser Otto III. unterstellt das Bistum »Wrotizla« dem von ihm neugegründeten Erzbistum Gnesen (Thietmar von Merseburg).

Die Schreibweise des Namens entwickelt sich von »Vratislau« (1189), »Vrauzlavia« (1193), »Wreczelav« (1201), polnisch »Wrozlaw« und »Frodezlau« (1157) einerseits zu dem latinisierten »Wratislavia« (episcopus Wratislaviensis), andererseits über »Wrezlau (1204) und »Bresslau« (deutsche Urkunde vom Jahre 1266) zu »Breslau« (erstmals 1314).

Um 1150: Gründung des Klosterstifts auf der Sandinsel.

1159: Bischof Walter, ein Wallone aus der Gegend von Lüttich, beginnt mit dem Bau des romanischen Domes auf der Dominsel.

1229: Erste Erwähnung des Schultheiß der deutschen Kaufmannsniederlassung auf dem linken Oderufer (Ritterplatz bis St. Adalbert).

1241: Breslau links der Oder wird von den Mongolen niedergebrannt.

1242: Boleslaw (Sohn Heinrichs II., gefallen in der Abwehrschlacht gegen die Mongolen auf der Wahlstatt bei Liegnitz) beauftragt einen deutschen Edelmann namens Heinrich als Lokator mit der Neugründung von Breslau.

1244: Baubeginn des Domes durch eine deutsche Bauhütte.

1261: Auf Veranlassung Heinrichs III. teilen die Schöffen von Magdeburg das Recht ihrer Stadt mit. Die Brüder Heinrich III. und Wladislaw beglaubigen das Magdeburger Stadtrecht für Breslau.

1272: Herzog Heinrich IV. verleiht weitere Privilegien (Niederlagsrecht, Meilenrecht usw.), welche die Vormacht von Breslau als Handelszentrum begründen.

1327: Der letzte – kinderlose – Piastenherzog Heinrich VI. schließt in Prag mit König Johann aus dem Hause Luxemburg einen Erbvertrag ab. Der König bestätigt darin der Stadt Breslau alle Rechte und Freiheiten, verzichtet auf die böhmische Landessteuer und gewährt den Breslauer Waren Zollfreiheit in ganz Böhmen. Breslau wird Haupthandelsplatz des deutschen Ostens.

1357: Kaiser Karl IV. überträgt dem Rat der Stadt die Landeshauptmannschaft über das Fürstentum Breslau mit Sitz und Stimme auf dem Schlesischen Fürstentag. Erst durch den Prager Frieden 1635 wird der Stadt dieses Recht wieder entzogen.

1360: Karl IV. verleiht Breslau das Recht, eigene Goldmünzen zu prägen.

Im »Breslauer Stadtrecht« werden Rechtssätze der Magdeburger Schöffen und der vom Rate der Stadt Breslau erlassenen »Willküren« zusammengefaßt.

18.7.1418: Blutige Erhebung der Zünfte gegen den Rat.

1420: Deutscher Reichstag in Breslau. Kaiser Sigismund hält Einzug in Breslau und Standgericht über die Aufrührer.

Um 1500: Vollendung des Rathauses.

1523: Der Rat der Stadt beruft mit Zustimmung des Bischofs Thurzo Pfarrer Dr. Johannes Heß aus Nürnberg an die Maria-Magdalenen-Kirche, einen Anhänger der Reformation. Einführung des evangelischen Gottesdienstes an den Stadtpfarr-kirchen.

1526: König Ludwig II. von Ungarn und Böhmen fällt in der Türkenschlacht bei Mohács, Schlesien und damit Breslau gelangt als Erbe an das Herrscherhaus der Habsburger in Wien. Nach und nach Einschränkung der Selbständigkeit der Stadt durch Errichtung kaiserlicher Aufsichtsbehörden für Schlesien.

1542: Errichtung des »städtischen Schulenamtes«.

1561: Martin Helwig, Rektor der 1267 vom Rat gegründeten Magdalenenschule, läßt die erste Karte Schlesiens auf 12 Holztafeln drucken.

1581: Die Jesuiten lassen sich in Breslau nieder.

1624: Im Verlag des Buchhändlers David Müller in Breslau erscheint das »Buch von der Deutschen Poeterey« von Martin Opitz. Als Druckort der Epigramme von Logau, der »Poetischen Wälder« von Gryphius und zahlreicher anderer Werke der »Schlesischen Dichterschulen« gewinnt Breslau weithin einen Namen in der deutschen Literatur.

1648: Breslau, das sich im 30jährigen Krieg leidlich durch bewaffnete Neutralität geschützt hatte, erhält im Westfälischen Frieden die religiöse Freiheit zugesichert und behauptet sein »ius praesidii« – Recht auf eigene Verteidigung und Freiheit von kaiserlicher Garnison.

1659: Kaiser Leopold I. schenkt den Jesuiten die kaiserliche Burg an der Oder.

1702: Gründung der Breslauer Jesuitenuniversität.

1726–1736: Bau der Universität – Hochschule der Jesuiten.

1741: Huldigung der schlesischen Stände für Friedrich II., den Großen. Breslau wird dritte Haupt- und Residenzstadt des Königreiches Preußen.

1748: Der Ratspräses von Saebisch vermacht seine Galerie der Stadt – Grundstock für

das spätere »Museum der Bildenden Künste«.

1754: Der Schauspieler Franz Schuck erbaut auf dem Grundstück »An der kalten Asche« (Taschenstraße) das erste Theater.

1764: G. E. Lessing schreibt in Breslau sein Lustspiel »Minna von Barnhelm« (1760–65 war er Sekretär des preußischen Stadtkommandanten, General von Tauentzien).

1790: Goethe als Begleiter des Herzogs Karl August von Sachsen-Weimar in Breslau.

1806–07: Belagerung durch die Franzosen.

1809: Erste Wahlen der Stadtverordneten in den Bezirken nach Einführung der Steinschen Städteordnung.

1810: Säkularisationsedikt ordnet die Einziehung der Klöster an.

1811: Verkündung der Gewerbefreiheit.

19. 11. 1811: Einweihung der nach den Plänen Wilhelm von Humboldts neugegründeten Universität. Erste deutsche Hochschule mit einer evangelischen und einer katholischen Theologischen Fakultät.

1811: Auflassung der Festung.

25. 1. 1813: König Friedrich Wilhelm III. verlegt seine Residenz nach Breslau.

17. 3. 1813: »Aufruf an mein Volk«. Signal für die Erhebung Preußens gegen Napoleon.

1822: Eingemeindung der Vorstädte.

1841: Eröffnung des Stadttheaters an der Schweidnitzer Straße.

1842: Eröffnung der Oberschlesischen Eisenbahn bis Ohlau.

1842: Hoffmann von Fallersleben – Dichter des Deutschlandliedes (1841 auf Helgoland) und Herausgeber einer Sammlung schlesischer Volkslieder – wird wegen freiheitlich-gesamtdeutscher Gesinnung auf Grund seiner »Unpolitischen Lieder« 1842 als Professor für deutsche Sprache und Literatur (seit 1830) entlassen und landesverwiesen.

1843: Gründung eines Vereins zur Linderung der Not der Weber und Spinner im

Eulengebirge unter Mitwirkung des Privatdozenten Gustav Freytag.

1844: Niederschlagung sozialer Unruhen.

1848: Gründung der Breslauer Handelskammer und der städtischen Bank.

1840: 100 000, 1900: 422 000, 1910: 512 000 Einwohner.

1910: Gründung der Technischen Hochschule.

1913: Jahrhundertfeier der Erhebung Preußens gegen Napoleon.

1937: Katholikentag, Deutsches Turnfest

1938: Deutsches Sängerfest

1945 Ende Januar: Beginn der russischen Belagerung der zur Festung erklärten, aber unbefestigten Stadt.

6. 5. 1945: Kapitulation. Zerstörungsgrad: insgesamt 70 % der Bausubstanz, in der Innenstadt ca. 50 %, Stadtteile im Süden und Westen fast 100 %, ebenso in dem für den Flugplatzbau gesprengten Teil von Scheitnig.

9. 5. 1945: Übernahme der Stadt durch die Polen. Beginnende Ausweisung der in der Stadt verbliebenen (überlebenden) bzw. zurückgekehrten deutschen Zivilbevölkerung (150 000–200 000).

1948: 250 000, 1958: 355 000, 1971: 531 000 polnische Einwohner.

1955–1965: Wiederaufbau der Innenstadt im Bereich der sogenannten »Gürtelbahn« (Straßenbahnlinie rings um die Innenstadt) und nördlich der Oder entlang des Lehmdammes (ul. Bolesława Prusa). Ingangsetzung der Industriebetriebe und Aufbau neuer Wohnviertel.

2. Wirtschaft

Breslaus Lage bestimmte sein Schicksal: Gegründet im Mittelalter an einem durch Inselbildungen begünstigten Oderübergang und Kreuzungspunkt der Straßen von Ost nach West und Nord nach Süd, zerstört genau sieben Jahrhunderte später als kulturelle, wirtschaftliche und politische Metropole Schlesiens und wichtiger Verkehrsknotenpunkt.

Breslau entwickelte sich nach der Neugründung von 1242 aus der deutschen Kaufmannsniederlassung im Schutze der Piastenburg und des Bischofssitzes rasch zum ersten befestigten Handelsort in Schlesien und im deutschen Osten. Zum Handel kam ein reich gegliedertes Handwerk mit dem Vorrang der Tuchweberei, später auch der Leinenfabrikation. Zur Blütezeit, Anfang des 15. Jahrhunderts, vier privilegierte Jahrmärkte mit einem Zustrom von Waren aus allen Ländern Europas. Diese Teilnahme am Handel mit ausländischen Produkten erbrachte großen Gewinn und wurde zur Grundlage des Wohlstandes. Anfang des 16. Jahrhunderts Rückgang des Wirtschaftslebens: Handelssperre für Polen und zugleich Verschiebung des Wettbewerbes an die Gestade des Ozeans.

Dennoch behauptet Breslau seine Vormachtstellung durch Umstellung auf den Handel nach Hamburg und über Österreich nach dem Mittelmeer. Erste Wasserstraßenverbindung 1668 Oder-Spree-Havel-Kanal bis Hamburg.

Seit Mitte des 19. Jahrhunderts Entwicklung zum Eisenbahnknotenpunkt und Industriezentrum.

1844 Beginn der Oderregulierung. Nach 1870 Strombauverwaltung, Bau von zwei Schiffahrtskanälen zur Umgehung der Stadt (1895–97 und 1912–17). Hierdurch und mit der Industrialisierung von Oberschlesien und mit dem Ausbau des Gleiwitzer Kanals wird die Oder Großschiffahrtsweg. Breslauer Hafen.

Zum Textilgewerbe tritt die Montan-Industrie, u. a.:

1833: Maschinenbauanstalt Breslau unter Beteiligung der königlichen Seehandlung.

1839: Der Stellmacher »Gottfried Linke« gründet eine »Waggonfabrik«.

1856: gründen die Gebr. Hofmann die »Eisenbahnwagenbau-Anstalt«, beide Werke 1912 verschmolzen zu »Linke-Hofmann-Werke«.

1917/23: weitere Fusionen, u. a. mit der »Oberschlesischen Eisenindustrie-AG für Bergbau und Hüttenbetrieb in Gleiwitz«, begründen den Weltkonzern »Linke-Hofmann-Lauchhammer-AG«. Auch heute zählt der Nachfolge-Konzern »Pafawag« wieder zu den größten Betrieben Europas.

Nach 1870/71 wird die »Dampfpflugfabrik« J. Kemna zum Pionier der deutschen Landmaschinenindustrie.

1869/1906: »Eisenwerk Trelenberg« für Eisenkonstruktionen und Brückenbau.

1901: »Metallhüttenwerke Schäfer und Schael« Hauptwerk Breslau-Gräbschen, Metall-Legierungen.

1922: »Stahlwerk Mark« beginnt mit dem Bau der Mark-Flugzeuge für den zivilen Luftverkehr.

Diese Werke bilden nach 1945 mit weiteren ehemaligen deutschen Betrieben den Grundstock des Ausbaues der polnischen Großindustrie. Maschinenbau und Metallurgie rücken nach dem Kriege von der zweiten an die erste Stelle. Ebenfalls weitergeführt werden die Werke der Bekleidungs-, Möbel- und Papierfabriken, sowie Nahrungs- und Genußmittelindustrie. Aus den Zweigbetrieben »Westend« der Fa. »Mark« – Fertigung der ersten in Deutschland hergestellten Rundfunkapparate – entwickeln sich die »Elektrowerke Dol-Mel« zum größten Werk dieser Art in der Volksrepublik Polen. Fortgeführt auch als Kammgarnspinnerei in Breslau-Stabelwitz (W.-Stabłowice) die 1849/1890 gegründete Schoellersche Feinspinnerei.

Als Messestadt setzte Breslau Anfang des Jahrhunderts fort, was im Mittelalter die Märkte der Stadt begonnen hatten.

3. Sehenswürdigkeiten

Nach ihrem Wiederaufbau ist die Stadt in weiten Bereichen nicht wiederzuerkennen. Etwa 400 bekannte Baudenkmäler wurden vernichtet, 200 weitere stark beschädigt, aber größtenteils wieder aufgebaut. Bei diesem Wiederaufbau wurde nachvollzogen, was deutsches Bürgertum in Jahrhunderten zuvor geschaffen hatte. Die historischen Bauwerke befinden sich vorwiegend im Bereich der Altstadt. Sie wird umgrenzt im Norden von der Oder und den Oderinseln, im übrigen vom Halbrund des Stadtgrabens. Außerhalb dieser Zone blieben eine Reihe teils mehr, teils weniger bedeutender, jedoch typischer Bauten, die alten Breslauern

bekannt sind, erhalten. Dem trägt die Zusammenstellung der Bauten des 19. und 20. Jahrhunderts ohne Gewähr und Anspruch auf Vollständigkeit Rechnung (vgl. S. 275–280).

Überblick zum Stadtplan

Ein Blick auf den Stadtplan erleichtert die Orientierung. Der Stadtgrundriß der Innenstadt zeigt noch überwiegend die alten Fluchtlinien der historischen Stadt: Im Mittelpunkt der quadratische Ring, angelegt bei Neugründung nach dem Mongolensturm im Jahre 1242. Für den Unternehmungsgeist der 60 Handelsherren, die bei der Stadtgründung die handtuchartigen Grundstücke an den vier Ringseiten unter sich aufteilten, sprechen die großzügigen Ausmaße dieses Marktplatzes von 206 × 175 m. In der Südwestecke schufen sie einen weiteren Platz, den Salzmarkt, seit Anfang des Jahrhunderts Blücherplatz genannt, heute plac Solny. Er diente im Mittelalter dem Handel mit Rußland und vor allem mit Polen; von dort kam aus Wielicka bei Krakau das lebenswichtige Salz. Die Handelsstraßen wurden möglichst gradlinig von allen Seiten über den Ring geführt und durch Querstraßen miteinander verbunden. Das schachbrettartige Straßennetz hat antike Vorbilder. Es fand in Schlesien und im weiteren Osten vielfache Nachahmung (z.B. Kulm/Westpreußen, Krakau).

Die Grünanlagen entlang des Stadtgrabens ließ Stadtbaurat Knorr 1822 anlegen. Napoleon hatte 1807 die Schleifung der Befestigung auf Kosten der Stadt angeordnet und dem Rat die Anlage von »Boulevards« empfohlen. Der erste Befestigungsring verlief entlang der um die Stadt herumgeleiteten Ohle, die 1866 zugeschüttet wurde. Ihr Bett ist heute an der Linienführung der Umgehungsstraße abzulesen, die an die Stelle der engen zwei- bis dreifach parallel verlaufenden Ohlegäßchen getreten ist.

Diese neugeschaffene ul. Kazimierza Wielkiego beginnt im Osten am pl. Dominikanski, einem neuen Verkehrsknotenpunkt, der sich nach den Kriegszerstörungen vom früheren Dominikanerplatz (seitlich Hotel Panorama) bis zum früheren Christophoriplatz erstreckt.

Die Straße mündet im Nordwesten in die ul. Nowy Świat (Neue-Welt-Gasse), die zur Oder führt. Dadurch wird der innerstädtische Verkehr um das Zentrum herumgeführt. Parkplätze an der ul. Szewska (Schuhbrücke), an der Maria-Magdalenen-Kirche, am Schloß (pl. Franziskański) und auf der Westseite der ul. Ruska (Reuschestraße).

Der Fernverkehr wird auf einem gut ausgeschilderten äußeren Ring um die gesamte Innenstadt geleitet, und zwar im Westen über Most gen. Wł. Sikorskiego (Königsbrücke) und Most Mieszczański (Wilhelmsbrücke), im Osten über Most Pokoju (Lessingbrücke) oder Most Grunwaldzki (Kaiser-[Freiheits]Brücke). Das bedeutet, daß Breslau wie zur Gründungszeit noch heute eine Brückenstadt ist, durch die der Nord-Süd- und Süd-Nord-Verkehr hindurchfließt.

Stadtrundgang

Wer Breslau kennenlernen will, benötigt dazu mindestens drei bis fünf Tage! Die Schwerpunkte eines kürzeren Aufenthaltes liegen im Bereich des Ringes, der Universität, des Domes und der Sandkirche und sind zu Fuß zu bewältigen. Die Jahrhunderthalle (Hala Ludowa) am Stadtrand (vgl. S. 279f.) wird mit den neuen Außenbezirken im Rahmen der Stadtrundfahrt gezeigt, die einen groben Überblick gibt. Auch die oft gut informierten polnischen Stadtführer geben ausschließlich die polnische Geschichtsdarstellung wieder.

a) *Ring und Umgebung*

Der *große Häuserblock im Mittelpunkt des Ringes* war im Mittelalter das Zentrum des Handels und Gewerbes. An den drei engen Straßen, die den Block von Ost nach West durchziehen, lagen das Kauf- und Tuchhaus, sowie die Verkaufsstände der Gewerbe. An der Westseite des Blocks stand seit 1560 das alte »Leinwandhaus«, es wich 1863 dem Stadthaus, von Baumeister Stüler im Stil der Neugotik meisterhaft dem beherrschenden Rathaus angepaßt. Das *Rathaus* an der Südostecke des Mittelblocks gehört zu den bedeutendsten Bauschöpfungen des späten Mittelalters in Deutschland. Der Bau wurde um 1327 mit der östlichen Kaufhalle begonnen und nach und nach erweitert. Er erhielt 1471–1508 durch einen unbekannten Meister seine heutige Gestalt mit dem prunkvollen Ostgiebel, dem Hauptdach über den beiden Mittelschiffen und der schmuckreichen Südseite. 1558–65 wurde der Turm mit seiner zweifach durchbrochenen Renaissance-Haube vollendet.

Der Ostgiebel ist die künstlerisch ausdrucksvollste Leistung des ganzen Bauwerkes mit dem Terrakottafries aus Fischblasenpässen am Rande der abgetreppten Giebelfläche, den Fialen mit Kreuzblumen und dem auf die Giebelwand aufgesetzten Netzwerk in Ton mit kleinen Säulchen und darunter dem 1580 eingesetzten Zifferblatt der Uhr, die auch die Mondphasen anzeigt. Beiderseits des Hauptgiebels wurden auf den Treppenabsätzen der Nebengiebel nach 1945 Segmente als Verzierungen angebracht, die hier ohne historisches Vorbild sind. Malerisch wirkt vor der Ostseite die Staupsäule von 1492. Sie wurde 1945 zerstört und 1986 wiedererrichtet, vorerst fehlt ihr noch das Abbild des Henkers.

Der Schmuck am Maßwerk entfaltet sich nochmals auf der Südseite an den zierlichen Erkern, deren kupfergedeckte Helme an den schlanken Spitzen geschmiedete Kreuzblumen und Fähnchen krönen. Über den Fenstern des Obergeschosses heraldische Wahrzeichen, u. a. die Wappensymbole Schlesiens, Böhmens und der Stadt Breslau (Johannes der Täufer). Zwei Gesimse zeigen derbkomische Szenen aus dem mittelalterlichen Volksleben sowie aus der Tier- und Fabelwelt. 1891 wurden zwischen den Fenstern 10 typische Figuren aufgestellt, geschaffen von den Bildhauern Behrends und Rassau; dazu am östlichen Erker zwischen den Fenstern der Schatzkammer die Skulpturen Johannes des Täufers und des hl. Christophorus; über dem Eingang zum früheren Schweidnitzer Keller, einem der ältesten deutschen Ratskeller, die lustigen Figuren des Zechers mit dem Bierkrug und

seiner keifenden Alten, die ihn mit dem Pantoffel empfängt (von Behrends).

Die Westseite kennzeichnet den Übergang zur Renaissance und ist einfacher gehalten. Das Stadtwappen über dem Eingangsportal – z. Zt. in schlechtem Zustand – wurde 1530 auf dem Augsburger Reichstag der Stadt von Kaiser Karl V. bestätigt und 1536 angebracht. Es zeigt im viergeteilten Schild oben links einen doppelgeschwänzten böhmischen Löwen mit Krone, rechts daneben den schlesischen Adler, im dritten Feld unten links das W für »Wratislavia« und im vierten Feld das Haupt Johannes des Evangelisten. Das Mittel- oder Herzschild enthält eine Schüssel mit dem Haupte Johannes des Täufers. Über dem Schild erhebt sich ein Turnierhelm mit einer Krone, aus der das Haupt des Evangelisten Johannes und Fahnen in den Farben der Stadt (rot und weiß) emporragen. (Die Farben sind verblaßt.)

Die *Innenräume des Rathauses* sind als historisches Museum zugänglich (vgl. S. 254). Im Erdgeschoß gelangt man durch die Bürgerdinghalle und den Gerichtssaal vor das Renaissance-Portal aus dem Jahre 1528 zur alten Ratsstube. Neben ihrer Tür die Kopie des Vogteisteins, der bis 1945 an der Freitreppe des Osteingangs stand.

Der Geharnischte als Wahrzeichen städtischer Gerichtsbarkeit mit Spieß und blankem Schwert trägt die Rechtsrose über dem Haupt mit der Inschrift: »Ich bin des rats gewapnet man wer (mich anfast?) der mus ein swert han.« In der Ratsstube hielten viele Jahrhunderte lang Ratsherren und Schöffen ihre Sitzungen ab, bemerkenswert zwei Willmann-Gemälde und ein Ofen mit Muschel-Kacheln. Durch eine kunstvolle Tür zurück durch die Ratskanzlei in den Bürgersaal. Über die breite, 1890 angelegte Treppe aus schlesischem Marmor zum oberen Hallenraum, dem sogenannten Remter. Der Festraum verkörpert den Anspruch der Stadt zur Zeit ihrer höchsten Blüte, als sie in dem Kampf, den der Böhmenkönig Wladislav aus dem polnischen Geschlecht der Jagiellonen gegen den Ungarnkönig Matthias Corvinus führte, erfolgreich eine eigene Außenpolitik vertrat und ihre Selbständigkeit behauptete. Der Saal wurde 1343–57 erbaut und Ende des 15. Jahrhunderts um das Südschiff vergrößert. Netzgewölbe von 1481 mit Krag- und Schlußsteinen, die mit plastischen, bunt bemalten Darstellungen verziert sind: Könige und Ratsherren, Bürger, Handwerker und Kaufleute, Musikanten und Narren wechseln mit Tieren und Fabelwesen; dazu kommen die Wappenbilder der Stadt, Schlesiens und Böhmens, und die Zeichen der vier Evangelisten und Brustbilder der Propheten. Auf der Empore ist an der nördlichen Wand ein altes Gemälde, das einen Festschmaus im Rathaus schildert. Auf der Ballustrade des Mittelerkers, der einstigen Ehrenloge, erkennt man humorvolle Figuren des Görlitzer Bildhauers Briccius Gauske. (Die Affen sollen Bürger als Bittsteller glossieren.) An der Ostwand befinden sich zwei Portale mit Wappenschmuck in feiner Steinmetzarbeit. Die rechte Tür führt in das Zimmer des Ratsältesten, vor dem Kriege Oberbürgermeisterzimmer. Es hat ein Sterngewölbe.

An der Wand sieht man ein großes Ölbild mit portraitgetreuer Darstellung einer Ratssitzung des Jahres 1668 unter Vorsitz des Ratspräses Christian Hofmann von Hofmannswaldau, des Hauptes der Zweiten Schlesischen Dichterschule (Maler Georg Scholz). Die bildliche Wiedergabe der drei Fenster und der gotischen Decke des Raumes zeigt, daß die Ratsstube unverändert blieb. In der anschließenden Schatzkammer eine anschauliche Sammlung von Münzprägestempeln und Breslauer Münzen. An den Wänden Nachbildungen der Siegel der Piastenherzöge und das städtische Siegel von 1882. Der polnische Adler im Gewölbeschlußstein bezieht sich auf König Wladislaw von Böhmen aus dem polnischen

Herrscherhaus. Der Jagiellone saß auf dem böhmischen Königsthron, bevor Schlesien nach dem Tode König Ludwigs von Ungarn 1526 an die Habsburger gelangte. Der anschließende Fürstensaal, ursprünglich als Kapelle gebaut, ist der sehenswerteste der Innenräume. Die vier Kreuzgewölbe des kleinen Saales ruhen auf einem starken Mittelpfeiler. Sein Kapitell ist mit stilisiertem Laubwerk besetzt, verziert mit Figuren und Fratzen. Der Saal diente seit der Reformation der Versammlung der Schlesischen Fürstentage, auf denen der Breslauer Rat als Inhaber der Landeshauptmannschaft über das Fürstentum Breslau vertreten war. Hier empfingen die böhmischen Könige und Habsburger Kaiser die Huldigung der schlesischen Stände, zuletzt 1611 Kaiser Matthias, bis Friedrich der Große am 7.6.1741 diese Tradition wieder aufnahm.

Auf dem Platz vor der Westseite des Rathauses anstelle des früheren Denkmals König Friedrich Wilhelms III. das Denkmal von Aleksander Fredro, eines polnischen Komödiendichters, geboren 1793 in Jaroslau (Galizien), gestorben 1876 in Lemberg. Das Denkmal von L. Marconi wurde 1879 in Lemberg aufgestellt und 1946 nach Breslau übergeführt.

Hinter dem Denkmal Eingang zum Restaurant »Ratuszowa«, früher Ratsweinstube.

Die Ringseiten hatten in früheren Zeiten ihre besonderen Namen. Die südliche »Goldene-Becher-Seite« war benannt nach Haus Nr. 29, das im Giebel auch nach der Modernisierung von 1912 einen goldenen Becher trug. Die Fassaden der vorwiegend barocken Giebelhäuser ließ der polnische Stadtkonservator nach einem Modell der Ringbebauung für das Jahr 1800 wiederherstellen, das Stadtbaurat Rudolf Stein nach 1920 anfertigte. (Gut gelungen Haus Nr. 18, daneben in Haus Nr. 19 eine Teestube zur Rast in einer der stattlichsten Bürgerhaushallen in Breslau – Frührenaissance.)

Die östliche »Grüne-Röhr-Seite« trug ihren

Namen nach einem Rohrbrunnen, umkleidet mit einem grün gestrichenen Holzhäuschen. Ihre Giebelhäuser verschwanden um die Jahrhundertwende. Wiedererstanden ist an der Ecke ul. Oławska (Ohlauer Straße) das Haus »Zur Goldenen Krone«, 1904 abgetragen, wiederaufgebaut mit einer Attika aus der Renaissance-Zeit. In der Mitte dieser Ringseite an der zur Maria-Magdalenen-Kirche führenden Straße steht das ehemalige erste Breslauer Kaufhaus »Barasch« ohne die Weltkugel auf der Turmecke. In der Mitte der nördlichen »Naschmarkt-Seite« und besonders auf der westlichen »Sieben-Kurfürsten-Seite« blieben einige schöne Giebelhäuser in ihrer Substanz erhalten. Im Haus Nr. 8 »Zu den Sieben Kurfürsten« – heute Buchhandlung »Ossolineum« – und in den anschließenden Häusern Nr. 7 »Zur Blauen Sonne« und Nr. 6 »Zur Goldenen Sonne« stiegen einst die böhmischen und habsburgischen Herrscher mit ihrem Gefolge ab. An der Fassade des Hauses Nr. 8 wurden bei der Restaurierung im Putz Reste der Fresken und gotischen Fensterabschlüsse freigelegt. Das besonders auffallende Barockportal von Nr. 6 stammt vom ehemaligen Palais Schreyvogel (Albrechtstraße) von Baumeister Lucas von Hildebrandt. Das höchste und bekannteste Haus auf dieser Seite war Nr. 2, das »Greifenhaus«, ein Hochhaus des Mittelalters mit 3 Stockwerken unter und 7 Stockwerken über der Erde. Die Giebelverzierung gestaltete Stadtbaumeister Friedrich Groß 1587 (Greifen). Die einheitliche Giebelfront dieser Ringseite wurde 1930/31 zerstört durch die Eisenbeton-Konstruktion des Sparkassengebäudes an der Ecke pl. Solny (Blücherplatz). Am Blücherplatz wurden auf der Westseite nicht nur die Giebelhäuser Nr. 1–4 restauriert, sondern der polnische Konservator baute die anschließenden Gebäude als Giebelhäuser wieder auf (Umsetzung von anderer Stelle), die bereits Anfang des Jahrhunderts dem Textilien-Haus Biel-

schowsky Platz gemacht hatten. Auf der Südseite des Platzes steht die »Alte Börse«, 1824 im klassizistischen Stil von Ferdinand Langhans errichtet. Unweit in der ul. Ofiar Oświęcimskich (Junkernstraße) wurde das 1945 völlig zerstörte Haus hinter dem glücklicherweise erhaltenen Renaissance-Portal vorbildlich wieder aufgebaut. Es stammt von dem Kaiserlichen Rat Rybisch; irrtümlich wurde früher angenommen, Gotthold Ephraim Lessing sei hier als Sekretär des Generals von Tauentzien tätig gewesen; der General bezog aber dieses Haus erst später. Abstecher vom Ring ul. Oławska (Ohlauer Straße) bis zur ul. Szewska (Schuhbrücke) und vorbei am ehemaligen Kaufhaus Petersdorf (1926, Erich Mendelsohn) zur *St.-Maria-Magdalenen-Kirche*, Stiftung um 1230 als erste Pfarrkirche der deutschen Siedlung, nach Mitte des 14. Jahrhunderts als gotische Basilika erbaut, im Mittelalter Kirche der Handwerkerzünfte als zweite Stadtpfarrkirche, während St. Elisabeth von den Patrizier- und Kaufmannsgeschlechtern bevorzugt wurde. Nach der Besetzung der Stadt durch die Russen brannten am 18. 5. 1945 die Renaissance-Turmspitzen infolge Brandstiftung ab, der Südturm spaltete sich und die herabstürzende Hälfte zerstörte teilweise das Kirchengewölbe. Die Ausstattung, soweit nicht ausgelagert, brannte aus. Der Wiederaufbau unter Leitung von T. Broniewski gab dem Gotteshaus sein mittelalterliches Aussehen wieder, abgesehen von den unbefriedigenden Notdächern der Türme. Es gehört heute der relativ kleinen Gemeinde der polnischen Nationalkirche (früher Altkatholiken). Erhalten sind die vier Portale: Hauptportal – Westseite – gotisch, Nordportal – barock, auf der Südseite nächst den Türmen ein Renaissance-Portal und das berühmte romanische Portal, ein Prunkstück von seltenem Wert. Es stammt vom alten romanischen Vinzenz-Kloster auf dem Elbing nördlich der Dominsel, das der Rat wegen der Türkengefahr 1529 hatte abbrechen lassen. Das Portal wurde 1546 auf Beschluß des Rates hier eingebaut. Die vorderen Säulen sind mit reichem Ornament verziert – geometrische Muster und Pflanzenwerk, auf den Eckpfeilern taucht das Motiv des Höllenrachens in Gestalt einer breiten Tierschnauze auf. Günther Grundmann vermutet Einflüsse des französischen Kirchenbaues jener Zeit.

Während im Innern von den Grabdenkmälern in den Seitenkapellen nur Fragmente – sorgfältig eingemauert – erhalten sind, befinden sich an der Außenmauer noch bemerkenswerte Grabepitaphe (Eheleute Hornig – 1510, Matthias Scheuerl – Kreuzabnahme, Margarete Irmisch – Christus nimmt Abschied von seiner Mutter). Im Kircheninnern sind erhalten: die Kanzel von Friedrich Groß (1579), ein reich verziertes Kunstwerk der schlesischen Renaissance (der zerstörte Treppenaufgang wurde 1984 aus Holz ersetzt), das leider nicht mehr vollständige Taufbecken von Hans Grütter (Aufsatz fehlt) mit einem in Spirallinien geschwungenen Gitter von Simon Laubner, die leichtgewundene schmiedeeiserne Wendeltreppe zur Sakristei und früheren Bibliothek und, im Nordschiff neben der Sakristei-Tür, das Denkmal des letzten katholischen Pfarrers Oswald Winkler aus Straubing – Vorgänger des Reformators Heß. Die Wiederherstellung bringt das gotische Raumbild zur Wirkung, die hell getünchten Wände setzen sich von dem roten Ziegel der Gewölberippen ab.

Durch das Hauptportal geradeaus zum Ring. In der Nordwestecke des Ringes ist die Stadtpfarrkirche zu *St. Elisabeth* das Wahrzeichen der nach dem Mongolensturm neu gegründeten Bürgerstadt. Ihre Baugeschichte geht auf das Jahr 1242 zurück, ihre Größe ist mit der Rivalität der Breslauer Ratsgeschlechter gegenüber den Domherren zu erklären. Die überkommene Gestalt der Kirche stammt aus dem Ende des 14. Jahrhunderts. Der durch zwei Brände

(20. 9. 1975 und 9. 6. 1976) zerstörte Turm sowie das Dach des ausgebrannten Kirchenschiffes wurden 1983–1987 wiederhergestellt. Unermeßliche Kunstschätze, besonders in den reich ausgestatteten Kapellen der Ratsherren, sowie die berühmte Engler-Orgel gingen verloren. Die Innen-Restaurierung ist noch nicht abgeschlossen.

Der spätgotische Marienaltar war nach Kamenz ausgelagert und gelangte 1946 von dort direkt ins polnische Nationalmuseum nach Warschau, wo sich jetzt auch die aus der Elisabeth-Kirche stammende, vor dem Krieg im Breslauer Museum für Kunstgewerbe und Altertümer aufbewahrte »Schöne Madonna« befindet. Im übrigen bleibt abzuwarten, was den Brand überlebt hat.

Die Kirche wurde 1524 evangelisch, nachdem sich der Rat der Stadt das Patronat über sie vom Matthias-Stift hatte übertragen lassen, nach 1945 wird sie als katholische polnische Garnisonkirche benutzt. Vor der Kirche verbindet ein barocker Schwibbogen die schmalen Altaristenhäuser, »Hänsel und Gretel« genannt.

Vorbei an dem größeren schmalgiebligen Altaristenhaus gegenüber der Buchhandlung in die ul. Odrzańska (Oderstraße). Das erste Gäßchen links – ehemals die »Großen Fleischbänke« – wurde 1977 ansprechend restauriert mit kleinen Läden für den Kunsthandel, die aber z. Zt. leerstehen. Nach rechts ul. Kotlarska (Kupferschmiedestraße) zur ul. Kuźnicza (Schmiedebrücke), Haus Nr. 12 »Zum Silbernen Helm« (»Pod Srebrnym Hełmem«) mit gut restaurierter Barockfassade, um 1700. Die Straße wird abgeschlossen vom Universitätsgebäude, der großartigsten Schöpfung der Jesuiten in Schlesien.

b) *Von der Universität zum Ritterplatz*

1659 schenkte Kaiser Leopold I. dem Jesuitenorden das Gelände der kaiserlichen Burg an der Oder und erhob 1702 die Jesuitenschule – seit 1638 im Matthiasstift – in den

Rang einer Hochschule (»Leopoldina«). 1728–36 erstand der ursprünglich weit größer berechnete Baukörper, dessen Schöpfer unbekannt blieb. Die Ausführung lag in Händen der Baumeister Blasius Peintner und Joseph Frisch.

Die Verwandtschaft zur Prager und Wiener Barockschule ist unverkennbar, doch erhielt der Bau eine eigene, strengere Note. Auf der Stadtseite ist der beschränkte Raum mit dem etwas quergestellten Ostflügel geschickt ausgenützt.

Vor dem Hauptportal des Universitätsgebäudes entstand nach dem Kriege anstelle zerstörter Häuser eine kleine Grünanlage mit Barockplastiken aus dem Park des niederschlesischen Schlosses Barschau. Das Hauptportal ist aufgelockert durch den Balkon und darüber auf der Brüstung durch die weiblichen Symbolfiguren des Bildhauers Joh. Alb. Siegwitz aus Bamberg. Sie stellen die Kardinaltugenden Gerechtigkeit, Tapferkeit, Klugheit und Mäßigkeit dar. Über dem Treppenhaus der Mathematische Turm – seit 1790 Sternwarte – mit Laterne und Kuppel. An den Ecken der Turmgalerie befinden sich, von dem Bildhauer Friedrich Mangold, die Symbolfiguren der vier Fakultäten. Bei der Belagerung 1945 riß eine Sprenggranate das Gebäude neben dem Turm bis ins Erdgeschoß auf und zerstörte den darunter befindlichen Musiksaal. Mit seiner Rekonstruktion wurde vor einigen Jahren begonnen, ein Vorhaben, das Bewunderung verdient. Erhalten blieben das von Felix Anton Scheffler ausgemalte Treppenhaus und im 1. Stock die Aula Leopoldina (Besichtigung am Vormittag vermittelt der Hausmeister). Die Aula ist ein Festraum von einmaliger Pracht. Die Fresken sind Meisterstücke der Barockkunst des Malers Johann Friedrich Handke aus Olmütz, Anfang des 20. Jahrhunderts von dem Breslauer Professor Langer farbenprächtig erneuert und nach 1945 von polnischen Restauratoren an der Decke mit Tausenden von Holz-

stiften mühevoll wieder befestigt. In der Raumgestaltung verschwindet die architektonische Struktur hinter den Gebilden der Malerei und Skulptur. Sie gehen in barocker Manier ineinander über, um dem niedrigen Raum optisch eine größere Höhe zu geben. In der Apsis hinter dem altarartigen Katheder von Franz Josef Mangold das Sitzbild des Stifters, Leopolds I. von Habsburg, umrahmt von allegorischen Figuren, und weiter seitlich von seinen beiden Söhnen, Joseph I. und Karl VI., Förderern der Jesuitenpläne. An den beiderseitigen Fensterpfeilern die Portraits von Persönlichkeiten, darunter an der Nordseite auch von König Friedrich II. von Preußen, dessen Portrait 1742 an die Stelle von Kaiser Rudolph II. trat. Das Mittelfeld der Decke verherrlicht das von religiösem Geist gelenkte Wissen. In den Wolken thront die göttliche Weisheit, umgeben von Engeln, Evangelisten, Kirchenvätern und Heiligen. Über der Apsis ist die Weihe der Universität an die Gottesmutter dargestellt. Auf der Brüstung des Chores die Büste von Graf Anton von Schaffgotsch, dessen Verdienste um die Universität in großen Lettern gefeiert werden. An der Außenseite der kunstvoll geschnitzten Tür jetzt der polnische und der schlesische Adler, bis 1945 war hier der österreichische Doppeladler zu sehen.

Auf dem Universitätsplatz vor dem Kaisertor, dem alten Durchbruch zur Universitätsbrücke, stellte die Stadt 1904 den Fechterbrunnen von Hugo Lederer, der aus Znaim in Böhmen stammte, auf. Lederer schuf auch das Bismarckdenkmal in Hamburg und einen Brunnen in Frankfurt/Main. Im Osten wird der Universitätsplatz begrenzt von einem schlößchenartigen Bau, dem *Josephskonvikt*, 1734–55 nach Plänen von Joseph Frisch erbaut. Er wird heute wie früher von der Universität benutzt. Hier hielt in einem Hörsaal am 8. 2. 1813 der aus Norwegen stammende Philosophie-Professor Henrik Steffens seine berühmte Rede an die Studenten, mit dem Aufruf, sich als Freiwillige zum Kampf gegen Napoleon zu melden.

An das Universitätsgebäude schließt sich an die *Matthiaskirche*, für die Jesuiten 1689–98 von dem Breslauer Baumeister Matthäus Biener und seinem Schwiegersohn Johann Georg Knoll nach dem Muster von »Il Gesú« in Rom und der Mutterkirche der Jesuiten St. Michael in München erbaut. Besichtigung vor und nach dem Gottesdienst (z. B. Frühmesse) lohnend. Innenausstattung in Braun und Gold von üppiger Pracht, ausgestaltet 1722–27 unter Leitung des Wiener Pozzo-Schülers Christian Tausch. Er schuf auch den Hochaltar, die Stukkatur und die Alabasterfiguren. Liegender Christus von Balthasar Permoser. Deckenmalerei von Michael Rottmayr aus Rosenbrunn in Bayern, dem bedeutendsten deutschen Freskomaler des Spätbarock (u. a. Ausmalung der Karlskirche in Wien, der Klosterkirche zu Melk an der Donau, des großen Saales von Schloß Pommersfelden und der blauen Stiege im Schloß Schönbrunn in Wien). Die Wiederherstellung des 1945 stark beschädigten Kirchengewölbes erfolgte 1946/47 auf Veranlassung und unter Leitung des deutschen Malers Johann Drobek, der nach seiner Ausreise u. a. die Tiepolo-Fresken in der Würzburger Residenz restauriert hat.

Durch das Kaisertor zur Most Uniwersytecki (Universitätsbrücke), lohnender Blick auf Universitätsgebäude, Matthiaskirche und das Oderufer; nach Osten zur Dom- und Sandinsel; vor der Sandkirche kleine Insel mit dem früheren Gebäude der »Schlesischen Gesellschaft für vaterländische Cultur«, benannt nach dem früheren Wasserwerk »Matthiaskunst«. In der ul. Grodzka (Burgstraße) schließt sich an die Matthiaskirche der Barockbau des *Matthiasstifts* an, als Jesuitenschule 1675 von Simon Wiedemann begonnen und bis 1715 von Christoph Fischer aus Freiberg/Sachsen zum Abschluß gebracht. Nach der Beseitigung der Kriegsschäden nahm das Gebäude 1950 die wertvolle Bibliothek des Ossoliński-Instituts auf, das zusammen mit der Universität aus Lemberg nach Breslau verlegt worden war. Im Mittelalter unterhielten an gleicher Stelle die aus Prag herbeigerufenen Kreuzherren mit dem Roten Stern das Elisabeth-Hospital, gestiftet von Herzogin Anna, Witwe des in der Schlacht von Wahlstatt gefallenen Herzogs Heinrich II. Das Matthiasstift wurde nach der Säkularisierung von 1810 als staatliches Matthias-Gymnasium fortgeführt, es genoß als katholische Bildungsstätte in Schlesien einen hohen Ruf und wurde stark vom katholischen schlesischen Adel besucht. 1802–04 absolvierte Joseph Freiherr von Eichendorff zusammen mit seinem Bruder Wilhelm hier seine letzten Schuljahre. Blick in den weinberankten Innenhof, in italienischem Palaststil der Spätrenaissance. Die Kuppel, sogenannte Sommerprälatur der Äbte, ausgemalt von J. Eibelwieser, ist nur für Bibliotheksbenutzer zugänglich. Zum Matthiasstift gehört in der ul. Szewska (Schuhbrücke) die gotische sogenannte *Gymnasialkirche*, davor eine Nepomuksäule von dem Breslauer Bildhauer Johann Georg Urbansky. Früher erinnerte eine Gedenktafel an die Grabstätte von Johannes Scheffler, genannt Angelus Silesius, berühmt durch seine religiösen Epigramme und den »Cherubinischen Wandersmann«. Schräg gegenüber, ul. Szewska 49 befindet sich in einem alten Gebäude das Historische Institut der Universität. Einige Häuser weiter in dieser Straße wohnte Martin Opitz; hier schrieb er sein epochemachendes »Buch von der Teutschen Poeterey«, das 1624 in Breslau gedruckt wurde.

Er war – obwohl Protestant – zu dieser Zeit Sekretär des kaiserlichen Kammerpräsidenten Burggraf Hannibal von Dohna.

Am pl. Nankiera (Ritterplatz) das *Ursulinenkloster*, 1257 von Herzogin Anna als Klarenstift gegründet, 1699–1701 neu erbaut. Die zweischiffige Klosterkirche stammt von Georg Knoll. Im nördlichen

Flügel befindet sich die Nonnenempore. 1945 verlor der Turm seine doppelt durchbrochene, barocke Haube. Piastengruft – Herzogin Anna, gest. 1265, Herzog Heinrich V., gest. 1296, und das Kenotaph (Grabstein ohne Grab) für Herzog Heinrich VI., den letzten Breslauer Piasten, gest. 1335. Zutritt mit Erlaubnis der Klosterschwestern. Die *Vinzenz-Kirche* mit dem schlanken – nach dem Brand von 1945 wieder hochgeführten – gotischen Turm, als Franziskanerkirche zu St. Jakob um 1240 von Herzog Heinrich II. gestiftet, heutiger Bau aus dem 14. Jahrhundert, wurde seit dem Wiederaufbau noch nicht wieder benutzt. Der Anbau der Hochbergschen Kapelle ist 1945 ausgebrannt, sie war ein Kleinod des Breslauer Barock von Stadtbaumeister Christoph Hackner und soll im Innern wiederhergestellt werden. Auf der gegenüberliegenden Seite des Platzes steht die Markthalle, 1908 von Friese und Küster nach einem Entwurf von Plüddemann als Gebäude in Stahlbeton errichtet. Nach einer Anfang der 80er Jahre durchgeführten Restaurierung dient sie ihrem alten Zweck. Unter dem Uhrturm originelles Relief der Marktfrau. Von dort Blick auf den hohen gotischen Chor der Kirche neben dem St.-Vinzenz-Kloster als Beispiel der einst in Breslau häufigen Verschwisterung von Gotik und Barock. Der Klosterneubau, 1678–97 von Hans Fröhlich aus Troppau, diente 1810–1945 dem preußischen Oberlandesgericht, jetzt hier Germanistisches Institut der Philosophischen Fakultät der Universität Breslau (Ausbildung der Deutschlehrer!). Von der Oder-Promenade malerischer Blick auf die Dominsel mit Sandkirche, Kreuzkirche und Dom.

c) *Sand- und Dominsel*

Über die Most Piaskowy (Sandbrücke) zum ältesten Stadtbereich. Rechts das ehemalige Kloster der Augustinerchorherren, soge-

nanntes *Sandstift*, ein breitausgedehnter Barockbau von dem Breslauer Baumeister Georg Kalkbrenner (1709–30). Der Orden wurde von Peter Wlast, einem polnischen Gaugrafen, um 1150 vom Zobten nach hier geholt. Nach der Säkularisierung des Klosters zog die neugegründete *Staats- und Universitätsbibliothek* ein (1811). Mit den Beständen der aufgelösten Brandenburgischen Universität Frankfurt/Oder, der Jesuitenhochschule und den nach hier übergeführten Bibliotheken der säkularisierten Klöster umfaßte sie 1945 über ½ Mio. Bände. Der größte Teil wurde vernichtet, als das Gebäude 1945 – letzter Gefechtsstand des Festungskommandanten – ebenso wie die zur Auslagerung benutzte *St.-Annen-Kirche* fast völlig ausbrannte. 1955–58 wurde das Gebäude wiedererrichtet. Die Universitätsbibliothek enthält hier Handschriften und Spezialsammlungen, darunter aus der Zeit vor 1800 rd. 225000 Bände, davon nur ca. 1200 in polnischer Sprache. Gegenüber liegt die *Kirche der Augustinerchorfrauen* (St. Anna), ein Barockbau von 1686–91, dahinter entstand, nach Vernichtung der Altbauten durch den Krieg, eine *Grünanlage* mit großartigem Blick auf die Oderfront von St. Vinzenz bis zur Universität. Die dem Kloster zugehörige Kirche *St. Maria auf dem Sande* – mit üppiger Barockausstattung – war ebenfalls 1945 bis auf die Umfassungsmauern ausgebrannt. Der Wiederaufbau von 1947–65 ist im Innern ein Meisterwerk polnischer Restauratoren, die der dreischiffigen Halle mit den Sterngewölben im Mittelschiff und den Springgewölben in den Seitenschiffen ihren ursprünglichen gotischen Charakter wiedergaben.

An den schlanken Pfeilern stehen jetzt sechs gotische Flügelaltäre. Die in Paris lebende Künstlerin Teresa Reklewska gab mit wundervoll farbigen Glasfenstern dem Raum eine eigene Note. Erhalten im Vorraum ein *Taufbecken* (um 1400) mit Szenen aus dem Leben Christi und Darstellung der hl. Hedwig, über der Sakristeitür im rechten Seitenschiff *romanisches Tympanon*. Die Kirche ist eine Stiftung der Witwe von Peter Wlast und ihres Sohnes Swenteslaus an die Gottesmutter (Gitter des Vorraumes geöffnet vor und nach dem Gottesdienst – Hl. Messe wochentags 7.00 und 18.00 Uhr). Auf der gegenüberliegenden Straßenseite in der *Annenkapelle* (zweite Hälfte 14. Jahrhundert) war seit 1818 das Bürgerhospital untergebracht. Im Hof gotisches Zwillingsportal, in der seitlichen Außenwand des Gebäudes eingemauerter Grabstein des Kirchenstifters – Abt des Sandstiftes, Johann von Prag, mit Mitra und Stab, Daten 1376 und 1818 nachträglich eingemeißelt. Anschließend zwei klassizistische Häuser aus dem 18. Jahrhundert. Hinter der Most Młyński (Gneisenaubrücke) rechter Hand die *Martinikapelle* – ursprünglich herzogliche Burgkapelle, 13. Jahrhundert, später mehrfach verändert. Grundriß eines Zehnecks – nach Kriegszerstörung wieder aufgebaut. Davor steht das Denkmal Papst Johannes XXIII., 1968 errichtet.

Zurück zur Sandkirche und über die *Dombrücke*, 1889/90 neu erbaut, mit den Figuren der hl. Hedwig, Schutzpatronin Schlesiens, und des Schutzpatrons der Stadt, Johannes des Täufers. »Auf der Dombrücke stiegen einst die Kaiser vom Pferde, um sich zu Fuß in die Kathedrale zu begeben«, schreibt Ricarda Huch. Hinter der Brücke die kleine gotische *Peter-und-Paul-Kirche* aus dem 15. Jahrhundert, nach 1945 wieder aufgebaut; früher Anstaltskirche des anschließenden *kurfürstlichen Waisenhauses*, heute Kloster (von dort Zutritt zur Kirche).

Der palastartige Barockbau ist eine Stiftung des Fürstbischofs Franz Ludwig von Pfalz-Neuburg, erbaut von seinem Hofarchitekten Blasius Peintner aus Kärnten (1702–15), 1945 ausgebrannt, danach wiederhergestellt. Die schwungvolle *Nepomukstatue* ist ein Werk des böhmischen Barock und wird dem Breslauer Bildhauer Johann Georg Urban-

sky zugeschrieben. Das Relief am Sockel zeigt den Sturz des Heiligen von der Prager Moldaubrücke. Im Gegensatz zu dem Denkmal stehen die schlichten himmelwärts strebenden Formen der *Doppelkirche zum Hl. Kreuz*. Sie ist ein Musterbeispiel der Hochgotik in Schlesien, eine Stiftung des 1290 verstorbenen Herzogs Heinrich IV. von Breslau (in die Geschichte eingegangen als »Letzter Ritter der Stauferzeit« und als Minnesänger in der Manessischen Liederhandschrift, bezeichnet als »Heinrich von Pressela«). Seine *Grabtumba* – hohes Kunstwerk der Gotik – entging durch die Auslagerung einem Bombentreffer und ist jetzt im *Nationalmuseum* (vgl. S. 254) neben der Tumba Herzog Heinrichs II., die aus der Vinzenzkirche ausgelagert war, aufgestellt. Hohe Hallenkirche über der dem hl. Bartholomäus geweihten Unterkirche. Der Grundriß ist ein Kreuz aus Lang- und Querschiff. Nach den Kriegsbeschädigungen wurde sie ohne Innenausstattung erneuert und wird nur bei besonderen Gelegenheiten benutzt. Die Unterkirche dient dem orthodoxen Gottesdienst. In der Oberkirche (Nordwand) ausdrucksvolles gotisches Tympanon: Gott Vater, den Gekreuzigten in Armen haltend, an den Seiten Herzog Heinrich IV. und seine Gemahlin Mechthild. Kirche spätnachmittags geöffnet. Im Innern der Oberkirche wurde mit der Restaurierung begonnen.

Die leicht geschwungene *Domstraße* wird wirkungsvoll durch die Turmfront des Domes abgeschlossen. Die *Kurienhäuser* der Domherren beiderseits brannten 1759, 1771 und besonders verheerend Ostern 1945 aus. Die Schuttaufräumungsarbeiten nahmen alsbald die verbliebenen deutschen Priester in Angriff. Einige Häuser wurden von Grund auf später neu errichtet, alte Portale blieben erhalten. Das letzte Gebäude an der Südseite ist das *Fürstbischöfliche Palais* (Empirestil um 1800), erbaut von C. G. Geißler, das 1945 stark zerstört war.

Der Dom

Vor dem Mongolensturm stand hier bereits eine Kathedrale, begonnen von Bischof Walter um 1155. Drei Bauabschnitte der dreischiffigen, ursprünglich mit 4 Türmen geplanten Basilika zeigen die Wandlung von den schlichten Formen des Übergangsstils der Zisterzienser zu den reicheren Formen des spätgotischen Stiles mit zunehmender Anpassung an den Haustein (Vorhalle und Nordturm). 1244 begann auf der Ostseite der Bau des Presbyteriums mit Einschluß der beiden Osttürme, die zur Verteidigung des Brückenüberganges über die sogenannte »Domoder« bestimmt waren, die 1866 zugeschüttet wurde. 1272 Einweihung des Hochchors. Der zweite Bauabschnitt, Anfang des 14. Jahrhunderts, umfaßt von der Westseite her die zunächst viergeschossige Turmfront und anschließend den Bau des Langhauses. Vollendet wurde das Bauwerk mit Ausschluß des Ausbaues der Westtürme unter Bischof Nanker (1326–41). Die Türme hatten ein wechselvolles Schicksal; sie wurden nach Bränden erst im 17. Jahrhundert mit Renaissancehauben, die 1759 wieder abbrannten, vollendet. Seit Anfang des 20. Jahrhunderts trugen sie niedrige geschweifte Holzhelme, deren Einzelheiten nicht historisch, aber gotisch durchgebildet waren. Die Notdächer heute sind ein Provisorium; geplant sind 130 m hohe gotische Spitzen, analog dem Bild der gotischen Stadttürme auf der Ansicht von Schedel von 1498.

Rundgang um den Dom

Der östliche Domplatz lädt zum Verweilen ein: Ostseite des Domes, 1945 im wesentlichen unzerstört, in der Mitte gotische Umrisse des vorgeschobenen *Kleinchors*, angeschmiegt die Barockbauten, links *Elisabethkapelle* – gestiftet von Kardinal Friedrich Landgraf von Hessen, rechts *Kurfürstenkapelle* – gestiftet von Fürst-bischof Franz Ludwig von Neuburg. Nördlich der Kapelle eine malerische Baugruppe: die *Ägidienkirche*, spätromanisches und ältestes erhaltenes Bauwerk von Breslau (1213–28), verbindet ein Schwibbogen, das sogenannte »Klößeltor« (so genannt nach dem Pinienzapfen obenauf), mit dem alten Backsteinbau des *Kapitelhauses*. Das Portal zeigt das Lilienwappen der Bischöfe mit der Jahreszahl 1527. Daran schließt sich das von Kardinal Kopp gestiftete *Fürstbischöfliche Konvikt* an. In seinem Seitenbau enthält das *Diözesanmuseum* trotz der Abgaben nach Warschau noch heute einen Teil der ehemals reichen Bestände an Büchern, Handschriften, Kunstwerken und Gerätschaften des Domschatzes.

An der Nordwand des Domes unter einem gotischen Schutzdach Nachbildung einer im Kriege stark beschädigten *Sandsteinfigur Johannes des Täufers*, ein Überrest des romanischen Vorgängerbaues. Von diesem Vorläufer des Domes am Hauptportal zwei kleine Löwenplastiken. Die *Domvorhalle* wurde im Laufe der Jahrhunderte mehrfach umgebaut und verändert, hier z.T. noch romanische Spolien, andere Figuren aus der Zeit, als sich urkundlich die Maurermeister Berthold und Franz 1465 zum Bau der Domhalle verpflichteten. Ebenfalls aus gotischer Zeit auf der Säule links an der Vorhalle die Verkündigungsszene. Unter den Figuren zweimal eine Plastik der *hl. Hedwig*.

Das *Innere des Domes* war Ende des 17./ Anfang des 18. Jahrhunderts durch Barockisierung stark verändert worden. Beim *Wiederaufbau 1946–53* wurde durch Professor Bukowski – später Inhaber des Lehrstuhls für Geschichte der Baukunst an der Technischen Hochschule in Breslau – das gotische Raumbild wiederhergestellt. Der Chor des hohen Mittelschiffs erhält aus dem Ostfenster mit zartem Maßwerk blauviolett- und orangegelbgetöntes Licht. Die Chorfenster schuf der Krakauer Künstler Tadeusz Wojciechowski, die übrigen

Fenster sind Arbeiten von S. u. K. Pikalski und A. Michałek. Ein erheblicher Teil der Kosten des Wiederaufbaues wurde von der neuangesiedelten Bevölkerung aufgebracht. Von der alten Ausstattung sind u. a. erhalten: die *Kanzel* aus graublauem Marmor von dem Bildhauer Johann Adam Karinger (Stiftung des Domdechanten Graf Frankenberg), auf der großen Chorschranke wurden 1953/54 die *Standbilder* links des hl. Hieronymus, rechts des Papstes Gregor wieder aufgestellt, die Standbilder des hl. Augustinus und hl. Ambrosius kamen in die Pfarrkirche von Stężyca bei Warschau. Ebenfalls alt ist am rechten, ersten Presbyteriumspfeiler der *Vinzenz-Altar* mit einem Bronzerelief von Adrian de Vries. Das *barocke Chorgestühl* von dem Breslauer Tischlermeister Franz Motsch stammt aus der Vinzenz-Kirche und entging dem Brand durch Auslagerung, seine Vollplastiken schuf Franz Zeller (1662–65). Sie unterscheiden sich von den Reliefs an der Rückwand durch ihre höhere künstlerische Qualität. Der gotische holzgeschnitzte Hochaltar – anstelle des früheren Renaissance-Kunstwerkes – stand früher in der evangelischen Kirche in Lüben (ein zweiter Altar von dort heute im Nationalmuseum, vgl. Irmler »Das Jesuskind fliegt nach Breslau«). Im südlichen Seitenschiff am schmiedeeisernen Gitter Klingel zum Einlaß in den Chorumgang. Rechts ein reich verziertes *Sakristeiportal*, 1517 von Bischof Johann V. Thurzo gestiftet, erstes bedeutendes Renaissance-Werk in Schlesien (Relief der Enthauptung Johannes des Täufers und des knienden Stifters). Daneben Grabmal des letzten im Dom beigesetzten Fürstbischofs Georg Kardinal Kopp (1887–1914). Am Quergang hinter dem Chor *drei Kapellenanbauten,* jede zählt in ihrer Stilreinheit zu den künstlerischen Meisterleistungen in Breslau. Die *Elisabethkapelle* ist »ein Stück Italien in Breslau« und zeugt für die Pracht- und Kunstliebe ihres Stifters Friedrich Landgraf von Hessen, sei-

ne Büste befindet sich über der kunstvollen Eisengittertür des Eingangs. Er hatte zehn Jahre in Italien gelebt, war jung in Rom zum Katholizismus übergetreten und begeistert vom italienischen Barock zurückgekehrt. Von dort holte er sich den Baumeister Giacomo Scianzi, einen Malerarchitekten, der die Kapelle prunkvoll ausstattete (1680 bis 1700). Seine Fresken in den Zwickeln und in der Kuppel wurden Anfang unseres Jahrhunderts von dem Breslauer Maler Linke aufgefrischt, 1985 erneut restauriert. Die Wände sind durchweg mit schlesischem Marmor verkleidet, Gurte und Gesimse aus reich verziertem Stuckmarmor. An der Nordwand sieht man ein großartiges *Grabmal mit der lebensgroßen Figur des Kirchenfürsten,* der auf einem Kissen kniet, weißer Marmor, geschaffen von Domenico Guidi. Der Bischof blickt auf den Altar seiner Ahnfrau, der *hl. Elisabeth* (als verwitwete Landgräfin von Thüringen jung in Marburg gestorben), Nichte der hl. Hedwig. Die zarte Marmorgestalt von Ercole Ferrata wird weich von einem Licht getroffen, dessen Herkunft die seitlich des Altars schwebenden Engel verdecken. Die Heilige im Ordenskleid des hl. Franziskus und im Fürstenmantel schwebt auf einer Wolke, aus der Engelsköpfe hervorragen.

Der benachbarte spätgotische Kleinchor, auch *Marien- oder Mansionarienkapelle* genannt, ist eine Stiftung des Bischofs Przecław von Pogarell (1341–1376 Bischof in Breslau), erbaut mit Zustimmung Kaiser Karls IV., zu dem der Bischof enge Beziehungen unterhielt. Durch das kunstvolle Gitter ist unter dem spätgotischen Gewölbe der hohe Marmorsarkophag erkennbar, auf dem die Gestalt des Stifters ruht. Der früher lichte Raum ist durch neue farbige Fenster von J. und K. Acdański in mystisches Dunkel gehüllt. An der rechten Wand ist die Grabplatte für Bischof Johann IV. Roth, 1496 auf seinen Wunsch in der Werkstatt des berühmten Erzgießers Peter Vischer in

Nürnberg hergestellt. Sie offenbart enge Beziehungen zum deutschen Kunsthandwerk in Nürnberg. In den Boden eingelassen ist eine Grabplatte aus Messing für Bischof Rudolph von Rüdesheim (gest. 1482).

Die unlängst restaurierte *Kurfürstenkapelle* spricht für die engen Verflechtungen des Stifters zu Österreich und zum Haus Habsburg. Fürstbischof Franz Ludwig, Zeitgenosse Ludwigs XIV., war seit 1683 Bischof von Breslau, seit 1694 zugleich Bischof von Worms und Hochmeister des Deutschen Ordens und 1716–29 auch Kurfürst von Trier, seit 1729 Kurfürst von Mainz. Mit dem Entwurf für seine Grabkapelle beauftragte er einen der größten Baumeister des deutschen Barock, Johann Bernhard *Fischer von Erlach* aus Wien (Karlskirche), ausführende Baumeister waren der Breslauer Maurermeister Blasius Peintner (Kurfürstl. Waisenhaus) und der Steinmetz Caspar Herberg. Der Raum ist festlich mit verschiedenartigem Marmor ausgelegt. Acht nicht sichtbare Fenster im Tambourgeschoß werfen Licht auf die farbenkräftigen Kuppelfresken des Italieners Carlo Carlone und bewirken die dem Barockzeitalter so erwünschte Illusion eines Blicks in den hohen Himmel. Dargestellt ist der Höllensturz Luzifers durch den Erzengel Michael als Sinnbild des Sieges des Lichtes über die Finsternis. Die Figuren auf dem Gesims stellen links das Alte Testament, das Antlitz mit einem Schleier bedeckt und in den Händen die eherne Schlange, rechts das Neue Testament mit dem Blick zum Kruzifix dar. Über dem Altar mit der Bundeslade scheint die Sonne der Gerechtigkeit, aus deren Strahlen Engelsköpfe hervorschauen. Zu beiden Seiten sieht man Moses und Aaron, geschaffen von dem Prager Bildhauer Brockhoff. Goethe hat bei seinem Breslaubesuch den hohen Kunstwert dieses Raumes anerkannt. Es besteht Grund zu der Hoffnung, daß das dritte Meisterstück einer Barockkapelle in der heimischen Gestaltung des Breslauer Stadtbau-

meisters Christoph Hackner an der Vinzenzkirche wiederhergestellt wird.

Im Chorumgang schließt die *Johanneskapelle* an mit dem Grabmal des Bischofs Johann Thurzo, eines Humanisten von Rang. Er glaubte, die Einheit der Kirche bewahren zu können, und stimmte der Berufung des späteren Reformators Johannes Heß an die St.-Maria-Magdalenen-Kirche zu. Zahlreiche erhaltene Grabdenkmäler der Bischöfe regen zum Betrachten an. Den Kapellenkranz beschließt in der Nordwestecke die *Totenkapelle*, 1749 in reichem Barock errichtet.

Nordöstlich des Domes in der ul. Kanonia 6/8 (Göppertstraße) der *Botanische Garten*, eingerichtet mit Aufbau der Universität 1811 mit Palmen- und Kakteenhaus (vgl. oben unter Museen). Im Garten Büste des Peter Josef Lenné, Direktor der königlich preußischen Schlösser und Gärten.

d) *Rund um die Altstadt*

Vom Dom über die *Most Pokoju*, die nach Zerstörung der *Lessingbrücke* hier entstanden ist, geht der Blick auf die Oderinseln und die Stadt. Oderaufwärts führt die *Most Grunwaldzki (Kaiser-[Freiheits]-Brücke)*, 1910 als Hängebrücke errichtet, zum Scheitniger Park (park Szczytnicki) mit der *Jahrhunderthalle* (vgl. Liste der Bauten, Nr. 45). Von der Most Pokoju (Lessingbrücke) im Osten das *neue Regierungsgebäude*, jetzt Sitz der Wojewodschaft, 1939–41 errichtet. Nach Westen am Oderufer das *alte Regierungsgebäude*, heute Nationalmuseum (vgl. oben unter Museen), 1889 fertiggestellt. Daran schließt sich jenseits der Einmündung des Stadtgrabens in die Oder ein sehenswerter Aussichtspunkt, die ehemalige Holteihöhe auf der Ziegelbastion (Wzgórze Polskie), an. Richtung Süden grüßt der barocke Turm der *St.-Mauritius-Kirche*. Sie ist eine der ältesten Kirchen, aus der zweiten

Hälfte des 13. Jahrhunderts, Umbau und barocker Turm von 1732, wahrscheinlich von Peintner, erweitert 1897–99, 1945 zerstört und danach wiederaufgebaut.

Ein Abstecher dorthin führt durch das frühere Mauritius- und Ohleviertel mit vielen, vom Krieg verschont gebliebenen Bürgerhäusern im Jugendstil. Durch die ul. Dobrzyńska (Lessingstraße) – früher hier das Lobe-Theater – zum plac Wróblewskiego (Mauritiusplatz). Heute führt hier die Altstadtumgehung von der E 67 vom Süden aus Richtung Glatz nach Nordosten Richtung Oels und Warschau vorbei. Die *Mauritiuskirche* entstand im 13. Jahrhundert für die wallonische Siedlung St. Moritz vor der Stadt. Im Innern zwei Statuen aus dem 15. Jahrhundert, eine »Immaculata« und der »Hl. Mauritius«; an der nördlichen Außenwand ein jüdischer Grabstein (13. Jahrhundert) und auf der Friedhofsmauer eine Nepomuk-Figur von J. A. Siegwitz. Grabsteine der Familie Milde, deren Name mit der Gründung bedeutender Breslauer Industriebetriebe um die Mitte des 19. Jahrhunderts verbunden ist. Unweit die vom Alter geschwärzte gotische *Lazaruskirche* und auf der anderen Straßenseite das Krankenhaus des *Brüderklosters* mit der 1715–22 erbauten *Dreifaltigkeitskirche.*

Weiter hinaus führt die ul. Romualda Traugutta (Klosterstraße) zum *Websky-Schlößchen,* 1732–38 von Christoph Hackner als Sommerresidenz für Fürstbischof Philipp Graf von Zinzendorf erbaut; seit 1906 Standesamt, heute Hotel für Künstler. Zurück stadteinwärts nicht übersehbar der 40 m hohe Klinkerbau des früheren *Postscheckamtes,* das 1926–29 von Baurat Neumann als erstes Hochhaus in Breslau errichtet wurde, heute Hauptpost und *Polnisches Postmuseum* (vgl. S. 248), ul. Krasińskiego 1 (Feldstraße).

Stadteinwärts ul. Oławska (Ohlauer Straße), westlich an der Ecke ul. Podwale (Ohlauer Stadtgraben) drei guterhaltene Jugendstilhäuser, in einem davon das deutsche Generalkonsulat. Nördlich des Stadtgrabens hinter der Grünanlage das schmale Hochhaus des *Orbis-Hotels Panorama* (1968), davor eine etwas eigenartige, nicht ganz überzeugende Rekonstruktion eines nach dem Kriege aufgedeckten Restes der Stadtmauer. Auf der anderen Seite der ul. J. Słowackiego (Ohlau-Ufer) *Kloster und Kirche zu St. Bernhardin,* 1463–66 in spätgotischem Stil errichtet, Gründung des aus Italien stammenden Wanderpredigers und Sektierers Capistrano. Im Kloster mit gotischem Kreuzgang *Architekturmuseum* (vgl. S. 254). Die Kirche ist mit wechselnden Ausstellungen in das Museum einbezogen. Durch die ul. Bernardyńska (Kirchstraße) vorbei am spätgotischen Portal der Kirche zur ul. Purkyniego (Breite Straße) mit einem eigenartigen modernen *Rundbau »Panorama Racławicka«,* errichtet für ein monumentales Rundbild. Es stellt die Schlacht von Racławice dar, in der sich der Nationalheld Tadeusz Kościuszko 1794 einer russischen Armee entgegenstellte, um die Teilung Polens zu verhindern.

Insgesamt acht Maler haben zum hundertjährigen Jubiläum der Schlacht an dem Gemälde gearbeitet, das in Lemberg aufgestellt war. Um es nicht in die Hände der Sowjets fallen zu lassen, nahm man es 1945 nach Breslau mit. Erst 1985 erfolgte die Freigabe des Museums für die Öffentlichkeit, im gleichen Jahre zeigt eine 27-Zł.-Briefmarke einen Ausschnitt aus dem Gemälde (hiernach benannt das Hotel Panorama). Nach Westen führt die Straße zum *pl. Nowy Targ,* dem allen alten Breslauern ans Herz gewachsenen *Neumarkt.* Dort fanden rings um den Neptuns-Brunnen, Gabeljürge genannt, auf dem einst von Giebelhäusern umschlossenen Platz seit Jahrhunderten Märkte statt, nach dem Bau der Markthalle 1908 weiterhin der »Tippelmarkt« mit dem Bunzlauer Tongeschirr und der »Kindelmarkt« zu Weihnachten. 1960–65 entstanden rundum moderne Wohnhäuser, der Platz wurde mit Platten als Fußgängerzone ausgelegt. Die nach Süden (Richtung Panorama-Hotel) führende ul. Św. Katarzyny (Katharinenstraße) trägt ihren Namen nach der wiederhergestellten Katharinenkirche (gotisch, 15. Jahrhundert, Barockportal), seit 1843 Kirche der Altlutheraner, jetzt im vorderen Teil Imbißstube. Im wieder aufgebauten Katharinenkloster ist heute der Sitz der »PKZ« (Staatliche Werkstätten für Denkmalpflege) für Niederschlesien mit etwa 600 qualifizierten Mitarbeitern hier und in den Außenstellen.

Unweit davon die in Kreuzform angelegte *St.-Adalbert-Kirche*. Sie gehört zu den ältesten und traditionsreichsten Breslauer Gotteshäusern, entstanden im frühen Mittelalter am Kreuzungspunkt der »Hohen Straße« von West nach Ost mit der »Bernsteinstraße« von Nord nach Süd. 1112 ließ Boleslaus, Bruder des Peter Wlast, anstelle einer älteren Holzkirche hier den ersten Kirchenbau in Stein errichten. Die Gründung der Kirche reicht in die Zeit zurück, als Gnesen mit dem Grab des hl. Adalbert, Apostel der Preußen (956–997), Wallfahrtsziel der Pilger aus der böhmischen Heimat des Märtyrers war. Nach der Mongolenschlacht begann man den gegenwärtigen Bau, die Einweihung des Chors erfolgte 1330 durch Bischof Nanker. Der später fertiggestellte malerische Spitzgiebel der Westseite hat auffallende Ähnlichkeit mit Ordensbauten, z.B. mit der evangelischen Kirche in Kulm. Das Innere der 1945 ausgebrannten Kirche zeigt heute weiße Wandflächen und Arkaden, abgesetzt von den ziegelroten Gewölberippen. Die Glasmalerei ist neu und stammt von polnischen Malern. Erhalten im südlichen Querschiff ein gotischer Taufstein und unversehrt als Kleinod der Barockkunst die *Czeslaus-Kapelle* mit prunkvollem Sarkophag aus weißem Marmor. Zwei Tafelbilder von Franz de Bakker aus Antwerpen – Hofmaler von Fürstbischof Franz Ludwig von Pfalz-

Neuburg (vgl. Klosterkirche Wahlstatt S. 243) – mit Szenen aus dem Leben des seliggesprochenen Mönchs.

In der von hier zum Ring führenden ul. Wita Stwosza – Veit Stoß – (Albrechtstraße) blieb rechts vom *Palais Hatzfeld* – erbaut 1766/74 von C. G. Langhans – nur der *Portikus* erhalten, einbezogen in den *Neubau einer Kunsthalle*, im Innern die alte klassizistische Toreinfahrt.

Am anderen Ende des neuen Verkehrsknotenpunktes pl. Dominikanski (Christophoriplatz) die *St.-Christophori-Kirche*, erbaut ab 1404 als Tochterkirche von St. Maria-Magdalenen. An der Nordseite des Langhauses lebensgroßes Standbild des Patrons, des hl. Christophorus, von 1462. An der Außenwand eingemauert Grabplatte des Baumeisters Christoph Hackner und andere Epitaphe (kaum leserlich).

Die Kürschnerinnung benutzte das Dachgeschoß als Lagerraum. Auf Grund ihrer Geschäftsverbindungen zu polnischen Pelzhändlern hatte der Prediger der seit 1523 evangelischen Kirche bis Anfang des 19. Jahrhunderts die Verpflichtung, den polnischen Geschäftsleuten und Arbeitern in ihrer Sprache zu predigen.

Die Kirche wurde nach schweren Zerstörungen vom polnischen Staat mit ökumenischer Hilfe wiederaufgebaut und der evangelischen deutschen Restgemeinde zugewiesen. Hier findet regelmäßig deutscher Gottesdienst statt.

Richtung Süden in der ul. Wierzbowa (Weidenstraße) Nr. 30 Rokoko-Portal am Stadthaus der Grafen von Oppersdorf, früher war hier die Geschäftsstelle der im Verlagshaus W. G. Korn erscheinenden »Schlesischen Zeitung«. Am Ende der Straße links das palastartige Gebäude mit Säulenvorbau zur ul. P. Skargi (Taschenstraße), ehemals Landratsamt. Auf dem Grundstück der kleinen Anlage davor – Kopernikus-Denkmal – stand früher das Stadtpalais der Grafen Henckel von Donnersmarck, später Sitz der

Generallandschaft. An der gegenüberliegenden ehemaligen *Taschenbastion,* seit 1866 *Liebichshöhe* genannt *(Wzgórze Partyzantów), Kolonnaden mit Café.* Auf der Höhe stand früher ein Aussichtsturm mit Siegesgöttin von Chr. Rauch, 1945 gesprengt, als in den Kellern unter der Höhe der Gefechtsstand des Festungskommandanten war; dort heute *Museum der Belagerung.* In den Grünanlagen am Stadtgraben Richtung ul. Świdnicka (Schweidnitzer Straße) Denkmal *Amor auf dem Pegasus* von Theodor von Gosen, der aus Bayern an die Kunstakademie berufen worden war. Hinter dem Gebäude der 1805 gegründeten »Kaufmännischen Zwinger- und Ressourcen-Gesellschaft« die turmlose *Corpus-Christi-Kirche.* Von der Innenausstattung kamen der ausgelagerte Altar St. Johannes nach Warschau, der Maria-Tod-Altar in das Nationalmuseum in Breslau. Vor der Kirche zum Stadtgraben hin ein kleines Häuschen, früher Café Torwache, davor eine *Normaluhr.* Auf der anderen Seite des Stadtgrabens das *Warenhaus »Centrum«,* 1932 von *Wertheim* als modernes Kaufhaus eröffnet. Richtung Süden *pl. Kościuszki (Tauentzienplatz)* mit zwei alten Gebäuden, Savoy-Hotel und Bank, im übrigen 1953–55 als Wohnsiedlung aufgebaut.

Stadteinwärts schräg gegenüber der Corpus-Christi-Kirche das *Stadttheater,* 1841 von Ferdinand Langhans erbaut, seit Herbst 1945 als polnische Oper wiedereröffnet.

Die *Dorotheenkirche* überragt das Hotel Monopol, sie wurde von den Augustiner-Minoriten mit Unterstützung Karls IV. von einem Sohn des Peter Parler erbaut, der maßgebend am Veitsdom in Prag mitgewirkt hat (1352). Die Hallenkirche ist mit 83 m die längste aller Kirchen in Breslau. 1945 wurde das Dach stark beschädigt, die Kirche blieb im übrigen mit ihrer kostbaren Barock- und Rokoko-Ausstattung unversehrt. Sie ist das einzige Beispiel für die einst zahlreichen gotischen Kirchen mit barocker

Innenausstattung in Breslau (Besichtigung vor und nach der Früh- und Abendmesse). Das *Wandgrab des Freiherrn von Spätgen* schuf 1753 der Bildhauer Franz Josef Mangold (vgl. Klosterkirche Trebnitz, S. 285–288, Aula Leopoldina). Es ist ein seltenes Beispiel der in Schlesien wenig vertretenen Kunstrichtung des Rokoko. Das Palais Spätgen am Schloßplatz erwarb Friedrich der Große von den Töchtern des österreichischen Adligen und ließ es von Boumann in schlichtem Stil umbauen. Die Ruine des ausgebrannten Südflügels des Schlosses wurde nach 1945 abgetragen. Erhalten blieb an der ul. Kazimierza Wielkiego (Karlstraße) der Nordflügel, als Mitteltrakt von C. G. Langhans erbaut, heute Archäologisches Museum (vgl. Museen).

Im rechten Seitenflügel befindet sich jetzt das Volkskundemuseum. Nicht weit davon entfernt die *Hofkirche,* jetzt evangelisch-augsburgisch, 1747/50 von der reformierten Gemeinde erbaut. Der ovale Innenraum mit zwei auf den Kanzelaltar hinführenden Emporen ist entsprechend der reformierten Kirchenbautradition schlicht gehalten.

Vom pl. Bohaterów Getta (bis 1826 Judenplatz genannt, danach Karlsplatz) hat man einen Durchblick zur alten Storch-Synagoge, sie blieb, rings von Gebäuden umgeben, in der Hitler-Zeit erhalten, ist jetzt jedoch baufällig. Zugang von der ul. Antoniego (Antonienstraße). Nun zum Langhans-Bau des *Palais* der Familie *von Wallenberg-Pachaly* (jetzt Univ.-Bibliothek, neuere Abteilung) in der ul. K. Szajnochy (Roßmarkt). Vom Karlsplatz die ul. Antoniego (Antonienstraße) entlang zur *St.-Antonius-Kirche,* Barockbau, 1685 von Matthäus Biener mit schwungvoller Fassade errichtet (einmalig als Hallenkirche mit Emporen). Durch die ul. Pawła Włodkowica (Wallstraße) zum *pl. 1 Maja (Königsplatz)* – früher wie heute Verkehrsknotenpunkt (Fußgängerunterführung).

Der *Bismarckbrunnen mit Kaskadenanlage*

blieb erhalten, das Bismarckdenkmal wurde beseitigt. Östlich an der Ecke der zum Ring führenden ul. Św. Mikołaja (Nikolaistraße) die *St.-Barbara-Kirche*, 1945 teilzerstört, nach Wiederherstellung russisch-orthodox. Erhalten sind einige alte Epitaphe an der Außenmauer. Bemerkenswert an der Südseite ist das zugemauerte »Pesttor« mit der Jahreszahl 1632 und dem noch lesbaren Spruch: »Dein Endt, O Mensch, ist vor der Tür. Thu Buß, weil du noch lebst allhier.« 1632 tobte in der Stadt die Pest, während sie von einem Wallensteinschen Heer unter General von Schaffgotsch belagert wurde. Der Rat wies ein Kapitulationsangebot zurück, obwohl die Pest von 36 000 Einwohnern 13 123 dahingerafft hatte. Die Tür wurde 1918 erneuert und zur Erinnerung an das vorangegangene Reformationsjubiläum mit einem Luther-Relief nach einem Cranachschen Bild von 1521 geschmückt. Die heute dort angebrachte Schwarze Madonna erweckt den Eindruck, als sei das Bild unter der Jahreszahl schon immer dort gewesen. An der Barbara-Kirche entlang nach Norden liegt links das *Allerheiligenhospital* (Wojewodschaftskrankenhaus »J. Babiński«), gegründet 1526 von dem Reformator Breslaus, Dr. Johann Heß, erweitert 1837, 1871 und schließlich 1902 zu einer der größten und modernsten Krankenanstalten Deutschlands ausgebaut.

Blick auf die Türme und Mauern des *Zeughauses (Arsenal)*, letzter Rest mittelalterlicher Wehrbauten in Breslau, errichtet Ende des 15. Jahrhunderts, als die Stadt dem böhmischen König Georg Podiebrad trotzte, um- und ausgebaut zum preußischen Zeughaus, Nord- und Ostflügel Ende der 70er Jahre erneuert und dem Publikum zugänglich gemacht. Auf der breiten Umgehungsstraße ul. Nowy Świat – gegenüber wiederaufgebaute Giebelhäuser der ehemaligen Weißgerberohle (ul. Białoskórnicza) – und sodann links ul. św. Mikołaja (Nikolai-Straße) zurück zum Ring.

4. Berühmte Breslauer

Zacharias Ursinus, evang. Theologe (Mitverfasser des Heidelberger Katechismus), * 1534 Breslau, † 1583 Neustadt a. d. Hardt

Christian Hofmann von Hofmannswaldau, Dichter, * 1617 Breslau, † 1679 Breslau.

Angelus Silesius (Johannes Scheffler), Mystiker, Dichter religiöser Epigramme, * 1624, † 1677 Breslau (verbrachte 46 Jahre seines Lebens in Breslau).

Christian Wolff, Philosoph, * 1679 Breslau, † 1754 Halle/Saale.

Caspar Neumann, evang. Theologe, * 1684 Breslau, † 1715 Breslau

Silvius Leopold Weiß, Komponist und Lautinist, * 1686 Breslau, † 1750 Dresden.

Christian Garve, Philosoph, * 1742 Breslau, † 1798 Breslau.

Ernst Ferdinand Klein, Jurist (Professor in Halle), * 1743 Breslau, † 1810 Berlin.

Friedrich Gentz, Publizist und Staatsmann, * 1764 Breslau, † 1832 Wien.

Friedrich Daniel Ernst Schleiermacher, evangelischer Theologe, * 1768 Breslau, † 1834 Berlin.

Jonas Fränckel, Stifter des Jüdisch-Theologischen Seminars in Breslau, * 1773 Breslau, † 1846 Breslau.

Theodor von Merckel, Oberpräsident der Provinz Schlesien, * 1775 Breslau, † Oberthomaswalden 1846.

Carl Ferdinand Langhans, Baumeister des Schlesischen und Berliner Klassizismus, * 1781 Breslau, † 1869 Berlin.

Johann Gottfried Scheibel, evangelischer Theologe, * 1783 Breslau, † 1843 Nürnberg.

Willibald Alexis (Wilhelm Häring), Schrift-
steller, * 1798 Breslau, † 1871 Arnstadt/
Thüringen.
Carl von Holtei, Schriftsteller, * 1798 Bres-
lau, † 1880 Breslau.
August Kopisch, Schriftsteller, * 1799 Bres-
lau, † 1853 Berlin.
August Borsig, erster deutscher Fabrikant
von Lokomotiven, * 1804 Breslau, † 1854
Berlin.
Adolph von Menzel, Maler, * 1815 Breslau,
† 1905 Berlin.
Ferdinand Lassalle, Politiker, * 1825 Bres-
lau, † 1864 Genf.
Paul Laband, Staatsrechtslehrer, * 1834
Breslau, † 1918 Straßburg.
Agnes Sorma (Zaremba), Schauspielerin,
* 1865 Breslau, † 1927 Crownsend (Ariz.)
U.S.A.
Alfred Kerr (Kempner), Theaterkritiker,
* 1867 Breslau, † 1948 Hamburg.
Fritz Haber, Chemiker, Nobelpreisträger,
* 1868 Breslau, † 1934 Basel.
Eugen Spiro, Maler, * 1874 Breslau, † 1972
New York.

Max Born, Physiker, Nobelpreisträger,
* 1882 Breslau, † 1970 Göttingen.
Friedrich Bergius, Physiker, Nobelpreisträ-
ger, * 1884 Breslau, † 1949 Buenos Aires.
Lothar Erdmann, Gewerkschaftler, * 1888
Breslau, † 1939 KZ Sachsenhausen.
Willy Jaeckel, Maler, * 1888 Breslau, † 1944
Berlin.
Gerhard Kittel, evangelischer Theologe
(Begründer des Theologischen Wörterbu-
ches zum Neuen Testament), * 1888 Bres-
lau, † 1947 Göttingen.
Siegfried Marck, Philosophiehistoriker,
* 1889 Breslau, † 1957 Chicago.
Edith Stein, Philosophin, * 1891 Breslau,
† 1942 KZ Auschwitz.
Ilse Langner, Schriftstellerin, * 1899 Bres-
lau, † 1987 Darmstadt.
Ernst Scheyer, Kunsthistoriker, * 1900
Breslau, † 1985.
Alexander Camaro, Maler, * 1901 Breslau,
lebt in Berlin.
Dietrich Bonhoeffer, evangelischer Theolo-
ge, * 1906 Breslau, † 1945 KZ Flossen-
bürg.

5. Erhaltene bzw. wiederhergestellte Bauten des 19. und 20. Jahrhunderts

Nr.	Bau-Jahr	Bezeichnung ggf. heutige Nutzung	ul./Straße	Erbauer Baustil	Zerstörungs-grad 1945 in Prozent
1	1802–04	*Bürgerhaus* (Umbau)	Wita Stwosza 16 Albrechtstr. 16	(Einfl. v. Langhans) Klassizismus	
2	1811–12	*Botanischer Garten* mit. Bot. Museum	Kanonia 6/8 Göppertstr. 6/8		
3	1824	*Alte Börse* (Städt. Bank)	pl. Solny Salzmarkt/Blücherplatz	C. F. Langhans Klassizismus	20
4	1835	*Elferkaserne* (2. Schl. Grenad.-Reg. Nr. 11)	Podwale Nikolai-Stadtgraben	Neurenaissance	

Nr.	Bau-Jahr	Bezeichnung ggf. heutige Nutzung	ul./Straße	Erbauer Baustil	Zerstörungsgrad 1945 in Prozent
5	1841	*Stadttheater* (Opernhaus)	Świdnicka Schweidnitzer Straße	C. F. Langhans Klassizismus	

(1865 und 1871 nach Bränden verändert wiederhergestellt, 1945 bei Restaurierung erweitert). *(K. Schmidt)*

Nr.	Bau-Jahr	Bezeichnung ggf. heutige Nutzung	ul./Straße	Erbauer Baustil	
6	1845–52	*Land- u. Amtsgericht* (1867–68 Erweiterungsbau)	Sądowa Graupenstraße	Bauinsp. v. Toux Plan C. F. Busse »Justitia« am Eingang von Theodor von Gosen Neugotik	
7	1855	*Lessingbrücke* 1945 zerstört, wieder aufgebaut 1959, »Most Pokoju« (Friedensbrücke)		Projekt Kmita	
8	1856	*Linke-Hofmann-Werke,* »Pafawag« (1838 erster Bau von Gottfr. Linke) Heute ca. ein Viertel der alten Gebäude in Betrieb. Poln. Betriebsmuseum	Strzegomska Striegauer Chaussee		
9	1856	*Oberschles. Bahnhof* später *Hauptbahnhof* Dw. Główny (erster großer Bahnhofsbau in Deutschland) 1899–1904 umgebaut.		Grapow Neugotik (Tudorstil)	
10	1864	*Stadthaus*	Rynek Ring	Oberbaurat Stüler Neugotik	
11	1864–67	*Neue Börse*	Marcelego Nowotki Graupenstraße	nach Plänen von Lüdecke Neugotik	
12	1864	*Zoolog. Garten* Ogród Zoologiczny 1875 großes Raubtierhaus, Elefantenhaus	Zygmunta Wróblewskiego, Grüneicher Weg, nach 1945 erweitert um das ehemalige Messegelände	Fohlenplastik von Inge Jaeger-Uhthoff	
13	1866–71	*Wasserhebewerk* Wieża Ciśnień Wodociągów	Na Grobli Weidendamm	C. J. Zimmermann u. Kaumann	

(Reinigung des Grundwassers von Eisen u. Mangan; 40 m hoch, in 31,35 m Höhe schmiedeeiserner, aus 2 gleichgroßen Teilen bestehender 6,3 m hoher Hochbehälter, Fassungsvermögen 4125 m^3)

Nr.	Bau-Jahr	Bezeichnung ggf. heutige Nutzung	ul./Straße	Erbauer Baustil	Zerstörungsgrad 1945 in Prozent
14	1866	*Liebichshöhe* Wzgórze Partyzantów	Piotra Skargi Taschenstraße	Baumeister Karl Schmidt Stifter: Kaufmann Adolf Liebich	

(errichtet auf der ehem. Taschenbastion, Aussichtsturm bei der Belagerung im Februar 1945 gesprengt, erhalten die Kolonnaden mit Café). Früher Kuppel mit Rundsicht und 3 m hoher Viktoria, von Rauch (vergoldet). Im Keller jetzt polnisches Museum der Belagerung Breslaus 1945.

Nr.	Bau-Jahr	Bezeichnung ggf. heutige Nutzung	ul./Straße	Erbauer Baustil	Zerstörungsgrad 1945 in Prozent
15	1866–69	*Universitätsbrücke* (vorher in Holz) Most Uniwersytecki 1933/34 erneuert und verbreitert		Stadtbaurat Kaumann	
16	1872	*Johannes-Gymnasium* (später: Zwinger-Gymn.)	S. Worcella Paradiesstraße	Jugendstil	
17	1872	*Odertorbahnhof* Wr. Nadodrze (Empfangsgebäude)	pl. Staszica Benderplatz	Neugotisch	
18	1873–75	*Freiburger Bahnhof* Wr. Świebodzki	pl. S. Kirowa Elferplatz	Baumeister Karl Lüdecke Neuklassizismus	

(Zunächst Privatbahn, ab 1884 in staatlicher Verwaltung)

Nr.	Bau-Jahr	Bezeichnung ggf. heutige Nutzung	ul./Straße	Erbauer Baustil	Zerstörungsgrad 1945 in Prozent
19	1883–91	*Regierungsgebäude* Muzeum Narodowe (Nationalmuseum)	pl. Powstańców Warszawy Breite Straße	K. F. Endell Neurenaissance	20
20	1887–91	*Stadtsparkasse*	pl. Bohaterów Getta Karlsplatz	Plüddemann Neugotischer Backsteinbau	
21	1894	*Hotel Monopol* (damals im Eckhaus zunächst noch Warenhaus)	Świdnicka Schweidnitzer Straße	Jugendstil	20
22	?1894	*St.-Josefs-Stift*	Św. Józefa Josefstraße	J. Ebers Backstein, Neugotik	24
23	1889–90	steinerne *Dombrücke* Most Tumski			
24	1890	*Fürstenbrücke* Most Szczytnicki (erste Brücke 1790, 1935 umgebaut)	Scheitnig Leerbeutel		
25	1890–92	*Zwinger* Gesellschaftshaus der Zw.-Gesellschaft	Teatralna Zwingerstraße	Kieschke und Bielenberg Neobarock	50

Nr.	Bau-Jahr	Bezeichnung ggf. heutige Nutzung	ul./Straße	Erbauer Baustil	Zerstörungs-grad 1945 in Prozent
26	1891–93	*Landesversicherungs-anstalt* 1897–99 Schwestern- und Laborgebäude. Heute Krankenhaus	pl. L. Hirszfelda Höfchenplatz	Backstein	20
27	1893–96	*Landeshaus* Sitz der Provinzialselbst-verwaltung, heute: NOT (Naczelna Organizacja Techniczna = Kammer der Technik)	Świerczewskiego Gartenstraße	Neurenaissance Blümmer Plastiken von Ch. Behrens u. H. Seger	
28	1895–97	*Paßbrücke* Most Zwierzyniecki (früher: Scheitniger- oder Ziegelbrücke)			
29	1895–97	*Städt. Hallenschwimmbad* Miejskie Zakłady Kąpie-lowe 1908–09 erweitert.	Teatralna Zwingerstraße 10/12	W. Werdelmann Anklänge an maurischen Stil	20
30	1901–03	*Baugewerk- u. Höhere Maschinenbauschule* (1879 als Gewerbe- und Oberrealschule eröffnet). Politechnika Wrocławska	B. Prusa Lehmdamm	K. Klimm Jugendstil/Neuro-manik	
31	1901–03	*Elisabet-Gymnasium* Neubau (gegr. 1293 als Bürgerschule, 1562 als Gymnasium) anschl. Gebäude der Städt Frauenberufsschule. Heute Päd. Institut der Universität	Jana Wł. Dawida Arletiusstraße		
32	1904	*Pestalozzi-Schule* Szkoła podstawowa Nr. 1 (damals größte und mustergültige Schule Breslaus)	Nowowiejska Am Waschteich		
33	1914	*Amor auf dem Pegasus*	al. Spacerowa Promenade	Theodor v. Gosen	
34	1904	*Fechterbrunnen*	pl. Uniwersytecki Universitätsplatz	Hugo Lederer	
35	1904–10	*Technische Hochschule* Politechnika	Wybrzeże St. Wyspiańskiego Uferstraße	Burgemeister deutsch-italienische Renaissance	15
36	1904	*Zoologisches Museum* Muzeum Zoologiczny	Henryka Sienkiewicza Sternstraße 21		

Nr.	Bau-Jahr	Bezeichnung ggf. heutige Nutzung	ul./Straße	Erbauer Baustil	Zerstörungs-grad 1945 in Prozent
37	1905	*Wasserturm* Wieża Wodna	Sudecka Hohenzollernstraße	mit bildnerischem Schmuck von Taschner	
38	1906	*Schauspielhaus* Teatr Polski	G. Zapolskiej Theaterstraße		70
		(Moderne Innenraumgestaltung nach Wiederherstellung von A. Frydecki. 1950)			
39	1909–11	*Oberbergamt* Zakłady Energetyczny	pl. Powstańców Śl. Kaiser-Wilhelm-(Hinden-burg-)Platz		
40	1908	*Städt. Markthalle* Hala Targowa	pl. Nankiera Ritterplatz	Plüddemann Jugendstil	
41	1910	*Geschäftshaus*	Ofiar Oświęcimskich Junkernstraße	Hans Poelzig	
42	ca. 1910	*Viktoria-Schule* (Oberlyzeum-realgymna-sial)	Poniatowskiego Blücherstraße		
43	nach 1900	*Friedrichs-Gymnasium*	Jedności Narodowej Matthiasstraße		
44	1910	*Kaiser-(Freiheits-)Brücke* Most Grunwaldzki (1945 Beschädigungen an den Trägertürmen)		Günther Trauer, Stadtbaurat Hängebrücke mit Stahlträger	
45	1911–13	*Jahrhunderthalle* Hala Ludowa (Volkshalle)		Max Berg statische Berechnungen Günther Trauer	

Seinerzeit größte freischwebende Massivkuppel der Welt in der neuen Eisenbeton-bauweise: Kuppelspannweite 67 m, Innendurchmesser 95 m, Höhe der Halle 42 m, Gesamtfläche 13 330 m². Die Konstruktion der Kuppel besteht aus 32 Rippen, die sich in einem oberen Druckring und einem unteren Zugring vereinigen. Der Zugring ruht mit 32 Rollagern von Stahl auf 4 Tragebogen, an die sich raumvergrö-ßernd 4 Halbkreisapsiden anschließen. Auf einer dieser Apsiden stand die seinerzeit größte Orgel der Welt mit 185 klingenden Stimmen.
(Vor der Halle heute Obelisk »Iglica« [Nadel] von 1949).

| 46 | 1913 | *Ausstellungsgebäude* mit 4 Kuppeln | | Hans Poelzig | |

Erbaut für die Jahrhundertausstellung zum Gedenken an die Erhebung Preußens gegen Napoleon, die in Breslau ihren Ausgang nahm.

| 47 | 1911–14 | *Reichsbahndirektion* | Sucha An den Teichäckern | Hugo König Jugendstil Neoklassizismus | |

Nr.	Bau-Jahr	Bezeichnung ggf. heutige Nutzung	ul./Straße	Erbauer Baustil	Zerstörungs-grad 1945 in Prozent
48	1913–15	*Oberpostdirektion* Dyrekcja Okręgu Poczty i Telekom.	Powstańców Śląskich 134 Kaiser-Wilhelm-Straße 134/138	Robrade und Hofmann Neobarock	
49	1925	*Landesfinanzamt* Zakład Ubezpieczenie Społeczne	Pretficzna Hardenbergstraße	Allescher	
50	1925–26	*Funkhaus* der Schlesischen Funkstunde	Breslau-Krietern		
	1943/44	durch Anbau des Sendesaales erweitert			
51	1924–25	*Messehalle*	Szczytnik Scheitnig neben der Jahrhunderthalle	Max Berg	
52	1924–28	*Trabantenstadt Zimpel* Sępolno		Paul Heim Albert Kempter	15
53	1926–28	*Stadion* mit Schlesierkampfbahn und Schwimmstadion Stadion Olimpijski	al. Olimpijska Friedrich-Ebert-Straße Śródmiescie (Scheitnig-Leerbeutel)	Richard Konwiarz	
54	1928	*Sparkassenhochhaus*	Rynek Ring	H. Rump »Neue Sachlichkeit«	
55	1927	*Kaufhaus Petersdorf* »Kameleon«	Szewska Schuhbrücke	Erich Mendelsohn	
56	1929	*Postscheckamt* heute Hauptpost (Poczta Główna) mit Postmuseum	Krasińskiego Feldstraße	Baurat Neumann Klinkerbauweise »Neue Sachlichkeit«	
57	1929	*Polizeipräsidium* Wojewódzki Urząd Spraw Wewnętrznych	Podwale Schweidnitzer Stadtgraben		
58	1929	*»Wuwa«* (Wohn- und Werkausstellung)	Szczytniki Scheitnig	Scharoun und ande-re, Idee von Lauter-bach	
59	1929	*Junggesellenheim*			
60	1929	*Kaufhaus Wertheim* Dom Towarowy »Cen-trum«	Świdnicka Schweidnitzer Straße	H. Dernburg	10
61	1929	*Maria-Magdalenen-Gymnasium*	J. E. Rosenbergów Parkstraße	»Neue Sachlichkeit«	
62	1939–41	*Neues Regierungsgebäude* Urząd Wojewódzki	pl. Boh. Warszawy	Klassizismus III. Reich	20

6. Kirchen im Stadtbereich
(ohne Vororte außerhalb des geschlossenen Stadtgebietes)

Nr.	Name	ul./Straße	Baujahr	Konfession bis 1945	Zerstörungs- grad 1945 in Prozent
1	Adalbert (Dominikaner) Św. Wojciecha (Dominikanów)	Wita Stwosza Dominikanerplatz	1253	kath.	70
2	Aegidien Św. Idziego	Św. Idziego Domplatz	1220	kath.	20
3	Annen Św. Anny	Św. Jadwigi Sandstraße	1687	kath.	50
4	Antonien (Franziskanerkl.) Św. Antoniego	Św. Antoniego Antonienstraße	1685	kath.	5
5	Barbara Św. Barbary	Św. Mikołaja Nikolaistraße	14. Jh. 1946	evang. griech. orthod.	65
6	Barmherzige Brüder Kośc. i Klasztor Bonifraterów	Romualda Traugutta Klosterstraße	1714	kath.	6
7	Bartholomäus Św. Bartłomieja (unter der Kreuzkirche)	pl. Kościelny Kirchplatz	1295	kath.	10
8	Begräbniskirche	Legnicka Friedrich-Wilhelm-Straße	1717	evang.	100
9	Bernhardin Muzeum Archit. Pobernardyński	Bernardyńska Kirchstraße	1463 1960	evang. Museum	70
10	Bethanien (Krankenhauskirche)	Romualda Traugutta Klosterstraße	1873	kath.	10
11	Bonifatius Św. Bonifacego	pl. K. Marksa Schießwerderplatz	1897	kath.	5
12	Carolus Św. Karola Boromeusza	A. Próchnika Gabitzstraße	1915	kath.	90
13	Christ-König-Kirche	Głogowska Glogauer Straße	1934	kath. zerstört	
14	Christophori Św. Krzysztofa	pl. Dzierżyńskiego Christophori-Platz	1267 1575 1945	evang. (heute deutsche Restgemeinde)	70
15	Christuskirche	Zaporoska Hohenzollernstraße	1901	ev. luth. zerstört	
16	Corpus Christi K. Bożego Ciała	Świdnicka Schweidnitzer Straße	1351	kath.	25

Nr.	Bau-Jahr	Bezeichnung ggf. heutige Nutzung	ul./Straße	Erbauer	Baustil	Zerstörungs-grad 1945 in Prozent
17		Dom St. Johannes Katedra Św. Jana Chrzciciela	pl. Katedralny Domplatz	1244	kath.	75
18		Dorotheen Św. Doroty i Św. Stanisława	Świdnicka Schweidnitzer Straße	1381	kath.	10
19		Elftausend Jungfrauen K. Opieki Św. Józefa	Skwer Pionierów Wrocła-wica Waterlooplatz	1820 1945	evang. kath.	5
20		Elisabeth Św. Elżbiety	Rynek Ring	1242 1946 1975/76	evang. poln. Garnisonkirche ausgebrannt, wird z.Z. wie-deraufgebaut	10
21		Erlöser (Odertor)		1904	evang.	100
22		Friedhofskapelle St. Laurentius Św. Wawrzyńca (Paul-Keller-Grab)	O. Bujwida Auenstraße	1978	kath. neu erbaut	100
23		Georgskapelle Św. Jerzego	Jelenia Pöpelwitzstraße	1906	kath.	50
24		Große Synagoge	Łąkowa Angerstraße	1868	jüd. *1938 zerstört*	
25		Heilige-Geist-Kirche Św. Ducha	Piękna Schönstraße	1932 1976–80	kath. neu erbaut	100
26		Heinrichskirche Św. Henryka	Gliniana Lehmgrubenstraße	1893	kath.	30
27		Herz Jesu Najśw. Serca P. Jezusa	pl. Grunwaldzki Kaiserstraße		kath.	10
28		Hofkirche K. Opatrzności Bożej	Kazimierza Wielkiego Karlstraße	1750 1945	reformiert augsburgisch-evang.	5
29		Johanniskirche Św. Augustyna	Sudecka Hohenzollernstraße	1907 1945	evang. kath.	20
30		Josefskirche Św. Józefa	Krakowska Ofener Straße	1932	kath.	50
31		Katharinenkirche Św. Katarzyny	Św. Katarzyny Katharinenstraße	15. Jh. seit 1843	kath. ev. luth. (Altlutheraner) nach Wiederaufbau: Imbißstube	80
32		Kirche der Apostelgem.	Gärtnerweg			100

Nr.	Name	ul./Straße	Baujahr	Konfession bis 1945	Zerstörungs- grad 1945 in Prozent
33	Klemens-Hofbauer-Kirche Św. Klemensa Dworzaka	Grabiszynek Gräbschen	1928	kath. abgerissen	25
34	Königin-Luise-Gedächtnis- Kirche	Ohlauer Vorstadt	1913	evang.	100
35	Kreuzkirche Św. Krzyża	pl. Kościelny An der Kreuzkirche	1295	kath.	15
36	Laurentiuskirche	Ładna Selenkestraße	1858	kath.	10
37	Lazaruskirche Św. Łazarza	Romualda Traugutta Klosterstraße	14. Jh.	kath.	20
38	Lutherkirche	Kaiserstraße	1893	evang.	100
39	Maria Magdalenen Św. Marii Magdaleny	Szewska Schuhbrücke	1359 Mai 1945 1959	evang. ausgebrannt poln. Nationalk.	55
40	Martinikapelle Św. Marcina	Św. Marcina Martini-Straße	1149 1571 1950	kath. kath. röm. kath.	80
41	Matthias-Gymnasialkirche Św. Macieja zw. Gimnazjalnym	Uniwersytecka Ursulinenstraße	1467	kath.	40
42	Matthias-Universitätskirche K. im. Jezus zw. Uniwersyteckim	pl. Uniwersytecki Universitätsplatz	1690	kath.	10
43	Mauritius Św. Maurycego	pl. Wróblewskiego Mauritiusplatz	13. Jh. 1897	kath.	50
44	Michaelis Św. Michała	J. Wieczorka Adalbertstraße	1862	kath.	30
45	Nikolai	Nikolaiplatz	1882	kath.	100
46	Paulus	Legnicka Frankfurter Straße	1911	evang.	100*
47	Peter-Kanisius-Kirche	Grunwaldzka Kaiserstraße			100*
48	Peter-Paul-Kirche Św. Piotra i Pawła	Katedralna Domstraße	15. Jh.	kath.	60
49	Redemptoristenkirche M. B. Pocieszenia	Dąbie (Pugeta) Grüneiche	1919		0
50	Salvator	Borowska Bohrauer Straße	1871		100
51	Sandkirche (St. Maria) Kość. N. Marii Panny na Piasku	Św. Jadwigi Sandstraße	1359	kath.	75

Nr.	Name	ul./Straße	Baujahr	Konfession bis 1945	Zerstörungs-grad 1945 in Prozent
52	Schrotholzkirche Kość. drewniany	Park Szczytnicki Scheitniger Park	16. Jh. 1913 aufge-stellt	nicht mehr in gottesdienstli-chem Gebrauch	0
53	Storchsynagoge Synagoga »Pod białym bocianem«	Pawła Włodkowica Wallstraße	1829	jüd.	5
54	Trinitatis	Szpitalna Reichstraße	1867	evang.	100
55	Ursulinen-Klosterkirche Kość. i klasztor Urszulanek	pl. Biskupa Nankiera Ritterplatz	14. Jh. 1670	kath. Kloster Kirche	20 65
56	Vinzenz Św. Wincentego	pl. Biskupa Nankiera Ritterplatz	14./ 15. Jh.	kath.	75

* Die Zerstörung erfolgte durch Sprengung während der Belagerung.

XI. Breslaus Umgebung

ROUTE 1   In das Katzengebirge (Wzgórza Trzebnickie) und zur Militscher Seenplatte (Stawy Milickie)

Breslau (Wrocław) – Trebnitz (Trzebnica) – Prausnitz (Prusice) – Stroppen (Strupina) – Groß Peterwitz (Piotrkowice) – Trachenberg (Żmigród) – Sulau (Sułów) – Militsch (Milicz) – Kraschnitz (Krośnice) – Goschütz (Goszcz) – Festenberg (Twardogóra) – Briese (Brzezinka) – Breslau (Wrocław). 190 km

Landschaft

Das Katzengebirge ist der östliche Teil des Schlesischen Landrückens (Wał Trzebnicki), der sich vom Oberlauf der Weide (Widawa) bis an die Nordwestgrenze Schlesiens erstreckt. Der Landrücken besteht aus drei Abschnitten, von Ost nach West: Katzengebirge – Dalkauer Berge (Wzgórza Dalkowskie) und Grünberger Höhen (Wał Zielonogórski).

Das Katzengebirge beginnt in Posen (Wielkopolska) und überschreitet die Nordgrenze Schlesiens bei Neumittelwalde (Międzybórz). Dort erreicht der Hügelzug seine höchste Erhebung (272 m) in Schlesien. Mit dem Pfarrberg (Farna Góra), 2 km südlich Trebnitz, steigt er nochmals auf 256 m an. Nach Westen zieht sich der Hügelrücken mit seinen Ausläufern bis nach Leubus (Lubiąż) an die Oder hin. Auf den Höhen bei Trebnitz ist der schmale Bergzug zumeist entwaldet. Der ertragreiche Boden – u. a. Löß – eignet sich für Ackerbau und zog daher früh deutsche Siedler an. Am Südhang, 10 km südlich Trebnitz, liegt der Luftkurort Obernigk (Oborniki Śl.). Nach Norden senkt sich das Trebnitzer Hügelland ab in die Niederung der Schätzke (Sąsiecznica), die bei Trachenberg (Żmigród) in die breite Niederung der Bartsch (Barycz) übergeht. Die Buchenwälder bei Trebnitz und die dichten Kiefernwälder und Obstgärten bei Obernigk waren einst für die Breslauer ein beliebtes Naherholungsgebiet, landschaftlich reizvoll durch Fernsichten nach Norden in die Bartsch-Niederung und nach Süden auf die schlesische Ackerbauebene. Die Haupterwerbsquelle dieses Gebietes ist der Ackerbau.

Ausfahrt aus Breslau nach Norden, von der Stadtgrenze 24 km über Hochkirch (Wysoki Kościół) – Fernsicht! – auf der E 261 bis

TREBNITZ, *Kr. Trebnitz*
Trzebnica, woj. Wrocław (Woj. Breslau)

Alter Wallfahrtsort, seit 1858 auch kleiner Naturheil- und Badeort im Katzengebirge, 195 m ü. M.

Einwohner

1939:   8500 Deutsche
1984: 10117 Polen auf 8,2 km²

Motel mit Restaurant: ul. Prusicka (Ausfahrtsstraße nach Prausnitz), Tel. 12-00-48
Privatquartier: ul. Kościnski 35
Camping: Leśna 2. Kat. II, Tel. 12-12-26 und 12-07-46 mit Zeltplatz, Restaurant und Bungalows
Restaurants: »Ratuszowa«, Rynek 4; »Trzebniczanka«, pl. Wolności 20

Tankstelle: ul. Wolności
Auto-Service: ul. Milicka 13
Verkehrsverbindungen: PKS-Bus von Breslau mit Anschlüssen nach Oels (Oleśnica), Obernigk – Wohlau, Prausnitz – Trachenberg.

Die Straße von Trebnitz nach Oels (Oleśnica) führt über die Höhen des Katzengebirges mit reizvollen Ausblicken nach der schlesischen Tiefebene (Równina Oleśnica). Am Nordausgang von Trebnitz zweigt von der E 261 nach Trachenberg (Żmigród) die Straße nach Militsch (Milicz) ab. Sie führt durch das waldreiche Naturschutzgebiet »Reserwat Wzgórze Joanny« (PKS-Bushaltepunkt an der Kreuzung mit dem Wanderweg – grün – zum Hügel »Wzgórze Joanny«).

Die Nord-Süd-Strecke E 261 kreuzt in Trebnitz die West-Ost-Verbindung Lüben (Lubin) – Wohlau (Wołów) – Trebnitz – Oels (Oleśnica) – Namslau (Namysłów) – Kreuzburg (Kluczbork) – Gleiwitz (Gliwice).

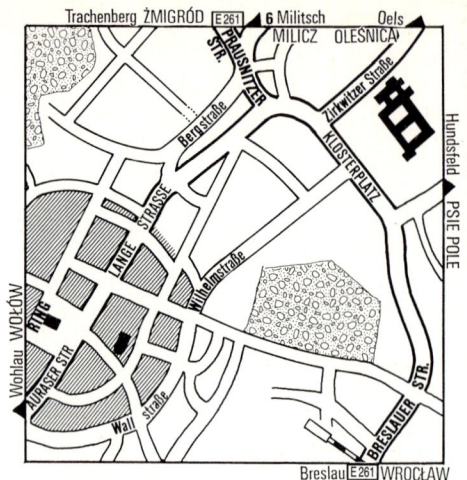

Geschichte

Vorgeschichtliche Funde deuten auf eine frühe Besiedlung der Gegend um Trebnitz. Als Herzog Wladislaus II. von Krakau und Schlesien (1138–1146) in den Besitz von Trebnitz gelangte, hatte der Ort bereits Marktrechte. Sein Sohn, Herzog Boleslaus I. von Schlesien, begann in dem Gebiet eine rege Siedlungtätigkeit. Dessen Sohn, Herzog Heinrich I., stiftete auf Bitten seiner Gemahlin Hedwig in Trebnitz 1202 das erste Frauenkloster Schlesiens. Der Name ist von polnisch »trzebić« = roden abzuleiten. Der Herzog stattete das Kloster reich aus und besetzte es mit Zisterzienserinnen aus Bamberg. Die herzogliche Stiftungsurkunde wurde am 28. 6. 1203 zu Breslau ausgestellt, als Hedwigs Bruder Ekbert, Bischof von Bamberg, das schlesische Herzogspaar besuchte. Die erste Äbtissin war Petrissa, die Lehrmeisterin der hl. Hedwig in deren Kinderzeit. In der päpstlichen Schutzurkunde vom 4. 11. 1205 wurde das Trebnitzer Kloster dem Schutz und der Aufsicht des Klosters Leubus unterstellt.

Hedwig fühlte sich zeit ihres Lebens mit dem Kloster eng verbunden, besonders als seit 1223 ihre Tochter Gertrud Äbtissin war. Die Herzogin verbrachte ihre Witwenjahre hier und fand in der Klosterkirche ihre letzte Ruhestätte († 14.10.1243). Ihre tiefe Frömmigkeit, ihr vorbildlicher Lebenswandel und ihre Fürsorge als Landesmutter führten zu ihrer Heiligsprechung am 26. 3. 1267 zu Viterbo. Ihr danach neu hergerichtetes Grab wurde als einziges Heiligengrab in Schlesien zur Wallfahrtsstätte für Pilger aus Schlesien, Polen, Preußen und Mähren. Auch heute hat dieser Wallfahrtsort nichts von seiner Anziehungskraft verloren, freilich sind es in erster Linie Polen, die ihn aufsuchen. Im Kloster machte sich nach der Reformation zeitweilig ein Übergewicht der aus polnischem Adel stammenden Nonnen bemerkbar. Sie versuchten im Dreißigjährigen Krieg die Wahl der Äbtissin an sich zu reißen. Das veranlaßte die kaiserliche Regierung zu der Anordnung, daß polnische Novizen nicht eher aufgenommen werden sollten, bis zwei Drittel des Konvents aus Deutschen bestünden. Seit 1810 – nach der Säkularisierung – diente das Klostergebäude einer Wollspinnanstalt und ging 1824 in den Privatbesitz des Kommerzienrats Johann Wilhelm Oelsner aus Goldberg über. Er wandelte das Klostergebäude in eine Tuchfabrik um. Die Kunstschätze waren bereits 1810, als die Nonnen das Kloster verlassen mußten, versteigert worden. 1857 kaufte der preußische Staat das erheblich heruntergewirtschaftete Stiftsgebäude. Die Restaurierung zog sich über Jahrzehnte hin und wurde 1926–1930 mit der Erneuerung der Außenfront abgeschlossen. Nunmehr betrieben die Borromäerinnen im Kloster ein Krankenhaus, ein Säuglingsheim, ein Mädchenwaisenhaus und ein Altenheim. Derselbe Orden betreibt u. a. heute hier ein Siechenhaus.

Die ehemalige Klosterkirche ist bis heute katholische Pfarrkirche, betreut von den Salvatorianernonnen.

Die Siedlung neben dem Kloster erhielt 1250 deutsches Stadtrecht. Sie gehörte zur Ausstattung des Klosters, das die Grundherrschaft über die Stadt erst mit der Säkularisation 1810 verlor. Daher spielte die Stadt nur als Mittelpunkt des Klosterbesitzes eine Rolle. Erst in der zweiten Hälfte des 19. Jahrhunderts entwickelte sich die preußische Kreisstadt. Sie brannte nach der Besetzung durch die Russen im Januar 1945 zu 50 % ab.

Sehenswürdigkeiten

Kloster und Kirche blieben am Ende des letzten Krieges verschont. Mit dem Bau der dreischiffigen Basilika wurde bereits 1203 begonnen. Die Kirche ist eines der ältesten erhaltenen Gotteshäuser Schlesiens. Der Ostteil mit dem Hochchor wurde 1219 eingeweiht, der Hauptbau im Laufe des 13. Jahrhunderts vollendet. Vor dem ausladenden Querhaus liegen die vorgeschobenen Absiden mit der mächtigen Hauptapsis. 1269 wurde die steil aufragende Hedwigskapelle dem südlichen Seitenschiff angefügt. Vom Seitenportal, das vom Hauptchor zur Hedwigskapelle führte, ist ein Tympanon (Türbogenfeld) mit der Krönung Mariens erhalten. Auf dem mit Kastanien und Platanen bepflanzten Vorplatz steht die Nepomukstatue von 1738. An der Westfront der Kirche errichtete der Architekt Gottlieb Daehne 1785 den neuen Turm im sogenannten Zopfstil.

An der Nordwestseite des Turmes wurde 1935 ein Tympanon aus der ersten Bauzeit freigelegt. Es zeigt links den zitherspielenden König David vor der auf dem Thron sitzenden Königin Bethsabe. Die gotische Grundstruktur des Kirchenraumes blieb bei der prunkvollen Barockisierung durch Franz Josef Mangold unter der Äbtissin Margareta Wostrowska erhalten. Mangold schuf den Hochaltar, die Kanzel, die Nonnenempore sowie die beiden Kolossalfiguren der hl. Hedwig und ihrer Nichte, der hl. Elisabeth, zu beiden Seiten des Chorraumes. Die in Stuckmarmor ausgeführten Figuren ähneln den Werken des gleichen Künstlers in der Aula Leopoldina in Breslau. Das Hauptgemälde des Hochaltars schuf Philipp Christian Benthum (Aufnahme Mariens in den Himmel).

Vor dem Hochaltar befindet sich das Doppelgrab (um 1680) für den Stifter Heinrich I. und den 10. Großmeister des deutschen Ordens, Konrad von Feuchtwangen, mit der Inschrift: »Hier liegt Herzog Heinrich, Schlesiens Ruhm, den ich betraure. Der hier ruht ist der Gründer dieses Stifts, überreich an Tugend, ein Beschützer der Bedrängten, eine Geißel der Bösen. Bitte, daß er bald zur Ruhe gelange.«

Die 15 Seitenaltäre bilden mit der Stukkatur und der Gesamtausstattung eine schöne

Einheit. Im südlichen Seitenschiff am ersten östlichen Pfeiler sieht man eine sehr realistisch gehaltene Darstellung des Martyriums des hl. Bartholomäus von Michael Willmann. Am ersten Pfeiler ist eine neue Kunststeinplatte anläßlich der Jahrtausendfeier 1966 mit der Inschrift angebracht worden: »Sacrum Poloniae Millenium 1966 Trzebnica 1966.« In der Hedwigskapelle ließ 1679 die Äbtissin Catherina Pawłowska das Hochgrab errichten. Der Sarkophag mit dem weißen Marmorbild der Toten steht unter einem von schwarzen Marmorsäulen getragenen Baldachin. Sie werden getragen von Gestalten aus weißem Marmor, Benedikt und Bernhard, sowie deren Schwestern, Scholastika und Humbelina, die die Totenwache halten. Das Medaillon am Fuße des Grabmals stellt die 1707 verstorbene Prinzessin Charlotte von Liegnitz, Brieg und Wohlau dar. Sie wollte nach ihrem Übertritt zum katholischen Glauben nicht in der Liegnitzer Piastengruft ihrer protestantischen Verwandten ruhen. Der barocke Klosterneubau trat 1697–1726 an die Stelle der verfallenen mittelalterlichen Klostergebäude. Seitlich vom Haupteingang zur Kirche befindet sich ein bemerkenswertes Barockportal.

In der Stadt blieben nur wenige alte Gebäude erhalten: In der Mitte des Ringes das *Rathaus* aus dem 19. Jahrhundert, 10 Minuten nordwestlich vom Ring, langsam verfallend, die ehemalige evangelische *Pfarrkirche St. Peter*, 1854 erbaut, mit einem spätgotischen Backsteinturm als Rest des mittelalterlichen Bauwerkes. Westlich vom Ring wurde nach dem Kriege ein sehr kleiner Burghügel symbolisch rekonstruiert und mit einer großen Gedenktafel als historische Stätte der slawischen Vorzeit hergerichtet.

E 261 11 km bis

PRAUSNITZ, *Kr. Militsch*
Prusice, woj. Wrocław, (Woj. Breslau)

Restaurant: »Słowiańska«, ul. Żmigrodzka 25 (Trachtenberger Straße), Kat. II

1939 ca. 2000 Einwohner, 1951 Verlust des Stadtrechts – Absinken der Einwohnerzahl unter 1000. Ende des 13. Jahrhunderts wurde Prausnitz deutschrechtliche Stadt mit Stadtmauern und drei Stadttoren, die 1819 abgetragen wurden. Seit 1492 gehörte Prausnitz zur Freien Standesherrschaft Trachenberg.

Sehenswürdigkeiten

Renaissance-Rathaus, 16. Jahrhundert. An der Seitenfront vier Renovierungsdaten: »1722 – 1892 – 1933 – 1960«. Die ehemalige evangelische Kirche, ein Bethaus von 1742, blieb 1945 unversehrt erhalten; sie ist abgeschlossen, um weitere Zerstörungen zu verhindern. *Katholische Pfarrkirche,* Backstein, 15. Jahrhundert. Altar mit spätmittelalterlichem Holzkruzifix. Gruftkapelle mit phantasiereicher Stuckdecke und Marmorsarkophag von Achilles Kern für den Grafen Melchior von Hatzfeld, der 1658 in kaiserlichen Diensten verstarb (»Schlesiens schönstes Kriegergrab des 17. Jahrhunderts«). Rings um die Grabplatte lateinische Inschrift mit den Taten des Reiterführers. Der Wallensteinsche General nahm an der Verschwörung seines Generalissimus nicht teil und wurde nach Wallensteins Tode vom Kaiser für seine Treue zum Generalfeldmarschall befördert und mit der Herrschaft Trachenberg belohnt. Sie war konfisziert worden, nachdem der Kaiser dem glücklosen Besitzer, Hans Ulrich Graf Schaffgotsch, wegen seiner angeblichen Mitwisserschaft an der Verschwörung Wallensteins den Prozeß machen und ihn in Regensburg hinrichten ließ.

Weiterfahrt nach Trachenberg (Żmigród) auf der E 261 12 km oder Umweg links – 23 km über *Stroppen (Strupina).*

Das ehemalige Städtchen mit Dorfcharakter hat nach den Kriegszerstörungen völlig an

Bedeutung verloren. Am ehemaligen Marktplatz stehen nur zwei Wohnhäuser. Die weithin sichtbare frühere *evangelische Kirche* wurde 1654 Zufluchtskirche für die Protestanten jenseits des Herzogtums Oels, zu dem Stroppen gehörte. Nach 1945 wurde die Kirche im Inneren verändert; benutzt wird im übrigen die katholische Kirche von 1880.

Ein Umweg über diesen trostlosen Ort lohnt wegen der Weiterfahrt über *Groß-Peterwitz (Piotrkowice)*. Das *Schloß* der Grafen Colonna wurde 1693 unter italienischem Einfluß dreistöckig mit reicher Fassade (Sgraffitoschmuck) errichtet. Es überstand das Jahr 1945. Jetzt ist es ungenutzt und dem Verfall preisgegeben, dennoch sehenswert als eines der kunstgeschichtlich bedeutsamen Schlösser Schlesiens (Baumeister Giovanni Simonetti aus Leipzig).

TRACHENBERG, Kr. Militsch-Trachenberg
Żmigród, woj. Wrocław (Woj. Breslau)

Lage am Flußübergang – alte Furt – über die Bartsch (Barycz) und an der Einmündung des Schätzke-Baches unweit der Nordgrenze Schlesiens.

Einwohner

1939: 4570 Deutsche
1984: 5300 Polen auf 16,4 km²

Touristenhotel (Dom Wycieczkowy): »Żmigrodzianka«, ul. Wojska Polskiego 5 (Ring), mit Restaurant, Tel. 78
Tankstelle: ul. Wrocławska

Geschichte

1155 wurde auf dem anderen (rechten) Bartschufer das bischöfliche Dorf »Zunigrod« errichtet. Gründungsurkunde vom 15.5.1253: Heinrich III. von Breslau läßt die Stadt nach Goldberg-Löwenberger Recht anlegen. 1287: »Trachinburg« –

Längsplatzanlage mit Doppelstraßensystem. Im Mittelalter ca. 1200 Einwohner. 1312 kam die Stadt an das Herzogtum Oels. 1492 wurde Trachenberg freie Standesherrschaft in Schlesien; 1741 preußisch; Umfang 1939: 15 941 ha, seit 1742 Teil des Kreises Militsch. Besitzer: Freiherr von Kurzbach, danach Grafen Schaffgotsch und seit 1641 Grafen von Hatzfeld, 1741 in den Fürstenstand erhoben, seit 1900 »Herzöge von Trachenberg«. Aus Trachenberg stammen die Schriftsteller Hermann Goedsche (1815–1878, Pseudonym: Sir John Retcliffe), Mitarbeiter der Kreuz-Zeitung in Berlin, und Gerhart Pohl (1902–1966); außerdem der Politiker Fürst Hermann von Hatzfeld, Herzog zu Trachenberg (1848–1933), 1894–1903 Oberpräsident von Schlesien, und die durch ihren Briefwechsel mit Lassalle bekannte Sophie Gräfin von Hatzfeld-Wildenburg, geb. Prinzessin Hatzfeld-Trachenberg (1805–1881).

Wirtschaft

Als Hauptort der Standesherrschaft wurde Trachenberg seitens der Grundherrschaft gefördert: Jahrmärkte und Handwerkerzünfte im Zentrum der umfangreichen Forst- und Teichwirtschaft, im übrigen Akkerbürgerstadt.

Sehenswürdigkeiten

Die alte Kirche, in evangelischer Zeit Anfang des 17. Jahrhunderts erbaut, war seit 1654 katholische Stadtpfarrkirche. Der mächtige Backsteinbau wurde 1706–23 durch den Breslauer Stadtbaumeister Christoph Hackner neu gestaltet, der Turm erhielt eine Barockkuppel. Das kunstgeschichtlich bedeutsame Bauwerk ist zugenagelt und dem Verfall preisgegeben (1981). Benutzt wird die 1861 neu erbaute ehemalige evangelische Kirche. Am Nordrand der Stadt stehen von dem einst großartigen Schloß der Fürsten von Hatzfeld nur noch

die Umfassungsmauern. An der weitläufi-
gen Anlage wirkten zwischen 1686 und 1765
drei bedeutende Baumeister: der Italiener
Carlo Rossi, der Breslauer Stadtbaumeister
Christoph Hackner und der Direktor an der
preußischen Kriegs- und Domänenkammer
Carl Gotthard Langhans. Das Schloß wurde
in den letzten Kriegstagen von den Sowjets
niedergebrannt. Von der Ruine stehen nur
noch Reste der Umfassungsmauern. Dicht
daneben überlebte der massige, viereckige
Wohnturm – Grundfläche 10 × 10 m –
Grundmauern und Kern aus dem 13. Jahrhundert. Er wurde 1560 zu einem festen
Wohnhaus von 5½ Stockwerken umgebaut.
Über einem Keller und einem Untergeschoß
liegen drei Wohngeschosse mit je einem
Raum. Das oberste Halbgeschoß diente
Verteidigungszwecken. Über dem Eingang
neben dem angebauten Treppenturm befinden sich zwei Wappen der Freiherren von
Kurzbach und von Maltzan, mit der, umrahmt vom Datum »1560«, nur noch schwer
lesbaren gotischen Inschrift: (links) »Wilhelm Kurzbach, Freyher auf Trachenbergk
und Militsch, Herr auf Trumm und Roma-
now«, (rechts) »Magdalena Kurzbachin eine
geborene Maltzanin von Wartenberg, Frau
auf Trachenbergk«. Vor dem letzten Kriege
wurde der Turm vorbildlich wiederhergestellt. Inzwischen zeigt das starke Gemäuer
Verfallserscheinungen.
Im Tal der Bartsch (Barycz) durch Wiesen-,
Wald- und Wasserlandschaft 19 km bis
Sulau (Sułów).
Schon im 17. Jahrhundert »Städtlein« genannt, verlor die Siedlung nach 1945 ihre
Stadtrechte.
Die ehemalige *evangelische Bethauskirche* –
Fachwerk-Rundbau von 1765 – dient heute
als Friedhofskapelle; die ehemalige *katholi-
sche Kirche*, Barockbau von 1731, benutzt
die römisch-katholische Gemeinde. Am
Ortsrand blieb in einem großen englischen
Park das zweigeschossige *Barockschloß* von
1680 bei Kriegsende unversehrt (zuletzt im

Besitz der Grafen von Schweinitz). Es wurde 1946 und 1977 restauriert und beherbergt
ein Kindererholungsheim.

9 km bis

MILITSCH, *Kr. Militsch-Trachenberg*
Milicz, woj. Wrocław (Woj. Breslau)

Früher Sitz der Behörden des Grenzkreises
Militsch-Trachenberg am Südufer der
Bartsch (im Mittelalter war hier eine Furt).

Einwohner

1939:   5 390 Deutsche auf 12,40 km²
1984: 10 305 Polen auf 13,7 km²

Gasthaus: – 3 km weiter südlich an der
  Straße nach Trebnitz (Trzebnica) in
  Karlstadt (Milicz-Karłowo) ul. Pop-
  rzeczna 13 – »Borowik«, Tel. 215, mit Re-
  staurant »Relax«, 25 Camping-Häuser,
  Kat. II – 100 Plätze, dort Zeltplatz ul.
  Wojska Polskiego
Restaurant: »Rybacka«, pl. Świerczewskie-
  go (Ring), Tel. 313, Kat. III
Café: »Zacisze«, ul. Wojska Polskiego 9;
  Milchbar ul. Okrzei 1
Tankstelle: ul. Armii Czerwonej

Geschichte

1136 Erwähnung der Burg, erbaut zum
Schutze des Bartsch-Überganges der von
Breslau über Trebnitz nach Krotoschin,
Gnesen, Thorn, Danzig führenden Straße.
Die Siedlung gehörte zum Bistum Breslau
und wird 1155 als Sitz einer slawischen
Kastellanei genannt. Um 1300 Entwicklung
der deutschen Stadt – Siegel St. Georg zu
Pferde. 1358 Verkauf der Stadt nebst Burg,
Zoll und von 24 in kirchlichem Besitz be-
findlichen Dörfern an den Herzog von Oels,
der Siegmund Kurzbach mit Militsch als
Standesherrschaft Militsch-Trachenberg be-
lehnte. 1590 kommt diese durch Heirat der

111 Kleinröhrsdorf. Wegekreuz   112 Striegau. Portal Pfarrkirche St. Peter und Paul

113 Striegau. Ansicht von Süden mit St. Peter und Paul

114   Liegnitz. Johanneskirche. Piastengruft

115   Jauer. Friedenskirche

116 Stausee Ottmachau

117 Heuscheuer-Gebirge

118 Wohlau. Rathaus

119 Trebnitz. Klosterkirche

122 Prausnitz. Rathaus

120 Fraustadt. Rathaus und Pfarrkirche

123 Schloß Kleinöls

121 Schloß Sulau. Kreis Militsch

124 Trebnitz. Klosterkirche. Romanisches Tympanon

125 Namslau. Rathaus. Im Hintergrund St. Peter und Paul

126 Breslau. Websky-Schlößchen

127 Breslau. Blick vom Hochhaus bei der Kaiser(Freiheits)brücke

128 Breslau. Blick von der Kaiser(Freiheits)brücke auf Dom, Kreuz- und Sandkirche.
Links neues Regierungsgebäude

129 Breslau. Rathaus

130 Breslau. Ring. Haus Sieben Kurfürsten

132 Breslau. Pesttor (St. Barbara)

131 Breslau. Epitaph an Maria Magdalena

133 Breslau. Fechterbrunnen

134 Breslau. Universität. Aula Leopoldina

135 Breslau. Denkmal Papst Johannes XXIII., Martinikapelle, Kreuzkirche und Kurfürstliches Waisenhaus

136 Breslau. Altar Marienkrönung im Schlesischen Nationalmuseum

137 Neumarkt.
Pfarrkirche St. Andreas

138 Leuthen. Gedenkkreuz für die in
der Schlacht bei Leuthen Gefallenen

139 Krieblowitz. Toreinfahrt zum Schloßpark

140 Schloß Kamenz. Ruine

141 Oels. Schloß

142 Brieg. Portal des Piastenschlosses mit Standbildern Herzog Georg II. und Herzogin Barbara, Tochter Joachim II. von Brandenburg

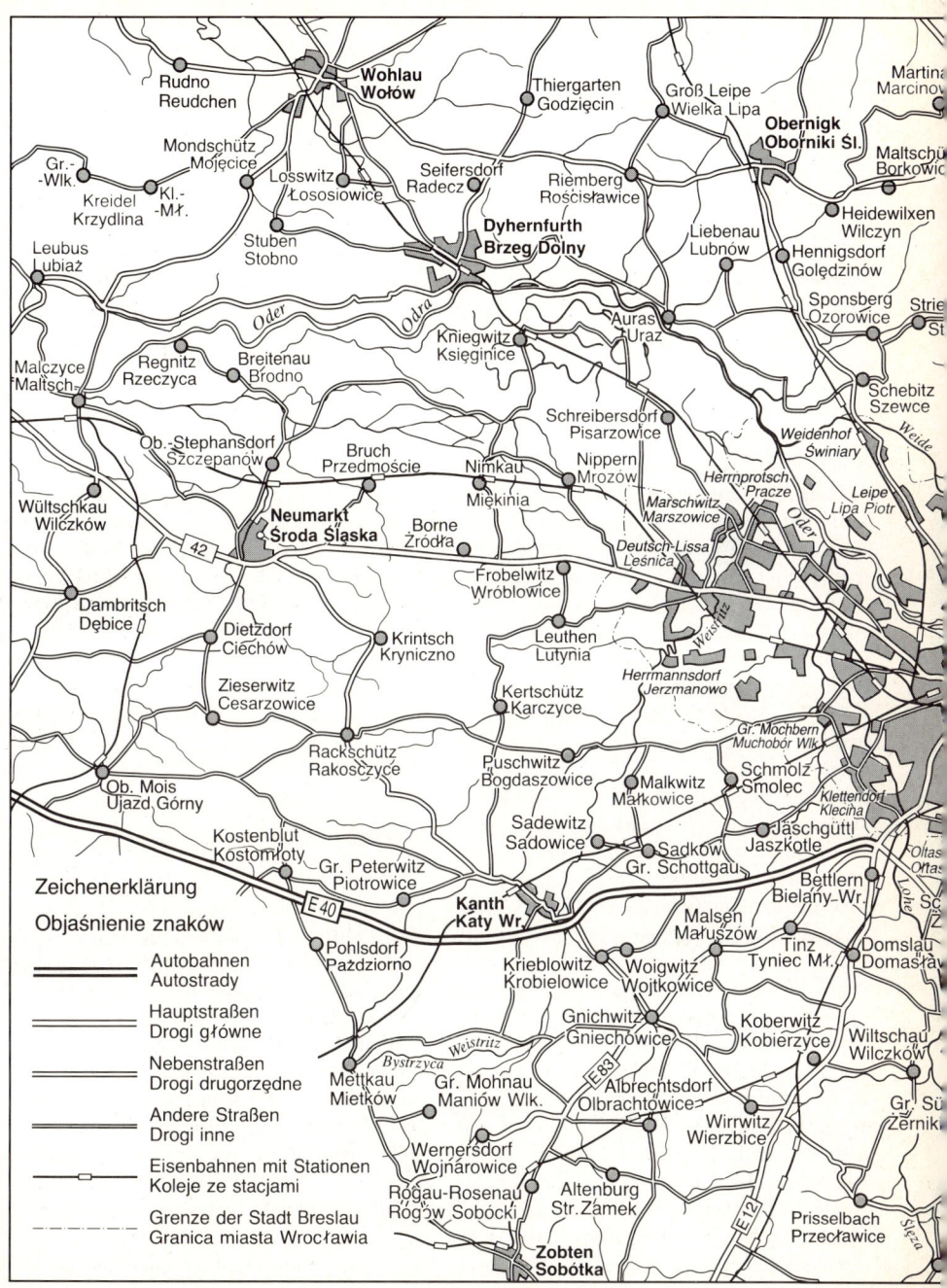

Rudno
Reudchen

Wohlau
Wołów

Thiergarten
Godzięcin

Groß Leipe
Wielka Lipa

Martina
Marcinov

Obernigk
Oborniki Śl.

Maltschü
Borkowic

Mondschütz
Mojęcice

Losswitz
Łososiowice

Seifersdorf
Radecz

Riemberg
Rościsławice

Gr.-
-Wlk.

Kreidel
Krzydlina

Kl.-
-Mł.

Heidewilxen
Wilczyn

Leubus
Lubiąż

Stuben
Stobno

Dyhernfurth
Brzeg Dolny

Liebenau
Lubnów

Hennigsdorf
Golędzinów

Sponsberg
Ozorowice

Strie
St

Malczyce
Maltsch

Regnitz
Rzeczyca

Breitenau
Brodno

Kniegwitz
Księginice

Auras
Uraz

Schebitz
Szewce

Ob.-Stephansdorf
Szczepanów

Bruch
Przedmoście

Nimkau
Mrozów

Nippern
Mrozów

Schreibersdorf
Pisarzowice

Weidenhof
Swiniary

Weide

Wültschkau
Wilczków

Neumarkt
Środa Śląska

Miękinia

Borne
Zródła

Marschwitz
Marszowice

Herrnprotsch
Pracze

Leipe
Lipa Piotr

42

Deutsch-Lissa
Leśnica

Oder

Dambritsch
Dębice

Dietzdorf
Ciechów

Krintsch
Kryniczno

Frobelwitz
Wróblowice

Leuthen
Lutynia

Herrmannsdorf
Jerzmanowo

Weistritz

Zieserwitz
Cesarzowice

Kertschütz
Karczyce

Gr. Mochbern
Muchobór Wlk.

Rackschütz
Rakoszyce

Puschwitz
Bogdaszowice

Malkwitz
Małkowice

Schmolz
Smolec

Klettendorf
Klecina

Ob. Mois
Ujazd Górny

Kostenblut
Kostomłoty

Gr. Peterwitz
Piotrowice

Sadewitz
Sadowice

Sadkow
Gr. Schottgau

Jäschgüttl
Jaszkotle

Oltas
Oltas

E 40

Kanth
Kąty Wr.

Bettlern
Bielany Wr.

Pohlsdorf
Październo

Krieblowitz
Krobielowice

Woigwitz
Wojtkowice

Malsen
Małuszów

Tinz
Tyniec Mł.

Domslau
Domasłav

Sc

Gnichwitz
Gniechowice

Koberwitz
Kobierzyce

Wiltschau
Wilczków

Gr. Sü
Żernik

Mettkau
Mietków

Gr. Mohnau
Maniów Wlk.

Bystrzyca

Weistritz

Albrechtsdorf
Olbrachtowice

E 83

Wirrwitz
Wierzbice

Wernersdorf
Wojnarowice

Rogau-Rosenau
Rogów Sobócki

Altenburg
Str. Zamek

E 12

Prisselbach
Przecławice

Zobten
Sobótka

Ślęza

Zeichenerklärung

Objaśnienie znaków

Autobahnen
Autostrady

Hauptstraßen
Drogi główne

Nebenstraßen
Drogi drugorzędne

Andere Straßen
Drogi inne

Eisenbahnen mit Stationen
Koleje ze stacjami

Grenze der Stadt Breslau
Granica miasta Wrocławia

letzten Erbin aus dem Hause Kurzbach an den Freiherrn Joachim von Maltzan, Stammvater der bis 1945 im Schloß zu Militsch ansässigen Familie.
Militsch war von 1742 bis 1945 Kreisstadt.

Wirtschaft

Ackerbürgerstadt, Handwerk, Fischzucht. 1938: Bauindustrie, Sägewerke, Ziegelei, Karpfenzucht, Nahrungsmittelindustrie.

Sehenswürdigkeiten

Am südwestlichen Stadtrand Schloß, 1799 von Graf Joachim Karl von Maltzan – preußischer Gesandter am englischen Königshof – anstelle eines burgartigen abgebrannten Herrensitzes neu errichtet. Baumeister Carl Gottfried Geißler, Schüler von Carl G. Langhans. Der langgestreckte, zweigeschossige schlichte Bau gehört zu den reizvollsten Schöpfungen dieser Zeit (Geißler baute auch die »Galerie« in Bad Warmbunn und das Fürstbischöfliche Palais in Breslau). Der kuppelgekrönte mittlere Baukörper tritt zwischen den beiderseitigen Flügeln von jeweils neun Fensterachsen hervor. Er beherrscht durch sein prächtiges Portal mit vier Doppelsäulen und einem Dreiecksgiebel die Gartenfront.
Der heute verwilderte Schloßpark war um 1800 der erste und einzige englische Garten in Schlesien. Das 1910 stilgerecht erweiterte Schloß ist in relativ gutem Erhaltungszustand und beherbergt heute ein forstwissenschaftliches Technikum mit Internat. Das »Friedenstor«, 1814 zur Erinnerung an die Befreiungskriege an der Schloßeinfahrt errichtet, wurde nach 1945 abgerissen. Dagegen steht das alte Schloßtor mit Akzisehäuschen an der Stadtgrenze am Mühlgraben.
An die Stelle des 1945 beim Einmarsch der Sowjets vernichteten Rathauses traten Grünanlagen. Die ehemalige katholische Pfarrkirche, ein bescheidener, turmloser

Bau von 1818–21, bewahrt vier gotische Halbreliefs und ein Taufbecken von 1561 aus der Vorgängerkirche. Am Ostausgang der Stadt steht die frühere evangelische Gnadenkirche, 1709 erbaut durch J. W. Graf von Maltzan. Fachwerkbau, ebenso anschließende Gebäude der Pfarrei gut erhalten, die Kirche 1981 im Innern restauriert (polnischkatholische Gemeinde). An der Straßengabel am Ortsausgang das Gebäude des ehemaligen Kreishauses. Etwa 4 km von der Stadt neben der Straße nach Breslau (Wrocław) im Walde Annakapelle von 1808, Ort einer bereits 1505 erwähnten Pilgerstätte. Abstecher: 13 km nordwärts an der Straße nach Krotoschin (Krotoszyn) – bis 1919 Provinz Posen – ehemaliger Grenzort *Freyhan (Cieszków)*. Im 15. Jahrhundert als »Städtlein« und Marktort errichtet. Das am 22. 1. 1945 beim Einmarsch der Sowjets abgebrannte Schloß der Grafen Pückler ist abgetragen. Am Dorfanger ehemalige evangelische Kirche von 1828, nach 1960 restauriert. Der kreuzförmige Kuppelbau der katholischen Kirche von 1753 überstand ebenfalls den Krieg. Es ist anzunehmen, daß die kleine Gemeinde nur eine Kirche erhalten kann.

Landschaft

Die *Militscher Seenplatte (Stawy Milickie)*. Die Bartsch (Barycz) entspringt im Posener Bartschbruch, einem Sumpfgebiet, das auch nach Osten hin zur Prosna (Prosna) abwässert. Die Quellen der Bartsch liegen sehr niedrig, daher hat sie fast kein Gefälle und zeigt an ihrem Oberlauf den Charakter eines Tieflandflusses. Ständig begleiten sie Sumpf- und Teichlandschaften, darunter mehrere qkm große Erlenbrüche. In früheren Zeiten waren sie ein so bedeutendes Hindernis, daß der Lauf der Bartsch die Grenze zwischen deutschem und polnischem Siedlungsgebiet bildete. Im Zuge der Siedlungspolitik Friedrichs des Großen lie-

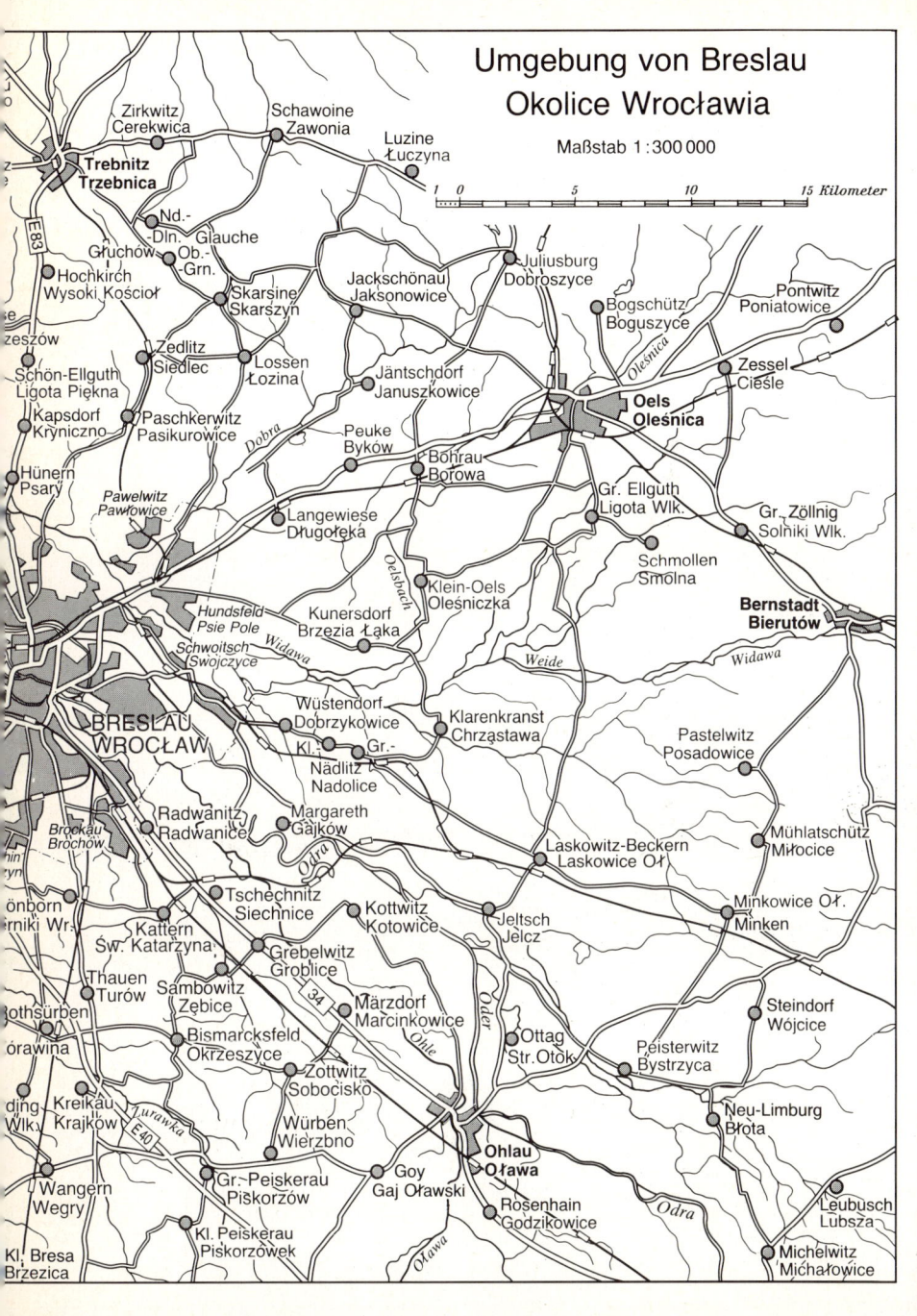

Umgebung von Breslau
Okolice Wrocławia

Maßstab 1:300 000

ßen seine Provinzialminister von Schlabren-
dorff und Graf Hoym die Bartsch regulie-
ren, die Brüche durch den Glogauer Do-
mänenrat Caspary meliorieren und nach
Trockenlegung der Moraste längs des
Flusses neue Siedlungen anlegen (Bruch-
dörfer).

Dort, wo ursprünglich der Fischfang nur
eine dünne Besiedlung zuließ, ging man zu
Ackerbau und Viehzucht über. Hinzu trat
eine gründlich durchdachte Forst-, Jagd-
und Teichwirtschaft, ermöglicht durch Investitionen der Großgrundbesitzer. Was der
Wirtschaft Nutzen schaffte, schadete in diesem besonderen Falle der Landschaft nicht:
die wohlorganisierte Kulturlandschaft der
Bartschniederung mit ihren Karpfenteichen,
Wassergräben und Mooren – nach dem slawischen Wort »ługi« (d. i. Weidengestrüpp)
Luge genannt – blieb ein Naturschutzgebiet
von einzigartiger Schönheit. Der Schriftsteller Gerhart Pohl schreibt: »Da stehen sie,
die uralten gewaltigen Eichen, die mit Flug-
moos bedeckten zottigen Kiefern, von fast
undurchdringlichem Unterholz umschlossen«. – »Und der Vögel Fülle und Vielfalt
konnten nur die Forscher bestimmen, die
aus aller Welt anreisten und oft wochenlang
zur Beobachtung blieben. Rote Milane,
Wespenbussarde, Fischadler, schwarze
Störche, Kraniche….« Es wäre interessant
festzustellen, in welchem Umfang diese Beschreibung noch zutrifft. 1963 wurde ein
5302 ha großes Areal zum Vogelschutzge-
biet erklärt. Betreten ist möglich mit Erlaubnis der Behörde in Breslau: »Wojewódzki
Konserwator Przyrody we Wrocławiu«, pl.
Powstańców Warszawy 1 (ehemals Neue
Regierung), Tel. 370-31 (Naturwissen-
schaftlicher Wojewodschaftskonservator).

Wanderwege

Das Militsch-Trachenberger Gebiet, eine
menschenleere Gegend mit wenig Gastronomie und Fremdenverkehr (ausgenommen

obiger Campingplatz) ist durch eine Anzahl
Wanderwege erschlossen. Naturliebhaber
sollten den Mut finden, dieses Gebiet zu
besuchen.

Ins Seengebiet (Stawy Milickie) – grüner
Rundweg – 40 km. Von Militsch (Milicz)
6 km bis Althammer (Ruda Milicka), dann
nach Norden zwischen den Seen hindurch
5 km bis Neuschloß (Nowe Grodzisko),
weiter über Trebicku (Trzebicko) (1937:
Hochrode) nach Freyhan (Cieszków). Von
dort gegebenenfalls zurück mit PKS-Bus
nach Militsch.

Von Militsch nach Trachenberg (Żmigród)
über Sulau (Sułów) – teilweise rot – 30 km.
Von Militsch Richtung Osten nach Kraschnitz (Krośnice) – rot – 12 km.

Von Militsch über Kraschnitz (Krośnice) in
das Naturschutzgebiet »Wzgórze Joanny«
südlich Militsch und zurück über Waldkret-
scham (Borowina). – grün – 48 km. Teil-
strecken mit PKS-Bus, z. B. bis Kraschnitz
(Krośnice) sowie von und nach Waldkret-
scham (Borowina).

Weiterfahrt von Militsch Richtung Festenberg (Twardogóra) – 5 km bis

Kraschnitz (Krośnice)

Restaurant: »Ustronie«, Kat. III

Das Dorf war bis 1945 Sitz eines bedeutenden Mutterhauses der Diakonissen, 1860
von dem Besitzer der Herrschaft, Graf
Adalbert von der Recke von Volmerstein,
gegründet. Es entwickelte sich nach dem
Muster von Kaiserswerth zu einer modernen Heil- und Pflegeanstalt.

13 km bis

Goschütz (Goszcz)

Größte Barockanlage eines schlesischen
Herrensitzes mit Orangerie und Schloßkirche. Das offene Kirchengebäude mit den
geschändeten Steinsärgen ihres Erbauers
und seiner Familie ist verwahrlost und aus-

geplündert und frei zugänglich (1981). Das großartige Barockschloß umgab mit seinen Nebengebäuden einen Ehrenhof von 80 m Länge und 60 m Breite. Erbauer war 1750–55 Heinrich Leopold Graf von Reichenbach. Das 1947 ausgebrannte Bauwerk stellte eine Verbindung von österreichischem Barock und preußischem Rokoko dar. Die fast unbeschädigt stehengebliebenen Außenmauern, umgeben von einem verwilderten Park und den von einem (PGR)-Betrieb vernachlässigten Wirtschaftsgebäuden, vermitteln noch eine schwache Vorstellung einstiger Schönheit. Die Orangerie wurde abgerissen.

4 km bis

FESTENBERG, *Kr. Groß Wartenberg Twardogóra, woj. Wrocław*, (Woj. Breslau)

Städtchen, umgeben von Wäldern, am Fuße der östlichen Ausläufer des Katzengebirges.

Einwohner

1939: 3861 Deutsche
1984: 5200 Polen

Verkehrsverbindung: PKP-Bahn von Oels (Oleśnica). PKS-Bus von Militsch (Milicz) und Groß Wartenberg (Syców).

Als »Vestenberg« 1293 erstmals erwähnt. Ackerbürger- und Handwerkerstadt, vor allem Stadt der Tischler, im 20. Jahrhundert auch Möbelfabrik.

Schlichtes Rathaus von 1912. Im 1966 restaurierten Barockschloß ist heute eine Wirtschaftsfachschule. Ehemalige evangelische Pfarrkirche »Zum Kripplein Christi«, Neubau neugotisch um 1887, heute polnisch katholisch (früher am Obermarkt). Die Kapelle zur Hl. Dreifaltigkeit ist heute eine Ruine. Richtung Groß Wartenberg (Syców) bis Rudelsdorf (Drołtowice) dann Richtung Oels (Oleśnica) bis zur Abzweigung nach

Briese (Brzezinka)

Die ehemalige evangelische Kirche, 1735 durch den Schloßherrn Balthasar Promnitz erbaut, ist eine kreuzförmige, massive Anlage mit Holzturm über den Dächern; 1983 gut erhalten und von der römisch-katholischen Gemeinde betreut. Auf der anderen Straßenseite ausgebrannte Ruine des schönen Barockschlosses der Grafen von Kospoth. Die Ruine, zugewachsen im verwilderten Park, läßt nichts mehr von dem Werk italienischer Baumeister erkennen.

Vorbei an Oels (Oleśnica) nach Breslau (Wrocław).

ROUTE 2   Breslau (Wrocław) – Oels (Oleśnica) – Groß Wartenberg (Syców) – Bernstadt (Bierutów) – Namslau (Namysłów) – Minkowsky (Minkowskie) – Laskowitz (Laskowice OI.) – Breslau (Wrocław) – 150 km

Ausfahrt aus Breslau auf der E 67 Richtung Warschau (Warszawa). Nach ca. 15 km bei Langewiese (Długołęka) Abzweigung links nach

Sibyllenort (Szczodre)

Die ausgedehnte Schloßanlage, im Tudorstil 1852–67 errichtet, ist 1945 ausgebrannt und wurde abgerissen. Im verwilderten großen

Schloßpark (früher 300 ha) zwei Nebengebäude im alten Schloßstil, jetzt Schulstelle des Wojewodschaftsamtes. Beim Tode Herzog Wilhelm II., des letzten Braunschweiger Besitzers von Oels, fiel das Lehen zurück an die preußische Krone, jedoch gelangte die Herrschaft Sibyllenort durch Testament des letzten Herzogs an König Albert von Sachsen (1884).

Der letzte sächsische König, Friedrich August III., wählte 1918 Sibyllenort zu seinem ständigen Wohnsitz und verstarb hier 1932. Der Besitz verblieb seiner Familie bis 1945. Der große Schloßpark war zur öffentlichen Benutzung freigegeben und ein beliebtes Ausflugsziel der Breslauer.

Zurück zur E 67 15 km bis

OELS, *Kr. Oels*
Oleśnica, woj. Wrocław (Woj. Breslau)

Größte und bedeutendste Stadt Niederschlesiens rechts der Oder.

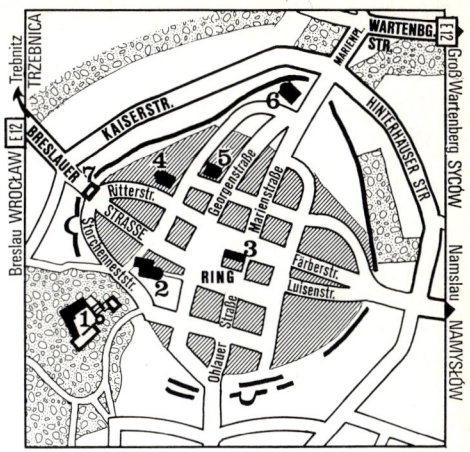

Einwohner
1939: 16 456 Deutsche auf 8,65 km^2
1984: 33 000 Polen auf 21,0 km^2

Hotel: »Perła«, ul. Zawadzkiego 12, Tel. 35-19, 40-01, Rezeption Tel. 35-19, Kat. ***, mit Restaurant und Café.
Restaurant: »Piast« Rynek 44, Kat. II; »Arkadia«, pl. Zwycięstwa; »Słowiańska«, ul. 1. Maja 44, Kat. II
Milchbar: ul. 1 Maja 8; »Smakosz«, ul. 1 Maja 25
Café: »Danusia«, ul. 1 Maja 13
Touristenauskunft: (Punkt i) Hotel »Śląsk«, Rynek 12; Hotel »Perła«, ul. Zawadzkiego 12
Auto-Service: ul. Wrocławska 8, Tel. 31-99
Bewachter Parkplatz: ul. Zamkowa (Schloßstraße)

Geschichte

1247 wird ein »Kastellan« von Oels erwähnt. 1255 überträgt Herzog Heinrich III. von Breslau den Lokatoren Albert und Richolf die Lokation von Oels zu Neumarkter Recht auf 100 fläm. Hufen. 1312 – bei Teilung des Herzogtums Glogau – werden Stadt und Weichbild Oels selbständiges Herzogtum der Piasten. 1492 fällt Oels als erledigtes Lehen an den Böhmenkönig, der nun Herzog Heinrich von Münsterberg aus dem böhmischen Geschlecht Podiebrad mit Oels belehnt. Nach dessen Aussterben geht der Besitz durch Einheirat an das Geschlecht von Württemberg-Weiltingen (1649–1764) als Mediatfürstentum mit verminderten Hoheitsrechten. Danach folgt die Linie Braunschweig-Oels und mit deren Aussterben der Heimfall an die Hohenzollern (1884). 1926 wird das preußische Thronlehen in Privatbesitz des letzten deutschen Kronprinzen Wilhelm umgewandelt – Wohnsitz bis 1945. Diese Besitzerfolge erklärt den bis 1945 hervorragenden Erhaltungszustand des Schlosses.

Oels hatte für Schlesien eine besondere historische Bedeutung als Residenz des gleichnamigen Fürstentums von 1312–1815. Sie war seit Luthers Zeiten für die schlesischen Protestanten ein Gegengewicht gegen die bis 1742 vom Hause Habsburg abhängigen übrigen Territorialherren. Das 1594 gegründete protestantische Gymnasium besaß eine berühmte Studienstiftung und wurde gerne von den Söhnen des ostoderländischen Großgrundbesitzes besucht. Gustav Freytag war hier von 1829 bis 1835 Schüler.

Wirtschaft

Oels lebte von seinen Fürsten und vom Handwerk. Die abnehmende Bedeutung als Residenzstadt im 19. Jahrhundert wurde ausgeglichen durch Kreisbehörden, eine Garnison (seit 1850) und durch die Eisenbahnanschlüsse: 1868 Eröffnung der »Rechten Oderuferbahn« Breslau–Oels–Kreuzburg–Vossowska, sowie der Strecke Groß Wartenberg–Kempen–Warschau und 1875 die Linie Oels–Krotoschin. Es folgten kleinere Industriebetriebe: Sägewerke, Möbeltischlereien, dazu ein wichtiges Eisenbahnausbesserungswerk, das heute fortgeführt wird. Auch die »Oelser Schuhfabriken Gustav Klemm« arbeiten weiter als »Oleśnickie Zakłady Obuwnicze Odra«.

Sehenswürdigkeiten

Oels wurde am 24. 1. 1945 von den Russen besetzt, danach zu 70 % zerstört (über 1000 Gebäude vernichtet). In den 60er und 70er Jahren gab es einen erfreulichen Wiederaufbau, jedoch mit wenig alter Bausubstanz, denn die Altstadt wurde bereits durch die Stadtbrände von 1730, 1822 und 1823 zerstört, mit Ausnahme von Schloß, Schloßkirche und Probsteikirche. 1945 brannte das Rathaus, die evangelische Probsteikirche und 1959 die katholische Kirche aus. Oels war vor dem Kriege eine schmucke Mittelstadt, im Vergleich zu vielen anderen schlesischen Städten ist sie es auch heute wieder. Aus Richtung Breslau – Halt an der Tankstelle vor der Stadt – sieht man die eindrucksvolle Silhouette von Oels, besonders am Nachmittag, wenn die Sonne auf die Türme fällt: Von rechts nach links Schloß, Schloßkirche, Rathaus, katholische Kirche (Barockkuppel) und Propsteikirche (spitzer Helm), im Vordergrund an der rekonstruierten Stadtmauer den Breslauer Torturm. Die Neubaugebiete heben sich deutlich ab: im Westen zwischen dem Oelsbach (Oleśni-

ca) und der Bahnlinie, im Süden beiderseits der Bahnlinie, sowie im Osten ein weiträumiges neues Stadtviertel. Das Erholungsgebiet liegt am Oelsbach im Norden. Der mittelalterliche Grundriß ist erhalten: Vom Ring führen die Straßen zum Teil gekrümmt in die Richtung der früheren Stadttore. Rundstraßenzüge entstanden entlang der Wälle außerhalb der Mauer.
Parkplätze: 1. Am nördlichen Stadteingang, ul. Zawadzkiego, gegenüber Hotel »Perła«; 2. Rynek (Ring) Ostseite; 3. ul. Zamkowa (Schloßstraße), südlich des Ringes von der Ostseite des Schlosses.

Stadtrundgang

Beginn beim *Schloß* (1), in beherrschender Lage auf einem Hügel der früheren Burgbefestigung. Reste von Wallanlagen, Neubau des Schlosses 1558–1617 unter den Herzögen Johann und Carl II. aus dem Hause Münsterberg (Podiebrad, d.h. keine Piasten!). An der Ostseite vor dem Schloß das Kriegerdenkmal (Säule), Inschriften ausgekratzt. Das Schloß ist, insbesondere nach den landesweiten Zerstörungen von 1945, der schönste und besterhaltene Renaissance-Bau seiner Art in Schlesien. Der mächtige Turm geht in seiner Anlage auf die gotische Burg zurück, Bekrönung um 1600. An ihn schließt sich rechts ein Vorbau an, der sogenannte »Wittumsstock« = Witwensitz, erbaut durch den Brieger Steinmetzmeister Kaspar Kuhne unter Herzog Johann. Das Standbild des Herzogs über der Durchfahrt zeigt die Jahreszahl 1563. Die lateinische Inschrift darüber besagt, daß Herzog Karl II. den Vierflügelbau mit den auf steinernen Konsolen ruhenden hölzernen Arkaden des Innenhofes 1586 ausführen ließ. Spätere Erweiterungen des Schlosses leitete der Baumeister Hans Lucas aus Liegnitz. Deutsche Inschriften wurden nach 1945 ausgekratzt. So verschwand über dem Portalbau unter den von zwei Löwen flankierten meisterhaft herausgearbeiteten Wappen der Spruch: »WO GOTT NICHT SELBST BEHÜT DAS HAUS, SO ISTS MIT UNSERM WACHEN AUS, Ps. 127«. Das Tor darunter mit den Sternmusterverzierungen der Quader ist ein Glanzstück der Steinmetzkunst jener Zeit. In den Schloßhof (Arkaden) gelangt man zu den Öffnungszeiten des Archäologischen Museums »Muzeum Archeologiczne«, Zamek, Tel. 2909.

Das Schloß diente nach dem Kriege als Feldlazarett und russisches Stabsquartier. Es wurde seiner Kunstwerke und der reichhaltigen Jagdsammlung beraubt, der Parkettfußboden verheizt. Nach langjähriger Verwahrlosung 1970–75 restauriert, dient es jetzt als Zentralschule für Instrukteure der Pfadfinder. Ein Kreuzgang verbindet das Schloß mit der spätgotischen *Schloßkirche* (2), einem Ziegelbau, der nach Bränden mehrfach verändert und nach einem Einsturz 1905–10 erneuert wurde. Im Innern eine prächtige Kanzel von Gerhard Heinrich von Amsterdam (1605) sowie Hofloge und Orgel und als Kostbarkeit ein Taufbecken aus dem 15. Jahrhundert. Grabdenkmäler der Oelser Fürsten, beachtenswert das Renaissance-Epitaph Herzog Georg I. von Münsterberg-Oels, gestorben 1553, in Ritterrüstung mit lateinischer Inschrift sowie die sandsteinerne Grabtumba mit den lebensgroßen Figuren von Herzog Johannes und seiner Gemahlin Christina von Szydłowiecka (von Schidlowitz), geschaffen von Joh. Oslew aus Würzburg. Rings um die Schloßkirche und um den Ring stehen nach dem Krieg errichtete Neubauten, das *Rathaus* (3), wiederaufgebaut nach schweren Zerstörungen, mit dem Turm von 1824. Westlich am Stadtrand der Breslauer Torturm, das einzige mittelalterliche Wahrzeichen. Außerhalb des Tores in der ul. Wrocławska (Breslauer Straße) hat man einen lohnenden Blick auf Schloß und Schloßkirche. Von dort stadteinwärts linker Hand, ul. Łużycka (Wendenstraße), die

kleine gotische *Salvatorkirche* (4). Sie diente im Laufe ihrer Geschichte als Kirche, Synagoge, Zuchthaus und heute als polnisch-evangelische Kirche (Kościół Zbawiciela). In der barocken *katholischen Kirche* rechter Hand (Kościół Św. Trójcy) (5) wurde nach dem Brand von 1959 der lichte Innenraum im schlichten Volksbarock neu ausgemalt. Am Ende der Straße steht die 1945 ausgebrannte, danach wiederaufgebaute *Probsteikirche* (6). Sie wird in einem Führer vom Jahre 1927 als schönste Kirche von Oels bezeichnet und hat eine interessante Baugeschichte. Zuerst errichteten die Augustiner-Chorherren im Anschluß an ihr Hospital die einschiffige St. Georgskirche (rechts). Später bauten die Benediktiner-Mönche – von Herzog Konrad II. aus Prag gerufen – ihre der hl. Maria geweihte Kirche links an die schon stehende Kirche an. In späterer Zeit faßte man beide Kirchen zusammen und ersetzte innen die gemeinsame Wand durch Pfeiler. Die Spitze des Turmes stammt von 1799, Entwurf von Carl G. Langhans.

Auf der E 67 30 km bis

GROSS WARTENBERG, *Kr. Groß Wartenberg*
Syców, woj. Kalisz, (Woj. Kalisch)

Bis 1919 schlesische Grenzstadt zur Provinz Posen an der Straße nach Lodz.

Einwohner

  1939: 3089 Deutsche auf 11,72 km^2
  1984: 7100 Polen auf 15,4 km^2

Geschichte

Eine Urkunde von 1276 erwähnt einen »Castellanus in Wrathenberc«. Für 1369 ist Magdeburger Stadtrecht bezeugt. 1320 vom Herzogtum Glogau an das Herzogtum Oels, seit 1489 ist die Stadt Groß Wartenberg mit ihrem Umkreis eine »Freie Stan-

desherrschaft«. Nach mehrfach wechselnden Besitzern 1734 von Reichsgraf Ernst
Johann von Biron, seit 1737 Herzog von
Curland, erworben. Seine Nachkommen
lebten hier bis 1945 als Prinzen Biron von
Curland. Das Schloß, unmittelbar am Stadtrand, wurde nach Bränden zuletzt 1853
wiederaufgebaut, 1945 abgebrannt, später
abgetragen. Handels- und Handwerkerstadt. Sie verlor durch den Versailler Vertrag
ihr Hinterland und über ein Drittel des
Kreises an Polen (ohne Abstimmung). Im
Januar 1945 wurde das Städtchen unversehrt
von den Sowjets in Besitz genommen und zu
mehr als 50 % abgebrannt.

Sehenswürdigkeiten

Schloßpark mit Barock-Standbildern. Ruine
des Rathauses abgerissen, Grünanlage am
Ring. Die katholische Pfarrkirche Peter und
Paul, ein Backsteinbau aus dem 15. Jahrhundert, wurde 1905–1906 einschneidend
restauriert. Die evangelische Kirche, heute
polnisch-evangelisch, wurde 1785–89 im
Auftrage des Standesherren Herzog Peter
Biron von Kurland nach einem Entwurf von
Carl Gotthard Langhans erbaut. Sie ist der
Typ einer schlichten, zweckmäßigen und
schönen Predigtkirche im Stil des Neuklassizismus und wurde mit Mitteln der ehemaligen deutschen Bürger des Kreises Groß
Wartenberg renoviert. Die Arbeiten sollten
zum 200jährigen Jubiläum der Kirche 1989
abgeschlossen sein.

Direkte Straße nach Namslau (Namysłów)
30 km oder Umweg mit Abzweigung in
Lisdorf (Dziadowa Kłoda) nach

BERNSTADT, *Kr. Oels*
Bierutów, woj. Wrocław (Woj. Breslau)

Einwohner

1939: 4858 Deutsche auf 26 km²
1984: 4500 Polen auf 34 km²

Geschichte

1266 an der Stelle einer alten slawischen
Siedlung »Lignic« als Stadt zu deutschem
Recht von Heinrich III. von Breslau gegründet. Von den Herzögen von Münsterberg-
Oels wurde es 1543 zur Residenz erhoben,
zeitweise war es Residenz eines Teilfürstentums. Der letzte Herzog starb 1745. Nach
dem Aussterben des Hauses Braunschweig
in Oels kam die Stadt zusammen mit Oels an
die Hohenzollern (1884).

Wirtschaft

Die seit 1883 bestehende Zuckerfabrik arbeitet weiter.

Sehenswürdigkeiten

Stadtanlage in Gitterform mit quadratischem Marktplatz. Erhalten blieben am
Ring der ausgebrannte *Rathausturm* (ohne
Kuppel) sowie die früher evangelische
Pfarrkirche St. Katharina, Backsteingotik,
wiederaufgebaut nach einem Brand von
1680, dem nur die Umfassungsmauern wi-
derstanden hatten. Die Kirche war nach
1945 verwahrlost und danach geschlossen;
inzwischen wurde sie restauriert. Das
Schloß erlitt bei Kriegsende keine Schäden.
1981 stand nur noch ein Restgebäude mit
dem Turm aus der Renaissance mit zweifach
durchbrochener Haube sowie ein bemerkenswert schönes Barockportal in der Mauer, die das Areal umgibt, einstmals von
Baumeister Lutsch als die »architektonisch
bedeutendste Leistung am Schloß« bezeichnet.
Berühmte Söhne der Stadt sind der Kirchenliederdichter David Behme (1605–1657), der
Orientalist Andreas Acoluthus (1654–1704)
und der expressionistische Maler und
Schriftsteller Ludwig Meidner (1884–1966).

14 km bis

NAMSLAU, *Kr. Namslau*
Namysłów, woj. Opole (Woj. Oppeln)

Lage am linken Ufer der Weide (Widawa), einem rechten Nebenfluß der Oder, im großen Weidebogen.

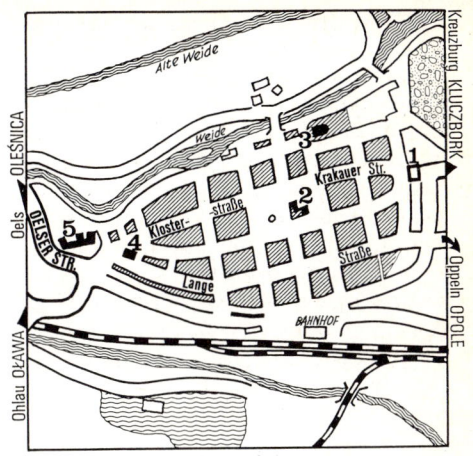

Einwohner

1939: 8 181 Deutsche
1984: 13 100 Polen

Touristenhotel (Dom Wycieczkowy): »Polonia«, Kat. III, ul. Obrońców Pokoju 28, mit Restaurant, Tel. 531
Restaurant: »Widawianka«, Rynek 13/15, Kat. III
Café: »Ratuszowa«, Kat. II; »Inka«, ul. Reymonta, Kat. II
Milchbar: ul. Wojska Polskiego, Kat. III
Jugendherberge: Szkoła Podstawowa 1 (Grundschule), ul. Pułaskiego 32, Tel. 432, 10. Juni – 10. August geöffnet.

Geschichte

Am rechten Weideufer slawische Vorgängersiedlung. Die deutschrechtliche Stadt wurde um 1270 gegründet. Sie gehörte nacheinander zu verschiedenen Piasten-Fürstentümern, bis sie Karl IV. 1335 dem Herzogtum Breslau einverleibte, das an die böhmische Krone gefallen war. Karl IV. weilte mehrmals in der Stadt und baute sie zu einem gut befestigten Platz mit doppelter Stadtmauer aus. Burg seit 1312, 1360 in Stein erbaut. 1428 hielt die Stadt der Belagerung durch die Hussiten stand. Seit 1553 baute der Rat der Stadt Breslau als Lehnsherr die Burg weiter aus. 1703–1810 war die Burg im Besitz des Deutschen Ordens, danach in Privatbesitz, seit 1895 der Brauerei Haselbach.
Der Kreis Namslau gehörte zum Regierungsbezirk Breslau. 1919 erfolgte die Abtrennung eines Teiles des Kreises Namslau ohne Abstimmung an Polen, ein weiterer Teil stimmte am 20. 3. 1921 mit 97,5 % für den Verbleib bei Deutschland. (Obwohl zu Niederschlesien gehörig, war ein großer Teil des Kreises Namslau in das oberschlesische Abstimmungsgebiet einbezogen worden.)

Wirtschaft

Im Mittelalter Handelsort an der Straße Breslau – Krakau auf der rechten Oderseite, seit der Hussitenzeit Ausweichort von der gefährdeten Hohen Straße. Handwerker, besonders Tuchmacher, siedelten hier. Ende des 19. Jahrhunderts entwickelte sich eine auf die Landwirtschaft in der Umgebung abgestimmte Industrie. Bedeutendstes Unternehmen war die 1862 gegründete Brauerei Haselbach. Sie arbeitet weiter, und das Namslauer Bier »Zamkowe« (Schloßbrauerei) ist nach wie vor beliebt. Hinzu kamen Mühlen, Sägewerke und eine Maschinenfabrik, die heute als Betrieb der Motortechnik »Zakład Techniki Motoryzacyjnej« arbeitet.

Sehenswürdigkeiten

Planmäßige deutsche Stadtanlage, die im Westen auf das Schloß zuläuft. 1945 nach der Besetzung durch sowjetische Truppen zu 55 % zerstört. Erhalten sind Teile der *Stadtmauer* mit dem *Krakauer Torturm* (1) (um 1350) am Ostausgang der Stadt sowie das *Rathaus* (2) mit dem Turm von 1381–1389 sowie den übrigen Teilen, die um 1500, 1600 und um 1800 erneuert wurden. Am Ring wurden alte Bürgerhäuser nach 1945 restauriert und Baulücken geschlossen. Die katholische *Pfarrkirche St. Peter* (3), nördöstlich des Ringes, ist das bedeutendste Bauwerk der Stadt. Es ist eine spätgotische dreischiffige Hallenkirche, 1405–1493 erbaut. Die durchbrochene Haube des Turmes stammt von 1790, die Sakristei wurde 1526 angebaut. Vor der Kirche steht ein *Nepomuk-Brunnen*. Westlich des Ringes Richtung Schloß *Franziskanerkloster* und *-kirche* (4), die Kirche ein eindrucksvoller Backsteinbau, Chor frühes 14. Jahrhundert, Langhaus 15. Jahrhundert; 1812–1945 als Lagerraum verwendet. Sicherungsreparaturen im Auftrag des Wojewodschafts-Konservators in Oppeln 1971–1973, u. a. wurden durchgeführt: Ausbesserung des Dachstuhls, Neuordnung des Schiffsdaches, Abbruch des Bogens zwischen den Schiffen, Maurerarbeiten zur Kräftigung der Konstruktion.

Das *Schloß* (5) im Westzipfel der Altstadt ist nur unvollständig erhalten. Malerischer Eingangsvorbau an der Hoffront, gotische Kapelle. Der letzte Inhaber des Schlosses, Albrecht Haselbach, hatte dort eine Sammlung von ca. 5000 alten schlesischen Ansichten untergebracht, die vor 1945 in den Westen ausgelagert und dadurch gerettet wurden. Teile der Sammlung wurden 1966 vom hessischen Staat und der Stadt Dortmund erworben. Wesentliche Leihgaben befinden sich heute in der Stiftung Ostdeutsche Galerie in Regensburg und in der Stiftung Kulturwerk Schlesien in Würzburg. Im gotischen Schloßbau jetzt kleines Heimatmuseum (Muzeum Regionalne), geöffnet Mittwoch 14–16 Uhr, Samstag 10–12 Uhr. Das Schloß war 1945 zu 55 % zerstört.

Im gleichen Stadtteil befand sich die evangelische Kirche, ein harmonischer Saalbau im Langhansstil, die nach 1945 abgerissen wurde.

Nach Süden Richtung Brieg (Brzeg) – 10 km bis Abzweigung rechts in Hessenstein (Krzemieniec) nach

Minkowsky – seit 1937: Seydlitzruh – *(Minkowskie)*
Am Ortsrand kleines Rokokoschloß des preußischen Reitergenerals Friedrich Wilhelm von Seydlitz, 1765 in Nachahmung von Sanssouci begonnen, erst nach dem Tode des aus Kalkar am Niederrhein gebürtigen Seydlitz (1721–1773) vollendet. Früher hatte man vom Schloß einen Durchblick zu der 23 km entfernten Garnisonstadt Ohlau. Das 1945 erhaltene Gebäude wurde 1969–1970 restauriert. Jetzt ist es teilbewohnt und stark verwahrlost. Die Grabstätte des Generals von Seydlitz ist im verwilderten Park nicht mehr auffindbar.

Rückfahrt nach Breslau auf guten Nebenstraßen über

Laskowitz – seit 1937: Markstädt – *(Jelcz-Laskowice)*, am 1. 1. 1987 zur Stadt erhoben. Schloß gut erhalten und vom Landwirtschaftlichen Institut (Instytut Uprawy, Nawożenia i Gleboznawstwa Oddział Dolnośląski) benutzt. 1558 erbaut unter Johann von Prittwitz, 1779 unter Johann Franz Freiherr von Saurma-Jeltsch umgestaltet, zwei Nebengebäude flankieren den Mitteltrakt, der mit einem klassischen Säulenvorbau versehen ist. Die Dorfkirche in Fachwerk ist erhalten.
Rückfahrt über Ohlau (Oława)

ROUTE 3   Deutsch Lissa (Leśnica Wrocł.) – Leuthen (Lutynia) – Wohnwitz (Wojnowice) – Groß Bresa (Brzezina) – Borne (Źródła) – Neumarkt (Środa Śląska) – Maltsch (Małczyce) – Leubus (Lubiąż) – Wohlau (Wołów) – Obernigk (Oborniki Śląskie) – Breslau (Wrocław). 140 km

Vom Zentrum auf der Straße 42 Richtung Lüben (Lubin) – 16 km bis

Deutsch Lissa
Seit 1928 eingemeindet nach Breslau (Leśnica Wrocł.). An der Durchgangsstraße das *Schloß*, im 16. und Anfang des 17. Jahrhunderts im Renaissancestil ausgebaut und mit Wall und Graben umschlossen, später unter den Kreuzherren vom Breslauer Stadtbaumeister Christoph Hackner im Barockstil umgebaut, 1945 ausgebrannt. Nach der Wiederherstellung Kulturhaus und Sitz der Breslauer Künstlervereinigung. Am Abend nach der Schlacht bei Leuthen kehrte Friedrich der Große im Schloß ein (Gemälde von Menzel »Bon soir, Messieurs«). Vor der Schloßmauer steht eine große Mariensäule.

Die Straße 42 bis Saara (Żar), links ab nach

LEUTHEN *(Lutynia)*

Die Dorfkirche mit Friedhofsmauer aus Bruchsteinen war 1757 in der Schlacht bei Leuthen umkämpft. Vor der Mauer steht ein 1857 aufgestelltes Kreuz an der Stelle, wo die Preußen durch eine Bresche in den Friedhof eindrangen. Die Inschrift ist noch lesbar: »DEN HELDEN DER SCHLACHT VON LEUTHEN GEFALLEN AM 5. DEZ. MDCCLVII«. Nach der Schlacht bei Roßbach (5.11.1757) eilte Friedrich der Große nach Schlesien. Am 5. Dezember griff er gegen alle Regeln der Kriegskunst mit 35 000 Mann die doppelt so starke Armee des Feldmarschalls Prinz Karl von Lothringen an und errang mit Hilfe der »Schiefen Schlachtordnung« einen seiner glänzendsten Siege. Zwei Denkmäler auf dem Schlachtfeld wurden nach 1945 zerstört. Bei Groß Haidau (Błonie) steht noch

der Granitsockel, der die Säule mit der Siegesgöttin von Rauch trug. Nördlich von Leuthen, jenseits der Hauptstraße und der Bahnlinie Breslau–Neumarkt, ist in *Wohnwitz (Wojnowice)* ein altes Wasserschloß, umgebaut 1545, Zugbrücke im 19. Jahrhundert durch eine massive Brücke ersetzt, Wassergraben erhalten, bis 1945 ältestes bewohntes Schloß in Schlesien, jetzt restauriert.
Westlich Wohnwitz im nächsten Dorf *Groß Bresa (Brzezina)* sieht man die Ruine eines ehemaligen Herrenhauses, das im 20. Jahrhundert von H. von Johnston neu errichtet worden war.
Zurück zur Hauptstraße. In *Borne (Źródła)* alte Dorfkirche, Backstein, 13. Jahrhundert, Friedhofsbefestigung 17. Jahrhundert.

NEUMARKT, *Kr. Neumarkt*
Środa Śląska, woj. Wrocław (Woj. Breslau)

Mittelpunkt eines der frühesten deutschen Siedelräume des 13. Jahrhunderts an der »Hohen Straße«.

Einwohner

1939: 6428 Deutsche
1984: 8054 Polen

Restaurant: »Centralna«, pl. Wolności 72 (Ring), Kat. III; »Turystyczna«, ul. Legnicka 24, Liegnitzer Straße, Kat. II
Parkplatz und Tankstelle: ul. Wrocławska
Auto-Service: ul. Kolejowa 28

Geschichte

Schon in polnischer Zeit als »Novum Forum« 1175 in der Stiftungsurkunde für Leubus erwähnt. Der Name »Środa« deutet

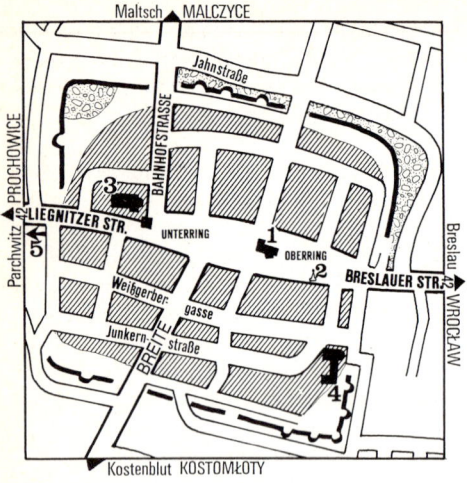

Wirtschaft

Die verkehrsgünstige Lage an der Hohen Straße und der kurz vor Neumarkt in diese einmündenden Niederen Straße (Muskau – Sagan – Sprottau – Lüben – Parchwitz) begünstigte schon im Mittelalter den Handel: Meilenrecht, freier Salzmarkt (1379), drei Jahrmärkte. 1323–1539 Winzerzunft. Nach dem Dreißigjährigen Krieg ging der Wohlstand stark zurück. Im 18./19. Jahrhundert hauptsächlich Tabakanbau, 1705 erste Tabakfabrik, 1847 deren sechs! Hinzu kam Lederindustrie, die heute fortgeführt wird.

Sehenswürdigkeiten

Neumarkt wurde 1945 zu einem Drittel zerstört. Die mittelalterliche Stadtanlage auf quadratischem Grundriß ist in der Längsrichtung zweigeteilt durch den spindelförmigen Langmarkt. Er entstand durch Verbreiterung der Handelsstraße. Das *Rathaus* (1) wurde 1552 im Renaissancestil umgebaut, der Turm stammt aus dem 15. Jahrhundert. Der *Roland* (2) auf dem Ring blieb erhalten. Im Rathaus Regionalmuseum (»Muzeum Historyczne«). Weithin sichtbares Wahrzeichen der Stadt ist die *Pfarrkirche St. Andreas* (3) am Westende des Marktplatzes. Drei Bauabschnitte heben sich voneinander ab: Das spätromanische basilikale Langhaus aus der ersten Hälfte des 13. Jahrhunderts, ein einschiffiger hoher gotischer Chor nach Neubauplan um 1388 und ein freistehender Glockenturm aus der Mitte des 14. Jahrhunderts. Er büßte 1598 seine gotische Spitze ein. Das Kirchenportal ist von 1587. An der Außenmauer des Chores befinden sich alte Epitaphe, u. a. eines Ritters mit der noch lesbaren Inschrift: H. v. Klüx, geb. 1651. Die Innenausstattung ist vorwiegend barock (Holzschnitzereien von Stadelmeyer, Gemälde von J. Neunhertz). An der Nordwestecke der Altstadt

auf einen mittwochs abgehaltenen Wochenmarkt hin. Neumarkt ist eine der ältesten deutschen Städte aus den ersten Regierungsjahren Herzog Heinrichs I. (1201–1238). Erstmals 1223 taucht in einer Urkunde von Bischof Lorenz I. das »Neumarkter Stadtrecht« auf (Gründung der Stadt Ujest zu dem Recht, das der Neue Markt Heinrichs I., der Środa genannt wird, gebraucht: »eodem iure, quo utitur Novum Forum ducis Henrici, quod Sroda dicitur«). Neumarkter Recht (»ius Theutonicum Noviforense« oder »ius Theutonicum Srodense«) wurde zahlreichen Städten und Dörfern in Schlesien, Groß- und Kleinpolen sowie Rotreußen verliehen. Das Neumarkter Recht fußte auf dem Magdeburger Stadtrecht und ist in einzelnen Punkten den schlesischen Verhältnissen angepaßt. 1235 übersandten die Schöffen von Halle/Saale auf Bitten Herzog Heinrichs I. eine Abschrift ihres dem Magdeburger Stadtrecht nachgebildeten Rechts »zum Nutzen seiner Bürger in Neumarkt«. Im 14. Jahrhundert entstand ein fragmentarisch überliefertes Neumarkter Rechtsbuch.

am Ort der ehemaligen Burg ist ein Rest der Befestigung erhalten (Außenmauer der Burg). Südöstlich des Ringes die dreischiffige, ursprünglich turmlose Kirche »Zum hl. Kreuz« (»Św. Krzyża«) (4) aus dem 14. Jahrhundert. Wiederaufbau im 17. Jahrhundert, nach 1812 als Magazin genutzt und 1933 mit neuem Chor und Turm wiederhergestellt. In den früheren Klosterflügeln ist heute eine Schule untergebracht. Vor der Stadt Richtung Liegnitz steht die einschiffige turmlose Propsteikirche (5), deren romanischer Chor 1983 wiederhergestellt wurde (die romanischen Elemente waren die Motivation für die neuerliche Restaurierung). Sie wurde am 19. 11. 1978 wieder eingeweiht. Hier ist jetzt die »Neumarkter Madonna« aus dem Turm der Andreaskirche aufgestellt. Es war die Kirche des Aussätzigenhospitals (»leprosorium«), von Bischof Lorenz I. 1230 gegründet.

Berühmte Neumarkter: Johann von Neumarkt, Frühhumanist, geb. um 1310 in Hohenmauth/Böhmen, später Kanzler Kaiser Karls IV., war seit 1344 Pfarrer in Neumarkt. Laurentius Corvinus (Rabe), geb. 1465 in Neumarkt (gest. 1527), Dozent in Krakau, Stadtschreiber in Breslau und Thorn. Schriftsteller Friedrich Bischoff, Rundfunkintendant 1926–1933 in Breslau, seit 1946 in Baden-Baden (Südwestfunk), geb. 1896 in Neumarkt, gest. 1976 in Achern (Gedichtsammlung »Schlesischer Psalter«, Roman »Die goldenen Schlösser«).

Die Neumarkter Platte, zwischen Oder, unterer Katzbach, Wütender Neiße und Strie-

gauer Wasser, ist vor allem im Westen ein fruchtbares Ackerbaugebiet. An die frühe Besiedlung erinnern eine Anzahl alter Dorfkirchen aus Bruchsteinen.

Eine Nebenstraße führt nach 10 km in nordwestlicher Richtung nach

Maltsch (Malczyce) an einem Oderknie. Das Dorf entwickelte sich zum Industrieort nach Ausbau eines reichsbahneigenen Umschlaghafens für die Waldenburger Kohle (1896–1898). Die 1896 gegründete große Zuckerfabrik arbeitet noch heute, ebenso die 1911 gegründete Zellulosefabrik und die alte Schiffswerft als Flußschiffer-Werkstätte. 1780 hatte die preußische Regierung zur Verschiffung der Waldenburger Kohle die »Kohlenstraße« gebaut. Im Oderhafen 1941 eine Million Tonnen Umschlag. Der Oderhafen wird wieder benutzt.

Weiterfahrt nach Leubus (Lubiąż) und Wohlau (Wołów). Rückfahrt über

Obernigk (Oborniki Śląskie), früher Dorf, nach Anlage von Sanatorien auch Luftkurort am Südhang des Katzengebirges, 1945 Stadtrecht, 1980: 6400 Einwohner, heute Tbc-Kurort und Erholungsort inmitten von Gärten und Parkanlagen.

Restaurant: »Irys«, ul. Dworcowa 8; »Bajka«, ul. Łobietka 18
Camping: ul. Poniatowskiego (OSIR)

Zurück nach Breslau.

ROUTE 4 Zum Zobten (Ślęża)

Breslau (Wrocław) – Kanth (Kąty Wrocławskie) – Krieblowitz (Krobielowice) – Altenburg (Stary Zamek) – Rogau (Rogów Sobócki) – Zobten (Sobótka) – Bankwitz (Będkowice) – Jordansmühl (Jordanów Śl.) – Rothsürben (Żórawina) – Breslau (Wrocław) ca. 110 km

Ausfahrt E 40 (Autobahn)
Richtung Liegnitz (Legnica)
bis

Kanth (Kąty Wrocławskie) – vgl. S. 172 f.
Krieblowitz – seit 1936: Blüchersruh – *(Krobielowice),* vgl. S. 173

Weiter zur Hauptstraße Gniechwitz (Gniechowice) Richtung Schweidnitz (Świdnica).
In Mörschelwitz (Mirosławice) links ab
und danach nochmals links nach

Altenburg (Stary Zamek)
Dorfkirche romanisch/frühgotisch aus dem
Anfang des 13. Jahrhunderts mit einer
Friedhofsmauer aus Bruchsteinen. Im In-
nern nach polnischer Lesart das älteste Bild
des hl. Stanislaus in Schlesien, nach dem die
Kirche jetzt benannt ist. An der Dorfstraße
in Rogau (Rogów Sobócki) rechts eine alte
Staupsäule, noch mit den Eisenringen zur
Fesselung des Verbrechers.

Zobten (Sobótka) und Besteigung des
Berges Zobten (Ślęża) – vgl. S. 158 f.
An der Straßenkreuzung vor der Stadt steht
die Kirche St. Anna mit romanischem Chor,
1985 war die Restaurierung außen abgeschlossen, im Innern unvollendet. Vor der

Kirche kleine alte Figuren: »Mönch« und
»Löwe«.

Am östlichen Fuß des Berges Zobten (So-
bótka) *Bankwitz* – seit 1936: Burghübel –
(Będkowice), vgl. S. 160
Über Jordansmühl (Jordanów Śl.) – vgl.
S. 160 – vor Domslau (Domasław) Abzwei-
gung rechts nach

*Rothsürben – seit 1937: Rothbach – (Żura-
wina),*
Beachtenswerte katholische Kirche, ursprünglich gotisch, 1597–1697 – im Besitz
der evangelischen Gemeinde – im Stil der
Renaissance erweitert und umgebaut. Früher war hier der »Christus an der Staupsäule« des niederländischen Bildhauers Adrian
de Vries, heute im Museum in Warschau.
Über die nordwestlich des Ortes vorbeifüh-
rende Autobahn E 40 oder direkt gelangt
man nach Breslau (Wrocław).

XII. Brieg und Umgebung

1. Die Stadt Brieg, Kr. Brieg, Reg.Bez. Breslau

Brzeg, woj. Opole (Woj. Oppeln)

Lage am linken Oderufer, etwa auf halbem Wege zwischen Breslau und Oppeln an einem alten Oderübergang auf einer etwa 60 m hohen Uferplatte.

Einwohner

1939: 31 419 Deutsche auf 21,33 km^2
1985: 36 000 Polen auf 12 km^2

Unterkunft und Verpflegung

Hotel: »Piast«, ul. Piastowska 35, Tel. 20-27, *** (früher Hotel »Rautenkranz«)
Motel mit Bungalows: »U Rybiorza«, an der Umgehungsstraße Richtung Oppeln (Opole), E 40, Kat. II, Tel. 34-73
Jugend- und Wanderherberge (Schronisko PTSM): ul. Lechicka 4, Juli–August, Tel. 24-04, Kat. II
Restaurants: »Piastowska«, ul. Piastowska 35; »Relaks«, ul. Chocimska 7, mit Café, Kat. II; »Stylowa«, Rynek 19/20
Café: »Parkowa«, ul. Marchlewskiego 1 (Bahnhofstraße), Kat. II
Touristeninformation: »PTTK«, ul. Piastowska 2, Tel. 21-00, geöffnet 9–16 Uhr

Verkehr

Bahnhof: Dworzec PKP und Dworzec PKS (Fernbusbahnhof), plac Dworzowy (Bahnhofsplatz) südlich der Innenstadt
Autoservice: ul. Łobietka 42, Pomoc Drogowa/Straßenhilfsdienst, ul. Oławska 14 (Ohlauer Straße), Tel. 981; Reparaturwerkstatt: ul. Sikorskiego 8, Tel. 36-99

Piasten-Museum: Muzeum Piastów Śląskich, plac Zamkowy 1, im Schloß, Tel. 32-57, geöffnet täglich außer Mo

Geschichte

Um 1200 slawisches Fischerdorf »Wisokebrzeg« und alte hölzerne Burg am Oderübergang, später einbezogen in die Befestigung der um 1200 ausgesetzten deutschen Stadt. 1311–1675 Residenz der Herzöge von Liegnitz und Brieg, Teillinie der schlesischen Piasten. Sie bestimmten Gesicht und Schicksal der Stadt für Jahrhunderte. Unter ihnen von Bedeutung: Herzog Ludwig I. (1352–1398) und Herzog Georg II. (1547–1586), beide verschönerten die Stadt durch große Bauten. Georg II. förderte nach Art der Renaissancefürsten Kunst und Wissenschaft. Sein Vater Friedrich von Liegnitz hatte 1537 mit dem Kurfürsten Joachim II. von Brandenburg anläßlich einer Doppelhochzeit zwischen den Fürstenhäusern den sogenannten »Erbverbrüderungsvertrag« abgeschlossen zu dem Zweck, seinen Landen bei einem Erlöschen seines Hauses ein evangelisches Herrscherhaus zu sichern. In preußischer Zeit war Brieg – bis zur Schleifung der Wälle und Mauer mit 10 Bastionen auf Befehl Napoleons im Frühjahr 1807 – eine starke Festung und von 1756 bis 1807 Regierungshauptstadt von Oberschlesien. Danach gehörte sie zum Regierungsbezirk Breslau. 1950 wurde Brieg der Wojewodschaft Oppeln zugeschlagen.

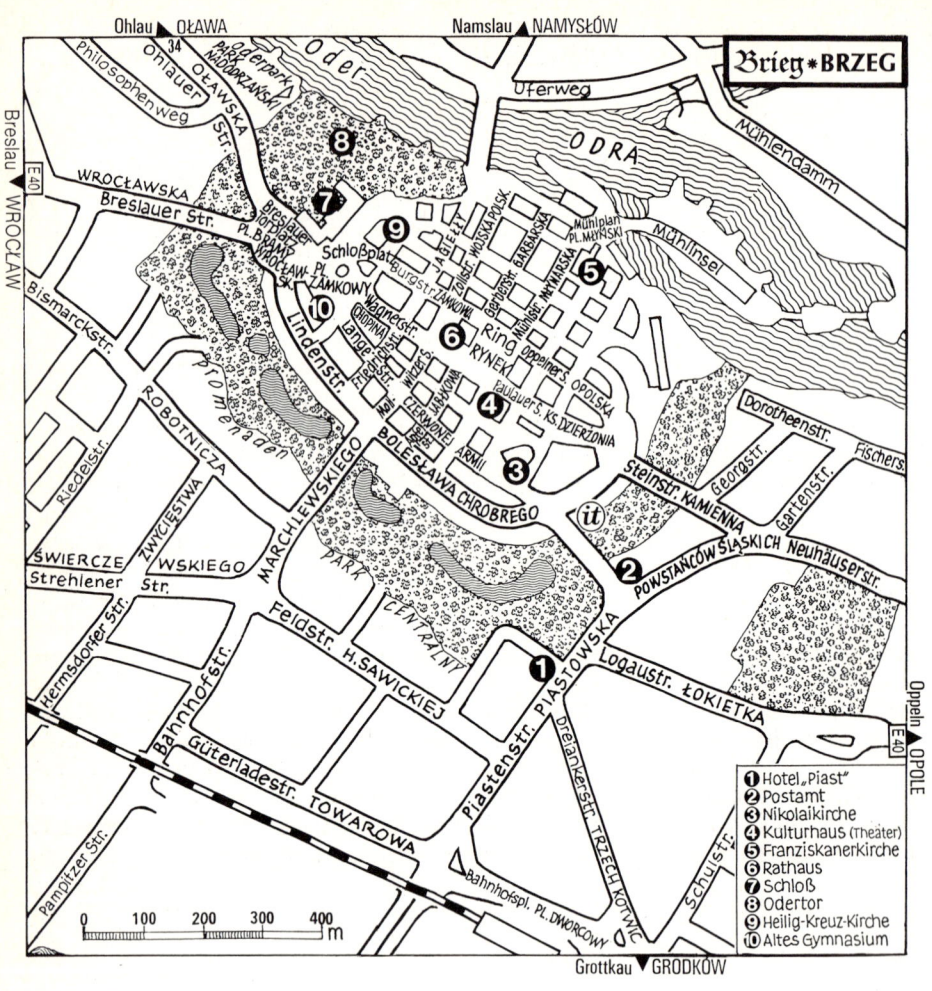

Wirtschaft

Handel, Handwerk und Oderschiffahrt. Im 19. Jahrhundert entstanden Fabriken zur Herstellung von Zucker, Leder, Geschäftsbüchern, Dachpappe und Maschinen. Schiffswerft.

Die alten Bertriebe nahmen nach 1945 mit Hilfe von zunächst verbliebenen deutschen Facharbeitern die Produktion wieder auf.

Heute besonders Konsumgüter-, Elektro-, Leder-, Maschinen- und Metallindustrie.

Sehenswürdigkeiten

Vom 24. 1. bis 6. 2. 1945 war Brieg ein umkämpfter sowjetischer Brückenkopf. Die Stadt wurde zu 75 % zerstört. Die historischen Gebäude wurden wiederaufgebaut.

Muster einer mittelalterlichen Stadtanlage, Schachbrett um den Ring, Halbkreis der Befestigungsanlagen angelehnt an die Oder. Nach der Niederlage von 1807 gab Napoleon den Befehl zur Schleifung der Wälle und Bastionen. Der Magistrat der Stadt veranlaßte ihre Umwandlung in Grünanlagen. Der Bach, der sie durchfließt, wurde an den Straßendämmen zu Teichen gestaut. Bürger trugen durch Anlage von Gärten zur Verbreiterung der die Innenstadt umgebenden Grünflächen bei und verhalfen Brieg zum Ruf einer Gartenstadt. *Großer Stadtwald* im Südwesten südlich der Bahnlinie.

In der Südostecke des *Grüngürtels* Hotel »Piast« als Ausgangspunkt zum Stadtrundgang von Osten nach Westen. Von der ul. Piastowska (Piastenstraße), bei der Post – 1958 nach zweijähriger Bauzeit als roter Ziegelbau im alten Gewande wieder eröffnet – einbiegen in die ul. Armii Czerwonej (Langstraße). Zur Rechten die frühere evangelische (jetzt polnisch-katholische) *Nikolaikirche (św. Mikołaja)*; 1370–1417 als dreischiffige Pfeilerbasilika erbaut. Das hohe schmale Mittelschiff erinnert an die Breslauer Sondergotik von St. Elisabeth und St. Maria Magdalena. Die entstehungsgeschichtlichen Zusammenhänge der viertgrößten Pfeilerbasilika in Mittelschlesien sind nachweisbar: »Ein Meister Günther, der noch am Bau der Kreuzkirche in Breslau wirkte, begann das Langhaus, die Sterngewölbe sind von der Kreuzkirche übernommen« (Grundmann). Die erst 1885 aufgesetzten neugotischen Turmhelme stürzten 1945 brennend auf das Kirchenschiff, das vollständig ausbrannte; 1962 wurde das Satteldach in Stahlkonstruktion wiedererrichtet, der übrige Wiederaufbau in Eigenleistung durch die Pfarrei 1966 vollendet. Die gotischen Sterngewölbe erstanden in alter Schönheit.

Bei den denkmalpflegerischen Arbeiten der Polen wurden an der Südwand der Sakristei Fragmente gotischer Wandmalereien freigelegt, ein durch Abbröckeln gefährdeter Teil davon auf eine Leinwandgrundlage übertragen und dem Museum der schlesischen Piasten in Brieg übergeben. Die *Türme* erhielten nach alten Vorlagen ihre Satteldächer wieder. Die einst berühmte Barockorgel des schlesischen Orgelbauers Michael Engler wurde Ende 1944 nach Kamenz ausgelagert und gilt seit 1945 als vermißt. Das Innere der Kirche ist schlicht gehalten, die gotische Raumwirkung kommt voll zur Geltung, an den Innenwänden sind einige Grabepitaphe erhalten. Unweit der Nikolaikirche in der ul. Mleczna (Milchstraße) stand früher das Theater. An seiner Stelle wurde ein modernes *Kulturhaus* errichtet, nachdem zuerst nach dem Kriege auf der Freilichtbühne Theater gespielt worden war.

Zahlreiche alte Bürgerhäuser verwahrlosten nach dem Kriege und mußten abgerissen werden. Einige jedoch wurden sehr schön wiederhergestellt, so u. a. in der ul. Jabłkowa 5 (Apfelstraße 3), Barockhaus, erbaut 1715, umgebaut 1763, nach dem Kriege verwahrlost, 1970–1973 Fassade sowie im Inneren Holz- und Stuckdecken umfassend restauriert, jetzt für Wohn- und Bibliothekszwecke genutzt; in der gleichen Straße jetzt Haus Nr. 7, früher Nr. 5, im Empirestil errichtet 1797. Am Ring standen 1945 nur die Häuser auf der Ostseite. Im übrigen wurden nach und nach einige wiederaufgebaut, u. a. Nr. 18 und Nr. 19 aus dem Jahre 1621, ebenso Nr. 29 eigenartige Fassade mit metallbeschlagähnlichem Flächenmuster, erbaut von Gerhard von Halen 1619, einst »Kleine Stadtapotheke«, vor dem Kriege Buch- und Papierhandlung M. Süss. Nördlich des Ringes, unweit der Oder, blieb von mehreren mittelalterlichen Klöstern und Hospitälern die spätgotische gewaltige *Franziskanerkirche* übrig, bereits im 16. Jahrhundert in ein Zeughaus umgewandelt, heute Warenmagazin; nahe bei der Oder ist eine große alte Mühle noch in Betrieb. Inmitten des Ringes ist das *Rathaus* neben dem Schloß ein Glanzpunkt der Renaissancezeit unter Herzog Georg II. Infolge eines Stadtbrandes von 1569 erfolgte der Neubau von 1570–1572 durch den herzoglichen Baumeister Jacob Pahr und seinen Schwiegersohn Bernhard Niuron.

Um einen Binnenhof sind vier Flügel gruppiert mit asymmetrischer Stellung des Turmes in der Nordostecke. Die Westfront ist als architektonische Schauseite ausgebildet. Zwei an den Ecken vorspringende quadratische Treppentürme sind durch eine zweigeschossige offene Halle verbunden. Sie vereinigen sich mit ihren breiten Zwiebelspitzen und den aus dem Satteldach herausspringenden Zwerggiebeln zu einem reizvoll harmonischen Gesamtbild. Anfang der achtziger Jahre war das Rathaus zur Restaurierung eingerüstet. Im Rathaus ist der »Rats-Sessionssaal«, ein Juwel aus der Zeit zwischen Barock und Rokoko (1746). Vom Ring die ul. Dzierżonia (Wagnerstraße) zum Schloß. Wagnerstraße 4 zeigt einen besonders schön ausgebildeten Giebel. Das Renaissancehaus war 1945 nur leicht beschädigt. Es verfiel dann und wurde 1979 wiederhergestellt (Löwenwappen). Zwischen den Jahreszahlen der Renovierung befand sich einst das Schild: »Wilhelm Burkert Bäckerei – Konditorei«.

Das Schloß ist vor allem durch seinen Portalbau berühmt, er überstand unversehrt die Beschießung durch die Preußen im Siebenjährigen Krieg und die Kämpfe von 1945. Dem unter Herzog Friedrich II. 1544 begonnenen Bauwerk gab unter Herzog Georg II. Jacob Pahr seine eigentliche Gestalt als Renaissanceschloß. Der Portalbau wurde 1961–1967 restauriert. Über der großen Durchfahrt und der kleinen Pforte sind die Gestalten Herzog Georgs II. und seiner Gemahlin Barbara von Brandenburg zwischen Wappenkartuschen dargestellt, darüber in zwei Reihen die Portraitbüsten der 24 Ahnen des Herzogspaares, ein Zeichen

für den familiengeschichtlichen Sinn seiner Zeit. Die reich gegliederte Architektur ist mit feinem Reliefornament geschmückt. Nach Grundmann das »reichste und durchgebildetste Beispiel der Renaissance im Osten«. Erhalten blieb auch die hofseitige triumphale Torumrahmung.

Der Hauptbau des Schlosses blieb nach dem Siebenjährigen Krieg zerstört, ein Rest diente als Magazin. Erst unter dem letzten schlesischen Landeskonservator, Günther Grundmann, wurde der Wiederaufbau begonnen, unterbrochen 1939 durch den Krieg. 1966–1980 erfolgte eine vollständige Wiederherstellung nach alten Vorlagen auch des Innenhofes mit den mehrgeschossigen Renaissance-Arkaden. In den erhalten gebliebenen Erdgeschoßräumen des Schlosses war 1930 das bereits 1901 gegründete Museum eröffnet worden. An seine Stelle trat nach der Renovierung das am 22. 7. 1952 eröffnete polnische Piastenmuseum als Abteilung des »Schlesischen Museums« in Breslau (Wrocław). Um das Schloß außen wie innen restaurieren zu können, mußten die Museumsräume bald darauf wieder geräumt und die Bestände in den Südflügel des Schlosses ausgelagert werden, wo auch die polnische Museumsverwaltung untergebracht ist. Die starken Gewölbe des Nordflügels hatten die Brände von 1741 und 1945 überstanden; unter ihnen der ehemalige Gerichtssaal mit Renaissanceportal und Stuckdecke. Das Piastenmuseum enthält u. a. Werke der gotischen Kunst, vor allem des 15. Jahrhunderts aus Schlesien, Sammlungen der Numismatik, der Siegelkunst und in einem Gewölbe die sieben Prunksärge der Piastenfürsten zu Liegnitz und Brieg aus dem 17. Jahrhundert – früher in der Schloßkapelle aufgestellt. Besonders prächtig ist der Sarg Herzog Georgs III., ein Meisterstück schlesischer Barockkunst von dem Brieger Zinngießer Jeremias Weske. Am schlichtesten ist der Sarg der Hohenzollernprinzessin Dorothea Sybilla (1611–1624).

Die Schloßkirche links neben dem Torbau geht auf das Jahr 1369 zurück, errichtet von Herzog Ludwig I. zu Ehren seiner Ahnfrau, der hl. Hedwig. Bei den Zerstörungen von 1741 war lediglich der gotische Chor erhalten geblieben, 1783–1786 als Kapelle barockisiert. Bei dem jüngsten polnischen Wiederaufbau wurde die ursprüngliche gotische Gestalt des Bauwerkes wiederhergestellt. Nördlich des Schlosses, inmitten einer Oderpromenade, steht als Rest der ehemaligen Befestigung das alte Odertor. An der Nord(Oder)-Seite des Schlosses eine Freilichttheateranlage, an der Ost(Stadt)-Seite ein Renaissance-Garten. Auf der anderen Seite des Schloßplatzes die *Kreuzkirche*, errichtet im Auftrag der Jesuiten von Joseph Frisch 1735–1739. Der 1783 durch den Papst aufgelöste Jesuitenorden erfreute sich der besonderen Gunst Friedrichs des Großen, der das mustergültige höhere Schulwesen des Ordens schätzte. Er hatte sich nach dem Erlöschen des Piastengeschlechtes 1680 auch in Brieg niederlassen dürfen. Die beiden Westtürme erhielt die Kirche erst 1856–1859 in Abänderung des ursprünglichen Entwurfs von J. Frisch. Das Innere ist außerordentlich prunkvoll. Der Jesuitenpater Johannes Kuben schuf die Deckengemälde und als eine barocke Besonderheit den auf die Wand hinter dem Altar aufgemalten *Hochaltar*. Seine Scheinperspektive (Illusionsmalerei wie auch im Plafond der Decke) soll eine größere Höhe und Tiefe vortäuschen. Die Kirche blieb 1945 unversehrt. Ebenfalls an die Zeit der Jesuiten erinnert die *Dreifaltigkeitssäule* auf dem Schloßplatz (1731), von Maurermeister Melchior geschaffen, und die *Statue des hl. Nepomuk* (1729), nach 1945 an das Hauptportal an der Südseite der Kirche versetzt. An der Südseite des Schloßplatzes erstand 1564–1569 das Gymnasium. Es ging auf eine Lateinschule zurück, die auf eine um 1280 gegründete Pfarrschule aufbaute. Sie war die zweitälteste Lateinschule in Schlesien. In seiner Blütezeit im 17. Jahrhundert war das »Gymnasium illustre« eine evangelische Bildungsstätte mit Hochschulcharakter, auch von Schülern aus Böhmen und Polen besucht. Zu den bekanntesten Schülern gehörten: der Kirchenliederdichter Johannes Heermann, der Mystiker Abraham von Franckenberg, ferner die Dichter Matthäus Appelles von Löwenstern und Friedrich von Logau (später herzoglicher Rat in Brieg), der Archäologe Carl Otfried Müller, der Baumeister Ernst Zwirner (Vollender des Doms zu Köln im 19. Jahrhundert), und der sozialistische Politiker Oskar Cohn. Zu den Lehrern gehörten Jakob Schickfuß, Immanuel Scheller und Friedrich Schmieder. Weitere bedeutende Männer, die aus Brieg stammen, sind der Geograph Barthel Stein (1476), der Volksliedforscher Max Friedländer (1852) und der Maler Oskar Moll (1875).

ROUTE 1   Brieg (Brzeg) – Mollwitz (Małujowice) – Klein Oels (Oleśnica Mała) – Wansen (Wiązów) – Strehlen (Strzelin) – Wanderweg zum Rummelsberg (Gromnik) – Schönjohnsdorf (Witostowice) – Heinrichau (Henryków) – Münsterberg (Ziębice) – Grottkau (Grodków) – Koppitz (Kopice) – Schönfeld (Obórki) – Kreisewitz (Krzyżowice) – Brieg (Brzeg). 120 km

Ausfahrt E 40 zur Autobahn, 5 km bis *Mollwitz (Małujowice)*

Bekannt wurde der Ort durch die am 10. 4. 1741 zwischen Preußen und Öster- reich ausgetragene Schlacht. Es war die erste, die Friedrich II. im Ersten Schlesischen Krieg schlug und gewann. Das Dorf gehörte von 1350 bis 1810 dem Breslauer Vinzenzstift. Die einschiffige flachgedeckte *Dorfkir-*

che entstammt der ersten Hälfte des 14. Jahrhunderts. Sie hat ein frühgotisches Portal mit einer Vorhalle im Renaissancestil. Der Innenraum ist in seiner ursprünglichen *Ausmalung* vollständig erhalten. Die beiden Schmalseiten des Schiffes wurden um 1380 bemalt, die heutige Holzdecke aus dem frühen 16. Jahrhundert gibt noch ein gutes Bild einer gotischen Deckenausmalung. Die Kirche wurde zuletzt 1974 restauriert. Schlüssel im Pfarrhaus.

Auf der Autobahn Richtung Breslau (Wrocław) ca. 7 km bis zum Schloß *Klein Oels (Oleśnica Mała)* – von der Autobahn aus im Norden zu sehen.
Im 12. Jahrhundert Wasserburg als Zehntbesitz des Breslauer Sandstifts. Nach der Säkularisierung der ehemaligen Johanniter- bzw. Malteser-Kommende schenkte der preußische Staat den Herrschaftssitz mit sieben umliegenden Dörfern dem General und späteren Generalfeldmarschall *Ludwig Graf Yorck von Wartenburg (1759–1830)*. Er wurde berühmt durch die Konvention von Tauroggen vom 30. 12. 1812, wo er aus eigenem Entschluß mit dem russischen General von Diebitsch, einem gebürtigen Schlesier, einen Waffenstillstand schloß. Damit griff er einer Entscheidung des preußischen Königs Friedrich Wilhelm III. für ein Bündnis mit Rußland gegen Napoleon vor.
Yorck ließ die Schloßanlage umbauen und erweitern. Sein letzter Nachfahr und Schloßbesitzer, Peter Graf Yorck von Wartenburg, war führendes Mitglied des »Kreisauer Kreises« und wurde am 8. 8. 1944 als Widerstandskämpfer im Zusammenhang mit dem am 20. Juli 1944 mißglückten Anschlag auf Hitler hingerichtet. In dem gut erhaltenen, sehenswerten Schloß befindet sich heute eine staatliche Saatzuchtanstalt. Im Park nördlich des Ortes 200–300 m zum restaurierten Mausoleum der Grafen Yorck von Wartenburg (Ziegelbau, 1828/29 von

Baurat Julius Schultze nach einem Entwurf von Carl Ferdinand Langhans errichtet), Grabplatten rings um das Gebäude teilweise noch lesbar.

6 km südlich der Autobahn

WANSEN, *Kr. Strehlen*
Wiązów, woj. Wrocław, Woj. Breslau

Einwohner

1939: 3153 Deutsche
1984: 2800 Polen auf 9 km^2

Deutsche Stadtgründung auf Veranlassung Herzog Heinrichs III. von Breslau durch Bischof Thomas, 1250. Neisser Stadtrecht, Urkunde von 1252. 1660–1879 Tabakanbau. Rathaus durch Aufstockung 1872 stark verändert, erhalten blieb vom alten Bauwerk der Turm mit Barockhaube. Stadtpfarrkirche aus der zweiten Hälfte des 15. Jahrhunderts, Turm 1822–1833, Erweiterung 1914–1917.

25 km bis

STREHLEN, *Kr. Strehlen*
Strzelin, woj. Wrocław, Woj. Breslau

Lage im fruchtbaren Tal der Ohle am Nordrand der Strehlener Berge.

Einwohner

1939: 12337 Deutsche
1984: 11120 Polen auf 8,7 km^2

Touristenhotel (Dom Wycieszkowy): »Polonia«, ul. Świerczewskiego 14, Tel. 382, Kat. III
Restaurant: »Polonia«, ul. Świerczewskiego 21, Kat. II; »Granit«, ul. Kopernika 2, Kat. II
Café: »Kalinka«, ul. Świerczewskiego 8
Jugendherberge: ul. Sienkiewicza 41, Tel. 561, Juli/August geöffnet, Kat. III
Zeltplatz: ul. Stycznia 64, Tel. 267
Tankstelle: ul. Wrocławska 40
Auto-Service: ul. Wolności, ul. Staszica 5

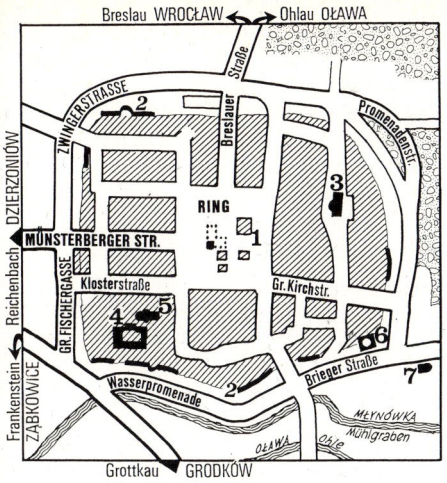

Breslau WROCŁAW — Ohlau OŁAWA
ZWINGERSTRASSE
Breslauer Straße
Promenade
Reichenbach DZIERŻONIÓW
RING
MÜNSTERBERGER STR.
Klosterstraße
Gr. Kirchstr.
GR. FISCHERGASSE
Frankenstein ZĄBKOWICE
Wasserpromenade
Brieger Straße
MŁYNÓWKA
Mühlgraben
OŁAWA Ohle
Grottkau GRODKÓW

Geschichte

Einzelne Funde bezeugen eine frühe Besiedlung. So wurden Ende des 19. Jahrhunderts Kupferbeil, kupferne Hammeraxt, kupferne Lochaxt aus 99,89 prozentigem reinen Kupfer (Kupferzeit) gefunden. 1909 erfolgte auf dem Galgenberg nahe Strehlen die Freilegung von Hockergräbern aus der Bronzezeit, die um etwa 2000 v. Chr. der Kupferzeit folgte. Vor der Stadtgründung gab es am rechten Ohleufer ein slawisches Dorf. In der Zeit der deutschen Besiedlung Schlesiens war das Gebiet um Strehlen im Besitz der Grafen von Strehlen (1228), deren Familie auch Bischof Thomas II. von Breslau entstammt. 1292 erteilte Herzog Bolko I. von Jauer-Löwenberg dem Vogt Siegfried »jn unserer neuen Stadt Strelyn« ein Privileg über die Vogteirechte. 1297 bestätigt er dem Kloster Heinrichau den Besitz von Fleisch- und Brotbänken in Strehlen. Der Rat, 1309 bezeugt, erwirbt 1344 die herzoglichen Rechte und die Erbvogtei. Strehlen wird Weichbildort mit Privilegien (Salzmarkt, Waagerecht, Meilenrecht, Zollstätte mit zwei Jahrmärkten). In der Umgebung bezeugen die Dörfer Friedersdorf (Biedrzychów), Ruppersdorf (Wyszonowice), Lo-

renzberg (Wawrzyszów), Schreibendorf (Sarby), Geppersdorf (Gębczyce) und Niklasdorf (Mikoszów) durch Anlage und Namen ihre deutsche Gründung.

Strehlen kommt 1427 zum Herzogtum Brieg bis zum Aussterben der Piasten im Jahre 1675 und wird nach Besitznahme durch Preußen Kreisstadt, seit 1932 auch für Teile der aufgelösten Kreise Nimptsch und Münsterberg. 1749 lassen sich hier tschechische Prostestanten nieder, sie erhalten die Marienkirche als Gotteshaus.

Wirtschaft

Handel, Handwerk, Bruchsteingewinnung. Vor dem Kriege: *Granitwerke* (wahrscheinlich der größte Granitsteinbruch Europas), Zementwarenfabriken, Ziegeleien, Sägewerke, Bauindustrie, Möbel-, Landmaschinen- und Lederfabriken. Nach 1945 Ausbau des Granitsteinbruches. Fortführung der bisherigen Industrien, besonders der Möbel-, Zucker- und Konservenfabriken.

Sehenswürdigkeiten

Planmäßige Stadtanlage des Mittelalters mit gitterförmigem Straßennetz und fast *quadratischem Ring*. Im Nordwesten und Südwesten der Altstadt *Reste der Stadtmauer* (2). Strehlen war im Januar 1945 heftig umkämpft und wurde zu 50 % zerstört. Bei der Verteidigung wurden von den deutschen Truppen die drei großen Türme des Rathauses, der evangelischen Michaeliskirche und der katholischen Pfarrkirche gesprengt. Die Spuren des Krieges zeigen sich heute in einem starken Anteil von Neubauten, auch am *Ring*, der völlig zerstört war. In seiner Mitte steht als gehütetes Relikt vergangener Zeiten das vom Konservator gesicherte Untergeschoß des *Rathausturmes* (1). Östlich des Ringes war die *St.-Gotthard-Kirche (Kościół św. Gotarda)* (3) ebenfalls ausgebrannt, die Umfassungsmauern und der Turm überlebten. Das um 1300 genannte, im 14. und 15. Jahrhundert ausgebaute Gotteshaus wurde wiederaufgebaut. Sein Alter war ihm nützlich. Es war in früherer Zeit auch »polnische Kirche« genannt worden; nun legten die Polen Fundamente einer romanischen Rundkirche frei, die sie auf die Zeit vor Gründung der deutschen Stadt datierten. 1983 wurde das Kirchenschiff neu gedeckt. Dagegen trug man nach dem Kriege die Ruine der evangelischen Stadtpfarrkirche St. Michael ab. Sie stand in der Nähe der St.-Gotthard-Kirche. Dem römisch-katholischen Gottesdienst dient jetzt die *Hl.-Kreuz-Kirche (Kościół św. Krzyża)* (4) des ehemaligen Klarenklosters in der Südostecke des Ringes. Auch die 1700 von den Augustiner-Eremiten erneuerten Klostergebäude blieben erhalten. An der Ringecke steht noch das frühere herzogliche Renthaus (»Dom Książęcy«) aus dem Jahre 1600. Weitere Überreste der deutschen Vergangenheit sind am Südostrand der Innenstadt der *Pulverturm* (Baszta Prochowa) (6) und nahebei in der ul. Brzegowa (Brieger Straße) die Ruine der gotischen St.-Georgs-Kapelle (Kościół szpitalny św. Jerzego) (7). Im Süden vor der Stadt nahe dem Stadtpark die *Kirche der Böhmischen Brüder (Kościół Braci Czeskich)*, restauriert und gemeinsam benutzt von der evangelisch-augsburgischen und der römisch-katholischen Gemeinde. Aus Strehlen stammt der große Mediziner Paul Ehrlich, 1854 als Sohn eines Kaufmanns und Lotterieeinnehmers geboren, der 1908 den Nobelpreis erhielt und nach dem die angesehenste Ehrung der medizinischen Wissenschaft benannt ist. Ehrlich ist der Schöpfer der modernen Chemotheraphie, er entwickelte das Salvarsan.

Von Strehlen Wanderwege

Zum Rummelsberg (Gromnik), 393 m, früherer Aussichtsturm nach 1945 abgetragen, südlicher Stadtausgang – rot – 2½ Std. – 10 km. Rückweg gelb – Richtung NW – über Steinkirch (Biały Kościół). Der rote Weg führt vom Rummelsberg weiter immer in südlicher Richtung bis Münsterberg (Ziębice) 15 km

Mit dem Auto oder Bus bis Steinkirch (Biały Kościół), sodann den gelben Wanderweg – 1¼ Std. – zum Rummelsberg (Gromnik).

Weiterer Wanderweg – nicht markiert – von Heinrichau (Henryków) zum Rummelsberg.

16 km bis *Kloster Heinrichau (Henryków)* Ca. 5 km vor Heinrichau östlich der Straße und jenseits der Bahnlinie am Fuße der Höhen *Schönjohnsdorf (Witostowice)*.

Früher eine der besterhaltenen mittelalterlichen *Wasserburgen* Schlesiens mit Turm, Schloßkapelle, Kasematten und Wehrgang, innerem und äußerem Wassergraben. Seit dem 18. Jahrhundert im Besitz des Klosters Heinrichau. Die Anlage blieb 1945 unzerstört, verfällt jedoch. Erhalten blieben der hohe viereckige Turm, die Ringmauern sowie die Erd- und Wasserbefestigungen, für historisch Interessierte noch sehenswert. Knapp 2 km östlich von Schönjohnsdorf (Witostowice) liegen in einem Waldgebiet dicht beieinander zwei ovale *Burgwälle* auf dem Kellerberg (Kołacz) und dem Burgberg (Buczak), die auf das 9.–11. Jahrhundert datiert werden. Sie sind im Gründungsbuch des Klosters Heinrichau erwähnt.

2 km westlich Heinrichau Richtung Nimptsch (Niemcza) *Alt-Heinrichau (Stary Henryków)*. Die Pfarrkirche ist eine der frühesten Kirchengründungen dieser Gegend (Anfang 13. Jahrhundert). Seit 1421 ist die Pfarrei Alt-Heinrichau im Besitz des Klosters Heinrichau. 1705–06 läßt der Abt die baufällig gewordene Kirche erneuern, bemerkenswertes Chorgestühl aus der Spätrenaissance.

HEINRICHAU, *(Henryków)*

Klosterdorf, früher Kreis Frankenstein.

Geschichte

1222 gründete der Breslauer Domherr Nikolaus mit Erlaubnis Herzog Heinrichs I. *das Kloster* und besetzte es *mit Zisterziensern* aus Leubus, 1228 eingeweiht, 1241 von den Mongolen niedergebrannt. Danach Bau der heutigen *Stiftskirche.* Von den kolonisatorischen Veränderungen im Umkreis des Klosters berichtet das *Heinrichauer Gründungsbuch* aus dem Ende des 13. und Anfang des 14. Jahrhunderts, ausgestellt im Diözesan-Museum in Breslau. Durch Rodung und Siedlung zu deutschem Recht stetige Vermehrung des Klosterbesitzes. In der Barockzeit zweite Blüte.
Nach der Säkularisierung von 1810 Übernahme der klösterlichen Archiv-, Bibliotheks- und Kunstschätze zum größten Teil in die Breslauer staatlichen Sammlungen.
1812 gelangte das Kloster mit dem größten Teil seines Grundbesitzes einschließlich der Schönjohnsdorfer Wasserburg über die preußische Prinzessin Friederike Luise, spätere Königin der Niederlande, an das Haus Oranien, von diesem 1863 durch Verkauf an die Großherzöge von Sachsen-Weimar, die es bis 1945 mit ca. 50 000 Morgen Land besaßen. Die gepflegten Baulichkeiten überstanden das Kriegsende.

Sehenswürdigkeiten

Vom Dorf *Zugang zum Klosterhof* durch einen Torweg zwischen den Wirtschaftsgebäuden. »Das *Stiftsgebäude* mit der Haube seines Eckturmes, gegenüber der hohe *Glockenturm* mit der Westfront der Kirche, dazu die *Säule der Hl. Dreifaltigkeit* von 1715 verbinden sich zu einem glücklichen Architekturbild von selten einheitlicher Fassung« (Dehio). Die *gotische Klosterkirche* ist der älteste erhaltene Zisterzienserbau

von Schlesien (Chor 13., Langhaus 14. Jahrhundert, Turm 1608). Mit der Barockisierung des Innern und mit dem Neubau der Klostergebäude (1682–85) durch die Baumeister Matthias Kirchberger und Simon Wiedemann erhielt die Kirchenfront einen barocken Westgiebel und einen überkuppelten Vorbau, der Turm eine barocke Bekrönung. Von der großartigen barocken Innenausstattung sind von besonderem Wert die Gemälde von *Michael Willmann,* die Orgel, die Kanzel und das vermutlich schönste *Chorgestühl* in Schlesien, erst recht, nachdem das Leubuser Chorgestühl den Zerstörungen von 1945 zum Opfer gefallen ist. Den Grundstock für das doppelreihige Gestühl für 52 Personen bildet eine gewaltige Zimmermannsarbeit aus Eichenbohlen (Jahreszahl 1567). An seiner Rückwand 36 Reliefs mit Darstellungen aus dem Leben Jesu. Auf der Brüstung davor zwischen oberer und unterer Sitzreihe stehen acht Freifiguren von Päpsten, Kardinälen, Bischöfen und Äbten. Sie sind von hoher bildhauerischer Qualität und symbolisieren das Leben der Gesamtkirche.
Ihnen entsprechen in Gestik und Pathos die Apostelfiguren zwischen den Säulen des Hauptaltars. In der Kirche Deckplatte der Tumba von Herzog Bolko II. von Münsterberg († 1341) und seiner Gemahlin Jutta († 1342). Die Außenfassade des gesamten Gebäudekomplexes macht nach den Restaurierungen der 70er Jahre im Vergleich zu anderen schlesischen Klöstern einen erfreulichen Eindruck, das Parkgelände hinter dem Kloster ist verwildert. Führung durch Klosterschüler (im Kloster Landwirtschafts-Schule und Zisterzienser). Wanderung von Heinrichau *auf den Rummelsberg* – 2½ Std.

Weiterfahrt 8 km bis

MÜNSTERBERG, *Kr. Frankenstein*
Ziębice, woj. Wałbrzych (Woj. Waldenburg)

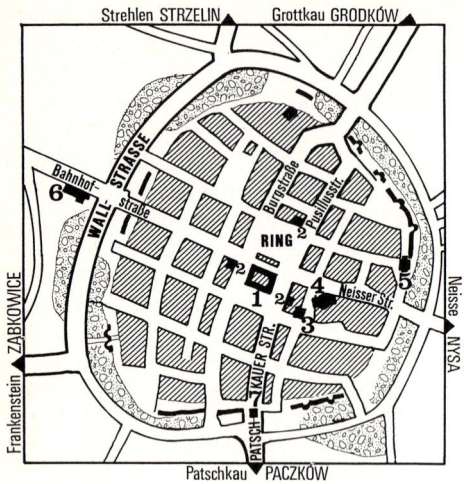

Lage an der oberen Ohle (Oława) in fruchtbarem Hügelland.

Einwohner

1939: 8 923 Deutsche auf 10 km²
1980: 11 000 Polen auf 13,57 km²

Hotel: »Piast«, plac Grudnia 31, Tel. 229
Restaurant: »Ratuszowa«, plac Grudnia 15;
»Popularna«, plac Grudnia 6
Tankstelle: ul. Walowa 62

Geschichte

1234 slawischer Ort »Sambice« am linken Ohleufer. Die deutsche Stadt Münsterberg urkundlich erstmals am 1. 2. 1253 erwähnt »Munsterbergk«, 1282 »Munsterberch«, von 1428 an »Münsterberg«. Das *»Münster auf dem Berge«*, die *Stadtpfarrkirche zu St. Georg*, war von 1282 an Kern des Stadtwappens. Herzog Bolko II., Sohn Bolkos I. von Jauer-Löwenberg, erbte am 22. 11. 1321 bei der Teilung des väterlichen Herzogtums Münsterberg und machte die Stadt zu seiner Residenz. Die Piasten regierten bis 1428. 1429 überfielen die Hussiten Münsterberg und zerstörten Stadt und Burg. Von 1454 bis

1569 regierte mit kurzer Unterbrechung das Haus Podiebrad, sodann fiel das Herzogtum als erledigtes Lehen an das Haus Habsburg. In Preußen war Münsterberg bis 1932 Kreisstadt.

Wirtschaft

Münsterberg war in erster Linie städtischer Mittelpunkt einer Agrarlandschaft. Eine Besonderheit bildete der Hopfenanbau, bis 1881 fanden Hopfenmärkte statt. Eine Töpferinnung ist seit 1335 belegt. 1873 Gründung der »Deutschen Ton- und Steinzeugwerke A. G.«, 1882 Zuckerfabrik, 1886 Gemüse-Konserven-Fabrik Carl Seidel und Co., daneben Brauereien, Großdestillationen, Bürsten- und Handschuhfabriken. Nach 1945 kam es teilweise zur Wiederaufnahme der alten Industrien.

Sehenswürdigkeiten

Die Stadt wurde 1945 erst nach der Kapitulation besetzt und erlitt kaum Schäden. Von Norden – Heinrichau – kommend, bietet sich die eindrucksvolle *Silhouette der markanten Baudenkmäler* dar: Hinter einem geschlossenen Rest der Stadtmauer links im Vordergrund der rechteckige Saalbau der früheren evangelischen Pfarrkirche (Rundturm mit durchbrochener Haube), dahinter der hohe abgesetzte Chor des St.-Georgs-Münsters – Turm mit gotischer Spitze –, im Zentrum des Stadtbildes die kleine kuppelförmige Spitze des Rathausturmes, ganz rechts im Westen der Stadt der Barockturm von St. Peter und Paul. Der einzige erhaltene *(Patschkauer) Tortum* (7) von 1491 auf der Südseite ist von hier aus nicht sichtbar.
(P) am Ring, im Zentrum der kreisförmigen mittelalterlichen Stadtanlage. Dort blieb die Mehrzahl der *alten Bürgerhäuser* erhalten oder wurde wiederaufgebaut, soweit sie nach 1945 verwahrlost waren. Ihr zum Teil farbiger Hausanstrich hebt sich zusammen

mit der Grünanlage auf dem Ring wohltuend von der gefährdeten Bausubstanz in den Nebenstraßen ab.

Ring Nr. 17 Barockgiebel von 1740, Nr. 31 Kartusche mit Namenszeichen über dem Portal, Nr. 34 zugemauertes Portal aus dem 16. Jahrhundert, Nr. 42 Fassade aus dem 17. Jahrhundert, erneuert um 1700.

Das *Rathaus* (1) ist ein Neubau von 1888/91 in gemäßigtem Jugendstil, in den der alte Turm des Vorgängerbaues (14.–16. Jahrhundert) einbezogen wurde. Im *Treppenhaus des Rathauses* verblaßte die Ausmalung von 1927 mit Darstellungen zur Geschichte der Stadt von Alfred Gottwald. Der Rathauskeller dient wie früher als Restaurant. In der ul. Kościelna (Kirchstraße) links als Baudenkmal geschütztes *Giebelhaus* (2). Vor dem erhöhten »Munster auf dem Berge« *altes Schulgebäude* (Treppengiebel) von 1565, restauriert 1925 (3). Die *Stadtpfarrkirche St. Maria und Georg* (4) ist eine der frühesten und eindruckvollsten Bauten der Gotik in Schlesien. Sie hat eine lange Baugeschichte. Älteste Teile sind der *Glockenturm* aus rohen Feldsteinen und das *zweischiffige Langhaus* (1265–75). 1484 wurde anstelle des ersten romanischen Chores der *spätgotische Chor* angebaut. Dieser Übergang eines zweischiffigen in einen 20 m höheren dreischiffigen Kirchenraum ist eine Besonderheit weit über Schlesiens Grenzen hinaus. Das Langhaus zeigt deutliche Anzeichen der westfälischen Schule, auch im Innern, und weist damit auf einen beträchtlichen westfälischen Siedleranteil hin (Tintelnot). Den gleichen Schluß legt die in Schlesien sonst unbekannte Bezeichnung »Munster« nahe. *Im Innern* bemerkenswerte *Kunstwerke*: Sakramentshäuschen aus dem 15. Jahrhundert, gotische Kanzel von 1595, großartiger barocker Hochaltar (1705), barocke Nebenaltäre »Kreuzigung« und »Dreifaltigkeit« (1740), Marienkapelle (1420–23) mit Barockaltar Maria mit Kind. Altarschrein mit Schnitzrelief »Maria Him-

melfahrt« 16. Jahrhundert. Der Künstler unterstreicht die starke Gemütsbewegung Mariens und der Apostel durch den reichen Faltenwurf der Gewänder, eine barocke Ausdrucksform der Spätgotik. 1898–1900 umfassende Restaurierung des gesamten Baues mit dem Ziel, das mittelalterliche Bild der Gotik wieder herzustellen, was den ursprünglichen Bestand stark verwischt habe (G. Grundmann): Beseitigung des barocken Westgiebels und Errichtung des heutigen gotischen Schaugiebels in Anlehnung an nordische Backsteingotik. Das südliche Schiff erhielt das gleiche Sandsteinportal wie das nördliche aus der Zeit um 1250, welches jedoch »durch die Restaurierung verdorben« wurde (Tintelnot).

Einen Straßenzug nördlich von St. Georg – am Ende der vom Ring kommenden ul. Kościuszki (Junkerstraße) – in schlechtem Bauzustand die *ehemalige evangelische Kirche* (5), erbaut 1796/97 auf den Grundmauern des alten herzoglichen Schlosses von Bauinspektor Neithard von Gneisenau. Vor dem rechteckigen Saalbau im Langhausstil ein Rundturm. Der Bau wurde nach 1945 in einen Gymnastiksaal umgewandelt. Am entgegengesetzten (westlichen) Stadtrand vom Ring ul. Kolejowa (Bahnhofstraße) Barockbau der *Klosterkirche Peter und Paul* (6), errichtet 1726–30, 1810 säkularisiert. Vorher war hier eine Niederlassung der Kreuzherren mit dem roten Stern gewesen, daher polnisch »Kościół Krzyżowców«. Weiteres Baudenkmal ehemalige *Corpus Christi-Kapelle (Kaplica Bożego Ciała)* von 1738 auf einer kleinen Anhöhe an der Nordwestecke der Altstadt.

Aus Münsterberg sind gebürtig: Johannes Ottonis, Magister in Prag und Gegner von Hus, nach dem Auszug der deutschen Professoren aus Prag 1409 erster Rektor der neugegründeten Universität Leipzig; der Pathologe Karl Weigert (1845–1904), 1879 Professor in Leipzig, seit 1885 Direktor des Senckenbergschen Instituts in Frankfurt/

Main; der Arzt und Philosoph Berthold von
Kern (1848–1941), Professor an der Kaiser-
Wilhelm-Akademie.

Weiterfahrt Richtung Grottkau (Grodków)
am Ortseingang von Nieder-Kunzendorf
(Kalinowice Dolne) Umweg geradeaus über

Berzdorf (Bożnowice)
Einschiffige Barockkirche »Zur Hl. Dreifal-
tigkeit«, heutige Form von 1705, barocker
Hochaltar mit Bild der Hl. Dreifaltigkeit,
ein von Mönchshand kopiertes Bild aus der
Klosterkirche von Heinrichau. Im nächsten
Dorf *Kunern (Konary)* Kornspeicher aus
dem 18. Jahrhundert (ehemaliges Gut).

Von Münsterberg 31 km bis
GROTTKAU, *Kr. Grottkau*
Grodków, woj. Opole, (Woj. Oppeln)

Lage am Westrand der Oderebene, 8 km von
der Glatzer Neiße entfernt und 10 km südlich des Endes der Autobahn von Breslau.

Einwohner

    1939: 4307 Deutsche
    1984: 7000 Polen

Hotel: »Grodków« Rynek 14, Kat. II,
    Tel. 58
Restaurant: »Piast«, Rynek 1, Kat. II,
    Tel. 786
Café: »Wiatrak« am Stadtrand Richtung
    Falkenberg (Niemodlin) in der holländi-
    schen Windmühle.

Geschichte

1268 Stadtrecht durch Herzog Heinrich IV.
von Breslau. 1344 verkauft Herzog Boleslaus III. von Brieg die Stadt an den Breslauer
Bischof Przecław von Pogarell, von da an
gehörte sie zum Fürstentum Neisse-Grott-
kau der Breslauer Bischöfe, bis 1810.

Wirtschaft

Handwerker- und Ackerbürgerstädtchen,
Mittelpunkt eines von Landwirtschaft geprägten Gebietes. Nach Bau der Eisenbahnlinie Brieg–Grottkau–Neisse (1847–48) wirtschaftlicher Aufschwung. Maschinenfabriken.

Sehenswürdigkeiten

Kleine schachbrettförmige Stadtanlage. Die
Kriegsschäden von 1945 am Rathaus, der
katholischen Kirche und der Ringbebauung
wurden beseitigt. *Rathaus* von 1840, unweit
katholische *Pfarrkirche St. Michael,* Backsteingotik, älteste Teile aus der 2. Hälfte
des 13. Jahrhunderts, höchster gemauerter
Kirchturm in Schlesien. Innenausstattung
vorwiegend barock (Hochaltar, Kanzel).
Erhalten sind Reste der Stadtmauer mit dem
Löwener Tor, um 1300, mit schmuckem
Zinnenkranz der Renaissance um 1600, sowie das *Münsterberger Tor.*
Evangelische Pfarrkirche von 1840, nach
1945 zunächst römisch-katholisch, jetzt Tü-
ren zugemauert, Fenster eingeworfen, all-
mählicher Verfall (1985). Am Stadtrand
Richtung Falkenberg (Niemodlin) steht eine
holländische Mühle aus dem 19. Jahrhun-
dert, nach dem Kriege verwüstet, 1958 als
Baudenkmal gesichert. Auf dem Gelände
wurde ein neues Ausflugsrestaurant erbaut.
Zum Gedenken an den in Grottkau 1769
geborenen Musiker Joseph Elsner, Lehrer
Chopins und Wegbereiter der polnischen
Musik, neues *Museum* in der ul. Elsnera 8,
Tel. 310, (Muzeum Józefa Elsnera) geöffnet
Di, Fr 12–18 Uhr, Mi, Do, Sa 9–14 Uhr, an
Sonn- und Feiertagen 11–14 Uhr.
Zwischen Grottkau (Grodków) und Falkenberg (Niemodlin) in Koppitz (Kopice) –
seit 1936 Schwarzengrund – neben der klas-
sizistischen Pfarrkirche gut erhaltene Grabkapelle. Dort Sarkophage mit folgenden In-
schriften: »Hans Ulrich Gotthard Schaff-

gotsche genannt von Kynast und Greiffenstein des heiligen römischen Reiches
Graf und Semperfrei, Freiherr von Trachenberg, Ehrenbürger der Stadt Grottkau, geb.
16. Okt. 1851, gest. 18. Febr. 1915.«
Gegenüber für seine Gemahlin: »Hier ruht
in Gott Johanna Gräfin Schaffgotsch geb.
Gryczik von Schomberg-Godulla, geb.
29. April 1842, gest. 21. Juni 1910«.
Das Schloß, errichtet 1780, ist 1958 ausgebrannt. Das Ehepaar Schaffgotsch-Gryczik
wohnte in dem Schloß, soweit es sich nicht
auf seinem Sitz in Schomberg bei Beuthen
im Industrierevier aufhalten mußte (vgl.
S. 396).

26 km nach Brieg (Brzeg).
In *Schönfeld (Obórki)* ehemalige evangelische Kirche aus dem 16. Jahrhundert, im 17.
und 18. Jahrhundert umgebaut, Holz, teilweise Fachwerkkonstruktion mit Holz-

und Lehmfüllung; nach 1945 verwüstet,
1963–65 Hauptreparatur der Kirche im
Auftrag des Wojewodschafts-Konservators,
danach dem Museum der Schlesischen Piasten in Brieg übergeben. Der Bau dient
heute den kirchlichen Behörden für kulti-
sche Zwecke.

In *Kreisewitz (Krzyżowice)* Filialkirche Mariä Himmelfahrt, Backstein-Chor des
15. Jahrhunderts, Fachwerkschiff und hölzerner Turm, beides 1580 erbaut. Nach 1945
verlassen und verwüstet. 1962–63 Siche-
rungsarbeiten. 1966–68 Wandmalereien aus
dem 15. Jahrhundert im Rahmen einer Di-
plom-Arbeit für das Studium von Kunst-
denkmälern bei der »Akademia Sztuk Pięk-
nych« in Krakau freigelegt und gereinigt
(Anbetung der Hl. Drei Könige, hl. Georg,
und Baum des Lebens).
Zurück nach Brieg.

ROUTE 2   Brieg (Brzeg) – Ohlau (Oława) – Minkowsky (Minkowskie) – Namslau (Namysłów) – Grambschütz (Gręboszów) – Konstadt (Wołczyn) – Kreuzburg (Kluczbork) –
Carlsruhe (Pokój) – Karlsmarkt (Karłowice) – Brieg (Brzeg) 170 km.

Straße 34, 13 km bis

OHLAU, *Kr. Ohlau*
Oława, woj. Wrocław, (Woj. Breslau)

Lage in fruchtbarer Ebene zwischen Oder
und ihrem linken Nebenfluß Ohle, die sich
hier der Oder auf 350 m nähert, bevor sie
nach Nordwesten abschwenkt und erst kurz
vor Breslau in die Oder mündet.

Einwohner

1939: 13 136 Deutsche auf 20,85 km²
1984: 29 800 Polen auf 27,2 km²

Restaurant: »Adria«, Rynek 13, Kat. II,
Tel. 23-42; »Ratuszowa«, ul. Wrocławska 8 (Breslauer Straße), Kat. III, Tel. 65-
14; »Złoty kłos«, ul. Brzeska, Kat. III

Café: »Nasca«, ul. 1 Maja 33, Kat. II
Touristenbüro: Rynek 1 (Rathaus), Tel. 22-
24, 23-22

Geschichte

Im 12. Jahrhundert als slawische Siedlung
»Olava« an der Ohle im Besitz des Breslauer
Prämonstratenserklosters St. Vinzenz. Die
spätere Siedlung wird auf wallonische Tuchmacher zurückgeführt (im Wappen der
Stadt ein gallischer Hahn). Deutsches Recht
1235. Zunächst beim Herzogtum Breslau,
1311 zum Herzogtum Brieg. Zweite Residenz der Brieger Piasten, zeitweise auch ihr
Witwensitz. 1364 Marktrecht. 1742 Kreisstadt, 1842 Bahnanschluß. Oderumschlag-
hafen für Zuckerrüben und Industrieer-
zeugnisse.

Wirtschaft

Zunftprivilegien wurden im 16. und
17. Jahrhundert an Tuchmacher, Kürschner
und Leineweber verliehen. Im 17. Jahrhundert wurde der Tabakanbau eingeführt,
1643 gibt es eine Tabakspinnerei, 1845 gab
es deren 32, später ging die Tabakindustrie
zurück.
In preußischer Zeit wurde zunächst versucht, Seidenraupen zu züchten. Ansiedlung bedeutender Industriebetriebe: chemische Fabriken »Schube und Brunnenquell«
1862 sowie Loebbecke u. Co.« (Marthahütte), Weißfarben, Zinkweiß. Ferner Zink-
werk des Giesche-Konzerns, Zinkwalzwerk, Zinkwarenfabrik, Zementfabriken,
Sägewerke u. a.
Heute u. a. Ausbesserungswerke für Eisenbahnwaggons und Lokomotiven, Papierfabrik, Zinkweißfabrik, Kunststoffwerke
»ERG«.

Sehenswürdigkeiten

Die Stadt wurde 1945 zu 30 % zerstört,
Kämpfe um den Brückenkopf. (P) am Ring.
Heutiges *Rathaus* (1) von 1823 nach Entwurf von Schinkel mit Turm des vorangegangenen Baues mit zweimal durchbrochener schöner Barockhaube (1668). Im Turm
das berühmte Uhrwerk: »*Der Tod von Ohlau*«, gestiftet von der letzten Piastenherzo-
gin Luise von Anhalt, gefertigt von den
Brieger Kunstschmieden Kraut, Sallat und
Riebe, zur Zeit nicht in Betrieb. Vor dem
Rathaus steht ein *alter Pranger* (4).
In der Südwestecke des Ringes die *Stadtpfarrkirche St. Blasius* (2), evangelisch
1634–1945, heutiger Bau eine dreischiffige
Hallenkirche, errichtet 1587 durch den Brieger Stadtbaumeister Bernhard Niuron, der
frühgotische Chor – um 1300 – blieb erhalten. Turm von 1886. Holzgeschnitzte Kanzel, Ende 16. Jahrhundert, mit dreietagigem

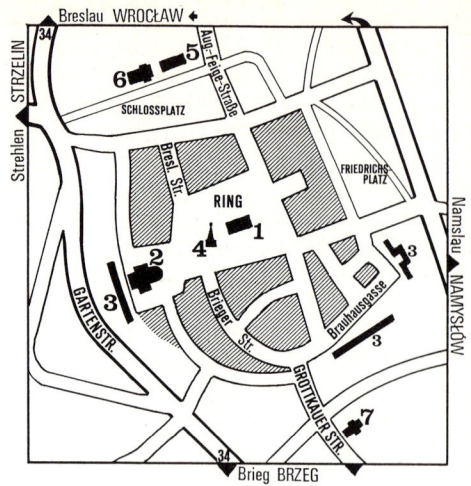

Schalldeckel und Kruzifix, Barockorgel,
Epitaph für Georg Ernst. Die Kirche im
Innern nach 1945 umgestaltet für römisch-
katholischen Ritus. Dahinter *Reste der
Stadtmauer* (3).
Alte Bürgerhäuser Ring Nr. 11, 12, 24, 25,
29 und 36, ebenfalls in der ul. Wrocławska
(Breslauer Straße 2 und 8); am pl. Zamkowy
(Schloßplatz) – nördlich des Ringes – *katholische Pfarrkirche St. Peter und Paul* (5),
1836 nach Entwurf von Friedrich Schinkel
errichtet, 1927 nach Brand wiederhergestellt, Turm von 1938. Daneben das *Schloß*
(6) geht auf einen mittelalterlichen Bau der
Brieger Piasten zurück, im 17. Jahrhundert
im Barockstil umgebaut zu einer trapezför-
migen, in die Stadtbefestigung einbezoge-
nen Anlage. Barockportal mit Wappen.
Rechts der Oder entstand nach dem Kriege
ein neues Stadtviertel.
Die Straße nach Namslau (Namysłów)
durchquert den *Oderwald*. Er war und ist
mit seinen alten Kiefern-, Eichen- und
Mischwaldbeständen, seinem Beeren- und
Pilzreichtum Erholungsgebiet der Ohlauer;
jetzt *Naturschutzpark* (Rezerwat przyro-
dniczo-archeologiczny) mit 2 Burgwällen.

Sein Schutz war notwendig, da im Zuge der Industrialisierung 8 km oderabwärts in Jeltsch (Jelcz) eine große Automobilfabrik entstanden ist, »Jelczańskie Zakłady Samochodowe«. Das Renaissance-Schloß am gleichen Ort ist zur Ruine ausgebrannt.

In *Peisterwitz (Bystrzyca Oławska)*, am Rande des Naturschutzparkes, Dorfkirche aus dem Anfang des 18. Jahrhunderts. Naturdenkmal »Königliche Eiche«, 25 m hoch, Umfang 8 m.

Entweder direkt nach Namslau (Namysłów) – von Ohlau 40 km – oder Abzweigung in Lampersdorf (Mikowice) nach

Minkowsky – Seydlitzruh – (Minkowskie)
Seydlitzschloß vgl. S. 300
Namslau (Namysłów) vgl. S. 299 f.
Richtung Kreuzburg (Kluczbork) 7 km bis
Grambschütz (Gręboszów)

Das Schloß der Grafen Henckel von Donnersmarck ist abgerissen. Der Schloßpark am Ortsrand ist noch zu erkennen. Ihm gegenüber auf dem Friedhof nahe der Ruine der *Friedhofskapelle* in Richtung auf den Friedhofseingang erhaltene Grabdenkmäler von Hans Moritz von Prittwitz und Gaffron und seiner Gemahlin (im 18. Jahrhundert Schloßbesitzer) sowie von Graf Gustav Adolf Henckel von Donnersmarck, der 1813 vor Glogau fiel – auffallender gußeiserner hoher Vierkantblock mit vasenförmiger Urne (1981).

20 km bis

KONSTADT, *Kr. Kreuzburg*
Wołczyn, woj. Opole (Woj. Oppeln)

Einwohner

1939: 3777 Deutsche auf 5,93 km^2
1984: 5300 Polen auf 7 km^2

1261 Aussetzung einer deutschen Stadt zu Neumarkter Recht durch Herzog Heinrich III. von Breslau. Die Stadtgründung erfolgte durch den Lokator Kunz mit 100 Hufen Land »Cunzinstat«, seit 1615 Konstadt. Kleine Stadtanlage mit leiterförmigem Straßennetz und rechteckigem Ring im Zuge der Handelsstraße Breslau – Kreuzburg – Krakau. Das *Rathaus* befindet sich seit 1933 im ehemaligen Herrensitz der Grundherrschaft. Ehemalige evangelische *Pfarrkirche St. Barbara*, heute römisch-katholisch, aus der 2. Hälfte des 18. Jahrhunderts, später ausgebaut, Turm von 1831, in der ul. Byczyńska (Pitschner Straße). *Katholische Kirche* von 1859/60, Kirche der ehemals altlutherischen Gemeinde, heute evangelisch-augsburgisch. Nördlich von Konstadt (Wołczyn) drei erhaltene *Schrotholzkirchen*: Groß Blumenau (Świniary Wielkie) – Bartholomäuskirche von 1762; Schönfeld (Krzywiczyny) – Trinitatiskirche von 1623; Bürgsdorf (Brzezinki) – 2 km Richtung Pitschen (Byczyna) – Marienkirche von 1550, umgebaut 1776.

13 km bis *Kreuzburg (Kluczbork)* – vgl. S. 327. Rückfahrt über Carlsruhe OS. (Pokój) vgl. S. 334, und *Karlsmarkt (Karłowice)* An der um 1710 errichteten katholischen Kuratie wirkte als Pfarrer der bekannte Bienenforscher Johannes Dzierzoń (1835–69). Das Dzierzoń-Haus ist erhalten (vgl. Kreuzburg Dzierzoń-Museum, S. 328 f.. 15 km bis Brieg (Brzeg).

ROUTE 3 Brieg (Brzeg) – Schurgast (Skorogoszcz) – Löwen (Lewin Brzeski) – Oppeln (Opole) – Czarnowanz/Klosterbrück (Czarnowąsy) – Brieg (Brzeg). 110 km

12 km bis *Lossen (Łosiów)*

Das gut erhaltene Schloß ist heute Sitz eines

staatlichen Versuchsgutes (Zentrum des Agrarfortschritts). 1815 hat es Graf Yorck von Wartenburg als Dotation erhalten.

Schurgast (Skorogoszcz)
1939: 1200 Einwohner, wegen Absinkens der Einwohnerzahl unter 1000 nach 1945 Stadtrecht verloren.

Schurgast ist ein altes unbedeutendes Ackerbürgerstädtchen (der Ort wird nur der Vollständigkeit halber aufgenommen, kann aber ausgespart werden). Die ehemalige evangelische Kirche auf dem Marktplatz wurde nach 1945 abgetragen. Erhalten ist die katholische *Kirche St. Jacob* von 1852.

LÖWEN, *Kr. Brieg*
Lewin Brzeski, woj. Opole (Woj. Oppeln)

Lage 17 km südöstlich von Brieg, 5 km vor der Mündung der Glatzer Neiße in die Oder.

Einwohner

1939: 3578 Deutsche
1984: ca. 5900 Polen

Vorgeschichtliche Funde deuten auf frühe Siedlung. Slawische Niederlassung beurkundet. Ende des 13. Jahrhunderts Stadtgründung. 1333 erneute Stadtrechtsverleihung. Wirtschaftlicher Aufschwung des Ackerbürgerstädtchens nach dem Bahnanschluß Breslau – Brieg – Oppeln. Vor dem Krieg Zuckerfabrik (Fröbeln). Sie arbeitet wieder, ebenso eine Landmaschinenfabrik, die erweitert wurde. 1945 gab es starke Zerstörungen. Auf dem Marktplatz ist das klassizistische Rathaus von 1837 erhalten, ferner die ehemalige evangelische *Peter-und-Paul-Kirche* aus dem 14. Jahrhundert, ausgebaut im 16. und 17. Jahrhundert, heute evangelisch-augsburgisch und mit deutscher Hilfe renoviert. Neben dem Markt an der Neiße steht das Barockschloß der Grundherrschaft von 1722. Es überstand den Krieg und wird teilweise wieder benutzt.

In *Schedlau (Szydłowiec)* wertvolle Kirche mit spätgotischen und Renaissance-Elementen. *Falkenberg (Niemodlin)* – vgl. S. 344 f.

16 km bis *Oppeln (Opole)* – vgl. S. 321 ff..

Rückfahrt rechte Oderseite über Czarnowanz (Czarnowąsy) – vgl. S. 333 f.

Die Straße führt über wohlhabende Dörfer (Zeichen verbliebener alteingesessener Schlesier) durch die fruchtbare Oderniederung nach Brieg (Brzeg).

XIII. Oppeln und Umgebung

1. Die Stadt Oppeln

Opole, Wojewodschaftshauptstadt

Seit 1816 Hauptstadt des Reg. Bez. Oppeln, seit 1919 Hauptstadt der Provinz Oberschlesien. *Opole,* seit 1950 Hauptstadt der Wojew. Oppeln, mit den früher niederschlesischen Kreisen Brieg und Namslau. 1945 Sitz eines Administrators mit bischöflichen Funktionen, 1972 vom Papst als selbständige Diözese anerkannt.

Lage

An einem alten, durch Inselbildung begünstigten Flußübergang über die Oder, am Durchtritt der Oder durch den oberschlesischen Muschelkalkrücken in einem Becken des Flusses

Einwohner

1939: 50540
1985: 116000

Sprache und Nationalität

1910 bekannten sich bei der Volkszählung 70 % als allein deutschsprachig (27128 von 38907 Einwohnern). Bei den Gemeindewahlen 1919 stimmten 7,2 % für die polnische Liste. Volksabstimmung 1921: 20816 für Deutschland, 1098 für Polen.

Unterkunft und Verpflegung

Hotel: »Opole«, ul. Krakowska 59 (Hindenburgstraße), Tel. 386-51, Kat. I; »Olimpijski«, ul. Oleska 86 (Rosenberger Straße), Tel. 263-51, Kat. I; Jugend- und Studenten-Hotel »Zygzak«, ZS P 10, Tel. 262-57 (nur in der Saison geöffnet)

Jugendherberge: ul. Struga 16 (Übersprung), Tel. 333-52 (in der Saison geöffnet)

Restaurant: »Czardasz«, ul. Ozimska 63 (Malapanestraße), Kat. I; »Kasztelańska«, ul. Koszyka 26 (neuer Stadtteil) Kat. I; »Hotelowa«, ul. Krakowska 59 (Hindenburgstraße) Kat. I; »Karczma Słupska«, ul. Książąt Opolskich 6, – Kat. II; »Niedźwiednik«, Opole-Grudzice, Kat. I, an der E 4; »Europa«, pl. Wolności 1

Café: »Melba«, Rynek 22 (Ring), Kat. II; »Teatralna«, ul. Krakowska 35 (Hindenburgstraße) Kat. II; »Secesyjna«, ul. Sempołowskiej 2, Kat. I; »Pod Arkadami«, Rynek 26, Kat. I

Milch-Bar: ul. Krakowska 11; ul. 1 Maja 1

Touristeninformation

Wojewódzkie Centrum informacij Turystycznej, ul. Książąt Opolskich 22, Tel. 354-80; »Orbis«, ul. Krakowska 31 (Hindenburgstraße), Tel. 363-36; »PTTK«, ul. Krakowska 15/17 (Hindenburgstraße), Tel. 351-13; »Juventur« (Jugendreisen), plac Armii Czerwonej 1, Tel. 363-35

DFK-Bezirk Oppeln: Vors. Johann Kroll. Büro: ul. Krapkowicka 6, 47–320 Gogolin. Tel. 353

Verkehr

Bewachte Parkplätze: ul. Czwartaków, Tel. 280-95; ul. Krajewskiego

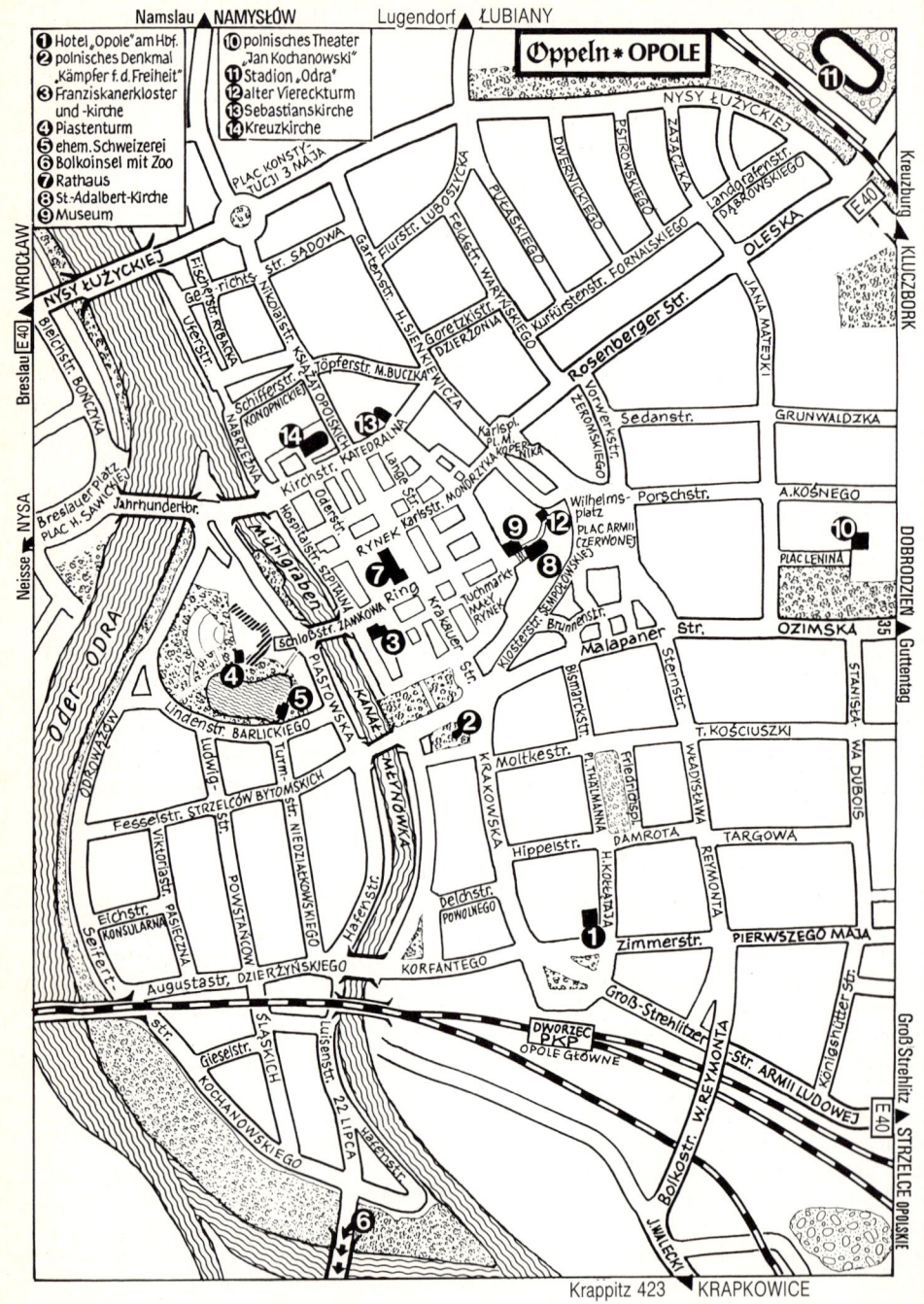

PKS-Fernbusbahnhof: Nahe dem Haupt-
bahnhof (Dworzec Opole Główne), ul. 1
Maja
Autoservice: »Polmozbyt«, ul. Oleska 97,
Tel. 262-94, 260-06; ul. Powolnego 6,
Tel. 338-83; ul. Ozimska 48, Tel. 364-11
Straßenhilfsdienst: »Polmozbyt«, ul. Oles-
ka 97 (s. o. Auto-Service); ul. Oleska
125a, Tel. 981

Kultur

Theater: Teatr im. J. Kochanowskiego, pl.
Lenina; Teatr Lalek (Puppenbühne), ul.
Kośnego 2a; Amfiteatr (Freilichtbühne),
ul. Piastowska 14; Państwowa Filharmonia im. Elsnera (Staatl. Elsner-Philharmo-
nie), ul. Krakowska 24
Museum: Muzeum Śląska Opolskiego
(Regionalmuseum), Mały Rynek (Kleiner Ring), geöffnet täglich außer Mo
10–18 Uhr, Sa 10–16 Uhr; Muzeum Wsi
Opolskiej (Bauern-Freilichtmuseum O.-
Bierkowice (Birkental), an der Landstraße nach Breslau, geöffnet Sa, So
10–14 Uhr

Geschichte

Der sogenannte »Bayerische Geograph«
nennt für das 9. Jahrhundert die »Opoloni«
als slawischen Stamm mit 20 »Civitates«
(Erdburgen mit zugehörigem Gebiet). Sie
bewohnten den Nordteil von Oberschlesien
einschließlich des Muschelkalkrückens.
Oppeln war ihr Vorort. Bei Erdarbeitern
wurde 1930–33 unter den Fundamenten des
alten Piastenschlosses auf der »Ostrowek«
genannten Nordspitze der Oppeln gegenüberliegenden *Oderinsel »Pascheka«*/Wil-
helmstal (Pasieka) der Grundriß einer altslawischen Stadt entdeckt. Polnische Grabungen 1947–69 vermehrten die Funde. Sie um-
fassen die Zeit vom 9. bis 13. Jahrhundert.
Erkennbar wurde eine Bevölkerung von
Handwerkern mit weit über dörfliches Maß
hinausgehenden Leistungen und von Kaufleuten. Die Stadtfläche von etwa ½ ha war

von einem Holz-Erdwall umgeben und
dicht bebaut – 100 Häuser für 500 Seelen.
Um das Jahr 1000 war Oppeln Sitz einer
slawischen Kastellanei, belegt erstmals 1222.
Oppeln gehörte 1163 zunächst zum schlesischen Teilstaat von Breslau und kam 1202 an
Ratibor. Oppeln wurde Vorort dieses vergrößerten Herzogtums, für das später die
Bezeichnung Oberschlesien aufkam. 1217
rief der Herzog »Gäste« nach Oppeln und
nach Ratibor, denen er die Schenken des
Marktes und besondere Freiheitsrechte verlieh. Nach deutscher und polnischer Forschung handelt es sich bei diesem Akt um
die erste Lokation einer deutschrechtlichen
Stadt. 1327 verlieh ihr Herzog Boleslaus II.
von Oppeln das *Neumarkter Stadtrecht* –
gleichzeitig mit der Unterstellung aller
oberschlesischen Territorien unter böhmische Lehenshoheit.
1532 verstarb der letzte Oppelner Piastenherzog Johann. Damit fiel die Stadt an die
Krone der Habsburger. Nachdem früh die
Reformation Eingang gefunden hatte, übergab Kaiser Leopold I. den Jesuiten die Stätte
der Burg im Osten des Stadtbereichs.
Im späten Mittelalter ging das deutsche Element erheblich zurück. Im 19. Jahrhundert
nahm der deutschsprachige Bevölkerungsteil durch die Entwicklung der Stadt als
Hauptstadt des Regierungsbezirks Oppeln
stark zu.
Ab 1843 durch den Bau der »Oberschlesischen Eisenbahn« Ausbau zu einem wichtigen Eisenbahnknotenpunkt. (Weitere Linien: nach Ratibor–Oderberg–Wien, nach
Tarnowitz, nach Groß Strehlitz und Gleiwitz, 1889 nach Namslau und 1898 über
Kreuzburg nach Posen.)

Wirtschaft

Im Mittelalter Handelsplatz als zentraler
Verkehrspunkt. Dem entsprach das Aus-
maß der deutschen Stadtanlage rechts der
Oder, die sich von Anfang an durch ihre

Größe von der altpolnischen Stadt am linken Oderufer unterschied – nunmehr 250 Bürgerhäuser auf 16 ha innerhalb der Umwehrung.

Die günstigen Verkehrsverbindungen nach dem Bau der Eisenbahn und des Handelshafens an der Oder (1902–1913) ermöglichten die industrielle Ausnutzung der Oppelner Kalksteinlager. 1857 entstand die erste Portlandzementfabrik, 1925 waren es acht, die zeitweise den europäischen Markt beherrschten. Vielfältige Industrie: Beton- und Kunststeinwerke, Bauindustrie, Sägewerke, Papierindustrie, Stahl- und Metallverarbeitung, Bekleidungsindustrie, Zigarrenfabriken, Reederei u. a. Nach dem Kriege Anknüpfung an die alten Industrien, vor allem an die Zementherstellung (Zementwerk »Odra«). Die Maschinenfabrik »Ofama« erzeugt Maschinen und Ausrüstungen aus feuerfesten Materialien für die Industrie. Die Wojewodschaft Oppeln ist nach Kattowitz hinsichtlich der Ausdehnung die kleinste in Polen, nach der Bevölkerungszahl steht sie an 14. Stelle. Bedeutend ist die Industrieerzeugung in Oppeln; sehr wichtig für Oppeln und Umgebung ist ferner die Landwirtschaft.

Sehenswürdigkeiten

Oppeln wurde bei der Besetzung durch sowjetische Truppen Ende Januar 1945 zu 25 % zerstört. Die wesentlichen Bauwerke, ausgenommen die Bürgerhäuser am Ring, blieben unzerstört. Sie sind auf dem engen Raum der schachbrettförmigen *Altstadt* zusammengedrängt. Dem mit dem Auto von Breslau kommenden Besucher bietet sich von der Oderbrücke ein reizvolles *Stadtbild*:

Im Vordergrund rechts spiegelt sich in der Oder die doppeltürmige Kreuzkirche, im Hintergrund der kantige Rathausturm. Weiter rechts hinter Baumgruppen die Franziskanerkirche, und auf der Oderinsel

überragt der runde Piastenturm das Verwaltungsgebäude.

Die E 40 macht von Breslau her einen großen Bogen um die Innenstadt, vorbei am Ostbahnhof (Opole Wschodnie). Vor dem Bahnhof durch die Unterführung rechts am Sportstadion vorbei zum großen *Parkplatz* (Busse). Von dort zu Fuß geradeaus über die ul. Oleska (Rosenberger Straße) zum Ring. Oder Beginn des *Stadtrundgangs* beim Hotel »Opole« in der ul. Krakowska (Hindenburgstraße), die vom *Hauptbahnhof* Opole Główne zum Ring führt. Am pl. Wolności (Annabergplatz) das weithin sichtbare polnische Denkmal der »Kämpfer für die Freiheit«. Hier begann im Mittelalter die Stadt mit dem Beuthener Tor. Vor dem Ring links *Franziskanerkloster und -kirche* zur Heiligen Dreifaltigkeit, früher auch Minoritenkirche genannt, aus dem 14. Jahrhundert, Turm 15. Jahrhundert, Kapellenanbauten. Deren Kuppeln und Innenausstattung barock, 16./17. Jahrhundert. Die Kirche wurde nach der Säkularisierung 1811 der evangelischen Gemeinde übergeben, heute ist sie römisch-katholisch. Sie hat für die Polen Symbolcharakter durch die *Piasten- oder St.-Anna-Kapelle*, wie auch der über dem rekonstruierten Eingang angebrachte Adler der polnischen Piastenherzöge zeigt. Diese Kapelle von 1309 ist der älteste Bauteil der Kirche, mit *gotischem Gewölbe und Schnitzaltar*. Ihr Anziehungspunkt: *Zwei Grabtumben*, von einem unbekannten Meister gefertigt (1378–1381), stellen die liegenden Gestalten der Herzöge Bolko I., Bolko II., Bolko III. und dessen Gemahlin Anna dar. Es sind Deckplatten, wie sie unter westlichem Einfluß schon ein Jahrhundert früher in Schlesien entstanden waren. Je eine Tafel – neu angebracht – veranschaulicht den Stammbaum der Piasten und die Stiftungsurkunde der Kirche. Nicht verdeutlicht wird allerdings, daß sich unter Herzog Bolko II. der Anschluß seines Fürstentums an das deutsche Herrscherhaus der Luxemburger in Böhmen vollzog. Am 5.4.1327 leistete Bolko II. in Breslau König Johann von Böhmen den Lehnseid. Mit seinem älteren Bruder nahm er am 22.12.1356 am deutschen Reichstag zu Metz teil. In der Krypta unter dem Hauptaltar sollen die Gebeine von acht Oppelner Piastenherzögen und von fünf Herzoginnen ruhen.

An der *Franziskanerkirche* entlang auf der »most Zamkowy« *(Schloßbrücke)* über den *Mühlgraben (Młynówka)* zur *Oderinsel Pasieka.* Hier ist das Gelände der altpolnischen Stadt mit zur Schau gestellten Ausgrabungen der alten Piastenburg. Das 1928 abgerissene Schloß entsprach nicht mehr den Anforderungen der Regierungsbehörde. 1934 erstand der Büroneubau des Regierungspräsidiums, jetzt Sitz des Präsidiums des Wojewodschafts-Volksrates. Dahinter der runde *Piastenturm*, ein Rest der mittelalterlichen Burg, 1970 als *Aussichtsturm* mit lohnender Rundsicht auf die Stadt hergerichtet.

Hinter dem Büroblock ist die neue *Freilichtbühne* (Amphitheater), 1963 errichtet, mit 5600 Sitzplätzen und einer 100 m langen Pergola für Handelsstände und sanitäre Anlagen. Hier finden jährlich im Juni Schlagerfestivals und sonst andere Kulturveranstaltungen statt (Bühne 20×26 m). Nahe der Oder ist ein Hotel mit einer Kunsteisbahn. Hinter dem Oderdamm: *Dampfer-Anlegestelle.* Am Teich in der Grünanlage südlich des Verwaltungsgebäudes (ul. Barlickiego) steht das Blockhaus der ehemaligen *Schweizerei* (»Eishäuschen«), jetzt *PTTK-Fremdenverkehrsheim* mit Gaststätte und Wojewodschaftsbüro des PTTK. Die Oderpromenade an der ul. Kochanowskiego führt oderaufwärts an einem Naturpark im Überschwemmungsgelände vorbei zur Bolkobrücke und Oderinsel »Bolko« mit *Grünanlagen und kleinem Zoo.* Zurück Richtung Piastenturm am Mühlgraben entlang. In der ul. Piastowska sind der Rundfunksender und die pädagogische Bibliothek der Wojewodschaft. Die gußeiserne *Fußgängerbrücke* (früher Pfennigbrücke genannt) führt auf die andere Seite des Mühlgrabens, wo noch alte Häuser stehen.

Zurück über die Schloßbrücke zum *Ring.* Die Bürgerhäuser am Ring waren nach 1945 teils kriegszerstört, teils verwahrlost. Auf der Nordseite wurden auf dem alten Grundriß der Giebelhäuser die historischen Fassaden *rekonstruiert* (Rokoko, Biedermeier). Beachtenswert sind die Häuser Nr. 1, 10, 11 und das Eckhaus Nr. 27. Das Haus Nr. 37 neben der Franziskanerkirche ist in den unteren Teilen gotisch, darüber barock bis klassizistisch, es heißt heute Piastenhaus, weil es bis 1532 Eigentum der Herzöge war. Das *Rathaus*, 1822–1824 von einem italienischen Baumeister im Stil der Florentiner Renaissance errichtet, war 1945 nur beschädigt und wurde nach dem Kriege stilgerecht wiederhergestellt. Der Turm war bereits nach einem Einsturz von 1934 in gleicher Gestalt wiederaufgebaut worden. Vom Ring nach Osten steht am Ende der ul. św. Wojciecha (Adalbertstraße) auf einem Hügel die *Kirche St. Marien und St. Adalbert (Kościół Dominikanów);* nach ihrer Lage früher im Volksmund »Bergel-Kirche« (heute: »na Górce«) genannt. Im Ursprung vermutlich älteste Kirche von Oppeln, 1701–1731 im Barockstil neu erbaut, 1930–1939 zusammen mit der Freitreppe erneuert. Seitlich der Freitreppe im Gebäude des früheren städtischen Museums – Mały Rynek (Tuchmarkt) 7 – das *Regional-Museum* (Muzeum Śląska Opolskiego) mit reichen archäologischen – von den Ausgrabungen auf der Ostrowek-Insel –, historischen und ethnographischen Sammlungen.

Von der Kirche nach Nordosten kommt man zum pl. Armii Czerwonej (Wilhelmsplatz). Westlich davon an der Grünanlage mit dem 1964 errichteten Denkmal des polnischen Schriftstellers Josef Lompa ist ein mechanisches Technikum im Gebäude des alten *Jesuitenkollegs* untergebracht. 1668 hatten die Jesuiten dort ihre Residenz errichtet und von Kaiser Leopold I. die Stätte der 1615 abgebrannten Stadtburg erhalten (zweite Burg aus der Zeit, als Oppeln im Mittelalter kurze Zeit in zwei Herrschaftsbereiche getrennt war, 1387). Von ihr steht noch ein gewaltiger *Viereckturm,* mit dem Gebäude des früheren Burggymnasiums verbunden, das im 19. Jahrhundert im klassizistischen Stil erneuert wurde. Über die ul. Mondrzyka (Karlstraße) und die ul. Malczewskiego kommt man zum pl. Św. Sebastiana (Sebastiansplatz) mit der *Sebastianskirche,* 1681 nach Abklingen der Pest errichtet, barocke Innenausstattung.

In Richtung Oder weithin sichtbar in der ul. Katedralna (Kirchstraße) die *katholische Pfarrkirche zum Hl. Kreuz* (Kościół katedralny Św. Krzyża). Bau 1223 belegt. Heutige Gestalt einer dreischiffigen Hallenkirche aus dem 15. Jahrhundert, einzelne Kapellenanbauten aus dem 16. Jahrhundert, Barockaltäre, neben dem Hochaltar farbige Glasfenster, vermutlich aus dem 14. Jahrhundert. Im Marienaltar ein Gnadenbild aus Deutsch Piekar (1702), hierher verbracht. Das gotische Sterngewölbe ist zu einem Netzgewölbe verquickt. Die Turmfront mit den Doppeltürmen wurde erst 1890 vorgebaut. Seit der 1972 erfolgten Anerkennung der selbständigen Diözese Oppeln ist die Kathedrale Bischofskirche.

Bedeutende Persönlichkeiten aus Oppeln: Emin Pascha (Eduard Schnitzer), Arzt und Forschungsreisender, * 28. 3. 1840, † 23. 10. 1892 (ermordet) in Kanena (Kongo); Hans Niekrawietz, Dichter der Oderlieder, * 8. 2. 1896, † 27. 4. 1983 in Wangen/Allgäu; Alfons Hayduk, Schriftsteller, * 18. 11. 1900, † 1. 7. 1972 in Erlangen.

ROUTE 1   Oppeln (Opole) – Laskowitz (Laskowice) – Kreuzburg (Kluczbork) – Pitschen (Byczyna) – Landsberg (Gorzów Śląski) – Rosenberg (Olesno) – Guttentag (Dobrodzień) – Malapane (Ozimek) – Oppeln (Opole). 160 km

Landschaft

Das Waldgebiet nordöstlich der Linie Brieg – Oppeln – Groß Strehlitz ist die Landschaft beiderseits der Flußläufe von Stober (Stobrawa) und Malapane (Mała Panew). Der Stober entspringt bei Rosenberg (Olesno) und mündet oberhalb Brieg (Brzeg) in die Oder. Die Malapane kommt von den Tarnowitzer Höhen (Próg Woźnicki) – 340 m – unweit östlich der alten reichsdeutschen Grenze von 1914 südlich des Ortes Woischnik und mündet unterhalb von Oppeln in die Oder. Dieses Waldgebiet rechts der Oder ähnelt der niederschlesischen Heide im Westen Schlesiens, es ist flach und steigt nur im Norden bei den Hügeln von Kreuzburg und Rosenberg etwas an. Es besteht aus diluvialen Sanden und ist zum Ackerbau wenig geeignet. Vorherrschend ist die Waldwirtschaft.

In dieser Waldlandschaft hat sich bis in die Gegenwart infolge des Holzreichtums eine bodenständige Holzbauweise mit im Blockbau gefügten Bauernhäusern und zahlreichen alten Schrotholzkirchen erhalten, besonders in den Kreisen Kreuzburg und Rosenberg. Vor Kenntnis der Kohlenfeuerung entstanden hier die ersten Eisenhütten (»Kreuzburger Hütte« sowie die Hütten in Malapane, Kreis Oppeln, in Sausenberg, Kr. Rosenberg, und in Colonnowska, Kr. Groß Strehlitz) zur Verhüttung der Raseneisenerze mit Holzfeuerung. Mit dem Übergang Schlesiens an Preußen (1742) begann eine neue Entwicklung. Die Kriegs- und Domänenkammer ermächtigte Privatleute zum Ausbau und zur Neuanlage von Hütten, gleichzeitig ließ Friedrich der Große auch Hütten von Amts wegen »auf königliche Rechnung« erstellen. 1753 begann der preußische Staat auf Vorschlag von Ober forstmeister Rhedanz den Bau eines Hüttenwerkes in Malapane mit zwei Hochöfen und einem Frischfeuer. Es verhüttete die Wiesenerze der Umgebung. Kurz danach erfolgte die Gründung der »Kreuzburger Hütte«, ca. 15 km südwestlich Kreuzburg. An der Spitze der Großgrundbesitzer, die mit der Eisenverhüttung begannen, stand Philipp Graf Colonna (1755–1807). Er gründete mehrere Eisenhüttenwerke an der Malapane, deren größtes Colonnowskie war. An der Wende zum 19. Jahrhundert besaß er bereits drei Hochöfen, 15 Frischfeuer und zwei Zaynhämmer und wurde damit einer der großen Bahnbrecher in der industriellen Entwicklung Oberschlesiens.

Von Oppeln Straße 37 nach Norden, nach 1945 neu angelegt, bis Kreuzburg (Kluczbork) – 45 km. In
Kollanowitz – 1936: Kniedorf – (Kolanowice)
Barbarakirche, Schrotholz von 1678, 1811 aus Oppeln nach hier übertragen. Volksabstimmung 1921: für Deutschland 84, für Polen 208.
In *Bierdzan – 1936: Burkhardsdorf – (Bierdzany)*
Hedwigskirche, Schrotholz aus dem 16. Jahrhundert, umgebaut 1711. Volksabstimmung 1921: für Deutschland 56, für Polen 8.
Ein Abstecher führt links 4 km nach *Laskowitz – 1936: Kiefernwalde – (Laskowice)* zur Laurentiuskirche, Schrotholz von 1668, sehenswert, 1981 in gutem Zustand. Volksabstimmung 1921: für Deutschland 464, für Polen 123. Lutsch, 1894, erschließt das Alter des überkommenen Baues aus der Jahreszahl 1580 an einem Triumphbalken und beschreibt eine Glocke mit der Inschrift: »Hilf got maria berot als was vir begenne das ein gutt (ende) g(ewinne).«
Zurück zur Hauptstraße Richtung Kreuzburg, nach 7 km Abzweigung rechts in *Groß*

Lassowitz – 1936: Schloßwalden – (Lasowice Wielkie)
Allerheiligenkirche, Schrotholz von 1599. Volksabstimmung 1921: für Deutschland 394, für Polen 74.

KREUZBURG, *Kr. Kreuzburg*
Kluczbork, woj. Opole (Woj. Oppeln)

Lage im oberen Stobertal am Straßenkreuz West-Ost: Breslau – Oels – Namslau – Gleiwitz oder Lublinitz – Tarnowitz, und Süd-Nord: Oppeln – Kempen (Kępno) – Posen (Poznań), und am Schnittpunkt der Eisenbahnlinien Breslau – Kreuzburg – Kattowitz und Oppeln – Kreuzburg – Posen.

Einwohner
  1939: 11 693
  1985: 22 000
Volksabstimmung 21. 3. 1921: für Deutschland 7308 (96,4 %), für Polen 279.
Seit 1990 hat der DFK im Stadtrat 6 von 28 Sitzen.
Hotel: »Stobrawa«, ul. Mickiewicza 27, Tel. 14-51 bis 14-59
Jugendherberge: PTSM, ul. Kościuszki 1, Tel. 512, Juli–August. – Stadtplan (5)

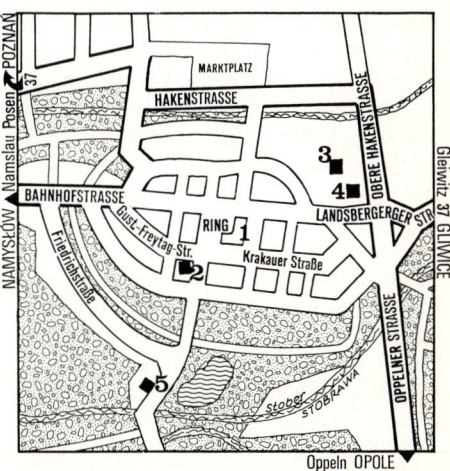

Restaurant: »Hotelowa«, Kat. II, ul. Mickiewicza 29; »Ratuszowa«, Kat. II, ul. 15 Grudnia 2
Imbißstube: »Bar Mleczny«, plac Boh. Armii Czerwonej 20 (Ring)
Café: »Jubileuszowa«, Kat. I, ul. 15 Grudnia; »Ewa«, Kat. II, ul. 22 Lipca
Taxi: Am Ring (plac Boh. Armii Czerwonej), ul. Krakowska, Tel. 699
Fernbus-Auskunft: Tel. 1939
Bahnauskunft: Tel. 468; »Orbis«, ul. 15 Grudnia 3, Tel. 1629
Dzierzon-Museum: ul. 15 Grudnia 12

Geschichte

Das Kreuzburg-Pitschner Gebiet gehörte ursprünglich zum Oppelner Land und war durch einen Bannwald, die »Preseka« (polnisch »Przesieka«), von Niederschlesien getrennt. Bei der Teilung der Piastenherzogtümer im 13. Jahrhundert blieb Kreuzburg aber beim Herzogtum Breslau. Erst 1820 kam es zum Regierungsbezirk Oppeln. Die Gründung der deutschen Stadt geschah mit der Anlage deutscher Dörfer durch die in Breslau ansässigen Kreuzherren mit dem Roten Stern um die Mitte des 13. Jahrhunderts. 1273 entzog Herzog Heinrich IV. von Breslau den Kreuzherren die Besitzrechte an der Stadt und den umliegenden Dörfern. Im Mittelalter war Kreuzburg eine mittelgroße Stadt im Herzogtum Brieg. Seit 1480 war die Bevölkerung mehrheitlich polnisch, seit Mitte des 19. Jahrhunderts wieder mehrheitlich deutsch.

Wirtschaft

Im Mittelalter Handel, an der Grenze zu Großpolen Jahrmärkte, Salzmarkt, Tuchmacherei und Leineweberei. Ende des 19. Jahrhunderts zog die Verkehrslage auch Industrie an: Holzstiftfabrik Fa. W. Georgi u. Co., aus Bremen eine Zuckerfabrik (1882), zwei Dampfmühlen, eine Lederfa-

brik, zwei Dampfsägewerke, Dachpappen- und Maschinenfabriken. Nach 1945 Wiederaufnahme der Arbeit in den Industriebetrieben, insbesondere der Lederfabrik, Maschinenfabrik »Famak«. Neu entstanden: Möbelfabriken, Beton- und Stahlbetonwerke. Insgesamt sind es heute 22 Produktionsbetriebe der Branchen Metall, Baustoffe, Agrar- und Lebensmittelprodukte.

Sehenswürdigkeiten

Im Januar 1945, nach der kampflosen Besetzung, ist Kreuzburg zu 25 % abgebrannt. Das *Rathaus* (1), inmitten des Ringes (pl. Bohaterów Armii Czerwonej), war nach dem Brand von 1737 mit einem Barockgiebel neu erbaut worden. Daneben sind zwei *barocke Bürgerhäuser* von einer früheren Hausreihe erhalten. Vor der Vorderfront des Rathauses stand früher der Gustav-Freytag-Brunnen zum Gedenken an den hier 1816 als Sohn eines Arztes und Bürgermeisters geborenen Schriftsteller. Heute sowjetrussisches *Soldatendenkmal* und Ehrenpforte zur Symbolisierung der sowjetisch-polnischen Freundschaft. Am Westrand des Ringes die evangelische Kirche *St. Salvator* (2), gotisch, ältester Teil aus dem 13. Jahrhundert, nach Bränden im 18. Jahrhundert ausgebaut und neu ausgestattet. Mit der Reformation wurde sie evangelisch. Für die polnisch-sprechenden Gläubigen verfaßte Adam Gdacius, Pfarrer in Kreuzburg 1646–1688, evangelische Schriften in polnischer Sprache. Sie wurden in Brieg gedruckt. Ihm zu Ehren heißt der Platz vor der Kirche heute »pl. Księdza Gdacjusza«; ebenso wurde die heute evangelisch-augsburgische Kirche nach ihm benannt. Östlich des Ringes, im ehemaligen Schloß, ist das *Dzierzon-Museum*, ul. 15 Grudnia 12 (4), links davon befindet sich das *alte Waisenhaus* (3).
Johannes Dzierzoń, * 1811 in Lowkowitz – seit 1936: Bienendorf – (Lowkowice),

† 1906 ebenda, katholischer Pfarrer, als »Bienenvater« bekannt. Er entdeckte die Parthenogenese (Jungfernzeugung) der Bienen und erfand die bewegliche Wabe. Seine Forschungsergebnisse veröffentlichte er in deutscher Sprache. Er war wie viele seiner Landsleute zweisprachig, d. h. verstand und sprach außer deutsch auch den in Oberschlesien seit alter Zeit weithin gebräuchlichen polnischen Dialekt, der durch viele Altertümlichkeiten und eine Fülle deutscher Lehnworte gekennzeichnet ist.

Im Museum Darstellung der Geschichte der Bienenzucht von den Anfängen im 10. Jahrhundert bis zur Gegenwart. Sammlung figurenreicher Bienenstöcke aus Schlesien nebst Sammlung von persönlichen Erinnerungen an Dzierzoń.

Bedeutende Persönlichkeiten aus Kreuzburg: Gustav Freytag, Schriftsteller, Journalist, * 13. 7. 1816, † 30. 4. 1895 Wiesbaden; Heinz Piontek, Schriftsteller, * 15. 11. 1925, lebt in München.

Weiterfahrt Richtung Kempen (Kępno) 16 km bis

PITSCHEN, Kr. Kreuzburg
Byczyna, woj. Opole (woj. Oppeln)
Lage: 4 km vor der früheren Nordgrenze Schlesiens zu Großpolen (bis 1919: preußische Provinz Posen)

Einwohner

1939: 3021
1985: 2800

Bei der Volkszählung von 1910 gaben 82 % Deutsch als Muttersprache an. Volksabstimmung 1921: für Deutschland 2103, für Polen 59.

Geschichte

Vermutlich slawische Vorgängersiedlung, Gründung der deutschrechtlichen Stadt etwa zur gleichen Zeit wie die der Nachbarstädte Kreuzburg (1253) und Konstadt (1261). Zugehörigkeit zum Herzogtum Breslau. Grenznähe führte zu häufigen polnischen Überfällen und Plünderungen. Im Streit um die polnische Krone unterlag der Habsburger, Erzherzog Maximilian, am 24. 1. 1588 mit etwa 5000 Mann gegen das etwa 12 000 Mann zählende Heer des polnischen Kronfeldherrn und Kanzlers Jan Zamoyski. Maximilian zog sich in die Stadt zurück und ergab sich. Pitschen wurde von den Polen geplündert und bis auf die Pfarrkirche niedergebrannt. Ebenso hatte die Stadt im Dreißigjährigen Krieg zu leiden und brannte im Siebenjährigen Krieg nochmals bis auf die Pfarrkirche, das Pfarrhaus und acht weitere Häuser ab. Am 19. 1. 1945 bei der Besetzung durch sowjetische Truppen wurde Pitschen zu 80 % zerstört.

Wirtschaft

Handwerk und Grenzhandel, keine nennenswerte Industrie. Durch die Grenzziehung von 1919 verlor Pitschen einen Teil seines Hinterlandes.

Sehenswürdigkeiten

Die Erhaltung der *Stadtmauer mit zwei Tortürmen* und dem Sandtor ließen sich die deutschen Stadtväter früher etwas kosten. Offenbar ist die heutige Stadtregierung bemüht, diesem Beispiel zu folgen. Inmitten des viereckigen Ringes steht das *Rathaus*, nach einem Brand von 1757 in klassizistischen Formen neu erbaut, 1945 ausgebrannt, danach wiederhergestellt. In der Nordwestecke des Ringes die alte *Pfarrkirche St. Nikolaus*, seit der Reformation evangelisch, 1283 erwähnt, Ende des 14. Jahrhunderts als fast quadratische Basilika in Backsteingotik errichtet, 1886–1888 erneuert unter Beseitigung der Barockausstattung. Die Bauplastik St. Nikolaus stammt aus der *Parler-Werkstatt*. 1965 Restaurierung eines auf Holz gemalten Bildes Christi von 1566. Außerhalb der Stadtmauer *St.-Hedwigs-Kapelle*, ursprünglich 14. Jahrhundert, heute Friedhofskapelle. Die barocke *Dreifaltigkeitskirche* wurde 1767 als katholische Stadtkirche erbaut, weil die Protestanten als Ersatz für die übernommene Kirche St. Nikolai nach der Altranstädter Konvention (1707) für die katholischen Einwohner eine neue Kirche bauen mußten. Nördlich von Pitschen bildete die Prosna (Prosna) seit dem Mittelalter bis in die Gegend von Landsberg (Gorzów Śląski) die Grenze Schlesiens gegen Polen. Im 13./14. Jahrhundert war die deutsche Besiedlung bis an diesen Nebenfluß der Warthe vorgedrungen. Bis 1945 war diese Grenze eine der stabilsten Europas! Der Charakter von Land und Leuten dieses Grenzlandes ist treffend und eindrucksvoll gestaltet von Hans Lipinsky-Gottersdorf in seinem Roman »Die Prosna-Preußen«.

Weiterfahrt ins Prosnatal 18 km bis

LANDSBERG, *Kr. Rosenberg*
Gorzów Śląski, woj. Częstochowa (Woj. Tschenstochau)

Lage

In einem von Hügeln umgebenen Talkessel, wenige 100 m vom Grenzfluß Prosna entfernt.

Einwohner

1939: 3049
1985: ca. 2900
Volksabstimmung 1921: für Deutschland 938, für Polen 98.

Geschichte

Die Gründung als deutschrechtliche Stadt 1254 erwähnt in einer Urkunde, in der Herzog Heinrich III. von Glogau Herzog Heinrich V. von Breslau zur Abtretung von

»Landesberch stat unde hus« zwang. 1368 kommt Landsberg zum Herzogtum Oppeln, bei dem die unbedeutende Ackerbürger- und Handwerkerstadt verblieb.

Sehenswürdigkeiten

Kleine ovale Stadtanlage in Gitterform mit rechteckigem Ring. Katholische Pfarrkirche St. Trinitatis von 1895, ehemalige evangelische Kirche von 1857.

Weiterfahrt auf einer Nebenstraße über Koselwitz – 1936: Josefshöhe – (Kozłowice) mit Johannes-(Schrotholz-)Kirche, 16./17. Jahrhundert – 23 km bis

ROSENBERG, *Kr. Rosenberg*
Olesno, woj. Częstochowa (Woj. Tschenstochau)

Lage

Altstadt auf Talterrasse über dem Stobertal 242 m hoch, 1 km nordöstlich der Stoberquelle.

Einwohner

1939: 7263 auf 25,8 km^2
1985: 9300 auf 47,56 km^2
Volksabstimmung 1921: für Deutschland 3268, für Polen 473.
Seit 1990 hat der DFK im Stadtrat 18 von 24 Sitzen. Vors.: Bernhard Smolarek, ul. Ligenzow 4, 46–300 Olesno (Rosenberg).

Restaurant: »Oaza«, ul. Kościuszki 10; »Ratuszowa«, ul. Armii Czerwonej 7, und Café »Tęczowa«
Milchbar: ul. Pieloka 7
Regionalmuseum: »J. N. Jaroń« (Geschichte, Archäologie, Ethnographie)

Geschichte

1226 beurkundete Bischof Lorenz von Breslau anläßlich der Einweihung einer Kirche in

Rosenberg auf Bitte Kasimirs von Oppeln die »alte« Zollsatzung von »Olesno« an der Handelsstraße von Mähren nach Kujawien. Gründung der deutschrechtlichen Stadt vermutlich vor 1267, 1310 erstmals unter dem Namen Rosenberg genannt. 1450 Erneuerung des deutschen Stadtrechts durch Herzog Bernhard von Oppeln. Die Amtssprache war zunächst Lateinisch und Deutsch, nach dem Übergang des Herzogtums Oppeln unmittelbar unter die Krone Böhmens (1532) zunehmend tschechisch, hin und wieder auch polnisch, ab 1742 nur noch deutsch (Weczerka). Seit Ende des 14. Jahrhunderts Mediatstadt. Grundherren: Reichsgrafen von Gaschin (1608–1801).

Wirtschaft

Im Mittelalter war Rosenberg Umschlagplatz für die Einfuhr von Wolle, Talg, Honig, Leder und Pferden aus Polen; ausgeführt wurden Weberei-, Tuch- und Hutmacherwaren sowie Erzeugnisse der städtischen Handwerksbetriebe. Im 19. und 20. Jahrhundert entstanden zahlreiche Manufakturen und kleine Industriebetriebe (Lederfabriken, Kürschnerei, Brauerei, Glockengießerei, Druckerei, Maschinen- und Zementfabriken). Heute Armaturenwerke, Baukeramik, Stuhlfabrik.
Landwirtschaftliche Staatsbetriebe, die *zur Besichtigung freigegeben* sind:
1. Experimenteller Kartoffel-Betrieb in Alt Rosenberg (Stare Olesno). Anbau neuer Kartoffelarten unter Glas und auf freiem Boden.
2. Schlesische Experimentierstation in Wojciechów Śl. – Experimente mit Flachs und Hanf.
3. Staatlicher Landwirtschaftlicher Betrieb PGR in Świercz – Mast von Schweinen.
4. Versuchsstation für Getreide, Schmetterlingsblütler, Futterpflanzen und Kartoffeln (Stacja Oceny Odmian) in Rosenberg (Olesno).

Sehenswürdigkeiten

Am 20. 1. 1945 Besetzung durch sowjetische Truppen, zu 35 % zerstört. Regelmäßiger schachbrettartiger Grundriß der Altstadt. An der Südostecke des Ringes Neubau des Rathauses von 1820 mit dorischen Säulen an der Vorderfront (1880). Nach 1945 wurde das ausgebrannte *Rathaus* ohne Turm wiederhergestellt. Vor dem Rathaus *Nepomukdenkmal* und *Mariensäule,* barock. In der Nordecke des Ringes *katholische Pfarrkirche St. Michael,* 1353 Probsteikirche. Nach Bränden mehrfach umgebaut, zuletzt im 19. Jahrhundert, Turm von 1856. Frühbarocker Altar. Die *evangelische Kirche zum Kreuz Christi,* ul. 1 Maja, stammt aus dem 17. und 18. Jahrhundert, erneuert 1913. An der Straße nach Landsberg liegt vor der Stadt Rosenberg die berühmte *Schrotholzkirche St. Anna,* 1516 errichtet, 1668 erfolgte ein sternförmiger Anbau von 5 Kapellen, angeordnet in Form eines Rosenblattes. Im Hauptaltar gotische Schnitzwerke des 16. Jahrhunderts; Schlüssel im Pfarrhaus der Stadtpfarrkirche.

Zahlreiche weitere Schrotholzkirchen im Kreis Rosenberg; u. a.:
6 km Richtung Kreuzburg in Alt Rosenberg (Stare Olesno) – Magdalenenkirche 1680,
5 km Richtung Lublinitz (Lubliniec) in Grötsch (Grodzisko) – Rochuskirche 1710,
10 km Richtung Tschenstochau in Groß Boreck – Brückenort – (Borki Wielkie) – Martinskirche, 17. Jahrhundert, Turm 1789.

Die waldreiche Umgebung ist durch markierte Wanderwege erschlossen:
1. Die Jeziorowski-Strecke – rot – 29 km – Zunächst nach Westen Richtung Oppeln (Opole) bis Sausenberg (Szumirad) und Kamienietz – Steinbach – (Kamieniec).
(Mitte des 19. Jahrhunderts wurde hier ein Hochofen zur Ausbeutung des

Raseneisenerzes errichtet, der zu den Fürstlich Hohenloheschen Hütten gehörte.)

Bei Sausenberg (Szumirad) Landschaftsreservat (Naturschutzpark) mit Sehenswürdigkeiten der Holzbaukunst.

Weiter Wanderung über Klein Radau (Radawka) – Preußenau (Prusków) – Leschna – 1934: Mühlendorf – (Leśna) – Wachow –Wallhof – (Waków) – Wachowitz – 1934: Stoberquell – (Wachowice) – Rosenberg (Olesno).

2. Strecke der Holzbauten
rot – (entgegengesetzte Richtung, Nordosten) – 20 km – Rosenberg (Olesno) – Alt Rosenberg (Stare Olesno) – Bankau (Bąków) – Ober Ellguth (Ligota Górna). In Bankau stand einst der erste Hochofen in Schlesien. In der dortigen Kirche befindet sich ein Altarbild mit gotischem Triptychon aus dem 14. Jahrhundert.

Auf der Weiterfahrt mehrere (P) an der Straße im Walde. 17 km bis

GUTTENTAG, *Kr. Guttentag/Lublinitz*
Dobrodzień, woj. Częstochowa (Woj. Tschenstochau)

Lage
Am Westende der schon im Mittelalter besiedelten Hügelkette.

Einwohner
1939: 4307
1985: 4500
Abstimmungsergebnis 1921: 1664 für Deutschland, 430 für Polen.
Seit 1990 hat der DFK im Stadtrat 18 von 21 Sitzen.

Geschichte und Wirtschaft
Um 1374 gegründet durch Herzog Wladislaus II. von Oppeln, unbedeutende Ackerbürgerstadt. In der Zweiten Hälfte des 18. Jahrhunderts begann ein wirtschaftlicher Aufschwung durch die Eisenverhüttung in und um Guttentag. Eisentransport, bis sich die Industrie ins Steinkohlenrevier verlagerte. Eisenbahnanschluß 1913. Guttentag gehörte zu den wenigen oberschlesischen Städten, in denen Ende des 19. Jahrhunderts noch eine polnischsprachige Mehrheit wohnte. Der Name entstand durch Übersetzung des mißverstandenen polnischen Namens Dobredin im 17. Jahrhundert. 1922 wurde Guttentag Kreissitz für das bei Deutschland verbliebene Drittel des abgetretenen Kreises Lublinitz. Die Stadt war 1945 zu 30 % zerstört.

Wie vor dem Krieg liegt der Schwerpunkt der industriellen Produktion in der holzverarbeitenden Industrie.

Katholische Pfarrkirche St. Maria Magdalena auf der Südseite des Marktes, Neubau von 1850–55. Schrotholz-Friedhofskirche St. Valentin aus der zweiten Hälfte des 17. Jahrhunderts.

18 km bis

MALAPANE *(Ozimek)*

Einwohner
1939: 3998
1985: 7800
Seit 1962 Stadt, seit 1990 hat der DFK im Stadtrat 12 von 30 Sitzen.

1753/54 Errichtung von zwei Hochöfen für Raseneisenerz, Ausnutzung der Wasserkraft und des Holzreichtums, erstes Eisenhüttenwerk in Oberschlesien. Seit 1798 Verwendung von Koks statt Holzkohle für die Eisenschmelze. Bau einer Dampfmaschine durch August Friedrich Holzhausen aus Ellrich/Harz (1794). Leiter des Hüttenwerkes war Forstmeister Rhedanz; 1783 stellte das Werk die ersten in Preußen produzierten Eisengeschütze her. Kunsteisenguß u. a. der noch vorhandenen *Kettenbrücke von Malapane* (1827), eine vielbeachtete, damals technisch bedeutende Leistung. Nach Erschöpfung der Eisenvorräte stellte sich das Werk auf die Herstellung von Stahl um. 1944 war die Hütte mit dem Edelstahlwerk, betrieben von der »Vereinigten Oberschlesischen Hüttenwerke AG.«, bei einer Belegschaft von 3000 Personen eine der größten Hütten in Oberschlesien. Nach 1945 Wiederaufbau und Erweiterung, heute Hüttenkombinat »Mała Panew«. Der Ort wurde 1954 zur stadtartigen Siedlung erhoben, 1970 hatte er 5000 Einwohner.

22 km nach Oppeln.

ROUTE 2   Umgebung von Oppeln (Opole)

a) Zum Stausee Turawa (Jezioro Turawskie) – 20 km.

Ausfahrt Richtung Kreuzburg (Kluczbork) in Hinterwasser (Zawada) Abzweigung rechts nach Turawa (Turawa).
1934 wurde östlich von Turawa im Tal der Malapane (Mała Panew) ein Stausee mit einem Fassungsvermögen von 90 Mio. cbm Zuschußwasser gebaut (Wasserregulierung der Oder).
Oberfläche heute 20 km², Tiefe bis 13 m. Erholungsgebiet mit zwei kleinen Seen. Nahe dem Südufer des Stausees Parkplätze. Am Stausee und mittleren See Verleih von Wasser- und Touristenausrüstung.
In Turawa Gaststätte »Turawianka«, ganzjährig geöffnet. Im Dorf Barockschlößchen (1728), Ende des 19. Jahrhunderts um- und ausgebaut. Heute staatliches Haus des Kindes.
Ausflugshaus: PTTK, Kat. III, mit Bungalows (geöffnet Mai bis September).
Camping: Am Stausee, Kat. I
Gaststätte am See nur in der Sommersaison geöffnet. Sandiger Strand, Bademöglichkeit. Bootsverleih, ideale Bedingungen für Segelsport. In der Südostecke des Stausees in Staueck (Jedlice) Glashütte – zur Besichtigung freigegeben – Zufahrt von Malapane (Ozimek) – Bahnstation und PKS-Bushaltestelle.
Im Gemeinderat von Turawa hat der DFK 22 von 23 Sitzen.

Wanderwege

gelb – 25 km – rund um den See.
grün – 6,5 km – von Klein Kochen (Kotórz Mały) – 3 km westlich des Stausees zum kleinen See. Weiterwanderung auf dem Damm des Stausees.

b) Nach Czarnowanz (Czarnowąsy) und Carlsruhe (Pokój) Richtung Namslau (Namysłów) – 5 km bis

Czarnowanz – 1936 Klosterbrück – (Czarnowąsy)
2 km vor dem Dorf Wallfahrtskirche St. Anna – Schrotholz 1687–88, mit zwei Seitenkapellen und offenem Umgang. Im Dorf Prämonstratenserinnenkloster, vor 1211 in Rybnik gegründet, auf Betreiben Herzog Kasimirs I. von Oppeln 1228 nach hier verlegt. 1643 im 30jährigen Krieg von den Schweden zerstört, Erneuerung und Wiederaufbau in der 2. Hälfte des 17. Jahrhunderts. Der Troppauer Baumeister Hans Fröhlich errichtete die Klostergebäude. (Er hat auch St. Vinzenz in Breslau im Barockstil neu gebaut.) Das langgestreckte Konventsgebäude wurde 1730 vollendet. Neugestaltung der Kirche auf mittelalterlichem Grundriß im Barock, Innenausbau in gemäßigtem Barock mit Übergang zum Zopfstil 1784 vollendet, 1947 restauriert.

Das Kloster bezogen nach der Säkularisierung von 1810 kurze Zeit Magdalenerinnen,
seit 1902 Hedwigsschwestern, die noch heute dort tätig sind.

8 km bis
Groß Döbern (Dobrzeń Wielki)
Rochuskirche mit Dachreiter, Schrotholz,
zweite Hälfte 17. Jahrhundert, 1753 umge-
baut.
Im Gemeinderat von Groß-Döbern hat der
DFK seit 1990 18 von 21 Sitzen.

Weiter bis
Carlsruhe (Pokój)
Kleine Landgemeinde mit sehenswerter So-
phienkirche, errichtet 1765–1775 von
G. W. Schirrmeister; bedeutendes Zeugnis
evangelischer Kirchenbaukunst in Schlesien
– ovaler Grundriß mit umlaufender Empore
und Kanzelaltar im Rokokostil. Äußeres
klassizistisch, Besichtigung durch evangelisches Pfarramt.
Die Kirche ist der Überrest einer 1752 groß-
angelegten Sommerresidenz von Karl Christian Erdmann von Württemberg, seit 1744
Herzog von Oels. Das Barockschloß mit
Anklängen an das badische Schloß in Karlsruhe wurde mit seinen Kavaliershäusern
und allen Anlagen 1945 vernichtet.

Im ehemaligen Schloßpark, schwer auffindbar, steht auf einem Hügel Torso eines
Denkmals Friedrichs des Großen von Johann Daniel Melzer (1790).

c) Nach Birkowitz (Opole-Bierkowice)
zum Bauern-Freilichtmuseum und nach
Murow (Zagwiździe) zum Industrie-
Museum 5 km Richtung Brieg (Brzeg) in
*Birkowitz – 1934 Birkental – (Opole-Bier-
kowice)*
Bauern-Freilichtmuseum. Muzeum Wsi
Opolskiej, ul. Wrocławska 174, geöffnet
Okt.–März 10–15 Uhr, April–Sept. 10–18
Uhr, Tel. 430-21. (Dorfanlage, zusammengestellt aus typischen Holzbauten der Oppelner Gegend.)
Industriedenkmal der Technik des 18. und
19. Jahrhunderts in *Murow* – seit 1934 Herr-
mannstal – (Zagwiździe), Bahnstation an
der Linie Namslau (Namysłów) – Carlsruhe (Pokój) – Oppeln (Opole), Autozufahrt
von der Straße Groß Wilkau (Dobrzeń
Wlk.) Richtung Carlsruhe (Pokój) über die
Abzweigung hinter Kupp (Kup).
Von 1754 bis 1850 betrieb hier der preußische Staat die »Kreuzburger Hütte« ebenso
wie in Malapane als Hochofen mit Holz-
kohlenbetrieb und Frischfeueranlage.

ROUTE 3   Oppeln (Opole) – Groß Strehlitz (Strzelce Opolskie) – St.-Anna-Berg (Góra Św.
Anny) – Leschnitz (Leśnica) – Schloß Zyrowa (Żyrowa) – Kandrzin-Cosel (Kędzierzyn-
Koźle) – Oberglogau (Głogówek) – Krappitz (Krapkowice) – Rogau (Rogów) – 125 km.

E 40 – 32 km bis Groß Strehlitz (Strzelce
Op.)

In Stubendorf (Izbicko) befindet sich ein
Schloß aus dem 18. Jahrhundert, umgebaut
im Neubarockstil, mit Park von 2 ha (jetzt
Schule). In Stubendorf hat der DFK seit
1990 im Gemeinderat 15 von 16 Sitzen.

In Suchau – 1936 Strelau – (Sucha) im Sommer Camping- und Zeltplatz (P), Tel. 86.
Alte Dorfkirche aus dem 15. Jahrhundert,
zwei Kapellen 18./19. Jahrhundert.

GROSS STREHLITZ, *Kr. Groß Strehlitz
Strzelce Opolskie, woj. Opole* (Woj. Oppeln)

Einwohner

1939: 11 523
1985: 19 500

Abstimmungsergebnis vom 21. 3. 1921: 3364 Stimmen für Deutschland, 558 für Polen. (Im Kreis Groß Strehlitz stimmten 58 % für Polen.)

Im Stadtrat von Groß Strehlitz hat der DFK seit 1990 von 31 Sitzen 11.

Hotel: »Leśny«, mit Restaurant und Bar, ul. Opolska 22 (Oppelner Straße), Kat. I, Tel. 23-36; »Miejski«, ul. Kósciuski 1, Tel. 34-32, Kat. I
Restaurant: »Ratuszowa«, Rynek 1/3, Kat. I, Tel. 36-05; »Myśliwska«, ul. Krakowska 22, Kat. II, Tel. 39-10
Jugendherberge: ul. Świeżego 3 (Juni–August), Tel. 35 10

Geschichte

1271 ist eine dörfliche Siedlung »Strelech« bezeugt. Um 1305 ist Strehlitz als Mittelpunkt eines Weichbildes belegt, beurkundet 1323 als Stadtgemeinde (»Civitas«). 1324 bereits Stadtmauer, Wassergraben und zwei Tortürme. 1362 Magdeburger Stadtrecht. Von 1313 bis 1460 Residenz einer Nebenlinie der Oppelner Herzöge. 1650–1807 unter der Grundherrschaft der Grafen Colonna von Fels. Philipp Graf Colonna (1755–1807) war der Gründer der Eisenhütten an der Malapane (vgl. S. 327).
1812 begann Schloßbesitzer Graf Renard mit der Anlage eines großen Schloßparkes. Sein Gärtner Schmidt, ausgebildet in der Muskauer Gärtnerschule des Fürsten Pückler, legte nach einer Englandreise ab 1832 den englischen Park an. In 30 Jahren schuf er eine der bedeutendsten schlesischen Parkanlagen mit einem Nutzgarten; nach 1945 verwildert.

Wirtschaft

Im Mittelalter ohne Bedeutung. In der zweiten Hälfte des 19. Jahrhunderts Aufbau einer Kalkindustrie. Das Schloß Groß Strehlitz war um diese Zeit auf Grund der Industrieunternehmen der Grafen Colonna und Renard jahrzehntelang ein Mittelpunkt der oberschlesischen Eisenindustrie.

Sehenswürdigkeiten

(P) am Ring, auch für Autobusse.
Groß Strehlitz ist 1945 nach Besetzung durch die Sowjets zu 30 % abgebrannt. Das Rathaus und die Ringbebauung waren stark zerstört. In den 50er und 60er Jahren wieder aufgebaut. Das *Rathaus* von heute entspricht dem Neubau von 1846 – nach einem damaligen Brand errichtet unter Einbeziehung des Turmes vom alten Rathaus aus dem 16. Jahrhundert. Vor dem Rathaus ein altes gußeisernes Denkmal »Jäger mit Hund« (1930); außerdem jetzt großes polnisches Ehrenmal. Unweit des Ringes die *katholische Pfarrkirche,* gut erhalten, Neubau von 1905–07 mit Übernahme der Barockausstattung (Hauptaltar von 1712, Seitenaltäre und Kanzel) aus der alten Kirche. Sie war nach Zerstörung im Siebenjährigen Krieg nur behelfsmäßig wiederhergestellt worden. Zwei farbige Glasfenster lassen die Widmung durch Spender aus der Bürgerschaft erkennen. Links vom Altar: »Gewidmet von den Jungfrauen der Stadt, 1906«, rechts: »Gewidmet von Justizrat Faltin 1906«. Neben der Kirche ein Wehrturm und Überreste der Stadtmauer aus dem 15. Jahrhundert. Südlich des Ringes Ruine des langgestreckten Renaissance-Schlosses mit Turm, 1945 vollständig ausgebrannt. Dahinter der ehemalige große Schloßpark. Am westlichen Stadtausgang auf dem Friedhof die *Schrotholzkirche St. Barbara* von 1693.

Weiterfahrt nach Westen Richtung Krappitz (Krapkowice). In Kalinow – 1934 Blütenau – (Kalinów) Abzweigung links nach

ST.-ANNA-BERG – *1941 Annaberg – (Góra Świętej Anny)*, wo auch der DFK eine Vertretung hat.

Gasthof (Zajazd): »Pod Góra Chełmska« (an der Straße Groß-Strehlitz [Strzelce Opolskie] – Leschnitz [Leśnica]), Kat. I

Landschaft

Zwischen Malapane und dem Flüßchen Klodnitz, das im Kohlenrevier südlich Kattowitz (Katowice) entspringt, erstreckt sich der oberschlesische Muschelkalkrücken. Den Ostrand bildet die Tarnowitzer Hochfläche, den Westrand der St.-Anna-Berg, ursprünglich Chełm genannt. Der schwarze, 410 m hohe Basaltkegel überragt die Äcker und Felder im weiten Umkreis (ähnlich wie der Zobten weithin sichtbar).

Geschichte und Sehenswürdigkeiten

Der Annaberg wurde im Laufe der Geschichte zum religiösen und politischen Wahrzeichen Oberschlesiens, einstmals für die Deutschen, heute auch für die Polen. Durch das gleichnamige Dorf windet sich die Straße hinauf zur *Wallfahrtskirche,* die den Berg krönt. (P) unterhalb der Kirche. In ihr wird eine schlichte, aus Holz geschnitzte Figur der hl. Anna verehrt. Sie stammt aus dem 15. Jahrhundert und zeigt in der bekannten Form Anna Selbdritt. Eine Kapelle als Filialkirche der Dreifaltigkeitskirche in Leschnitz (Leśnica) am Südfuße des Berges wird bereits 1516 genannt. Für den wachsenden Zustrom der Pilger gründete Graf Melchior von Gaschin auf Żyrowa (Schloß Buchenhöh, vgl. unten) 1656 ein Franziskanerkloster auf dem Berg. Die heutige barocke Wallfahrtskirche von 1665 wurde 1781 umgebaut. Ziel der Pilger sind heute

wie früher 33 kleine Kapellen, in denen der Leidensweg Christi dargestellt ist.

Dreimal wurden die Franziskaner vertrieben: Das erste Mal bei der Säkularisierung des Klosters 1810 durch den preußischen Staat; das zweite Mal – die Mönche waren 1852 wieder eingezogen – im Kulturkampf 1875; nachdem sie 1882 zurückgekehrt waren, 1945 bei der Vertreibung der Deutschen zum dritten Mal. 1942 nahmen an der Männerwallfahrt der katholischen Arbeiterbewegung, eingerichtet 1928, ca. 120000 Jungmänner und Männer unter Führung von Geistlichen und Adel teil. Die teilweise Zwei- oder Gemischtsprachigkeit der Oberschlesier bewirkte keine Trennung, weder bei der größten oberschlesischen Wallfahrt, noch beim Gottesdienst im Lande selbst. Deutsch und polnisch (in der Form des in Oberschlesien verbreiteten Dialektes) waren im katholischen Gottesdienst gleichberechtigt. In Oberschlesien herrschte bis zur Machtübernahme durch Hitler neben der religiösen auch nationale Toleranz, wie sie im preußischen Staat üblich war. 1945 wurde der Gebrauch der deutschen Sprache verboten.

Zum politischen Wahrzeichen Oberschlesiens wurde der Annaberg im dritten polnischen Aufstand. Polnische Aufständische, deutscherseits als »Insurgenten« bezeichnet, weil sie von jenseits der schlesischen Grenzen eingeschleust waren, besetzten den Berg am 4. Mai 1921 als Protest gegen das Ergebnis der Volksabstimmung vom 21.3.1921. Am 21. Mai eroberte der von deutschen Freiwilligen gebildete Selbstschutz den Berg zurück. Daran erinnerte ein 1934 erbautes Ehrenmal, verbunden mit einer Feierstätte, einem antiken Freilichttheater nachgebildet. Dieses nach 1945 von den Polen gesprengte Denkmal oberhalb der Freilichtbühne ist durch ein polnisches Ehrenmal ersetzt worden. Die neugeschaffenen Flachreliefs sollen »den jahrhundertelangen Kampf des Polentums gegen die Germanisierung symbolisieren«.

Markierter Wanderweg

gelb – 4 km – rings um den Berg.
Vom Marktplatz des Dorfes Annaberg (G.
Św. Anny), mit guten Aussichten Richtung
Cosel (Koźle) und ins Odertal, führt der
Weg zum Freilichttheater und Aufständi-
schen-Denkmal weiter an einem alten Kalk-
werk vorbei durch einen geologischen Naturschutzpark zum Franziskanerkloster
und zurück zum Marktplatz.

Weiterfahrt nach

LESCHNITZ – *1936 Bergstadt –, Kr. Groß
Strehlitz*
Leśnica, woj. Opole (Woj. Oppeln)

Kleinstadt am Südostfuß des Annaberges
mit quadratischem Ring (Stadtgründung
1217) ohne Rathaus. Die Pfarrkirche
stammt aus der 2. Hälfte des 15. Jahrhunderts. 1921 stimmten 899 Einwohner für
Deutschland, 101 für Polen. 1985 ca.
2900 Einwohner. Seit 1990 hat der DFK im
Leschnitzer Stadtrat 16 von 20 Sitzen.
3 km westlich des Annaberges Schloß Zyrowa – 1936 Buchenhöh – (Żyrowa). Der
Kaiser schenkte den Besitz 1529 einem ver-
dienten Soldaten, der Zyrowsky hieß; 1631
erwarb ihn Graf Melchior von Gaschin. Er
baute ein Barockschloß mit zwei mächtigen
Ecktürmen, sein Wappen mit der Jahreszahl
1644 blieb an der Ostfront des Gebäudes
erhalten. Die Grafen von Gaschin hielten
Zyrowa bis 1852. 1899 erwarb Graf von
Franken-Siersdorf den Besitz und ließ das
umfangreiche Schloß gründlich wiederauf-
bauen. Es gehört zu den wenigen schlesischen Schlössern, die das Jahr 1945 unversehrt überstanden und jetzt erhalten und
genutzt werden.

15 km bis

KANDRZIN – *seit 1934 Heydebreck* –
Kr. Cosel
und zur Stadt COSEL

Kędzierzyn-Koźle, woj. Opole (Woj. Oppeln)

Seit 1975 zusammengeschlossen zur Doppelstadt beiderseits der Oder, die hier schiff-
bar wird und den Gleiwitzer Kanal bzw. den
alten Klodnitz-Kanal aufnimmt.

Einwohner

Kandrzin (Heydebreck) 1939: 6331
Cosel 1939: 13 337
Kędzierzyn 1970: 34 000
Koźle 1971: 13 300
Nach Zusammenlegung und weiteren Ein-
gemeindungen:
Kędzierzyn-Koźle 1985: 68 888
Volksabstimmung 1921: Kandrzin-Pogor-
zelletz: für Deutschland 1974, für Polen
393; Cosel: für Deutschland 4546, für Polen
342; Klodnitz: für Deutschland 1535, für
Polen 494.

Hotel: »Miejski«, ul. Piastowska, Kat. II,
Tel. 219-72
Jugendherberge: Schronisko PTSM, Stadt-
teil Cosel (Stare Miasto), ul. Skarbowa 4,
geöffnet Juli–August. Tel. 221-81
Restaurant: »Oaza«, Stadtteil Cosel (Stare
Miasto), ul. Piastowska 5, Kat. II;
»Ratuszowa«, Stadtteil Cosel (Stare Mia-
sto), ul. Armii Czerwonej 2, Kat. III;
»Stylowa«, Stadtteil Cosel (Stare Miasto),
ul. Chrobrego 39, Kat. II; »Dworcowa«,
Stadtteil Śródmieście (im ehemaligen
Kandrzin zwischen Oder und Gleiwitz),
ul. Dworcowa 1, Kat. II
Café: »Piast«, Stadtteil Cosel (Stare Miasto),
ul. Skłodowskiej 7, Kat. III

COSEL (Koźle)

Geschichte

Auf dem linken Oderufer, wenig unterhalb
der Klodnitzmündung, 1106 als slawische
Grenzburg zwischen Polen und Böhmen
genannt. 1245 Kastellaneisitz im Herzog-

tum Ratibor-Oppeln. Zeitweilig selbständiger Herrschaftssitz eines piastischen Teilfürstentums. Deutschrechtliche Stadt 1329 (Vogt und Ratsherren) beurkundet; 1355–1473 zum Herzogtum Oels. Unter der Herrschaft der Freiherrn von Oppersdorf (1563–1670) Ausbau der alten Burg zum Schloß (heute Ruine). 1744 Ausbau der Stadt zu einer starken preußischen Festung, deren Status erst am 20. 5. 1873 durch Reichsgesetz aufgehoben wurde. 1807 hielt Cosel der Belagerung durch König Jérome bis zum Tilsiter Frieden stand. Im 19. Jahrhundert entwickelte sich die Stadt als Kreissitz und Garnison.

Wirtschaft

Handel, Handwerk, Märkte, Oderschiffahrt. Der Bahnhof an der Strecke nach Neisse und der Zweigbahn nach Oberglogau wurde 1,5 km außerhalb der Altstadt angelegt – wie in ähnlichen Fällen aus mangelnder Voraussicht der Stadtväter. Die Industrie entwickelte sich daher an der Oder und zum Oderhafen hin: bedeutende Zellulose- und Papierfabrik (später zur Mannheim-Waldhof AG.), Eisengießerei, Kesselschmiedewerk, Dampfmühlen, Sägewerke, Malzfabrik, Kunststeinfabrik und Schiffsbau. Wiederinbetriebnahme und Ausbau der Betriebe nach 1945.

Sehenswürdigkeiten

Vom 21. 1. bis 19. 3. 1945 fanden Kämpfe vor den Toren der Stadt und im Kreis statt; Cosel wurde zu 10 % zerstört, darunter das Rathaus auf dem Ring und die evangelische Stadtpfarrkirche, beide Ruinen sind abgetragen. Der erst 1930 an die evangelische Kirche gebaute Glockenturm blieb erhalten. Am Ring wurden einige Bürgerhäuser restauriert. Die Altstadt war schon früheren Kriegen zum Opfer gefallen. Erhalten blieb die gotische *katholische Pfarrkirche St. Sig-*

mundis, heute in gutem Bauzustand. Sie wird 1449 erwähnt. Ihr ältester Teil ist die Marienkapelle, angeblich von 1323, mit Gnadenbild von 1420. Gegenüber der Kirche Reste des *ehemaligen Schlosses*, dessen Wirtschaftsgebäude unter Preußen für militärische Zwecke erneuert wurden – Datum über dem Eingangsportal »1807«. Im westlichen Teil des Komplexes wurde in den 60er Jahren der Turm wiederaufgebaut. In der die Kirche anschließenden Bahnhofstraße ist eine geschlossene Front von bürgerlichen Miethäusern im Jugendstil der Jahrhundertwende erhalten. Auf einem Teil der alten *Festungswälle*, welche die Stadt sternförmig umschlossen, sind *Promenaden*. Erhalten blieben das Pulvermagazin und fünf Ecken des Hauptwalles.

Um 1390 wurde in der Stadt Nikolaus von Cosel geboren, der erste Oberschlesier, der in der Literaturgeschichte Erwähnung findet, und zwar als Sammler von Kirchenliedern und als satirischer Lyriker.

Der *Coseler Umschlaghafen* war mit drei Becken 1913 der zweitgrößte deutsche Binnenhafen (nach Duisburg). Hier mündete der *Gleiwitzer Kanal* in die Oder, der Zubringer für schwedische Erze, vor allem nach der Teilung Oberschlesiens von 1922. Außerdem war Cosel der Umschlagplatz für die Kohle des Reviers. Der erste Klodnitzkanal wurde 1792 begonnen, nach Plänen der Minister Graf Hoym, von Heinitz und dessen Neffen Friedrich Wilhelm Graf von Reden, fertiggestellt 1812 mit einer Länge von 45,7 km und 18 Schleusen, 1,5 m tief, geeignet für Schiffe bis 100 t Ladung. Die Fortbewegung erfolgte durch treideln, später mit kleinen Schleppdampfern. Die Schiffe fuhren von Cosel bis zum Gleiwitzer Hafen, von dort auf dem »Oberkanal« bis Zabrze (ab 1916: Hindenburg) mit Anschluß an den von Königshütte kommenden unterirdischen, schiffbaren Stollen. Der Eisenbahnbau entwertete den Kanal, bis parallel zum Klodnitzkanal 1934–1939 der neue

Gleiwitzer Kanal mit einer Tiefe von 2 m und einer Breite von 37 m mit sechs modernen Doppelschleusen gebaut wurde. Er war geeignet für Motorschiffe bis 750 t Ladefähigkeit. Am Kanal siedelten sich vor dem letzten Krieg große chemische Werke an, vor allem für die Kohlehydrierung.

Der »Kanał Gliwicki« wurde nach dem Kriege auf 41 m Breite und 3,5 m Tiefe ausgebaut. Der Wasserregulierung dient ein 1936 begonnener, nach dem Kriege 1963 fertiggestellter Stausee südwestlich von Peiskretscham (Pyskowice), 615 ha groß, Gesamtinhalt: 87 Mio m³, davon 41 Mio m³ Zuschußwasser.

KANDRZIN – *Heydebreck – (Kędzierzyn)*

Geschichte und Wirtschaft

5 km nordöstlich von Cosel auf der rechten Oderseite entwickelte sich bei dem Dorf Kandrzin als Basis einer neuen Ansiedlung seit 1840 ein wichtiger *Eisenbahnknotenpunkt* der Linien:

1. Breslau – Kandrzin – Gleiwitz – Myslowitz (1847)
2. Breslau – Kandrzin – Ratibor – Wien (1848)
3. Kandrzin – Neustadt – Neisse (1876)
4. Kandrzin – Bauerwitz (1908)
5. Kandrzin – Groß Strehlitz – Kreuzburg (1939)

1861 direkter Bahnanschluß zum Klodnitz-Kanalhafen bei Kandrzin vor allem für den Transport des oberschlesischen Holzes oderabwärts.

1939 begann die IG.-Farbenindustrie mit dem Bau großer chemischer Werke. Anfang 1944 lief die Produktion mit 14000 Beschäftigten an, Ende 1944 wurden die Anlagen bombardiert. Nach Demontage durch die Russen waren 1945 der größte Teil der Gebäude und 100 % der Produktionseinrichtungen zerstört. Wiederaufbau ab 1949. 1960 ca. 11 600 Beschäftigte. 1964–1970 Bau

eines 7 km langen Stichkanals vom Gleiwitzer Kanal zum Stickstoffkombinat Kędzierzyn für den Wassertransport des dort produzierten Kunstdüngers, der etwa die Hälfte der Produktion im heutigen Polen ausmacht.

18 km bis

OBERGLOGAU, *Kr. Neustadt/OS.* *Głogówek, woj. Opole* (Woj. Oppeln)

Lage

Auf dem rechten, erhöhten Ufer der Hotzenplotz (Osobłoga) inmitten eines fruchtbaren, schon in vorgeschichtlicher Zeit besiedelten Lößgebietes.

Einwohner

1939: 7356
1985: 6500

Volksabstimmung am 21.3.1921: für Deutschland 4995, für Polen 219.

Trotz starker Aussiedlung seit 1959 besteht hier bis heute ein erheblicher deutscher Bevölkerungsanteil. Seit 1990 hat der DFK im Stadtrat 12 von 24 Sitzen.

Restaurant: »Głogowianka«, ul. Kościuszki
Jugendherberge: ul. Batorego 6 (Juli/August), Tel. 418

Geschichte

1214 als Leubuser Zehntort urkundlich erwähnt. 1275 hat Oberglogau als zweite schlesische Stadt nach Breslau eine Ratsverfassung, 1373 ist die Verleihung von Magdeburger Stadtrecht bezeugt. Seit dem 13. Jahrhundert Burg, zeitweilig Residenz der Herzöge von Oppeln. 1593 erwarb das Geschlecht Oppersdorff Stadt und Herrschaft, 1626 Erhebung in den Reichsgrafenstand, 1642 Umwandlung des Besitzes in ein Majorat, das über 14 Erbgänge bis 1945 bei der Familie der Grafen von Oppersdorff verblieb. Die Grundherren waren treue Parteigänger der Habsburger und kaiserliche Amtsträger. Sie führten die Gegenreformation zielstrebig durch, bauten Kirchen, Kapellen und Schulen und entfalteten in ihrer Residenz ein reges kulturelles Leben.

Wirtschaft

Landwirtschaft, Handwerk, Leineweberei. Keine nennenswerte Industrie.

Sehenswürdigkeiten

Oberglogau war nach der Besetzung durch sowjetische Truppen am 17. 3. 1945 zu 40 % zerstört, die wesentlichen Baudenkmäler sind aber erhalten bzw. wiederhergestellt. Planmäßige mittelalterliche Stadtanlage. (P) am Ring. Das *Rathaus* von 1608 mit schönem Renaissancegiebel, 1938 erneuert, 1945 z. T. ausgebrannt und danach wiederaufgebaut. Der Ratsturm trägt eine schmucke Barockhaube.

Am Ring stehen barocke Bürgerhäuser aus dem 17.–19. Jahrhundert, eine barocke Mariensäule von 1677 und eine Wasserkunst von 1597. *Stadtpfarrkirche St. Bartholomäus*, erwähnt 1284, heutiger Bau Gotik des 14. Jahrhunderts mit vollständig erhaltener prunkvoller Barockausstattung, 1965 überholt. Der spätmittelalterliche Kirchenraum wurde 1776–1781 mit überreicher plastischer Stuckdekoration überzogen sowie mit zahlreichen Figuren des Bildhauers Johann Schubert aus Leipnik in Mähren versehen; Fresken von Franz Anton Sebastini aus Proßnitz in Böhmen verherrlichen das Leben und Wirken des Namenspatrons der Kirche. Dem figurenreichen Kanzelaufbau entspricht symmetrisch die Taufsteindekoration mit einer Adam-und-Eva-Gruppe. Grabmal der Grafen von Oppersdorff mit überlebensgroßen Alabasterfiguren (1634). An der Nordseite der Altstadt ist das Schloß. Es wurde durch die Grafen von Oppersdorff auf den Mauern einer alten

Piastenburg als Renaissancebau neu errichtet und in mehreren Bauperioden zu einem großartigen Komplex mit Ober- und Vorschloß, Fürstensaal, Freitreppe, Kapelle, Wall- und Parkanlagen umgebaut. 1945 wurde es völlig ausgeplündert, später nach und nach instandgesetzt und teilweise Bürozwecken nutzbar gemacht. Ein Flügel ist eingestürzt. Erhalten blieben zwei Ecktürme sowie der sogenannte Turmgangflügel mit einem Renaissanceportal im Innenhof und einem großartigen, der Stadt zugewandten Sandsteinportal mit den Wappen der Oppersdorffs unter dem Uhrenturm. Im Vorderflügel ist ein Touristenheim PTTK. Am Portal erinnert eine (früher deutsche, jetzt polnische) Gedenktafel an den Aufenthalt Ludwig van Beethovens 1806. Er widmete seinem Gastgeber seine vierte B-Dur-Symphonie.

Im Schloß befindet sich ein Museum (Malerei) »Jan Cybis«. Zwischen Ring und Schloß die gotische *Franziskanerkirche*, Innenausstattung Rokoko. Mitten im Kirchenschiff als selbständiger Baukörper die Loretto- und Antoniuskapelle aus dem 17. Jahrhundert. Daneben das *Minoritenkloster* (1264–1810).

Im Osten der Stadt Spital und Spitalkirche St. Nikolaus (16./18. Jahrhundert). 9 km Richtung Neustadt (Prudnik) Lehmbergkirchel, Gnadenort, erbaut 1638/1779. 1945 ausgeplündert, 1951 wieder instandgesetzt.

17 km bis

KRAPPITZ, *Kr. Oppeln*
Krapkowice, woj. Opole (Woj. Oppeln)

Lage

Am Nordrand der oberschlesischen Lößzone und am linken Oderufer bei der Mündung der Hotzenplotz in die Oder.

Einwohner

  1939:   5 559
  1985: 18 000

1961 Eingemeindung der Gemeinde Ottmuth (Otmęt), rechte Oderseite, früher Kreis Groß-Strehlitz.

Volkszugehörigkeit: 1905 gaben 61% Deutsch, 10% Polnisch und 29% gemischtsprachig als Muttersprache an. Volksabstimmung 1921: für Deutschland: 2369, für Polen: 92.

Seit 1990 hat der DFK im Stadtrat 8 von 28 Sitzen.

Hotel: »Krapkowice« mit Restaurant und Café, ul. Prudnicka 29, Tel. 877, ***
Milchbar: Ring (Rynek)

Geschichte und Wirtschaft

1294 ist der Ort mit Vogt und Bürgern bezeugt. Industrialisierung nach Bahnanschluß (1896) und Abschluß der Kanalisierung der oberen Oder (Klodnitzkanal). Seit 1889 »Smyrna- und Perser-Teppichfabrik Vally und P. Cottlars«, Papier- und Pappenfabriken, »Oberschlesische Natron-Zellstoffwerke« (1906), Kalkwerke. Zum Teil Weiterführung der Industriebetriebe nach 1945.

Sehenswürdigkeiten

Regelmäßige mittelalterliche Stadtanlage mit quadratischem *Ring* in der Mitte. Teile der *Stadtmauern* sind erhalten, errichtet 1364, im 16. und 17. Jahrhundert ausgebaut, ebenso der *Obertorturm* als Rest von 4 Stadttoren. Der Turm wurde im 14./ 15. Jahrhundert erbaut, 1580 mit einer Attika bekrönt und 1971–73 mit den benachbarten Resten der Stadtmauer wiederhergestellt. Dabei wurden neue Decken und Treppen angelegt, eine spitzbogige Eingangsöffnung in Höhe des ersten Stockwerkes aufgedeckt und gesichert. Der Bau wurde als Aussichtsturm Ausstellungs- und touristischen Zwecken angepaßt.

Nahe der Stadtmauer die *Stadtpfarrkirche St. Nikolai,* gotisch, um 1440, im 16. Jahrhundert, nach 1722 und im 19./20. Jahrhundert umgebaut. Im Schiff ein hölzernes gotisches Kruzifix, 1963 restauriert. Neben der Kirche ein vierflügliges Barockschloß mit Arkadenhof. Im Stadtteil Ottmuth (Otmęt) ist eine alte Pfarrkirche, teilweise aus dem 14. Jahrhundert, Kirchenmauer 2 m hoch mit spätmittelalterlichen Schießscharten; früher gab es einen unterirdischen Gang zu dem 5 km entfernten

Rogau (Rogów Opolski).

In diesem Dorf unweit der Straße nach Oppeln steht das Renaissance-Schloß der Grafen Haugwitz-Hardenberg-Reventlow, Freiherrn von Klein-Obisch, einem dänischen Geschlecht, das die Lehensgrafschaft Hardenberg-Reventlow auf Laaland besitzt (1600, umgebaut im 18. Jahrhundert), 17 ha großer Park. Im Schloß werden heute Sammlungen älterer Kartographie, Wiegendrucke und Handschriften aufbewahrt. Zurück nach Oppeln.

ROUTE 4   Oppeln (Opole) – Proskau (Prószków) – Moschen (Moszna) – Zülz (Biała) – Neustadt (Prudnik) – Ziegenhals (Głuchołazy) – Neisse (Nysa) – Friedland (Korfantów) – Tillowitz (Tułowice) – Falkenberg (Niemodlin) – Oppeln (Opole) 155 km.

Ausfahrt auf der Straße 242 Richtung Süden, nach 4 km Abzweigung nach

Proskau (Prószków)

Das Dorf, 11 km südwestlich Oppeln, gehörte von seinen Anfängen an dem gleichnamigen Geschlecht von Proskau (Pruskowsky/Prószkowski). Seit 1990 hat der DFK im Gemeinderat 8 von 28 Sitzen.

1563 errichteten die Freiherrn von Proskau eine vierflügelige, zweigeschossige *Schloßanlage* im Renaissance-Stil, die 1644 (im

30jährigen Krieg) von schwedischen Truppen in Brand gesteckt wurde. Beim Wiederaufbau (1677–83) gestaltete der mit dem Umbau beauftragte italienische Architekt die Anlage teilweise im Barockstil um und fügte in die Hauptfassade zwei Türme ein. 1945 blieb das Schloß unversehrt. Über dem Hauptportal sind die Wappen der Grundherren erhalten. Heute ist im Schloß eine Lehranstalt.

1763 gründete Graf Leopold von Proskau eine Fayencefabrik. Sie gelangte unter seinem Sohn zur Blüte. Im Zuge der damaligen Begeisterung für das keramische Kunsthandwerk erwarb Friedrich der Große 1783 die Herrschaft Proskau mit der Fayencefabrik und verpachtete sie.

Die Erzeugung erlosch 1793. Doch wurde modisch gewordene Steingutware nach Entwürfen des Breslauer Akademie-Direktors Bach noch bis 1850 fabriziert. Diese Erzeugnisse haben in der internationalen Welt der Sammler und Kunstkenner den Namen Proskau (Proskauer Fayencen) lebendig erhalten.

Auf der Weiterfahrt nach Zülz (Biała) hinter Dambine – 1934 Klein Eichen – (Dębina) Abzweigung links in Richtung Krappitz (Krapkowice) 2 km bis

Moschen (Moszna)
Das 1945 unversehrt gebliebene Schloß wurde 1969–71 instandgesetzt und darin ein psychiatrisches Sanatorium »Zamek« eingerichtet. In einem Denkmalpflegebericht der Wojewodschaft Oppeln wird die Absicht ausgesprochen, »den Reichtum der Innenräume zu ordnen und ausstellungsmäßig zugänglich zu machen«. Das heutige Schloß ließ nach einem Brand von 1896 der damalige Besitzer Graf von Tiele-Winckler wieder herstellen. 1764 hatte Friedrich der Große die Herrschaft gekauft und mit 13 Ortschaften seinem General von Knobelsdorff ver-

liehen. Dieser erbaute 1768 das Schloß im französischen Barockstil. Beim Wiederaufbau 1896 entstand – entsprechend dem Zeitgeschmack – eine Mischung von historisierenden Bauelementen der Gotik, Renaissance und des Barock.

31 km bis

ZÜLZ, *Kr. Neustadt*
Biała, woj. Opole (Woj. Oppeln)

Einwohner
    1939: 3744 Deutsche
    1971: 3100 Polen
(1921 außerhalb des Abstimmungsgebietes). Seit 1990 hat der DFK im Stadtrat 19 von 22 Sitzen.

Restaurant: »Ratuszowa«, Rynek (Ring) 24

Um 1270 deutsche Gründung zwischen Dorf und Burg »Bela« als planmäßige Stadtanlage und Mittelpunkt der Besiedlung des waldigen Grenzgebietes. Ackerbürger- und Weichbildstädtchen, seit 1602 im Besitz der Freiherrn von Proskau. Seit dem 16. Jahrhundert starke jüdische Siedlung, im 18. Jahrhundert bis zu 50 % der Einwohner. Ring mit Rathaus aus der 2. Hälfte des 18. Jahrhunderts erhalten. Nahebei das Schloß, 1638/70 barockisiert, es beherbergte früher ein Lehrerbildungsseminar, zuletzt bis 1945 eine Mädchenaufbauschule. Nach starkem Verfall wurde es restauriert und dient jetzt als Lagerhaus.

Katholische Pfarrkirche, gotisch, aus dem 15. Jahrhundert, Anbau 17./18. Jahrhundert, Hauptaltar von H. Schubert (1775). Reste der Stadtmauer mit dem Wasser- und dem Neustädter Torturm. Die Stadt liegt erhöht auf einem Hügel und bietet bei der Anfahrt aus Richtung Friedland (Korfantów) mit Schloß und Kirche ein malerisches Bild.

12 km bis

NEUSTADT, *Kr. Neustadt*
Prudnik, woj. Opole (Woj. Oppeln)

Lage

In einer Schlinge des Flüßchens Prudnik (Prudnik), das in die Hotzenplotz mündet, am Fuße der Bischofskoppe (Biskupia Kopa) im Altvatergebirge.

Einwohner

1939: 17 244 Deutsche
1985: 23 000 Polen
(1921 außerhalb des Abstimmungsgebietes)

Hotel: »Obuwnik«, ul. Łucznicza 1, Tel. 28-39, Kat. II; Gasthof »Miejski«, Rynek 8, Kat. III, Tel. 24-12
Restaurant: »Arkady«, Rynek (Ring)
Café: »Stylowa«, ul. Bohaterów Stalingradu
Milchbar: plac Wolności 28
Jugendherberge: ul. Armii Czerwonej 1, (Juli/August)

Geschichte

Mitte des 13. Jahrhunderts Gründung der Burg »Wogendrossel« durch Wog von Rosenberg, Oberstmarschall von Böhmen, als Stützpunkt des Landausbaues. Das Land wurde von Nordmähren aus besiedelt. 1279 Gründung der deutschen Stadt Neustadt »auf grünem Rasen« im Schutze der Burg, 1302 urkundlich erwähnt (»nova civitas«). Zum Schutz der Handelsstraße Neisse–Jägerndorf wurde Neustadt bald befestigt. König Johann von Böhmen verkaufte die Stadt an den Herzog von Falkenberg-Oppeln. 1532 Heimfall an Habsburg (Aussterben der Piasten), 1742 preußische Kreisstadt.

Wirtschaft

Ende des 15. und Anfang des 16. Jahrhunderts blühten die Gewerbe auf, besonders das Weberhandwerk. 1631 kaiserliches Garnhandelsprivileg, 1727 kaiserliches Privileg für eine Leinwandfabrik. In preußischer Zeit Förderung der Tuch- und Webwarenproduktion. 1855 Gründung der »S. Fränkel, Tischzeug- und Leinenfabrik«, 1929 mit 1400 mechanischen Webstühlen das bedeutendste Unternehmen der Stadt. Sie verdankte der Firma u. a. vorbildliche Wohlfahrtseinrichtungen. 1876 Bahnanschluß Richtung Kamenz und Kandrzin. 1883 Zuckerfabrik.
1938: Schuhfabriken, Lederwarenherstellung, Textilwerke, Strumpfstrickereien, Seifenfabriken, Mühlenwerke, Zementwaren- und Möbelfabriken.
Nach 1945:
Große Baumwollbetriebe »Frotex«, Keramische, Schuh- und Möbelbetriebe.

Sehenswürdigkeiten

(P) am *Ring*. Neustadt war 1945 zu 20 % zerstört. Danach zunächst starker Verfall der Bausubstanz. In den 60er Jahren Wiederaufbau der eingestürzten Häuser am Ring und des teilweise neuklassizistischen *Rathauses* von 1782, schöner freistehender Renaissanceturm. *Stadthaus* von 1896 an der Nordseite des Ringes, in Renaissance-Formen gehaltene Fassade und dreiachsige Loggia vor dem Stadtverordneten-Sitzungssaal. Im Rathaus befand sich bis 1945 das Amtsgericht. Auf dem Ring sind drei Denkmäler erhalten: der *Adlerbrunnen* von 1696, die *Mariensäule*, 1694 gestiftet zur Erinnerung an den Stadtbrand von 1627 und nachgebildet der Münchener Mariensäule, und die *Nepomuk-Säule* von 1733. Nach dem Krieg wurden an diesen Denkmälern konservatorische Arbeiten ausgeführt.
Ring Nr. 40, Bürgerhaus aus dem 18. Jahrhundert, 1966–69 restauriert. *Katholische Stadtpfarrkirche St. Michael*, 1321 bezeugt, jetziger Barockbau 1738 vollendet, seitdem Sitz eines Archipresbyterates bis 1945. In

der Kirche gewaltiges Tonnengewölbe, neun Altäre, Kanzel und Gegenkanzel.

Westlich des Ringes mittelalterlicher *Rundturm* »Wogendrossel«, Rest des alten Schlosses am ehemaligen Schloßplatz. Ein Rest der Befestigung ist der *Niedertorturm,* 16. Jahrhundert, untere Hälfte viereckig, darüber achteckig mit Schießscharten.

Frühere *evangelische Kirche,* 1902–04, in neogotischem Stil erbaut.

Außerhalb im Süden der Stadt liegt der Kapellenberg, die Wallfahrtskapelle aus dem Jahre 1750 wurde 1945 zerstört. Ein Franziskanerkloster findet man nahe bei dem Stadtpark. Im ehemaligen Arsenal ist das Regional-Museum (Muzeum Ziemii Prudnickiej), ul. Chrobrego 11, untergebracht.

15 km nach Ziegenhals (Głuchołazy) (vgl. S. 356 f.)
23 km bis Neisse (Nysa) (vgl. S. 346–351)

18 km bis

Friedland (Korfantów)
Das Städtchen (1938: 1995 Einwohner) wurde 1945 beschädigt und verlor das Stadtrecht. Jetzige Einwohnerzahl 1200. Erhalten ist das in einem Landschaftspark gelegene *Schloß* der Grafen von Pückler-Burghauß, 1616 im Renaissancestil erbaut, 1826 erneuert und erweitert, 1945 beschädigt und verwahrlost. 1963–66 erfolgte der Wiederaufbau im Auftrag des Wojewodschafts-Konservators und die Übernahme in die Zuständigkeit des Ressorts für Gesundheit und öffentliche Fürsorge, jetzt genutzt vom Wojewodschafts-Hospital für Rehabilitation.

Dreifaltigkeitskirche, 1909 eingeweiht, Jugendstil, Turm von 1751. Der damalige Pfarrer von Friedland, Valentin Wojciech (†1940) wurde 1920 Weihbischof von Breslau.

Abseits der Route, 10 km nordwestlich Friedland (Korfantów) liegt

Lamsdorf (Łambinowice)
Gedenkstätte im Arbeitslager, das im Krieg vom NS-Regime für Gefangene eingerichtet wurde. 1945 wurde es in ein Konzentrationslager für Deutsche umgewandelt. Tausende von Deutschen, vorwiegend aus Oberschlesien, waren 1945–47 hier interniert, ein großer Teil starb an Mißhandlungen und Hunger. 1991 errichtete der DFK im Wald ein Gedenkkreuz.

12 km bis

Tillowitz (Tułowice)
Industriedorf 6 km südöstlich Falkenberg (Niemodlin). Das in einem Park gelegene *Schloß,* letzter Neubau von 1826/27, war Mittelpunkt einer großen Herrschaft, 1929 aufgesiedelt durch die Oberschlesische Landgesellschaft.

Im gut erhaltenen Schloß ist heute ein forstfachliches Technikum.

Bereits im 18. Jahrhundert Betrieb eines Eisenhammers, seit 1823 »Theresienhütte« genannt. Sie stellte sich in der 2. Hälfte des 19. Jahrhunderts um auf Eisenguß, Maschinen-, Drahtwaren- und Blechfabrikation. Der Betrieb wird – ebenso wie der in der früheren Porzellanfabrik – heute weitergeführt.

8 km bis

FALKENBERG, *Kr. Falkenberg Niemodlin, woj. Opole,* (Woj. Oppeln)

Lage
Auf einer Anhöhe am linken Ufer des Neiße-Zuflusses Steinau (Ścinawa Niemodlińska) im Waldgebiet zwischen Oberschlesien und der fruchtbaren mittelschlesischen Akkerbauebene.

Einwohner
   1939: 2727 Deutsche
   1985: 8200 Polen

Hotel: »Piast« ***, ul. Zawadzkiego 9,
Tel. 374
Jugendherberge: ul. Opolska 20
Restaurant: »Astra«, Kat. II, ul. Zawadz-
kiego

1224 wird ein slawisches Dorf »Nemodlin«
urkundlich erwähnt. Ebenso 1290 »Valken-
berch« belegt. Kleine ovale Stadtanlage im
Zuge der Straße Oppeln–Neisse mit *langge-
strecktem Markt.* Er wird im Westen von
der *katholischen Pfarrkirche* abgeschlossen.
Sie wurde in Backsteingotik im 14./15. Jahrhundert erbaut und nach dem 30jährigen
Krieg erneuert. Eigenartige Verschmelzung
des Einzelturmes mit dem Giebelfeld des
Kirchenschiffes: die rechte Außenwand des
Turmes kommt auf die Firstlinie zu stehen
und die Giebeltreppen lehnen sich an den
Turm wie ein Pultdach an. Am östlichen
Stadtrand blieb das *Schloß* 1945 unzerstört.
Es verdankt seinen guten Bauzustand wiederholten Umbauten: ursprünglich Burg
der Herzöge von Oppeln-Ratibor, erbaut
1593 durch den Freiherrn von Promnitz,
erneuert Ende des 18. Jahrhunderts durch
die Reichsgrafen Praschma, in deren Fami-
lienbesitz es bis 1945 verblieb, um 1800
Zuschüttung des Wallgrabens und Vergla-
sung der nach dem Hof zu offenen Bogen-
gänge. 1870 Zubau des Balkons mit der
Freitreppe und der Säulenhalle an der Südseite. Das ausgeplünderte Schloß wurde
nach 1945 instandgesetzt, »die Prunkräume
wurden auf schlichte, volkseigene Bedürfnisse vereinfacht«; jetzt von einer staatlichen Schule benutzt.

8 km westlich Falkenberg (Niemodlin) in
Rogau (Rogi)
Allerheiligenkirche – Schrotholz, vermutlich 1685 erneuert.
25 km bis Oppeln (Opole).

XIV. Neisse und Umgebung

1. Die Stadt Neisse, Kr. Neisse
1290–1810 Hauptstadt des Neisse-Ottmachauer Bischofslandes
und Residenz der Bischöfe von Breslau
Nysa, woj. Opole (Woj. Oppeln)

Einwohner

1939: 37 854 Deutsche
1985: 43 500 Polen

Lage

Am Neiße-Knie, einer Wendung der Glatzer Neiße von ihrer Ostrichtung nach Norden, im Blickfeld der Ausläufer des Altvatergebirges.

Unterkunft und Verpflegung

Hotel: »Piast«, ul. Krzywoustego 13 am Berliner (Münsterberger) Torturm (Wieża Bramy Ziębickiej) mit Café »Kawiarenka« ***, Tel. 85-86
Motel Prywatny: ul. Sienkiewicza 42, Tel. 23-41
Vermittlung von Privatunterkünften: BOT/WPTiW, Kat. I und II, Rynek 59 (Ring), Tel. 29-15
Jugendherberge: Szkoła Podstawowa, ul. Prusa 14, Tel. 22–12
Motel am Neisser Stausee »Lazurowy«, ul. Otmuchowska (Ottmachauer Straße) **, mit Restaurant, Tel. 40-77/40-78
Restaurant: »Piastowska«, ul. Piastowska 2 (Kaiserstraße) Kat. II; »Pod Stara Waga«, Rynek 32 (Ring), Kat. I (mit Café)
Café: »Malwa«, ul. Dąbrowszczaków (Parkstraße) Kat. II; »Bistro«, Rynek (Ring), Kat. II
Schnellimbiß: ul. Wrocławska 16 (Breslauer Straße), Kat. IV; am PKS-Fernbusbahnhof, Kat. III

Milchbar: Rynek 24 (Ring), Kat. III
Kaffeebar: ul. Wrocławska (Breslauer Straße), Kat. III
Touristen-Information: »Orbis«, ul. Wrocławska 14 (Breslauer Straße), Tel. 41-69; »PTTK«, ul. Bracka 4 (Brüderstraße), Tel. 41-71
Postamt: ul. Krzywoustego (Berliner Straße)

Verkehr

Tankstelle: ul. Krzywoustego (Berliner Straße) (ohne Dieselöl); ul. Otmuchowska (Ottmachauer Straße) – Haupttankstelle –
Bahnhof: Dworzec und PKS-Fernbusbahnhof am Ostrand der Innenstadt. MPK-Stadtbusse (rot) in alle Stadtteile und in die anschließenden Dörfer
Taxi: Am Bahnhof, Tel. 30-80, Rynek Tel. 41-35
Autoservice: ul. Świerczewskiego 1a, Tel. 34-17; ul. Vjejskiego 17/19
Kultur: Muzeum Ziemi Nyskiej (Regional-Museum), ul. Biskupa Jarosława 1 (im Bischofspalast), Tel. 20-83, geöffnet Di 10–17 Uhr, Mi, Do, Fr 10–15 Uhr, Sa 10–12 Uhr, So 10–15.30 Uhr

Geschichte

Die Gründung erfolgte zu flämischem Recht vor 1223 in Anlehnung an eine slawische Siedlung. Sie trug nach der Glatzer

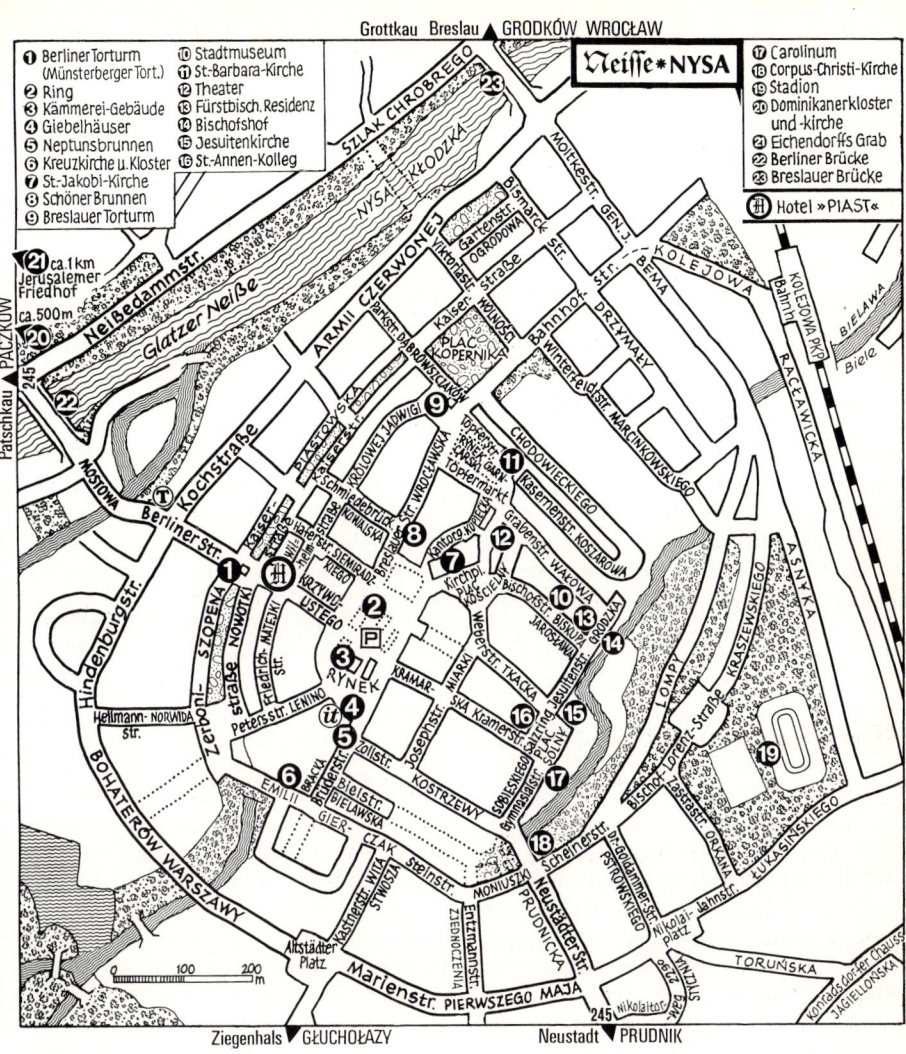

Legend:

❶ Berliner Torturm (Münsterberger Tort.)
❷ Ring
❸ Kämmerei-Gebäude
❹ Giebelhäuser
❺ Neptunsbrunnen
❻ Kreuzkirche u. Kloster
❼ St-Jakobi-Kirche
❽ Schöner Brunnen
❾ Breslauer Torturm

⑩ Stadtmuseum
⑪ St-Barbara-Kirche
⑫ Theater
⑬ Fürstbisch. Residenz
⑭ Bischofshof
⑮ Jesuitenkirche
⑯ St-Annen-Kolleg

⑰ Carolinum
⑱ Corpus-Christi-Kirche
⑲ Stadion
⑳ Dominikanerkloster und -kirche
㉑ Eichendorffs Grab
㉒ Berliner Brücke
㉓ Breslauer Brücke

Ⓗ Hotel »PIAST«

Neiße den Namen »Nysa« und bestand zunächst in der sogenannten »Altstadt« außerhalb der Mauern fort. Sie gehörte zur Kastellanei Ottmachau, die schon seit 1155 zum Bistum Breslau gehörte. Bei Beendigung des Kirchenstreites zwischen Herzog Heinrich IV. von Breslau und Bischof Thomas II. verlieh der Herzog 1290 auf dem Sterbebett den Bischöfen die uneingeschränkte Landeshoheit über das Bistumsland Neisse-Ottmachau. 1342 kam noch das ursprüngliche Herzogtum Grottkau zum Bischofsland hinzu. 1290 wurde Neisse Oberhof für die deutschrechtlichen Siedlungen im Umkreis, bald darauf durch Verlegung der Hauptstadt von Ottmachau nach

Neisse zum Hauptort des Bischofslandes. Schon 1260 besaß der Bischof in Neisse eine Wasserburg. Sie wurde im 14. Jahrhundert in die Stadtbefestigung einbezogen (4 Tore: Münsterberger, Breslauer, Zoll- und Brüdertor). Innerhalb und außerhalb der Mauern entstanden zahlreiche kirchliche Einrichtungen: 1428 hatte die Stadt bereits 4500 Einwohner und hielt der Belagerung durch die Hussiten stand. Mit dem Einzug der Reformation in Schlesien und besonders in Breslau entwickelte sich Neisse zum kirchlichen Mittelpunkt der Diözese Breslau, zum »Schlesischen Rom«. Im 16. und 17. Jahrhundert war ein materieller und kultureller Hochstand erreicht. 1555 schenkte Bischof Balthasar von Promnitz der Stadt eine Druckerei. 1575–1655 war Neisse Sitz des Breslauer Priesterseminars. 1622/23 erfolgte die Gründung des Jesuitengymnasiums Carolinum auf Anregung von Fürstbischof Carl, Erzherzog von Österreich. Auch nach Auflösung des Jesuitenordens 1776 war das Gymnasium eine bedeutende Bildungsstätte mit großer Bibliothek, von den Patres als Weltgeistlichen des königlichen Schulinstitutes geleitet.

Die preußische Herrschaft brachte eine starke Einschränkung der bischöflichen Hoheitsrechte, bis mit der Säkularisierung von 1810 die weltliche Herrschaft der Bischöfe ganz aufhörte. Friedrich der Große hatte die Stadt zu einer starken Festung ausbauen lassen. 1877 fiel der innere Befestigungsring, 1910 wurde der Festungsstatus aufgehoben und die Ausdehnung und Entwicklung zur Industriestadt ermöglicht. Neisse blieb weiterhin ein oberschlesischer Kulturmittelpunkt, Sitz zahlreicher Verwaltungen und Behörden (z. B. des Landesfinanzamtes für Oberschlesien). Vor dem Ersten Weltkrieg hatte Neisse die größte Garnison Schlesiens. Seit 1852 gab es ein eigenes Theater mit gutem Ruf. Reiche Sammlungen füllten das Museum des Neisser Kunst- und Kulturvereins. In der Weimarer Republik war das Volksbildungshaus »Heimgarten« in Neisse-Neuland für Jugend- und Erwachsenenbildung wegweisend.

Wirtschaft

Im Mittelalter Handel und Handwerk. Blüte im 16. Jahrhundert als Warenumschlagsplatz, bis 1742 Stapelplatz für Ungarwein. Seit 1789 »Neisser Konfekt«; der kleine Betrieb wird heute fortgeführt, als Zakłady Wytwórcze »Cukry Nyskie«. Vor dem Krieg verschiedene kleine und mittlere Industriebetriebe: u. a. »Nema«-Neisser Eisengießerei und Maschinenbauanstalt (Werkzeugmaschinen), »Weigelwerk AG« (Brauereieinrichtungen), »Strauch & Schmidt« (Kessel). Nach 1945 Wiederinbetriebnahme der Industrie, insbesondere Entwicklung einer Lieferwagenfabrik und von Betrieben für Industrieanlagen. Die Fabryka Samochodów Dostawczych »Polmo« produziert unter der Marke »Nysa« Kleinbusse, Transport- und Spezialfahrzeuge, davon 85 % für den Export.

Sehenswürdigkeiten

Neisse wurde in heftigem Kampfe Mitte März 1945 erobert und danach zu 80 % zerstört, 1460 Gebäude vernichtet, darunter wertvolle Baudenkmäler. (P) auf dem Ring oder beim Hotel »Piast« am Berliner Torturm mit dem eingemauerten Löwen. Der Berliner (Münsterberger) Torturm »Wieża Ziębicka« dient jetzt als Zweigstelle des Neisser Museums und als *Aussichtsturm*.

Die Innenstadt – vor allem der Ring und seine Nebenstraßen – hat beim Wiederaufbau zwangsläufig ihr Gesicht verändert. Dennoch erkennt auch der unbefangene Besucher die reiche Tradition der Stadt. Von der alten Ringbebauung mit Giebelhäusern wurden nur auf der Südwestseite des Ringes eine Giebelfront (Häuser Nr. 56–60), ursprünglich aus dem 16. Jahrhundert, und in

der anschließenden ul. Bracka (Brüderstraße) eine Häuserreihe wiederhergestellt. Vor den Häusern in der Brüderstraße steht der *Trytonbrunnen*, 1701 in Anlehnung an die von Bernini entworfene Fontana di Trevi errichtet. Am Ende dieser Straße die *Kreuzkirche St. Peter und Paul.* Der Neubau des Klosters und der »Kirche der Kreuzherren vom Hl. Grabe«, wie ihr voller Name lautet, wurde 1719 von dem bischöflichen Hofbaumeister Michael Klein aus Ungarn begonnen und 1727 von seinem Nachfolger in bischöflichen Diensten, Felix Hammerschmidt, vollendet. Sie zählt zu den schönsten Barockkirchen Schlesiens und kommt durch die sie umgebende Grünanlage (Stadtpark) voll zur Geltung. Die Ausmalung des Innenraumes schufen die aus Bayern stammenden Brüder Felix Anton und Thomas Christoph Scheffler (der auch St. Paulin in Trier ausmalte). Thema der Ausmalung ist die Anbetung und Verehrung des Kreuzes durch die triumphierende Kirche. Als charakteristische Besonderheit der barocken Baukunst in Schlesien bezeichnet Grundmann den Gang der oberen Empore mit der übertriebenen Profilschichtung der Gesimse.
Zu der 1930 wiederhergestellten *Innenausstattung* gehören u. a. *13 Altäre und der Orgelprospekt.* Die Madonna im Hochaltar wurde 1748 vom Rat der Stadt gestiftet; es soll sich um ein Bild der Mutter Gottes von Peč (Serbien) handeln. Anfang der 80er Jahre wurde mit der Restaurierung der Kirche begonnen, die noch im Gange ist. Zum Baukomplex gehört das *Kloster* (1708–1713), ebenfalls von M. Klein. Nach 1945 wurde hier das Priesterseminar der Diözese Oppeln untergebracht.
Den Ring beherrschte einst der 1945 gesprengte 89 m hohe gotische Turm des Rathauses, 1499 von Hans Kangenstein vollendet. Mit seiner nadelschlanken Spitze stellte der Turm unter den in Schlesien üblichen Renaissance- und Barockhauben der Rat-

haustürme eine Seltenheit dar. Wieder aufgebaut wurde an der Südseite des Mittelblocks der Ringbebauung das *Kämmereigebäude*, 1604 als Stadtwaage im Renaissancestil errichtet. Der reiche plastische Schmuck und die Ausmalung der Fassade in Sgraffito-Technik sind unwiederbringlich verloren. Das Bauwerk zählte zu den schönsten Profanbauten der Renaissance in Ostdeutschland. Beim Wiederaufbau erfolgte die Wiederherstellung von Giebelhäusern neben dem Kämmereigebäude anstelle von einfachen Bürgerbauten des 20. Jahrhunderts. Nach dem Wegfall der Giebelhäuer an der Ostseite des Ringes fällt der Blick von dem nunmehr vergrößerten Marktplatz direkt auf das 25,3 m hohe Kirchenschiff und den freistehenden, nie vollendeten Glockenturm der *St.-Jakobi-Kirche*, erbaut von 1401 bis 1431 unter starker Beteiligung der Bürgerschaft als gewaltige neunjochige, dreischiffige Hallenkirche mit abgesondertem Chorraum nach einem Brand des spätromanischen Vorgängerbaus.
Die Höhenmaße der Kirche übertrafen noch diejenigen der Breslauer Dorotheenkirche und der Marienkirche in Danzig. Der 13 m hohe Dachstuhl brannte mit dem Giebel 1945 ab. Er wurde in den 50er und 60er Jahren mit erheblicher finanzieller Unterstützung des polnischen Staates wiederaufgebaut. Das Dach ruht nunmehr auf einer 176 to schweren Stahlkonstruktion und nimmt eine Fläche von 4000 m² ein. Im Innern unterstützen die unverputzten Wände und achteckigen Pfeilerpaare den Eindruck eines gewaltigen Innenraumes. Eine Besonderheit sind der Chorumgang und die 19 Seitenkapellen, darunter 16 gotische. Dort blieben einige *Grabdenkmäler der Breslauer Bischöfe* erhalten (Grabtumba des Bischofs Jakob von Salza [† 1539], Epitaph Balthasar von Promnitz [† 1562], beide aus Salzburger Marmor, sowie Grabdenkmäler der Bischöfe Kaspar von Logau [† 1574], Martin von Gerstmann [† 1585] und Johan-

nes von Sitsch [† 1608]). Sie zählen zu den schlesischen Meisterwerken der Renaissance. Den Brand überstanden von der Ausstattung das *gotische Taufbecken* und der Barockaltar in der Taufkapelle sowie ein im Krieg ausgelagerter *holzgeschnitzter gotischer Flügelaltar*, jetzt Hauptaltar. In die Seitenwände der *neugotischen Vorhalle* und in die Außenmauer sind alte Grabepitaphe eingelassen, deren deutsche Beschriftungen noch teilweise lesbar sind.

Unweit der Kirche steht in der ul. Wrocławska (Breslauer Straße) der »*Schöne Brunnen*«, der durch Auslagerung im Krieg erhalten geblieben ist – ohne den österreichischen Doppeladler auf der Spitze. Auf einem kreisrunden steinernen Brunnentrog steht ein bienenkorbartiges schmiedeeisernes Gehäuse. Der Meister des Werkes, bischöflicher Münzer und Hofschlosser, hat sich in einer noch lesbaren Umschrift an diesem großartigen Werk barocker Schmiedekunst verewigt: »Wilhelm Helleweg, 1686« (er stammte aus der Gegend von Beckum). Die Straße wird durch den *Breslauer Torturm* abgeschlossen, einem Baudenkmal aus dem 14. Jahrhundert, mit einer stattlichen Renaissancebekrönung (um 1600).

Die Straße führt zum *Bahnhof* und PKS-Busbahnhof. In der nächsten Querstraße rechts, ul. Marcinkowskiego 1 (Winterfeldtstraße), das »*Muzeum w Nyskiej*«, Tel. 20-83 – mit den Abteilungen Archäologie, Geschichte, Ethnographie, Kunst und Kunstgewerbe (geöffnet Dienstag 10–17 Uhr, Mittwoch, Donnerstag, Freitag 10–15 Uhr, Samstag 10–12.30 Uhr, Sonntag 10–15.30 Uhr).

Das alte Museum des Neisser Kunst- und Altertumsvereins (Grabenstraße 19) wurde 1945 vollständig zerstört, was nicht ausgelagert war, ging verloren. Möglicherweise finden sich einige ausgelagerte Bestände im heutigen Museum wieder.

Südöstlich des Breslauer Torturms die *St.-Barbara-Kirche* (*Kościół Ewangelicki*), seit 1818 bis heute evangelisch. Ursprünglich als Krankenstiftskapelle im 15. Jahrhundert erbaut, in Renaissance und Barock umgestaltet, Westgiebel spätgotisch, Ostgiebel mit Merkmalen der Renaissance (1929 und 1937 wiederhergestellt, ebenso 1983). Südöstlich wurde das frühere Theater wiederaufgebaut. Ul. Wałowa (Grabenstraße) mit wiederhergestellten Giebelhäusern zum ehemaligen geistlichen Viertel im Südosten der Altstadt, ul. Grodzka (Jesuitenstraße). An der vom Ring kommenden ul. Biskupa Jarosława (Bischofstraße) steht die ehemalige fürstbischöfliche Residenz, vor dem Kriege Amts- und Landgericht. Sie ist ein Barockbau mit reich gegliederter Fassade und zwei großzügigen Portalen, 1608–1624 begonnen, nach Unterbrechung durch den Dreißigjährigen Krieg unter Fürstbischof Franz-Ludwig von Pfalz-Neuburg nach einem Entwurf von Christian Tausch 1729 zu Ende geführt. Architekten waren die fürstbischöflichen Hofbaumeister Michael Klein und Felix Hammerschmidt. 1945 ausgebrannt und später wiederaufgebaut, zur Zeit unbenutzt. Auf der gegenüberliegenden Seite der ul. Grodzka (Jesuitenstraße) sieht man den *Bischofshof*, die mittelalterliche Residenz der Bischöfe, älteste Teile aus dem 14. Jahrhundert, ehemals befestigt. Dahinter blieben Reste der Stadtmauer mit zwei Türmen erhalten. Nach der Säkularisierung diente der Bischofshof dem Militär, nach dem letzten Kriege mehreren Handwerksbetrieben, nunmehr ist er im Besitz der Invalidengenossenschaft.

An den Bischofshof schließt sich am pl. Solny (Salzring) die frühbarocke *Jesuiten-(Gymnasial-)Kirche* an, 1688–1692 unter Bischof Franz-Ludwig erbaut; bei der Belagerung durch die Franzosen im Jahre 1807 brannten die Türme und der Innenraum aus, die Kirche wurde 1820, die Hauben der Türme 1907 wiederhergestellt. Die Kirche ist ein strenger Saalbau mit Kapellen und Emporen zwischen den eingezogenen Pfeilern.

Auf der Westseite des Salzringes ist das *St.-Annen-Kolleg*, heute Musikschule. Das langgestreckte Gebäude, das sich an die Jesuitenkirche in der ul. Sobieskiego (Gymnasialstraße) anschließt, ist das traditionsreiche Jesuitenkolleg Carolinum, vollendet 1690; die Torbogen von 1725. Beachtlich im Innern sind die Aula und der Bibliothekssaal. Die Bibliothekbestände wurden nach 1945 nach Breslau verbracht. Unweit davon, in der nach Neustadt führenden Straße, ul. Prudnicka, die kleine Bürgerkirche von 1741, ursprünglich die älteste Kirche von Neisse, heute »Zwiastowania NMP« (Mariä Verkündigung). Vom Ring über den *Münsterberger Torturm* (später Berliner Torturm genannt) führt die ul. Krzywoustego (Berliner Straße) über die Neißebrücke (Mostowa), Berliner Brücke, vorbei an der 1896 erbauten Hauptpost zur ehemaligen Friedrichstadt, 1742 von Friedrich dem Großen als selbständige Gemeinde gegründet, 1811 eingemeindet. Dort Dominikanerkloster und -kirche (Kościół Podominikański), 1788 fertiggestellt, mit barockem Hochaltar und einer Kanzel im Rokokostil. Von der Neißebrücke Blick zum Altvatergebirge. Auf dem ehemaligen Jerusalemer Friedhof (Cmentarz Komunalny) an der Straße nach Ottmachau (Otmuchów) befindet sich das Doppelgrab des Dichters Joseph Freiherr von Eichendorff und seiner Gemahlin Luise (gepflegt, südöstlich vom Chor der alten Begräbniskapelle leicht zu finden). Umgebettet in die Taufkapelle der Jakobuskirche wurde das Grab von Klemens Neumann (1873–1928), dem oberschlesischen »Spielmann«, der im »Heimgarten« gewirkt hat (Quickborn).

Eine große Anzahl bedeutender Persönlichkeiten sind in Neisse geboren oder haben, wie Eichendorff an seinem Lebensabend, hier gelebt. Eberhard von Neisse war 1301–1326 Bischof von Ermland. In Neisse geboren sind: der Dichter des »Jungen Deutschland« Friedrich von Sallet (20. 4. 1812–21. 2. 1843), der Dichter Max Herrmann-Neisse (23. 5. 1886–8. 4. 1942 in London), der Zoologe Bernhard Grzimek (24. 4. 1909–1987 in Frankfurt/M.), der Chemiker und Nobelpreisträger Konrad Bloch (21. 1. 1912) sowie der 1988 verstorbene Weihbischof von Berlin, Heinrich Theissing (11. 12. 1917), bis 1987 Bischof von Schwerin.
Als Rektor des Jesuitenkollegs wirkte seit 1624 in Neisse Christoph Scheiner, Naturwissenschaftler und Entdecker der Sonnenflecken, beigesetzt in der Jesuitenkirche.
Aufgewachsen ist in Neisse der Geograph und Afrikaforscher Emin Pascha (Eduard Schnitzer, 1840–1892).
Angelus Silesius (Johannes Scheffler, † 1677) studierte in Neisse Theologie und wurde hier zum Priester geweiht.
Michael Korybut, der spätere König von Polen, war Schüler des Neisser Pfarrgymnasiums, General Friedrich Wilhelm von Steuben 1742 Schüler am Jesuitengymnasium.

ROUTE 1   Zum Neisser Stausee und zum Ottmachauer Stausee

Neisse (Nysa) – Ottmachau (Otmuchów) – Kalkau (Kałków) – Alt Patschkau (Stary Paczków) – Patschkau (Paczków) – Neisse (Nysa). 110 km

Der Neisser Stausee (Jezioro Nyskie) im Südwesten der Stadt und südlich der Straße 245 nach Glatz (Kłodzko) wurde 1971 angelegt. Zuvor wurde eine zweite Neisse-Talsperre (1966–1971), Fläche ca. 22 km², Fassungsvermögen 111 Mio m³ Wasser, Dammhöhe 14 m, erbaut. Der See soll den Ottmachauer Stausee (Jezioro Otmuchowskie) als Hochwasserschutz ergänzen. Dieser 1928–1933 angelegte Stausee zwischen

Ottmachau und Patschkau ist 6 km lang, über 3 km breit, Fläche 24 km², Fassungsvermögen 143 Mio m³. Er wurde auch als Wasserspeicher für die Oder gebaut und war bereits vor dem Kriege mit Strandbad und Erholungsgebiet als größter Stausee in Schlesien beliebt. Heute sind beide Seen für den Fremdenverkehr erschlossen. Die Straße 245 Richtung Glatz führt zunächst an der Nordseite des Neisser Stausees und hinter Ottmachau an der Südseite des Ottmachauer Stausees entlang. An beiden Ufern Park- und Campingplätze.

12 km bis

OTTMACHAU, *Kr. Grottkau*
Otmuchów, woj. Opole (Woj. Oppeln)

Lage
zwischen den beiden Stauseen

Einwohner
1939: 4944 Deutsche
1985: 4700 Polen

Campingplatz: PTTK am Nordufer des Ottmachauer Stausees, Tel. 5025, Bettenplätze und Zeltplatz für 500 Zelte. Dort Restaurant »Sandacz«, Kat. III, in der Sommersaison geöffnet

Jugendherberge: Grundschule Nr. 2, ul. Szkolna 2, Tel. 51-30, Kat. II, geöffnet Juni–August
Restaurant und Café: »Zamkowa«, Rynek (Ring), Kat. III
Verkehrsverbindung: PKS-Fernbushaltestelle am Ring
Taxi-Standplatz: Rynek, Tel. 52-19
Touristenauskunft: ul. Świerczewskiego 4, Tel. 51-00

Geschichte

Ottmachau ist die einzige der drei Städte am Mittellauf der Neiße (neben Neisse und Grottkau), die in slawischer Zeit bereits ein Marktort war. Sie wurde erst 1347 unter deutsches Recht gestellt. Die Burg Ottmachau mit ihrem Landbesitz stand bereits vor 1155 unter der Hoheit der Breslauer Bischöfe, eine der 15 Kastellaneien, die 1155 in der ältesten Papsturkunde für Schlesien von Hadrian IV. als zum Sprengel des Bistums Breslau gehörig namentlich aufgeführt werden. 1333 verzichtete Herzog Bolko II. von Münsterberg auf jedwede Herrschaftsrechte im Bistumsland. Die niedere Gerichtsbarkeit wurde nach deutschem Recht 1348 von Bischof Przecław von Pogarell bestätigt und der Bau der Stadtmauer angeordnet. Die Stadtanlage ist angelehnt an den 280 m hohen Burgberg mit quadratischem Ring. 1386 Stiftung des Kollegiatstiftes und Erhebung der Kirche zur Kollegiatkirche. Nach Verlegung des offiziellen Bischofsitzes nach Neisse blieb Ottmachau ein von den Bischöfen geschätzter Nebensitz. Ihr Schloß mit umfangreichem Grundbesitz wurde 1810 in preußischen Staatsbesitz übergeführt und gelangte 1820 als Dotation des Königs an Wilhelm von Humboldt und blieb bis 1928 im Besitz seiner Familie. Den Landbesitz übernahm die Reichswasserstraßenverwaltung (Staubecken). Das Schloß wurde von der Stadt in ein Hotel umgewandelt.

Wirtschaft

Ackerbürgerstadt. 1880 Gründung der größten Zuckerrübenfabrik Oberschlesiens, 1934/35 auf Weißzucker-Erzeugung erweitert, nach dem Kriege fortgeführt als »Cukrownia Otmuchów«. Im nahen ehemaligen Dorf Gießmannsdorf-Friedenthal, das jetzt eingemeindet ist, war seit 1837 eine Brennerei, später eine Preßhefefabrik, die erste dieser Art im Deutschen Reich. Später »Gießmannsdorfer Fabriken, Spiritus-Preßhefe-Brauerei-GmbH.«, heute Metallwarenfabrik »Otmuchowskie Zakłady Metalowe«.

Sehenswürdigkeiten

1945 unzerstört. Erhalten ist die mittelalterliche Anlage. Das *Schloß* auf dem Burgberg dient heute als Erholungsheim. Burg von den Hussiten stark zerstört, unter Bischof Jerin (1585–1596) umfangreicher Schloßneubau, unter Bischof Johann Sitsch Errichtung des Turmes. Bischof Graf Zinzendorf ließ zu seiner Bequemlichkeit die bis zum ersten Stockwerk hochgeführte »Eselstreppe« anlegen, auf der er hinaufritt. Am Fuße des Burgberges: *Barockschlößchen* von Michael Klein, 1706–1707. Die doppeltürmige *katholische Pfarrkirche*, errichtet unter Bischof Ludwig von Pfalz-Neuburg, ist ein kreuzförmiger Barockbau von Johann Peter Tobler (1691–1695). Der Bau zeigt den Einfluß Wiens, dem der Bischof verbunden war. Die Architektur des Innenraumes der barocken Saalkirche ist in strengen, straffen Formen gehalten. Der Hochaltar, flankiert von korinthischen Säulen, ist auf den Gesamtraum abgestimmt. Die Ausstattung mit Kanzel, Nebenaltären, Orgel, Chorgestühl und der Ausmalung von Karl Dankwart fügt sich zu einem großartigen Gesamtbild. Drei Altargemälde von Michael Willmann, 1693. In einem barocken Seitenaltar von J. Weiß gotische Madonnenfigur (um 1500). Die Kirche wurde 1981–1983 außen und innen vollständig restauriert.

Auf dem Ring steht die *Mariensäule* von 1734. Am Renaissance-*Rathaus* von 1538, Turm von 1605, ist bemerkenswert die *Sonnenuhr* von 1575 an der Rathausecke. Sie ist eine Stiftung des Breslauer Bischofs Martin Gerstmann, seine Wappen sieht man über dem Zifferblatt. Die Uhr wurde 1828 aus der damals abgebrochenen Burgkapelle entfernt und hier angebracht. Am Ring sind einige barocke Bürgerhäuser restauriert (schöne Giebel, Ring Nr. 35 und 36 sowie Ring Nr. 25, um 1600).

Von Ottmachau nach Südosten ist ein Abstecher Richtung Grenze – 12 km – bis

Kalkau (Kałków) möglich. Sehenswerte Pfarrkirche St. Georg, ehemals St. Maria. Geschlossener Backsteinbau, eindrucksvolle frühe Schöpfung aus der Mitte des 14. Jahrhunderts. An den zinnenbewehrten Wehrturm schließen sich ein Querhaus und ein einschiffiges Langhaus an. 1931 restauriert – Freilegung spätmittelalterlicher Fresken –, 1945 unbeschädigt. Am Südportal sind Schaftringsäulen vor die Wand gestellt. Das Dorf wurde mit einer stattlichen Anzahl von deutschrechtlichen Dörfern im 13. Jahrhundert im Grenzhag angelegt. Herzog Heinrich IV. beanspruchte im Rechtsstreit mit Bischof Thomas II. von Breslau »66 sehr große deutschrechtliche Dörfer« und ließ sie sich durch ein Hofgericht zusprechen.

In Ottmachau, an der Ausfahrt nach Glatz, ul. Wojska Polskiego 23, steht ein altes Fachwerkhaus, Henkerhaus genannt (Domkata).

Weiterfahrt Richtung Glatz (Kłodzko) südlich des Ottmachauer Stausees.

In *Alt Patschkau (Stary Paczków)* kann man eine kleine gotische Dorfkirche mit wertvollem holzgeschnitzten Altar »Maria Krönung« (14. Jahrhundert) besichtigen. Ein im Mittelalter häufig wiederkehrendes Motiv: links Gottvater, rechts Christus, setzen der zwischen ihnen knienden Maria die Krone aufs Haupt. In Dreiergruppen zu beiden Seiten und unten je neun Heilige. Unter Maria die hl. Hedwig mit dem Symbol ihrer Stiftskirche Trebnitz. Schlüssel im Pfarrhaus.

PATSCHKAU, *Kr. Patschkau*
Paczków, woj. Opole (Woj. Oppeln)

Lage

Am Fuße des Reichensteiner Gebirges (Góry Złote) und am rechten Ufer der Glatzer Neiße (Nysa Kłodzka), 5 km vom Westufer des Stausees entfernt.

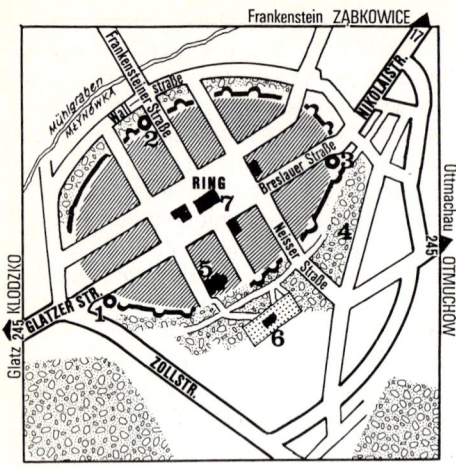

Einwohner

1939: 7522 Deutsche
1985: 7800 Polen

Hotel: »Zacisze«, ul. Wojska Polskiego 31,
*, Tel. 61-77
Jugendherberge: ul. Kollątaja 9, Tel. 190,
ganzjährig geöffnet
Restaurant: »Kameralna«, ul. Wrocławska,
Kat. III
Café: »Jagienka«, ul. Wojska Polskiego,
Kat. III

Geschichte

1254 Aussetzung eines Marktes zu deutschem Recht im Auftrag von Bischof Thomas I. von Breslau durch die Vögte Heinrich
und Wilhelm, auf einem Teil der slawischen
Gemarkung des Dorfes Patschkau – ab 1261
Alt-Patschkau genannt. Die ovale Stadtanlage ist seit Mitte des 14. Jahrhundert mit
Mauer und Graben umgeben, mit dem
160×80 m großen Marktplatz in der Mitte.
Gleichzeitig mit der Stadtgründung Gründung der Pfarrei mit der Kirche St. Maria,
St. Johannes Evangelist und St. Johannes
Baptist.

Gegen Ende des 13. Jahrhunderts liegt
bereits ein Kranz deutscher Dörfer um die
Stadt: Ober- und Nieder-Pomsdorf (Po-
mianów) – 1261, Hertwigswalde (Doboszo-
wice) – 1291, Liebenau (Lubnów) – 1290,
Neuhaus = novum castrum (Chałupki) –
1295, und Glambach (Głęboka) – 1296.
Das vorher vorhandene Waldhufendorf Bo-
genau (Bogunów) wuchs mit der Stadt zusammen. 1594 wurde eine Quellwasserlei-
tung vom Obertor zum Niederring gelegt.
Vor dem Krieg gab es eine Villenvorstadt
entlang der Neiße.

Wirtschaft

Im Mittelalter Handel, Handwerk, Tuchmacherei. Blüte im 16. Jahrhundert, danach
bis ins 19. Jahrhundert Stillstand und Rück-
schritt. 1874 Bahnanschluß Königszelt –
Kamenz – Patschkau – Neisse. Industrielle
Kleinbetriebe: seit 1744 »Silesia, Kerzen-
und Wachswarenfabrik« (Familie Müller),
Schneidersche Fabrik für Schul- und Zei-
chenutensilien (größter Betrieb), »Schlesische Kehl- und Bilderleistenfabrik KG.«,
Feuerwehrgerätefabrik u. a. Heute einige
Betriebe der Baustoffindustrie. Vor dem
Kriege Fremdenverkehr (Stausee); heute gefördert durch ein Campinglager der sozialistischen Jugendorganisation für Studenten
nebst Zeltplatz.
In Patschkau endet die rot markierte »Sude-
tenwanderroute«, die in Bad Flinsberg
(Świeradów Zdrój) im Isergebirge beginnt.

Sehenswürdigkeiten

Nach der Kapitulation vom 8. 5. 1945 war
Patschkau zu 15 % zerstört, danach in den
50er Jahren verwahrlost. Schäden an den
Bürgerhäusern entstanden durch Abriß und
Verfall. Seit den 60er Jahren erfolgt die
Restaurierung der erhaltenen Baudenkmä-
ler. Patschkau gehört zu den wenigen schle-
sischen Städten, die den inneren Mauerring

ihrer mittelalterlichen Stadtmauer mit drei Tortürmen *(Glatzer* (1), *Frankensteiner* (2) *und Breslauer* (3) *Torturm)* und 13 nach innen offenen Mauertürmen vollständig bewahrten. Daher der Name »Schlesisches Rothenburg«. Die Wallanlagen wurden in *Promenaden* (4) umgewandelt. Die Stadt bemüht sich wieder, diesen Bestand eines mittelalterlichen Bildes zu erhalten, auch beim Wiederaufbau der Häuser der Innenstadt. 56 Wohnhäuser stehen unter Denkmalschutz. Zur Stadtbefestigung paßt die etwas erhöht liegende, burgartig gestaltete *katholische Pfarrkirche* (5); eine dreischiffige Hallenkirche aus der zweiten Hälfte des 14. Jahrhunderts, Einwölbung und Turm an der Nordseite stammen aus dem 15. Jahrhundert, die barocke Rochuskapelle wurde 1701 hinzugefügt. Das gotische Hauptportal ist umrahmt von Fialen und Wappen. Eine Besonderheit der Kirche ist eine die Dächer verdeckende obere Mauer, ursprünglich gedacht zur Abwehr einer möglichen Türkengefahr nach der Schlacht von Mohács (1526). Während der Bauarbeiten wurde 1529 die Bedrohung Wiens beseitigt, so daß man statt Schießscharten am Mauerkranz die Zinnen anbrachte. Tintelnot deutet die Kirche wegen ihrer hohen kubischen Erscheinung als den »böhmischsten Hallenbau in Schlesien überhaupt«.

Das Innere wird durch ein Netzgewölbe über dem Chorraum, ein Sterngewölbe über dem Mittelschiff und durch Springgewölbe über den Seitenschiffen geprägt. Der Hauptaltar ist neugotisch, 1858 von S. Kutzer, und ersetzte einen Barockaltar. An der Südseite des Presbyteriums wurde nach der Inschrift 1588 von den Brüdern Johann Christoph und Albertus Magnus von Maltitz die nach ihnen benannte Marienkapelle errichtet. Ihr Epitaph trägt die Jahreszahl 1597. In der Kapelle steht ein beachtenswerter Passionsaltar aus Stein, Renaissance von 1588. Die Madonnenfigur stammt von 1496.

Auf dem Friedhof außerhalb der Wehrmauer stand 1985 noch der Ruinenturm der Friedhofskapelle (6), an der Friedhofsmauer alte Epitaphe.

Das *Rathaus* (7) (1542–1552) wurde 1821/22 stark umgebaut und 1911/12 renoviert. Der Turm bewahrte seinen Renaissancestil. Der polnische Stadtführer rühmt ihn als Aussichtspunkt.

An drei Ringseiten sieht man wiederhergestellte Bürgerhausfassaden. Außerhalb der Altstadt an der ul. Armii Czerwonej steht der neugotische Bau der früheren evangelischen *St.-Nikolai-Kirche* (jetzt Kościół św. Mikołaja), erbaut 1902–1903 von Bernhard Nimptsch.

Von Patschkau 12 km nach Münsterberg (Ziębice), vgl. S. 313, von dort 8 km bis Heinrichau (Henryków), vgl. S. 313 zurück nach Neisse.

ROUTE 2 Ins Altvatergebirge (Góry Opawskie)

Neisse (Nysa) – Neustadt (Prudnik) – Wildgrund (Pokrzywna) – Ziegenhals (Głuchołazy) – Neisse (Nysa). 75 km

Das Altvatergebirge (Góry Opawskie) ist das Mittelstück der Ostsudeten, es liegt fast ganz im tschechischen Staatsgebiet. Nur mit einem kleinen Zipfel südlich von Neisse zwischen Neustadt (Prudnik) und Ziegenhals (Głuchołazy) ragt es nach Schlesien hinein (Grenze von 1742 zu Österreichisch Schlesien). Am Fuße der Bischofskoppe – 869 m – (Biskupa Kopa), höchste Erhebung auf der ehemals preußisch-schlesischen Seite, liegt die Sommerfrische Wildgrund. Die Bischofskoppe und die Wanderwege von

Neustadt und Ziegenhals dorthin sind als Grenzgebiet auch für Bürger Deutschlands wieder begehbar.
30 km bis Neustadt (Prudnik) (vgl. S. 343 f.)
Von Neustadt nach Ziegenhals führt außer der Hauptstraße eine landschaftlich reizvolle, durchaus befahrbare Nebenstraße ab Gräflich Wiese (Łąka Prudnicka) über Arnoldsdorf (Jarnołtowek) und Wildgrund (Pokrzywna).

ZIEGENHALS, *Kr. Neisse*
Głuchołazy woj. Opole (Woj. Oppeln)

Klima

Kur- und Erholungsort im Bieletal (Biała Głuchołaska) am Nordhang des Altvatergebirges. Grenzübergang nicht für Bürger der Bundesrepublik Deutschland.

Einwohner

1939: 9772 Deutsche
1985: 14500 Polen

Hotel:»Leśny«, ul. Świerczewskiego 4, ***, mit Restaurant, Kat. I, Tel. 969
Jugendherberge: ul. Skłodowskiej-Curie 9, Tel. 340, Juli/August
Restaurant: »Śląska«, ul. 22 Lipca 3

Geschichte und Wirtschaft

Gründung zwischen 1220 und 1232 durch deutsche Siedler auf Veranlassung von Bischof Lorenz von Breslau unter Vogt Witigo von Ottmachau. Stadtrecht 1263, Weichbildvorort für deutsche Dörfer am Grenzwald, zugehörig zum Bischofsland. Im 15. und 16. Jahrhundert Eisenbergbau. Flachsanbau durch Friedrich den Großen eingeführt, danach Weberstadt. Ende des 19. Jahrhunderts Kneipp-Bad. Im 20. Jahrhundert Aufschwung als Luftkurort, heute speziell für Lungenkranke empfohlen.

Industrialisierung: Natursteinwerke, Möbel-, Holzstoff-, Zellulose- und Papierfabriken, deren Betrieb nach 1945 wieder aufgenommen wurde.

Sehenswürdigkeiten

Mittelalterliche schachbrettartige Stadtanlage mit rechteckigem Marktplatz, erhalten sind Reste der Befestigungsanlagen und ein Torturm, das *Obertor*, aus dem 15. Jahrhundert. (P) am Ring. An der Ostseite des Ringes inmitten von Bürgerhäusern steht das kleine *Rathaus*, kenntlich am Uhrturm und dem Wappen »Ziegenhals« an der Vorderfront. Die sehr alte Linde in den Grünanlagen des Ringes soll 1648 gepflanzt worden sein. Am Ring ist das alte Haus der Apotheke erhalten. Weitere Häuser des Barock, im 19. Jahrhundert umgebaut, stehen am Ring und in den Seitenstraßen. Das beherrschende Baudenkmal ist die barocke katholische *Stadtpfarrkirche St. Lorenz*, auf frühgotischer Basis unter Fürstbischof Franz Ludwig 1729 neu errichtet. In der großen glatten Wandfläche der Doppelturmfront blieb das Portal der mittelalterlichen Kirche erhalten. Der Übergang von romanischer zu gotischer Kunst weist auf die Zeit um 1250 hin. Im Innern reiche Barock-Ausstattung. Nördlich des Ringes findet man in der ul. Skłodowskiej-Curie die *Rochus-Kapelle*, erbaut 1627 vom Kirchenliederdichter Elias Born, Stadtpfarrer, zur Erinnerung an die große Pest in Ziegenhals. Die bis 1945 durchgeführte Pestprozession ging auf jene Zeit zurück. Die frühere evangelische Kirche ist jetzt katholische Gymnasialkirche.
15 Min. südlich vom Stadtzentrum am Fuße des Holzberges (Przednia Kopa) – 490 m – erreicht man die Kuranlagen, ein Waldbad mit Restaurant und Café, in der Sommersaison in Betrieb. Am Fuße des Holzberges ist ein alter Stollen der einstigen Goldgrube (Stara Sztolnia). Zum Holzberg geht man

eine halbe Stunde. Der Aussichtsturm (frühere »Hohenzollernwarte«) ist noch begehbar. Es bietet sich ein schöner Rundblick auf das Neißetal und im Süden auf das Altvatergebirge. In der früheren Holzbergbaude neben dem Turm ist ein Wanderheim (Dom Wycieczkowy »Wypoczynek Pod Wieżą«), Tel. Głuchołazy 986, 25 Betten, Kat. III.

Zurück nach Neisse.

ROUTE 3   Neisse (Nysa) – Neustadt (Prudnik) – Laßwitz (Laskowice) – Deutsch Rasselwitz (Racławice Śl.) – Gläsen (Klisino) – Oberglogau (Głogówek) – Kandrzin-Cosel (Kędzierzyn-Koźle) – Leschnitz (Leśnica) – Annaberg (Góra Św. Anny) – Deschowitz (Zdzieszowice) – Krappitz (Krapkowice) – Klein Strehlitz (Strzeleczki) – Zülz (Biała) – Friedland (Korfantów) – Neisse (Nysa) 200 km.

Straße 245

30 km bis Neustadt (Prudnik), vgl. S. 343 f.
9 km Richtung Oberglogau (Głogówek) nach *Laßwitz – Hohenschanz (Laskowice)*. Westlich des unmittelbar an der Grenze zur Tschechoslowakei liegenden Dorfes findet man slawische Burgwälle, früher irrtümlich »Schwedenschanze« genannt. Abzweigung nach rechts Richtung Leobschütz (Głubczyce) – 2 km rechts der Straße früher 5 m hohe »Schwedensäule«, 1633 zur Erinnerung an den Abzug der Schweden errichtet. *Deutsch Rasselwitz (Racławice Śl.)* Neubau der Dorfkirche von 1789 von Baumeister Michael Clement, Erweiterung des Langhauses zu einem Mittelraum. In *Gläsen (Klisino)* alte Dorfkirche mit Epitaph von 1597 für Friedrich von Reichenbach aus dem Hause Pitschen, Stallmeister der Bischöfe Martin und Andreas von Breslau. *Oberglogau (Głogówek)* vgl. S. 339 f.

Richtung Cosel (Koźle) in *Nesselwitz (Pokrzywnica)* Barockkirche. Auf dem Friedhof Grab des Pfarrers Heinrich Kreis, † 1932. Kandrzin-Cosel (Kędzierzyn Koźle) vgl. S. 337 ff. Durch Cosel über die Oderbrücke. Im Ortsteil Klodnitz (Kłodnica) nach Norden über den Gleiwitzer Kanal (Kanal Gliwicki) und über Leschnitz (Leśnica) zum Annaberg (Góra Św. Anny), vgl. S. 336. Rückfahrt nach Deschowitz – 1936 Odertal – (Zdzieszowice). Alter Warenlagerplatz an der Oder. 1931 Kokerei und Kraftwerk, 1938 Treibstoffsyntheseanlage. 1962 zur Stadt erhoben. Straße 242 bis Krappitz (Krapkowice) vgl. S. 340 f. Zurück über Moschen (Moszna), zum Schloß, vgl. S. 342. In Dambine – 1937 Wiesengrund – (Dębina) rechts ab über Friedland (Korfantów) – vgl. S. 344 – nach Neisse (Nysa) oder die bessere Straße über Zülz (Biała) nach Neisse (Nysa).

XV. Ratibor und Umgebung

1. Die Stadt Ratibor, Kr. Ratibor

Racibórz, woj. Katowice (Woj. Kattowitz)

Lage

An einem uralten Übergang über die Oder beiderseits des Flusses bei seinem Eintritt in Schlesien.

Einwohner

1939: 50004
1985: 53000
Volksabstimmung 1921: 22291 für Deutschland, 2227 für Polen

1919 umfaßte der Landkreis Ratibor 83654 ha mit 118923 Einwohnern. Nach dem Ersten Weltkrieg mußte ohne Volksabstimmung das Hultschiner Ländchen mit einer Fläche von 28985 ha und 45856 Einwohnern an die Tschechoslowakei abgetreten werden; hinzu kam 1921 die Abtretung von 12735 ha und 16022 Einwohnern des Kreisgebietes an Polen.

Unterkunft und Verpflegung

Hotel: »Polonia«, plac Dworcowy 16 (Bahnhofsvorplatz), Tel. 30-25, **, mit Restaurant
Gasthof: ul. Zamkowa 4 (Schloß), Tel. 47-80
Vermittlung von Privatunterkünften: WPUT kwartery prywatne, Rynek (Ring) 10, Tel. 3997
Camping (Kemping) WPUT, R.-Obora, ul. Markowicka 1, Tel. 24-51, Kat. II, Mai bis September. Der Platz ist jedoch relativ weit vom Zentrum entfernt.
Restaurant: »Wiedenska«, ul. Opawska 1, Kat. I; »Hawawa«, ul. Mazowiecka, Kat. II

Milchbar: Smakosz, ul. Opawska 5; »Jacek«, ul. Wieczorka
Touristeninformation: plac Wolności 2, Tel. 30-93, geöffnet Mo–Fr; »Orbis«, ul. Nowa 7, Tel. 30-65, geöffnet Mo–Fr 9–16 Uhr, Sa 9–14 Uhr
DFK-Bezirk Kattowitz: Büro: ul. Kreta 9, 47–403 Racibórz. Vors.: Blasius Hanczuch (Handschuh), ul. Rzemieslnicza 13, 47–451 Bienkowice (Berendorf)

Verkehr

Fernbusverkehr/PKS: ul. Pocztowa (beim Bahnhof)
Stadtbusverkehr: MPK ul. 1 Maja
Autoservice: Straßenhilfe PZMot, ul. Agnieszki 17, Tel. 981, 8–16 Uhr
Reparatur-Werkstatt: ul. Mikołaja 9, Tel. 21-36, ul. Bogumińska 15b, Tel. 34-58
Heimatmuseum (Muzeum Regionalne): – am gleichen Ort wie früher – ul. Chopina 12, Tel. 41-09, geöffnet Di, Do 10–12.30 Uhr, Mi, Fr 10–17.30 Uhr, Sa 10–12.30, So 10–13.30 Uhr

Geschichte

Ratibor war schon 1155 Mittelpunkt einer Kastellanei und wurde 1163 bei der ersten Teilung Schlesiens Sitz eines piastischen Herzogs (Mieszko I. von Ratibor). Die Burg leistete dem Mongolensturm 1241 – so die Überlieferung der Sage – erfolgreich Widerstand. 1532 kam Ratibor als erledig-

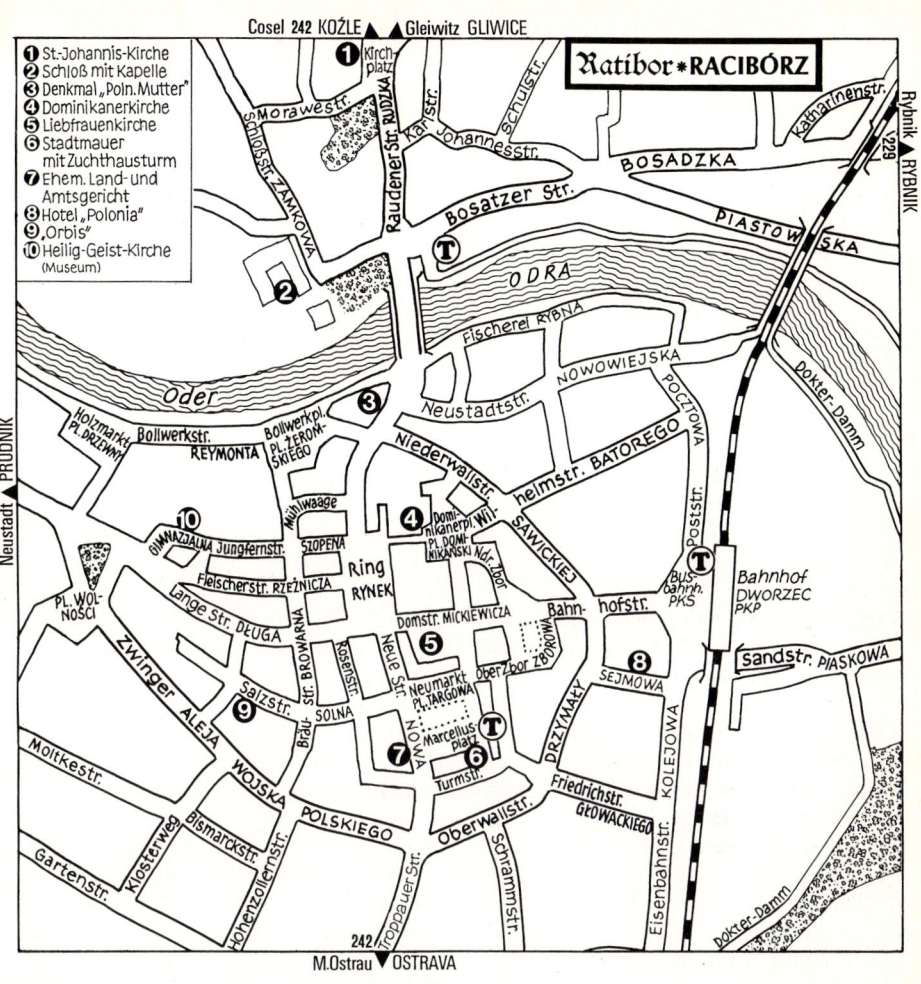

Ratibor * RACIBÓRZ

① St-Johannis-Kirche
② Schloß mit Kapelle
③ Denkmal „Poln. Mutter"
④ Dominikanerkirche
⑤ Liebfrauenkirche
⑥ Stadtmauer
mit Zuchthausturm
⑦ Ehem. Land- und
Amtsgericht
⑧ Hotel „Polonia"
⑨ „Orbis"
⑩ Heilig-Geist-Kirche
(Museum)

tes Lehen an das Haus Habsburg, wurde in der Folgezeit mehrfach verpfändet, u. a. bis 1551 an die Markgrafen von Ansbach und von 1645–66 an die Krone Polens. Aus den kaiserlichen Kammergütern wurde später eine Herrschaft gebildet und 1812 mit einer Reihe säkularisierter Kirchengüter zusammengelegt und 1821 vom preußischen König zum Mediatherzogtum erhoben. 1843 gelangte es an das Geschlecht von Hohenlohe-Waldenburg-

Schillingsfürst (bis 1945). Eine Hofhaltung als »Herzog von Ratibor« fand im säkularisierten Kloster Rauden statt. Der Besitz umfaßte 1939 30 200 ha. Die Gründung von Ratibor als deutsche Stadt erfolgte um 1235 nach Neumarkter Recht, 1299 Verleihung des Magdeburger Stadtrechts. 1286 wurde Ratibor zum Oberhof für die mit flämischem Recht ausgestatteten Siedlungen des Umlandes bestellt. Bis 1400 vollzog sich die Gründung eines dichten Kranzes deutscher

Bauerndörfer im Ratiborer Land auf fruchtbarem Boden, im Süden bis an die Oppa. 1743 wurde Ratibor preußische Kreisstadt, 1903 kreisfreie Stadt. Es war der kulturelle Mittelpunkt im Südosten Schlesiens.

Wirtschaft

Im Mittelalter war Ratibor ein bedeutender Handelsplatz am Flußübergang der Handelsstraße Brünn–Ratibor–Krakau: Salzniederlage 1332, Getreidehandel. Außerdem blühendes Gewerbe: Tuchmacherei, Gerberei, Brauwesen. Ein starker Rückgang erfolgte nach dem 30jährigen Krieg, ein neuer Aufschwung 1846 nach Eröffnung der Bahnlinie Berlin–Wien über Ratibor und danach von Nebenlinien. Diese Verkehrsverbindungen hatten die Errichtung wichtiger Industriebetriebe zur Folge: Werkzeug- und Maschinenfabriken, ein Gußstahlwerk, Waggon- und Schiffsbau, elektrotechnische Fabriken, chemische Werke, Domssche Schnupftabakfabrik, industrielle Betriebe zur Verwertung der landwirtschaftlichen Erzeugnisse des Umlandes, das der »Gemüsegarten« des Industriegebietes genannt wurde. Nach 1945 langsame Wiederaufnahme des Betriebes in allen Industriezweigen. Besondere Bedeutung haben heute die Kesselfabrik »Rafako« und der Kohleelektrodenbetrieb »1 Maja«, früher »Siemens-Plania-Werke«, gegründet 1896. Eine 1567 gegründete Brauerei wird noch betrieben. Der frühere Gemüseanbau wird fortgesetzt, ferner arbeiten Maschinenbetriebe (Eisenbahn), Bekleidungs-, Holzbearbeitungsfabriken sowie eine Zuckerfabrik.

Sehenswürdigkeiten

Die einstige Burgsiedlung »Ostrog« auf der gleichnamigen ehemaligen Oderinsel ist der älteste Stadtteil. Nach 1810 eigenes Dorf, 1817 eigene Pfarrei; Wirtschaftsgrundlage die Ausbeutung großer Lehmlager. 1927

wurde das Dorf mit Schloß Ratibor als Ratibor Nord eingemeindet. Vom alten *Schloß*, das seit dem 19. Jahrhundert verfiel, ist erhalten und von kunsthistorischem Wert die *Schloßkapelle*, ein einschiffiger turmloser Bau aus dem Ende des 13. Jahrhunderts. Das Gotteshaus zählt zu den ältesten Bauwerken des Bezirks Oppeln und blieb, abgesehen von einigen neugotischen Zusätzen, in seiner ursprünglichen Form erhalten. Im 19. Jahrhundert wurden der Ost- und der Westgiebel sowie das Westportal restauriert. Die Kapelle wurde 1945 nur wenig beschädigt, während die seit 1859 für die Räume einer Brauerei wiederhergerichteten Schloßreste ausbrannten. Die Gebäude wurden inzwischen wiederaufgebaut und werden als Wohnung für Mitarbeiter der Brauerei benutzt. An der Kirche wurde 1288 ein Kollegiatstift gegründet, das dem heiliggesprochenen Erzbischof Thomas von Canterbury gewidmet war. Die Kirche trägt bei den Polen heute noch diesen Namen. An der Oder entlang führt eine *Uferpromenade* mit alten Baumbeständen und Blick zur Stadt.
Über die Oderbrücke zur Stadt.
Auf dem linken Oderufer erhebt sich inmitten von Grünanlagen ein gewaltiges neues Denkmal der »Polnischen Mutter« nach einem Entwurf des Bildhauers J. Borowczak. Von der Oder die ul. Odrzańska (Bahnhofstraße) entlang zum (P) Ring (Rynek Głowny).
Ratibor wurde 1945 nach der sowjetrussischen Eroberung zu beinahe 80 % zerstört. Infolgedessen hat sich das Stadtzentrum vollständig verändert. Zwischen Oder und Ring entstand eine moderne Häuserfront mit Läden, dagegen baute man auf der Westseite des Ringes eine Reihe alter Häuser jedoch mit nicht historischen, kunstvollen Gesimsen wieder auf (polnische Neurenaissance). Erhalten blieb die barocke *Mariensäule* (Himmelfahrt Mariens), gestiftet von der Gräfin Gaschin zur Erinnerung an

die Pest von 1715, geschaffen von dem damals bedeutendsten Bildhauer Oberschlesiens, Johann Melchior Österreich. Dahinter steht die *St. Jakobi-Kirche* der Dominikaner, spätgotisch mit barocker Innenausstattung und einem Altar aus schwarzem Marmor. In der Kirche befindet sich die Gruft der Familie Gaschin.

Das Bild der Innenstadt beherrscht die alte *Liebfrauenkirche* über der Südostecke des Ringes. 1945 brannte ihre einst 68 m hohe Turmspitze ab und wurde in vereinfachter gotischer Form wiederaufgebaut. Ältester Teil der Kirche ist der hohe Chor, vermutlich um 1287 entstanden. Das Langhaus wurde im 15. Jahrhundert umgebaut, die vierjochigen Kreuzgewölbe nach dem Brand von 1574 eingezogen. Die Sterngewölbe blieben erhalten. 1945 wurde die Kirche zwei Tage nach der Besetzung der Stadt von den Sowjets in Brand gesteckt. Das Chorgestühl und der Hochaltar, ein seltenes Kunstwerk von 1656 mit plastischem Schmuck von dem Bildhauer Steinhoff, verbrannten vollständig. Ein polnischer Künstler hat den Hochaltar nachgebildet. An die Westseite des Langhauses schmiegt sich die dem Schutzpatron der Stadt geweihte *St.-Marcellus-Kapelle* von 1426. Seit 1658 wurde sie auch polnische Kapelle genannt, da sie damals dem polnischen Prediger übergeben wurde. Sie diente auch dem Gedächtnis der Äbte und der ersten Äbtissin des Dominikanerklosters, Eufemia, die als Selige und als Tochter eines Piastenfürsten heute doppelt Verehrung genießt. In der Kapelle befindet sich ihr Bildnis aus dem 17. Jahrhundert. Erhalten sind auch einige Epitaphe an den Wänden des Kirchenschiffs. Südlich der Kirche ist nach den Kriegszerstörungen vom ehemaligen Neumarkt bis zum Marcellusplatz eine weitere Grünfläche entstanden, die auf der anderen Seite von einem Rest der Stadtmauer mit dem sogenannten *Zuchthausturm* in gotischem und Renaissance-Stil abgeschlossen wird. Auf dem Neumarkt steht ein Standbild des hl. Nepomuk. An der ul. Nowa (Neue Straße) ist das Gebäude des Amts- und Landgerichts erhalten. In der Grünanlage wurde ein Denkmal des Komponisten Moniuszko errichtet. Vom Ring aus nach Westen ist die ul. Długa (Lange Straße) als Fußgängerzone völlig neu aufgebaut worden (1950–54).

Die geschwungene Fluchtlinie läßt die dreigeschossigen neuen Wohnbauten mit Walmdach gut zur Geltung kommen. Die Straße führte zum Großen (Leobschützer oder Nikolaus-) Tor am Rande der Altstadt. Gleich nördlich davon in der ul. Gimnazjalna (Kirchplatz) ist das *Dominikanerinnenkloster* mit der frühgotischen *Heilig-Geist-Kirche*. Der vierkantige Glockenturm ist angebaut. Nach der Säkularisierung schenkte der preußische Staat 1830 die Kirche der evangelischen Gemeinde. Nach dem Neubau ihrer Kirche im Süden der Altstadt verkaufte die Gemeinde das Bauwerk an die Stadt, die 1926 dort das Heimatmuseum einrichtete. Heute ist ein polnisches Regionalmuseum in der Kirche und im Kloster. Die neue evangelische Kirche wurde nach 1945 abgerissen. Vor der Innenstadt in Richtung Leobschütz (Głubczyce) am plac Ks. Londzina (Bolkoplatz) steht die neugotische katholische Kirche.

J. v. Eichendorff war in seiner Jugend eng mit der Stadt verbunden (früher Denkmal in der Bahnhofstraße).

In Ratibor verbrachte der Publizist und Politiker Herbert Hupka seine Jugend (geb. 1915 auf Ceylon). In Ratibor geboren: Theodor Lobe, Schauspieler und Theaterleiter, * 8. 3. 1833, † 21. 3. 1909 in Kötzschenbroda. Arnold Ludwig Mendelssohn, Erneuerer der evangelischen Kirchenmusik, * 2. 12. 1855, † 19. 2. 1933 in Darmstadt. Egon H. Rakette, Schriftsteller, * 10. 5. 1909, lebt in Remagen-Oberwinter.

ROUTE 1   Ratibor (Racibórz) – Groß Peterwitz (Pietrowice Wielkie) – Katscher (Kietrz) –
Bauerwitz (Baborów) – Leobschütz (Głubczyce) – Gröbnig (Grobniki) – Borislawitz
(Borzysławice) – Kostenthal (Gościęcin) – Lubowitz (Lubowice) – Ratibor (Racibórz)
140 km.

Ausfahrt Richtung Leobschütz (Głubczyce) über die Leobschützer Straße 10 km bis
Groß Peterwitz (Pietrowice Wielkie).
Das Dorf wird in einem polnischen Reiseführer von Ratibor als reichstes Bauerndorf
in Polen bezeichnet, wobei der Wohlstands-
grad seiner Einwohner nach der Zahl der
verzeichneten Fernsehapparate und Privat-
autos eingeschätzt wird. Abseits des Dorfes,
jetzt versteckt zwischen hohen Bäumen,
steht die kleine Schrotholzkirche von 1667,
umgebaut 1743.

6 km bis

KATSCHER, *Kr. Leobschütz*
Kietrz, woj. Opole (Woj. Oppeln)

Einwohner

 1939: 8914
 1985: ca. 6100
Volksabstimmung 1921: 2964 für Deutschland, 6 für Polen.

Landstädtchen im mährischen Grenzgebiet,
vor 1266 durch den Bischof von Olmütz
deutschrechtlich gegründet. Die frühere
Handweberei wurde im 19. Jahrhundert abgelöst durch Plüsch-, Teppich- und Dek-
kenfabriken. Die Teppichfabrik wird weitergeführt und ist in Polen berühmt. Außerdem gibt es Emaillier- und Gipswerke. 1945
starke Zerstörungen; erhalten sind am
rechteckigen Ring die Mariensäule von 1730
und, seitlich versetzt, die katholische Pfarrkirche. Barocke Innenausstattung und Ausmalung des schon im 13. Jahrhundert erwähnten, im 16. und 17. Jahrhundert erneuerten Bauwerkes.

Früher in Katscher Schloß der Grafen von
Gaschin (1577–1877), 1945 vernichtet.

10 km bis

BAUERWITZ, *Kr. Leobschütz*
Baborów, woj. Opole, (Woj. Oppeln)

Einwohner

 1939: 4536
 1985: 3300
(Eingemeindungen auf 22,66 km²)
Volksabstimmung 1921: 2112 für Deutschland, 19 für Polen

Ackerbürgerstädtchen im Tal der Zinna
(Psina) entlang der Straße Ratibor–Leobschütz, gegründet in der 2. Hälfte des
13. Jahrhunderts.
Im 19. Jahrhundert kleine ländliche Fabrik-
betriebe, bis heute Zuckerfabrik. Dreiecki-
ger Markt. Die Pfarrkirche stammt aus dem
19. Jahrhundert. Auf dem Friedhof steht die
Schrotholzkirche St. Joseph, 1700 gestiftet
von Simon Peter Motloch, mit einem
Schnitzaltar in volkstümlichem Barock.

Im Zinna-Tal aufwärts – 15 km bis

LEOBSCHÜTZ, *Kr. Leobschütz*
Głubczyce, woj. Opole (Woj. Oppeln)

Grenzstadt an der oberen Zinna auf altbesiedeltem Lößboden am Ostrand der Sudeten.

Einwohner

 1939: 13 505 auf 34,27 km²
 1985: 12 800 auf 16,24 km²
Volksabstimmung 1921: 9896 für Deutschland, 60 für Polen

Hotel mit Café: »Polonia«, ul. Dworcowa 10, Tel. 20-21, Kat. II, dort auch Vermittlung von Privatunterkünften.
Gasthof: »Turysta« (ca. 15 km entfernt, Straße nach Jägerndorf (Křnov), ul. Slowadzkiego 7, Tel. 20-66, Kat. III
Camping: In Peterwitz (Pietrowice) – Bungalows und Zeltplatz, Kat. I, Tel. Mokre 76-81
Restaurant: »Centralna«, ul. Wałowa, Kat. II; »Marysieńka«, im Stadtwald (Entfernung 4 km), Kat. III
Imbißstube: »Mleczny«, ul. Kościuszki 1
Café: »Hotelowa«, ul. Dworcowa 1, Kat. III; »Ogrodowa«, ul. Wałowa 3, Kat. III

Geschichte

Bei einer altslawischen Siedlung erfolgte die deutschrechtliche Stadtgründung unter König Ottokar I. von Böhmen († 1230). Von 1253–1626 war Leobschütz Oberhof zahlreicher mährischer Städte und Dörfer, die Leobschützer Recht erhielten, das sich vom Magdeburger Stadtrecht ableitete. Dieses bestätigte König Ottokar II. von Böhmen der Stadt. Der Besitz der Stadt wechselte von Mähren zu den Herzogtümern Troppau und Jägerndorf. In preußischer Zeit Kreisstadt. (Prachtkodex des Stadtrechts von 1421.)

Wirtschaft

Intensive mittelalterliche und frühneuzeitliche Tuch- und Leineweberei. Umstellung im 19. Jahrhundert auf Fabriken. In preußischer Zeit wurden Schafzucht und Flachsanbau gefördert. Leobschütz ist Mittelpunkt eines landwirtschaftlichen Gebietes mit guten Böden und hohen Erträgen – 87 % der Kreisfläche sind Ackerland. Nach 1945 Fortsetzung der alten Industrieproduktion, besonders Wirkwaren und Keramik.

Sehenswürdigkeiten

1945 war Leobschütz zu 40 % zerstört, danach blieb es zunächst verwahrlost.
(P) am Ring. Die Reste der Befestigungsmauern, z. T. mit Grünanlagen, lassen noch den ursprünglichen, regelmäßig angelegten Altstadtbereich erkennen. Er erhielt nach den Kriegszerstörungen von 1945 mit neuen Wohnbauten ein anderes Gesicht. Am Ring erinnert an das Rathaus die gesicherte Ruine des Turmes (um 1570) mit einem restlichen Gemäuer des Untergeschosses. Davor die Mariensäule von 1738.
Am Turm ist eine Konsole mit einem Engel und rechts mit dem *Stadtwappen*, das den böhmischen Löwen zeigt. Während der Kriegshandlungen wurde der Turm seines barocken Helmes mit doppelter Laterne entkleidet. Beherrschendes und weithin sichtbares Baudenkmal der Stadt ist die doppeltürmige *Pfarrkirche Mariä Geburt* nördlich des Ringes. Der gotische Kern (Chor und drei östliche Langhausjoche) stammen aus der 2. Hälfte des 13. Jahrhunderts, das West-, Süd- und Nordportal aus dem Anfang des 14. Jahrhunderts. Beim Erweiterungsbau von 1903–1907 wurde der alte Chor abgebrochen, an das Langhaus ein völlig neues zweischiffiges Querschiff gelegt und der Chor mit nur einem Joch unter Verwendung alter Werkstücke wieder aufgebaut (Königer). Der Südturm wurde 1579, der Nordturm 1903 ergänzt. Unverfälscht gotisch ist die neben der Kirche stehende *Fabian-und Sebastian-Kapelle* von 1501. Nordöstlich davon die *evangelische Kirche*, 1899–1901 erbaut, nach dem Kriege abgetragen. Die Steine fanden beim Wiederaufbau von Warschau Verwendung. Unweit östlich vom Ring, nahe von Resten der Stadtmauer, *Franziskanerkloster und -kirche*, ursprünglich von 1490. Nach Zerstörungen im Dreißigjährigen Krieg wurden nach Plänen von Johann Innozenz Töpper die Klostergebäude 1753–1770 und die Klosterkirche 1758 im

Barockstil neu erbaut. Sie diente seit 1824 als *Gymnasialkirche* für das im Kloster untergebrachte Gymnasium. 1921 wurde das 1810 säkularisierte Kloster erneut mit Franziskanern besetzt. Im Klostergebäude war früher ein Heimatmuseum. Im Westen der Altstadt steht die barocke *St.-Annen-Kirche* von 1776. Von der mittelalterlichen Wehranlage sind sechs halbkreisförmige Wachttürme erhalten. Im Süden an der Zinna liegen die Anlagen des alten Stadtparks. Dort steht ein guterhaltener Wachtturm mit einer Attika-Verzierung und einem kuppelförmigen Turmhelm aus dem 16. Jahrhundert. Weiter südlich führt die ul. Dworcowa zum Bahnhof (PKP-Bahnhof und PKS-Busbahnhof). In der vom *Bahnhof* durch die Grünanlagen zur Stadt führenden ul. Niepodległosci (Doktorgang) verblieb unter Beseitigung der Inschrift das Denkmal des Dichters Philo vom Walde (Johannes Reinelt) aus Kreuzendorf, Kr. Leobschütz (1858–1906), bekannt durch Heimat- und Dialektdichtung. Ebenfalls in der Anlage ein Schmuckbrunnen mit wasserspeienden Tierfiguren.

Weiterfahrt Richtung Cosel (Koźle) – 2 km bis *Gröbnig (Grobniki)*. Die Dörfer um Leobschütz sind zum Teil verlassen und verfallen. Der Ort gehörte zu einem stattlichen Dutzend Angerdörfer. Sie wurden im 13. Jahrhundert vom Johanniterorden auf einem ca. 8000 ha umfassenden Landstrich angelegt, den ihnen der böhmische König zur Kolonisation an der mährisch-schlesischen Grenze überließ. Diese Dörfer blieben im Besitz des Johanniterordens bis zur Säkularisation von 1810. Gröbnig war lange Zeit Sitz ihres Komturs – von 1282–1591 verlegt nach Leobschütz. Die Pfarrkirche, 16. Jahrhundert, wurde nach 1700 barock um- und ausgestaltet. Um diese Zeit entstanden mehrere Kapellen und Statuen. Letzter Komtur von Gröbnig war Reichsgraf Karl Wenzel von Schaffgotsch.

Die Straße führt weiter nach Gnadenfeld (Pawłowiczki), einer früher bekannten umfangreichen Niederlassung der Brüdergemeine, von Friedrich dem Großen 1743 angesiedelt. Sie wurde im 19. Jahrhundert zu einer großen Anlage mit Internatsschule, Krankenhaus, Kirche usw. erweitert und am 15. 3. 1945 vollständig zerstört.

Vor Gnadenfeld in Autischkau (Ucieszków) Abzweigung links nach *Borislawitz – 1936 Saßstädt – (Borzysławice)*. 1780 gegründet durch Kammerherrn Gerhard von Saß. Die einzige Straße wurde rautenförmig als Markt erweitert. Von den ursprünglich zwei Stadttoren steht noch das westliche »Coseler Tor« und ein Torturm, »Froschtor«, an der breitesten Stelle des Marktes.

4 km bis *Kostenthal (Gościęcin)*

Dieses Straßenangerdorf stellte von der Besiedlungszeit bis 1945 eine deutsche Sprachinsel in zweisprachiger Umgebung dar. Es liegt an der Nordgrenze eines fruchtbaren Lößgebietes auf altem Siedlungsboden (seit der älteren Steinzeit, Bodenfunde) und wird 1221 unter dem Namen »Gossentin« erstmals urkundlich erwähnt. Die Gründungsurkunde von 1225 des Herzogs Kasimir von Oppeln verleiht den »deutschen Siedlern alle Freiheit der Deutschen«, wie sie in Zülz herrschte. Seit 1622 Übergang der Grundherrschaft vom Bischof auf das Breslauer Domstift zum hl. Johannes. Nordwestlich von Kostenthal, auf einer Höhe der Gewannflur, steht die *Wallfahrtskirche St. Brixen* bei einer seit alters heilkräftigen Quelle. 1594 wurde bei der Quelle eine hölzerne Kapelle errichtet, 1880 durch einen Steinbau ersetzt und 1916 in eine Kriegergedächtnisstätte umgebaut. 1661 wurden mit Genehmigung des Breslauer Domkapitels die

Schrotholzkirche und ein Versammlungsplatz angelegt. Neben der Kirche, dem Friedhof und dem achteckigen Brunnenhaus gehören die oben erwähnte Kapelle, eine alte Linde und seit 1811 eine Einsiedelei zur Wallfahrtsstätte, die dem hl. Brixius geweiht ist.

18 km bis Cosel (Koźle) – vgl. S. 337 f.

Rückfahrt auf der Straße 242 Richtung Ratibor bis 5 km hinter Groß Neukirch (Polska Cerekiew), sodann Abzweigung links nach *Lubowitz (Lubowice)*.
Hinter dem östlichen, der Oder zugewandten Dorfende, schwer auffindbar und völlig zugewachsen, Reste der abgebrannten *Ruine des Schlosses der Freiherrn von Eichendorff*.
Hier wurde 1788 der bedeutendste Dichter der deutschen Romantik, Joseph Freiherr von Eichendorff, geboren, hier verbrachte er seine Kindheit. Das Schloß und die Umgebung mit ihren Oderwäldern wirken in seinen Dichtungen nach. Auf dem alten Friedhof nahe der Ruine Reste der Familiengrabstätte von Eichendorff. In Bresnitz – seit 1936 Eichendorfmühl (Brzeźnica) – steht eine baufällige Mühle nahe der Dorfstraße vor einem Gehöft (Auskunft beim Pfarrer in Lubowitz).

ROUTE 2   Ratibor (Racibórz) – Naturschutzgebiet Lensczok (Łężczak), Oderwald – Hzgl. Zawada (Zawada Książęca) – Ratiborhammer (Kuźnia Raciborska) – Kandrzyn-Cosel (Kędzierzyn-Koźle) – Annaberg (Góra Św. Anny) – Slawentzitz (Sławięcice) – Jakobswalde (Kotlarnia) – Kieferstädtel (Sośnicowice) – Groß Rauden (Rudy) – Ratibor (Racibórz). 80 km

Das *Landschaftsbild* der Umgebung von Ratibor ist charakterisiert im Norden durch das Odertal mit dem fast an die Stadt grenzenden *Naturschutzgebiet* der alten Oderauen, früher *Lensczok*, heute Łężczak genannt, und nach Nordwesten im Dreieck Ratibor – Gleiwitz (Gliwice) – Slawentzitz (Sławięcice) durch das große *Forstgebiet der Kiefernwälder*, früher Klein Althammer und Ratiborer Forst genannt. In gleicher Weise wie im Waldgebiet nördlich Oppeln – Groß Strehlitz befanden sich in den Wäldern vor Entdeckung der Steinkohlevorkommen seit Ausgang des Mittelalters Eisenhämmer zur Aufbereitung der abgebauten Raseneisenerze. Die Verhüttung dieser Erze ging lange Zeit noch wie im ausgehenden Mittelalter vor sich. Es gab im wesentlichen Luppenfeuer, die mit Waldschmieden verbunden waren, dazu in geringer Zahl auch Frischfeuer. Der erste Hochofen Oberschlesiens wurde 1718 durch Adolf Magnus Graf Hoym bei Althammer in der Herrschaft Slawentzitz (Sławięcice) errichtet.

Von Ratibor Ausfahrt auf der rechten Oderseite Richtung Kędzierzyn, nach 2 km links ab nach

Hzgl. Zawada – 1936 Rainfelde – (Zawada Książęca).
Nepomuk-(Schrotholz-)Kirche von 1662, 1868 aus Ostrog bei Ratibor übertragen. Abweichend von den meisten Kirchen dieser Art sieht man hier Dachreiter und einen Turm mit durchbrochenen Zwiebelhauben. Bald hinter Ratibor ersteckt sich das Naturschutzgebiet. Es besteht aus einem Wald- und Teichgelände von 396 ha. Zwei Drittel davon sind künstlich geschaffene Teiche. Zu ihnen führen Alleen mit jahrhundertealten Eichen. Die Fischteiche haben die Zisterzienser (Groß Rauden) im 14. Jahrhundert angelegt. Hier sind Nistplätze zahlreicher Vogelarten.

Entlang des Naturschutzgebietes führt ein rot markierter Wanderpfad, heute »Szlak Husarii Polskiej« genannt, da ihn Husaren des polnischen Königs Sobieski 1689 abgesteckt haben sollen für den Marsch des polnischen Heeres zur Türkenschlacht vor Wien.

Oderabwärts nach 5 km in Wellendorf (Turze) – Einmündung der Ruda in die Oder – rechts ab 7 km bis

Ratiborhammer (Kuźnia Raciborska).

In der ersten Hälfte des 17. Jahrhunderts als Eisenhammer mit dazugehöriger Siedlung angelegt. In der zweiten Hälfte des 18. Jahrhunderts Hochofen und fünf Frischfeuer. Im 19. Jahrhundert wurden die Anlagen durch neue Hammerwerke ersetzt: 1841 bzw. 1845 entstanden die herzogliche Ober- und Niederhütte, 1845 Einrichtung einer Nagelschmiede durch Anton Magnus Schoenawa, als Grundlage für die »Hoffnungshütte«, die 1907 mit Puddelei, Walzwerk, Achsenschmiede und Gießerei überging auf die Maschinenfabrik Wilhelm Hegenscheidt, Ratibor. Nach der Zerstörung von 1945 wieder auf- und ausgebaut, wird sie heute fortgeführt als »Ratiborer Metallwarenfabrik« (»Raciborska Fabryka Wyrobów Metalowych«).

30 km oderabwärts bis Kandrzin-Cosel (Kędzierzyn-Koźle) (vgl. S. 337 ff.).
Weiter 20 km über Leschnitz – 1936 Bergstadt – (Leśnica) zum Annaberg (Góra Św. Anny) – vgl. S. 336.

Rückfahrt über Leschnitz, 11 km bis
Slawentzitz – 1936 Ehrenforst – (Sławięcice)
Ein bekannter Herrschaftssitz und Industrieort in der Talniederung der Klodnitz, am Nordrand des ausgedehnten Klein Althammer-Forstes. Im Mittelalter Kammergut der Piastenherzöge und der böhmischen Krone. Der Aufstieg begann unter Heinrich Jakob Reichsgraf von Flemming, der die Herrschaft 1702 kaufte. Er begründete Ei-

sen- und Messinghämmer in Slawentzitz und in Jakobswalde (Kotlarnia). Sein Nachfolger Fürst Friedrich August von Hohenlohe-Öhringen erbaute um 1830 ein großartiges Schloß, das 1945/48 ausgebrannt ist und dessen Ruine abgetragen wurde. Von den Gartenschloßanlagen steht noch ein *zweistöckiger Pavillon* mit vier Seitentürmchen, unansehnlich und wegen Baufälligkeit eingezäunt, ebenso im verwilderten Schloßpark ein *kleiner Gartenpavillon*. Unter Fürst Hugo von Hohenlohe-Öhringen wurde die Herrschaft 1861 anläßlich der Königskrönung Wilhelms I. mit allen Fideikommissen zum »Fürstentum Ujest« erhoben. Die Residenz wurde unter ihm und seinen Nachfolgern Sitz der Hauptverwaltung des Konzerns eines der großen Industrie-Magnatengeschlechter von Oberschlesien, der in der Zinkproduktion eine Spitzenstellung in der Welt einnahm. Heute ist die Gemeinde nach Verdreifachung der Fläche »stadtartige Siedlung« und Arbeiterwohngemeinde für die Industrie von Kandrzin und Blechhammer.

An den Ort schließt sich östlich an

Ujest – 1937 Bischofstal – (Ujazd).
Als Eigentum des Breslauer Bistums 1155 belegt und 1233 durch Bischof Lorenz als Stadt ausgesetzt. Die Urkunde ist das älteste Schriftzeugnis für die Siedlungtätigkeit der Breslauer Bischöfe und die systematische Besiedlung eines größeren Gebietes in Schlesien überhaupt. Seit 1837 gehörte Ujest zum Fürstentum Hohenlohe-Öhringen.

Südwärts 5 km durch den Klein Althammer-Forst nach

Jakobswalde (Kotlarnia).
Anfang des 18. Jahrhunderts wurden hier ein Messinghammer und Industriewerke gegründet. Erhalten ist die evangelische Kirche von 1815 (Klassizismus). In Jakobswalde wurde der Vollender des Kölner Domes,

Ernst Friedrich Zwirner, als Sohn eines Hüttenmeisters geboren.

Die Straße an der Birawka aufwärts 18 km bis
Kieferstädtel (Sośnicowice) – vgl. S. 386 f.

11 km Richtung Ratibor (Racibórz)

GROSS RAUDEN *(Rudy)*

Geschichte

Bedeutendste Zisterzienserabtei von Oberschlesien, gegründet 1252 durch Herzog Wladislaus von Oppeln. Außer einer reichen Ausstattung der Stiftung gibt er dem Abt die Rechte eines selbständigen Fürsten. Die ersten deutschen Mönche sollen aus Jędrzejów im Bistum Krakau gekommen sein. 1616 wird das Kloster der damals errichteten schlesischen Zisterzienserprovinz unterstellt. Zur Zeit seiner größten Blüte besaß das Stift 12 Dörfer, das Tochterkloster Himmelwitz sowie zu dem großen Forst gewinnbringende Anlagen (Bleiche, Eisenhütte, Kupferhammer, Glashütte). Die Mönche kultivierten das Land, vermehrten und verbesserten den Ackerbau und führten Forstwirtschaft, Obstbau, Bienenzucht und später geeignete Industrien ein. 1810 endete dieses segensreiche Wirken des Klosters. 1812 gelangte der Klosterbesitz zunächst an den Kurprinzen von Hessen-Kassel, der 1820 den Güterkomplex als Entschädigung

für Verluste durch die Grenzziehung von 1815 an den Landgrafen Viktor Amadeus von Hessen-Rotenburg übergab. Der preußische König erhob ihn 1821 in den Stand eines Fürsten von Ratibor. Von 1834 bis 1945 war Besitzer das Geschlecht von Hohenlohe-Waldenburg-Schillingsfürst.

Groß Rauden wurde Sitz der fürstlichen Hofhaltung und blühte auf. Die Abtei wurde als Schloß umgestaltet und mit einem großen englischen Park umgeben.

Wie bei allen schlesischen Klöstern wurden die Bauten in der Gegenreformation erneuert: 1671–1680 neues Konventsgebäude von dem fürstbischöflichen Architekten und Maurermeister Melchior Werner, Neisse; 1696–1716 barocke Umgestaltung der Klosterkirche, 1724 Vorbau eines Turmes, 1770 Neugestaltung der Fassade vollendet, das Innere reich mit hochkünstlerischen Heiligenfiguren ausgestattet, das Gewölbe mit Stuckverzierungen bedeckt. 1945 brannten Kirche und Konventsgebäude aus. Bei der Restaurierung der Kirche wurden die Reste der barocken Zutaten von der Denkmalspflege beseitigt, der Raum ganz im Charakter des mittelalterlichen Bauwerkes wiederhergestellt. Es gelang, die Schönheit des gotischen Raumbildes zurückzugewinnen. Nur in der Marienkapelle blieb ein Barockaltar erhalten. Das Konventsgebäude wurde ab 1985 wieder aufgebaut.

Zurück nach Ratibor.

ROUTE 3 Ratibor (Racibórz) – Tworkau (Tworków) – Loslau (Wodzisław Śląski) – Königsdorff-Jastrzemb (Jastrzębie-Zdrój) – Teschen (Cieszyn) – Sohrau (Żory) – Boguschowitz (Boguszowice) – Rybnik (Rybnik) – Rydultau (Rydułtowy) – Pschow (Pszów) – Ratibor (Racibórz). 170 km

Richtung Grenzübergang zur ČSFR Oderberg (Bohumín).
10 km bis
Tworkau – 1936 Tunskirch – (Tworków)
1258 angelegtes deutsches Angerdorf auf der

Höhe des Urstromtales der Oder. Peter-Paul-Kirche, 1691–1697 erbaut von Baumeister Johann Feller aus Troppau, wertvollste Barockkirche des Kreises Ratibor nächst Groß-Rauden (vor der Zerstörung),

Stukkaturen von Antonio Signo aus Troppau, Hochaltar, Seitenaltäre und Kanzel 1. Hälfte 18. Jahrhundert.

Über Ruderswald (Zabełków) auf der Straße 230 nach

LOSLAU, *Kreis Loslau*
Wodzisław Śląski, woj. Katowice (Woj. Kattowitz)

Lage im rechtsodrigen lößbedeckten Hügelland des südlichen Oberschlesien zwischen Oder–Olsa, Weichsel und Ruda im aufstrebenden Rybniker Kohlenrevier.

Einwohner
1931: rd. 4 900
1970:   25 621
1985:   109 000
Volksabstimmung 1921: 1669 für Deutschland, 662 für Polen

Hotel: »Olza«, ul. Ks. Kubszy 28, Tel. 536-75, **
Restaurant: »Ostrawa«, ul. Ks. Kubszy 9, Tel. 528-75, Kat. I; »Na Pięterku«, Rynek 9, Kat. I; »Rynkowa«, Rynek 13, Tel. 513-74
Straßenhilfe: PZMot, ul. Michalskiego 12, Tel. 981 u. 521-42

Geschichte

Gegründet in der zweiten Hälfte des 13. Jahrhunderts als Mittelpunkt eines geschlossenen Waldhufengebietes, wahrscheinlich von Herzog Wladislaus von Oppeln(-Ratibor, 1246–1281), dessen Name der Stadt offenbar verliehen wurde (lateinisch: Wladislavia, polnisch: W[ł]odzisław). Im 13./14. Jahrhundert war die Bevölkerung stark deutsch bestimmt, vom späteren Mittelalter an überwiegend polnisch, mit der Industrialisierung wieder mehrheitlich deutsch (1910 zu 78 %).

Wirtschaft

Der enorme Bevölkerungsanstieg beruht auf der Einbeziehung in das nach dem Zweiten Weltkrieg neu entwickelte Kohlenbergbaugebiet von Rybnik, ein großer Teil der Bevölkerung ist im Bergbau der Umgebung beschäftigt.

Sehenswürdigkeiten

Ende des Zweiten Weltkrieges war Loslau zu 80 % zerstört. Es hat eine alte Stadtanlage mit großem quadratischem *Marktplatz*. Am Ring alte Bürgerhäuser. *Pfarrkirche* neugotisch von 1909 an der Stelle der 1447 erwähnten mittelalterlichen Kirche, von der einige Fragmente der Innenausstattung erhalten sind. Der Kirchturm wurde nach dem Krieg mit einer einfachen spitzen Haube anstelle einer dreifachen Kuppel wiederaufgebaut. *Franziskanerkirche*, 1822 ausgebrannt, wiedererrichtet im gotischen Stil, seit 1810 evangelisches *Franziskanerkloster* aus dem 17. Jahrhundert, ebenfalls 1822 abgebrannt und wiederaufgebaut. Es ist zur Zeit Sitz des Gerichtes und der Prokuratur. Das Schloß stammt aus dem 17. Jahrhundert, wurde nach dem Brand von 1822 wiederaufgebaut im klassizistischen Stil und ist heute Museum.
Im südöstlichen Stadtteil steht ein neugotischer Turm auf einer Anhöhe der Stadt, der 1867 im Charakter einer künstlichen Ruine erbaut worden ist.

10 km bis

KÖNIGSDORFF-JASTRZEMB, *Kreis Rybnik*
Jastrzębie-Zdrój, woj. Katowice (Woj. Kattowitz)

Grubensiedlung, 1963 zur Stadt erhoben.

Einwohner
1970:   24 395
1985: 100 000

1859 bei Bohrungen nach Salz und Steinkohle Entdeckung von jod-, brom- und
kohlensäuerehaltigen Solen, heilkräftig bei
Skrofulose, Rachitis, Gicht-, Rheuma- und
Lebererkrankungen. Der Besitzer des Rit-
tergutes, Graf von Königsdorff – der Ort
wurde 1862 nach ihm umbenannt – baute
alsbald Trink-, Badeanlagen und ein Kurhaus. 1891 Kinderheilstätte »Marienheim«.
1962 und 1965 Inbetriebnahme der Steinkohlengruben »Jastrzębie« und »Moszcze-
nica«, sie veränderten den Charakter des
einst stillen Kurortes.

10 km nach Osten, in *Pawlowitz (Pawło-
wice)*
Hauptstraße E 75 16 km bis

TESCHEN, *Kreis Teschen*
Cieszyn, woj. Bielskie (Woj. Bielitz)

Grenzstadt am Austritt der Olsa (Olza) aus
den Beskiden in das fruchtbare Vorhügelland.

Einwohner

1910: 22 489
(Anteil der Deutschen 65,3 %)

Nach dem 1. Weltkrieg wurde Teschen im
Frieden von St. Germain durch die Olsa als
Grenze geteilt:
Polen erhielt den historischen Burgberg und
die Altstadt, die Tschechoslowakei den
Bahnhof, der die Verbindung zur Slowakei
sicherte. 1938–45 Vereinigung der beiden
Städte, nachdem Polen das Olsagebiet besetzt hatte.
Danach wieder zwei Städte:
das polnische Cieszyn
1921: 15 268 Einwohner
1980: 32 000 Einwohner
das tschechische Těšín
1930:   9 746 Einwohner
1985: 33 500 Einwohner

Cieszyn

Hotel: »Pod Jeleniem«, Rynek 20, Tel. 201-
40, mit Restaurant, Café, bewachtem
Parkplatz
Motel: »Orbis«, ul. Armii Ludowej 33,
Tel. 299-30, Telex 038 934; »Olza«, ul.
Armii Ludowej 93, Tel. 204-51, 203-83
Camping: al. Jana Łyska 12, Tel. 208-33,
Kat. II
Restaurant: »Centralna«, ul. Mennicza,
Kat. II; »Zamkowa«, ul. Zamkowa,
Kat. II
Café: »Arkady«, Rynek, Kat. II
Reisebüro »Orbis«: Rynek 19, Tel. 212-40,
218-96, geöffnet 9–13 und 14–16 Uhr,
Sa 9–13 Uhr.
Straßenhilfe: ul. Bielska 200, Tel. 208-33
(ganztägig)
Museum: Muzeum Miejskie, ul. Regera 6,
Tel. 215-77, geöffnet 10–14 Uhr bzw.
10–18 Uhr

Geschichte

Funde auf dem Schloßberg aus dem 9. Jahrhundert. 1155 war die Kastellanei Teschen
der südlichste Grenzbezirk des Bistums
Breslau. 1163 zum Herzogtum Ratibor.
1281 selbständiger Herzogssitz, Teillinie
der Piasten. Vorher Anlage der deutschrechtlichen Stadt durch den Oppelner Herzog Wladislaus I. Unterstellung unter die
Prämonstratenser-Klöster Rybnik und
Czarnowanz. Als eine der größten deutschen Stadtgründungen jener Zeit erhielt
Teschen 1374 Magdeburger Stadtrecht. Die
Teschener Piasten spielten eine bedeutende
Rolle in Schlesien. Im Mannesstamm erloschen 1624. 1545 Einführung der Reformation. Bis 1740 einzige evangelische Pfarrei
von Oberschlesien für fast 40 000 Protestanten. Nach 1742 war Teschen die einzige
organisierte protestantische Gemeinde
Österreichs. 1781, nach dem Toleranzpatent
Kaiser Josephs II., wurde Teschen Sitz des

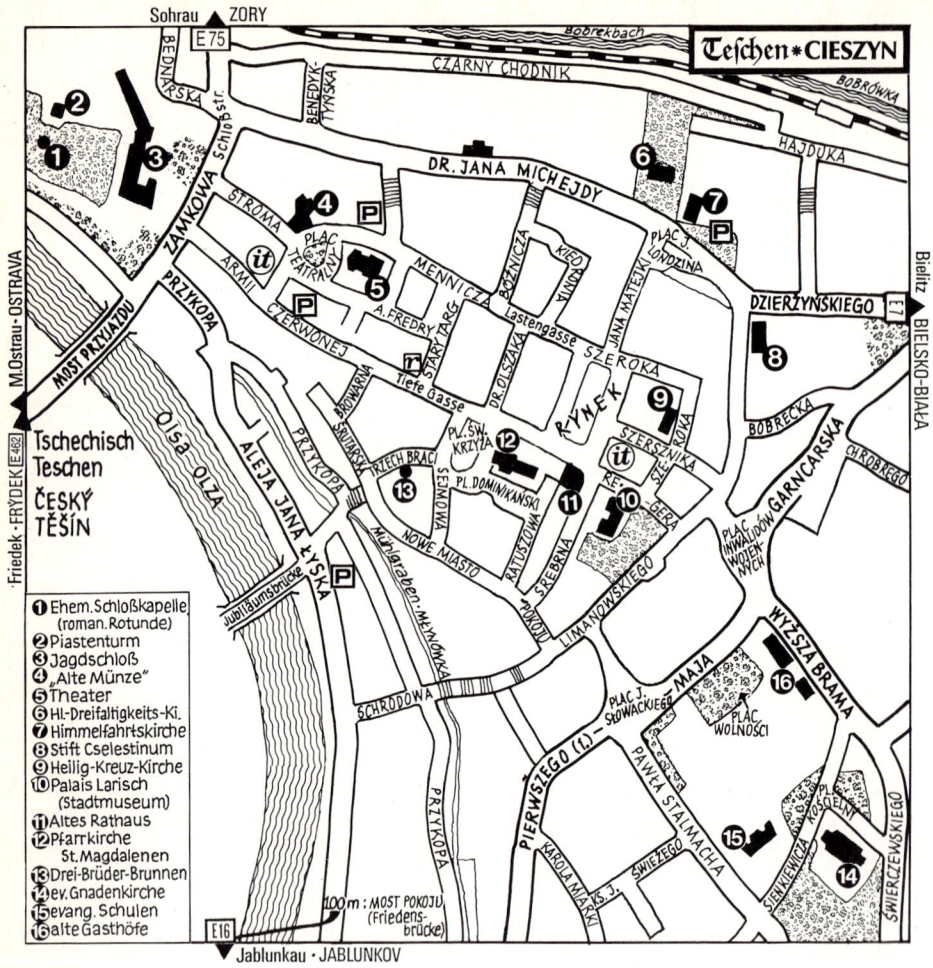

Teſchen ∗ CIESZYN

Sohrau ▲ ZORY

Tschechisch Teschen
ČESKÝ TĚŠÍN

❶ Ehem.Schloßkapelle
　（roman.Rotunde)
❷ Piastenturm
❸ Jagdschloß
❹ „Alte Münze"
❺ Theater
❻ Hl-Dreifaltigkeits-Ki.
❼ Himmelfahrtskirche
❽ Stift Cselestinum
❾ Heilig-Kreuz-Kirche
❿ Palais Larisch
　（Stadtmuseum)
⓫ Altes Rathaus
⓬ Pfarrkirche
　St.Magdalenen
⓭ Drei-Brüder-Brunnen
⓮ ev.Gnadenkirche
⓯ evang.Schulen
⓰ alte Gasthöfe

100 m : MOST POKOJU
（Friedens-
brücke)

Jablunkau · JABLUNKOV

Evangelischen Konsistoriums für den Kaiserstaat. Das evangelische Gymnasium in Teschen war das einzige seiner Art in Österreich, 1810 in ein »theologisches Gymnasium« umgewandelt zur Heranbildung von Pastoren für kleine Gemeinden (Vorläufer der 1821 in Wien gegründeten evangelischen Fakultät). 1848 Entsendung der Abgeordneten in die Frankfurter Paulskirche, gleichzeitig aber beginnende Polonisierung. Teschen wird Sitz des nationalpolnischen Protestantismus, es erscheinen nationalpolnische Zeitungen. Ende des 19. Jahrhunderts in Teschen starkes deutsches und polnisches Kulturleben: 1873 deutsches Staatsgymnasium, Realschule, Lehrerbildungsanstalt, deutsches Museum, 1910 »Deutsches Theater«. Seit 1895 privates polnisches Gymnasium, polnische Lehrerbildungsanstalt, polnische Vereine. Heute befinden sich in Teschen auch einige Einrichtungen der Schlesischen Universität Kattowitz (Katowice).

Wirtschaft

Im Mittelalter Handels- und Handwerkerstadt der Deutschen. 1495 wurde der Fug-
ger-Thurzo-Konzern begründet als der
»Gemeine Ungarische Handel« (Verkehrs-
weg über Jablunka-Paß, Transport des
Neusohler Kupfers an die Oder). 1624:
262 Handwerksmeister, darunter 56 Tuchmacher. Im 16./17. Jahrhundert Büchsen-
macher und Büchsenschäfter, Herstellung
von Jagdgewehren, »Teschinken« genannt.
1869 Bahnanschluß Oderberg–Kaschau, industrieller Aufschwung.
Nach 1945 Neubelebung und Ausbau der
alten Industriezweige.

Sehenswürdigkeiten

Auf dem Schloßberg hoch über der Stadt
steht ein einzigartiges Baudenkmal: die *Ni-
kolaus-Kirche*, eine vorromanische Rundka-
pelle (Rotunde) aus dem frühen 11. Jahrhundert. Sie ist das älteste erhaltene Bauwerk in
Schlesien. In der Nähe ist als Rest des ehemaligen Piastenschlosses, einer großen
Burganlage, der stattliche Bergfried aus dem
14. Jahrhundert, umgeben von Grünanlagen. Vom Schloßberg hat man einen großartigen Rundblick auf die Stadt beiderseits der
Olsa. Am Fuße des Schloßberges steht der
Neubau des *Schlosses*, 1837 von dem Wiener
Architekten Kornhäusel für Herzog Karl
von Sachsen-Teschen errichtet. Über die
breite ul. Zamkowa (Schloßstraße) Richtung Zentrum (ul. Stroma) zum *Theater-
platz* (pl. Teatralny). Das 1910 erbaute
Theater war vor dem Ersten Weltkrieg der
Stolz der deutschen Bürgerschaft. Seitlich
davon die *»Alte Münze«* von 1719, von
Freiherr Bludowski 1790 zu einem Stadtpa-
lais umgebaut, jetzt Mietshaus. Südlich vom
Ring (Rynek) die gotische *St.-Magdalenen-
Pfarrkirche* aus der zweiten Hälfte des
13. Jahrhunderts, nach Brand von 1789 im
Spätbarock gründlich umgebaut. Im Innern

riesiger Säulenaltar von Andreas Kaspar
Schweigel (1794) mit Bild von Mayer (1859),
Kanzel von Johann Josef Schuber (1792),
Taufbecken. Grabskulptur des Piastenfürsten Przemysław, † 1410, aus der Parler-
Werkstatt in Prag.
Nördlich des Ringes die *Dreifaltigkeits-Kir-
che* von 1595, erneuert 1846, der Friedhof
wurde 1883 umgewandelt in einen Park.
Daneben die *Kirche der Barmherzigen Brüder* (plac Londzina), 1697 erbaut, spätbarocke Bildhauerarbeiten. Am Ring alte Laubenhäuser. An der Südfront das alte *Rathaus*, 15. Jahrhundert, Turm von 1690, nach
Brand von 1836 mehrfach umgebaut und
erneuert. Auf dem Platz eine *Figur des
hl. Florian*, Brunnen von 1770, erneuert
1940/41. Auf dem Ring/Ecke ul. Regera das
Museum, ehemaliger Palast des Fürsten Larisch von 1796, barock-klassizistisch (heute
Archiv und historische Abteilung der Schlesischen Bibliothek, Zweigstelle von Kattowitz [Katowice]). Die Bestände des
Museums gehen bis auf das Jahr 1802 zurück.
Im Südosten der Altstadt etwas erhöht die
evangelische *Gnadenkirche*, 1709–59 im
Spätbarock erbaut, eine der sechs Gotteshäuser, die den evangelischen Schlesiern in
der Altranstädter Konvention (1707) vom
Kaiser zugestanden wurden. Es ist die einzige dieser Kirchen, die noch als evangelische
Kirche benutzt wird. Orgel von 1785, Altar,
Taufbecken und zahlreiche Bilder aus dem
18. Jahrhundert. 1956/57 restauriert. Am
Vorplatz das frühere evangelische Gym-
nasium. Auch die Jesuiten errichteten in
der Gegenreformation ihre *Kirche zum
Hl. Kreuz* (Kościół Św. Krzyża) im reinen
Barockstil, mit dem Kloster im 19. und
20. Jahrhundert erneuert (ul. Szersznika).
In der Innenstadt sind eine stattliche Anzahl
Bürgerhäuser des 18. und 19. Jahrhunderts
erhalten (Klassizismus und Jugendstil).
Südöstlich des Ringes in der ul. Wyższa
Brama 10 und 16 zwei alte Gasthöfe, 1825

und 1835 erbaut nach Entwürfen von Florian Jilg. Dem Klassizismus gehört das heutige Cselestinum in der ul. Kochanowskiego an (zwischen Ring und Bahnhof). Es wurde vom Freiherrn Cselesta 1820 als Stift für adlige Schüler errichtet.

In Teschen wurde am 5. 11. 1914 der Politiker und Publizist Dr. Herbert Czaja geboren.

Rückfahrt auf der Straße E 75 36 km bis

SOHRAU, *Kreis Rybnik*
Żory, woj. Katowice (Woj. Kattowitz)

Einwohner

1931: 5 900
1985: 35 200

Die Bevölkerung war bis zum Ende des Mittelalters fast ganz deutsch, nach dem späteren Sprachausgleich Mitte des 19. Jahrhunderts nur zu einem Drittel. Mit der Industrialisierung kam es dann wieder zu einer Verstärkung des deutschen Elements. 1910: 51 % deutsch-, 35,9 % polnisch-, 13 % gemischtsprachig.

Volksabstimmung 1921: 2353 für Deutschland, 1036 für Polen

1922 kam Sohrau zu Polen.

Restaurant: »Rynkowa«, Rynek; »Myśliwska«, ul. Kościuszki 12

Geschichte und Wirtschaft

Stadtgründung 1272 durch Herzog Wladislaus von Oppeln zu deutschem Recht, bezeugt durch ovalen Stadtgrundriß mit Gitterstraßennetz. Auf dem Ring stand bis zum Brand von 1907 das Rathaus. Die Verkehrslage an der Handelsstraße von Polen nach Ungarn wirkte sich bis zur Teilung Schlesiens von 1742 vorteilhaft aus. Ab Ausgang des Mittelalters Leineweberei, im 19. Jahrhundert Umwandlung in moderne Industrie. 1842 Gründung der Paulshütte (Eisen-

gießerei, Emaillierwerk, Maschinenfabrik). 1872 Gründung einer AG zur Ausbeutung der Kohlenfunde. Nach starken Zerstörungen 1945 Wiederaufbau und Verstärkung der Industrie. Gründung neuer Kohlengruben und großer Kunststoffbetriebe »Erg«.

Sehenswürdigkeiten

1945 starke Zerstörungen (80 %). Erhalten blieben im Süden und Südosten der Altstadt Bruchstücke der Stadtmauern aus dem 15. Jahrhundert. *Katholische Pfarrkirche St. Philippus und St. Jakobus,* dreischiffige gotische Halle, nach Bränden von 1662 und 1952 wiederaufgebaut und dabei jetzt die Barockkuppel des Turmes nicht wiederhergestellt. Barockkapelle, Ende 17. Jahrhundert, gestiftet von Bürgermeister Sigismund Link, erhalten. In der Pfarrkirche ist der Grabstein seiner Gemahlin, der Frau Konsul Link, erhalten.

An der südöstlichen Stadtmauer steht ein altes *Marien-Kirchlein,* früher Hospitalkirche. Am Ring und vor allem in der ul. Armii Czerwonej und der ul. Murarska sind zahlreiche Bürgerhäuser vom Anfang des 19. Jahrhunderts (alte Steinportale) erhalten. Nach 1945 Neubau großer Wohnviertel.

3 km südlich an der E 75 in Baranowitz (Baranowice) findet man ein Schloß aus dem 17. Jahrhundert, das im Spätklassizismus erweitert wurde. Großer Schloßpark mit altem Baumbestand.

Weiterfahrt 12 km bis Rybnik. In *Ellguth (Ligocka Kuźnia)* steht eine Schrotholzkirche von 1717 in Kreuzform mit einem Altarbild von Michael Willmann.

3 km südlich der Straße liegt

Boguschowitz (Boguszowice)

Fürst Guido Henckel von Donnersmarck ließ hier 1913–16 die große Kohlengrubenanlage »Blücher-Schächte« bauen, die heu-

143 Brieg. Schloß, Innenhof

144 Brieg. Rathaus

145 Heinrichau. Kloster

146 Oderlandschaft bei Maltsch

147 Neisse. Schöner Brunnen

148 Oberglogau. Rathaus

149 Neisse. Kämmereigebäude am Ring und Blick auf St. Jacobus

150 Annaberg. Blick zur Wallfahrtskirche

151 Patschkau. Pfarrkirche

152 Glatz. Stadtpanorama mit Rathaus

153 Habelschwerdt. Neissebrücke mit Nepomuk-Standbild und St. Michael

154 Landeck. Marienbad

155 Kreuzburg.
Ring mit Rathaus

156 Schloß Friedland
bei Falkenberg

157 Beuthen.
Innenstadt
mit Trinitatiskirche

158 Leobschütz. Stadtpfarrkirche

159 Oppeln. Kreuzkirche

160 Oppeln. Ring

161 Rosenberg. St. Anna

162 Eisengießerei bei Gleiwitz. Stich von Endler. Um 1800

163 Gleiwitz. Wilhelmstraße

164 Gleiwitz. Rathaus

165 Gleiwitz. Brunnen »Tanzende
Faune« vor dem Haus Oberschlesien

166 Cosel. Stadtpfarrkirche St. Sigmundis

167 Ratibor. Neubau am Ring

168 Pless. Innenstadt

169 Königshütte. 1865

170 Pitschen. Rathaus

171 Bielitz-Biala. Rathaus

te als »Jankowice« weiterarbeitet. Die Vergrößerung der Grubenanlagen und Erweiterung der Wohnsiedlungen führte 1962 zur Stadterhebung. 1965–68 Bau einer großen Brikett-Fabrik. 1970: 15376 Einwohner, 1975 eingemeindet nach Rybnik.

RYBNIK, *Kreis Rybnik*
Rybnik, woj. Katowice, (Woj. Kattowitz)

Lage an der Grenze des oberschlesischen Vorhügellandes zu den diluvialen Sandgebieten im Bereich der altpolnischen Siedlungen unweit der Ruda.

Einwohner

    1905: 10445
    1931: 22600
    1985: 119000
Volksabstimmung 1921: 4714 für Deutschland, 1943 für Polen
1922 zu Polen. Der rasche Bevölkerungsanstieg nach dem Zweiten Weltkrieg beruht auf der Mittelpunktfunktion eines zum großen Teil neuaufgebauten, aufstrebenden Industriereviers.

Hotel: »Rybnik«, ul. Jankowicka 1, Tel. 216-23, **; »Rynkowy«, ul. Pstrowskiego 2, Tel. 218-23, **
Camping: Rybnik-Kamień, ul. Hotelowa 12, Tel. 221-40
Restaurant: »Jubilatka«, ul. Zębrzydowicka 25; »Rybniczanka«, ul. Zawadzkiego 1; »Teatralna«, ul. Wysoka 25; »Tęczowa«, ul. Rewolucji Październikowej 17
Schnellimbiß: »Bar Centralny«, ul. Sobieskiego 3
Straßenhilfe: ul. Wysocka 2, Tel. 981 (9–16.00), auch 228-35 und 228-74 (6–14.00)

Geschichte und Wirtschaft

In Rybnik stand die älteste überlieferte Kirche von Oberschlesien, geweiht 1198. Die Gründung des ersten oberschlesischen Klosters erfolgte durch Herzog Mieszko von Ratibor (1163–1211) und seine Gemahlin Ludmilla. 1228 wurde es verlegt nach Czarnowanz. Ursprünglich slawischer Marktort mit zwei Kirchen und Schänken, wurde Rybnik um 1300 zu einer deutschrechtlichen Stadt. 1327 sind Burg und Stadt »Ribinek« unter böhmischer Lehnshoheit. Rybnik blieb eine kleine unbefestigte Akkerbürgerstadt. Die Einwohner waren zunächst mehrheitlich deutsch, seit dem 14. Jahrhundert ging das Deutschtum ein. 1817 leitete die Bildung des preußischen Kreises Rybnik aus Teilen der Kreise Ratibor, Pleß und Tost-Gleiwitz einen stetigen Aufschwung ein. Das Kreisgebiet umfaßte wichtige Industrieorte. 1753 errichtete Graf Emanuel Wengerski in Paruschowitz am Stadtrand einen Holzkohlehochofen, ersetzt 1795 durch einen Kokshochofen. Dies war der Ausgangspunkt für ein später weltbekanntes Eisenwerk. Unter Hüttenmeister Heinrich Abt gelang hier bis 1820 die Erzeugung von Stahl und Stahlblech in einem Kokshochofen, dann erfolgte der Ausbau der Hütte zu einem Eisenwalzwerk. 1891 kam es an den Konzern von Carl und Wilhelm Hegenscheidt, seit 1904 »Eisenhütte Silesia AG.«, heute fortgeführt und ausgebaut als »Rybnicka Fabryka Wrobów Metalowych Huta Silesia«.
Direkt in Rybnik gründete Karl Strzoda aus Gleiwitz 1899 die »Rybniker Hütte« (Eisengießerei und Maschinenfabrik, später Tochtergesellschaft der DEMAG in Duisburg). Sie wird, ebenso wie andere frühere Industriegründungen, heute fortgeführt.

Sehenswürdigkeiten

1945 entstanden einige Schäden. (P) am Ring. Der planmäßige Grundriß mit dem rechteckigen Ring verrät die mittelalterliche deutsche Stadtanlage. Sie war nicht befestigt. An der Südseite des Ringes steht das

Rathaus, ein Neubau von 1823. Etwa zur gleichen Zeit, nach Stadtbränden von 1794 und 1796 errichtet, stammen die Häuser am Ring Nr. 1, 2, 7, 12, 15, 17, ebenso in der ul. Kościelna Nr. 5, 6, 16 und in der ul. Sobieskiego Nr. 11, 12, 15, 16 und 19. Nördlich vom Ring die *Pfarrkirche* zur Schmerzhaften Mutter Gottes, 1798–1801 nach Plänen von Franz Ilgner erbaut, spätbarock-klassizistisch. Das Pfarrhaus von 1821 wurde im 19. Jahrhundert im klassizistischen Stil umgebaut. Die Innenstadt überragt die etwas erhöht liegende neugotische *Pfarrkirche St. Antonius,* doppeltürmig 1903–06 von Ludwig Schneider erbaut. In der Nacht vom 14. auf den 15. Oktober 1959 brannte die Kirche fast völlig aus. Der linke, 97 m hohe Turm stürzte brennend durch das Dach des Kirchenschiffes in das Innere. Die Bevölkerung von Rybnik brachte für den historisch getreuen Wiederaufbau große Opfer. Westlich des Ringes (ul. Kopernika) das hufeisenförmige *Schloß,* der Hauptteil erbaut von den Grafen von Oppersdorf, welche die Herrschaft um 1650 besaßen. 1789 wurde das Schloß in ein Invalidenhaus umgewandelt, dabei ersetzte Franz Ilgner den Mittelteil durch einen klassizistischen Neubau, ab

1892 war es Sitz des Gerichtes. Das Netzhaus des Schlosses wurde 1789 *evangelische Kirche,* nach Bränden von 1796 und 1893 erneuert. Neoromanischer Turm von 1875. Oberbürgermeister von Rybnik war 1916-19 der spätere Oberpräsident von Oberschlesien Hans Lukaschek.

Die Straße 229 10 km bis

Rydultau (Rydułtowy), Industriedorf, 1951 zur Stadt erhoben, 1970: 19 410 Einwohner, 1975 eingemeindet nach Rybnik. Die 1806 gegründete Grube »Charlotte« arbeitet als »Rydułtowy« weiter. 1890 wurde die »Steinkohlengewerkschaft Charlotte« als Zusammenschluß der Gruben der Umgebung gegründet. Starke Entwicklung nach dem Zweiten Weltkrieg im Rahmen des neuausgebauten Rybniker Reviers.

Von der Straße nach Ratibor 7 km südlich weithin sichtbar in *Pschow (Pszów)* die spätbarocke doppeltürmige Wallfahrtskirche, 1743–46 von Friedrich Gans erbaut, Türme 1847 hinzugefügt.

Zurück nach Ratibor.

XVI. Gleiwitz und Umgebung

1. Die Stadt Gleiwitz, Kr. Gleiwitz

Gliwice, woj. Katowice (Woj. Kattowitz)

Lage

Am Südrand des oberschlesischen Muschelkalkrückens am linken Ufer der Klodnitz.

Einwohner

1939: 117250 auf 56,35 km² (nach Eingemeindungen vom Jahre 1927)
1985: 202000 auf 64,36 km² (nach Eingemeindungen u. a. 1964 von Laband [Łabędy] mit ca. 15000 Einw.)
1910 bekannten sich 74 % zur deutschen Muttersprache. 1921 stimmten für den Verbleib des Abstimmungsgebietes bei Deutschland 32029 (78 %), für Polen 8559.

Unterkunft und Verpflegung

Hotel: »Myśliwski«, ul. Zwycięstwa 30 (Wilhelmstraße), Tel. 37-72-55, **, mit Restaurant, Kat. I; Biuro zakwaterwań im gleichen Hause (Hotelunterkünfte), Tel. 31-29-10, »Leśny«, ul. Toszecka, Tel. 38-22-71

Jugendherberge: Gliwice-Osiedle Gwardii Ludowej, ul. Belojannisa 60, ganzjährig geöffnet, Kat. I, Tel. 31-37-99

Restaurant: »Piast«, plac Piastów 12 (Germaniaplatz), mit Café, Kat. II; »Oaza«, ul. PKWN 36, Kat. II; »Polonia«, ul. Zwycięstwa 39 (Wilhelmstraße), Kat. II; »Pod Arkadami«, Rynek 24, Kat. II, mit Schnellimbiß; »Zameczek Leśny«, Kat. II

Café: »Wrocławski«, ul. Wrocławska; »Trojak«, Rynek 21, Kat. II; »Lotos«, ul. Chorzowska 1, Kat. II

Milchbar: »Dworcowy«, ul. Getta Warszawskiego; »Ratuszowe«, ul. Bankowa

Touristeninformation: »Orbis«, ul. Zwycięstwa 46, Tel. 31-23-10

Verkehr

Taxi: Rynek; pl. Konstitutij; ul. Bohaterów Getta Warszawy

Hauptbahnhof: Dworzec Gliwice-Główny, Auskunft: Tel. 31-15-61

Fernbusbahnhof: Dworzec PKS, ul. Bohaterów Getta Warszawskiego

WPK-Stadtbus: ul. Chorzowska 150

Luftverkehr (PLL »Lot«): ul. Zwycięstwa 56, Tel. 31-28-03

Autoservice: Straßenhilfe, ul. Lutycka 25, Tel. 31-59-24 (8–16 Uhr), 31-82-61 (6–22 Uhr); Polmozbyt: ul. Tarnogórska 12, Tel. 31-82-61; Trynek: ul. Kilińskiego 1, Tel. 32-19-13

Kultur

Państwowa Operetka Śląska, al. Bieruta 55, Tel. 32-11-01 *(Staatl. schles. Operette)*; Museum, ul. Dolnych Wałów 8a, Tel. 31-58-16

Geschichte

1276 Gründung der deutschrechtlichen Stadt durch Herzog Wladislaus von Oppeln neben einer altslawischen Siedlung, als Mittelpunkt einer Gruppe gleichzeitig ausgesetzter Waldhufendörfer südlich der Klodnitz. Das Magdeburger Stadtrecht wurde

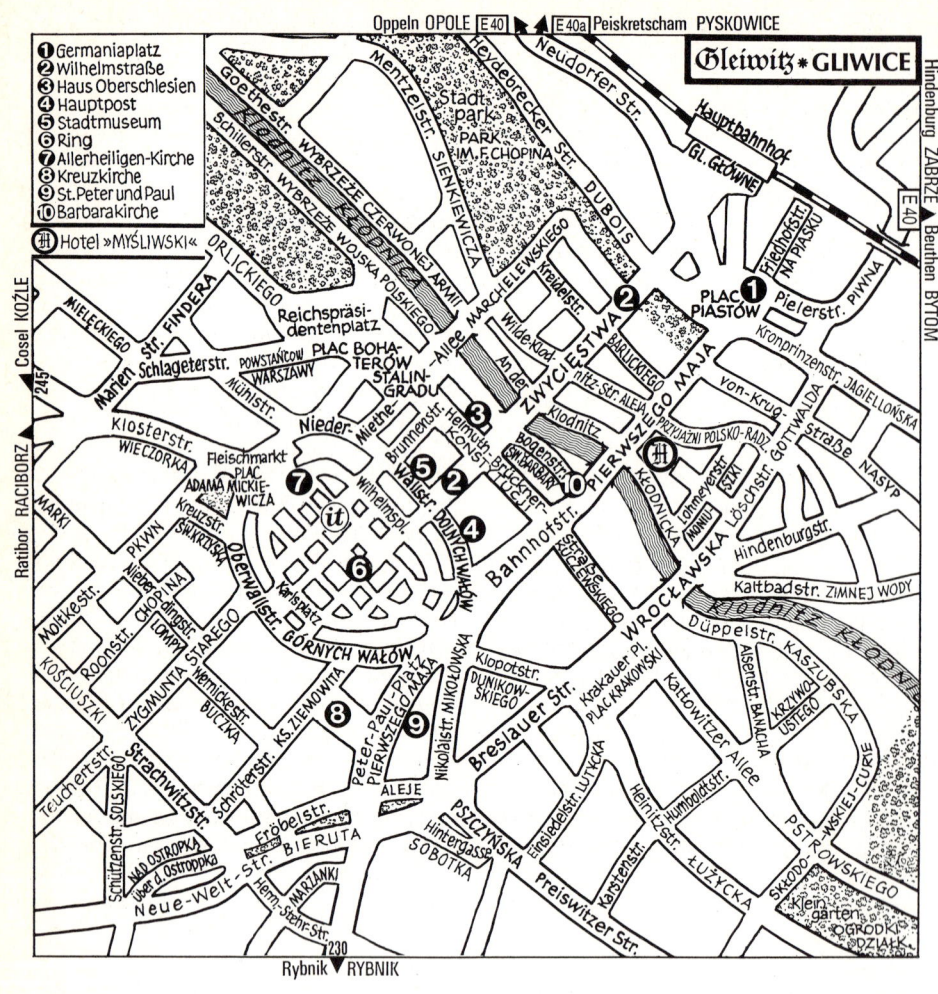

1465 erneuert. Im Wechsel gehörte Gleiwitz zu den Herzogtümern Oppeln, Beuthen-Cosel, Teschen. 1596 kaufte sich die Stadt, die vom König von Böhmen verpfändet war, von der Grundherrschaft frei und wurde Immediatstadt und Herrschaftsinhaberin. Im Dreißigjährigen Krieg faßte mit dem Verfall des Wirtschaftslebens das Polentum in der Bürgerschaft Fuß. Mit der Industrialisierung im 19. Jahrhundert kam es dann wieder zu einem Übergewicht des deutschen Elements.

Wirtschaft

Mit der Übernahme der Herrschaft durch Preußen (1742) begann ein großartiger Wirtschaftsaufschwung. 1742 hatte die Stadt erst 1200 Einwohner. Der Aufstieg setzte ein mit dem Bau der *königlichen Eisenhütte* östlich von Gleiwitz. Berghauptmann Graf *Friedrich Wilhelm von Reden* veranlaßte den Bau des ersten Kokshochofens des Festlandes (1796 angeblasen) durch Hüttenbau-Inspektor Johann Friedrich Wedding und den schottischen Ingenieur John Baildon. Die Entdeckung der Verfeuerung von Steinkohle statt Holzkohle für die Eisengewinnung beendete den Raubbau an den heimischen Wäldern. Zur Hütte gehörte eine Kanonen- sowie eine Munitionsgießerei, außerdem eine *Gießerei für den Eisenkunstguß.* Hier wurden 1813 die ersten Eisernen Kreuze und Eisenschmuck hergestellt. Es entwickelte sich eine vielseitige Produktion, von der Kleinkunst – Filigranschmuck, Plaketten, Medaillen und Zierplastiken – und Nachgüssen großer Kunstwerke bis zu bedeutenden Kunstschöpfungen bekannter Meister. Heute wird der Eisenkunstguß am gleichen Ort in den Gleiwitzer Betrieben für technische Einrichtungen (Gliwickie Zakłady Urządzeń Technicznych) fortgeführt (Abgüsse für die Denkmäler »Nike« in Warschau und das der Schlesischen Aufständischen in Kattowitz). In der Bundesrepublik Deutschland lebt die Tradition des Gleiwitzer Eisenkunstgusses, u.a. nach alten Modellen, im Zweigbetrieb Hirzenhain/Wetteraukreis der »Buderus Eisenwerke AG. Wetzlar« fort.

Auf der königlichen Hütte wurde die erste Steinkohlen-Teeranlage eingerichet. Verkehrsanschluß durch Klodnitz-Kanal (vgl. S. 338 f.).

1845 Bahnanschluß Myslowitz – Kattowitz – Gleiwitz – Kandrzyn für den Transport von Kohle und Industrieerzeugnissen. Der Gleiwitzer Güterbahnhof war im 20. Jahrhundert der größte des deutschen Ostens.

Industriegründungen: Erste Dampfmaschinenbauanstalt Deutschlands, 1852 Gründung »Wilhelm Hegenscheidt«, aus Altena/Westfalen, Drahtwerke. 1867 »S. Huldschinskysche Hüttenwerke« (erstes oberschlesisches Röhrenwerk, 1905 aufgegangen in der »Oberschlesischen Eisenbahnbedarfs-AG.«). 1887 »Oberschlesische Drahtindustrie-AG.«, später aufgegangen in »Oberschlesische Eisenindustrie-AG. für Bergbau und Hüttenbetrieb«. 1926 wurde Gleiwitz Sitz der »Vereinigten Oberschlesischen Hüttenwerke AG.«, sie umfaßte fast die gesamte Eisenindustrie des bei Deutschland verbliebenen Teiles von Oberschlesien. Gleiwitz wurde Mittelpunkt der eisenschaffenden und eisenverarbeitenden Industrie. In gleicher Weise entwickelte sich der Kohlenbergbau. Kurz vor dem Ersten Weltkrieg schob sich das Bergbaugebiet an das Gleiwitzer Stadtgebiet heran. Nach der Teilung Oberschlesiens durch den Genfer Schiedsspruch 1922 wurde Gleiwitz zum Verkehrs-, Verwaltungs- und Kulturmittelpunkt des bei Deutschland verbliebenen Industriereviers. Die großen Wirtschaftsunternehmen hatten vor dem Zweiten Weltkrieg ihren Sitz in Gleiwitz, u.a. die Gräflich Schaffgottschen Werke GmbH., die Gräflich Ballestremsche Güterdirektion, die Verwaltungen der Öhringen Bergbau AG., des Berg- und Hüttenmännischen Vereins, des Oberschlesischen Steinkohlensyndikats, der Oberschlesischen Knappschaft und der Oberschlesischen Elektrizitätswerke; außerdem war Gleiwitz Sitz zahlreicher Verwaltungsstellen von unmittelbaren und mittelbaren Reichs- und anderen Staatsbehörden.

Das Oberschlesische Museum für Kunst und Kunstgewerbe, die 1907 errichtete Maschinenbau- und Hüttenschule, heute Politechnika Śląska, und als gesellschaftlicher Mittelpunkt das stadteigene Hotel »*Haus Oberschlesien*« sowie das *Stadttheater* verstärkten die zentrale Bedeutung der Stadt. Schon Anfang der 20er Jahre erhielt Gleiwitz einen eigenen Flugplatz und einen eigenen Rundfunksender. Der Sender wurde unrühmlich bekannt in Zusammenhang mit dem Beginn des Zweiten Weltkrieges. Am 31. 8. 1939 inszenierte Hitler durch Männer des Sicherheitsdienstes der SS, die als polnische Soldaten verkleidet waren, einen An-schlag auf den Sender, den er zum Vorwand für den Einmarsch in Polen nahm. Heute nehmen unter den zahlreichen Industriebe-trieben der Stadt die alten Kohlengruben »Sośnica«, gegründet 1913, und »Kopalnia Gliwice«, gegründet 1910, sowie die Hüt-tenwerke »1 Maja« und »Łabędy«, gegrün-det in Laband 1848, eine Spitzenposition ein. Weiterhin hat Gleiwitz Chemie- und Plastikfabriken und eine Kosmetika-Fabrik, außerdem Maschinen- und Lebensmittelbe-triebe sowie Flußspatgewinnung.

Sehenswürdigkeiten

Gleiwitz fiel 1945 kampflos und unzerstört in die Hände der Sowjets. Danach kam es in der Innenstadt zu Plünderungen und Zer-störungen mit erheblichen Schäden. Die wichtigsten Baudenkmäler blieben aber er-halten.
Zeugen der mittelalterlichen deutschen Gründung sind die regelmäßige Anlage der Altstadt mit Gitterstraßennetz auf ovalem Grundriß, dem quadratischen Ring im Zen-trum und der Hauptpfarrkirche. Der Alt-stadtbereich ist verkehrsberuhigt. Umlei-tung des Autoverkehrs über die ul. Dolnych Wałów (Niederwallstraße) und die ul. Gór-nych Wałów (Oberwallstraße) entlang der alten Stadtbefestigung, von der nur noch ein Rest vorhanden ist.
Parken (P) östlich der Altstadt in der ul. 1 Maja (Bahnhofstraße), Ecke ul. Mi-kołowska (Nikolaistraße), oder zwischen Hauptbahnhof und Ring an der Klodnitz (Kłodnica) in der ul. Marchlewskiego (Mie-the-Allee). Die Entfernungen im Innen-stadtbereich sind für einen Fußweg nicht zu groß.
Beginn des Rundganges am plac Piastów (Germaniaplatz), Verkehrsknotenpunkt na-he dem *Hauptbahnhof* (Dworzec Gliwice Główny) mit *PKS-Busbahnhof.* Vom Platz führt die ul. Zwycięstwa *(Wilhelmstraße)*

zum *Ring.* Parallel zu ihr verläuft als weitere Hauptverkehrsader die ul. 1 Maja (Bahnhof-straße) vom plac Piastów am Ostrand des Zentrums vorbei zum Parkplatz nahe der *Peter-Paul-Kirche.*
Die *Wilhelmstraße,* heutige ul. Zwycięstwa, war einst als elegante Geschäftsstraße ein Aushängeschild der modernen Großstadt. Daran erinnern zahlreiche Geschäfts- und Miethäuser im Jugendstil, auch heute ist sie das Geschäftszentrum der Großstadt mit dem *Warenhaus »IKAR«,* dem Hotel »Myś-liwski«, dem Café »Agawa«, dem Verkehrs-büro *»Orbis«* u. a. An der *Klodnitzbrücke* steht ein besonders schönes Eckhaus im Jugendstil, früher das Gebäude eines litho-graphischen Betriebes von 1890 mit ba-rockem Zwiebeltürmchen über dem Erker. In Richtung Ring etwas zurückgesetzt er-kennt man das repräsentative ehemalige stadteigene *»Haus Oberschlesien«,* nach dem ersten Weltkrieg als Hotel erbaut, heu-te *Stadtverwaltung (Urząd Miejski).*
Vor dem Gebäude ist der *Brunnen der »Tanzenden Faune«,* ein Werk aus der Kunstgießerei der Gleiwitzer Hütte (1823). Auf dem Weg zum Ring steht links (östlich) in der ul. Dolnych Wałów (Niederwallstra-ße) eine Baugruppe von Jugendstilhäusern mit dem früheren und heutigen *Hauptpost-amt* aus dem Jahre 1905. In der entgegenge-setzten Richtung der ul. Dolnych Wałów (Niederwallstraße) steht auf der rechten Sei-te das *Stadtmuseum (Muzeum Miejskie).* Das Herrenhaus, sogenanntes »Schlöß-chen«, mit altem Turm und einem Stück *Stadtmauer* geht auf das Jahr 1558 zurück und war in die Stadtbefestigung einbezogen. Vor dem Gebäude ist das *Denkmal »Der schlafende Löwe«,* ebenfalls ein Gleiwitzer Eisenkunstguß von 1824. Das Museum zeigt in vier Abteilungen Archäologie, Ethnogra-phie, Geschichte und Kunst. Von Interesse für den deutschen Besucher sind Kunstwer-ke aus früheren Beständen der Gleiwitzer Gießerei, u. a. *»Das Mädchen mit der Lyra«*

von *Theodor Kalide*, einem berühmten, lange dort tätigen Bildhauer. Zurück zur ul. Zwycięstwa (Wilhelmstraße) und zum *Ring*. Wiederhergestellt einige Laubenhäuser, die nach dem Zweiten Weltkrieg zunächst vernachlässigt und baufällig geworden waren. Das *Rathaus* stammt ursprünglich von 1534, wurde 1784 zur heutigen Gestalt umgebaut und 1981/83 restauriert. Davor *Neptuns-brunnen* von 1794. Am Ring Informationsbüro »it« sowie ein Speiserestaurant. Nordwestlich des Ringes steht die *katholische Stadtpfarrkirche »Allerheiligen«* aus dem 15. Jahrhundert, Stolz und Wahrzeichen der mittelalterlichen Stadt. Die Geschichte dieser »Mutterkirche« von Gleiwitz geht auf das Jahrhundert der deutschen Besiedlung zurück. Vom heutigen Bau ist der Chor älter als die dreischiffige Halle und der mit der Jahreszahl 1504 versehene Turm. Der *Hochaltar* ist ein sehenswertes Werk der Spätrenaissance in Oberschlesien. Die gewundenen Säulen sind mit Laubwerk geschmückt, die Altarbilder umschließt ein figurenreicher Aufbau. Von der Kirche geht man Richtung Süden über die ul. Górnych Wałów (Oberwallstraße) zur *Hl.-Kreuz-Kirche* in der ul. Ziemowita (Schröterstraße). Die Franziskaner errichteten sie anstelle eines älteren Gotteshauses als Klosterkirche im Barockstil 1658–77, 1924–26 erweitert. Die Kirche war seit 1816 infolge der Säkularisierung des Klosters Gotteshaus des dort untergebrachten Gymnasiums. Mit dem Kloster verbinden die Polen die Erinnerung, daß König Johann Sobieski hier 1683 auf dem Wege zum und vom Entsatz von Wien übernachtete. Nahe der Kreuzung ul. Górnych Wałów (Oberwallstraße) und ul. 1 Maja (Bahnhofstraße) kommt man zur *Kirche St. Peter und Paul*, neugotisch, Ende 19. Jahrhundert. Im Innern keine besonderen Kunstwerke.

Der Rückweg über die ul. 1 Maja (Bahnhofstraße) Richtung plac Piastów (Germaniaplatz) führt rechts vorbei an der gotischen *St.-Barbara-Kirche* aus dem 14. Jahrhundert. Hinter der Klodnitz führt nach Osten die ul. Kłodnicka (Wilde-Klodnitz-Straße), anschließend die ul. Zimnej Wody (Kaltbadstraße) zum Gelände der alten staatlichen *Gleiwitzer Hütte*. In entgegengesetzter Richtung geht man entlang der Klodnitz, vorbei am Parkplatz in der ul. Marchlewskiego (Miethe-Allee) zum *Stadtpark*, früher wie heute Erholungsort der Gleiwitzer (1400 qm großes Palmenhaus, Alpinarium und 20 Aquarien). Heute »*Park im. F. Chopina*« mit einem *Denkmal* des Komponisten.

Am nördlichen Stadtausgang steht auf dem Hauptfriedhof ul. Łabędzka (Labander Straße) die *Schrotholzkirche »Maria Himmelfahrt«* von 1777, 1923 aus dem Dorf Zembowitz (Zębowice) Kreis Rosenberg hierher übergeführt.

Am nördlichen Stadtrand, weithin sichtbar auf einem Hügel in Petersdorf (Sobieszowice) grüßt die neugotische *St.-Bartholomäus-Kirche*, 1907–11 anstelle einer alten, bereits 1447 erwähnten Kirche errichtet.

4 km südlich von Gleiwitz (Gliwice) an der Straße nach Rybnik liegt das Dorf *Schönwald (Bojków)*; bekannt unter den Schlesiern, weil es als einziges einer Gruppe von deutschen Waldhufendörfern, die der Abt von Groß-Rauden im 13. Jahrhundert gründete, in der Neuzeit die sprachliche Polonisierung abgewehrt hat. Es blieb jahrhundertelang eine deutsche Sprachinsel mit altertümlicher schlesischer Mundart und eigenen Trachten (Schönwälder Stickereien).

In Gleiwitz geboren: Horst Bienek, Schriftsteller, *7. 5. 1930, †7. 12. 1990 in München.

ROUTE 1   Gleiwitz (Gliwice) – Peiskretscham (Pyskowice) – Tost (Toszek) – Groß Strehlitz (Strzelce Opolskie) – Himmelwitz (Jemielnica) – Zawadzki (Zawadzkie) – Kolonnowska (Kolonowskie) – Lublinitz (Lubliniec) – Koschentin (Koszęcin) – Friedrichs-hütte (Strzybnica) – Tarnowitz (Tarnowskie Góry) – Gleiwitz (Gliwice) 150 km.

Straße 37 vom Zentrum 6 km bis *Laband (Łabędy)* (1964 eingemeindeter Industrieort am Klodnitz-Kanal). Auf dem Boden eines alten Eisenhammers steht seit 1865 die »Herminenhütte«, 1887 vereinigt mit anderen Betrieben zur »Oberschlesischen Eisenindustrie AG.«, 1903 verkauft an die »Vereinigten Nickelwerke AG.« in Schwerte/Ruhr. Sie betrieben in Laband zusätzlich ein Blechwalzwerk und ein Nickelwerk, die heute noch arbeiten.

13 km bis

PEISKRETSCHAM, *Kr. Gleiwitz*
Pyskowice, woj. Katowice (Woj. Kattowitz)

Lage

Auf dem oberschlesischen Muschelkalkrücken an der Drama, 6 km vor ihrer Mündung in die Klodnitz.

Einwohner

1939: 7734 auf 19,75 km²
1985: 24000 auf 29,44 km²
1905 gaben als Muttersprache an: 54 % deutsch, 30 % polnisch, 12,7 % gemischtsprachig.
Volksabstimmung 1921: 2503 für Deutschland (knapp 74 %), 895 für Polen.
DFK-Kulturhaus. Betreuerin des Deutschen Freundeskreises: Elisabeth Budnik, pl. 1 Maja 4/I/2

Geschichte und Wirtschaft

Deutsche Stadtgründung um 1260, zuvor Kirchengründung in adeligem Dorf durch Söhne des »Pisco«. Die Stadt diente als Rastort, die deutsche Namensform fügte dem polnischen Ortsnamen das schlesische »Kretscham« (Wirtshaus) hinzu (1327 Peyzenchreschin).

1760 gab es hier einen Hochofen und Frischfeuer, 1860 zwei Hochöfen und ein Walzwerk. Mit der Verlagerung der Industrie nach Südosten ins Kohlenrevier sank die Bedeutung der Stadt. Die Wirtschaftsgrundlage bildete seit dem Ende des 19. Jahrhunderts der Reichsbahn-Verschiebebahnhof und die »Sandbahngesellschaft« zum Abbaggern von Sand als Versatz für die Gruben, seit den 30er Jahren aus den Stauseen südlich der Stadt gewonnen, die für den Klodnitz-Kanal geschaffen wurden.

Sehenswürdigkeiten

Erhalten ist der ovale Grundriß der mittelalterlichen Stadtanlage mit Ring. Ein Brand vernichtete 1822 die Hälfte der Altstadt. Das *Rathaus* wurde wiederaufgebaut, 1866 im Tudorstil umgebaut. Die *katholische Pfarrkirche St. Nikolaus* wurde nach den Bränden von 1622 und 1822 mit barocken und neugotischen Elementen vergrößert wiederhergestellt, Turm von 1827.
Die neugotische *St.-Stanislaus-Kirche* stammt von 1879. Die evangelische Gemeinde gehörte vor dem Kriege zur Stadt Tost. Die Entwicklung zur Wohnstadt für Gleiwitz und Beuthen, die bereits vor dem Kriege begann, hat sich bis heute fortgesetzt. Die im Mittelalter polonisierte Bevölkerung wurde mit der Industrialisierung Anfang des 20. Jahrhunderts von einer deutschen Mehrheit überwogen (bis 1945).

E 40a 10 km bis

TOST, *Kr. Tost-Gleiwitz*
Toszek, woj. Katowice (Woj. Kattowitz)

Burg und Stadt auf einem 250 m hohen Berg des oberschlesischen Muschelkalkrückens.

Einwohner

1939: 3625
1985: 5000
Volksabstimmung 1921: 1348 für Deutschland, 217 für Polen.

Restaurant: »Piast«, ul. Strzelecka 2, Kat. I

Geschichte und Wirtschaft

1201 war Tost Kastellaneisitz Herzog Heinrichs I. Um 1300 wurde die deutschrechtliche Stadt als Weichbildzentrum gegründet. Zur Piastenzeit wechselte die Zugehörigkeit mehrfach. 1532 Heimfall an die Krone Böhmens. Verschiedene Adelsgeschlechter waren Besitzer der Herrschaft, von 1797–1808 Adolph Freiherr von Eichendorff, der Vater des Dichters Joseph von Eichendorff. Der Dichter hat der Burg in Gedichten, im Tagebuch und im Entwurf zum »Bilderbuch aus meiner Jugend« gedacht. 1430 wurde die Burg durch die Hussiten zerstört. 1648–66 erfolgte der Neubau einer um einen weiten Innenhof angeordneten Schloßanlage im Renaissance-Stil durch Graf Caspar Colonna. Tost war eine Ackerbürger- und Handwerkerstadt. 1938: Brauerei, Malzkaffee-Brennerei, Sägewerk und Mühle.

Sehenswürdigkeiten

Schloßanlage aus dem 15. Jahrhundert, umgebaut im 17. Jahrhundert. 1811 abgebrannt, danach verfallen. Torhaus und ein Wohnflügel wiederhergestellt vom Majoratsbesitzer, der Familie von Guradze (1841–1945). Nach dem Ersten Weltkrieg stellte sie die Räume für eine Jugendherberge und ein Heimatmuseum zur Verfügung. 1945 ist die Anlage erneut ausgebrannt. In den 60er Jahren erfolgte der Wiederaufbau vollständiger als zuvor, mit *Torhaus und zwei Ecktürmen.* Im Marstallgebäude befindet sich ein Thea-

ter- und Kinosaal, im Torgebäude ein Regionalmuseum, eine Bibliothek und ein Café-Klubraum, im *Burggrafenhaus* ist der Sitz der Verwaltung. Erhalten blieben die Zwingmauer und der Nordwestturm aus dem 17. Jahrhundert. *Altstadtanlage* auf ovalem Grundriß.
Vor dem Burggelände die *katholische Pfarrkirche St. Katharina* aus dem 15. Jahrhundert, umgebaut 1713–15. Der Ring ist als Grünanlage gestaltet mit einer *Nepomuk-Säule* von 1725. Das *Rathaus* steht an der Ostseite des Ringes, ein Neubau von 1836.

17 km E 40a bis *Groß Strehlitz (Strzelce Op.)* – vgl. S. 334 f. –
Ausfahrt nach Nordosten. In
Stephanshain (Szczepanek)
steht jetzt die *Marienkirche (Schrotholz)* von 1668; 1960 aus Polnisch Neudorf hierher übertragen: »Der Zimmermann Antoni Piątek brach das Bauwerk ab, überführte es, und baute es neben seinem Hause wieder auf. Auswechslung zerstörter Balken der Wände, Schwellen und des Dachstuhles, abgeschlossen 1962 mit Unterstützung der örtlichen Bevölkerung und des Staates«. Jetzt ist die Kirche eine Filiale der Pfarrei Himmelwitz (Jemielnica). 1967 wurde der Altar restauriert.

4 km bis
Himmelwitz (Jemielnica)
DFK-Büro im Gasthof Urban. Seit 1990 hat der DFK im Gemeinderat 17 von 22 Sitzen. Das Kloster Himmelwitz wurde als Tochterkloster von Rauden um 1289 durch die Zisterzienser gegründet. 1616 wurden beide Stifte von der kleinpolnischen Zisterzienserprovinz der neuerrichteten schlesischen Ordensprovinz angegliedert. Großes Ansehen brachte dem Kloster der aus Görlitz stammende Komponist Johannes Nucius. Dieser Meister der polyphonen Motette war 1591–1620 Abt von Himmelwitz. Er gehört durch seine Kompositionen und sein musik-

theoretisches Werk zu den Begründern der theoretischen Formenlehre in der Musik. 1810 erfolgte die Auflösung des »Fürstlichen Zisterzienserstiftes von Himmelwitz«. Nach einem Brand von 1733 wurde ein barocker Aus- und Erweiterungsbau von Kloster und Kirche durch Baumeister Friedrich Gans aus Jägerndorf ausgeführt. Die gotische Basilika mit polygonalem Chorschluß erhielt eine barocke Turmfront und einen Dachreiter. Im Innern ist die mittelalterliche Herkunft des Bauwerkes teilweise verdeckt von der barocken Ausstattung: einem Hochaltar von 1734 mit Altarblatt von Georg Wilhelm Neunhertz, Seitenaltären mit weiß-gold-staffierten Holzskulpturen und einem reichgeschnitzten Orgelprospekt von 1777. Angebaut ist die Josefskapelle. Die weißen Hochglanzfiguren stammen aus dem Jahre 1762 von Georg Lehnert aus Troppau, wohin er aus Regensburg zugewandert war. 1810 wurde das Gotteshaus Dorfkirche. Die alte Dorfkirche, ein spätgotischer Steinbau von 1477, steht auf dem Friedhof am Ende der breiten Dorfstraße. Im Innern Freskenmalerei.

11 km bis

Zawadzki – 1936: Andreashütte – (Zawadzkie)
1836 gründete Graf Andreas Renard aus Groß Strehlitz in seinen Wäldern an der Malapane ein Eisenwerk und nannte es nach seinem Generalbevollmächtigten von Zawadzki zunächst »Zawadzki-Werk«, seit 1857 einfach »Zawadzki«. 1871 erwarb es die »Oberschlesische Eisenbahnbedarfs-AG.«; 1944 beschäftigte es 4700 Personen. Der Ort war damals eine evangelische Diaspora mit eigener Kirche und eigenem Pfarrer. Seit 1856 bestand ein Bahnanschluß an der Strecke Oppeln–Tarnowitz. Heute Zufahrt von der Straße 37 von Kreuzburg nach Gleiwitz. 1962 wurde Zawadzki zur Stadt erhoben, 1985 gab es 7900 Einwohner.

Motel: »Przystan«, ul. Stawowa 1, Tel. 483, **, mit Restaurant

10 km malapaneabwärts, zwischen Zawadzki und Malapane (Ozimek)

Kolonnowska – 1936: Grafenweiler – (Kolonowskie)
Die Industriesiedlung führt noch heute den Namen ihres Gründers Graf Philipp Colonna aus Groß Strehlitz. Er erbaute hier 1780 ein Hüttenwerk. Um die Wasserkraft für sein Werk zu sichern, legte er an der Malapane eine Schleuse und einen Kanal an. 1836 ließ sein Nachfolger Graf Renard die »Renard-Chaussee« anlegen, von Oppeln über Kolonnowska nach Peiskretscham, um die Absatzbedingungen zu verbessern. Heute ist in Kolonnowska holzverarbeitende Industrie. 1956 erfolgte die Erhebung des Ortes zur stadtartigen Siedlung unter Eingemeindung von Vossowska. 1985 ca. 4000 Einwohner. Seit 1990 hat der DFK im Stadtrat 16 von 22 Sitzen.

Von Zawadzki 20 km bis

LUBLINITZ, *Kr. Lublinitz* (1941: Loben) *Lubliniec, woj. Częstochowa* (Woj. Tschenstochau)

Ehemalige Kreisstadt in Ostoberschlesien, 1922 an Polen abgetreten.

Einwohner

1931: 8 500
1941: 10 268
1985: 22 000
(1945 Eingemeindung von Kokottek, Steblau, Wymislacz und Klein Droniowitz, auf 88,81 km²)

Volkszugehörigkeit

1905 waren von 3656 Einwohnern 2095 deutscher Zunge. Die Volksabstimmung 1921 ergab in der Stadt Lublinitz 2580 für

Deutschland, 351 für Polen, im Kreis Lublinitz 15453 für Deutschland, 13679 für Polen. Dennoch blieb nur knapp ein Drittel des Kreisgebietes bei Deutschland. Neuer Kreis: Guttentag (Dobrodzień).

Geschichte und Wirtschaft

Um 1300 war Lublinitz Weichbildmittelpunkt an der Handelsstraße Breslau–Kreuzburg–Lublinitz–Krakau. Nach dem 30jährigen Krieg Niedergang. In Lublinitz hatte bis in die zweite Hälfte des 19. Jahrhunderts hinein das Polentum die Mehrheit. Mit der Industrialisierung zogen Deutsche zu. Nach der Teilung von 1922 wanderten viele Deutsche ab. In deutscher Zeit entstanden eine französische Kammgarnspinnerei, heute »Śląskie Zakłady Przemysłu Lniarskiego, Lentex«, und eine Landmaschinenfabrik.

Sehenswürdigkeiten

Alte Stadtanlage mit *Ring,* das *Rathaus* aus deutscher Zeit steht an der Seite. Die *katholische Pfarrkirche St. Nikolai* wurde unter Verwendung älterer Bauteile 1576–90 erbaut als Stiftung der Grundherrschaft (Familie von Kochtschütz). Am Stadtrand steht die *Hl.-Kreuz-Kirche* von 1842, ebenso die *Schrotholzkapelle St. Anna* von 1653, Wiederaufbau um 1754. Im ehemaligen Schloß ist heute eine Heilanstalt.

Nach Tarnowitz (Tarnowskie Góry) Hauptstraße 30 km oder bei Umweg über *Koschentin (Koszęcin)* 42 km

Volksabstimmung 1921: 709 für Deutschland, 382 für Polen.
1985 4000 Einwohner.
Industriedorf, seit 1958 stadtartige Siedlung. Alter Herrschaftssitz verschiedener deutscher Adelsgeschlechter im früheren Kreis Lublinitz; von 1804 bis 1945 der Fürsten zu Hohenlohe-Ingelfingen. Sie erbauten 1829/30 das gut erhaltene Schloß im klassizistischen Stil, heute Sitz des Staatlichen Gesangs- und Tanzensembles »Śląsk«. Im Süden von Koschentin steht eine Filialkirche zur Hl. Dreifaltigkeit, ein Holzbau von 1724, mit beachtlicher Ausstattung an Altären und Figuren des 16. und 18. Jahrhunderts.

Über Tworog – 1936 Horneck – (Tworóg) – an der Straße drei Waldparkplätze – links ab nach

Friedrichshütte (Strzybnica)
Volksabstimmung 1921: 117 für Deutschland, 27 für Polen. Der Ort wurde Polen zugesprochen.
1921 wurde Friedrichshütte mit Piasetzna vereinigt, das bis 1939 der Gemeinde den Namen gab.
Sie wurde 1967 zur Stadt erhoben.
1786 gründete Friedrich von Reden das staatliche Blei- und Silberwerk Friedrichshütte. Gleichzeitig entstand für die herbeigeholten deutschen Fachleute und Arbeiter die gleichnamige Siedlung. Bekannt wurde der Ort, als hier dem Chemiker Karl Johann Bernhard Karsten um 1800 erstmalig die Zinkherstellung aus Galmei gelang. Die Grundlage hierfür hatten die Vorarbeiten von Johann Christian Ruhberg (1751–1807) in Wessolla bei Pleß gelegt, worauf 1809 bei Königshütte die erste Zinkhütte Deutschlands entstand. 1932, in der Weltwirtschaftskrise, ging die Blei- und Silberhütte in Friedrichshütte ein.

TARNOWITZ, *Kr. Tarnowitz*
Tarnowskie Góry, woj. Katowice (Woj. Kattowitz)

Einwohner
1905: 12721
1961: 29343
1985: 71000 – nach erheblichen Eingemeindungen.

Anteil der Deutschen um 1850 etwa ein
Drittel, 1910 drei Viertel der Bevölkerung.
Volksabstimmung 1921: 7451 für Deutsch-
land, 1297 für Polen.
Im Landkreis ergab sich eine polnische
Mehrheit. 1922 fielen Tarnowitz und der
größere Teil des Kreises an Polen.

Hotel: »Sportowy«, ul. Korczaka 23,
Tel. 85-45-24, ***
Restaurant: »Sedlaczek«, Rynek 1, Kat. I;
»Pod Lipami«, Rynek 13, Kat. II
Verkehrsbüro: PBP *Orbis,* Rynek 15,
Tel. 85-31-63; PTTK – Oddział, ul. So-
bieskiego 38, Tel. 85-48-58
Verkehrsverbindungen: PKS-Bus – Glei-
witz (Gliwice) – Kreuzburg (Kluczbork)
– Ratibor (Racibórz)
Straßenhilfsdienst: »Mototechnika«, ul.
Częstochowska 38, Tel. 85-40-53

Geschichte und Wirtschaft

Bergstadt, entstanden in der Bergbauwelle
des 15./16. Jahrhunderts. 1526 Einführung
einer neuen Bergordnung, von fränkischem
Recht beeinflußt, durch Herzog Johann von
Oppeln und Markgraf Georg von Ansbach.
1533 wird die Bergstadt Tarnowitz mit dem
Vogteigericht genannt. 1537 spricht Markgraf Georg von »unserer Bergstadt Tarnowitz«. Sie besaß mit 246 brauberechtigten
Häusern eine der größten Stadtkerne von
Oberschlesien. In und um Tarnowitz wurden blei- und silberhaltige Erze abgebaut.
Der Bergbau blühte bis ins frühe 17. Jahrhundert, dann verfiel er. Neuer Aufschwung unter preußischer Herrschaft in
der zweiten Hälfte des 18. Jahrhunderts.
1784 Bau der Friedrichsgrube bei Tarnowitz, veranlaßt durch Graf Friedrich von
Reden, Direktor des Schlesischen Oberbergamtes in Breslau. 1786 Bau der Friedrichshütte nordwestlich von Tarnowitz.
1788 Aufstellung der ersten Dampfmaschine auf dem Festland in der Friedrichsgrube

zur Wasserhaltung. Die damalige Sehenswürdigkeit besichtigte 1790 Johann Wolfgang von Goethe. Seit 1780 war Tarnowitz
Sitz einer eigenen Bergdeputation, die später
in ein Bergamt umgewandelt wurde. Tarnowitz war bis ca. 1850 Zentrum der oberschlesischen Industrie. Anfang des 20. Jahrhunderts mit Erschöpfung der Bodenschätze verlor Tarnowitz an Bedeutung. Bestehen blieb die 1838 gegründete Bergschule.
Tarnowitz besitzt heute u. a. Fabriken für
mechanisierten Strebausbau, Bergbauanla-
gen, Metall-, Bekleidungs- und Chemie-
werke.

Sehenswürdigkeiten

(P) am Ring. Im Haus *Ring Nr. 1* war der
erste Sitz der Hauptleute der Herrschaft
Beuthen-Tarnowitz. Hier waren König Johann III. Sobieski von Polen, König August III. von Sachsen und Polen und Goethe
zu Gast. (Tafel am Haus).
Im Erdgeschoß *Bergbaumuseum,* (Kopalnia
Muzeum »Orzeł«) Tel. 85-26-07, geöffnet
Di, Do 9–15, Mi 10–16, Fr 10–18, Sa 9–14,
So 10–15 Uhr.
Ring Nr. 13 war im 16. Jahrhundert Rathaus, umgestaltet 1930. Am Ring steht die
katholische Pfarrkirche St. Peter und Paul,
erbaut 1531–62, Umbau 1848–51, außen
neuromanisch. Entsprechend der Konfes-
sion der Hohenzollern – Markgraf Georg –
ursprünglich evangelisch, seit 1630 – Gegenreformation – katholisch. Neue evangelische Kirche unter der Herrschaft der Grafen
Henckel von Donnersmarck, Neudecker
Linie, erbaut um 1780 von Chr. Worbs
(1900 neoromanische Umgestaltung).
Der katholischen Pfarrkirche gegenüber
steht seit 1953 ein *Holztürmchen mit einer
Bergmannsglocke* aus dem 16. Jahrhundert.
Am Ring sind Bürgerhäuser aus dem
16. Jahrhundert erhalten, teils mit Lauben.
Hier steht auch das alte Verwaltungsgebäu-

de der Grafen Henckel von Donnersmarck aus dem 17. Jahrhundert, umgebaut im 19. Jahrhundert.

Die *Friedhofskirche St. Anna* auf dem Weg nach Alt-Tarnowitz ist 1559 mit dem Friedhof entstanden.

Auf der Straße nach Gleiwitz (Gliwice) im Stadtteil *Alt-Repten (Repty)* ist in einem 20 ha großen Park das um 1890 von Guido Fürst von *Donnersmarck* (Neudecker Linie) erbaute Schloß erhalten, heute *Rehabilitationszentrum*. Repten gehörte ursprünglich dem Breslauer Vinzenzkloster, seit Mitte des 13. Jahrhunderts den Johannitern.

Nahe dem Park ist ein *Bergbau-Museum* (Zabytkowa *Kopalnia-Muzeum*), ul. Jedności Robotniczej 52, Tel. 85-29-81, täglich geöffnet von 9.00–14.30 Uhr außer Montag. Touristische Attraktion: *Einfahrt in die* Überreste bergbaulicher *Abbauhohlräume* aus dem 17. Jahrhundert, Einstieg durch die alten Schächte »Eva« und »Sylvester«, einstündige Kahnfahrt unter Tage (Sztolnia Czarnego Pstrąga).

ROUTE 2   Schrotholzkirchen und St.-Anna-Berg

Gleiwitz (Gliwice) – Plawniowitz (Pławniowice) – Ponischowitz – seit 1936 Muldenau – (Poniszowice) – Kaltwasser (Zimna Wódka) – Klutschau (Klucz) – Olschowa (Olszowa) – St.-Anna-Berg (Góra Św. Anny) – Slawentzitz (Sławięcice) – Rudzinitz (Rudziniec) – Latscha (Łącza) – Rachowitz (Rachowice) – Schirakowitz (Sierakowice) – Kieferstädtel (Sośnicowice) – Gleiwitz (Gliwice) 140 km

Die oberschlesischen *Schrotholzkirchen* charakterisiert Halfar als »kunstwissenschaftliches Phänomen«, das wie kaum ein anderes »sachlich so gering geschätzt, politisch so überbewertet und allgemein so wenig bekannt wurde«. Diese Kirchen sind der Überrest eines sakralen Holzbaues, der im Mittelalter von Skandinavien über das ostmitteleuropäische Tiefland über die Sudeten und den Karpatenraum bis zur Donau verbreitet war. Doch während sich dort fast überall schon im Verlaufe des Mittelalters der Steinbau durchsetzte, hat sich in dem waldreichen Oberschlesien rechts der Oder der Holzbau auf dem Lande auch bei Nachbauten in späteren Jahrhunderten behauptet. Es lohnt sich – wie im Bereich der Grenzkreise Kreuzburg und Rosenberg – auch von Gleiwitz aus einige Beispiele dieser weitverbreiteten Volkskunst aufzusuchen. Hierbei sollte man die Holzkirchen als volkstümliche landschaftsgebundene Kulturleistung von erstaunlicher Vielfalt werten und auf die polemische Kontroverse verzichten, ob es sich um eine für den deutschen oder slawischen Volksteil typische Bauweise handelt. Der Name »Schrotholzkirchen« besagt, daß die Holzstämme als Baumaterial mit der Axt behauen (»geschrotet«) wurden. Im vorigen Jahrhundert soll es im oberschlesischen Raum noch 268 Holzkirchen gegeben haben, Halfar zählt heute noch 122.

Straße E 40 Richtung Groß Strehlitz (Strzelce Opolskie).

Das bereits vor dem Kriege fertiggestellte Teilstück der oberschlesischen Autobahn führt südlich vorbei an den Klodnitz-Stauseen.

17 km bis

Plawniowitz – 1936 Flößingen – (Pławniowice)

Im alten Park ist ein repräsentatives Schloß, erbaut 1884–85 im Stil der Neurenaissance, erhalten und nach dem Krieg zeitweise als Nonnenkloster benutzt worden. Die

Schloßkapelle dient als Ortskirche. Das Dorf wird schon im 14. Jahrhundert als Rittersitz von Marcus de Plawniowitz ausgewiesen. Bauherr des Schlosses war Graf Franz von Ballestrem, ein führender Zentrumspolitiker, 1872–93 und 1898–1906 Reichstagsabgeordneter, 1898–1906 Reichstagspräsident. Das Schloß wurde von seinen Nachkommen bis 1945 bewohnt. Die Grafen Ballestrem waren um Ruda und Biskupitz stark am Aufbau des oberschlesischen Industriereviers beteiligt.

Nebenstraße nach Norden 7 km bis

Ponischowitz – seit 1936 Muldenau – (Poniszowice)
Die Johanniskirche aus dem 15. Jahrhundert gehört zu den *ältesten und schönsten Schrotholzkirchen in Oberschlesien.* Auf einer leichten Anhöhe am Ortsrand bildet sie mit dem abseits stehenden geböschten Glockenturm mit senkrechter Glockenstube, dem offenen Umgang an der Langseite, dem scharf dreiseitig auslaufenden Chor mit schlankem Dach und dem Dachreiter mit durchbrochener Haube auf dem Schiff eine malerische Baugruppe. An der Langseite schließt sich im Norden eine dreiseitige Kapelle an. Im südlichen Umgang ist ein Christus-Kreuz, im Innern ein Hochaltar mit Knorpelornamentik aus dem 17. Jahrhundert.

Über Ujest (Ujazd) – vgl. S. 366 – Richtung Annaberg. In *Kaltwasser (Zimna Wódka)* die Magdalenenkirche, sehr schlicht, ebenso wie 3 km westlich in *Klutschau – seit 1936 Schlüsselgrund – (Klucz)* die Elisabethkirche und 2 km nördlich davon in *Olschowa – seit 1936 Erlenbusch – (Olszowa)* die Maria-Schnee-Kirche; alle drei sind Holzbauten gleicher Art, im Jahre 1748 im Kreis Groß Strehlitz errichtet.
Zum Annaberg (Góry Św. Anny) (vgl. S. 336)

Rückfahrt über Leschnitz (Leśnica) – Slawentzitz (Sławięcice) nach Süden Richtung Kieferstädtel (Sośnicowice).
In Rudzinitz – seit 1936 Rudgershagen – (Rudziniec) Michaelskirche von 1657. Im Mittelalter wurde hier Rasenerz gefördert (Erz heißt polnisch »ruda«). 1832 wurde die alte Schmiede in einen Hüttenbetrieb umgebaut, seit 1865 Produktion von Kesseln und Brückenelementen. Das Schloß wurde im 19. Jahrhundert nach einem Brand im klassizistischem Stil wiederaufgebaut, 1945 nicht zerstört.
In Boitschow – seit 1936 Lärchenhag – (Bojszów) Allerheiligenkirche, um 1490 erbaut, Turm 1728. Zur Sakristei Holzportal aus dem 17. Jahrhundert.
6 km westlich davon (Nebenstraße) in *Latscha – seit 1936 Föhrengrund – (Łącza)* Marienkirche von 1490, Madonna gotisch 1430. Zurück über Boitschow (Bojszów) nach *Rachowitz – seit 1936 Buchenlust – (Rachowice)*, Trinitatiskirche von 1668, Turm 1780/90 erneuert.
1,5 km westlich der Einmündung in die Fernverkehrsstraße 245 in *Schirakowitz – seit 1936 Graumannsdorf – (Sierakowice)* Katharinenkirche von 1675, Sakristei-Anbau in Stein.

Straße 245 nach

KIEFERSTÄDTEL, *Kreis Gleiwitz Sośnicowice, woj. Katowice* (Woj. Kattowitz)

Geschichte

Seit dem Mittelalter unbedeutende Kleinstadt, 1506 belegt, nach dem 30jährigen Krieg abgesunken, in preußischer Zeit Marktort, seit 1853 wieder Stadtrecht: Eisengewinnung, Blechlöffel- und Schmiedenägelproduktion, ohne Bahnanschluß. 1945 stark zerstört, danach Verlust des Stadtrechts. Seit 1973 ist S. Mittelpunkt einer dörflichen Großgemeinde von 127 km² mit 13 543 Einwohnern.

Sehenswürdigkeiten

Rechteckiger Marktplatz an der Straße Gleiwitz–Ratibor. *Pfarrkirche St. Jakobus d. Ä.,* 1376 belegt, heutiger Bau 1786–94. Am En-

de der Stadt blieb das *Schloß,* 1755 im Spätbarock erneuert, 1945 erhalten und beherbergt eine Heilanstalt.

7 km vor Gleiwitz in *Ostroppa – seit 1936 Stroppendorf – (Ostropa)* Georgs-(Holz-)-Kirche von 1667/68.
Zurück nach Gleiwitz.

ROUTE 3 Gleiwitz (Gliwice) – Hindenburg (Zabrze) – Georgenberg (Miasteczko Śląskie) – Naklo (Nakło) – Neudeck (Świerklaniec) – Deutsch Piekar (Piekary Śląskie) – Beuthen O/S. (Bytom) – Gleiwitz (Gliwice). 90 km

HINDENBURG, *Kr. Hindenburg* (aus mehreren Orten gebildet, deren einer bis 1916 Zabrze hieß)
Zabrze, woj. Katowice (Woj. Kattowitz)

Einwohner

1939: 126 079 auf 44,68 km²
1980: 203 000 auf 81,16 km²
Volksabstimmung 1921: 21 233 für Deutschland; 14 438 für Polen

Hotel: »Przodownik«, ul. Wolności 305 (früher »Admiralspalast«), *, Tel. 71-40-78; »Sportowy«, ul. Wolności 402, ***, Tel. 71-44-58
Wanderherberge: Schroniska PTSM (ganzjährig geöffnet), pl. Traugutta 2, Tel. 71-27-67
Restaurant: »Fregata«, ul. Wolności 305, Kat. I; »Trojka«, ul. Roosevelta 22, Tel. 71-29-10, Kat. I; »Gwarek«, ul. Lompy 48, Tel. 71-43-34 (dancing), Kat. II
Milchbar: »Mleczny«, ul. 3 Maja 2

Verkehr

ORBIS, ul. Wolności 289, Tel. 71-05-20
Taxi-Halteplatz: Dworzec Główny (Am Hauptbahnhof), Tel. 71-25-36; ul. 3 Maja (Dorotheenstraße) – Ecke ul. Krasińskiego (Friedrichstraße), – Tel. 71-03-70
Straßenhilfsdienst: »Mototechnika«, ul. Wolności 41, Tel. 71-29-21; »Mototechnika«, ul. Pułaskiego 3, Tel. 71-18-24

Kultur

Neues Staatstheater (Państwowy Teatr Nowy), ul. Powstańców Śląskich 14, Tel. 71-32-56
Oberschlesische Philharmonie (Filharmonia Górnicza), ul. Wolności 325 (Kronprinzenstraße), Tel. 71-47-11
Kulturhaus (Dom Muzyki i Tańca), ul. de Gaulle'a 17, Tel. 71-56-41
DFK-Kulturzentrum, ul. Mieczkiewica 27
Stadt-Museum (Muzeum Miejskie), plac Krakowski 9, Tel. 71-56-89
Bergbau-Museum (Muzeum Górnictwa Węglowego w Zabrzu) – vgl. »Sehenswürdigkeiten«
Stadion (KS Górnik Zabrze), ul. Roosevelta Ecke ul. Damrota, Tel. 71-49-26

Geschichte und Wirtschaft

Das älteste Dorf im heutigen Stadtgebiet war Bischofsdorf (Biskupitz), 1245 Urkunde »villa Biskupice, quae est iuxta Bytom« (Dorf Biskupitz gelegen bei Beuthen). Zabrze selbst ist eine Dorfgründung um 1300. Der ursprüngliche Name »Cunczindorf« verschwand während des Slawisierungsprozesses im Spätmittelalter zugunsten von Zabrze. Schon damals grub man in den Wäldern nach Erz, errichtete Luppenfeuer und Eisenhämmer. Der winzige Bergbau schlief wieder ein, bis ihn der Breslauer

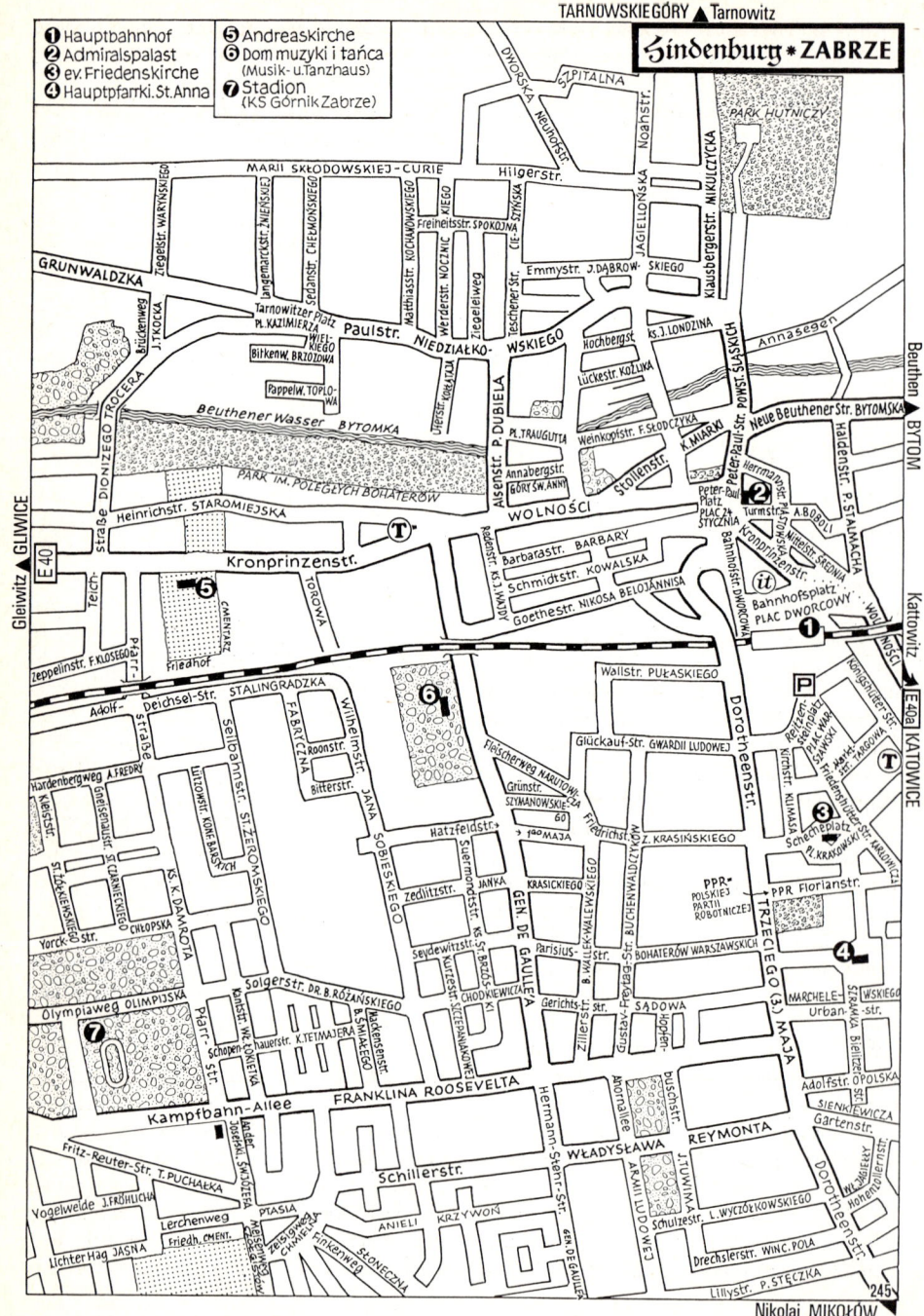

Bischof Balthasar von Promnitz (1488–1562) wiederbelebte. 1561 erließ er die Bergordnung für das Bistum Neisse. Dorthin gehörte ursprünglich Zabrze mit seinen Nachbarorten Zaborze, Biskupitz, Sosnitza und Ruda, für die 1548 Bergwerksverleihungen erfolgten. Im Dreißigjährigen Krieg verfielen die Gruben. Mit Hilfe Friedrichs des Großen gründete 1744 Matthias Freiherr von Wilczek Zabrze neu und siedelte hier Deutsche an. 1790 begann mit Gründung der großen Kohlengrube im angrenzenden Zaborze, seit 1810 »Königin-Luise-Grube«, die Umstellung des Hochofens auf Kohle. Mit der Fertigstellung der Eisenbahnlinie Breslau – Gleiwitz – Zabrze – Myslowitz 1845/46 wurde das Revier erschlossen. 1826 hatte Graf Lazarus Henckel von Donnersmarck die Herrschaft Zabrze erworben. Sein Sohn Guido gründete 1850 eine Koksanstalt, eine Hochofenanlage und die Donnersmarck-Hütte. Ferner entstanden 1853 die Dampfkesselfabrik von Heinrich Koetz und 1855 die Reden-Hütte. Den Grundstoffindustrien folgten die Investitionsgüterindustrien. 1859: Adolf Deichsel, Draht- und Seilfabriken AG.; 1862 kaufte Albert Borsig vom Grafen Ballestrem Ländereien und errichtete die Oberschlesischen Borsig-Werke. Dazu kamen in kurzer Zeit weitere Gruben und Industriewerke. Im Kern der Gemeinde wuchs die Reden-Hütte zu einem Großunternehmen heran. Der industriellen Entwicklung folgte der Bau von Wohn- und Geschäftsvierteln. Rasch stieg die Bevölkerung an: 1873 wurde aus Teilen der Kreise Beuthen der Kreis Zabrze gebildet, 1905 die Landgemeinden und Gutsbezirke zu einer Großgemeinde Zabrze von 54 228 Einwohnern vereinigt. Sie nahm nach dem Sieg Hindenburgs über die Russen in Tannenberg (Ostpreußen) 1915 den Namen Hindenburg an. Doch erst 1922 – nach der Teilung Oberschlesiens – erfolgte die Stadterhebung. Erster Oberbürgermeister war *Hans Lukaschek*, 1929–1933 Oberpräsident

der neugebildeten Provinz Oberschlesien, 1949–1953 Bundesvertriebenen-Minister im ersten Kabinett Adenauer.

Beispielhaft löste man die Probleme der über Nacht zur Großstadt gewordenen Industriegemeinde, die bisher keinen städtischen Mittelpunkt hatte (1927: 126 410 Einwohner auf 44,68 km²). Dazu kamen die Belastungen durch die neue Grenzlage. Die im abgetrennten Teil Oberschlesiens liegenden Hüttenwerke waren auf die Erzeugnisse der Schwerindustrie eingestellt, während die weiterverarbeitende Industrie in dem beim Deutschen Reich verbliebenen Gebiet ihren Sitz hatte. Tausende von Flüchtlingen strömten aus den abgetrennten Gebieten in die Stadt. Die notwendigen Bauten zur Infrastruktur wurden zügig in Angriff genommen: 1927 Bau des *Admiralspalastes* als Hotel, Restaurant und Kabarett-Betrieb, heute Hotel »Przodownik«, ul. Wolności 305 – auf einer 2,5 m starken Eisenbetonplatte über dem Stollenkanal, 8 Stockwerke und 35 m hoch; Neubauten der Reichsbank, des Finanzamtes und – mit Hilfe einer Stiftung der deutschen Gemeinden in Höhe von 550 000 RM, fast ein Drittel der Gesamtkosten – des städtischen *Hallenschwimmbades* 1927/29, auch heute in Betrieb: plac Krakowski (Schecheplatz). Dazu kamen das St.-Kamillus-Krankenhaus mit Altersheim und Kirche, der 1925/26 geschaffene *Skagerrak-Park*, jetzt Park im. Poległych Bohaterów an der ul. Pawła Dubrowiela (Alsenstraße); das *Sedan-Jugendheim* (1928/29), *das Rathaus* an der Peter-Paul-Straße (ul. Powstańców Śląskich) 1927/29, der städtische Fuhrpark (1928/29), das staatliche Polizeiamt (1930) und allerorten bis 1933 Geschoßwohnungen und Einzelheime. Hinzu kamen der notwendige Ausbau des Straßennetzes und des Betriebsnetzes der Schmutz- und Regenwasserkanäle. 1927–1932 stieg die Schuldenlast von 10 auf 32 Millionen RM, doch bereits 1936 war der Haushalt ausgeglichen.

Ganze Stadtteile, vor allem das Stadtzentrum mit dem Peter-Paul-Platz (heute: plac Wolności), wurden in großzügiger Formgebung neu gestaltet. In einem Jahrzehnt wuchsen die armen, vor dem Ersten Weltkrieg vernachlässigten Industriegemeinden zu einer modernen Großstadt, der jüngsten in Deutschland, zusammen. In den Dreißiger Jahren folgten der Bau des *Stadions* mit gedeckter Zuschauertribüne für 34 000 Personen, heute »KS Górnik Zabrze« – der Verein war mehrfach polnischer Fußballmeister im letzten Jahrzehnt –, Tennis- und Fußballplätze, der Ausbau des Friesenbades zu einer modernen Wassersportanlage des Stadions, der Botanische Zentral-Schulgarten »Ogród Botaniczny« beim Maifeld, Aufmarschwiese (Ośrodek Sportowy Mostalu) und die Anlage des *Südparkes*. Eine großzügige Stadtplanung schuf mit der Grüngestaltung zahlreicher Plätze, den *Hüttenparks* der Donnersmarck-Hütte, jetzt *Park Hutniczy*, und des Borsig-Werkes, dem Steinhoffpark der Preußag, jetzt »Park im. gen. Świerczewskiego«, mit zahlreichen Spielplätzen, Hausgrünanlagen und Kleingärten einen Grüngürtel, der die ganze Stadt umgab und durchdrang. Das kulturelle Leben stand nicht nach.

1923 begann der Aufbau einer Oberrealschule zur Ergänzung des bestehenden humanistischen Gymnasiums. Drei Jahre später errichtete die Stadt hierfür einen Neubau. 1935 erhielt das 1917 gegründete Konservatorium für Musik, dem eine höhere Fachschule für Kirchenmusik angegliedert war, sein eigenes Gebäude. Hinzu kamen eine Orchester-Berufsschule, ein Jugendheim, eine städtische Turnhalle und das Kulturhaus im Stadtteil Nordost. So schuf sich die jüngste Großstadt des Deutschen Reiches in eineinhalb Jahrzehnten die modernen sozialen und kulturellen Einrichtungen, die ihrer Größe und Bedeutung entsprachen. Das sollte sich vergegenwärtigen, wer heute diese Stadt besucht.

Sehenswürdigkeiten

In der heutigen Industriegroßstadt gibt es weniger einzelne Sehenswürdigkeiten als eine Vielzahl städtischer Einrichtungen, deren überwiegender Teil auf den erwähnten deutschen Aufbau zwischen den beiden Weltkriegen zurückgeht. Sie fallen dem Besucher neben zahlreichen Bürgerhäusern aus dieser Zeit ins Auge, so gegenüber dem *Hauptbahnhof* das alte *Hauptpostamt*.

Aus der Zahl der Kirchen ragen heraus: Die evangelische *Friedenskirche* von 1874 *(Kościoł Pokoju)*, evangelisch-augsburgisch, an der ul. Klimasa (Kirchstraße) nahe der ul. 3 Maja (Dorotheenstraße). Der Zugang führt vom Hauptbahnhof (Zabrze Główne) über den plac Warszawski (Reitzensteinplatz). Weiter südlich auf der gleichen Seite der ul. 3 Maja (Dorotheenstraße) die katholische *Hauptpfarrkirche St. Anna (Św. Anny) und die katholische Pfarrkirche St. Andreas* an der ul. Wolności (Kronprinzenstraße) gegenüber dem »Park im. Poległych Bohaterów« (Skagerrakpark).

An der Ausfallstraße nach Süden Richtung Nikolai (Mikołów) der ehemalige *Steinhoff-Park (Park im. gen. K. Świerczewskiego)*. Unweit in der ul. 3 Maja 19 (Dorotheenstraße) befindet sich das *Bergbaumuseum (Muzeum Górnictwa Węglowego)*, Tel. 71-88-31, geöffnet täglich außer montags von 10–14, donnerstags von 10–18 Uhr. Für ausländische Gruppen empfiehlt sich Anmeldung, Tel. auch 71-65-91.

Untertage-Museum (Skansen Górniczny Przykop Zabrze) unweit des Bergbaumuseums auf dem Gelände der ehemaligen »Guido-Grube«. Einfahrt in einen stillgelegten Stollen.

25 km nach Tarnowitz (Tarnowskie Góry) (vgl. S. 383–385)

7 km nördlich an der Staße nach Tschenstochau (Częstochowa) liegt *Georgenberg (Miasteczko Śląskie)*

Um 1530 wurde bereits mit der Erschließung der reichen Silber- und Bleierzvorkommen begonnen, 1561 erhält Georgenberg Stadtrecht und Wochenmarkt. 1626 Ende des Bergbaues, danach ist Georgenberg nur noch ein Ackerbürgerstädtchen. 1961 Bau einer Zinkhütte. Durch Eingemeindungen 1970: 5173 Einwohner. 1975 wird Georgenberg eingemeindet zu Tarnowitz. Die Volksabstimmung 1921 ergab eine geringe Mehrheit für Polen.

Sehenswert ist die Schrotholzkirche St. Maria mit freistehendem Glockenturm, 1660 erbaut, erhalten als Museum. Benutzt wird die daneben neu erbaute Kirche.

Zurück nach Tarnowitz (Tarnowskie Góry) 3 km nach Osten

Nakło (Nakło)

Ehemalige Sommerresidenz der Familie Henckel von Donnersmarck; das neugotische Schloß wurde 1858 errichtet und 1891 ausgebaut, heute dient es als Landwirtschaftliches Technikum.

3 km östlich

Neudeck (Świerklaniec)

Seit 1623 Stammsitz der Familie Henckel von Donnersmarck, 1664–1945 Sitz des evangelischen Zweiges der Familie »Tarnowitz-Neudeck«. Früher zwei Schlösser, eines von 1670/80 sowie die Sommerresidenz von 1868/75. 1945 ausgebrannt und abgetragen, einziger Rest vier Skulpturengruppen kämpfender Stiere. Im erhaltenen Kellergeschoß ist heute ein Restaurant. Gut erhalten ist das Mausoleum (Kapelle), die Gräber der Familie von Donnersmarck sind gepflegt.

6 km nach Süden

DEUTSCH PIEKAR *(Piekary Śląskie)*

Einwohner

1905: 8 459
1985: 63 000

Seit der zweiten Hälfte des 17. Jahrhunderts besuchter Wallfahrtsort, betreut von Jesuiten; Industriegemeinde, 1947 zur Stadt erhoben (1922 Abtretung an Polen).

Geschichte und Wirtschaft

Der Breslauer Tuchkaufmann Georg Giesche (1653–1716) fand 1702 bei Deutsch Piekar Galmei. Er erwarb 1704 ein Privileg. Es verlieh ihm und seinen Erben das alleinige Recht, in Oberschlesien nach Galmei zu graben. Die von seinen Erben bei Beuthen gegründete Scharley-Grube war bis Mitte des 19. Jahrhunderts die bedeutendste Galmei-Grube in Oberschlesien. Später verlagerte sich die Zinkgewinnung nach Brzezowitz-Kamin (Brzozowice-Kamień), Kreis Tarnowitz, und Groß-Dombrowka (Dąbrówka Wielka). Die Industrie in Deutsch Piekar wurde nach 1945 ausgebaut. Seit 1954 gibt es hier eine Steinkohlengrube.

Sehenswürdigkeiten

Neuromanische Wallfahrtskirche, anstelle einer Holzkirche 1848 von Daniel Grötschel nach einem Entwurf von August Soller erbaut. Das ursprünglich dort in der Holzkirche aufbewahrte Mutter-Gottes-Bild wurde 1702 vor den Schweden nach Oppeln in Sicherheit gebracht, seitdem ist in Deutsch Piekar eine Kopie aus der zweiten Hälfte des 17. Jahrhunderts. 1683 weilte hier König Johann Sobieski auf dem Weg zum Entsatz von Wien. 1697 bekannte sich August der Starke in Gegenwart polnischer Abgesandter in der Kirche von Deutsch Piekar zum katholischen Glauben, bevor er sich in Krakau zum König von Polen krönen ließ. Oberhalb der Kirche geht es durch eine Parkanlage zum Kalvarienberg mit einer neugotischen *Wallfahrtskirche* und zahlreichen kleinen Kapellen mit den Leidensstationen Christi.

5 km bis

BEUTHEN O/S, *Kreis Beuthen*
Bytom, woj. Katowice (Woj. Kattowitz)

Lage

Im Ostteil des Muschelkalkrückens auf den Tarnowitzer Höhen im Zentrum des 1922 bei Deutschland verbliebenen Teiles des Industriereviers, wo Kohle und Erz übereinander lagern.

Einwohner

1939: 101 084 auf 30,27 km²
1980: 237 000 auf 55,00 km²

Volksabstimmung 1921: 29 890 für Deutschland, 10 104 für Polen

Hotel: »Bristol«, ul. 1 Maja 16, Tel. 81-12-41, Telex 033335, **; »Pionier«, ul. 1 Maja 19, Tel. 81-80-26, **

1 Hauptbahnhof
2 Stadtpark
3 Landgericht
4 Trinitatiskirche
5 Marienkirche
6 Ring
7 Franziskanerkirche
8 Franziskanerkloster
9 Hl-Geist-Kirche
10 Hyazinthkirche

Restaurant: »Europejska«, ul. P. Macie-
jewskiej 26, Kat. I; »Polonia«, ul. Mo-
niuszki 11, Kat. I
Schnellimbiß: »Centralny«, ul. 1 Maja 29;
»Przystanek«, ul. Maciejewskiej 12
Café: »Hawana«, pl. Kościuski 9, Kat. I;
»Toska«, ul. Moniuszki 8, Kat. I
Jugendherberge: ul. Piekarska 20, Tel. 81-
08-98, ganzjährig

Verkehr

»Orbis«, ul. 1 Maja 23, Tel. 82-10-60
Bewachte Parkplätze: plac Wolskiego
(westlich des Hauptbahnhofs); ul. Wy-
czółkowskiego Ecke ul. Strzała (vom
plac Wolskiego in die ul. Koniewa, so-
dann erste Querstraße links)
Straßenbahnlinien zu den Nachbarstädten
vom plac Sikorskiego:
Linien 5 und 30: nach Zabrze (Hinden-
burg)
Linie 6: nach Chorzów (Königshütte)
und Katowice (Kattowitz)
Linie 7: nach Świętochłowice (Schwien-
tochlowitz), Chorzów (Königshütte),
Batory und Katowice (Kattowitz)
Linie 8: nach Dąbrówka Wielka (Groß
Dombrowka)
Linie 9: nach Ruda Śląska (Ruda) und
Chorzów (Königshütte)
Linie 18: nach Ruda Śląska (Ruda)
Linie 19: ul. Łokietka (innerstädtisch)
Taxi-Haltestellen: plac Grunwaldzki, Tel.
81-81-21; plac Wolskiego, *Taxi-Ruf:* Tel.
980 bis 15 Uhr, sodann Tel. 81-40-10
Autoservice: ul. Prosta 4, Tel. 81-20-39; ul.
Matejki 20a, Tel. 81-38-62. Dazu zahlrei-
che private Reparatur-Werkstätten

Kultur

Staatliche Oper: »Państwowa Opera Śląska«, ul. Moniuszki 23, Tel. 81-34-34
Oberschlesisches Museum: »Muzeum Górnośląskie«, plac Thälmanna 2, Tel. 81-82-
91

Sportstadion »KS Polonia Bytom«, ul.
Olimpijska, Tel. 81-07-53
Jugendkulturzentrum »Młodzieżowy
Dom Kultury« Powst. Warszawskich 12,
Tel. 81-25-08
Hauptkulturhaus »Miejski Dom Kultury«,
ul. Żeromskiego 27, Tel. 81-19-52

Geschichte und Wirtschaft

Im 11. Jahrhundert war Beuthen ein slawischer Markt, im 13. Jahrhundert eine Kastellaneiburg an der »Hohen Straße« von
Krakau nach Breslau; von 1254 datiert die
Lokationsurkunde für die bereits vorher
erfolgte deutschrechtliche Stadtgründung
von Herzog Wladislaus von Oppeln. Durch
die bei den Piasten üblichen Erbteilungen,
verbunden mit Erbstreitigkeiten, wechselte
die Herrschaft Beuthen von einem selbständigen Herzogsitz zu verschiedenen Teilfür-
stentümern und gehörte zuletzt zum Herzogtum Oppeln. Der letzte Piast dieser Linie, Johann († 1532), belehnte 1526 den
Markgrafen Georg den Frommen von Ansbach-Hohenzollern mit Beuthen (von
Habsburg nur als Pfandherrschaft anerkannt). Im Dreißigjährigen Krieg erwarb
1623 ein deutscher Adliger aus Oberungarn,
Lazarus I. Henckel von Donnersmarck, die
Pfandherrschaft vom Kaiser als Tilgung für
Darlehen. 1629 folgte die erbeigentümliche
Übertragung an seinen Sohn Lazarus II. In
der Habsburger Zeit blieb die Standesherrschaft Beuthen bei der katholischen Linie
der Henckel von Donnersmarck mit Sitz in
Siemianowitz, seit 1748 fiel sie jeweils dem
Besitzältesten der beiden Linien zu. 1901
wurde das Geschlecht, das sich um die Industrialisierung Oberschlesiens durch frühe
und erfolgreiche Initiativen verdient gemacht hatte, in den Fürstenstand erhoben.
Die *erste Bergbauepoche* galt im 13. Jahrhundert dem Blei- und Silberabbau, er-
schlief im 15. Jahrhundert wegen Wasser-
schwierigkeiten ein. Neue Impulse gaben im

16. Jahrhundert die Hohenzollern mit der von fränkischen Einflüssen bestimmten ersten Bergordnung von 1526/28. Im Dreißigjährigen Krieg verfiel der Bergbau. Der Neubeginn in preußischer Zeit, zunächst durch *Eisen- und Zinkerzbergbau*, erhielt seit der Mitte des 19. Jahrhunderts einen neuen Schwerpunkt im Kohlenbergbau. Graf Lazarus III. Henckel von Donnersmarck schuf mit der *Antonienhütte* in Wyrrek südwestlich von Beuthen *1805 das erste größere private Eisenhüttenwerk mit Kokshochofen von Oberschlesien.* Im Beuthener Stadtgebiet entstanden Bergbau- und Hüttenbetriebe, insbesondere in der Beuthener Exklave »Beuthener Schwarzwald«, so die Eisenwerke »Friedenshütte« (1840 von Breslauer Kaufleuten gegründet), »Eintrachthütte« (1838), die Zinkhütten »Klara« (1820), »Rosamunde« (1838) und »Beuthener Hütte« (1845) sowie die Kohlengruben »Lythandra« (1830) und »Friedensgrube« (1899/1902) in Ruda.

Mit den Bergwerken und Industrien wuchs *die Stadt*, geprägt von der hektischen Industrialisierung und Siedlungsverdichtung, aus mehreren Teilen zusammen. Nach *1922* entwickelte sich Beuthen rasch zum Schwerpunkt des bei Deutschland verbliebenen Kohlenreviers. Die *Grenzziehung* traf die Stadt schwer. Nunmehr ragte das Stadtgebiet wie ein Zipfel in das benachbarte Polen hinein, so daß die Grenze Beuthen von drei Seiten mit 23 Zollstellen umschloß und die Stadt von ihrem Hinterland abschnitt. Ein Viertel des Stadtgebietes mit dem Stadtteil »Beuthener Schwarzwald« und der Friedenshütte wurde zugunsten Polens abgeschnitten, die Verkehrsstränge der Eisenbahn und die Blei-Scharley-Grube wurden abgetrennt. Dort, wo sich bei dem nach einem alten Gasthof Pogoda benannten Verkehrsschnittpunkt die Landstraßen und Straßenbahnlinien über Scharley nach dem Wallfahrtsort Deutsch Piekar und nach der nächsten Industriegroßstadt Königshütte

kreuzten, verlief am Stadtrand die sogenannte »Bosheitsgrenze«. Man schrieb sie dem Einvernehmen des französischen Generals Le Rond mit dem polnischen Agitator Korfanty zu.

Die Antwort der deutschen Industrie war die Errichtung einer neuen Blei-Scharley-Grube dicht an der Grenze gegenüber der an Polen gefallenen alten Blei-Scharley-Grube. Bei der Grenzziehung waren die stadtseitigen Stollen von ihrer Grube abgetrennt worden. Bereits nach vier Jahren, am 24. Mai 1926, nahm die neue Anlage die Förderung auf. Bei der Steinkohleförderung wurde der Ausfall durch erhebliche Produktionssteigerungen in den verbliebenen Grubenanlagen wettgemacht. Bis zur Mitte des Jahres 1925 hatte Deutschland nach dem Genfer Abkommen jährlich 500 000 t Steinkohle von Polen abzunehmen. Als diese Kontingentsbestimmung auslief, wurde mit den restlichen Gruben der Vorkriegsstand an deutscher Kohlenförderung bereits überschritten. Dagegen sank die Kohlenförderung im abgetretenen Ost-Oberschlesien im Jahre 1925 auf 67 % der Vorkriegsförderung ab.

Beuthen wurde Sitz wichtiger Zentralverwaltungen und Behörden (mehrere Bergwerksgesellschaften, Georg von Giesches Erben, Heinitz und Deutsche Blei-Scharley-Grube, Schlesische Bergwerks- und Hütten-AG., zwei Bergrevierämter). Hinzu kamen kulturelle Einrichtungen: eine *Hochschule für Lehrerbildung*, eine *Höhere Technische Staatslehranstalt*, das *Oberschlesische Landestheater* (seit 1900) und das *Oberschlesische Landesmuseum* in einem 1929–1931 errichteten Neubau.

Das Oberschlesische Landestheater erwarb sich als Operettenbühne einen hervorragenden Ruf.

Nach 1945 wurden die alten Gruben und Hüttenwerke wieder in Betrieb genommen und der Ausbau verstärkt. Im Stadtbereich arbeiten zur Zeit sieben Kohlengruben, zwei große Hüttenwerke »Bobrek« und »Zygmunt«, zwei Kraftwerke sowie zahlreiche Betriebe der Metall-, Nahrungsmittel- und Bekleidungsindustrie. Entsprechend ist die Luftverschmutzung außerordentlich. Es erfolgte der Ausbau der alten Wohnsiedlungen und der Aufbau neuer Wohnbezirke. Die Kulturtradition wird mit der Schlesischen Oper (Państwowa Opera Śląska) und dem oberschlesischen Museum (Muzeum Górnośląskie) fortgesetzt.

Sehenswürdigkeiten

Kaum etwas erinnert heute noch an die mittelalterliche Stadtanlage im Zentrum. Durch Bergschäden – starkes Absinken der Häuser über den Kohlengruben und Abriß der Gebäude – entstand im Stadtzentrum ein riesiger Platz, neuerdings mit Grünanlagen: Plac Poli Maciejowskiego. Er reicht vom Gericht bis zum Ring und der Marienkirche. Vom *Hauptbahnhof* (Bytom Główny) führt die ul. 1 Maja (Gartenstraße) als Hauptverkehrsader (Hotel »Pionier«, Hotel »Bristol«, Caféclub »Polonia«) zum neu entstandenen *Plac Kościuszki*. Nordwestlich dieses Verkehrsknotenpunktes führt die ul. Jainty (Tarnowitzer Straße) zum *großen Stadtpark* (Park im. gen. Karola Świerczewskiego). Die Schrotholzkirche St. Laurentius aus Mikultschütz, 1901 im Stadtpark aufgestellt, brannte in den 70er Jahren ab. Der Park liegt an den Fernstraßen E 40 und E 40a, ul. Bolesława Bieruta (Hindenburgstraße), im Park ist ein Freibad, dessen Solewässer von untertage aus der Kohlengrube »Dymitrow« gewonnen werden. An den Park grenzt im Nordwesten das Gelände des *Sportparks mit dem Stadion*, früher Fußballverein »Beuthen 09«, jetzt »KS Polonia«.
In Richtung Osten kommt man zur *Altstadt*. An dem *plac Poli Maciejowskiego* steht das Gebäude des ehemaligen Landgerichts und im Norden die *Trinitatiskirche*,

neu erbaut 1886 im Stil der Neugotik. An der Außenseite des Chores ist ein Christuskreuz mit den drei trauernden Frauen. Darunter sieht man die Gedenktafel: »Zur dankbaren Erinnerung an den Grafen Hugo Henckel von Donnersmarck, gestorben den 4. Oktober 1890«, darunter folgt der gleiche Text in polnischer Sprache, ein sichtbares Zeichen der einstigen Toleranz.
Nördlich des Ringes (pl. Grundwaldzki) erhebt sich die *Marienkirche*, ein Wahrzeichen der mittelalterlichen Stadt, die 1253 erstmals als Besitzung des Breslauer Vinzenzklosters von Papst Innozenz IV. bestätigt worden war. Verschiedene Bauperioden sind erkennbar: Der Chor in ursprünglicher Gestalt einer einschiffigen, nach fünf Seiten eines Achtecks geschlossenen Kapelle, stammt aus frühgotischer Zeit, die anderen Bauteile sind um 1500 zu datieren. Erweiterungen und Umbau zu einer dreischiffigen Halle 1852–1857. Der Glockenturm steht am Westende einer dem Südschiff in verschiedenen Zeiten vorgebauten Kapellenreihe. Aufmerksamkeit verdienen drei Portale: ein kleines spätgotisches Doppelportal im Süden zur Straßenseite, das Nordportal im Stil der Frührenaissance und ein Barockportal aus dem 17. Jahrhundert. Dem Hauptaltar gibt ein Bild von 1669 das Gepräge.
Am Ring stehen noch eine Anzahl Bürgerhäuser der Jahrhundertwende, dazwischen Neubauten. Das Rathaus – früher an der Südwestecke – wurde nach dem Kriege abgerissen. Südöstlich des Ringes nahe der ul. Katowicka (Kattowitzer Straße) steht die ehemalige *Franziskanerkirche*, ursprünglich frühgotisch, verändert 1783 im Barockstil, wobei spätgotische Elemente erhalten blieben, über dem Portal ein segnender Christus. 1833–1945 evangelisch, heute wieder römisch-katholisch.
An die Kirche schließt sich das Gebäude des früheren *Franziskanerklosters* an, gegründet 1268, es war 1428 Sitz der ersten Schule. Südwestlich an der ul. Katowicka (Katto-

witzer Straße) findet man Reste der Stadtmauer. Von dort die ul. Wojciecha nach
Norden in der ul. Krakowska (Krakauer
Straße) steht die Heilig-Geist-Kirche, ein
barocker Rundbau von 1721.
Bei dem dazugehörigen Hospital wurde
1919/21 für das Krüppelheim ein Neubau
aufgeführt. Unweit östlich führt die ul. Stanisława Wiłczaka (Scharleyer Straße) zur
St.-Hyazinth-Kirche (Kościół Św. Jacka)
im Ortsteil Roßberg (Rozbark). Das Gotteshaus wurde 1908–1911 im Stil der Neuromanik errichtet, es ist heute schwarz durch
Kohlenstaub.

Rückfahrt durch die Bahnunterführung östlich des Hauptbahnhofs (Bytom Główny)
über den Ortsteil Schomberg *(Chruszczów),*
ein ehemaliges Dorf und Rittergut vor der
Stadt. 1826 kaufte der Industrieunterneh-
mer Karl Godulla (1781–1848) das Gut und
erbaute dort ein Schloß, das 1945 als Ruine
abgerissen wurde. Die Gebeine von Godulla
ruhen seit 1906 in der Kirche von Schomberg.
Godulla – volkstümlich »Zinkkönig« genannt – kam aus einfachen Verhältnissen
und erwarb sich aus eigener Tüchtigkeit ein
großes Industrievermögen, das er an Johanna Gryczik (1842–1910) vererbte. Er adop-
tierte sie. Nachdem König Friedrich Wilhelm IV. sie geadelt hatte, heiratete sie Graf
Hans Ulrich von Schaffgotsch (Gruft des
Ehepaares in Koppitz vgl. S. 316 f.). Auf
diese Weise entstand einer der größten In-
dustriekonzerne Deutschlands. Die zu diesem Konzern gehörige, 1869 in Schomberg
gegründete Hohenzollerngrube, heute
»Szombierki«, und die dazugehörige Grä-
fin-Johanna-Schachtanlage im Ortsteil
Beuthen-Bobrek Karf (Karb) waren nach
der Teilung Oberschlesiens von 1922 die
größten Steinkohlengruben. Godullas Aufstieg wurde zur Legende.

An der Fernstraße E 40 liegt im Nordwesten
der Ortsteil

Beuthen-Miechowitz – seit 1936 Mechtal –
(Miechowice). Das Bergbaudorf wurde bekannt als Sitz des bedeutenden Industrie-
unternehmens von *Tiele-Winckler,* begründet durch die Heirat des Bergwerksleiters
Franz Winckler mit der Witwe des Gutsbe-
sitzers von Miechowitz Franz Aresin. Aus
der Ehe seiner Tochter Valeska mit Hubert
von Tiele stammt *Eva von Tiele-Winckler*
(1866–1930), in die Geschichte eingegangen
als Mutter Eva, soziale Wohltäterin und
Begründerin der Miechowitzer Diakonis-
senanstalten. Eva von Tiele-Winckler erhielt
ihre Schwesternausbildung bei Pastor von
Bodelschwingh in Bethel. 18jährig begann
sie mit dem ersten Hausbau für ihr »Friedensstift«. Nach und nach entstanden ein
Krankenhaus, das Valeska-Stift, ein Heim
für Tbc-Kranke, ein Waisenhaus, ein Ge-
meindezentrum und eine Kirche. 1945
mußten die deutschen Schwestern Miechowitz verlassen. Das »Friedensstift« wurde
zum größten Teil enteignet. Die restlichen
Gebäude und die erhaltene Kirche sind von
Bergschäden bedroht. Um ihre Erhaltung
bemüht sich die evangelisch-augsburgische
Gemeinde. An Schwester Eva erinnert noch
das einfache Haus, in das sie aus dem Schloß
umzog. Darin ist alles in dem Zustand wie
bei ihrem Tode 1930. Auch ihr Grab wird
gepflegt. In dem Park stand bis 1945 das von
Franz Winckler 1852/53 errichtete neugotische Schloß, in einem Restgebäude ist heute
eine Grubenverwaltung.
In Beuthen wurde 1897 der Verlagslektor
und Schriftsteller Max Tau geboren, † 1976
in Oslo. Er war der erste Träger des Frieden-
spreises des deutschen Buchhandels.

Zurück nach Gleiwitz (Gliwice).

XVII. Kattowitz und Umgebung

Kattowitz, Kr. Kattowitz

Katowice, Sitz der Wojewodschaft

Verwaltungs- und Kulturzentrum des Industriegebietes

Einwohner

1910: 105 000
1940: 127 000 bzw. auf der jetzigen Fläche
    von 100 km^2 209 877
1985: 354 000
Volksabstimmung 1921: 22 774 für Deutschland, 3900 für Polen.
1922 Abtretung an Polen.

Unterkunft und Verpflegung

Hotel: »Centralny«, ul. Dworcowa 9, Tel. 53-91-41, **; »Katowice«, ul. Armii Czerwonej 9, mit Restaurant und Café, Tel. 58-82-81, ***; »Orbis-Silesia«, ul. Skargi 2, Tel. 53-92-21, ***; »Śląski«, ul. Mariacka 15, Tel. 53-70-11, **; »Orbis-Warszawa«, ul. W. Roździeńskiego 16, Tel. 58-70-80, **; zu empfehlen außerhalb der Stadt Kattowitz: in *Sosnowitz (Sosnowiec)* »Novotel-Orbis«, ul. Kresowa 5, ****, Tel. 66-04-26, mit Restaurant und Café

Motel: »Orbis«, 41-200 Sosnowiec, ul. Kresowa 1, Tel. 66-00-68

Jugendherberge: ul. Graniczna 27a, Tel. 51-94-57; ul. Borki

Restaurant: »Centrum«, ul. Armii Czerwonej, Tel. 58-60-61, Kat. I; »Hungaria«, ul. Mariacka 6, Kat. I; »Atlantik«, ul. 15 Grudnia 7, Tel. 53-88-26, Kat. II; »Ostrawa«, ul. Zawadzkiego, Kat. I

Selbstbedienung: Bar »Akademicki«, ul. 1 Maja 41; Bar »Centralny«, ul. Armii Czerwonej 1; Bar »Dworcowy«, ul. Kościuski 2

Milchbar: »Centralny«, ul. Armii Czerwonej 12, und andere

Touristeninformation

»Orbis«, ul. Armii Czerwonej 2, Tel. 59-85-33; »Silesia-Tourist«, ul. Teatralna 2, Tel. 58-84-74, 58-77-35; Młynska 11, Tel. 53-88-34; Jugendherbergsverband ul. Mikołowska, Tel. 51-85-93

Verkehr

Tankstellen: ständig geöffnet: ul. Dąbrowszczaków; ul. Mikołowska 72, ul. Murckowska; weitere Tankstellen: ul. Armii Czerwonej 135; ul. Dąbrowskiego; ul. Gliwicka; ul. 1 Maja 5; ul. 1 Maja 145

Hauptpostamt: ul. Pocztowa 9 (Telegrafenamt)

Bahnhofspost- und Fernsprechamt: ul. Skłodowskiej-Curie (ganztägig)

Bahnauskunft: Tel. 53-73-13

Fernbusverkehr-PKS: Information, ul. Skargi, Tel. 58-94-65

Stadtbusverkehr-WPK: Information, pl. Dworcowy, Tel. 53-78-61

Fernbusbahnhof-PKS: Ecke ul. P. Skargi/ul. Zawadzkiego und vor dem Hauptbahnhof

Flugverkehr: Büro »Lot«, ul. Armii Czerwonej 36, Tel. 58-58-91, 580-684

Flughafen: Pyrzowice – 34 km von Kattowitz entfernt

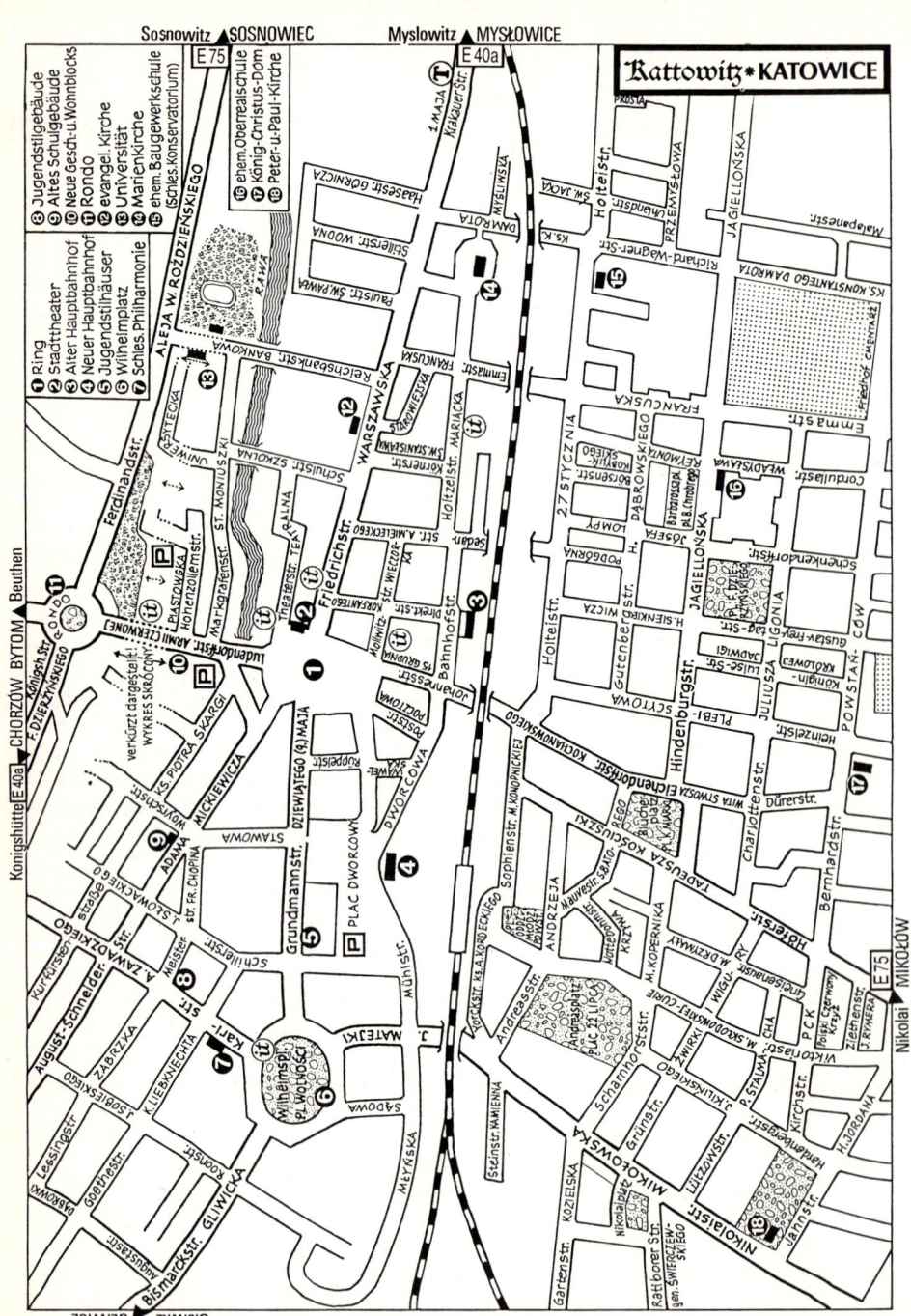

Taxi: plac Dworcowy (Hauptbahnhof), plac Andrzeja; ul. Dworcowa (alter Bahnhof); plac Oddz. Młodz. Powst. (südl. des Hauptbahnhofs)
Straßenhilfsdienst: ul. Wodna, Tel. 59-88-56; Szymal Krzysztof, ul. Andrzeja 10, Tel. 51-55-13
Autoservice: PP Polmozbyt: ul. Armii Czerwonej, Tel. 58-12-81, geöffnet 7–15 Uhr; ul. Bogucicka 7, Tel. 58-66-37; al. Roździeńskiego 10, Tel. 58-15-64. Weitere Werkstätten ul. Francuska 32, Tel. 51-96-86; Automobilklub Śląski, ul. Pawła 14, Tel. 58-93-25

Kultur

Państwowy Teatr Śląski im. St. Wyspiańskiego (*Schlesisches Staatstheater*), Rynek 2, Tel. 599-976, Kartenschalter, Tel. 59-93-60; Scena Kameralna (*Kleine Bühne des Staatstheaters*): ul. Wieczorka 4, Tel. 599-976; »Atenum« (*Schlesisches Puppenschauspieltheater*), ul. 15 Grudnia 10, Tel. 53-82-21; Wielka Orkiestra Symfoniczna Polskiego Radia i Telewizji (*Radio- und Fernseh-Sinfonieorchester*), plac Dzierżyńskiego, Tel. 51-89-03; Śląska Filharmonia (*Schlesische Philharmonie*), ul. Zawadzkiego 2, Tel. 586-261; Muzeum Historii Katowice (*Museum für Geschichte der Stadt Kattowitz*), ul. Szafranka 9, Tel. 57-14-20, mit Galerie der polnischen Malerei des 19. und 20. Jahrhunderts, geöffnet täglich außer Montag 10–15 Uhr, Mittwoch und Freitag bis 18 Uhr

Geschichte und Wirtschaft

1397 setzte Herzog Johann von Ratibor anstelle des wüsten Dorfes Bogutschütz einen »Deutschen Hammer« aus, neues Gemeinwesen »Bogutschützer Hammer«.
1590 gründet Meister Andreas auf dem vom Hammerbetrieb abgeholzten Gebiet an der Rawa das Dorf Kattowitz, angelegt nach dem Muster eines deutschen Waldhufendorfes. 1799 Neubeginn durch Kauf des Gutes Kattowitz durch den Eisenfachmann Koulhaas. Er und seine Erben leiteten bis 1832 die neuzeitliche industrielle Entwicklung von Kattowitz ein: Errichtung der Emma-Grube und der Emma-Zinkhütte. 1838 erwarb Franz Winckler die Gutsherrschaft. Sein Verwalter Friedrich Wilhelm Grundmann und ab 1851 dessen Schwiegersohn, der Arzt Dr. Richard Holtze, schufen die Grundlagen für die verwaltungsmäßige und bauliche Neuordnung des rasch aufstrebenden Gemeinwesens. Grundmanns Bemühungen führten zur Verleihung der Städteordnung 1865, die städtische Verfassung wurde 1867 in Kraft gesetzt. Bis 1851 schufen Franz von Winckler und sein Bevollmächtigter Friedrich Wilhelm Grundmann die Voraussetzungen für die bergbautechnische Erschließung des Raumes Kattowitz. Während südlich der Rawa das neue Gemeinwesen entstand, wurde der Schwerpunkt der Industrie in das Gebiet nördlich der Rawa verlegt. Dort entstanden 1842 aus der Zusammenlegung von fünf Schachtanlagen die »Ferdinand-Grube«, heute weitergeführt als »Katowice«, 1852 eine Zinkhütte, fortgeführt 1862 als Eisenwalzwerk »Martha-Hütte«, und weitere Werke, die zum großen Teil nach 1922 von den Polen ausgebaut und weitergeführt wurden.
Nach dem Tode von Franz von Winckler (1851) und seiner Gemahlin Maria (1853) erbte deren Tochter Valeska von Tiele-Winckler mit dem Vermögen beider Elternteile einen riesigen Montanbesitz von der Bismarck-Hütte im Osten der Stadt bis Myslowitz. Grundmann unterstellte ihn einer besonderen Hüttendirektion, deren Leitung er 1872 an seinen Schwiegersohn Carl Mauer abgab. Valeskas Sohn und Erbe Franz Hubert von Tiele-Winckler war letzter Alleineigentümer bis zum Ersten Weltkrieg. Weitere Markierungspunkte der Ent-

wicklung von Kattowitz zur Industrie-Metropole waren: 1846 die Eisenbahnverbindung von Breslau bis Myslowitz, Bahnhofsbau 1859, Einrichtung der Oberschlesischen Eisenbahndirektion 1895, Verlegung des Sitzes der »Berg- und Hüttenmännischen Vereinigung« von Beuthen nach Kattowitz 1882 (sie war 1861 an die Stelle des aufgehobenen Oberbergamtes Tarnowitz getreten), Bau der Verwaltungsgebäude im neuen Stadtzentrum für die in der Nähe von Kattowitz entstandenen Industriewerke (1875: 6 Eisenhütten, 11 Zinkhütten und 15 Steinkohlengruben). Weitere Montanverwaltungen folgten. 1889 wurde Schloß Kattowitz Sitz der aus dem Wincklerschen Montanbesitz gebildeten »Kattowitzer AG. für Bergbau und Eisenhüttenbetrieb«.

Der private und genossenschaftliche Wohnungsbau, die kommunalen und kulturellen Einrichtungen folgten. Ende des Jahrhunderts galt Kattowitz mit seinen breit angelegten Straßen und weiträumigen Plätzen als »schön gebaute Stadt« mit dem großstädtischen Eindruck eines modernen Stadtbildes der Jugendstilepoche.

Ein modernes Schulwesen, Volksbüchereien, Vortragswesen, Musik- und Theaterpflege, moderne Geschäftshäuser und das Caféhausleben vervollständigten den Ruf der Stadt als Metropole des oberschlesischen Industriegebietes.

Gegen den Entwurf des Versailler Vertrages vom Mai 1919, der die Abtretung von ganz Oberschlesien vorsah, fand eine Protestkundgebung mit 100000 Personen statt. Schließlich wurde eine Volksabstimmung unter der Kontrolle der Siegermächte durchgeführt. Entgegen dem Ergebnis der Abstimmung fiel durch den Genfer Schiedsspruch von 1922 Kattowitz an Polen. Es wurde Hauptstadt der Schlesischen Wojewodschaft mit einem autonomen Sejm und eigener Finanzverwaltung. In der Zwischenkriegszeit und nach dem Zweiten Weltkrieg ging die industrielle und bauliche

Entwicklung weiter. Es entstanden die Christ-Königs-Kathedrale (begonnen 1932), die Garnisonkirche, das Wojewodschaftsgebäude, die Schlesische Bibliothek, die Schlesische Technische Bildungsanstalt, die Schlesische Universität und der Wiederaufbau des 1941 unter der NS-Herrschaft abgerissenen Gebäudes des Schlesischen Museums.

Sehenswürdigkeiten

Im Tal der Rawa zwischen Fluß und Eisenbahnlinie und südlich der Eisenbahn entwickelte sich im 19. Jahrhundert das Stadtzentrum mit gradlinigen Straßen und dem Ring als Verkehrszentrum nach dem Muster der mittelalterlichen deutschen Stadtgründungen. Am Ring war der Schnittpunkt der Verkehrsachsen, von Westen mit der ehemaligen Grundmannstraße, heute ul. 3 Maja, und nach Osten anschließend der Friedrichstraße, heute ul. Warszawska, nach Norden der Schloßstraße, späteren Ludendorffstraße, heute ul. Armii Czerwonej, und nach Süden der Poststraße, heute ul. Pocztowa, in der Verlängerung südlich der Bahnlinie Höferstraße (ul. Tad. Kościuszki).

Am Ring, dem früheren Hauptmarktplatz, befindet sich noch heute das Zentrum des Geschäftslebens. Von hier aus führen die Straßenbahnlinien nach allen Richtungen: Linien 0 und 15 nach Königshütte (Chorzów), Linie 7 nach Beuthen (Bytom), Linie 11 nach Ruda (Ruda Śl.), Linie 23 nach Siemanowitz (Siemianowice), Linie 23 zum Schlesischen Stadion. Nach dem letzten Krieg wurde der Ring durch Abriß und Abtragen verbrannter Häuser im Westen und Norden erheblich vergrößert, und es entstanden hier und in den angrenzenden Straßen zahlreiche neue Großbauten. An die Zeit vor dem Ersten Weltkrieg erinnern u. a. noch: die evangelische Auferstehungskirche, erbaut 1858, in der Friedrichstraße (ul. Warszawska), die katholische Marienkirche in der ul. Mariacka (Holtzestraße), erbaut 1870, die katholische Peter-Paul-Kirche in der ul. Mikołowska (Nikolaistraße), erbaut 1902, sowie das 1907 eröffnete Stadttheater am Ring.

Rundgang 1

Rynek (Ring) – ul. Młyńska (Mühlstraße) – plac Dworcowy (Bahnhofsplatz) – ul. 3 Maja (Grundmannstraße) – plac Wolności (Wilhelmsplatz) – ul. Zawadzkiego (Karlstraße) – ul. Mickiewicza (August-Schneider-Straße) – Rynek (Ring) 1,7 km
Im St. Wyspiański- (früheren Stadt-Theater) finden zweimal wöchentlich Gastvorstellungen der Schlesischen Oper Beuthen (Bytom) statt, ebenso treten andere Bühnen polnischer Städte und des Auslandes bei den Festspielen der polnischen und sowjetischen Dramatik oder dem Festspiel der Dramatik der sozialistischen Länder auf. Zum Theater gehört noch die Kleine Bühne in der ul. Wieczorka (Querstraße). Am Ring das Kaufhaus »Zenit«, das »Haus der Presse«, achtstöckig, an der ul. Młyńska (Mühlstraße), 1963 errichtet, und das Warenhaus »Skarbek«.
An der Ecke Ring/Poststraße (ul. Pocztowa) wurde in den 60er Jahren das Pressehaus errichtet. Nach Süden in der ul. Młyńska (Mühlstraße) wurden 1965 die Altbauten (u. a. Mühle und Speicher) abgerissen und der Bahnhofsplatz (plac Dworcowy) vergrößert. Dadurch entstand ein freier Blick auf einige sehenswerte Häuser des 19. und 20. Jahrhunderts. In der Biegung der Straße steht das neue Stadthaus, 1929–31 erbaut. 1965–71 entstand das neue Gebäude des Hauptbahnhofs, seinerzeit das modernste Bahnhofsgebäude in Polen und Muster für den späteren Neubau des Warschauer Bahnhofs. Im neuen Bahnhofsgebäude Gaststätten, Schnellimbiß, im ersten Stock Postamt, Café, Aufenthaltsraum für Jugendliche. Zum Haupteingang führt von der ul. 3 Maja

(Grundmannstraße) eine moderne Gerüstbrücke. Nebeneingänge zum Bahnhof von der ul. Dworcowa (Bahnhofstraße), ul. Młyńska (Mühlstraße), ul. Stawowa (Teichstraße), ul. Słowackiego (Schillerstraße), sowie vom Süden vom plac Andrzeja (Andreasplatz) und der ul. Kościuszki (Beate-Höfer-Straße, bis 1922 Beatestraße, ab 1939 Höferstraße).
Die ul. 3 Maja (Grundmannstraße) bildet das Einkaufszentrum der Stadt. Im Haus Nr. 42 war die Höhere Mädchenschule (historischer Bau von 1914), heute ist es ein allgemeinbildendes Lyzeum. Im gleichen Gebäude bestand in der Zwischenkriegszeit neben dem polnischen das deutsche Mädchengymnasium fort. Es wurde geschlossen als Reaktion auf die Schließung des polnischen Gymnasiums in Beuthen durch die Hitler-Regierung. Unweit davon ul. Słowackiego 27 (Schillerstraße) ein Clubhaus und Ausstellungsräume des Kattowitzer Kulturvereins.
Ul. 3 Maja (Grundmannstraße) Nr. 6, 8, 17, 40 und andere bemerkenswerte Althäuser im Jugendstil. Er gilt im Rahmen der beschränkten Möglichkeiten als erhaltenswert. Am runden plac Wolności, bis 1922 Wilhelmsplatz, ist in einigen alten Gebäuden heute der Sitz verschiedener Behörden und öffentlicher Einrichtungen. In der Mitte des Platzes wurde im Februar 1945 zu Ehren der Roten Armee ein Obelisk errichtet, hinzu kam 1948 das »Denkmal der Dankbarkeit«. Nach Norden in der ul. Zawadzkiego (Karlstraße) Nr. 2 die heutige »Schlesische Philharmonie«, erbaut Ende des 19. Jahrhunderts als »Reichshalle« – Haus für kulturelle Veranstaltungen mit großem Konzertsaal. Seit 1965 finden hier Orgelmusik-Festspiele und Wettbewerbe junger Dirigenten statt. Die Philharmonie hat ein Symphonie-Orchester.
Ecke ul. Zawadzkiego (Karlstraße) und ul. Chopina (Meisterstraße) ist ein Jugendstilhaus erhalten, in der ul. Adama Mickiewicza

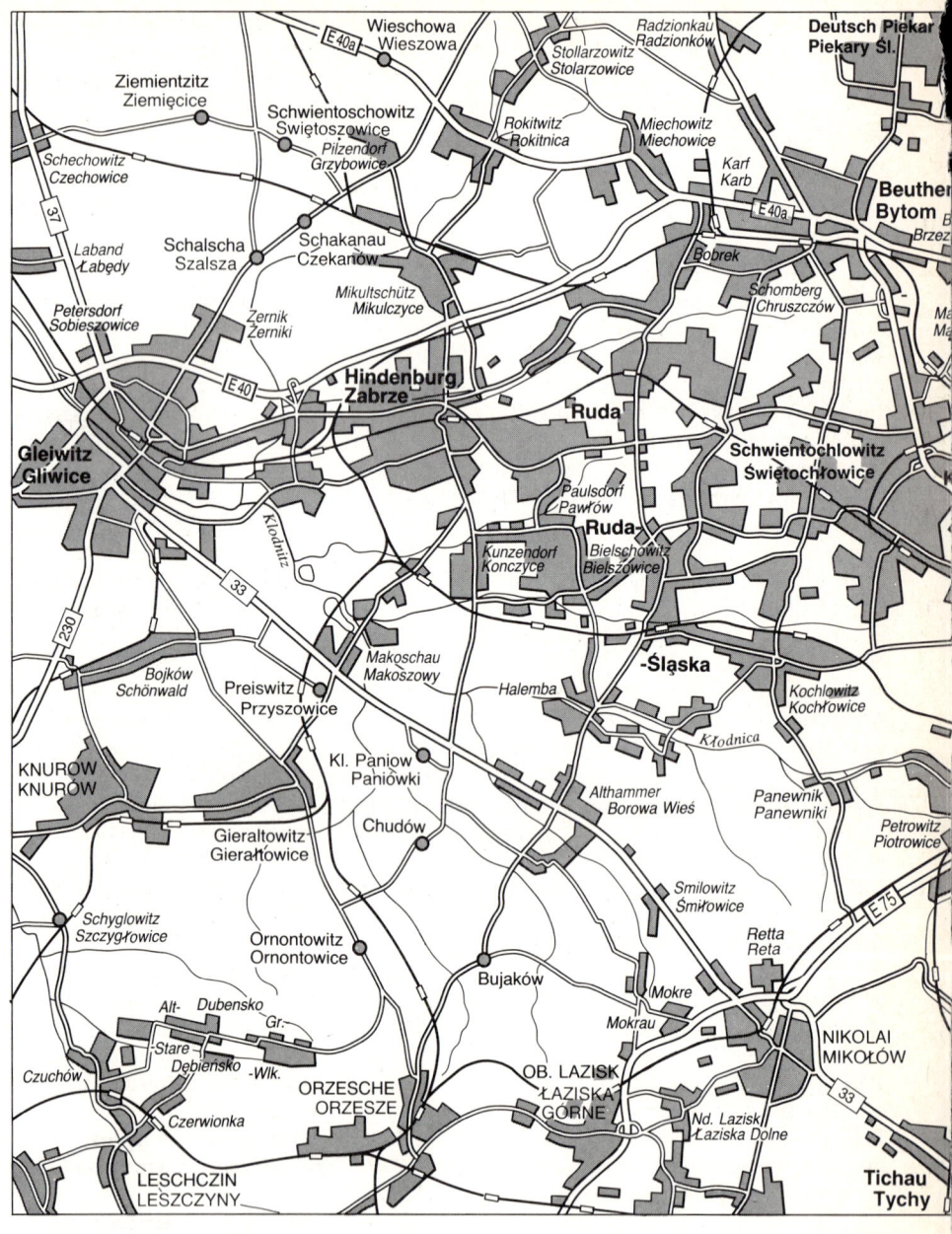

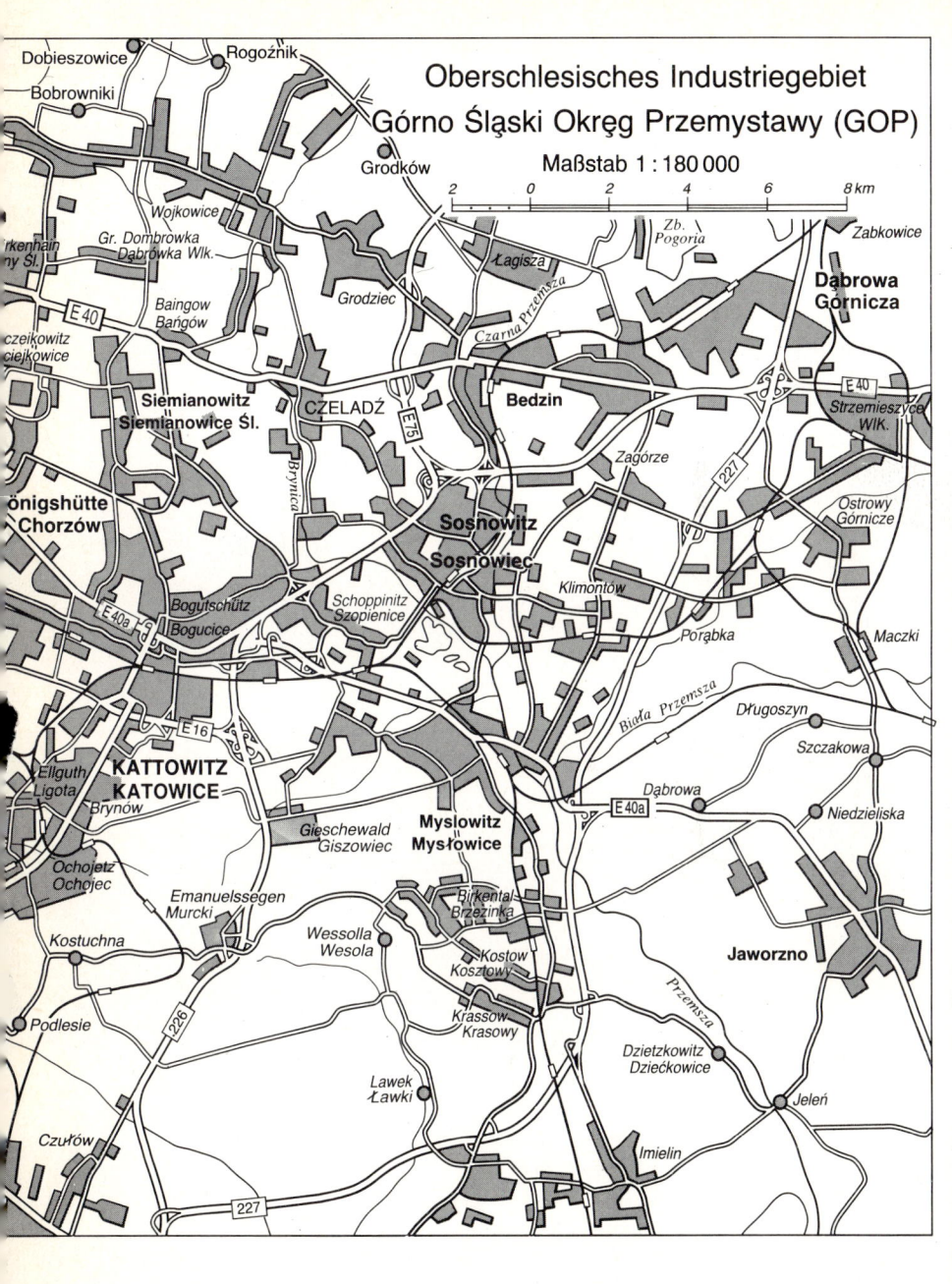

Oberschlesisches Industriegebiet
Górno Śląski Okręg Przemystawy (GOP)

Maßstab 1 : 180 000

2   0   2   4   6   8 km

(August-Schneider-Straße) Nr. 26 ein Schulgebäude der Jahrhundertwende (Deutsches Gymnasium, 1905 verstaatlicht), heute Adam-Mickiewicz-Lyzeum. An der rechten Straßenseite sind die Nrn. 6, 14, 20, 22 und 26 alte Gebäude im Jugendstil. Das älteste öffentliche Gebäude ist die Badeanstalt von 1882. Haus Nr. 3 – Gebäude der polnischen Volksbank (»Narodowy Bank Polski«) aus den 20er Jahren mit drei Uhren auf dem Dach, eine davon mit Spieluhrwerk (stündlich). An der Ecke zum Ring ist das Kaufhaus »Skarbek«, eröffnet 1975, das ansehnlichste Warenhaus der Stadt.

Rundgang Nr. 2: »Westwand«

Ring – ul. Piotra Skargi (Kurfürstenstraße), ul. Armii Czerwonej (Schloßstraße) – Rondo – Sporthalle – zurück zum Ring: 1 km. Vom Hotel »Silesia« geht man die ul. Armii Czerwonej entlang durch den in der Nachkriegszeit erbauten modernsten Teil der Innenstadt. Auf der von den Neubauten der sogenannten »Westwand« eingenommenen Fläche befand sich im 14. Jahrhundert der »Bogutschützer Hammer« (Hochofen mit Eisengießerei) und etwa 400 Jahre später (seit 1832) das erste Zinkblechwalzwerk, ab 1862 »Marthahütte«. Der neue Gebäudekomplex besteht aus drei gewaltigen Wohnblöcken mit den Handelspavillons »Centrum« und »Junior«, einem Bürogebäude »Polmag«, daneben ist der Pavillon des Kunstausstellungsbüros mit der Zentrale für Volkskunst »Cepelia«. Im Handelspavillon »Centrum« befindet sich ein Restaurant mit 400 Plätzen – sechsmal wöchentlich findet hier eine Vorstellung des »Varieté Centrum« statt. Im Erdgeschoß ist eine Selbstbedienungsbar. Hier steht auch das größte Wohnhaus in Polen, sechzehnstöckig, bewohnt von 2800 Personen in 712 Wohnungen. Auf der anderen Straßenseite ist das Hotel »Katowice«, Restaurant und Café. Unter dem Verkehrsrondo findet man eine

Passage mit Souvenirgeschäften, Cafébars, Fernsprechzellen usw. Neben dem Rondo steht ein »Denkmal der polnischen Aufständischen« – enthüllt im September 1967 – Eisenguß aus den Gleiwitzer Werken für technische Anlagen (frühere Hütte für Eisenkunstguß). Geradeaus der auffallende Rundbau in der ul. Armii Czerwonej (Schloßstraße) ist die Sport- und Veranstaltungshalle des Bezirks mit 9000 Zuschauerplätzen, bei Boxkämpfen 11 000 Plätze, ferner Kunsteisbahn, Sport- und Trainingshallen, im Anbau Restaurant, Café, Sauna, Spielhalle. Rechts der Halle steht ein 18-stöckiges Bürohaus der Bezirksdirektion der staatlichen Eisenbahn. Hinter der Halle ist der Pavillon des Verlags »Schlesien« (Śląsk) mit einer großen Buchhandlung. Zurück zum Ring.

Rundgang Nr. 3: »Ostwand«

Der Rundgang führt vom Ring zunächst nach Nordosten in ein im wesentlichen nach dem Zweiten Weltkrieg neu erschlossenes Baugebiet mit der Universität und verschiedenen Hochschulen, vorbei am Gelände alter Kohlengruben, sodann südlich der alten Verkehrsachse ul. Warszawska und ul. 1 Maja (Friedrichstraße) durch ein Altbaugebiet: ca. 4 km.

Vom Ring rechts am Theater vorbei in die ul. Warszawska. Auf der linken Straßenseite ist weithin sichtbar die 1858 erbaute evangelische Auferstehungskirche, 1889–1902 weiter ausgebaut.

Die evangelische Gemeinde wurde 1854 in einem Gebäude der »Martha-Hütte« gegründet. Sie entwickelte sich vor dem Ersten Weltkrieg mit 12–15 000 Seelen zu einer der stärksten des Industriegebietes. Zum 50-jährigen Kirchenjubiläum wurde der Grundstein zum Gemeindehaus gelegt. Die heutige evangelisch-augsburgische Gemeinde stellte 1949 einen neuen dreiteiligen Holzaltar mit geschnitzten Flachreliefs von

Bildhauer Artur Cienciała auf. Schlüssel im Pfarramt, ul. Warszawska 18. Von der Kirche führt eine Sackgasse zur Fußgängerbrücke über die Rawa, ein letzter Rest von Alt-Kattowitz mit Blick auf neue Hochbauten und altes Industriegelände.

Von der vom Ring kommenden ul. Warczawska (Friedrichstraße) zweigt nach Norden die ul. Uniwersytecka ab. Die »Schlesische Universität« wurde 1968 durch Zusammenlegung der Pädagogischen Hochschule und der Zweigstelle der Krakauer Jagiellonen-Universität gegründet.

In der parallel verlaufenden ul. Bankowa sind weitere Universitäts-Institute. Nördlich führt die neu angelegte al. Roździeńskiego (Ferdinandstraße) vom Rondo als E 75 weiter nach Warschau und kreuzt in Będzin die E 40 nach Krakau. Auf der nördlichen Seite der Allee liegt, so heißt es, »der älteste Kohlenschacht der Welt«, »1824 wurde hier die erste mit Dampf angetriebene Fördermaschine installiert«. 1937 ging die Grube aus dem Besitz der »Kattowitzer AG. für Bergbau und Hüttenwesen« auf den polnischen Staat über. Ihre Förderleistung betrug 1979 zwei Mio. t jährlich. Auf dem ehemaligen sumpfigen Rawa-Gelände entstand 1972–76 an der Ecke al. Roździeńskiego und ul. Bogucicka (Bogutschützer Straße) die »Sternsiedlung« mit 18stöckigen Hochhäusern. Auf der anderen Seite der ul. 1 Maja (Krakauer Straße) im Gebäude Nr. 50 – dem früheren Rathaus der Gemeinde Bogutschütz (Neoklassizismus) – hat heute das Rektorat der Ökonomischen Akademie seinen Sitz, seit 1970 im Rang einer Ökonomischen Hochschule. In diesem Stadtviertel, heute »Zawodzie« genannt, wurde 1840 die Zinkhütte »Kunigunde« gegründet. 1921 entstand die Porzellanfabrik Giesche, fortgeführt als »Bogucice«. 1927 kam das Bergbauanlagenwerk »Katomasch« hinzu, jetzt »Montana«, und 1931 die schlesische Glühlampenfabrik »Helios«, heute »Polan«.

Der Weg führt ein Stück stadteinwärts die ul. 1 Maja entlang, Einbiegung links in die ul. Graniczna (Freiligrathstraße) unter der Eisenbahnunterführung hindurch. Auf der rechten Straßenseite erhebt sich das stattliche Gebäude der Schlesischen Technischen Lehranstalt (1922–1939), jetzt Institut für Nationalökonomie der Schlesischen Technischen Hochschule, Vorderfront ul. Krasińskiego (Holteistraße). Im Verlauf der ul. Graniczna (Freiligrathstraße) dehnt sich eine in den 70er Jahren entstandene Wohnsiedlung (Paderewski-Siedlung) aus. An der ul. Damrota (R.-Wagner-Straße) Ecke ul. 27 Stycznia (Holteistraße) befindet sich die 1894 errichtete Baugewerkschule (neoromanischer Stil), heute Schlesisches Konservatorium (seit 1929), 1945 wieder eröffnet mit dem Charakter einer staatlichen Musikhochschule. Ul. Szafranka 9 (Rütgerstraße) ist das Museum der Geschichte der Stadt Kattowitz mit einer Galerie der polnischen Malerei des 19. und 20. Jahrhunderts (vgl. S. 399)

Nicht weit davon Ecke ul. 27 Styczna und ul. Francuska (Ecke Holtei- und Emmastraße) stößte man auf das Gebäude der »Schlesischen Bibliothek« (1934 errichtet, 1979: 750 000 Bände). Die ul. Francuska führt zur ul. Mariacka (Holtzestraße) mit der katholischen Marienkirche (Kościół Najświętszej Marii Panny). In der ul. Dworcowa (Bahnhofstraße) – nördlich der Bahnlinie – steht noch das alte Bahnhofsgebäude, errichtet Anfang des 20. Jahrhunderts anstelle des ersten Bahnhofs von 1846, heute noch benutzt, u. a. Verkaufspavillons.

Die ul. 15 Grudnia (Johannesstraße) führt zurück zum Ring.

Rundgang 4: Neubau- und Behördenviertel südlich der Bahnlinie

Die Bebauung stammt teils aus der Zeit der Jahrhundertwende, teils aus den 20er und 30er Jahren. Vom Ring geht es in die ul. 15

Grudnia (Johannesstraße), wo im Haus Nr. 10 das »Schlesische Puppen- und Schauspieltheater ›Ateneum‹« (siehe oben) untergebracht ist. Durch die Unterführung kommt man zum plac Karola Miarki (Blücherplatz). Hier und in den angrenzenden Straßen stehen alte Jugendstilhäuser, z. B. plac Miarki 7, ul. Wita Stwosza (Dürerstraße 1). Auf dem Platz steht ein Denkmal von 1930 für Stanisław Moniuszko, einen berühmten polnischen Opernkomponisten (Oper »Halka«). Vom Platz nach Osten am Ende der ul. Jagiellońska (Hindenburgstraße) war schon in deutscher Zeit ein katholischer und evangelischer Friedhof, jetzt vergrößert. Haus Nr. 18 ist die Oberrealschule, erbaut Anfang des 20. Jahrhunderts, jetzt Universitätsgebäude. Der plac Dzierżyńskiego wurde Ende der 30er Jahre angelegt, im Straßenquadrat östlich anschließend (Lompy – Dąbrowskiego – Reymonta und Jagiellońska) (Schenkendorff-, Gutenberg-, Godulla-, Hindenburgstraße) steht ein achtstöckiges, 110 m langes Gebäude der Gewerkschaften, eines der größten öffentlichen Gebäude der Stadt, das 1953–55 erbaut worden ist. Gegenüber im Straßenquadrat ul. Reymonta – Lompy und Ligonia (Godulla-, Schenkendorff-, und Charlottenstraße) präsentiert sich das zwischen 1924–29 errichtete Wojewodschaftsgebäude. Vom plac Dzierżyńskiego führt die ul. Henryka Sienkiewicza (Gustav-Freytag-Straße) in die ul. Powstańców (Bernhard- und Kirchstraße) zum König-Christus-Dom (Katedra Imienia Chrystusa Króla), 1927 begonnen, in den 60er Jahren vollendet. Nach dem Willen des Architekten sollte dieser größte in der ersten Hälfte des 20. Jahrhunderts errichtete Sakralbau Polens 100 m lang und unter Einbeziehung der Kapellen und Sakristeibauten auch 100 m breit sein und bis zur Kirchturmspitze ebenfalls 100 m hoch werden. Die Höhe wurde bisher nicht erreicht. Die ul. Powstańców führt über sechs Querstraßen hinweg nach Westen zur Peter-und-Paul-Kirche in der ul. Mikołowska (Nikolaistraße), einem sehenswerten Überrest der deutschen Stadtgeschichte (neugotisch, 1899–1900 errichtet).

Der Rückweg führt über die ul. Mikołowska (Nikolaistraße) bis zur ul. Żwirki i Wigury (Grünstraße). An der Ecke der beiden Straßen steht der gewaltige Bau des »Jugendpalastes«, u. a. eine außerschulische Bildungsstätte für Kinder und Jugendliche mit einem reichen Freizeitgestaltungsprogramm. Ul. Żwirki i Wigury Nr. 15 ist ein 17stöckiges Hochhaus, erbaut 1933 für das Finanzamt. Die Straße endet in der ul. Kościuszki (Höferstraße). Von hier fährt man mit den Straßenbahnlinien 6 und 16 zum Ring.

In Kattowitz geboren: Willy Fritsch, Schauspieler, * 21. 1. 1901,. † 13. 7. 1973 in Hamburg. Maria Goeppert-Mayer, Physikerin, Nobelpreis 1963, * 28. 6. 1908, † 20. 2. 1972 in San Diego, Kalifornien. Ruth Storm, Schriftstellerin, * 1. 6. 1905, lebt in Wangen/Allgäu.

ROUTE 1 Kattowitz (Katowice) – Tichau (Tychy) – Pleß (Pszczyna) – Bielietz-Biala (Bielsko-Biała) – Weichsel (Wisła) – Skotschau (Skoczów) – Nikolai (Mikołów) – Kattowitz (Katowice) – 200 km

Ausfahrt vom Rynek (Ring) nach Osten ul. Warszawska – ul. 1. Maja – rechts ab Straße E 40a

20 km bis

TICHAU, *Kr. Pleß, ab 1954: Kr. Tichau Tychy, woj. Katowice* (Woj. Kattowitz)

Aufstrebende Industriestadt inmitten von Wäldern am Südrand des Industriegebietes.

Einwohner

1939: etwa 11 000
1985:   162 000

Volksabstimmung 1921: 550 für Deutschland, 2831 für Polen

Hotel »MOSIR«, ul. Engelsa 9, Kat. II, Tel. 27-21-88

Geschichte und Wirtschaft

1467 als Dorf belegt, 1933 Stadtverfassung, 1945 wieder Dorf, nach mehrfachen Eingemeindungen 1951 endgültig zur Stadt erhoben. Tichau wurde als Wohnstadt und Erholungsgebiet für das südliche Industrierevier planmäßig entwickelt. Eine 1613 von den Standesherren von Pleß eingerichtete Brauerei besteht fort, ebenso eine zweite, gegründet 1892, sowie die 1887 in Czułów eingerichtete Zellulose- und Papierfabrik. Nach 1945 wurden in der Umgebung Kohlengruben erschlossen, darunter die größte in Polen, »Piast« (1975), und weitere Industriebetriebe errichtet: eine Kleinwagenfabrik »Fiat 126 p« und ein modernes Werk für Bergbau-Elektronik.

Sehenswürdigkeiten

Nahe dem Zentrum der Altstadt finden wir ein zweiflügliges *Barockschloß* im ehemaligen standesherrlichen Dominium, errichtet von Prinz Friedrich Erdmann von Anhalt-Köthen. Die barocke Pfarrkirche (1780–82), Umbau Anfang 20. Jahrhundert – etwas erhöht gelegen –, füllt quergebaut eine Seite des Marktplatzes aus. Die Gestaltung des Altarraumes mit viel Vergoldungen macht den Einfluß der Ostkirche spürbar.
Südlich der Stadt am Paprocańskie-See ist ein neues Erholungsgebiet entstanden. Über eine neue Umgehungsstraße 20 km bis

PLESS, *Kreis Pleß*
Pszczyna, woj. Katowice (Woj. Kattowitz)

Lage im oberschlesischen Vorhügelland, wenige km nordöstlich der Weichsel, an ihrem Nebenfluß Plesse (Pszczynka).

Einwohner

1931: 7 200
1985: 35 000

Volksabstimmung 1921: 2843 für Deutschland, 910 für Polen

Kein Hotel (lt. polnischem Reiseführer 1981 und Straßenkarte 1984)
Touristenhotel (Dom Wycieczkowy): PTTK, ul. Brama Wybrańców 2, Tel. 3233, Kat. III; ul. Wieczorka 14, Tel. 46-76, Kat. III
Restaurant: »Parkowa«, ul. Dworcowa 2, Tel. 44591 »Pod Żubrem«, Rynek 18, Kat. III

Geschichte und Wirtschaft

Eine slawische Vorgängersiedlung lag am Nordufer der Plesse (Pszczynka); vermutlich um 1276 erfolgte die Gründung der deutschrechtlichen Stadt am Südufer, die seit 1281 zum Herzogtum Ratibor gehört. Um 1500 wurde die Herrschaft aus dem Lehnsverhältnis zu Böhmen entlassen, 1548 gelangte sie an Balthasar von Promnitz, Fürstbischof von Breslau. Sie blieb als »Standesherrschaft« im Besitz des Geschlechts von Promnitz bis 1765 und gelangte 1846 an Graf Heinrich X. von Hochberg-Fürstenstein. Er erreichte 1848 die Erhebung von Pleß zum Fürstentum. Die Güter der Standesherrschaft und das Schloß blieben bis 1945 im Besitz dieser Familie, obwohl Pleß bei der Teilung Oberschlesiens 1922 an Polen fiel. Die Stadt war als Residenzstadt auf die Bedürfnisse der Herrschaft ausgerichtet.
Im 15. Jahrhundert waren ihre Bewohner nach Ausweis der überlieferten Namen überwiegend deutsch, ab dem 16. Jahrhun-

dert bis auf die herrschaftliche Hofhaltung polnisch.

Im 18./19. Jahrhundert stieg der Anteil der Deutschen und betrug 1910 schließlich 67 %. Seit 1743 war Pleß preußische Kreisstadt. Um 1785 wurde eine Seiden- und Strumpffabrik begründet. Nach 1945 schuf man neue Industriebetriebe, u. a. für Maschinenbau.

Sehenswürdigkeiten

Die Altstadt zeigt einen kleinen länglichen Grundriß mit großem rechteckigem Marktplatz. Die einheitliche, zweigeschossige Bebauung ist nach dem Stadtbrand von 1748 entstanden. Hinter der Nordwestseite des Ringes steht die *katholische Pfarrkirche*, ursprünglich aus dem 14. Jahrhundert, später mehrfach umgebaut, zuletzt nach dem Stadtbrand von 1748 erneuert. Das Portal zur Theresienkapelle hat ein schmiedeeisernes Gitter und am Altar Skulpturen aus dem 18. Jahrhundert.

Die Nordwestecke des Ringes füllt ein harmonischer Baublock, bestehend aus dem *Rathaus* mit Säulenvorbau (18. Jahrhundert) und der *evangelischen Kirche* aus der zweiten Hälfte des 18. Jahrhunderts. An den Ring schließt sich fast unmittelbar das *Schloß* an, am Rande des verhältnismäßig gut erhaltenen Schloßparks, der im 19. Jahrhundert im englischen Stil angelegt wurde. Der älteste Teil des Schlosses ist das Torhaus von 1687 mit dem Wappen des Bauherrn Graf Balthasar Erdmann von Promnitz (gest. 1703) und seiner Gemahlin. Das Schloß wurde 1870–74 zu einem einheitlichen Baukomplex in neubarockem Stil vollständig erneuert. Es geht zurück auf eine dreiflüglige Anlage, die 1743–67 Christian Jahne unter Einbeziehung geringer Reste einer gotischen Burg erbaute. Hier war im Ersten Weltkrieg von 1915 bis zum Frühjahr 1917 das deutsche Hauptquartier. Im Schloß ist ein kulturgeschichtliches Museum mit Innenausstattungen und echten Möbeln verschiedener Stilrichtungen.

Muzeum Wnętrz Pałacowych, Öffnungszeiten: Mai–Okt. Di, Mi 9–17 Uhr, Do, Fr, Sa 9.00–15.00 Uhr, So 9–16 Uhr Nov.–April Di, Mi 10–17 Uhr, Do, Fr, Sa, So, 10–15 Uhr.

Die Ausstattung der Räume ist heute in Schlesien eine große Seltenheit. Es ist nicht auszuschließen, daß sie noch alte Bestände enthält, von denen Lutsch (1894) berichtet: »Von der älteren Ausstattung des Hauses ist eine große Reihe einfacher eingelegter Barockmöbel vom Ende des 18. Jahrhunderts erhalten. Im 19. Jahrhundert sind einige gute ältere Möbel durch Kauf hinzugekommen, so insbesondere eine reiche niederländische Kredenz, eine reiche mehrfarbig eingelegte Truhe, beides aus der Zeit um 1600.«

Es lohnt sich ein Gang durch den ca. 80 ha großen heutigen *Stadtpark* mit einem großen Teich und alten Baumbeständen (u. a. Eichen, Eschen, Silberfichten, Lärchen, Buchen, Ahorn, Platanen). Am Rande des Parks befindet sich eine Reitbahn aus dem 18. Jahrhundert, umgebaut im 19. Jahrhundert, z. Zt. benutzt als Sporthalle, die Pferdeställe neoromanisch. Der Gutshof von 1725, ul. Łowiecka 8, ist heute *Freilichtmuseum* (Skansen »Zagroda Wsi Pszczyńskiej«).

Straße 226 nach Süden 9 km bis

Nieder-Goczalkowitz (Goczałkowice Zdrój), Ortsteil von Pleß.

Ober-Goczalkowitz ist ein deutsches Waldhufendorf, angelegt 2. Hälfte 13. Jahrhundert, im fruchtbaren Hügelland am Nordrand des Weichseltales, wo im Mittelalter die Standesherrschaft Pleß Teichwirtschaft betrieb. In dem später angelegten Dorf Nieder-Goczalkowitz wurde 1858 eine brom- und jodhaltige Quelle entdeckt. Schnell erfolgte der Ausbau zu einem Badeort. Heute sprudeln mehrere Jod-, Brom- und Solquellen (7,5 %). Es gibt eine Kuranstalt, ein Sanatorium und eine Rheuma-Klinik. 1953–56 Anlage eines 32 km² großen Weichsel-Stausees (Jezioro Goczałkowickie), welcher der Wasserversorgung dient. Der Kurort liegt in einer reizvollen Landschaft.

10 km bis

BIELITZ-BIALA *(Bielsko-Biała)*

seit 1975 Sitz der gleichnamigen Wojewodschaft. Lage an beiden Ufern der Biala (Biała) an ihrem Austritt aus den Beskiden.

Einwohner

1890: 17970, davon 15144 Deutsche (Die schlesischen Dörfer der deutschen Sprachinsel zählten unter 13839 österreichischen Staatsbürgern 11573 Deutsche).
Nach der Vereinigung von Bielitz und Biala
1961: 77571
1985: 162000

Hotel: »Magura«, Orbis-Hotel, ul. Marsz. A. Greczki 93, Tel. 458, ****; »Prezydent«, ul. Lenina 12, Tel. 272-11, ***, mit Restaurant und Café, Wechselstube; »Pod Pocztą«, ul. 1 Maja 4a, Tel. 26037, **, mit Restaurant und Café
Jugendherberge: ul. Komornicka 25, Tel. 274-66
Camping »Pod Dębowcem«, ul. Karbowa 15, Tel. 460-80, Mai–Sept.; Blonia-WOSIR, ul. Pocztowa 43, Tel. 436-01, Juni-Sept.
Restaurant: »Astoria«, ul. Marsz. A. Greczki 80, Tel. 430-14; »Teatralna«, ul. 1 Maja, Kat. I; »Starówka«, ul. Smólki, Kat. II
Café: »Mikron«, ul. Barlickiego 13, Kat. I; »Radosna«, ul. Wolności 7, Kat. I; »Klubowa«, ul. Lenina 10, Kat. II

Milchbar: »Pierożek«, pl. ZWM (Rynek w Bielsku); »Staronniejski«, ul. K. Woroszylowa 2
Teestube: (Herbaciarnia) »Chinka«, ul. Schodowa 2, Kat. III
Touristeninformation: »Orbis«, ul. Lenina 9, Tel. 322-61

Verkehr

Autoservice: Centrum, ul. Katowicka 24, Tel. 270-21; PZM, ul. Armii Czerwonej 4, Tel. 227-36; Polmyzbyt (Straßenhilfe), Tel. 2-70-26, geöffnet 6–22 Uhr, 5 bewachte Parkplätze, 6 Tankstellen

Kultur

Theater: Państwowy Teatr Polski (Polnisches Staatstheater), ul. 1 Maja 1, Tel. 284-51 u. 236-32, Kasse geöffnet 13–19 Uhr, sonn- und feiertags 16–19 Uhr.
Państwowy Teatr Lalek »Banialuka« (Staatliche Puppenbühne), ul. Mickiewicza 20, Tel. 210-46, 233-94
Museum: Muzeum Okręgowe (Regionalmuseum), ul. Kosmonautów 16, Tel. 253-53, geöffnet: Di, Do 11–17 Uhr, Mi, Fr, Sa 9–15 Uhr, So 10–14 Uhr.
»*Orbis*«, ul. Lenina 9, Tel. 24070

Geschichte

In der zweiten Hälfte des 13. Jahrhunderts war dieser Raum das östlichste deutsche Siedelgebiet von Schlesien. Durch Anlage großer deutscher Waldhufendörfer bildete sich eine Brücke deutscher Orte nach Westen. Nach deren Polonisierung im 15. und 16. Jahrhundert (Sprachausgleich zugunsten des Polnischen) verblieb Bielitz die einzige deutsche Stadt und bildete zusammen mit 8 deutschen Dörfern die größte deutsche Sprachinsel im östlichen Oberschlesien. 1457 fiel das bisher zu Schlesien gehörende Herzogtum Auschwitz an Polen. Nunmehr lag Bielitz unmittelbar an der Ostgrenze

Schlesiens und damit des Deutschen Reiches. 1575 wurde die Stadt vom Herzogtum Teschen abgetrennt und als Minderstandesherrschaft dem kaiserlichen Oberamt in Breslau unterstellt. 1752 wird Bielitz zum Fürstentum, 1754 zum Herzogtum erhoben. Im 16. Jahrhundert setzte sich die Reformation durch. Bielitz wurde Stützpunkt des Luthertums für eine weite Umgebung. Daran änderte auch die Gegenreformation und die Rekatholisierung der Kirchen nichts. Teile der dem gegenreformatorischen Druck ausweichenden Bewohner ließen sich am anderen Ufer der Biala nieder, der selbständige Ort Biala ist 1584 urkundlich nachgewiesen. 1742 verblieb Bielitz bei Österreich und war die einzige evangelische Stadt in diesem Staat, geschützt durch evangelische Herrschaftsinhaber. 1772 mit der ersten Teilung Polens, bei der Galizien zu Österreich kam, wurde die Sprachinsel beiderseits der Biala wieder vereinigt. 1781 führt das Toleranzpatent Kaiser Josephs II. zur Wiedergründung der evangelischen Gemeinden. 1789 löst der Kaiser Biala aus der Abhängigkeit adliger polnischer Grundherrn und erhebt es zur königlichen Freistadt. Die beiden Gemeinden Bielitz und Biala verschmolzen wirtschaftlich und kulturell zu einem Gemeinwesen. 1848 sendet Bielitz seinen evangelischen Pastor Carl Samuel Schneider als einzigen protestantischen Abgeordneten in den Wiener Reichstag; er wirkt für die Vermehrung der Rechte der Evangelischen in der neuen Verfassung. 1861 bringt das österreichische Protestantenpatent die weitgehende Gleichstellung der Konfessionen. Es erfolgt nun ein schneller Ausbau des Schulwesens durch die evangelische Gemeinde und die Stadtgemeinde. Bis 1881: Realschule, Gymnasium, Lehrerbildungsanstalt mit Ausbildung des evangelischen Lehrernachwuchses, seit 1864 durch den Heidelberger Prof. Stoy für die evangelischen Schulen der ganzen Monarchie. Außerdem wurde eine Ingenieurschule gegründet, 1890 ein ständiges deutsches Theater. Für Biala änderte sich die Lage der Deutschen, als 1867 Galizien eine Sonderstellung unter polnischer Verwaltung erhält: Errichtung einer eigenen Bezirkshauptmannschaft mit polnischer Behörde, seit 1898 Errichtung polnischer Schulen und Festigung der polnischen Minderheit. 1920 kommt Bielitz durch den Vertrag von St. Germain an Polen und 1921 zur Wojewodschaft Schlesien. Innerhalb des polnischen Staates war Bielitz die einzige Stadt mit deutscher Mehrheit. Ihre deutschen Schulen und das Lehrerbildungsseminar kamen dem Deutschtum der ehemals preußischen und russischen Teilgebiete zugute. 1950 wurden die Städte Bielitz und Biala vereinigt, 1969 war die Großstadtgrenze überschritten. Seit 1975 Verwaltungs- und kultureller Mittelpunkt der neuen Wojewodschaft; Abteilung der Technischen Hochschule Łódź. Schauspielbühne und Puppentheater, Festivals, Regionalmuseum.

Wirtschaft

Seit 1548 entwickelte sich hier eine starke Tuchmacherzunft als typisches Grenzlandhandwerk gegenüber dem industriearmen Polen. 1734 waren in Bielitz unter 429 Handwerkern 271 Tuchmacher und 13 Tuchscherer. 1806 Einführung der ersten Wollspinnmaschine, 1811 Errichtung der ersten vom Zunftzwang befreiten Textilfabik. Seit den 20er Jahren des 19. Jahrhunderts entwickelt sich Bielitz-Biala zur größten Wollindustriestadt des schlesischen Raumes. Dazu kamen Textilmaschinen-Industrie und Zweige des Maschinenbaues. Vor dem Ersten Weltkrieg waren hier 20000 Arbeiter beschäftigt, vorwiegend aus den deutschen Sprachinsel-Dörfern, außerdem kam es zu einem Zuzug breiter industrieller Schichten. Bielitz blieb trotz der wirtschaftlichen Umwälzung deutsch.

Nach der Vertreibung der Deutschen 1945
fand ein weiterer Ausbau der bisherigen
Industrien statt, die unversehrt übernommen worden waren. Die Doppelstadt ist
nach Łódź das zweitgrößte Zentrum der
Textilindustrie Polens. Sie ist wegen ihrer
erstklassigen Wollgewebe und der Produktion von Textilmaschinen – Betrieb »Befa-
ma« (früher »Gustav Josephs Erben«) – in
der ganzen Welt bekannt. Neues Zentrum
der Kraftfahrzeugindustrie: große Kleinwagenfabrik für den »Polski Fiat 126p«. Der
Betrieb »Delta« stellt Segelflugzeuge her.
Bielitz-Biala ist Ausgangspunkt für die Touristik in die Beskiden.

Sehenswürdigkeiten

Die Doppelstadt hat einen unregelmäßigen
Grundriß mit Zentrum im Biala-Tal. Die
unterschiedlichen Entwicklungsstufen von
Bielitz links der Biala mit einem mittelalterlichen Stadtkern (Stadtmauerreste) und der
in Hanglage sich anschließenden Oberstadt
und von Biala, rechts des Flusses, das sich
erst ab dem 17. Jahrhundert entwickelte,
sind noch erkennbar. Die Hauptverkehrs-
adern verlaufen auf der Talsohle links des
Flusses: Die Bahnlinie vom Hauptbahnhof
(Bielsko-Biała Główna) unterfährt Richtung Süden nach Saybusch (Żywiec) in einem Tunnel das Stadtzentrum dort, wo sich
am plac Smolki (Börsenplatz) beide Städte
berühren; dazu die Hauptverkehrsstraße,
die in Nord-Süd-Richtung parallel zur
Bahnlinie der ul. W. Lenina (Kaiser-Franz-
Josef-Straße) folgt. An der sich anschließenden ul. Zamkowa liegt das alte *Schloß*. Es
wurde im 15. Jahrhundert von Alexander
und Franzisko Sulkowski erbaut (Zamek
Bielski Sułkowskich), heute sind dort das
Heimatmuseum und ein Lyzeum. Schräg
gegenüber auf der anderen Straßenseite erinnert der repräsentative Bau des einst deutschen *Stadttheaters* von 1890 – jetzt polnische Staatsbühne – an das rege kulturelle

Leben der Deutschen in Bielitz. Vom plac
Smolki (Börsenplatz) führt die breite ul.
Iwana Koniewa (einstmals die schmale Au-
gasse) über den Fluß. Südlich liegt das im
Jugendstil erbaute *Rathaus von Biala*, jetzt
Sitz der Stadtverwaltung der Doppelstadt.
Diese Straße endet auf dem plac Kościelny
(Kirchplatz) vor der katholischen *Stadtpfarrkirche von Biala*. Den Barockbau errichteten 1760–69 Gottfried Berger und Johann Fieber. Unweit südlich der Kirche liegt
das *Sportstadion* (BKS »Stal«) an der ul. A.
Greczki. Zurück geht es über den plac Smolki zur ehemaligen *Altstadt von Bielitz*. In
der zum Ring führenden ul. Podciene stehen *alte Laubenhäuser*, ebenso in den Straßen um den alten Ring stehen Bürgerhäuser
des 17.–19. Jahrhunderts. Der Platz wurde
nach 1945 in eine Grünanlage verwandelt.
Südlich des mittelalterlichen Stadtkerns
blieb die gotische *St.-Nikolaus-Kirche* (Kościół św. Mikołaja) erhalten, erbaut
1443–47. Im Innern befinden sich ein Triptychon (dreiteiliger Altaraufsatz) und farbige Wandmalereien. Die Kirche steht am
plac Boh. Armii Czerwonej (früher Fleisch-
markt und Staffelgasse).
Die Altstadt wird hangwärts überragt von
dem gewaltigen Bau der *Dreifaltigkeitskirche (Kościół św. Trójcy)* in der ul. Pawła
Findera (Parkstraße), Ecke ul. Jana Sobieskiego (Josefstraße) – errichtet 1608 von der
damaligen evangelischen Gemeinde, seit der
Gegenreformation katholisch. Der eigenartige Turm auf quadratischem Grundriß betont stark die vertikalen Linien, die sich in
der zweifach durchbrochenen Glockenstube des oberen Turmes fortsetzen. Nordöstlich war seit dem Ende des 18. Jahrhunderts
das evangelische Zentrum der Stadt mit den
Bauten um den Kirchplatz »Bielitzer Zion«
– noch heute »Bielski Syjon« genannt. Die
schlicht-schöne *Erlöserkirche* (»im. Zbawiciela«) erbaute 1792–98 Baumeister Feuer-
abend nach einem Entwurf von Ingenieur
Breuning. Sie gehört heute der relativ star-

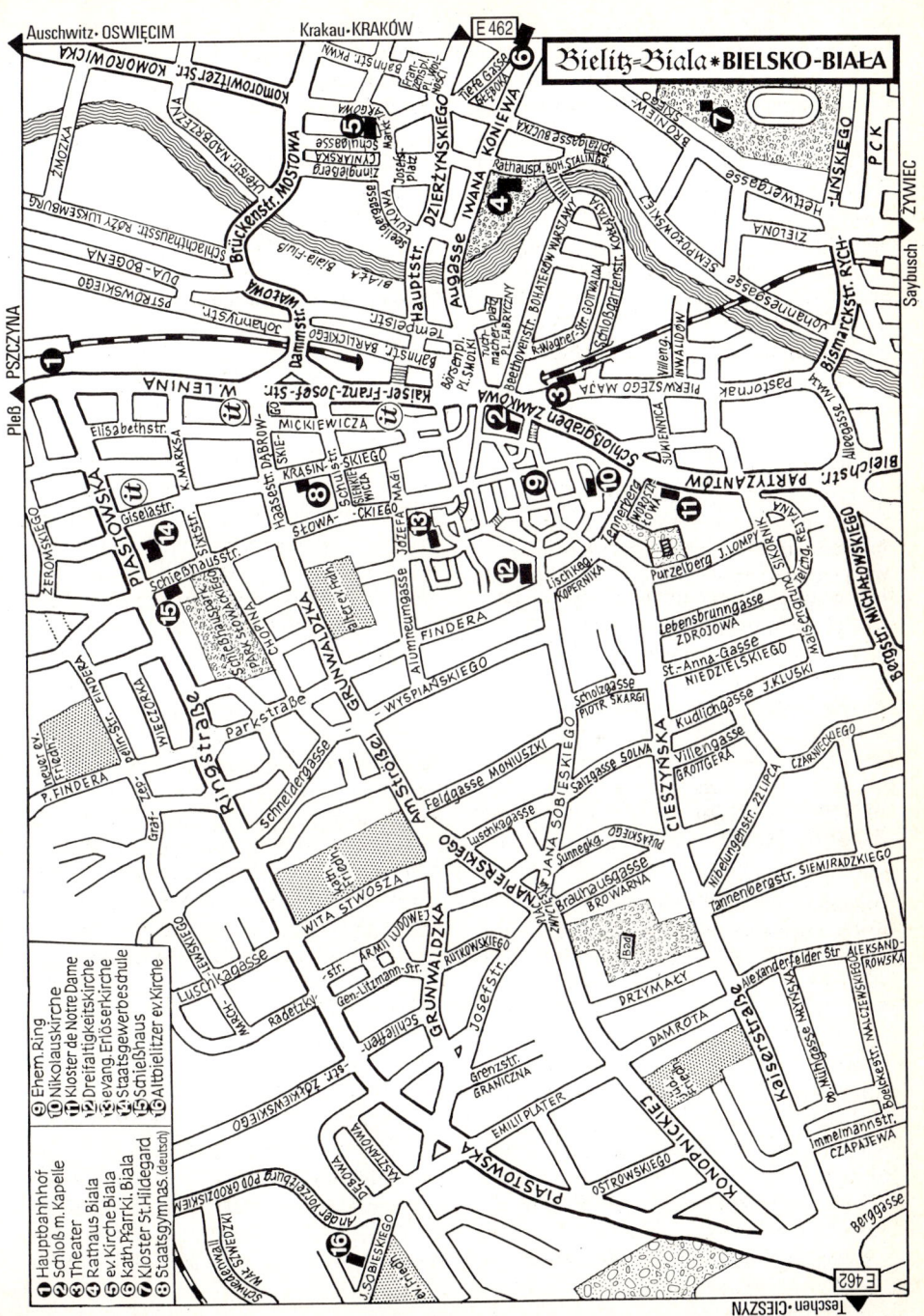

Bielitz=Biala * BIELSKO-BIAŁA

1 Hauptbahnhof
2 Schloß m. Kapelle
3 Theater
4 Rathaus Biala
5 ev. Kirche Biala
6 kath.Pfarrki. Biala
7 Kloster St.Hildegard
8 Staatsgymnas. (deutsch)
9 Ehem. Ring
10 Nikolauskirche
11 Kloster de Notre Dame
12 Dreifaltigkeitskirche
13 evang. Erlöserkirche
14 Staatsgewerbeschule
15 Schießhaus
16 Altbielitzer ev.Kirche

ken evangelisch-augsburgischen Gemeinde. Davor in der Grünanlage steht das für Polen einmalige *»Luter«(Luther)-Denkmal,* 1900 als erstes in der österreichischen Monarchie errichtet. Beiderseits des »Luter«-Denkmals finden wir unter Bäumen versteckt zwei *Pfarrhäuser* und gegenüber der Kirche die beiden früher evangelischen Knaben- und Mädchenschulen. Etwas weiter nördlich an der ul. Grunwaldzka (Am Strößel) liegt der *alte evangelische Friedhof.*

Weiterfahrt entweder direkt auf der Straße E 462 – 18 km bis Skotschau (Skoczów) über *Nieder Ernsdorf (Jaworze Dolne).* Dort steht eine große evangelische Saalkirche, Neuklassizismus von 1789. Schlüssel im Pfarramt. Starke evangelisch-augsburgische Gemeinde. Jaworze Dolne ist ein Erholungsort an einem kleinen Stausee mit Wanderheim »Kama«. Guter Ausgangspunkt zur Wanderung in die Beskiden oder für eine Fahrt durch das Beskiden-Vorland, auf der reizvollen Paßstraße – 33 km nach Weichsel (Wisła). Die Straße steigt bis ca. 1000 m hoch an, hinter dem Dorf Szczyrk findet man Motel, Camping- und Parkplatz.

In Serpentinen geht es ins Weichseltal nach *Weichsel (Wisła).*

Seit Ende des 19. Jahrhunderts ist der Ort eine Sommer- und Winterfrische, seit 1933 hat er einen Bahnanschluß und 1962 wurde er zur Stadt erhoben (1985: 11 200 Einwohner).
Mit 110 km² war Weichsel an der Weichselquelle einst das flächengrößte Dorf von Schlesien, seit dem 17. Jahrhundert allmählich von evangelischen Siedlern erschlossen, die in den abgelegenen Gebirgstälern Schutz vor der Gegenreformation suchten. Früher herrschten Schafzucht und die hirtenbäuerliche Kultur der »Goralen« (Bergbewohner) mit ältesten Formen von Hausbau, Wirtschaftsgeräten, Tracht und Brauchtum.

Heute werden alljährlich im August Kulturtage der Beskidenregion – Folklore-Festival – veranstaltet. Ethnographisches Museum. Großer Erholungsort und Wintersportplatz im Beskidenvorland. In der Nähe ist ein großer Stausee; Schwimmbad und *PTTK-Ausflugshaus:* »Nad Zaporą, Kat. II., ul. Czarne 3, Tel. 23-11 und 24-11.

21 km bis

Skotschau (Skoczów), einem kleinen Landstädtchen am Austritt der Weichsel aus den Beskiden, im 13. Jahrhundert inmitten eines altslawischen Siedelgebietes als deutschrechtliche Stadt gegründet. 1910: 10 % Deutsche. Vor dem Ersten Weltkrieg geistiges Zentrum des sogenannten Schlonsakentums, das sich trotz polnischer Umgangssprache dem deutschen Kulturkreis zurechnete.

Auf der E 75 sind es 30 km bis Sohrau (Żory) – vgl. S. 372.

20 km bis

NIKOLAI, *Kreis Pleß*
Mikołów, woj. Katowice (Woj. Kattowitz)

Lage auf einem aus Karbongestein bestehenden Höhenzug südlich der Klodnitzniederung.

Einwohner

1905: 7 720
1985: 33 000
Volksabstimmung 1921: 3059 für Deutschland, 2434 für Polen

Geschichte und Wirtschaft

Im 13. Jahrhundert lag eine slawische Siedlung am Fuße einer Burg und die deutschrechtliche Stadt nordwestlich der Burg. Die polnische Bevölkerung war erheblich an der

Stadtgründung beteiligt. Bis ins 20. Jahrhundert war Nikolai überwiegend Ackerbürgerstadt, im 19. Jahrhundert setzte durch Steinkohlenbergbau in der Umgebung ein industrieller Aufschwung ein. Zuerst entstand eine Eisenwarenfabrik, 1890 in eine chemische Fabrik umgewandelt. 1850 gründete Eugen Mann die »Nikolai-Hütte«, ferner entstanden die »Walther-Hütte« – 1910 umgewandelt in eine Herdfabrik – und 1872 durch H. Koetz eine Dampfkesselfabrik, heute als Bergbaumaschinenfabrik weitergeführt. In der Zwischenkriegszeit entstand die »Elektrobau-Bode KG.«, heute ist es eine Transformatorenfabrik.

Sehenswürdigkeiten

Die Stadtanlage zeigt den Ring im Zentrum. Unweit des Ringes steht eine kleine mittelalterliche *Kirche (St. Nikolai)*. Weiter außerhalb, weithin sichtbar auf einem Hügel, die neue *Kirche St. Adalbert*.
13 km bis Kattowitz (Katowice).

ROUTE 2: Rund um das Industriegebiet

Kattowitz (Katowice) – Königshütte (Chorzów) – Schwientochlowitz (Świętochłowice) – Ruda (Ruda Śląska) – Siemianowitz-Laurahütte (Siemianowice Śląskie) – Bendzin (Będzin) – Myslowitz (Mysłowice) – Kattowitz (Katowice): ca. 100 km.

Die Straße E 40a führt nach

KÖNIGSHÜTTE, *Kr. Königshütte*
Chorzów, woj. Katowice (Woj. Kattowitz)

Junge oberschlesische Industriestadt des 19. Jahrhunderts.

Einwohner

1905: 66 042
1939: 115 100 auf 23 km²
Anteil der Deutschen 1900 : 46 %, 1910: 54 %.
Volksabstimmung 1921: 31 864 für Deutschland (74 %), 10 707 für Polen
1985: 152 000

Königshütte ist die Stadt mit der größten Bevölkerungsdichte im Industriegebiet (4600 Einwohner/km²) – Luftverschmutzung!

Hotel: »Sportowy Stadion Śląski«, Wojewódzki Park Kultury i Eypoczynku, Tel. 41-30-11, mit Café, Kat. II
Touristenhaus: »Dom Turysty« PTTK, Tel. 41-30-11, Kat. II, Restaurant und Café

Camping: Stadion Śląski, Tel. 41-60-05, Juni–September, ul. Dzierżyńskiego 10
Restaurant: »Łania«, WPKiW, Tel. 41-69-02, Kat. Lux.; im Schlesischen Kultur- und Erholungspark »Parkowa«, WPKiW, Tel. 41-36-59, Kat. I
Straßenhilfe: ul. Stęczyńskiego 22, Tel. 41-19-02, 8–22 Uhr
DFK-Büro, Ortsgruppe Königshütte: plac św. Jana 34/3, 41–506 Chorzów (Mo, Di, Do, Fr 10–18 Uhr)

Geschichte und Wirtschaft

Kristallisationskerne der späteren Stadt waren zwei staatliche Betriebe, die auf Initiative des Grafen von Reden, der 1779–1802 Direktor des Oberbergamtes war, geschaffen wurden:
1. die 1796 eröffnete Steinkohlengrube »Carl von Hessen«, seit 1800 »Königsgrube« genannt (auf dem Boden von Ober-Lagiew und Chorzów)
2. die 1797–1802 von dem preußischen Bauleiter Johann Friedrich Wedding (1759–1830) unter Mitwirkung des schottischen Ingenieurs John Baildon (1772–1846) erbaute »Königshütte«.

Neben der Hütte entstand die gleichnamige
Siedlung (Königshütte), dazu kamen weitere Arbeitersiedlungen auf dem Areal der
umliegenden Güter. Dieser Siedlungskom-
plex wurde 1868 zur Stadt Königshütte zusammengefaßt, deren Zentrum sich nordwestlich und südwestlich der Hütte entwik-
kelte. 1868 erwarb Carl Hugo Graf Henckel
von Donnersmarck die Königshütte und
verkaufte sie 1871 zusammen mit der Laurahütte und den dazugehörenden Kohlengruben und Eisenfeldern an die »Vereinigte
Königs- und Laurahütte-AG«. Starker Zuzug Deutscher an Führungskräften der Industrie und Beamten. Gründung von Ge-
werbebetrieben.

1905 war Königshütte nach Breslau die
zweitgrößte Stadt von Schlesien, größer als
die benachbarten alten Städte des Industriereviers, Gleiwitz und Beuthen. 1922 kam es
entgegen dem Ergebnis der Volksabstimmung zur Abtretung an Polen. 1924 wurde
der Ort um die Gemeinden Neu-Haiduk
und Chorzów, 1939 um Bismarckhütte erweitert auf 23 km². Der Name *Chorzów*
wurde nun für die ganze Stadt übernommen.

Die heutigen Industriebetriebe stammen
fast ausschließlich aus der Vorkriegszeit und
wurden nach 1945 ausgebaut. Die frühere
»Königsgrube« ist in die Gruben »Prezydent« und »Barbara-Wyzwolenie« geteilt,
die »Gfn.-Laura-Grube« heißt »Chorzów«,
die Bismarckhütte »Batory« und die
»Königshütte« – das größte Eisenhüttenwerk von Oberschlesien – »Kościuszko«.
Das frühere Osmag-Werk, heute »Chorzowska Wytwórnia Konstrukcji Stalo-
wych ›Konstal‹«, stellt Brückenkonstruk-
tionen, Grubenlokomotiven, Waggons und
Straßenbahnwagen her. Außerdem gibt es
Betriebe der chemischen Industrie (bis 1945
»Oberschlesisches Stickstoffwerk«) sowie
eine Schamotte-, eine Flaschenglasfabrik
und einen Betrieb für elektrotechnische
Porzellanteile. Nach 1945 wurden in

Königshütte drei neue Wohnsiedlungen
aufgebaut.

Sehenswürdigkeiten

Die *Schrotholzkirche »St. Laurentius«*, 1599
erbaut, stand ehemals in Knurow. Die heute
noch evangelische Kirche in der Stadt ist
neugotisch von 1844.

Südlich von Königshütte zwischen Kattowitz (Katowice) und Siemianowitz (Siemianowice) liegt der »Schlesische Kultur-, Kur-
und Erholungspark«/WPKiW, vgl. S. 406.
Er ist die größte Einrichtung dieser Art in
Polen und für das ganze Industriegebiet
gedacht.

Anfahrt von Kattowitz mit den Straßenbahnlinien 0, 6, 6 »bis« und 11 sowie den
Stadtbuslinien (WPK) 0, 4, 6, 18, 23, 51, 110
und 200. Bewachte Parkplätze.

Mit der Anlage des Parks auf den mit Bo-
densenken und sumpfigen Teichen bedeckten Brachlandflächen von 600 ha wurde
1951 begonnen. Die Sesselseilbahn, 5,5 km
lang, führt über die wichtigsten Parkanlagen: Parkalleen, Zoo mit 220 Tiergattungen,
den »Felsenkessel« mit Modellen von urge-
schichtlichen Tieren – 18 Dinosaurier,
Planetarium, Gartenausstellungsgelände –
darunter ein Treibhaus mit 54 m hohem
Turm, »Lunapark« mit einer Vielzahl von
Vergnügungsanlagen. Außerdem ist bemerkenswert das »Schlesische Sportstadion« für
100 000 Zuschauer, es soll die größte Sport-
anlage in Polen sein, dazu gehört ein Freibad
mit Wellenbad sowie ein Wassersportzen-
trum. Im nordwestlichen Teil befindet sich
das Bauernfreilichtmuseum Oberschlesiens;
1985 war es noch im Aufbau und ist für
70 Exponate dörflicher Baukultur vorgesehen (Muzeum Wsi Skansen). Ein Touristenhotel des PTTK, ein Restaurant und Cafés
ergänzen die Anlage.

In Königshütte geboren: Ludwig Peter Ko-
walski, Maler und Glasbildner, * 1. 8. 1891,
† 5. 7. 1967 in Berlin; Kurt Alder, Chemiker,

Nobelpreis 1950, * 10. 7. 1902, † 20. 6. 1958 in Köln.

Südlich an Königshütte (Chorzów) schließt an

SCHWIENTOCHLOWITZ *(Świętochło-wice)*

Der Stadtkreis wurde 1951 gebildet aus drei Orten, die schon seit dem 19. Jahrhundert durch gleiche Besitzer und wirtschaftliche Interessen miteinander verbunden waren: Schwientochlowitz (Św.), Chropaczow (Chropaczów) und Lipine (Lipiny Śl.). Die drei Orte hatten 1913 zusammengenommen 42 143 Einwohner, davon waren etwa 13 000 als Arbeiter in Gruben und Hütten beschäftigt. 1980: 58 500 Einwohner.

Geschichte und Wirtschaft

1828 gelangte der seit dem 14. Jahrhundert bestehende Ort Schwientochlowitz an Carl Lazarus Graf Henckel von Donnersmarck auf Neudeck. 1825 erfolgte die Gründung der Kohlengrube »Saul« und der Zinkhütte »David« durch Georg von Giesches Erben. Weitere Kohlengruben schufen die Grafen Henckel von Donnersmarck in Lipine, 1826 »Mathilde« (heute als »Matylda« eine der ersten Kohlengruben); 1830 folgten Eisenhütten, seit 1936 »Florian« genannt, heute »Florian« und »Zgoda« und die Zinkhütte »Silesia«. 1853 gründete Guido Graf Henckel von Donnersmarck unter französischer und belgischer Beteiligung die »Schlesische Aktiengesellschaft für Bergbau- und Zinkhüttenbetriebe«. Sie kaufte die Zinkhütten »Gabor« und »Constantia« und richtete weitere Zinkhütten und 1858 das größte Zinkwalzwerk im damaligen Europa ein. Alle Werke wurden zur »Silesia« zusammengefaßt, die auch heute unter diesem Namen fortbesteht. In Chropaczów entwickelte sich nach 1885 die Kohlengrube

»Schlesien«, heute weiterbetrieben als »Śląsk«, während in Schwientochlowitz die 1873 entstandene Grube »Deutschland« seit 1937 als »Polska« weiterarbeitet.

Im ganzen sind es heute in Schwientochlowitz etwa 20 große und mittlere Industriebetriebe.

Westlich von Schwientochlowitz (Św.) schließt sich an

RUDA, *Kr. Schwientochlowitz*
Ruda Śląska, woj. Katowice (Woj. Kattowitz)

Der Ort grenzt im Westen an Hindenburg (Zabrze), im Norden an Beuthen (Bytom) und im Osten an Königshütte (Chorzów).

Einwohner

    1930: 120 500
    1985: 158 000

Die Stadt entstand 1951 aus den zuvor zu Städten erhobenen Gemeinden Ruda, Nowy Bytom (Friedenshütte), Antonienhütte und sieben Landgemeinden.

Geschichte und Wirtschaft

Seit Ende des 14. Jahrhunderts kam es hier zur Gründung von Eisenhämmern. 1670 entdeckte man Steinkohle auf der Suche nach Erzen. In Ruda reichten die Flöze bis zur Oberfläche. Im 18. Jahrhundert standen im Bereich von Ruda drei Hochöfen (darunter der zweitälteste von Schlesien in Halemba), vier Frischfeuer, fünf Kohlengruben, darunter die älteste von Oberschlesien aus dem Jahr 1748, seit 1752 »Brandenburggrube« genannt, seit 1931 »Wawel«, sowie die König-David-Grube von 1768. Der Kohlenabbau führte im 19. Jahrhundert zum Aufbau der Zink- und Eisenhüttenindustrie im wesentlichen durch drei Familien bzw. Einzelunternehmer: Carl Franz Graf Ballestrem (gest. 1828), seine Nachfolger Carl

Ludwig (gest. 1829) und Carl Wolfgang (gest. 1879). Sie errichteten mit Unterstützung ihrer Verwalter Karl Godulla (1781–1848) und Anton Klausa (1805–1870) in Ruda die Katharina- und Wolfganggrube (seit 1936 »Walenty«) und weitere Kohlengruben, die Bertha-Eisenhütte (1856 bis in die 1870er Jahre) und die Carls-Zinkhütte (1812–1908). Godulla schuf sich auch selbst einen Besitz: Ihm gehörten ganz oder teilweise einige Kohlengruben und die Morgenroth-Zinkhütte in Orzegów.

Beuthener und Breslauer Kaufleute gründeten 1840 die »Friedenshütte« (heute »Huta Pokój«); sie bildet noch heute die größte Anlage. Vor dem ersten Weltkrieg bestanden auf dem Boden der heutigen Gemeinde Ruda: 9 Kohlengruben, 2 Kokereien, die Friedenshütte mit Stahlwerk, 3 Blenderösthütten, 7 Zinkhütten und 1 Zinkblechwalzwerk. Im Ersten Weltkrieg wurden die Anlagen erheblich ausgebaut.

1980 war Ruda Śląska Mittelpunkt des Kohlenbergbaues mit 6 Kohlengruben, 2 Kokereien, 2 Elektrizitätswerken und der ehemaligen Friedenshütte. Neu entstand 1955 die Grube »Nowy Wirek«, ebenso ein Elektrowerk in Halemba.

Nach und nach bildete sich aus den locker verbundenen Industriesiedlungen ein Stadtkern. Jedoch noch bis zum heutigen Tage fehlt Ruda Śląska der Charakter einer kompakten städtischen Bebauung. Der Ort bildet ein Konglomerat aus mehreren ehemaligen selbständigen Gemeinden. Das hügelige Gelände des Stadtgebietes – gebildet durch natürliche Anhöhen – und industrielle Halden bieten ein für das schlesische Industriebecken typisches Landschaftsbild. Von den industriellen Baudenkmälern ist der Förderschacht der Grube »Walenty-Wawel« interessant, seine Bauform erinnert an einen Burgturm; hier wurde früher die Kohle in Eimern zu Tage gefördert (»Brandenburggrube«).

Der Ort verdankt dem Geschlecht der Grafen von Ballestrem seinen Aufschwung, 1742 trat der aus Italien stammende Graf Giovanni Battista Angelo Ballestrem di Castellengo in preußische Dienste. Er erwarb später im Erbgang von der Familie von Stechow, der seine Frau entstammte, die Majoratsherrschaft Plawniowitz mit Ruda. Franz Graf von Ballestrem (vgl. S. 386) stiftete in Ruda die heute noch stehende neuromanische Josephskirche, in der Krypta ist die Familiengruft erhalten.

Von Ruda nach Norden, 17 km bis zum Zentrum von Beuthen (Bytom) – vgl. S. 392 ff.). Weiterfahrt auf der Straße E 40 Richtung Krakau (Kraków).

Nach 10 km liegt südlich der Straße

SIEMIANOWITZ-LAURAHÜTTE, *Kr. Kattowitz*

Siemianowice Śląskie, woj. Katowice (Woj. Kattowitz)

Bis 1917 Grenzort zwischen Deutschland und Rußland (Kongreßpolen).

Einwohner

1910 : 36 085 (von beiden Ortsteilen Siemianowitz und Laurahütte, zusammengelegt zu einer Gemeinde erst 1922, zur Stadt erhoben 1932, nach dem Zweiten Weltkrieg weitere Eingemeindungen).

1985: 79 000 Einwohner

Volksabstimmung 1921: Siemianowitz – 5441 für Deutschland, 4232 für Polen; Laurahütte – 6160 für Deutschland, 3081 für Polen

Geschichte und Wirtschaft

1718 erwarb die katholische Linie der Grafen Henckel von Donnersmarck den Fideikommiß Siemianowitz und bestimmte 1768 den Ort zu ihrer Residenz. Sie gründeten Eisenhütten und brachten sie 1804 in die »Vereinigte Königs- und Laurahütte-AG.«

ein. Dazu errichteten sie Wohnsiedlungen für polnische und deutsche Zuwanderer. Der polnische Politiker Adalbert (Wojciech) Korfanty wurde 1873 in einer dieser Gemeinden (Sadzawka) geboren, wo sich sein Großvater als polnischer Zuwanderer angesiedelt hatte. Wirtschaftliche Schwierigkeiten infolge der Abtretung an Polen, insbesondere jedoch steuerliche Maßnahmen, brachten 1938 den polnischen Staat in den Besitz der »Vereinigten Königs- und Laurahütte AG.«, inzwischen zu einer »Interessengemeinschaft« verbunden mit der »Kattowitzer AG. für Bergbau und Eisenhüttenbetrieb«.

Sehenswürdigkeiten

Nahe der ul. Chopina liegt das *Schloß* der Grafen Henckel von Donnersmarck, 1789 erbaut, Anfang des 19. Jahrhunderts umgebaut von Schinkel. Der letzte Bewohner des Schlosses, Edgar Graf Henckel von Donnersmarck (* 1859) verstarb 1939 in Schloß Krawarn bei Ratibor. Zum Schloß gehört auch ein alter Speicher aus dem 18. Jahrhundert.

E 40 bis

Bendzin – 1939 Bendsburg – (Będzin)
Polnische Industriestadt an der Schwarzen Przemsa (Czarna Przemsza), früher Kongreßpolen, jetzt Wojewodschaft Kattowitz, 1985: 76000 Einwohner.
Außerhalb der Stadt an der Straße nach Krakau auf einer felsigen Kalksteinhöhe über der Schwarzen Przemsa erhebt sich eine große mittelalterliche Burg, die »Königsburg«, von Kasimir dem Großen 1364 gestiftet, 1952–56 teilweise restauriert, heute Regional-Museum. Der Platz gewährt einen sehenswerten Ausblick auf die Stadt und das Industriegebiet.
Dicht hinter Będzin zweigt von der E 40 die Straße nach Süden ab, vorbei am Ostrand von Sosnowitz (Sosnowiec) nach

MYSLOWITZ, *Kr. Kattowitz*
Mysłowice, woj. Katowice (Woj. Kattowitz)

Vom Ende des 13. Jahrhunderts ab bis 1922 verlief hier die Grenze Schlesiens nach Osten.

Einwohner

1905: 15838
1931: 22900
1985: 79000
Volksabstimmung 1921: 5827 für Deutschland, 4528 für Polen
1922 Abtretung an Polen, 1951 Stadtkreis.

Hotel: »Trojak«, ul. Gwardii Ludowej 22, Tel. 22-50-91, ***; »Mysław«, ul. Gwarkow 2, Tel. 22-58-10, **
Restaurant: »Centralna«, ul. Krakowska 3, Tel. 22-24-59, Kat. I

Geschichte und Wirtschaft

Myslowitz ist als deutschrechtliche Stadt 1360 urkundlich belegt. Ursprüngliche Stadtanlage mit viereckigem Marktplatz. Im 16. Jahrhundert wirtschaftlicher Niedergang und Verlust des Stadtcharakters. 1587 Zerstörung der Stadt durch polnische Truppen bei Verfolgung des auf schlesisches Gebiet geflüchteten polnischen Gegenkönigs Erzherzog Maximilian von Österreich. Wiederaufbau überwiegend mit Bewohnern polnischer Zunge. 1614–1839 war die Fideikommiß-Herrschaft Myslowitz im Besitz des polnischen Adelsgeschlechts von Mieroszowski. Der letzte dieses Geschlechts leitete die Industrialisierung ein. 1829 wurde die Herrschaft an Maria Winckler verkauft und mit der Herrschaft Kattowitz vereinigt. 1861 erhielt Myslowitz eine eigene städtische Verfassung.

Sehenswürdigkeiten

Zwei Kirchen mit reicher Innenausstattung: Südwestlich vom Ring an der ul. Bytomskiej

(Beuthener Straße) die *Pfarrkirche St. Maria*, heutiger Bau von 1888–91, sowie in der ul. Nowotki die *Barockkirche* aus dem 18. Jahrhundert.

Von *Myslowitz* (Mysłowice) 2 km südlich in Richtung Auschwitz (Oświęcim) hinter der Bahnunterführung (Richtung Krakau) führt ein Fußpfad an der Bahnstrecke entlang ca. 400 m zum Zusammenfluß der Weißen und Schwarzen Przemsa nahe der Eisenbahnbrücke über den Fluß. Bis 1917 grenzten hier die Kaiserreiche Rußland, Österreich und Deutschland aneinander (»Dreikaiserreichsecke«).

ROUTE 3   Kattowitz (Katowice) – Myslowitz (Mysłowice) – Auschwitz (Oświęcim) – 80 km

AUSCHWITZ *(Oświęcim)*

Einwohner

1981: 45000

Industriestadt an der Soła in der Nähe der Mündung des Flusses in die Weichsel. 1940–1945 größtes KZ-Vernichtungslager des NS-Regimes, angelegt auf Veranlassung von Heinrich Himmler in der Nähe großer chemischer Werke des Konzerns IG. Farben (Arbeitseinsatz eines Teiles der KZ-Insassen). Die Zahl der hier ermordeten Menschen aus 26 Nationen wird auf 4 Millionen geschätzt.

Es bestanden 3 Hauptlager: Auschwitz, Birkenau und Konzentrationslager Auschwitz III. An der Stelle der Lager Auschwitz und Birkenau befindet sich in den Resten der Lagergebäude ein umfangreiches staatliches Museum (für Kinder bis zu 14 Jahren ist der Eintritt verboten).

Dauer der Führung – für Gruppen, am besten nach Anmeldung, auch in deutscher Sprache – 2 bis 2½ Stunden, einschließlich Lager Birkenau 3 Stunden.

Empfehlenswerte Rückfahrt durch das Weichseltal über Pleß (Pszczyna) – 45 km.

Anschriftenverzeichnis

der Deutsch-Sozial-Kulturellen Gesellschaften
(Deutsche Freundschaftskreise/DFK)

Breslau:
Friedrich Petrach, ul. Grabiszynska 15/13,
55-561 Wrocław;
Büro: ul. Łazimierza Wielkiego 67

Liegnitz:
DFK-Vorsitzender Jürgen Gretschel,
ul. Kręta 14b, 59-220 Legnica, Tel. 266-22

Hirschberg:
Johanna Kulsiewicz, ul. Kopernika 4 m 3,
58-500 Jelenia Góra;
Tel. von Deutschland aus: 0048-75-246-95
(auch Zimmervermittlung)

Waldenburg:
Hans-Joachim Kammler, ul. Niepodlegności 130/10, 58-503 Wałbrzych

Oppeln:
Johann Kroll, ul. Wyzwolenia 44,

47-320 Gogolin, Tel. 364;
Büro: ul. Krapkowicka 6, 47-320 Gogolin,
Tel. 353

Kattowitz:
Blasius Hanczuch, ul. Rzemieslnicza 13,
47-451 Bienkowice (Berendorf)
Büro des DFK-Bezirks Kattowitz in Ratibor: ul. Kręta 9, 47-403 Racibórz

Tschenstochau (Sitz: Rosenberg):
Bernhard Smolarek, ul. Ligenzów 4,
46-300 Olesno

Schlesischer Bauernverein:
Thomas Cichon, 44-182 Kotulin-Naklo 2
(Rodenau)
Büro: ul. Dworkowa 1, 47-134 Blotnica
Strzelecka (Brenkenholzwalde Kr. Groß
Strehlitz)

Anschriftenliste

der Polnischen Evangelisch-Augsburgischen Gemeinden in Schlesien

Während die katholischen Kirchen Schlesiens während der Morgen- und Abendmessen täglich betreten werden können, muß der Besucher sich die wenigen evangelischen Kirchen jeweils aufschließen lassen, um sie zu besichtigen.

Diese Kirchen sind zum Teil auch von kunstgeschichtlichem Wert. Sie verdienen Aufmerksamkeit als Rest einer einst großen Anzahl bedeutender evangelischer Kirchen in Schlesien, die heute von kleinen evangelischen Gemeinden in Stand gehalten werden.

DIÖZESE BRESLAU *(Diecezja Wrocławska)*
senior: ks. Józef Pośpiech, konsenior: ks. Jan Kozieł

Einzige deutsch-evangelische Gemeinde mit eigener Kirche in Schlesien offiziell anerkannt: Christophorus-Kirche in Breslau, Plac Krzystopha 1, 50-056 Wrocław – Lektor Herrmann –

In weiteren Orten der ehemaligen preußischen Provinz Niederschlesien bestehen noch evangelische Restgemeinden, in denen deutsch gepredigt wird (Liturgie der »Evangelischen Kirche der Altpreußischen Union« und »Schlesisches Provinzial-Gesangbuch«). Es sind dies nach Mitteilung von Herrn Pastor Wolfgang Meißler (Helenenstr. 14, 2000 Hamburg): Liegnitz (Legnica), Tuchmacherkapelle der Liebfrauenkirche; Bad Warmbrunn (Jelenia Góra/Cieplice-Zdrój), ev. Pfarrkirche; Langenbielau (Bielawa), Pfarrhaus-Kapelle; Waldenburg (Wałbrzych), ev. Pfarrkirche; Schweidnitz (Świdnica), Friedenskirche; Lauban (Lubań), Liebfrauenkirche. Zuständig als Administratoren sind: senior ks. Pośpiech, Grünberg, und ks. Borski, Jauer.

BRESLAU / *Wrocław*
(kościół Opatrzności Bożej)
50-077 Wrocław, ul. Kazimierza Wielkiego 29,
tel. 347-30
   Oleśnica (kościół)
   Wołow

ks. Ryszard Bogusz, proboszcz
ur. 2.III.1951; ord. 11.VII.1976;
50-071 Wrocław, Pl. Wolności 8 m. 26,
tel. 347–30

BRÜCKENBERG / *Bierutowice*
(kościół »Wang«)
58-550 Bierutowice, ul. Śnieżka 8, tel. 19-228
   Nowy Kościół nr 42 (kaplica)
   Świeradów Z. (kaplica), Cmentarna 1

ks. Jan Kozieł, proboszcz
ur. 6.IV.1946; ord. 22.XI.1970;
58-550 Bierutowice, ul. Śnieżka 8,
tel. 19-228

GLATZ / *Kłodzko* (kaplica)
57-300 Kłodzko, u. Kolejowa 2, tel. 42-91
   Kudowa Zdrój (kościół Góra Parkowa)
   Opolnica (kosciół)
   Ząbkowice Śl. (kaplica, ul. Piastowska 8)

ks. Józef Pośpiech, administrator
patrz par. Zielona Góra
ks. Jan Sztwiertnia, wikariusz diec.
ur. 18.I.1956; ord. 30.VIII.1981;
57-300 Kłodzko, ul. Kolejowa 2,
tel. 42-91

GROSS-WARTENBERG / *Syców*
(kościół Ap. Piotra i Jana, Pl. Królowej Jadwigi 3)
56-500 Syców, ul. Oleśnicka 4, tel. 23-55

GRÜNBERG / *Zielona Góra*
(kościół Jezusowy)
65-047 Zielona Góra, ul. Kazimierza
Wielkiego 11, tel. 35-69
Kożuchów (kaplica)
Nowa Sól (kościół)

senior ks. Józef Pośpiech, proboszcz
ur. 16.XI.1930; ord. 11.VII.1954;
65-047 Zielona Góra, ul. Kazimierza, Wlk. 11,
tel. 35-69

HIRSCHBERG / *Jelenia Góra-Cieplice*
(kościół)
58-560 Jelenia Góra 9, Pl. Piastowski 18
Bogatynia (kaplica, ul. C. Skłodowskiej)
Lubań Śląski (kościół, ul. H. Pobo-
żnego 1)
Zgorzelec (kaplica, ul. Sienkiewicza 13/1)

ks. Alfred Neumann, proboszcz
ur. 3.VI.1936; ord. 3.IV.1960;
58-560 Jelenia Góra 9, Pl. Piastowski 18,
tel. 512-37

LIEGNITZ / *Legnica*
(kościół Marii Panny, Pl. Mariacki)
59-220 Legnica, ul. Engelsa 7, tel. 223-41
Bolesławiec
Głogów

senior ks. J. Pośpiech,
siehe Grünberg

NEUMITTELWALDE / *Międzybórz*
(kościół, ul. Rynek)
56-513 Międzybórz, ul. Sycowska 8
Stara Huta, nr 40 (kościół)
dla koresp.

ks. Andrzej Fober, wikariusz diec.
ur. 25.IV.1958; ord. 29.VI.1986
56-500 Syców, ul. Oleśnicka 4, tel. 23-55

SCHWEIDNITZ / *Świdnica* (kościół Pokoju)
58-100 Świdnica, Pl. Pokoju 6, tel. 228-14
Bielawa
Dzierżoniów

ks. Waldemar Pytel

SORAU N/L / *Żary*
(kościół, ul. Korabielnikowców)
68-200 Żary, Pl. Kościelny 7 (kaplica)
Żagań, Pl. Królowej Jadwigi 3
(kaplica)

ks. Józef Pośpiech, administrator
patrz par. Zielona Góra

WALDENBURG / *Wałbrzych*
(kościół Zbawiciela)
58-300 Wałbrzych, Pl. Marchlewskiego 4,
tel. 232-13
Kamienna Góra (kaplica, Pl. Kościelny 3)
Nowa Ruda (kaplica, ul. Kolejowa 12)

ks. Waldemar Szczugieł, wikariusz
ur. 19.VII.1957; ord. 30.IX.1984;
58-300 Wałbrzych, Pl. Marchlewskiego 4,
tel. 232-13

DIÖZESE KATTOWITZ *(Diecezja Katowicka)*
senior – ks. Rudolf Pastucha, konsenior – ks. Jan Gross

BEUTHEN / *Bytom* (kaplica)
41-902 Bytom, Pl. Klasztorny 4a,
tel. 81-17-18

ks. Stanisław Dorda, administrator
ur. 22.X.1935; ord. 27.IX.1959;
41-902 Bytom, Pl. Klasztorny 4a

BEUTHEN-LARISCHDORF / *Laryszów*
(kościół, ul. Wolności)
Laryszów, tel. Bytom 811-718

ks. Stanisław Dorda, administrator
patrz par. Bytom

MIECHOWITZ / *Miechowice* (kościół)
41-908 Bytom 8 – Miechowice,
ul. Matki 1, tel. 86-33-34
Bytom – Bobrek, ul. Stalowa

ks. Rudolf Pastucha, proboszcz
ur. 16.IX.1936; ord. 20.X.1963;
41-908 Bytom 8 – Miechowice, ul. Matki 1
mgr. teol. Edyta Pastucha, katechetka
ur. 9.X.1941; wprow. 16.X.1966

CARLSRUHE / *Pokój* (kościół Zofii)
46-034 Pokój, ul. 1 Maja 12,
tel. 33

ks. Józef Schlender, proboszcz
ur. 3.IX.1946; ord. 30.IX.1973;
46-034 Pokój, ul. 1 Maja 12, tel. 33

GLEIWITZ / *Gliwice* (kościół)
44-100 Gliwice, ul. Jagiellońska 19a,
tel. 31-36-49
Gliwice-Łabędy, ul. Strzelców
Bytomskich 9 (kościół)
Gliwice-Żerniki, ul. Śniadeckich 7
(kaplica)
Gliwice, ul. Franciszkańska 5 (kaplica)

ks. Alfred Figaszewski, proboszcz
ur. 8.XI.1924; ord. 20.I.1952;
44-100 Gliwice, ul. Jagiellońska 19a m. 6,
tel. 31-36-49

GOLASSOWITZ / *Golasowice* (kościół)
43-252 Golasowice nr 19,
tel. 11

ks. Jan Feruga, proboszcz
ur. 31.III.1940; ord. 20.IX.1964;
43-252 Golasowice nr 19, tel. 11

GOLKOWITZ / *Gołkowice* (kościół)
43-341 Gołkowice, ul. Cmentarna 4

ks. Marcin Lukas, administrator
patrz par. Wodzisław

MYSLOWITZ / *Mysłowice*
(kościół Ap. Piotra i Pawła, ul. Powstańców 5)
41-400 Mysłowice, ul. Powstańców 17

ks. Karol Bauman, administrator
patrz par. Szopienice

NIKOLAI / *Mikołów* (kościół św. Jana)
43-190 Mikołów, ul. K. Prusa 6,
tel. 26-20-32 lub 57-10-40

ks. Jan Gross, proboszcz
ur. 25.IV.1938; ord. 2.X.1960;
43-190 Mikołów, ul. K. Prusa 6,
tel. 26-20-32 lub 57-10-40

TICHAU / *Tychy* (kaplica)
43-100 Tychy, ul. Świerczewskiego,
tel. 27-53-34

ks. Henryk Kurzawa, wikariusz
ur. 10.VIII.1960; ord. 24.XI.1985;
43-190 Mikołów, ul. K. Prusa 6

NEU-DÜSTERBECK bei Nikolai / *Orzesze*
(kościół św. Ducha, ul. Powstańców 6)
tel. Mikołów 26-20-32, 57-10-40

ks. Jan Gross, administrator
patrz par. Mikołów

OPPELN / *Opole*
45-087 Opole, ul. Pasieczna 12 (kaplica)
Gogolin (kościół)
Krapkowice, ul. Sądowa 1
(kościół, kaplica)
Osiny, ul. Komprachcicka 14 (kościół)
Ozimek (kościół)
Prószków (kaplica)
Strzelce Opolskie, ul. Opolska 6 (kościół)
Walidrogi, ul. Strzelecka (kaplica)

ks. Stanisław Żwak, proboszcz
ur. 8. XII. 1919; ord. 20. I. 1952;
45-087 Opole, ul. Pasieczna 12,
tel. 344-20

PEISKRETSCHAM / *Pyskowice*
(kościół, ul. Sienkiewicza 6)
44-120 Pyskowice, ul. Sienkiewicza 4 (kaplica)
Wielowieś (kaplica)

ks. Alfred Figaszweski, administrator
patrz par. Gliwice

PLESS / *Pszczyna* (kościół – Rynek 1)
43-200 Pszczyna, ul. W. I. Lenina 9,
tel. 33-92

ks. Jan Badura, proboszcz
ur. 21. VIII. 1950; ord. 16. X. 1977;
43-200 Pszczyna, ul. W. I. Lenina 9, tel. 33-92

STÜDSONKEN / *Studzionka* (kościół)
43-245 Studzionka

ks. Jan Badura, administrator
patrz par. Pszczyna

RATIBOR / *Racibórz* (kaplica)
47-400 Racibórz, ul. Starowiejska 67,
tel. Rybnik 23-882

ks. Piotr Mendroch, administrator
patrz par. Rybnik

ROTFLIESS bei Rybnik / *Czerwionka*
44-230 Czerwionka, ul. Kopalniana 5,
tel. Rybnik, 238-82

ks. Piotr Mendroch, administrator
patrz par. Rybnik

RYBNIK / *Rybnik* (kościół Ap. Piotra i Pawła)
44-200 Rybnik, ul. Gen. Zawadzkiego 12,
tel. 23-882

ks. Piotr Mendroch, administrator
ur. 7. IV. 1953; ord. 30. IX. 1978;
44-200 Rybnik 1, Gen. Zawadzkiego 12,
tel. 23-882

RUPTAU / *Ruptawa* (kościół)
44-377 Jastrzębie Zdr.-Ruptawa,
ul. Cieszyńska 23,
tel. 606-78

ks. Jan Raszyk, proboszcz
ur. 26. I. 1954; ord. 10. XII. 1978
44-337 Jastrzębie Zdr., ul. Cieszyńska 23
mgr. teol. Renata Raszyk, katechetka
ur. 14. III. 1954; wprow. 30. IX. 1984
44-337 Jastrzębie Zdr., ul. Cieszyńska 23

SIEMANOWITZ / *Siemianowice*
(kaplica M. Lutra)
41-100 Siemianowice, ul. Wyspiańskiego 3,
tel. 28-21-83

ks. Wiktor Zeler, proboszcz
ur. 17. IX. 1917; ord. 18. V. 1952;
41-100 Siemianowice, ul. Wyspiańskiego 3,
tel. 28-21-83

SCHWIENTOCHLOWITZ / *Świętochłowice*
(kościół, kaplica)
41-600 Świętochłowice, ul. Armii
Czerwonej 31, tel. 455-740

ks. Tadeusz Szurman, proboszcz
ur. 9. VII. 1954; ord. 19. XI. 1978
41-600 Świętochłowice, ul. Armii
Czerwonej 31, tel. 455-740

WIREK / *Wirek* (kościół Odkupiciela)
41-710 Wirek, Ruda Śl. 10
Wirek, ul. 1 Maja 291, tel. 42-04-79

ks. Tadeusz Szurman, administrator
patrz par. Świętochłowice

`GROSS-LASSOWITZ (KLEIN-LASSOWITZ)
Lasowice Wielkie (kościół)
46-383 Lasowice Małe, ul. Odrodzenia 23,
tel. 14 (kościół)
Fosowskie (kościół)
Olesno Śl., ul. Kościuszki 7 (kościół)
Zawadzkie, ul. Opolska 21 (kościół)

ks. Zbigniew Kowalczyk, administrator
ur. 5. V. 1952; ord. 26. II. 1978;
46-383 Lasowice Małe, ul. Odrodzenia 23, tel. 14
mgr. teol. Aleksandra Błahut-Kowalczyk
katechetka
ur. 28. III. 1954; wprow. 8. V. 1983
46-383 Lasowice Małe, ul. Odrodzenia 23

HINDENBURG / *Zabrze* (kościół Pokoju,
ul. Manifestu Lipcowego 2)
41-800 Zabrze, ul. Klimasa 3,
tel. 71-16-93 (kaplica)
Z.-Mikulczyce, ul. Brygadzistów 14
(kościół)
Z.-Biskupice, ul. Jana Żmudy 2
(kościół w domu kopalni)

ks. Andrzej Hauptman, proboszcz
ur. 9. X. 1946; ord. 23. XI. 1969;
41-800 Zabrze, ul. Klimasa 3,
tel. 71-16-93

Kędzierzyn, ul. Głowackiego 17 (kościół)

KATTOWITZ / *Katowice*
(kościół Zmartw. Pańskiego)
40-006 Katowice, ul. Warszawska 18,
tel. 53-99-81

ks. Ryszard Neuman, proboszcz
ur. 18. IV. 1929; ord. 15. XI. 1593;
40-006 Katowice, ul. Warszawska 18,
tel. 53-99-81

KÁTTOWITZ / *Szopienice* (kościół i kaplica)
40-384 Katowice 14-Szopienice,
ul. Engelsa 20, tel. 56-93-61

ks. Karol Bauman, proboszcz
ur. 3. XI. 1931; ord. 14. VII. 1957;
40-384 Katowice-Szopienice, ul. Engelsa 20,
tel. 56-93-61

KÖNIGSHÜTTE / *Chorzów*
(kościół M. Lutra, ul. Powstańców 13)
(kościół Elżbiety, ul. Dzierżyńskiego 92a)
41-500 Chorzów, ul. Dzierżyńskiego 96,
tel. 41-13-97

ks. Jerzy Romański, proboszcz
ur. 6. VI. 1942; ord. 23. XI. 1969;
41-500 Chorzów, ul. Dzierżyńskiego 96,
tel. 41-13-97

KONSTADT / *Wołczyn*
(kościół, ul. Byczyńska 6)
46-250 Wołczyn, Pl. Wolności 5, tel. 624
Paruszowice (kaplica)
Byczyna (kościół)
Gierałcice (kościół)

ks. Adam Podżorski, proboszcz
ur. 23. XII. 1953; ord. 19. XI. 1978;
46-250 Wołczyn
Pl. Wolności 5, tel. 624

KREUZBURG / *Kluczbork* (kościół Zbawiciela,
Pl. Ks. Gdacjusza 2)
46-200 Kluczbork, ul. B. Chrobrego 23, tel. 18-55
Bąków nr 79 (kaplica)
Gorzów Śląski, Pl. Wolności 1 (kościół)
Grabie, p-ta Jełowa (kościół)
Maciejów (kościół)
Nasale (kościół)
Wojsławice (kościół)

ks. Henryk Schröder, proboszcz
ur. 17.VI.1942; ord. 20.IX.1964;
46-200 Kluczbork, ul. B. Chrobrego 23
tel. 18-55

LÖWEN / *Lewin Brzeski*
(kościół) Ap. Piotra i Pawła)
49-340 Lewin Brzeski, Al. Wojska
Polskiego 5, tel. 423
Brzeg, ul. Łokietka 6 (kościół)
Głuchołazy
Karczów, Szosa Opolska nr 35
(kościół)

ks. Stanisław Z wak, administrator
patrz par. Opole

Nysa, ul. Koszarowa (kościół)
Prudnik, ul. Kościuszki 1 (kaplica)

LOSLAU / *Wodzisław Śląski*
(kościół, ul. Minorytów)
44-300 Wodzisław Śl.,
ul. Ks. Prośpiecha 1, tel. 54-504

ks. Marcin Lukas, proboszcz
ur. 4.III.1942; ord. 3.X.1965;
44-300 Wodzisław Śl., ul. Ks. Pośpiecha 1,
tel. 54-504

STEUBERWITZ bei Katscher /
Ściborzyce Wielkie (kościół)
48-135 Dzierżysław, k/Kietrza,
tel. Rybnik 238-82

ks. Piotr Mendroch, administrator
patrz par. Rybnik

SORAU O/S / *Zory* (kościół Zbawiciela)
44-240 Żory, ul. Osińska 4,
tel. 42-603

ks. Tadeusz Makula, proboszcz
ur. 10.III.1950; ord. 3.XI.1974;
44-240 Żory, ul. Osińska 4, tel. 42-603

SOSNOWITZ / *Sosnowiec* (kościół)
41-200 Sosnowiec, ul. Żeromskiego 1,
tel. Katowice 569-361

ks. Karol Bauman, administrator
patrz par. Szopienice

TARNOWITZ / *Tarnowskie Góry*
(kościół, Rynek 12)
42-600 Tarnowskie Góry, ul. Stalmacha 3,
tel. Bytom 814-334

ks. Rudolf Pastucha, admin. es officio
patrz par. Miechowice

WARSCHOWITZ / *Warszowice* (kościół)
43-254 Warszowice, ul. Pokoju 64

ks. Tadeusz Makula, administrator
patrz par. Żory

DIÖZESE TESCHEN *(Diecezja Cieszyńska)*
senior – ks. Jan Szarek; konsenior – ks. Andrzej Czyż

BIALA / *Biała* (kościół)
43-300 Bielsko-Biała, ul. Staszica 2,
tel. 254-66, Brzeszcze-Oświęcim
Salmopol, p-ta Szczyrk (kaplica)
Węgierska Górka

ks. Tadeusz Bogucki, proboszcz
ur. 4.VII.1921; ord. 12.X.1952;
43-300 Bielsko-Biała, ul. Staszica 2,
tel. 254-66

BIELITZ / *Bielsko* (kościół Zbawiciela)
43-300 Bielsko-Biała, Pl. Ks.
Ściegiennego 8,
tel. 274-71

ks. Jan Szarek, proboszcz
ur. 13.II.1936; ord. 25.IX.1960;
43-300 Bielsko-Biała, Pl. Ks. Ściegiennego 8,
tel. 274-71

ALT-BIELITZ / *Stare Bielsko*
(kościół św. Jana Chrzciciela ul. Sobieskiego)
43-300 Bielsko-Biała, ul. Pod Grodziskiem 9

ks. dr Manfred Uglorz, proboszcz
ur. 12.XI.1940; ord. 30.IX.1962;
43-300 Bielsko-Biała, ul. Pod Grodziskiem 9,
tel. 223-86

NIEDER-ERNSDORF / *Jaworze* (kościół)
43-384 Jaworze Dolne 25, tel. 279
Jasienica (kaplica)
Świętoszówka (kaplica)
Wieszczęta
Wapienica (kaplica)

ks. Ryszard Janik, proboszcz
ur. 7.I.1930; ord. 8.IV.1956;
43-384 Jaworze Dolne 25, tel. 279

SKOTSCHAU / *Skoczów* (kościół św. Trójcy)
43-430 Skoczów, Kossak-Szatkowskiej 74,
tel. 34-91
Dębowiec (kaplica)
Pierściec
Simoradz
Kowale-Wieszczęta (kaplica)

ks. Andrzej Czyż, proboszcz
ur. 20.X.1936; ord. 27.IX.1959;
43-430 Skoczów, Kossak-Szatkowskiej 74

TESCHEN / *Cieszyn* (kościół Jezusowy)
43-400 Cieszyn, Pl. Kościelny 6,
tel. 201-16
Bażanowice (kościół)
Dzięgielów nr 133 (kaplica »Eben-Ezer«)
Gumna (kaplica)
Hażlach (kaplica)
Krasna (kaplica)
Marklowice (kaplica)
Ogrodzona (kaplica)
Puńców (kaplica)
Zamarski (kaplica)
ks. Edwin Pech

ks. Jan Melcer, I proboszcz
ur. 5.VIII.1935; ord. 27.IX.1959;
43-400 Cieszyn, Pl. Kościelny 4, tel. 216-60
ks. Emil Gajdacz, II proboszcz
ur. 28.IX.1940; ord. 22.XI.1970;
43-300 Cieszyn, Pl. Kościelny 8, tel. 228-83
ks. Janusz Sikora, wikariusz
ur. 21.I.1954; ord. 19.XI.1978;
43-400 Cieszyn, Pl. Kościelny 8, tel. 222-19
mgr. teol. Helena Gajdacz, ketechetka
ur. 29.IX.1938; wprow. 15.XII.1963;
43-400 Cieszyn, Pl. Kościelny 8, tel. 228-83
mgr. teol. Joanna Terlik-Sikora, katechetka

ur. 22.I.1956; wprow. 8.V.1983;
43-400 Cieszyn, Pl. Kościelny 8, tel. 222-19
ks. Emil Gajdacz, duszpasterz diakonatu
dyr. Domu Opieki w Dzięgielowie
patrz par. Cieszyn
ks. Tomasz Bruell, duszp. ewang.-mis.
ur. 5.VII.1933; ord. 24.VI.1956;
43-400 Cieszyn, Pl. Kościelny 9, tel. 219-34
mgr. teol. Janina Kisza-Bruell
ur. 6.VI.1935; wprow. 15.XII.1963;
43-400 Cieszyn, Pl. Kościelny 9, tel. 219-34
(urlop zdrowotny)
mgr. teol. Anna Kajzar, katechetka
ur. 24.III.1950; wprow. 5.VI.1977;
43-400 Cieszyn, ul. Błogocka 30b m 10
(urlop wychowawczy)

USTRON / *Ustroń* (kościół św. Jakuba)
43-450 Ustroń, Pl. Ks. Kotschego 1,
tel. 24-17
Błądnice nr 25 (kaplica)
Brenna nr 325 (kaplica)
Cisownica (kościół)
Dobka
Górki Wielkie (kościół)
Lipowiec
Ustroń-Polana 6 (kaplica)
Ustroń-Równica 7

ks. dr Henryk Czembor, proboszcz
ur. 26.XI.1941; ord. 13.X.1963;
43-450 Ustroń, Plac Ks. Kotschego 4, tel. 36-17
ks. Zdzisław Sztwiertnia, wikariusz
ur. 14.XII.1953; ord. 15.VI.1980;
43-450 Ustroń, Pl. Ks. Kotschego 3,
tel. par. 24-17
ks. Henryk Mach, wikariusz
ur. 26.XII.1956; ord. 23.I.1983;
43-450 Ustroń-Polana, ul. Polańska 87
ks. Erwin Mikler, wikariusz
ur. 4.II.1957; ord. 30.IX.1984;
43-450 Ustroń, Pl. Ks. Kotschego 4,
tel. par. 24-17
mgr. teol. Emilia Grochal
ur. 12.IX.1939; wprow. 15.XII.1963;
43-400 Cieszyn, ul. Łowiecka 33
mgr. teol. Urszula Śliwka, katechetka
ur. 4.I.1959; wprow. 12.I.1986;
43-450 Ustroń, ul. Traugutta 6, tel. par. 24-17

WEICHSEL / *Wisła* (kościół Ap. Piotra i Pawła)
43-460 Wisła Uzdr., ul. 1 Maja 49,
tel. 24-90
Wisła-Czarne (kaplica)
Wisła-Malinka (kaplica)
Wisła-Głębce (kaplica)
Wisła-Jawornik (kaplica)

ks. Karol Samiec, I proboszcz
ur. 28.I.1935; ord. 1.II.1959;
43-460 Wisła Uzdr., ul. 1 Maja 49, tel. 24-90
ks. Tadeusz Konik, II proboszcz
ur. 17.IV.1951; ord. 11.VII.1976;
43-460 Wisła Uzdr., ul. 1 Maja 53, tel. 24-63
ks. Tadeusz Byrt, wikariusz
ur. 3.X.1958; ord., 4.XII.1983;
43-460 Wisła Uzdr., ul. 1 Maja 53, tel. 32-35
mgr. teol. Aniela Polok, katechetka
ur. 13.X.1947; wprow. 3.XI.1974;
43-460 Wisła Uzdr., ul. 1 Maja 53

Verzeichnis der Karten und Stadtpläne

Verzeichnis der Abbildungen

Nachweis der Karten und Stadtpläne

Große Übersichtskarte Schlesien (Kartentasche)
Breslau und Umgebung (S. 291)
Oberschlesisches Industriegebiet (S. 401)
Das Riesengebirge und Umgebung (S. 105)

Kartenherstellung und Gestaltung: Bernhard Hoffmann, Bad Honnef und Johannes Schoppmeyer, St. Augustin.
Alle übrigen Karten und Stadtpläne (vgl. S. 428), Herstellung und Gestaltung: Ernst Doering, Freiburg.

Nachweis der Abbildungen
(Die Ziffern beziehen sich auf die Abb.-Nummern)

Archiv der Informationsschau »Leistung und Schicksal«, Stiftung Haus des deutschen Ostens, Düsseldorf: 14, 17, 18, 20
Archiv Johannes Wiedner †, Karlsruhe: 12
Bildarchiv R. Hanke, Berlin: 61, 106, 112, 113, 150, 151, 170
Bildarchiv U. Hutter-Wolandt, Bonn: 55, 56, 84, 87, 88, 97, 130, 131, 133, 147, 157
Bildarchiv H. Trierenberg, Wiesbaden: 58, 68, 69, 89, 98, 105, 108, 120, 122, 123, 126, 132, 144, 148, 155, 156, 159, 166, 167, 169
Bildarchiv Stiftung Kulturwerk Schlesien, Würzburg: 2, 4, 5, 10, 11, 13, 15, 16, 19, 22, 23, 26, 29, 32–35, 41–54, 57, 59, 60, 62, 63, 65–67, 70–73, 75, 76, 78–83, 85, 91–94, 99, 102–104, 107, 109–111, 114–119, 121, 124, 125, 127–129, 134–143, 145, 149, 152, 154, 158, 161, 163–165, 168, 171
Bildarchiv K. Ullmann, Bonn: 90, 95, 96
Katholische Bildstelle Nord, Köln: 6
Bruckmann-Verlag, München: 3, 25, 34
M. Dührkoop, Berlin: 39
Forschungsstelle Ostmitteleuropa, Dortmund: 35

Foto Marburg, Marburg: 7, 9
Historia Photo, Bad Sachsa: 8, 21, 27, 28, 37
Gesamtdeutsches Institut, Bonn: 153
J. G. Herder-Institut, Marburg: 24, 86, 100, 162
Kunstsammlungen Veste Coburg, Coburg: 101
Deutscher Kunstverlag, Berlin: 77
W. Reiprich †, Dossenheim: 160
H. Saebens, Worpswede: 64, 146
Schiller-National-Museum, Marbach: 30
Geheimes Staatsarchiv Preußischer Kulturbesitz, Berlin: 74
Bayerische Staatsgemäldesammlungen, München: 36
Thorbecke Verlag, Sigmaringen: 1
Ullstein-Bilderdienst, Berlin: 38
Süddeutscher Verlag, München: 40

Abbildungen auf dem Einband:
Bildarchiv H. Trierenberg, Wiesbaden (oben rechts); J. G. Herder-Institut, Marburg (Mitte rechts); alle übrigen: Bildarchiv Stiftung Kulturwerk Schlesien, Würzburg.

Literaturverzeichnis

I) Reiseführer

1. Deutsche Reiseführer

BAEDEKER, K.: Schlesien – Riesengebirge – Grafschaft Glatz. Leipzig ²1938

ELZE, G.: Breslau gestern und heute. Leer ²1981

Grieben: Riesengebirge, kleine Ausgabe. Berlin 1926

Grieben: Breslau und Umgebung. Berlin 1938

LANDSBERGER, F.: Breslau. Leipzig 1926

LEMPER, E. H.: Görlitz. Leipzig ³1972

MARX, J.: Mit dem Auto durch die Grafschaft Glatz. Leimen 1981

DERS.: Die Grafschaft Glatz nach 35 Jahren. Leimen 1980

Meyers Reisebücher: Riesengebirge und die Grafschaft Glatz. Leipzig ¹³1902

Polyglott: Reiseführer Polen. München 1976

Polte's Reiseratgeber Volksrepublik Polen. Berlin/Ost–Leipzig 1980

Tourist-Stadtführer-Görlitz. Leipzig ²1984

ZEDLITZ, S. FRHR. v.: Kurzer Stadtführer durch das heutige Liegnitz. Lorch 1978

2. Polnische Reiseführer

BAJCAR, A.: Reiseführer durch Polen. Warschau 1980

Centralny Ośrodek Informacji Turystycznej. Baza Gastronomiczna na Trasa Turystycznych. Informator. Warszawa 1988

CZERWIŃSKI, J., und MAZURSKI, K. R.: Sudety-Zachodnie. Przewodnik. Warschau 1983

DuMont Kunstreiseführer Polen (Ivan Bentcher u. a.). Köln. 2. Aufl. 1990

GARBACZEWSKI, Z.: Główny Szlak Sudecki im. Mieczysława Orłowicza – Świeradów-Paczków. Przewodnik turystyczny. Warszawa, Kraków 1987

Katalog Informacji Użytkowej Województwa Wrocławskiego. Breslau 1984

KOŹMIŃSKI, A.: Kudowa. Zdrój i okolice. Przewodnik. Warszawa 1987

Kurorte und ihre Umgebung in Niederschlesien. Balneologie – Geschichte – Natur – Kunst. Breslau (Wrocław u. a.) 1978

MARZINEK, K., und PROTOK, W.: Bystrzyca Kłodzka Długopole. Zdrój Międzygórze i okolice. Przewodnik. Warszawa 1986

MAZURSKI, K. R.: Świeradów. Zdrój i okolice. Przewodnik. Warszawa 1986

Servis informacji turystycznej. Hotele, motele, zajazdy, schroniska ... Informator. Warszawa 1989

SZAREK, B. W.: Karkonosze Część Wschodnia Rejon Karpacza. Warszawa–Kraków 1986

DERS.: Karkonosze Cześć Wschodnia Rejon Szklarskiej Poręby. Warszawa–Kraków 1986

Wichrowski, K., und WOJNOWSKI, T.: Polen, ein Reiseführer für junge Leute. Warschau 1980

II) Deutsche Literatur

Amtliches Gemeinde- und Ortsnamenverzeichnis der deutschen Ostgebiete unter fremder Verwaltung. 3 Bde. Bonn 1955

Archiv für schlesische Kirchengeschichte, 1. Jg. (1936) ff.

BACH, E.: Das ganze Riesengebirge in Farbe. Mannheim 1986

BAEHR, A.: Rübezahl im Wandel der Zeiten. Würzburg 1986

BAHR, E., und KÖNIG, K.: Niederschlesien unter polnischer Verwaltung. Frankfurt/M.–Berlin 1967

BARTSCH, H.: Die Städte Schlesiens (in den Grenzen des Jahres 1937). Franfurt/M. ²1983

BERNATZKY, A.: Lexikon der Grafschaft Glatz. Leimen 1984

BUNZEL, U.: Entstehen und Vergehen der evangelischen Kirchen Breslaus. München 1964

DEHIO, G.: Handbuch der deutschen Kunstdenkmäler, Nordostdeutschland. 2. Bd. Berlin ²1922

EBERLEIN, H.: Schlesische Kirchengeschichte. Ulm ⁴1962

ELZE, G.: Mittelschlesien in Farbe. Mannheim 1986

ERLEMANN, B.: Breslau in Farbe. Mannheim 1982

FLEISCHER, Manfred P.: Späthumanismus in Schlesien. Ausgewählte Aufsätze. (Silesia 32) München 1984

FRITSCHE, H. R.: Schlesien. Wegweiser durch ein unvergessenes Land. Mannheim 1985

FUCHS, K.: Schlesiens Industrie. Eine historische Skizze. (Silesia 2) München 1968

DERS.: Wirtschaftsgeschichte Oberschlesiens 1871–1945. Dortmund 1981

DERS.: Beiträge zur Wirtschafts- und Sozialgeschichte Schlesiens. Dortmund 1985

Geschichte Schlesiens. Hrsg. v. d. Historischen Kommission für Schlesien. Bd. 1, Stuttgart ³1961. Bd. 2, Darmstadt 1973

GOLITSCHEK, J. VON: Schlesien – Land der Schlösser. 2 Bde. Mannheim 1979

GOLITSCHEK, J. VON, und LUTSCH, H.: Schlesiens Kunstdenkmäler. 2 Bde. Mannheim 1979

GRÜNHAGEN, C.: Geschichte Schlesiens. 2 Bde. Osnabrück 1979 (Nachdr. d. Ausgabe Gotha 1886)

GRUNDMANN, G.: Kunstwanderungen im Riesengebirge. München 1966

DERS.: Kunstwanderungen in Schlesien, München 1966

DERS.: Der evangelische Kirchenbau in Schlesien. Frankfurt/M. 1970

DERS.: Barocke Kirchen und Klöster in Schlesien. München ²1971

DERS.: Stätten der Erinnerung. Denkmäler erzählen schlesische Geschichte. Würzburg

GRUNDMANN, G. und SCHADENDORF, W.: Schlesien. München 1962

Grundriß zur deutschen Verwaltungsgeschichte 1815–1945. Reihe A, Bd. 4: Schlesien. Bearb. v. D. STÜTTGEN, H. NEUBACH u. W. HUBATSCH. Marburg 1976

HALFAR, W.: Die oberschlesischen Schrotholzkirchen. (Silesia 26) 2. Aufl. München 1990

HAUPTMANN, Carl: Rübezahl-Buch. Würzburg 1988²

HAUSDORF, K. (Hrsg.): Unser Schlesien. Stuttgart 1954

HOFFMANN-ERBRECHT, L.: Musikgeschichte Schlesiens. Dülmen 1986

HORNIG, Ernst: Breslau 1945. Erlebnisse in der eingeschlossenen Stadt. Würzburg 1988²

HULTSCH, G.: Schlesische Dorf- und Stadtkirchen. Lübeck 1977

HUPKA, H. (Hrsg.): Große Deutsche aus Schlesien. München-Wien 1978

DERS.: Städte und Landschaften in Schlesien. München 1979

DERS.: Meine Heimat Schlesien. München 1980

IRRGANG, W.: Bemerkenswerte Parkanlagen in Schlesien. Dortmund 1978

IRRGANG, W.: Neuere Geschichte der Stadt Brieg 1740–1980. Goslar 1980

Jahrbuch der Schlesischen Friedrich-Wilhelms-Universität zu Breslau, 1. Jg. (1955) ff.

Jahrbuch für schlesische Kirchengeschichte, 1. Jg. (1882) ff.

KEYSER, E. (Hrsg.): Deutsches Städtebuch. Bd. 1: Nordostdeutschland. Stuttgart-Berlin 1939, S. 687–911 (Schlesien)

KESSLER, W. (Bearb.): Ost- und Südostdeutsche Heimatbücher und Ortsmonographien nach 1945. Eine Bibliographie zur Historischen Landeskunde der Vertreibungsgebiete, München–New York–London–Paris 1979

KNEBEL, H.: Schlesien, Würzburg 1986

KNÖTEL, P.: Kunst in Oberschlesien. Kattowitz 1912

KOCH, W. John: Schloß Fürstenstein. Erinnerungen an einen schlesischen Adelssitz. Würzburg 1988

KÖNIGER, E.: Kunst in Oberschlesien. Breslau 1938

KONWIARZ, R. (Hrsg.): Alt-Schlesien. Architektur – Raumkunst – Kunstgewerbe. Stuttgart 1913 (Reprint Frankfurt/M. 1979)

KONWIARZ, R., u. STEPHAN, B.: Die Baukunst Breslaus. Breslau 1926

KRAMARZ, H.: Oberschlesien. Land der europäischen Mitte. Dülmen 1981

KUHN, W.: Siedlungsgeschichte Oberschlesiens. Würzburg 1954

LOEWE, L.: Schlesische Holzbauten. Düsseldorf 1969

LUBOS, A.: Geschichte der Literatur Schlesiens. 3 Bde. München 1960–1974

LUTSCH, H. (Bearb.): Verzeichnis der Kunstdenkmäler der Provinz Schlesien. 6 Bde. Breslau 1886–1903

MARSCHALL, W.: Geschichte des Bistums Breslau. Stuttgart 1980

MARX, J. (Hrsg.): Tausend Jahre Glatz. Leimen 1982

MENZEL, WILHELM: Die Reise ins Schlesierland. Einkehr – Heimkehr – ohne Paß – ohne Visum. Würzburg 1987²

DERS.: Mundart und Mundartdichtung in Schlesien. (Silesia 10) München 1972

Müllers Verzeichnis der jenseits der Oder-Neiße gelegenen, unter fremder Verwaltung stehenden Ortschaften. Wuppertal o. J.

Neisse. Das schlesische Rom im Wandel der Jahrhunderte, bearb. v. W. Bein, V. u. U. Schmilewski. Würzburg 1988

NEUBACH, H.: Parteien und Politiker in Schlesien. Dortmund 1988

Oberschlesien im Überblick, hrsg. v. H. Neubach u. W. Zylla. Dülmen 1986

OTTO, A.: Glatzer Wanderbuch. Leimen ²1971

PERLICK, A. (Hrsg.): Landeskunde des oberschlesischen Industriegebietes. Breslau 1943

POLLOK, J. (Bearb.): Hindenburg OS. Stadt der Gruben und Hütten. Essen ²1979

ROENSCH, H.: Die Landesnatur Schlesiens. Dortmund 1971

Schlesien. Bodenschätze und Industrie. Breslau 1936

Schlesische Landeskunde. Hrsg. von F. KAMPERS und F. FRECH. Leipzig 1913

Schlesische Lebensbilder, hrsg. v. der Historischen Kommission für Schlesien. 6 Bde.: Bd. 1–4: Breslau 1922–1931 (Nachdruck Sigmaringen 1985), Bd. 5: Würzburg 1986, Bd. 6: Sigmaringen 1990

Schlesien in der Biedermeierzeit. Kultur und Geschichte Schlesiens in der ersten Hälfte des 19. Jahrhunderts. Bearbeitet von E. TRUX.– Ausstellungskatalog. Würzburg 1987

Schlesien. Kunst. Wissenschaft. Volkskunde. Eine Vierteljahresschrift. Jg. 1 (1956) ff.

SCHMUDE, A.: Breslau. Eine Heimatkunde. Breslau 1921

SCHROLLER, F.: Schlesien – eine Schilderung des Schlesierlandes. 3 Bde. Frankfurt/M. ²1980

SCHULZ, E. G. (Hrsg.): Leistung und Schicksal. Abhandlungen und Berichte über die Deutschen im Osten. Köln-Graz 1967

SCHULZ, E. G. Christian Wolff – Gründlichkeit und Aufklärung in seiner Philosophie. In: Der Beitrag ostdeutscher Philosophen zur abendländischen Philosophie (= Studien zum Deutschtum im Osten, Heft 16). Hrsg. v. J. B. Kaiser und B. Stasiewski. Köln/Wien 1983

SCHWEIDNITZ im Wandel der Zeiten. Bearb. von Werner Bein und Ulrich Schmilewski. Würzburg 1990

SEIPOLT, J.: Das heutige Schlesien. 3 Bde. München 1957

SIEBER, H.: Schlösser in Schlesien. Frankfurt/M. 1971

SPÄTH, Kristine: Töpferei in Schlesien. Bunzlau und Umgebung. (Silesia 23) München 1985³

STORM, Ruth: Ich schrieb es auf. Das letzte Schreiberhauer Jahr. Würzburg 1983

TINTELNOT, H.: Die mittelalterliche Baukunst Schlesiens. Kitzingen 1951

TRIERENBERG, H.: Heimat Schlesien – Oderniederung. Mannheim 1982

DERS.: Heimat Schlesien – Sudetenvorland. Mannheim 1982

DERS.: Heimat Breslau. Mannheim ²1985

ULITZ, O.: Oberschlesien. Aus seiner Geschichte, Bonn 1971³

ULLMANN, K.: Das Riesengebirge in Farbe. Mannheim 1982

DERS.: Schlesien-Lexikon. Mannheim ⁴1984

DERS.: Wandern in Rübezahls Reich. Mit Rucksack und Kamera durch das Riesengebirge. Würzburg 1988

ULLRICH, H.: Das Schicksal der Bau- und Kunstdenkmäler in den Ostgebieten des Deutschen Reiches und im Gebiet von Danzig, Bonn-Berlin 1963

VOIGT, Felix A.: Gerhard Hauptmann der Schlesier. Würzburg 1989

WEBER, K.: Geschichte des Theaterwesens in Schlesien. Dortmund 1980

WECZERKA, H. (Hrsg.): Handbuch der historischen Stätten: Schlesien. Stuttgart 1977

WIESE, E.: Biedermeierreise durch Schlesien. Darmstadt 1966

Zwischen Oder und Riesengebirge. Schlesische Karten aus fünf Jahrhunderten (Ausstellungskatalog). Weißenhorn/Bayern 1987

III) Polnische Literatur

ANTONOWICZ, G.: Województwo Zielonogórskie. 1981

ARCZYŃSKI, St.: Im Karkonosze-Gebirge. Warszawa 1969

DERS.: Im Bergland Kłodzko. Warszawa 1970

ARCZYŃSKI, St. und KWIEK, T.: Śląsk Opolski. Warszawa o.J.

Berghütten im Sudetengebirge. Hrsg. v. E. MOSKAŁA. Kraków o.J.

BUKOWSKI, M.: Der Dom zu Wrocław. Wrocław 1974

DERS.: Wrocław lat 1945–1952, Warszawa-Wrocław 1985

CZERNER, O.: Rynek wrocławski. Warszawa 1977

CZERNER, O. und ARCZYNSKI, St.: Wrocław – Landschaft und Architektur. Warszawa 1976

DABROWSKI, St.: Województwo Opolskie. Kraków 1981

DRANKOWSKI, T. und CZERNER, O.: Wrocław z lotu Ptaka. Wrocław 1985

Dolny Śląsk. Panorama Turystyczna. Warszawa 1978

DZIURLA, H.: University of Wrocław. Wrocław 1976

Górny Śląsk. Panorama Turystyczna. Warszawa 1980

HARASIMOWICZ, J.: Treści i funkcje ideowe sztuki śląskiej Reformacji 1520–1650, Wrocław 1986

Kalendarz Ewangelicki 1987, Warszawa 1986

KALINOWSKI, K.: Rzeźba Barokowa na Śląsku, Warszawa 1986

Karkonosze polskie. Bearb. v. A. Jahn. Wrocław 1985

Legnica und Umgebung. Kleiner Touristenführer. Warszawa 1975

MAŁACHOWICZ, E.: Stare Miasto we Wrocławiu, Warszawa-Wrocław 1985

MAZURSKI, K. R.: Województwo Wrocławskie. Wrocław 1980

DERS.: Turystyczne szlaki piesze województwa wrocławskiego. Wrocław 1981

Opolskie Informator Konserwatorski. Hrsg. v. Biuro Dokumentacji Zabytków w Opolu. Opole 1985

PIEKIEWICZ, J.: Województwo Katowickie. Kraków 1981

PILCH, J.: Ratusze Śląskie. Warszawa 1965

DERS.: Zabytki architektury Dolnego Śląska. Wrocław 1978

Rocznik Dolnośląski. Bd. 2, 4. Warszawa-Wrocław 1973/76

RUTKIEWICZ, I. und CZERNER, O.: Wrocław gestern und heute. Warszawa 1979

STARZEWSKA, M. (Bearb.): Die Museen in Wrocław. Wrocław u. a. 1974

WRABEC, J.: Barokowe Kościoły na Śląsku w XVIII wieku. Wrocław. 1986

ZLAT, M.: Das Rathaus zu Wrocław. Wrocław 1977

Polnische Stadtprospekte in deutscher und polnischer Sprache werden von der Krajowa Agencja Wydawnicza herausgegeben.

Monographien der bedeutenderen Städte und Kunststätten in der Reihe »Śląsk w Zabytkach Sztuki« des Breslauer Ossolineum-Verlages.

IV) Straßen- und Landkarten

Nachstehende Landkarten wurden benutzt. Polnische Wanderkarten sind meist nur einige Zeit nach Herausgabe erhältlich, Straßenkarten, so man Glück hat!

1. Deutsche Karten

Polen/Polska – Autokarte 1:750000, freytag und berndt, Wien

Wegekarte der Grafschaft Glatz, Nachdruck der Brieger Wegekarte im Marx-Verlag Leimen 1983

Amtliche Kreiskarten 1:100000, zweifarbig, Institut für angewandte Geodäsie

Niederschlesien und Riesengebirge, Heimatlandkarte 1:200000 Heimat-Verlag Renner, Kempten/Allgäu

Spezialkarte vom Riesen- und Isergebirge 1:80000, bearbeitet von O. Springer

Karte von Oberschlesien 1:300000, Oberschles. Heimatverlag GmbH., Würzburg

Schlesien 1:300000, Zusammendruck aus der Übersichtskarte von Mitteleuropa. Bearbeitet vom Institut für angewandte Geodäsie, Außenstelle Berlin

2. Polnische Karten

a) Straßenkarten

Poland Tourist Map/Pologne Carte Touristique, M. 1:1000000. Publisher: Polish Tourist Information Centre, Warszawa, ul. Mazowiecka 7, Warszawa 1978

Mapa Samochodowa Polski, M. 1:1500000, Wydawnictwo Artystyczno-Graficzne, Warszawa, Smolna 10

Sudety Zachodnie, M. 1:200000, Wydawnictwo »Sport i Turystyka« (Beilage zum Buch Sudety-Zachodnie, vgl. I.2)

Mapa Samochodowo Krajoznawcza »Województwo Zielonogórskie«, M. 1:500000, Warszawa 1969

Samochodowa Mapa Polski. 1:750000. Państwowe Przedsiębiorstwo. Wydawnictwo Kartograficznych, Warszawa-Wrocław 1986

Mapa Krajoznawczo Samochodowa »Województwa Jeleniogórskie, Legnickie, Wałbrzyskie«, M. 1:500000, Warszawa 1984

Mapa Krajoznawczo Samochodowa »Województwa Bielskie, Częstochowskie, Katowickie, Opolskie«, M. 1:500000, Warszawa 1983

b) Übersichtskarten

Polen – Burgen und Schlösser, 1:750000, Państwowe Przedsiebiorstwo Wydawnictwo Kartograficznych Warszawa

Polen. Touristische Landkarte. Hrg.: Polnisches Zentrum für Touristenauskunft, Warszawa, ul. Mazowiecka 7. Warszawa 1978 ff.

Polen. Campingkarte. Panstwowe Przedsiebiorstwo Wydawnictwo Kartograficznych, Warszawa o. J.

c) Wanderkarten

Okolice Wrocławia, Mapa Turystyczna, M. 1:150000, Państwowe Przedsiębiorstwo Wydawnictwo Kartograficznych Warszawa, Wrocław 1985

Karkonosze (Riesengebirge), M. 1:75000, Verlag wie oben, Warszawa 1974

Karkonoski Park Narodowy (Naturschutzpark Riesengebirge), M. 1:30000, Verlag wie oben, Warszawa-Wrocław 1985

Wanderwege im Gebiet der Śnieżka (Schneekoppe), Farbiger Prospekt, deutsch

Góry i pogórze Kaczawskie (Bober-Katzbach-Gebirge), M. 1:60000, Verlag wie oben, Wrocław 1984

Wzgórza Strzegomskie (Striegauer Berge), M. 1:60000, Verlag wie oben, Warszawa-Wrocław 1984

Ziemia Kłodzka, M. 1:90000 (Grafschaft Glatz) Verlag wie oben, Warszawa 1980

Masyw Ślęży i okolice, M. 1:60000, Verlag wie oben, Warszawa-Wrocław. (Zobtengebirge)

Góry Wałbrzyskie i Kamienne, M. 1:75000 (Waldenburger und Landeshuter Bergland), Verlag wie oben, Warszawa 1978

Ziemia Nyska, M. 1:60000, Verlag wie oben, Warszawa 1978 (Umgebung von Neisse)

Góry Sowie (Eulengebirge), M. 1:60000, Wrocław 1984

Ziemia Cieszyńska (Umgebung von Teschen), M. 1:60000, Warszawa-Wrocław 1984

Register der Personennamen

Aufgenommen wurden die auf S. 7–70, 77–418 genannten Personennamen und Stammesbezeichnungen.
Abkürzungen: B. = Bischof, F. = Fürst, Fam. = Familie, Frfr. = Freifrau, Frhr. = Freiherr, Grf(n). = Graf, Gräfin, Hlg. = Heilige, Hz(n). = Herzog(in), Kg(n). = König(in), Ks(n). = Kaiser(in), P. = Papst, Pz(n). = Prinz(essin), v. = von.

Register der Ortsnamen

Aufgenommen wurden die auf S. 7–70, 77–418 genannten Bezeichnungen von Ortschaften, Städten, Burgen, Ländern und Landschaften unter Auslassung von Schlesien sowie Nieder- und Oberschlesien. Bei im Text angegebenen fremdsprachigen Ortsnamen wird im Register auf die deutschsprachigen verwiesen. Kursiv gesetzt sind die Seitenzahlen der Hauptartikel.
Abkürzungen: B. = Burg, Kl. = Kloster, s. = siehe, Schl. = Schloß.

Auswahl einiger Bücher aus unserem Verlag

Bergstadtverlag
Wilhelm Gottlieb Korn · Würzb